2010

闵行年鉴

MIN HANG NIAN JIAN

上海市闵行区地方志编纂委员会 编

学林出版社

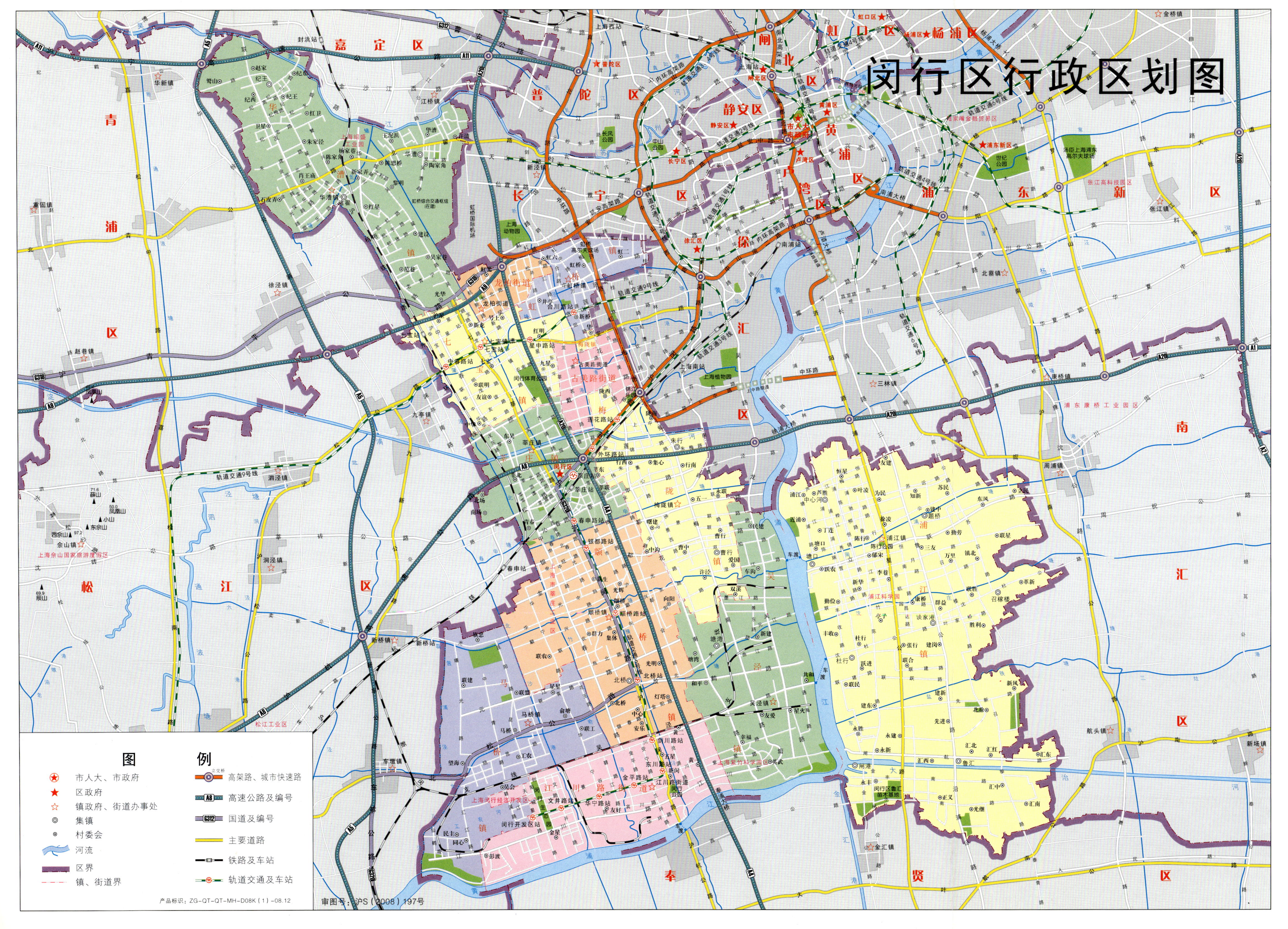
闵行区行政区划图
嘉定区
闸北区
虹口区
杨浦区
普陀区
静安区
长宁区
黄浦区
卢湾区
徐汇区
浦东新区
青浦区
松江区
奉贤区
南汇区
图例
市人大、市政府
区政府
镇政府、街道办事处
集镇
村委会
河流
区界
镇、街道界
高架路、城市快速路
高速公路及编号
国道及编号
主要道路
铁路及车站
轨道交通及车站
产品标识：ZG-QT-QT-MH-D08K（1）-08.12
审图号：沪S（2008）197号

江川街景

4月15日，区委四届九次全会召开，聚焦财政预算编制工作，首次报告党费收缴使用情况

区委书记孙潮在区委四届九次全会上讲话

7月8日，区委四届十次全会召开，聚焦基层党建，促进经济社会发展

10月23日，区委四届十一次全会召开，学习贯彻党的十七届四中全会精神，推进党建创新

1月6—9日，闵行区四届人大四次会议举行

1月5—8日，政协闵行区四届三次会议举行

区人大常委会主任栾国梁向区四届人大四次会议作工作报告

区长陈靖在区四届人大四次会议上作《政府工作报告》

区政协主席吴申耀向区政协四届三次会议作工作报告

12月19—20日，“深化党内基层民主实践创新”研讨会举行

3月4日，闵行区第一批单位深入学习实践科学发展观活动全面展开，图为专题网站页面

7月25日，闵行区居（村）委会换届选举工作全面实施，图为莘庄镇虹莘新村居民投票

5月5日，区委书记孙潮在区委宣传部部长赵丹妮陪同下做客东方网直播间，就“保增长、调结构、迎世博、促和谐、推动闵行科学发展”主题与网友现场交流

2月27日，区长陈靖做客“中国上海”门户网站，就“城乡统筹促发展，暖冬行动创和谐”主题接受“在线访谈”栏目专访，并回答网友提问

12月29日，闵行区优秀共产党员徐素珍事迹专题报告会举行，东方网全程视频和图文直播，区广播电视台全程录像

9月11日，89岁的老党员徐素珍将毕生积蓄79万余元作为大额党费上交党组织，图为她的54张存款单

1月4日，上海交通大学、华东师范大学、闵行区政府和紫竹科学园区举行闵行区深化“三区联动”合作框架协议签约仪式暨服务大学生就业创业现场会，图为华东师范大学招聘会现场

2月19日，闵行区首家大学生零成本创业企业——上海诺太实业有限公司诞生，工商闵行分局为经营者颁发营业执照

2月20日，闵行区2009年外商投资企业年会召开，应对世界金融危机

2月，位于紫竹科学园区的上海汉翔信息技术有限公司产品获“全球移动创新大奖”，这是中国公司首次获奖

1月，直径2.7米、重1.45吨，国内首条巨型轮胎生产线在双钱集团闵行剑川路基地投产

4月，铁闵钢材交易市场被上海期货交易所确定为螺纹钢和线材指定交割仓库，全国仅有9家企业入选，图为一批钢材在机械化铁路专用线上装卸

位于莘庄工业区的亨特道格拉斯工业（中国）有限公司是上海世博会中国馆外墙红色肌理板和内墙保温板的独家供应商，7种红色组成的“中国红”，传达“和而不同”的理念

9月15日，“虹桥综合交通枢纽与长三角联动发展”世博论坛举行，达成《虹桥综合交通枢纽与长三角联动发展共识》

12月，虹桥综合交通枢纽主体工程——虹桥机场西航站楼周边高架道路开始全面铺设沥青

3月15日，闵行区纪念“3·15国际消费者权益日”大型宣传、咨询活动在百联南方购物中心广场举行

4月，闵行区展开肉品安全专项整治，图为食监人员对漕宝路八号桥市场销售的牛肉进行检查

5月20日，在“世界计量日”活动上，区质监局计量科向居民发放50克标准小砝码，用于校验电子秤准度

新型特警“冲锋车”比常规巡车更有利于警方及时处置一些涉案人数较多的突发事件，图为特警参加“冲锋车”演练

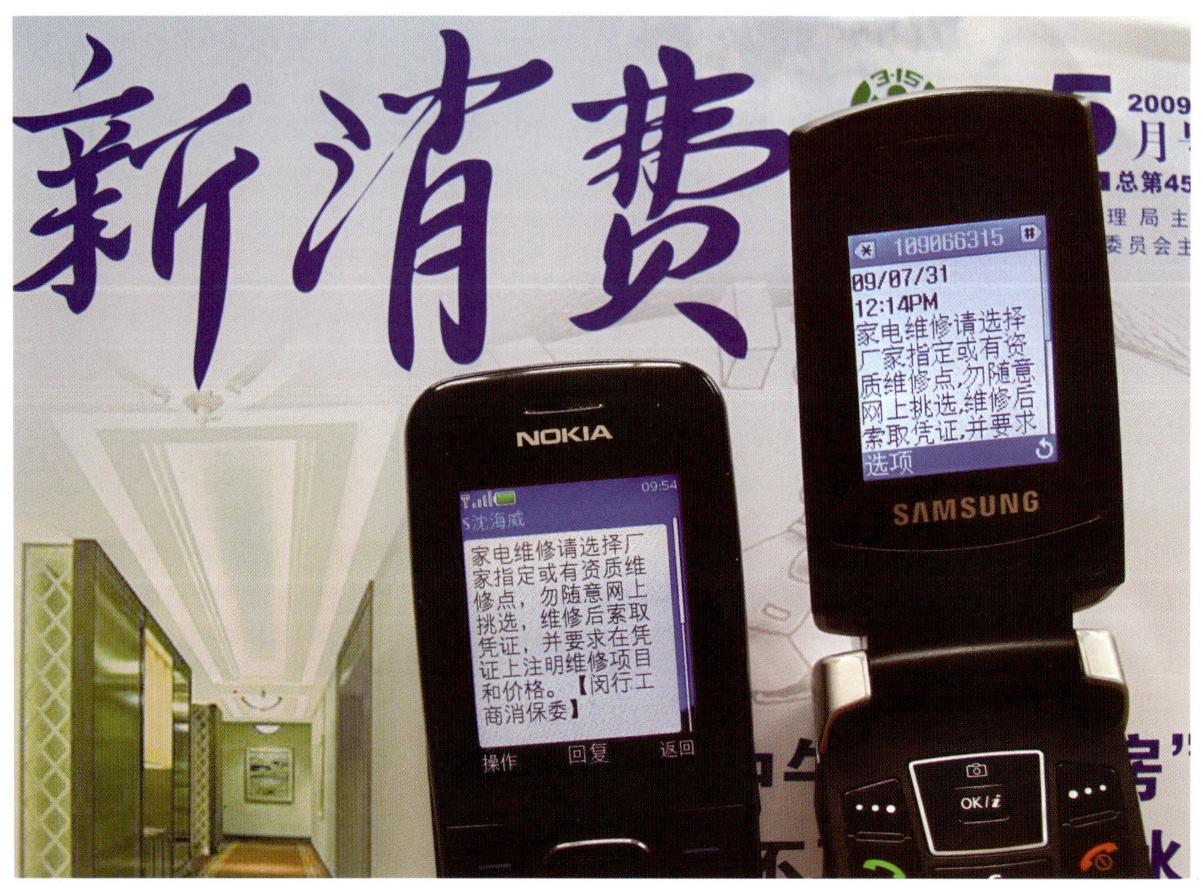

区消保委利用手机短信平台向消费者发布消费提示

闵行区全年完成立体绿化15万平方米，图为水清路沿街的38家店铺屋顶都铺上一层绿色“草坪”

6月，莘庄工业区新建中春路东侧大型公共绿地，使中春路到集心路之间形成4公里长、近百米宽的春申塘北岸绿带

4月，轨道交通5号线闵行开发区站旁生态公园里樱花怒放，公园由上海闵行联合发展有限公司于2005年建成

6月1日，百余只白鹭在环境日益改善的马桥镇民主村飞翔

5月，区中医医院从区中心医院整体搬迁至合川路3071号，11月，区中医医院举办膏方节，图为新型设备让定制膏方更科学

4月20日，在2009年国际健康生活方式博览会上，接受检测的人群在闵行的健康自检小屋排成长队

7月1日，位于浦江镇联航路2627号的仁济医院（南院）门诊部对外开业

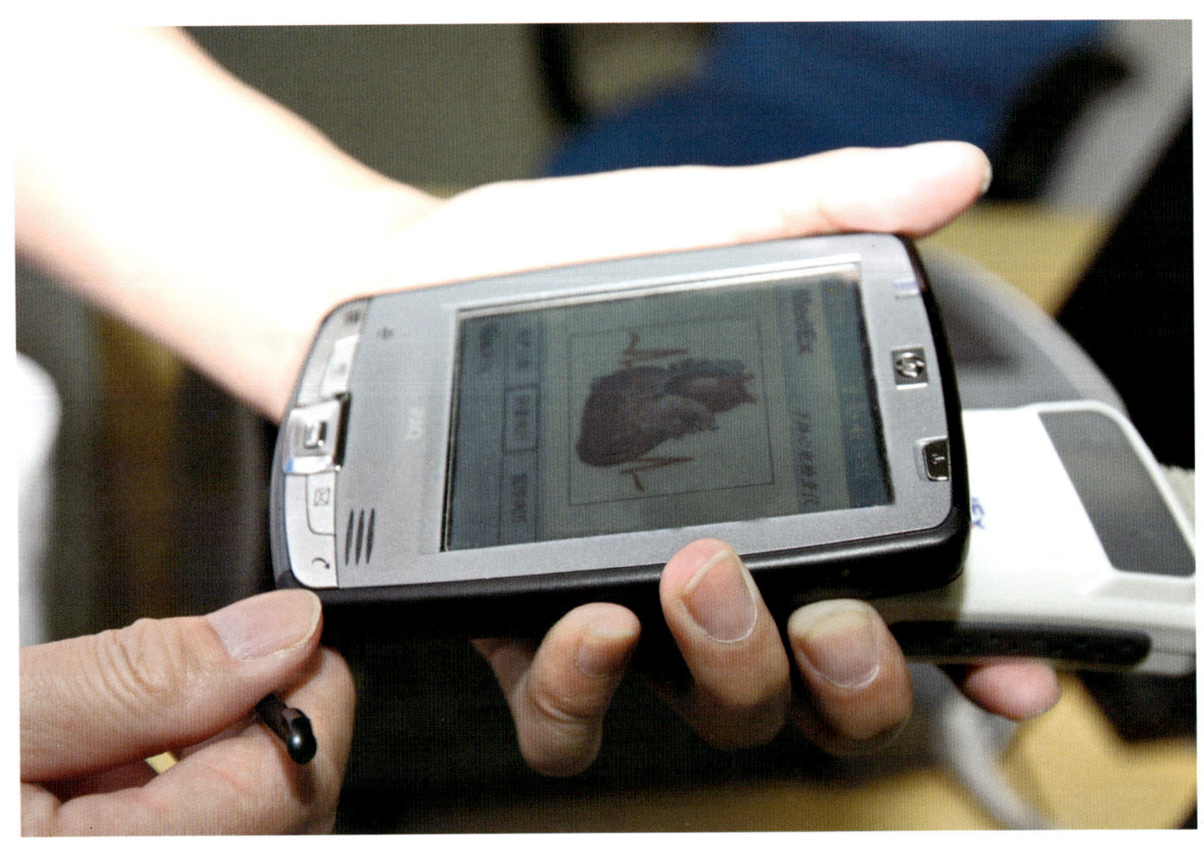

10月，区中心医院在全区首家引进其参与研发的手持心电检查仪与心电检查网络，使医生能在手机上及时诊断病情

4月，上影CGV莘庄影城在仲盛世界商城开业，率先在国内影城采用智能排队叫号系统

12月23日，位于莘庄地铁南广场的闵行春申文化广场正式启用，美国百老汇音乐剧《名扬四海》在城市剧院登场演出

10月，位于七宝老街的七宝书法艺术馆对外开放，图为展出的“海派书法晋京展”

10月11日，全区100多支志愿者团队在闵行体育公园开展“世界在你眼前，我们在你身边”迎世博倒计时200天主题集会

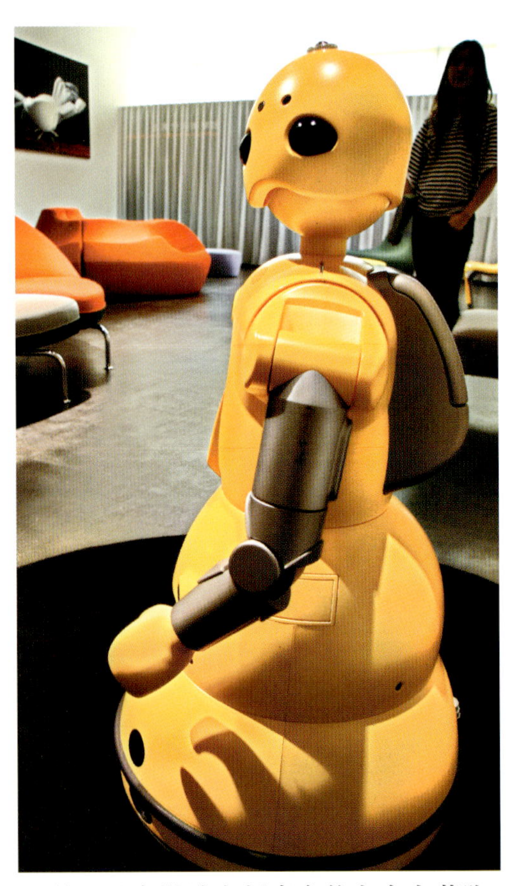

8月，日本设计大师喜多俊之在七莘路上海空间美学馆举办其在中国的首个设计展

9月26日，五年一度的第四届闵行区艺术节、运动会在闵行体育馆开幕，图为马桥镇鼓乐团队表演节目“时代鼓韵”

10月10日，上海ATP1000大师赛在马桥镇旗忠网球中心开赛

2月26日，卢湾区向明中学在闵行区浦江镇设立校区，将60%招生名额面向闵行区，首批新生9月入学

5月4日，夏征农铜像在上海东海职业技术学院落成

群益职校新开设的飞机发动机维修专业于9月招生，图为国产运7飞机现身校园

8月，葡萄新品种“巨玫瑰”在浦江镇侨嘉葡萄园丰收

浦江镇水稻种植依托科技支撑，大面积推广种植新品种“秋优金丰”获丰收

9月20日，2009“廊桥古韵”闵行旅游节在江川开幕，图为以世博中国馆为主题的彩车在瑞丽路上巡游

11月，百余名来自国内外的都市白领在马桥乡土农情园参加“秋收自驾游”活动

8月，作为莘庄地区的商业地标，仲盛世界商城迎来较为集中的开业高峰

8月，吴泾地区规模最大的超市——乐家超市开业，营业面积6000平方米

上海明大商业广场位于沪青平公路479号，在虹桥交通枢纽站核心位置，建筑面积2.5万平方米

9月，浦江镇首个“准四星”级酒店——新奇士国际酒店在紧邻地铁8号线的江月路站边诞生

10月，国内首家编纺时尚创意产业园“梅陇439”在景联路439号开张

12月11日，闵行区经济适用住房供应试点政策咨询、申请受理启动仪式在颛桥镇翔泰苑举行

1月13日，区图书馆推出新服务，盲人读者通过播放MP3电子书来“听书”

3月26日，闵行区自行车免费租赁服务项目启动，至年底设置网点200个以上，投放自行车1万辆

5月9日，闵行区第六届春季花卉园艺展开幕，图为新品种地被石竹“元红”

7月，作为迎世博改善城市形象的重要内容，区域性出租汽车统一更改“肤色”为桔红、银灰镶拼色

7月，龙柏社区家电维修部负责人刘显保获“全国优秀农民工”称号，直接落上海户籍

5月，浦江镇在世博家园举办“英华达杯”邻里牵手、美味生活果蔬拼盘比赛，这是浦江地区首次举行社区邻里节活动

8月，莘庄地铁站进行“迎世博”专项整治，图为整洁美观的莘庄地铁北广场枢纽站大楼

紫竹科学园区滨江大道，是新人拍摄婚纱外景的佳选

农村面貌焕然一新

编 纂 说 明

《闵行年鉴》是在中共闵行区委、闵行区人民政府领导下，由上海市闵行区地方志编纂委员会编纂，全面记述闵行区自然、政治、经济、文化、社会等方面情况的年度资料性文献。

《闵行年鉴(2010)》编纂工作，以马列主义、毛泽东思想、邓小平理论和“三个代表”重要思想为指导，深入实践科学发展观，认真落实国务院《地方志工作条例》，全面记述闵行区2009年各方面基本情况，记载大事新事，收录重要文献，力求体现时代特征、年度特点、闵行特色，记录历史，服务当代，垂鉴后世。

由于2009年闵行区实施政府机构改革，《闵行年鉴(2010)》部分分目也作相应微调:“政策研究”从区委栏目调整至区政府栏目；区政府栏目新增“证照办理”；民主党派栏目新增“中国致公党闵行区支部委员会”；工业栏目新增“通用设备制造业”；整合农业栏目，将“绿化林业”内容调整至城市建设与管理栏目“绿化市容环卫管理”分目中；体育栏目根据近年行业发展新特点，分目作了较大调整。同时，精简镇、街道栏目中的表格，统一使用区统计局提供的数据。专文栏目重点记述2009年闵行区学习实践科学发展观活动、迎世博倒计时活动、区政府机构改革、建立居民电子健康档案、莲花河畔景苑倒覆楼事故、缓解交通出行难问题等大事特事。继续压缩部门(单位)一般条目，增加全区综合资料。彩页仍保持32页，并应读者要求放大照片，力求生动反映普通民众生活。

《闵行年鉴(2010)》结构是，卷首为图片、特载、专文、概况、大事记，百科大体按自然、政治、经济、文化、社会的顺序排列，具体内容按栏目、分目、条目三个层次编排，设栏目37个，分目231个，条目1630条，卷末为文献、文件、报刊选登、统计资料，全书90万字，照片72帧。出版后内容进入闵行区政府网站。

《闵行年鉴(2010)》编纂委员会成员在制订编纂大纲和审核定稿两个主要环节对年鉴编纂进行把关。组稿前，编纂委员会成员审定大纲，确定框架结构；成稿后，每个成员分担审稿任务，分头审读相关部分稿件，进行全面把关。

《闵行年鉴(2010)》所载条目，均由各部门(单位)撰稿，并经撰稿部门(单位)领导审核，由上海市地方志办公室组织审稿。编纂过程中各撰稿部门(单位)积极配合，供稿比过去更为及时主动，整个编纂流程顺利。同时，编纂工作得到上海市地方志办公室领导和《上海年鉴》编辑部专家及时指导，谨致谢忱。

目　　录

三、闵行区人民政府

四、政协闵行区委员会

五、中国共产党闵行区纪律检查委员会

六、民主党派·工商联

七、人民团体·社会团体

八、治安·司法

九、人民武装·民防

十、综合经济管理

十一、财政·税务

十二、金融

十三、工业

十四、开发区·工业区

十五、商业·现代服务业·旅游业

十六、农业

十七、民营经济

十八、对外经济贸易

十九、城市建设与管理

二十、房地产业

二十一、交通运输管理

二十二、信息化管理

二十三、邮政・电信

二十四、环境保护

二十五、水务・气象

二十六、科技・科普

二十七、教育

二十八、高等教育

二十九、文化・广播・电视・报纸

三十、体育

三十一、医疗卫生

三十二、食品药品监督管理

三十三、劳动就业·社会保障

三十四、民政

三十五、社会生活

三十六、镇·街道·莘庄工业区管委会

三十七、先进集体·先进人物

文 献

文　件

报刊选登

统计资料

(一) 中共闵行区委常委会工作报告

——2010 年 1 月 15 日在中共闵行区委四届十二次全会上

中共闵行区委书记　孙　潮

同志们：

我代表区委常委会向大家作工作报告，请大家予以审议，并就 2009 年的工作体会和 2010 年的工作思路作一个讲话。

一、2009 年工作回顾

2009 年，是闵行区改革发展较为艰难的一年，国际金融危机的影响进一步扩大，对经济发展和民生保障提出了严峻挑战；社会转型期的各类矛盾进一步凸显，对有效治理和保持和谐构成了重大考验。面对新的形势，区委常委会团结带领全区党员和干部群众，坚持以邓小平理论和“三个代表”重要思想为指导，深入学习实践科学发展观，解放思想、克难奋进，顺利完成了全年各项工作任务。回顾一年来的工作，取得的成绩来之不易，离不开市委的正确领导，也离不开全区上下的共同努力。我想谈五点体会：

1. *必须抢抓机遇加快发展。*保增长不能只顾眼前不顾长远，不能只讲数量不讲质量。面对经济发展的空前困难，我们提出特殊时期要采取特殊政策、作出特殊努力，要化危为机加快转变经济发展方式。一方面强调“腾地为王”，抓住市场向下的机遇全力推进，全年完成了动迁腾地 9 000 亩，为新一轮经济转型和发展腾出了空间。一方面坚持“服务为上”，采取了多种措施促进优质产业项目落地、开工、竣工和投产，帮助企业降成本、强管理、提效益、度危机。与此同时，还倡导“主动对接”，在全市高新技术产业发展上抢先布局，深化“三区联动”，加强了园区与街镇联动发展和新一轮区域产学研合作，加快了从资源依赖型向创新推动型的转变。

2. *必须破解难题全面发展。*只有有效地解决好社会发展、城乡统筹、城市管理等瓶颈问题，闵行才能赢得新一轮发展。我们始终强调要坚持解放思想、大胆探索，用新理念、新方式打开工作新局面。

我们创新“政府主导、社会参与”的模式,通过加强项目统筹、深化体制改革、引进优质资源,推动了社会事业的内涵发展和均衡发展。推行“源头着力、重心下移”的机制,全面实行了重大决策事项信访评估,试点探索了城市综合管理大联动。秉承“合作共赢、依靠社会”的理念,通过政府购买服务等创新方式,在市容管理、社会矛盾化解、公共危机应对等方面作出了新的有益探索。坚持“疏堵结合、标本兼治”的方针,“城中村”改造和拆违整治不断克难攻坚,取得了显著成效。

3. *必须以人为本促进和谐*。坚持发展依靠人民、发展为了人民,发展成果由人民共享,是党的根本宗旨和社会主义核心价值的体现。我们在经济形势困难时,把改善民生放在了更加突出的位置,在协调各方关系中,更加注重维护普通百姓的合法权益。在全市率先推进“暖冬”行动,千方百计增岗位、促就业,并妥善处置了因企业经营困难引发的劳资纠纷。不断加大对公交事业的投入,有效缓解了市民出行难的问题。积极推进各类保障性住房建设,大面积实施旧小区综合改造,进一步改善了百姓的居住条件。通过扩大社保覆盖、实行资源倾斜和鼓励新型合作,促进了失地农民的长期增收。结合对信访突出矛盾的化解处置,真心实意地察民情、解民困,推动了一批历史遗留问题的妥善解决。

4. *必须规范公正依法办事*。保证人民当家作主,必须扩大人民民主,增强决策透明度和公众参与度,完善对公权力的制约和监督机制。近年来,我们努力营造民主、健康、有序的政治秩序和氛围,从各个层次、各个领域扩大公民有序政治参与。这方面,人大、政协、各人民团体及民主党派都发挥了积极作用,政府在加快转变职能、自觉接受监督上也做了大量工作。另一方面,尽管我们一直强调办事要依程序、讲规矩、重诚信,但2009年的“6·27”在建楼房倒覆、“城管打人”、“钓鱼执法”等事件,以及个别动拆迁积案的矛盾激化,让我们深感切肤之痛。规范公正才有公信力,依法办事要成为所有公职人员的自觉行动,必须有更加切实有效的制度保障。

5. *必须坚持创新加强党建*。我们党执政已逾六十年,今天所面临的各种新课题、新考验,决定了党建创新的极端重要性和紧迫性。近几年,我们持续推进党建创新,符合党的十七大和十七届四中全会精神,受到了中央和市委有关领导的肯定。2009年以来,我们深入开展了学习实践科学发展观活动,在查找问题、落实整改方面取得了实效。我们继续深化全委会改革和党务公开、探索推进党代表任期制和党代会常任制,进一步扩大了党内民主。坚持用制度选人用人,有效提高了公信度,改善了队伍结构和干部综合素质。大力推进区域党建联建、创新组织设置模式、加快“两新”党建转型,加强了基层党组织和党员队伍建设。认真落实党风廉政建设责任制,扎实有序地推进了惩防体系建设。

与此同时,我们也清醒地看到,我们的工作与科学发展观的要求、人民的期望还有很大的差距。主要表现在:经济增长还主要依赖资源拉动,在土地稀缺、投资的边际效益递减的情况下,过去的一些“法宝”可能成为今天的制约因素,转变经济发展方式的任务依然紧迫;城乡、区域和经济社会发展还不够平衡,“短腿”现象依然存在,需要我们更加重视统筹协调,从规划、建设到管理、服务都要更努力、更科学、更有效;在农村城市化、社会转型加快的情况下,社会利益格局日趋复杂,城市管理和社会稳定的压力不断加大,需要我们进一步创新体制机制和工作方法,更好地把握主动;部分党员干部解放思想的程度不够,破解难题的办法不多,依法办事的意识不强,仍然不同程度地存在重经济轻社会、重政务轻党建、重实体轻程序的倾向。对于这些困难和问题,我们要高度重视并认真研究解决。

二、2010年工作思路

2010年,对上海和闵行来说是“世博年”、“转型年”、“规划年”,根本上还是“发展年”。我们面临的既有重大的机遇,也有严峻的挑战。

在经济发展方面,我们现在面临外需不振和结构性矛盾等问题。在部分产能相对过剩的情况下,相当一部分资金流入了股市、房市;居民收入增长较慢,长期的消费需求没有得到很好的刺激;许多企业还是重短期效益、轻创新投入,转型升级的动力不足;各种不确定的因素还比较多,经济的波动性可

能会进一步放大。与此同时,我们也看到了诸多利好因素。由于世界经济的不景气,中国仍然是吸引国际资本的热土,尤其是世博会的举办,不仅能够直接带动消费,更能通过扩大开放,增进合作交流,吸引大量投资、技术和人才;经济转型会得到更多的政策支持,低碳化既是压力,也能转化为动力;虹桥商务区的开发,立体大交通的建成,是我们加快发展现代服务业的重要机遇;闵行作为近郊区,拥有良好的投资和居住环境,对于吸引中心城区的优质资源,提升商业商务功能是有力的依托。关键是要把握好这些优势和有利条件。

在社会建设方面,我们今天面临的是一个多元化、信息化,更加开放、透明的社会,而我们的治理理念和工作方式则相对滞后。因为忙于发展经济,对于社会建设有所忽视;因为发展速度太快,留下了不少历史欠账。社会事业、城市管理、公共服务,对闵行来说还都是“短腿”。所以在世博会期间,我们将迎来一场“城市大考”。现在离世博会只有一百天出头,所有人的眼睛都盯着上海,我们发现要解决的问题还有不少。“应考”世博,重点不是“应试”而是“素质”,要以此为契机,全面提升社会建设的能力和水平,在建立长效机制上有实实在在的作为,才能成为真正的赢家。

在党的建设方面,四中全会提出了许多新要求,在贯彻落实当中,首要问题是要树立强烈的危机意识。怎么来有效教育党员,让党员真正坚定信仰;怎么来充分发扬党内民主,让党真正有凝聚力;怎么来加强基层组织建设,让党真正有战斗力;怎么来密切党群关系,让党真正有号召力。对于这些问题,我们必须好好思考,不能得过且过。

2010年的区委工作,总的指导思想和具体的目标任务,在《区委常委会2010年工作要点》中已经作了比较全面的部署。下面,我想就几方面重点工作,再作一些强调。

1. *要全力服务保障世博*。从服务保障的角度来说,我们要“一切为了世博会”。一是要进一步完善城市的“硬件”。全力配合世博和市重大工程建设,确保涉及世博的市政项目尽快完工;加快“城中村”、旧村宅、旧小区的改造进度,集中力量拆除一批影响治安、市容的“城中村”和非法市场;二是要进一步完善城市的“软件”。树立“大安全”的理念,全面加强生产、交通、消防、食品、药品安全工作和群防群治,全力打造“平安世博”;创新城市管理体制机制,全面推进城市综合管理大联动;开展迎世博文明行动,提升窗口服务水平和市民文明素养;发挥党团员的“世博先锋”作用,有效组织动员社会,激活各界参与世博。与此同时,从用好机遇的角度来说,世博会也是一个与国内外交流合作的巨大平台,我们要善于“同台唱戏”、“借船出海”,力争在吸引投资、技术和人才,以及提升商贸、旅游产业等方面有所作为。所以,世博和我们所有人都密切相关,每个人既要问一问“我能为世博做些什么”,也要想一想“我能从世博中赢得什么”。

2. *要坚定不移调结构*。中央和市委已经明确,2010年经济工作的首要任务是加快转变发展方式,这也是闵行经济发展内在的迫切需要。一方面,要加快现代服务业的发展,进一步提升“服务经济”的比重。重中之重是抓住虹桥商务区开发的机遇,全力打造与“上海国际贸易中心”功能相适应的服务业集聚带。同时,依托轨道交通站点,加快几个重点商务园区的腾地开发。另一方面,要进一步聚焦先进制造业,以研发为龙头,带动产业链的高效整合。重点是对接国家和全市战略,大力推进5+1高新技术产业的发展。同时加强与市属大集团、重点产业园区的对接联动,进一步放大其集聚带动效应。为此,一是要加大招商引资力度,加快动迁拔点,优化审批、管理、服务,确保重点项目及时落地、开工、竣工和投产,把动迁腾地营造出来的优势转化为胜势;二是深化和推广“紫竹模式”,大力发展民营经济,鼓励中小企业科技创新;三是完善联动发展、节能降耗、考核激励等各项机制,真正做到“全区一盘棋”,淡化唯GDP的目标导向,更加突出结构、质量、效益的要求。

3. *要大力加强社会建设*。社会建设是中国特色社会主义事业的重要组成部分,与人民幸福安康息息相关。改善民生是社会建设的第一位工作,要加快推进城乡统筹,尤其要解决好农民动迁房建设和失地农民的长期收益问题;积极促进就业,特别是要加强对大学生和就业困难人员的就业服务和援助;加快建立健全住房保障体系,帮助困难家庭改善居住条件;大力发展公共交通事业,方便百姓出行;立足于促进均衡、体现特色,通过项目化、社会化的运作,加快社会事业的发展。加强社会管理,总的想法是要着力源头、争得主动。要建立对重大公共突发事件的危机管理、媒体应对和舆论引导机制;坚持“功夫在平时,效果看节点”,推进和深化风险评估、大调解、大联动等机制,有效地预防和化解社会矛盾;扎实推进平安建设实事项目,进一步提高人民群众的安全感;强化社区管理和居民服务,培育发展社会组织,努力建设和谐社区;强化来沪人员管理和服务,使他们更好地融入城市、融入闵行发展。

4. *要精心编制“十二五”规划*。2010年是“十一五”的最后一年,在抓好“十一五”规划任务全面落实的同时,要精心编制好“十二五”规划。我们对“十二五”发展的基本设想是:在发展思路上以调结构为重点,在社会建设上以改善民生为目标,在城市软实力建设上以社会事业为基础,在城市管理上以体制机制创新为核心。编制规划要统筹经济与社会、城区与农村、人口与环境等各种因素,坚持高起点、领先一步思考谋划。要“看十年做五年”,更有效地利用“外脑”,更充分地听取人民群众的意见建议,使规划在内容上更科学,在过程上更民主,在执行上更有效。

5. *要全面推进党建创新*。在新的形势下,加强和改进党的建设,我们还有很长的路要走。关键是要一步一个脚印,踏踏实实地往前走。根据四中全会精神和市委工作部署,闵行的党建工作,还要不断加以强化。要进一步健全科学民主决策机制。全委会的改革,要在进一步落实重大事项决策权上再往前走;常委会的议事,要坚持按民主程序决策,并加强议、决、行、督的有效对接;基层党委的“三重一大”规范化决策,要成为刚性的制度安排,并进一步向基层单位延伸,争取做到全覆盖。要进一步强化基层党建工作创新。优化基层党组织的设置,重点抓好村、居“班长工程”建设;探索党员教育新机制,让党员坚定信仰;从各个层面上推进群众工作机制的落实,建立党员领导干部、党代表走访群众的刚性制度。此外,还要积极推进新社会领域党建,扩大基层党代会常任制的试点范围。要进一步完善区域党建工作运行机制。建立健全更加开放的合作体系,推动党建资源利用效率的最大化。要加强干部队伍建设。选人用人工作要更规范,更有公信度;年轻干部的培养、干部交流工作都要进一步加大力度,让干部健康成长,让我们的事业后继有人。要继续加强党风廉政建设。责任制要落实,教育要深化,查案要有力,日常监督要进一步向基层延伸。

2010年的工作将全面展开,冲破难关,前路风光无限。让我们在中央和市委的领导下,在科学发展观的指引下,众志成城,奋力拼搏,共同谱写闵行发展的崭新一页。

(二)上海市闵行区人民代表大会常务委员会工作报告

——2010年1月21日在上海市闵行区第四届人民代表大会第五次会议上

闵行区人大常委会主任　栾国梁

各位代表:

现在,我受区第四届人民代表大会常务委员会的委托,向大会报告工作,请予审议。

过去一年工作的回顾

2009年,区人大常委会在中共闵行区委的领导下,坚持以邓小平理论和“三个代表”重要思想为指导,深入学习实践科学发展观,积极贯彻落实党的十七大和十七届三中、四中全会精神,紧紧围绕区四届人大四次会议提出的目标任务,以“深化、完善、落实”为主线,加强工作监督和法律监督,着重抓好财政预算监督和代表联系选民工作，依法行使重大事项决定权和人事任免权，努力提高常委会审议质量，较好地履行了地方国家权力机关的职能。

一、以“保增长”为重点，推动经济平稳健康发展

常委会根据形势要求，重点围绕帮扶企业、调整产业结构、规划编制和计划执行等工作加强监督。

支持政府积极应对金融危机。从应对国际金融危机、稳定经济发展出发，常委会多次走访相关部门和企业，召开企业代表座谈会，调研扶持中小企业发展政策落实情况，专项审议有关工作，建议政府加强政策执行情况后续评估，不断改进薄弱环节，提高政策可操作性；建立中小企业信息平台，及时了解企业在融资、用地等方面面临的问题，使政策制定更有针对性；建立“一站式”服务平台，提高为中小企业帮困解难的能力和效率。区政府开展“暖冬”行动，制定政策措施，缓解中小企业融资困难，整合政府职能部门服务功能，取得明显成效。听取利用外资工作情况汇报，要求政府一方面建立和完善科学的吸引外资风险评估机制，另一方面从降低行政成本和提升区域整体环境入手，努力吸引优质外资进驻。常委会有关工作机构还深入税务所，调研上半年税收收入情况，提出税收征管的意见和建议。

督促政府加快产业结构调整。跟踪监督节能减排专项工作审议意见落实情况，要求政府进一步明确产业结构调整目标，强化节能减排监管和考核机制；不断加大产业结构调整力度，督促落后企业关停并转；细化节能减排计划，确保项目按时完成。区政府采取有效措施，促使环保劣势企业自然退出；开展重点用能企业能耗分析和监控，提高企业能源使用效率。调研科技政策对企业自主创新的导向作用，督促政府大力支持拥有核心技术的高新技术企业的发展。

关注规划编制和计划执行情况。听取国民经济和社会发展计划执行、十一五规划纲要中期评估和十二五规划总体思路等有关情况汇报，要求进一步把握好保增长与调结构的关系，在保持经济稳定增长的前提下，把调结构作为当前的重要任务来抓，尤其要加快现代服务业功能区开发；重视人口规划工作，把人口规划和经济社会中长期规划统筹考虑，实现以人为本的科学发展。开展农业规划和农业产业化工作调研，深入了解闵行区农业功能定位、基本农田保护区开发、农副产品生产、农业产业化发展等情况，建议促进农业与二、三产业的融合发展，适度提高农业规模化水平。

二、以“迎世博”为契机，推进城市建设和管理

常委会支持政府提升城市建设和管理水平，加大公共交通发展和公共安全监管力度，强化市容环境综合整治等工作。

加强对市容环境建设的监督。视察水环境整治和建设工作情况，建议政府加强综合治理，制定居民小区雨污水分流计划，严厉查处企业偷排污水行为，努力降低治水成本；采取措施确保黄浦江水源保护区水质安全；疏浚河道和拆除两岸违法建筑，增强河道防汛和自净能力。区政府认真办理审议意见，开展河道生态建设，实施居民区雨污水管网分步改造计划；加强对取水口江段船舶停靠作业的监管；开展部门联动，制止和查处违法搭建行为。常委会多次到有关镇、街道暗访市容环境卫生工作，听取和审议有关专项工作报告，要求政府严格依法管理，采取疏堵结合的方法，形成长效机制，放大整治效应；加强条与块的协调配合，形成工作合力。调研整治违法建筑工作，督促政府加强违法建筑拆除后相关地块的处置，做到拆违与促进集体经济发展、维护社会和谐稳定相结合，使拆违工作持续深入开展。常委会还组织代表了解城市综合管理大联动机制试点情况，提出不断完善工作机制和实现标本兼治等意见建议。

加强对公共交通发展的监督。围绕公共交通发展工作审议意见落实情况，召开座谈会听取代表对公交规划的意见，实地查看免费自行车租赁点，建议政府坚持规划先行，及时完善新建公共服务机构和居住区的公交配套；进一步加大财政投入，优化线网布局，调整营运车型和班次，提高资金使用效益。区政府在新修订的《公共交通发展方案》中，明确优先安排公交基础设施建设用地，及时评估线路运行

情况,完善公交企业补贴政策。

加强对公共安全监管工作的监督。“6·27”在建楼房倒覆事故发生后,专题研究建设工程质量安全管理监督工作,多次到建筑工地视察、检查住宅建设和重大工程质量安全管理情况,要求政府举一反三,认真查找在市场准入、招投标、施工现场、竣工验收等方面的薄弱环节,完善和落实各项安全监管制度,确保建设工程质量和安全。区政府开展专项整治,加强施工企业资质管理,强化从业人员素质教育,实行住宅工程“分户验收”制度和建设工程安全质量隐患举报奖励制度。视察地震监测站,听取防震减灾和民防工作汇报,建议加大宣传教育力度,增强公民防灾意识,提高防护技能;加强民防基本设施建设、管理和使用,做到因地制宜、资源共享。调研安全生产监督管理工作,督促政府抓住联合执法、深入排查、严格问责等环节,继续加大安全生产监管力度。

三、以“促和谐”为主题,督促落实民生保障工作

常委会十分重视民生保障工作,支持政府着力解决就学、就业、就医等方面的问题。

开展促进就业和社会保障专项工作监督。听取和审议促进就业和社会保障专项工作报告,要求政府加强调研,及时全面掌握劳动力供求的动态情况和特点,出台针对性强的政策措施;完善培训、资金使用评估等机制,优化考核指标体系,增强工作实效;深化弱势群体就业援助工作,切实履行就业托底责任。区政府十分重视,提出实施劳动力资源动态管理、规范职业技能培训市场、引入社会第三方评估、拓展“双困”人员就业安置基地等措施,努力提高就业和社会保障水平。

视察义务教育均衡发展情况。跟踪督办促进义务教育均衡发展议案,深入中、小学校了解教育设施、师资、生源等情况,召开参与柔性流动和校际合作项目教师座谈会,要求政府抓紧做好基础教育经费全区统筹的准备和实施工作,在教育经费安排上继续向农村、偏远地区和弱势群体倾斜,优化教育布局,强化优秀教师辐射带教作用,提升教育资源整体水平。经过几年努力,全区城乡教育设施差距逐步缩小,相对薄弱地区学校的师资力量得到加强,义务教育整体水平有所提升。

督办社区卫生服务中心建设议案。组织人大代表视察社区卫生服务中心、村卫生室建设和运行情况,建议加大区级财政投入,注重满足群众实际需求;继续向市有关部门反映,力争解决社区卫生服务中心配药额度不足的问题;加强部门协调,逐步解决医疗卫生资源配置方面存在的突出问题。区政府按照新医改的要求,从完善区域卫生规划、转变运行机制和服务模式、提高农民医疗保障水平等方面入手,积极推进社区公共卫生服务工作,取得了阶段性成效。

关注妇女、儿童、老人的合法权益。实地视察了解婚检服务、儿童保健、家庭纠纷调解等情况,支持政府采取有效措施保护儿童身心健康,保障妇女合法权益。组织人大代表专题调研养老事业发展情况,建议市有关部门建立财政转移支付制度,完善养老机构医保结算统筹机制,满足人口导入地区养老需求。

调研居(村)委会换届选举工作。多次实地调研和现场观摩居(村)委会换届选举工作,要求政府进一步加强组织准备,加大选举的民主推进力度,完善居(村)委会工作机制,促进和谐社区和新农村建设。

重视信访工作。专题听取人大常委会办公室和“一府两院”信访工作汇报,要求信访部门之间加强沟通协调,着重做好重要信访件特别是群体性信访件的处理工作。为此,建立了人大办与法院执行庭的信息沟通机制,提高了有关信访件的处理效率。一年来,人大信访部门受理人民群众来信来访492件1793人次,较好地维护了公民的合法权益。

四、以规范、公开为目标,加大财政预算监督力度

常委会继续加强财政预算监督,一方面在广度和深度上不断拓展,另一方面注重细化工作程序,健全工作机制,巩固工作成效。

深化财政预算监督工作内容。针对人代会期间预算报表审议内容多、时间短、专业性强的特点,

召开财政预算报表体系改革座谈会，对报表的内容和形式提出具体改进意见。开展预算绩效评估工具研究，初步形成部门预算绩效评估指标体系。听取和审议2008年财政决算和审计工作报告，要求政府着力强化预算执行管理，保障和改善民生，加强审计整改。区政府认真研究，不断加大社会事业等方面的投入，由相关部门督查和落实审计意见，提升审计整改效果。常委会会议初步审查2010年预算草案时，增加了法定增长部门预算情况汇报的内容，加强了对相关部门的预算监督。首次将预算外资金使用管理情况纳入常委会会议审议范围，扩大了预算审查监督覆盖面，增强了公共财政运行公开透明度。

*发挥代表、专家和社会公众在预算监督中的作用。*聘请专家学者成立区公共预算决策与监督咨询专家组，就重大问题提供理论支撑、实践指导和专业咨询意见。根据常委会年度预算审查监督工作安排，就代表在预算审查监督中的作用、预算编制和预算管理基本知识等内容，开展系列培训，重点培育了一批预算监督骨干代表。邀请人大代表和社会公众参与民生项目绩效评价工作。围绕打造民主财政，保障公众的知情权、参与权和表达权，选择公共交通补贴等5个民生项目，组织公开听证会，广泛听取各方面意见。

*推动镇级预算监督制度改革。*提出“立足本镇实际、借鉴先进经验、完善制度体系、规范有序推进”的指导意见，组织部分镇人大主席赴浙江温岭学习“参与式预算”工作经验。相关试点镇根据各自情况，通过制定预算审查办法、设立预算监督小组、听取部门预算编制情况汇报等方法，加强了对镇级财政预算的监督。

五、以依法、公正为要求，监督法律法规的贯彻执行

常委会根据监督法的要求，认真监督法律法规的贯彻执行，促进“一府两院”依法行政和公正司法。

*开展执法检查工作。*针对食品生产、加工和流通领域存在的安全问题，检查《产品质量法》、《食品安全法》的实施情况，要求政府部门在执法过程中明确职责、分工合作，堵塞监管漏洞。深入虹桥综合交通枢纽，实地调研大动迁过程中涉台企业安置工作，听取《台湾同胞投资保护法》实施情况汇报，要求政府在做好重大市政工程建设项目的同时，依法维护被动迁方的权益。检查《档案法》实施情况，要求政府加强对区内企业和基层单位档案工作的指导和监督，拓展档案征集渠道，收集好、保管好、利用好反映闵行发展历史的重要档案资料。从支持国防建设出发，对《上海市退役士兵安置工作暂行办法》执行情况进行了专项检查，关心退役士兵就业和生活。常委会还检查了《水污染防治法》、《河道管理条例》等法律法规的执行情况。

*加强对司法工作的监督。*组织代表对涉及法院执行工作的信访件进行阅卷和分析，召开座谈会听取各方意见，建议法院继续做好立案、审判和执行的衔接工作，提高诉讼保全和委托执行案件的效率，积极探索破解执行难的方法与措施。法院采取“集中进行专项调查、集中特定时间开展执行、集中执行事关民生案件、集中执行疑难案件”等措施，进一步提高了案件执行率。听取和审议检察院查处职务犯罪专项工作报告，建议检察院加大对重点部门、重点领域的查案力度，完善办案机制，加强防范和宣传，扩大案件查办工作的社会效应。检察院加强对举报情况及涉检信访的分析研判，明确查案重点；注重与相关部门沟通配合，把好案件证据质量关，提高了侦查能力和办案水平。

六、以严格程序为原则，行使好重大事项决定权和人事任免权

常委会注重从实际需要出发，深入调查研究，严格规范程序，充分发扬民主，依法讨论、决定本行政区域内的重大事项，认真做好人事任免工作。

*讨论决定重大事项。*一年来，先后作出6项决议、决定。为了保证预算收支平衡，常委会经过认真审查，作出了关于批准区政府调整2009年度区本级财政预算的决议。从闵行区近年来人口数量不断增加，法院收、结案数大幅增长的实际情况出发，根据有关规定，决定增加人民陪审员名额50名。

依法做好人事任免工作。深入提请任免机关了解情况,严格审核任免材料,完善审查程序,坚持任前谈话、到会见面、表态发言和无记名表决等制度,确保人事任免工作质量。一年来,共任免国家机关工作人员81人次,其中区人大常委会工作委员会组成人员10人次,区政府组成人员20人次,区法院、检察院有关人员51人次。

七、以代表联系选民为抓手,促进代表作用的发挥

常委会通过抓典型与促平衡、激发代表履职积极性与做好代表组服务保障工作、发挥社区代表和条线代表各自优势等途径,深入推进代表联系选民工作,有效发挥代表作用。

增强代表履职意识。及时向代表提供常委会全年视察、调研活动安排,定期统计代表履职情况,并在年底反馈、公布。探索建立优秀代表书面意见评选机制,发挥典型示范效应,提高代表书面意见质量,促进相关问题的解决。召开代表小组组长培训会,引导组长在闭会期间积极发挥作用。一年来,共有249位区人大代表开展1 048次联系选民活动,其中公开接待选民56次。代表在闭会期间提交书面意见87条,约占书面意见总数的三分之一。

支持代表有效履职。针对部分条线选区代表难以有效联系选民的情况,常委会相关机构多次上门沟通,有关单位积极支持配合,制定和落实相关制度,为代表开展工作创造了良好条件。改进代表意见网上管理系统操作界面,完善网络功能,提高意见处理效率。两次听取政府关于代表书面意见办理情况汇报,并通过网上督办、现场督办、会议督办等形式,加大了对难点问题的督办力度,要求政府加强对承办人员的培训,规范意见办理,提升工作实效。区政府多次召开推进会,完善相关制度,严格落实时间节点,提高了代表书面意见的解决率。

指导基层人大工作。定期召开镇人大主席、街道代表组组长例会,组织交流代表工作和监督工作。指导镇人大不断拓宽工作思路,创新工作方式;指导街道代表工作室履行工作职责,完善工作机制,取得较好效果。

八、以自身建设为基础,增强常委会工作实效

常委会以开展深入学习实践科学发展观活动为契机,加强机制建设,完善工作措施,不断提升依法履职水平。

认真开展学习实践科学发展观活动。按照区委部署和要求,以“突出重点,关注民生,完善机制,强化服务”为实践载体,将学习实践科学发展观活动与人大工作紧密结合,深入调研,查找问题,分析原因,从提高审议质量、畅通民意表达渠道、加强财政预算监督等方面,制定18项整改措施,有效推动了人大各项工作。

努力改进工作方法。加强工作联动。在开展财政预算项目初审听证活动中,各工委发挥专业优势,分别负责一个听证项目,进一步扩大了听证项目范围。在食品安全和环境卫生监督、代表书面意见督办、来信来访处理等方面,各工作机构和办事机构互相配合,主动沟通,较好地发挥了整体作用。加大暗访力度。采取不预先告知视察时间、视察地点、视察内容的方式,深入基层调研义务教育均衡发展、社区卫生服务中心建设等工作,掌握第一手资料,增强了监督实效。

不断完善工作制度。制定《关于法律法规实施情况检查的若干规定》,对开展执法检查提出总体要求,确定具体程序,规范审议意见处理方式。建立常委会监督议题收集和筛选机制,向代表公开征集常委会会议和主任会议审议议题,在此基础上,结合年度工作重点,形成主要议题。

各位代表,过去的一年,在区委的领导下,在常委会组成人员和全体代表的共同努力下,在“一府两院”和各镇、街道的支持配合下,常委会认真贯彻落实科学发展观,依法履职,积极开拓,取得一定成效。但是与闵行科学发展的要求和人民群众的期望还存在差距,主要是:监督工作的针对性和有效性还不够强;代表意见建议的督办机制有待完善;常委会工作的制度化和规范化水平需要进一步提高。对于这些问题,我们将继续努力,不断改进。

2010年的主要任务

2010年,区人大常委会要在区委的领导下,坚持以邓小平理论和“三个代表”重要思想为指导,认真学习党的十七大和十七届四中全会精神,深入贯彻落实科学发展观,以实施监督法为主题,继续深化财政预算监督和代表联系选民工作,不断提高常委会审议质量和执法检查水平,积极探索加强工作监督和法律监督的有效方法,进一步行使好重大事项决定权和人事任免权,努力开创人大工作新局面。

一、围绕调结构、促发展,加强专项工作监督

专项审议产业结构调整工作情况,支持政府加强统筹协调,促进“大招商”体制机制的改革,推动街镇与园区联合招商;支持政府制定虹桥枢纽产业配套方案,抓好项目落地;支持政府推动科技创新和民营经济发展,形成规模与品牌效应。听取和审议建设和谐劳动关系专项工作报告,支持政府继续开展劳动关系和谐企业创建活动,推动企业加强管理,依法经营,促进劳动关系和谐发展。听取和审议“十二五”规划编制情况汇报,支持政府做好新一轮经济社会发展规划。

二、围绕拓领域、求深化,推进财政预算监督

加强对教育、科技、农业等重点领域预算执行情况的监督,督促政府进一步增强预算执行力。不断推进预算外资金收支和管理情况的监督工作,督促政府提高预算外资金的使用效益。继续开展人大代表预算监督知识培训,切实提高代表预算监督工作水平。修订常委会《预算审查监督办法》,通过和实施《预算初审的听证规则》,进一步发挥听证程序在预算初审中的作用。推动政府继续改进财政预算报表体系,使其更简洁明了、科学规范。推广试点单位财政预算监督经验,扩大镇级预算监督覆盖面。

三、围绕办世博、保和谐,加大执法检查力度

以交通和市容环境行政执法工作为切入点,听取城市管理相关行政执法专项工作报告,督促政府加强自身监督,严格依法行政。深入开展《食品安全法》实施情况的检查,加强各工委之间的联动,加大检查力度,督促政府确保世博会期间的食品安全。调研《法律援助条例》等法律法规的贯彻实施情况,督促政府保障弱势群体的合法权益。

四、围绕抓落实、讲实效,坚持代表联系选民

以联合接待、公开接待等形式,推动代表联系选民工作常态化和规范化,引导条与块、市与区代表加强联系,形成合力。探索有效形式,进一步提高代表联系选民的积极性。加大代表书面意见督办力度,对于关注度高、迫切需要解决的问题实行重点督办。加强与政府的沟通协调,完善代表意见办理专项经费使用的运作程序,提高资金利用率。继续加强代表书面意见网络建设,充分发挥网络快速、高效、便捷的信息搜集和传递作用。

五、围绕建机制、重质量,提高常委会整体工作水平

根据区委工作重点,进一步完善常委会监督议题收集和筛选机制,确保常委会审议议题更好地围绕大局,贴近民生。改进视察方式,坚持明察与暗访相结合,增加暗访;坚持工委单独视察与联动视察相结合,扩大联动视察;坚持视察亮点项目与薄弱环节相结合,注重视察薄弱环节。设立常委会会议询问环节,提高知情度,增强审议意见的针对性。制定《讨论、决定重大事项的规定》,促进决策的科学化、民主化。

各位代表,2010年是世博会的举办年,也是闵行区新的发展年,我们要在中共闵行区委的领导下,坚定信心,同舟共济,奋发进取,扎实工作,为世博会的成功举办和闵行的和谐发展作出应有的贡献。

(三)政府工作报告

——2010年1月19日在上海市闵行区第四届人民代表大会第五次会议上

区长 陈 靖

各位代表:

现在,我代表闵行区人民政府,向大会作政府工作报告,请予审议,并请各位政协委员和其他列席人员提出意见。

一、2009年工作回顾

刚刚过去的一年是很不平凡的一年。我们既满怀喜悦迎来了新中国六十华诞,又齐心协力应对国际金融危机冲击及城市管理中复杂严峻形势的挑战。一年来,在市委、市政府和区委的正确领导下,在区人大、区政协的监督和支持下,区政府认真贯彻落实科学发展观,坚定信心,振奋精神,攻坚克难,全力做好"保增长、促和谐、迎世博"各项工作,在全市率先实施的"暖冬"行动也取得明显成效,全面完成了区四届人大四次会议确定的经济社会发展任务。

(一)经济发展平稳较快

1. 保增长工作实现预期目标

认真按照中央、市一系列决策部署,针对形势变化迅速应对,围绕重点工作狠抓落实。主要经济指标增幅居全市区县前列。全区预计完成生产总值1234.4亿元,比上年增长10.2%,其中第三产业增加值比上年增长24.8%;实现财政总收入342.8亿元,比上年增长7.4%,其中区级财政收入110.3亿元,比上年增长14.3%。全年合同吸收外资12亿美元,实际到位11.2亿美元,比上年增长10.8%;新增内资注册资本260.2亿元,比上年增长27.4%。

2. 转变经济发展方式迈出较大步伐

高新技术产业发展加快。抢抓机遇,依托现有产业基础,经过努力,被市确定为新能源、民用航天航空、先进重大装备、电子信息和生物医药五大高新技术产业的重点区,在上海新一轮产业布局中占据了有利位置。制定了加快推进高新技术产业化的实施意见和各大产业发展行动计划,出台47项政策措施,设立专项扶持资金。积极服务国家战略,中航商用飞机发动机公司总部奠基。举办了中欧新能源发展论坛,开展了装备制造基地振兴与周边区域协调发展战略研究,与上海电气集团、申能集团等签订战略合作协议。被市确定为智能电网产业基地。尚德薄膜太阳能项目投产,锂动力电池、三菱自动扶梯项目开工,国电投资、西门子冶金、先锋GPS等总部及国家卫星导航应用、华东光电等项目落户。优化科技创新环境,紫竹科学园区被中央组织部命名为"海外高层次人才创新创业基地"。全年新增市科技"小巨人"企业6家、高新技术企业83家。区内企业与高校达成产学研合作项目110项,专利申请量连续六年在全市领先,被国家知识产权局列入全国首批"国家知识产权强区工程"。第四次创建成"全国科技进步先进区",并被国家科技部批准为上海首批"全国科技进步示范区"。信息化建设和应用加快推进,与中国电信、中国移动、中国联通的上海公司达成了合作意向。

第三产业发展势头良好。服务业对全区经济增长的贡献率预计达到74.5%。聚焦虹桥综合交通枢纽,积极研究枢纽周边地区功能定位和产业规划。莘庄商务区控制性详细规划完成修编,轨道交通莘庄站“上盖”开发出让方案已确定,10 号线停车场“上盖”已完成基础工程,南方商务区动迁完毕。漕河泾开发区浦江生产性服务业功能区开工建设,莲花生产性服务业功能区获市认定。建成 5 个区域商业中心和 9 个社区商业中心,仲盛世界商城开业。出台了相关政策措施,进一步促进房产市场健康稳定发展。

经济可持续发展能力增强。创新动迁工作推进机制,统筹兼顾各方利益,努力使居民、企业在支持动迁的同时,也成为了受益者。全区上下全力以赴,全年共动迁居民 10 150 户、单位 1 300 家。高度重视“两规合一”工作,目前土地实物储备约 1 万亩,为闵行区的后续发展争取了空间。被国家环保部确定为“生态文明建设试点区”。实施循环经济发展规划,24 家市、区级循环经济单位试点工作顺利推进。出台了重点用能企业节能扶持政策,实施了百项节能技术改造工程。两年多来,市、区联手对 1 200 多家高能耗企业实施了“关停转迁”,累计节约标准煤 50 万吨。在市公布的 2008 年节能降耗考核结果中,闵行区单位增加值能耗降幅达 11. 46%,居各区县首位。全区单位增加值能耗降幅和二氧化硫排放总量削减均提前完成“十一五”规划目标。

3. “暖冬”行动有效开展

全力抓项目开工、促竣工投产,全年重点产业项目新开工 102 个、竣工 140 个。加强为企业服务。集中走访了 1 500 多家企业,帮助解决了一批个性化问题。补贴企业基本养老保险金、失业保险金 2. 9 亿元。多渠道解决企业融资困难,各大银行为闵行区企业新增贷款 150 亿元,3 家小额贷款公司开业。加大政策性担保扶持力度,为全区中小企业提供融资服务 135 户次,贷款金额 5. 2 亿元,为 205 家高新技术企业聘请了金融顾问。莘庄工业区通过设立代偿保证金和搭建高新技术产业化投融资平台等办法,创新企业融资服务模式。服务上海神开股份公司成功上市。目前闵行区已有 5 家企业在深圳中小板上市,占全市总量的 36%。鼓励企业吸纳就业,举办了 30 场大型招聘会,提供就业岗位 1. 7 万个。加大创业带动就业工作力度,建立了总额为 1 700 万元的青年创业扶持基金,107 户企业入驻“青年创新创业园”。设立了专项资金,鼓励创建和谐劳动关系企业。开展“闵行休闲购物季”、“休闲消费闵行游”、“乡村休闲”等活动,积极扩大消费。全区实现社会消费品零售总额 372. 8 亿元,比上年增长 15. 3%。

(二) 迎世博工作成效明显

1. 重点工程建设有序进行

通过艰苦的努力,完成了虹桥综合交通枢纽及“一纵三横”配套道路和京沪高速铁路等重大工程的动迁。沪杭高速公路(改建)通车,机场高速公路基本竣工,闵浦二桥工程进展顺利,铁路闵行货运站投入使用,轨道交通 8 号线(二期)试运营。“城中村”改造完成动迁 2 091 户。深入推进截污纳管工程,全区污水收集处理率达到 82%,提前完成“十一五”规划目标。吴泾工业区环境综合整治完成动迁 92%,实施污染治理工程 68 项,主要工业企业已全部截污纳管。

2. 迎世博 600 天行动走在前列

认真落实迎世博 600 天行动计划,广泛开展一系列世博主题宣传和实践活动,强化了窗口服务行业的管理,加强了市容市貌和城市管理顽症的综合治理。在全市文明指数测评中,闵行区城市文明指数在郊区县中的排名,从第二个 100 天开始一直保持在前三名,其中服务文明指数连续四个 100 天排名第一。城市管理在第四个 100 天考评中获全市优秀。全面完成了延安路高架沿线集中整治,实施进度居全市前列。成功举办“走进世博”大型旅游主题晚会和“虹桥综合交通枢纽与长三角联动发展”论坛。推进城市网格化管理,全区网格化管理区域达到 107. 6 平方公里,城市数字化管理快速处置机制初步形成。拆除各类违法建筑 268. 3 万平方米,完成全年任务的 148. 8%。第四轮“环保三年行动计划”的 55 个项目全部启动。完成立体绿化 17 万平方米,新建公共绿地 50 万平方米,全区人均公共绿地面积达到 17. 2 平方米。

(三)和谐社会建设积极推进

1. 精神文明建设和各项社会事业有了新发展

以“迎世博、讲文明、树新风”活动为抓手,推动各类精神文明创建活动深入开展。全区524个小区、115个村和456家单位分别创建成市区两级文明小区、文明村和文明单位。

教育改革与发展取得新进步。召开了区教育工作会议,出台进一步深化教育改革的指导意见。通过引进优质资源、建立校长发展中心和骨干教师培训基地等措施,推进教育均衡与内涵发展。全区预算内教育经费投入比上年增长16%。与华东师范大学、上海师范大学、上海外国语大学签订了合作协议,向明高中浦江校区、上海外国语大学闵行实验学校开学,与上海市第二中学也达成了建设闵行校区的意向。成立了闵行职业教育联盟,启动了首批合作项目。制定了社区教育评估指标体系,7个镇、街道创建成为“市社区教育实验街道(乡镇)”,被国家教育部命名为“全国社区教育实验区”。出台了促进民办教育发展的指导意见,完善了管理、扶持机制。

卫生综合改革继续深化。被国家卫生部评为“全国应用居民电子健康档案推进居民健康管理信息化试点区”,户籍人口签约建档率达到90.3%。公立医院体制机制进一步完善,社区卫生服务、药品综合管理等改革取得成效。加大社区卫生投入力度,实施社区卫生服务中心与区域医疗中心双向卫生服务,肿瘤早期发现率从10%提高到30%。实现了农村合作医疗区级统筹。完成了区域内重点人群甲型H1N1流感疫苗接种。区中医医院新机制开始运营,区中心医院(二期)和市第五人民医院门急诊大楼、吴泾医院改扩建等项目进展顺利。完成了区疾病预防控制中心的整体搬迁。

文化体育事业蓬勃发展。优化布点规划,区镇两级文化、体育设施日趋完善。集城市剧院、图书馆、青少年活动中心、档案馆为一体的春申文化广场基本建成,剧院已投入使用,并实施专业管理。旗忠网球中心(二期)投入使用。浦江、梅陇等社区文化活动中心建设进展顺利,建成农家书屋111个,完成了浦江召楼老街(一期)保护性开发。第十一届中国上海国际艺术节群文活动开幕式暨上海合唱节、网球ATP大师赛、国际马拉松赛、世界乒乓球群英会等重大赛事活动成功举行。闵行区运动员在第十一届全国运动会上摘得1枚金牌、3枚银牌和2枚铜牌。大力开展群众性文化体育活动,举办了第四届区艺术节和运动会。全区83所公办学校的体育场地向社区开放,54万人次居民受益。

2. 新农村建设得到加强

全年安排统筹城乡发展资金比上年增长114%。加大都市农业发展力度,完成了2 294亩设施农田建设,浦江、马桥休闲农业取得突破,新设立农民专业合作社14家,组建了航天育种科研团队。加快土地流转和规模经营,梅陇镇被列入全市农村集体建设用地流转试点。出台了完善村级集体经济组织产权制度改革的政策意见。推进村务公开和民主管理,完善了村级社会事业台帐。经济薄弱村结对帮扶取得成效。完成38个自然村庄改造,8 757户村民受益。改造农村危桥58座,建设村级道路120条,提高了农村公路通行能力。完成260条(段)村宅河道整治和浦江、华漕、马桥、梅陇等农村生活污水收集处理工程。

3. 民生保障体系继续完善

扎实推进民生指标的优化、落实和后评估工作。全年城镇和农村居民家庭人均可支配收入分别为24 969元和16 082元,比上年增长9.5%和10.9%。实事项目等民生工作全面落实。公共自行车免费服务项目受到欢迎,已累计投放便民自行车1万辆。投入6.5亿元解决了4 810名涵养林、片林农民的“镇保”问题。区、镇合作回购经营性物业93.3万平方米,作为持续的民生和经济保障。莘庄工业区成立全市首家农村社区股份合作社。包括市大型居住社区浦江基地在内的70万平方米保障性住房已开工建设。经济适用住房试点工作启动。新增廉租住房保障户326户。落实人才公寓11.7万平方米,新增“蓝领”公寓26.7万平方米。完成旧小区“平改坡”综合改造304.9万平方米,对335万平方米居民住宅二次供水设施进行了改造。全年新增就业岗位3.3万个,对4.3万名各类劳动者开展了职业技能培训。新增养老床位1 005张、居家养老服务对象2 500人,中谊福利院投入使用。建成12个居民自助健康管理小屋,3.7万名退休和困难妇女以及重残无业人员接受了免费健康体检。为379户计划生育特殊家庭提供了免费助餐和家政服务,对1.6万户0—3岁婴幼儿家庭进行了免费培训。新增银行、邮政、医保等服务网点43处。完成了4 500户居民低电压改造。新辟和调整公交线路18条,开通了"世博家园"社区巴士。

4. 平安建设深入推进

被中央综治委评为"全国平安建设先进区"。"110"接警量近几年来首次下降。确保了国庆等重要节点的社会稳定。以动拆迁信访积案为重点,加强信访突出矛盾化解工作,妥善处置沪杭客运专线、北翟路高架建设等引发的群体性矛盾。开展重信重访专项治理,初信初访办结率保持100%。扎实推进社会矛盾大调解机制建设,动员社会力量参与社会矛盾化解,启用了区诉调对接中心。各级人民调解组织共调解矛盾2.2万件,调处成功率达97.5%。加强劳资突出矛盾预防化解工作,集中清理并基本消除了劳动仲裁积案。城市综合管理"大联动"机制试点工作取得初步成效。强化安全生产监管,扎实开展安全生产执法、治理和宣传教育"三项行动",加强了重大工程项目安全生产及消防安全、交通安全、食品药品安全等专项整治。通过多方努力,妥善处置了"莲花河畔景苑"在建楼房倒覆事故,受到了上级和舆论的好评。

同时,开展了"十二五"规划基本思路研究。国防和双拥工作得到加强,民防、民族、宗教、对台、侨务、外事、档案、地方志、妇女儿童等各项工作取得新成效。被国务院三峡工程建设委员会评为"全国对口支援工作先进集体"。

(四)政府自身建设不断加强

1. 学习实践科学发展观活动扎实开展

围绕"保增长、促和谐、迎世博,推动闵行科学发展"这一实践载体,认真开展学习实践活动。通过调查研究、解放思想大讨论、民主生活会、集中现场办公,以及对"区长信箱"、"民生热线"和群众信访反映集中的问题梳理等方式,广泛征求各方意见,认真开展分析检查,明确了60个整改事项,出台了24项政策措施,着力破解发展瓶颈。加强后续督查,确保整改实效,目前整改事项已基本落实,群众评议总体满意率较高。

2. 工作机制不断完善

加强人大代表书面意见和政协提案办理工作,意见、提案反映的问题有84.1%得到解决或正在解决、计划解决。严格执行行政执法责任制、行政效能监察等制度。推行审计结果公开,规范内部审计工作。健全政府信息公开制度,进一步规范工作流程。举办了6次"区长网上办公",近1.4万人次网友在线交流。通过在全市较早建立的招投标统一公共服务平台,将预算单位建筑工程、政府实事、民生服务、办公设备等政府采购纳入平台。2007年以来,政府采购金额累计19.8亿元,资金节约率达到10.5%。

3. 各项改革继续深化

加大行政审批制度改革力度,取消和调整行政审批事项81项,占总数的20%。大力优化审批流程,在全市率先推行企业设立并联审批,建设工程审批程序56%得到简化。取消行政事业性收费54项。公共财政管理体系进一步健全,以结果为导向的财政预算改革全面启动,并在3个镇开展了试点。节约型机关建设取得成效,会务、接待、国内外考察等费用继续下降。统筹全区绩效考核,围绕重点工作,分类实施考核。按照市统一部署,顺利完成了区级机构改革和村委会、居委会换届选举。

各位代表,过去的一年,是闵行逆势奋进、转型发展的一年。我们深切感受到,每一点成绩,都离不开市委、市政府和区委的正确领导;每一步发展,都凝聚着全区人民的智慧和力量。在此,我代表区政府,向给予政府工作大力支持的人大代表和政协委员,向各民主党派、工商联和社会各界人士,向在各行各业、各个岗位辛勤劳动的全区建设者,向所有关心、支持闵行发展的同志们、朋友们,表示崇高的敬意和衷心的感谢!

回顾一年来的工作,我们也清醒地认识到还存在着不少亟待解决的问题。主要表现在:经济社会协调发展方面,转变经济发展方式任务仍然艰巨,产业需加快转型升级,与虹桥综合交通枢纽的对接、融合还不够;社会建设相对滞后,社会保障工作需进一步加强,特别是早期征地农民的困难较为突出,教育、卫生等社会事业还要继续加大改革推进力度,有效激发社会活力。必须防止出现增长难持续、发展没质量、统筹不兼顾、民生缺感受的情况。城市建设和管理方面,处在大动迁、大建设、服务世博的重要时期,对快速城市化、工业化进程的特点及规律认识和把握还不够,工作理念有待创新;有些习以为常的管理办法欠规范、不科学,在建楼房倒覆、城管执法和交通行政执法事件的教训深刻,表明城市管理体制机制必须要有突破性的转变。社会管理方面,针对出现的新情况、新问题,还缺少协调群众利益、引导诉求有序表达的机制和方法,由市政重大工程建设和动拆迁等引发的信访矛盾较为突出,在源头治理、有效沟通、主动服务等方面还需要加强和创新。政府自身建设方面,政府职能还要加快转变,推动科学发展的体制机制有待完善,分工协作、形成合力还不够,执行力需进一步增强,一些工作推进效率还不高;有的政府公职人员依法行政意识薄弱,基层工作经验不足,与媒体沟通、解决社会矛盾等能力不够,特别是利用网络有效工作差距明显等等。对于这些问题,区政府将认真研究,努力改进。

二、2010 年工作目标和总体要求

2010 年是“世博年”,也是实施“十一五”规划的最后一年,做好 2010 年工作,意义重大。当前,世界经济正在缓慢回升,但全球经济复苏仍将是一个曲折的过程。国内及上海经济运行出现积极变化,一系列保增长政策措施初见成效,但经济回升的基础还不牢固。同时,还出现了一些新的趋势。一是坚持“低碳发展”逐渐成为共识,建设生态文明已成为新的方向;二是以虹桥综合交通枢纽基本建成为标志长三角高铁时代的到来,同城效应将形成,长三角经济社会一体化趋势明显,人流、物流、资金流的变动会带来产业的新布局;三是上海进入了轨道交通网络化时代,到 2010 年闵行区运营的轨道交通也有 6—7 条,城市发展步入新阶段;四是世博会的举行及后世博效应,给经济发展、城市运行和民生改善带来全新要求。我们必须紧紧把握机遇,推动闵行科学发展,全力以赴做好各方面工作。

2010 年全区经济社会发展的主要预期目标是:生产总值比上年增长 10% 左右,财政收入比上年增长 8% 左右;城镇和农村居民家庭人均可支配收入分别比上年增长 10% 左右。

2010 年区政府工作的总体要求是:认真落实中央和市委、市政府及区委的要求,深入实践科学发展观,以“保和谐、促发展、一切为了世博会”为主线,坚定不移转变发展方式,全面推进结构优化调整,着力加强以改善民生为重点的社会建设,充分发挥世博效应。努力完成 2010 年和“十一五”规划各项目标任务,高质量编制好“十二五”规划,凝心聚力推进闵行现代化新城区建设。

三、努力实现经济社会全面协调可持续发展

着力把握好当前与长远、政府与市场、工作推进与社会稳定的关系,全力做好经济社会发展各项工作。

(一) 全面推进结构调整,努力促进经济社会转型

1. *着力调整经济结构*

调整二三产业结构,加快发展第三产业。重点发展现代服务业特别是生产性服务业。服务上海国际贸易中心建设,加强与市对接联动,配合虹桥商务区核心区(一期)商务开发,加快制订、落实西虹桥商务区发展规划,瞄准综合会展、国际商务、信息服务、文化创意、电子商务、现代物流等产业,努力打造

与上海国际贸易中心重要承载区主体功能相适应的服务业集聚区。完成轨道交通莘庄站“上盖”供地并启动建设，积极推进剑川路商务区动迁等前期工作，加快莘庄商务区、七宝生态商务区、南方商务区和旗忠森林体育城的土地供应，大力吸引重大产业项目落户。深化元江商务区规划研究，明确功能定位。完善轨道交通沿线发展规划，推进站点周边商贸、商务等服务业发展。培育国际医疗产业，加快国际医学中心建设，继续发展国际教育，着力构筑具有闵行特色的第三产业体系。

调整产业内部结构，提升产业能级。聚焦发展高新技术产业。服务国家战略，加强与中央企业以及世界500强企业合作，发挥主要产业园区和产业基地的集聚带动效应，推进新能源、民用航天航空等产业形成产业链和产业群。加强与电气、华谊等市属大集团和闵行开发区、漕河泾开发区浦江高科技园以及“科技绿洲”的产业对接，联手推进先进重大装备、电子信息、生物医药、新材料等重大项目建设并做好配套服务。充分利用紫竹科学园区品牌，重点吸引投资、营销等项目，努力集聚上市公司总部。加快莘庄工业区等成熟园区的深度开发，进一步提高产出效益。促进园区与镇、街道优势互补、联动发展。以高新技术产业和现代服务业为导向，全面开展“大招商”。全年合同吸收外资争取16—20亿美元，新增内资注册资本250亿元左右。建立科学合理的目标体系，梳理、完善产业政策，优化区镇联动招商和考核机制，继续储备土地，加大出让力度，加强闲置土地处置，实现优质资源与重点项目对接，保持较高强度的产业投入。大力推进动迁、腾地和项目落地，保障项目开工，同时加强对项目竣工、投产的动态管理和跟踪服务。深化“三区联动”，依托紫竹科学园区与上海交大共建上海紫竹新兴产业技术研究院，打造高端产业技术创新基地，培育战略性新兴产业，实施一批科技进步示范项目。探索设立创业投资引导基金，构建区域创业投资服务体系，推进知识产权质押融资 试点工作，进一步完善创新创业环境。加强科技企业孵化，支持和服务中小企业、民营企业加快发展。继续加强科普工作。

调整供需结构，着力扩大内销。推进大型商业设施和社区商业中心建设，完善布局，丰富供给，营造良好的消费环境。依托世博会带来的商机，组织开展闵行产品展示推广等活动。整合区内品牌商业、文化和旅游资源，着力发展休闲消费，培育新的消费热点，推动消费结构升级。创新机制，加大投入，特别是充分利用电子商务平台，鼓励进口，支持区内高科技企业拓展国内市场，扩大销售。优化房产供应结构，加快商务楼宇开发。抓好房产项目开工和竣工销售，全年开工300万平方米以上、竣工300万平方米左右，保障市场供求稳定。

2. 优化调整社会结构

继续加快城乡结构调整。结合城市化的快速推进，统筹全区城乡发展。加快浦江镇全国小城镇发展改革试点。多渠道促进农民持续增收。鼓励企业吸纳本地农民就业，增加农民工资性收入。完善政策措施，提高农民务农收入。有序推进村级集体经济组织产权制度改革，扶持土地、农产品、物业等多种股份合作社加快发展，确保农民的收益。加强对农民创业的金融和财税支持，培育农村新型金融组织。完善农业经营体制，探索建立社会化“三农”服务体系。深化基本农田等生态补偿机制，支持镇、村持有经营性物业，加强对经济薄弱村的结对帮扶，多渠道壮大集体经济。完善都市农业发展规划，大力发展高效生态农业。提高农业组织化程度，以实施土地承包经营权流转制度为重点，继续发展多种形式的适度规模经营。推进农业科技创新，加快航天育种基地建设，积极推进生态农园、创意农业示范基地和农业旅游示范点建设。通过不懈努力，尽快缩小城乡居民收入的差距。同时，区、镇、村联手建立新农村建设长效管理和投资机制，加快发展农村公共事业，加强农村道路、供水设施改造和生活污水收集处理，实现农村地区生活垃圾收运系统全覆盖，城乡公共厕所全部实行免费开放。完善农村社会事业资源配置，提高农民保障水平，加快实现城乡公共服务一体化。

高度重视人口结构调整。加大吸引、培养人才力度。以重大产业项目和产业技术创新基地为载体，聚焦建设国家“海外高层次人才创新创业基地”，加强领军人才培育和创新团队建设。以聚才基地、助才平台、扶才资助为重点，“引资”与“引智”相结合，构建具有闵行特色的引才政策体系，探索建立统一的人力资源市场。加大本土人才培养力度，切实发挥企业、院校在高技能人才培养中的主体和基础作用，努力形成有利于高技能人才成长的制度环境和社会氛围。加强综合服务，探索实有人口、实有房屋全覆盖管理的长效机制,完善人才公寓、“蓝领”公寓的建设和管理,关注企业用工问题,完成8万人次外来从业人员职业技能和安全生产等综合培训。加强人口调控,通过产业结构、城乡结构调整等措施,有效控制人口规模,优化人口结构,逐步使闵行由人口大区转化为人力资源强区。

(二)高度重视社会建设,维护社会和谐稳定

1. 下大力气改善民生

加强就业和社会保障工作。坚持更加积极的就业政策,全年新增就业岗位2.5万个。加强就业援助,镇、街道“充分就业社区”创建成功率力争达到100%。健全多方协调机制,创建和谐劳动关系。进一步完善社会保障体系。鼓励征地养老人员参加“居民医保”。完善“农保”制度,与国家、市新政策平稳对接。加强对改制(转制)企业及其职工的服务。关注早期征地农民和低收入人群的困难,多渠道做好帮扶工作。探索建立政府主导、多方参与的社会救助体系。

着力解决群众“急难愁盼”问题。继续推进分层次、多渠道、成系统的住房保障体系建设,加快建设保障性住房,稳妥推进经济适用住房试点工作,扩大廉租住房受益面。坚持创新机制,继续完善政策,大力推进旧小区改造,不断改善居民居住条件。加快农民动迁房建设,完善动迁后的服务。优化公交线网,加强地面公交与轨道交通的衔接。完善区域路网,着力改善交通拥堵问题,努力为群众提供便捷、安全、经济的出行条件。实施中小学校舍抗震加固工程,为农民工子女学校500个教室配备多媒体教学设备。完成全区所有低电压用户改造。加快老龄事业发展,新增居家养老服务对象2 200名、养老床位700张,新建4个综合性老年活动中心,发展日间照料服务。重视残疾人工作,建成5个残疾人阳光职业康复援助基地。对出生缺陷重点目标人群实施基本项目免费孕前检测。加强传染病防控,建立15家规范化的发热门诊或排查室。

完成好一批与人民生活密切相关的实事项目:

(1) 将旧公房物业管理共建试点面扩大到600万平方米;

(2) 完成10条、开工10条道路连通工程;

(3) 新辟和调整20条公交线路,新增80辆公交车辆,新建300座公交候车亭,新增1 000个机动车公共停车泊位;

(4) 完成15家标准化菜市场改造,大型超市卖场、农贸批发市场和43家标准化农贸市场实现食品安全实时监管全覆盖;

(5) 完成3 300户基本农田保护区自然村庄改造;

(6) 引入10家优质教育、医疗机构;

(7) 在区内影剧院组织100场世博免费专场,实现全区424个基层文化“数字家园”服务点全覆盖;

(8) 为退休及困难妇女、60岁以上户籍老人和全部残疾人提供两年一次免费健康检查;

(9) 对本区第一代独生子女家庭父母五类大病实行住院护理补贴。

2. 加快提升社会事业发展水平

立足于促进均衡、体现特色,保基本、创品牌,着力加大统筹力度。编制区中长期教育改革发展规划等社会事业规划,出台加强师资队伍建设的相关政策,完善教育统筹和考核机制,开工建设华东师大附属校区和上海师大附中浦江校区。在教育、卫生等事业单位实施绩效工资改革。依托信息化推进社区卫生服务综合改革,加快仁济医院(南院)建设和上海五官科医院迁建,大力推进与华山医院、华东医院、上海肿瘤医院的合作项目。开展流动图书馆试点,推进有线电视网络数字化建设,全面开放春申文化广场并建立共享机制,开工建设区文化公园、航天博物馆,开放20家民间收藏馆,组织100场民间收藏品展览,建设文化创意及收藏品交流服务平台。积极组队参加上海市第十四届运动会,创新群众体育活动推进机制,组建社区体育协会,旗忠网球中心16片室外球场向区内居民免费开放。完善配套设施,加强跟踪服务,充分发挥已引进优质资源的最大效益。争创“全国人口和计划生育综合改革示

范区”。

创新机制，激发社会活力，提高公共服务供给能力。坚持政府主导与社会参与相结合，发挥社会组织作用，充分利用社会资本，推动社会化运作，加强政策引导和管理服务，汇聚各方力量加快社会事业发展步伐。通过试点社区服务卡（券）等方式，探索建立社会服务的新机制。利用好民间社会服务资源，推动区域内高校、大型企业的文体等设施向社区开放，多渠道满足居民需求。

同时，继续做好对口支援工作。加强国防后备力量建设和国防教育，争创“全国双拥模范城”五连冠，为军人家属的就业、就学等提供更好服务。切实做好民防、民族、宗教、对台、侨务、外事、档案、地方志、妇女儿童等工作。

3. 切实加强社会管理

完善体制机制。高度重视源头预防和化解社会矛盾，加强重大政策、重大项目社会稳定风险评估。深入推进社会矛盾大调解，加强镇、街道预防调处中心平台建设，建立区、镇、村三级社会矛盾信息联动、研判、预警机制。高度重视初信初访办理，进一步深化领导下访包案、信访代理和律师参与等工作机制，建立信访事项处理终结制度，逐步减少信访积案。理顺监管体制，加强区镇联动，实现对工程质量、食品、交通、消防、生产等安全管理的全覆盖、高效率。

夯实基层基础。扩大基层民主，加强村委会、居委会自治能力建设。完善社区管理体制，优化镇管社区机制，强化住宅小区物业管理和业委会建设，培育社工等服务队伍，大力发展公益性社区服务组织。稳妥做好新虹街道筹建运行和龙柏街道的拆并工作。

强化世博安保。做好世博安全保卫群防群治工作，加强社会治安综合治理。扎实推进平安建设实事项目，加强法制宣传与教育，充实基层维稳综治力量，着力解决社会治安、社会稳定的突出问题，增强人民群众的安全感。进一步完善各类突发事件处置机制，防止发生重大群体性事件和严重公共安全事件。启用区城市综合管理及应急联动中心。

（三）全力以赴服务世博，提升城市建设、管理和服务水平

1. 确保完成服务世博会各项任务

按照市委、市政府要求，围绕与国际参展方开展友好结对活动、组织文艺演出进园区、人力资源支持、加强入园服务外包单位监管、园区志愿者资源储备、世博会特许经营支持、交通控制疏导和组织客源参观等八项重点工作，全力做好整个世博会期间的服务保障。

2. 深化、强化和延伸迎世博600天行动工作机制

推进城市管理与公共服务有机结合，在管理理念上要有新转变，在体制机制上寻求新突破。以“整合资源抓源头、综合治理保稳定、化解隐患促和谐”为目标，以区、镇（街道）和村（居民区）三级网络为依托，强化条块结合、属地管理，整合各类资源，全面落实城市综合管理“大联动”机制，着力解决城市管理方面的制度缺失和体制障碍。坚持疏堵结合，综合治理非法营运等城市管理顽症，坚决杜绝不正当、不规范的行政执法行为。实施政策聚焦，完善推进机制，建立联合审批平台，加快“城中村”和旧村宅改造。同时，继续加强违法建筑预防和整治。

加强生态文明建设。坚持世博生态环保理念，把服务世博作为优化人居环境的契机。以交通枢纽、主干道路、轨道交通等为重点，加大市容环境综合整治力度，进一步加强虹桥综合交通枢纽周边、沪闵路、七莘路、七宝老街等重要区域、重点道路的景观建设。编制和实施《闵行生态文明建设规划》，全面推进“生态文明建设试点区”工作。加强地下空间的开发利用。严格实施建设项目能耗审核制度，完善百项节能技术库、百个节能项目库。发展循环经济，支持闵行开发区和莘庄工业区创建“国家生态工业园区”。发展“低碳经济”，倡导“低碳生活”，加强能源综合利用和管理，推广建筑节能和太阳能发电应用，进一步完善便民自行车系统，在全区营造重视节能环保的良好氛围。加快实施第四轮“环保三年行动计划”。加强春申塘、周浦塘、俞塘等水环境和水景观建设，继续推进村宅河道整治，建设50公里污水收集管网。提高绿化建设水平，人均公共绿地面积力争达到18平方米。启动江川地区滨

江绿地等建设。

3. 继续完善城市基础设施

全力配合推进市重大工程建设,为虹桥综合交通枢纽新航站楼、沪宁城际铁路、沪杭客运专线等投入使用并充分发挥上海重要门户作用,做好配套服务。完成嘉闵高架北段、金山铁路支线、轨道交通12号线、13号线停车场等项目动迁。启动虹梅南路快速路、嘉闵高架南延伸和轨道交通8号线(三期)等项目的前期工作。进一步梳理、完善虹桥综合交通枢纽和铁路闵行货运站等重点区域的道路交通网络,完成沪杭高速公路配套路网建设。

4. 动员全社会参与奉献世博

精心组织、有效发动公众广泛参与,把服务世博作为一个向世界、向全国展示闵行的契机。结合争创新一轮"全国文明城区先进区",加强市民道德教育,积极推进群众性精神文明创建活动。加强志愿者队伍建设,全面开展社区服务世博等活动,切实提高城市文明程度和居民素质,展示闵行良好的精神风貌。强化窗口服务行业管理和岗位培训,继续举办百日评优、技能比武等活动,激发各行各业工作热情。以公共、综合服务类窗口等为重点,开展满意度评价,提高交通运输、商业娱乐、旅游接待等行业的服务质量和水平。加强与上海世博局合作,组织万名市民看世博。支持工会、共青团、妇联等人民团体发挥作用,大力开展各类创建活动,形成服务世博的强大合力。

(四)统筹兼顾谋划长远,精心编制"十二五"规划

按照科学发展观要求,根据"协调发展、创新发展、低碳发展、共享发展"的原则,以经济社会的全面结构调整为目标,统筹考虑经济与社会、城区与农村、人口与环境、硬件与软件等因素,更好地谋划未来发展。以把握全区调结构、促发展的战略方向、推进以改善民生为重点的社会建设、完善城市建设管理的思路方法、促进城市发展空间优化及城乡统筹发展、提升城市软实力、促进政府管理创新等为重点,研究、解决影响闵行"十二五"发展的重要问题和群众期盼的民生问题。加强政府部门与社会研究力量的良性互动,建立重大问题社会参与机制,集思广益、群策群力,使"十二五"规划编制的过程真正成为集中民智、开启思路、解决难题、凝聚人心、形成共识的过程。

四、着力提高政府管理和服务水平

紧紧围绕建设服务政府、责任政府、法治政府和廉洁政府的要求,坚持以人为本、执政为民,以政府职能转变为核心,切实加强政府自身建设。

(一)坚持改革创新,提升行政效能

加快转变政府管理经济社会事务的方式。完善推动科学发展的考核机制,在服务世博的关键时刻,把确保和谐稳定放在更加突出的位置。着力优化财政支出结构,进一步加大在改善人民生活、加强公共服务、促进经济转型等方面的投入。按照市政府"两高一少"的要求,进一步创新和改革行政审批管理体制、运行机制,加快建设网上行政审批平台,扩大企业设立并联审批实施范围。继续依法取消和调整行政审批事项,严格清理和规范行政事业性收费。启动区公共服务中心建设。

逐步推行行政管理标准化。按照规范、高效、创新的要求,探索行政管理与政府服务标准化建设。通过建立定人、定岗、定责的量化标准,制定办事细则,完善监督办法,形成行为规范、运转协调、公正透明、廉洁高效的行政管理体制。

(二)健全监督机制,规范政府行为

自觉接受区人大及其常委会的法律监督和工作监督,主动接受区政协的民主监督,认真听取民主

党派、工商联、无党派人士和各人民团体的意见。强化司法监督。重视舆论监督和社会公众监督，提高回应、整改的及时性和有效性。

着力提高行政透明度。依法在更大范围、更深层次上推进政府信息公开，加大财政性资金、政府投资项目、公共服务等与群众利益密切相关领域的信息公开力度。继续深化公共预算改革，加强公共财政的绩效管理。完善预算外资金收支管理情况和城市管理行政执法情况接受区人大监督机制。加大审计公开力度，逐步推行部分专项资金审计结果公开。充分利用好网络，拓展政府管理、服务和群众工作的渠道。完善政府科学决策、民主决策机制和监督机制，特别是民生项目安排要更充分体现群众意愿，引导居民对政府工作行使更广泛的建议权和评价权。

（三）切实改进作风，加强队伍建设

发展任务重、财政投入多的情况下，要把反腐倡廉放在更加突出的位置。按照建立健全惩防腐败体系的要求，严格落实廉政建设责任制，以开展廉政风险防控工作为抓手，在坚决惩治腐败的同时，切实加大从源头上防治腐败的力度。认真开展工程建设领域突出问题专项治理。加强行政监察，落实行政过错责任追究等制度。坚持艰苦奋斗、勤俭办事，深入推进节约型机关建设。切实规范公务消费行为，全面推行公务卡制度。

全体政府工作人员、特别是各级领导干部的思想、行为、作风等，直接影响政府工作，直接关系政府形象。我们要切实增强依法行政意识，严格按照法定程序和权限行使权力、履行职能，加强对政府工作人员特别是行政执法人员的管理和监督，有责必问、有错必纠，提高公信力；我们要切实增强宗旨意识，以群众、企业、基层的需求为导向，转变思想观念，发扬民主作风，加强基层锻炼，提高执行力，有效解决一批困难和问题；我们要切实增强忧患意识，提高敏锐性和预见性，完善社会公共事件处置的快速反应机制，确保城市和谐稳定运行；我们要切实增强改革创新意识，不断解放思想，着力突破瓶颈，加快形成与推动科学发展相适应的政府工作体制机制。

各位代表：建设美好家园是我们坚定不移的目标！让我们紧密团结在以胡锦涛同志为总书记的党中央周围，按照市委、市政府“五个确保”的要求，在区委的领导下，团结奋进，再创佳绩！

（四）中国人民政治协商会议
上海市闵行区第四届委员会常务委员会
工作报告

——2010年1月18日在政协上海市闵行区
第四届委员会第四次会议上

闵行区政协主席　吴申耀

各位委员：

我受政协上海市闵行区第四届委员会常务委员会的委托，向大会作工作报告，请予审议。

2009年工作回顾

2009年是新中国和人民政协成立60周年，是人民政协事业具有重要意义的一年。一年来，区政协常委会在中共闵行区委的领导下，以邓小平理论和“三个代表”重要思想为指导，贯彻落实科学发展观,按照区政协四届三次会议确定的工作任务,团结和依靠各界政协委员,切实履行政治协商、民主监督、参政议政职能,各项工作不断拓展,为加强社会主义民主政治建设,促进闵行区经济和社会各项事业科学发展,作出了积极的贡献。

一、以科学发展观指导政协工作,认真学习贯彻中央会议精神

常委会结合深入学习实践科学发展观活动,不断深化对科学发展观科学内涵、精神实质和根本要求的理解,增强贯彻落实科学发展观的思想观念,坚持以科学发展观统领政协工作,认真查找工作中存在的不足,努力使政协工作与科学发展的要求相适应,进一步提高工作的能力和水平。结合学习贯彻胡锦涛总书记在庆祝人民政协成立60周年大会上的重要讲话精神,认真开展各种形式的庆祝和学习活动,努力落实中央、市委、区委对政协工作的新要求,促进政协工作新发展。

(一)以科学发展观为指导,进一步加强政协工作

常委会结合学习实践科学发展观活动,深化对科学发展观科学内涵和精神实质的认识,努力把思想和行动统一到科学发展观的要求上来。通过学习,常委会进一步认识到,科学发展观是立足社会主义初级阶段基本国情,总结我国发展实践,借鉴国外发展经验,适应新的发展要求提出来的,是发展中国特色社会主义必须坚持和贯彻的重大战略思想,必须将其作为政协履行职能、开展工作的重要指导方针予以坚持。在此基础上,常委会坚持学用结合,按照科学发展观的要求审视政协工作,广泛征求民主党派、人民团体和各界政协委员的意见建议,着力研究和解决影响政协职能发挥和自身建设的突出问题,从进一步发挥委员主体作用、完善政治协商和民主监督机制、创新视察机制、丰富委员活动机制等方面入手,进一步加强政协工作制度化、规范化、程序化建设,不断提高服务发展、服务全局的能力,提高增强团结、发展民主的能力,提高与时俱进、开拓创新的能力,努力把学习实践活动的成果,转化为促进工作的具体举措,不断提升政协工作水平。

(二)深入学习胡锦涛同志重要讲话精神,推进政协工作新发展

常委会把学习贯彻胡锦涛同志在庆祝人民政协成立60周年大会上的重要讲话精神作为当前和今后一段时期的一项重要工作,及时组织中心组学习,举办政协委员学习班,举行专委会专题学习,通过各种形式,组织政协委员深入开展学习,深化对新时期新阶段人民政协工作性质、地位和作用的认识,进一步增强坚持和完善中国共产党领导的多党合作和政治协商制度的信心和决心。更加注重引导委员深刻领会、准确把握胡锦涛同志对政协工作的新要求,努力在工作中予以体现。以庆祝新中国和人民政协成立60周年为契机,协助区委召开闵行区政协工作会议,配合区委起草《关于加强人民政协政治协商的意见》和《关于进一步完善民主监督机制的意见》两个文件的建议稿,切实把中央、市委、区委对政协工作的新要求精神落实到政协履职的各个方面,不断提高政协工作的整体水平。与长宁、徐汇两区政协联合举办人民政协成立60周年理论与实践研讨会,回顾总结发挥党派团体和专委会作用、推进政协工作等方面的经验做法,交流学习胡锦涛总书记重要讲话精神,不断提高政协工作水平。与杨浦、嘉定、静安区政协联合举办"辉煌六十年"——庆祝新中国和人民政协成立60周年书画摄影联展,并同步开通网上展厅,吸引各界委员和社区群众前往参观,进一步扩大了政协影响,为政协工作营造了良好氛围。

二、围绕中心工作,开展政治协商,努力体现实效

政治协商是人民政协的首要职能,是政协存在和发展的重要依据。常委会高度重视政治协商工作,把推进协商在决策之前作为工作重点,不断完善协商制度,进一步提高协商的计划性和针对性。注重发挥党派团体在协商中的重要作用,围绕本区改革发展稳定的重大问题,认真组织各个层面的协商,确保协商活动有效开展。

(一)聚焦热点难点问题,大力推进"协商在决策之前"

年初,常委会在与区委、区政府充分协商的基础上,确立了年度协商专题和全年计划安排,确保政协的协商活动围绕区委、区政府重点工作展开。年内,共召开常委会议4次、主席会议10次,围绕促进经济平稳较快发展、虹桥综合交通枢纽周边地区产业规划、闵行区“十一五”规划中期评估、“十二五”规划前期思路研究工作方案、政府机构改革等区委、区政府正在推进或即将进行的重要项目和重大决策,听取通报,共商对策,以会议纪要等形式及时将政协委员的意见建议送交区委、区政府及有关职能部门,为他们提供有益的参考。

(二) 发挥党派团体的重要作用,积极参与重要决策的协商

人民政协是党派团体以组织名义参加和活动的政治组织,是各党派团体共商国是、协商议政的重要场所,也是执政的中国共产党发扬民主、开展政治协商的重要方式。常委会重视发挥党派团体在政治协商中的积极作用,为其履行职能做好服务。坚持民主协商、平等议事、求同存异、体谅包容的原则,支持和鼓励各民主党派和无党派人士通过各种方式充分发表意见、提出建议。把民主党派部分集体提案作为重点提案,认真予以促办,切实推进党派团体协商议政意见的转化落实,发挥实效。组织党派团体界别政协委员参与区政府举行的重要协商活动,先后就完善民生指标体系、科学发展指标体系研究、区政协重点提案的办理落实等工作,发表协商意见,得到区有关部门的重视和采纳。坚持秘书长会议制度,主动向党派团体通报区政协相关工作情况,增进了解,促进沟通。

三、发挥委员作用,丰富监督形式,推进民主监督

人民政协的民主监督是我国社会主义监督体系的重要组成部分,贯穿于民主政治建设的整个过程和各个环节,是实现人民当家作主的重要形式,是依法治国的有效保证,也是发展社会主义民主政治、建设社会主义政治文明的重要途径。一年来,常委会着力从提高提案工作质量、扎实开展视察评议活动、发挥特邀监督员作用等方面入手,不断提高民主监督的实效。

(一) 着力提高提案工作质量

提案是政协履行职能的重要形式,在推进提案办理工作中,常委会着力做好以下工作。一是提高提案质量。通过委员培训班、专委会集中学习等形式,进一步就撰写好提案进行培训,着力提升提案水平。规范提案审查工作,认真筛查不符合立案条件的提案,确保提案质量。二是加强对提案的跟踪促办。常委会议、主席会议多次听取提案办理和落实情况的通报,就进一步推进提案工作提出意见和建议。主席、副主席分工跟踪督办6件重点提案。组织政协委员参加区委、区政府召开的“两会”办理工作会议和区政府推进两会意见提案办理现场办公会,就扎实推进提案办理工作建言献策。在2008年试行基础上,积极推行提案结案报告制度,完善网上提案管理系统,促进提案的办理落实。建立重要提案办理评议机制,对《关于进一步推动全民参与非物质文化遗产保护》、《迎世博,创建绿色交通》两件重点提案进行民主评议,加大了提案落实力度。与区政府督察部门联合召开由提案人、有关承办单位参加的提案办理协调会,就办理提案过程中遇到的实际困难,共同研究解决方案,促进问题的解决。三是加强专委会与政府有关部门的对口联系。各专委会分别就提案中委员较关注的问题与有关部门进行认真探讨,深入了解提案办理进展情况,共同推进提案的办理和落实。在各方面的重视和关心下,四届三次会议以来的183件提案已全部办理完毕,其中,“解决或采纳”的138件,“列入计划拟解决”的27件,此两类提案占提案总数的90.2%,为推动闵行区经济和社会的协调发展作出了积极贡献。

(二) 扎实开展视察评议活动

委员视察是政协开展民主监督的有效形式。一年来,常委会分别组织委员开展经常性视察和年末集中视察,先后共有近300余人次参加。经常性视察以小型视察为主,先后对“四馆合一”项目建设、促进就业工作、迎世博商业业态调整和窗口服务情况、产品质量和食品安全情况等专题,组织委员开展视察,提出建议。年末,围绕产业园区开发建设、社区大联动机制、社会事业发展等区政府重点工作、实事工程展开视察,提出30余条有较高质量的意见建议。在做好“明察”和“暗访”相结合的同时,为进一步提高视察实效,首次实行了不事先确定视察对象,而由委员现场抽取决定的视察方式。如在视察迎世博市容环境综合建设和管理情况时,并未事先确定视察的内容及范围,而是由委员当场讨论决定,

将南方商城及七宝古镇周边区域的窗口服务情况作为视察内容,进行实地察看,提出批评意见。采取这种方式,能够更真实地了解相关情况,就客观存在的问题与不足,提出更具针对性的对策建议,取得了较好的效果,受到委员欢迎。

(三)注重发挥特邀监督员作用

特邀监督员工作是政协民主监督的重要组成部分。常委会着力做好特邀监督员的推荐和服务工作,年内,继续推荐9名委员担任特邀监督员。截至目前,共有70名区政协委员受聘担任20个部门和行业的特邀监督员。受聘委员不辱使命,积极参加有关政风行风评议、政务公开、执法检查、工作考核等监督工作,为聘请单位改进工作方式、树立良好形象、提高工作质量发挥了积极作用,受到聘请单位的好评。

四、发挥政协优势,集聚各界智慧,助推科学发展

在落实和完善民生指标体系的同时,探索建立更为系统和全面的科学发展指标体系,将其作为衡量和检验闵行区经济、社会等各方面协调发展的重要依据,对于因时制宜地把科学发展观的要求落到实处,具有重要的现实意义。

根据区委的建议,常委会把"关于建立闵行区科学发展指标体系的调查研究与建议"作为2009年的重点调研课题,结合开展深入学习实践科学发展观活动,组建了以政协委员为主体的课题组。在调研中,充分发挥政协位置超脱、联系面广的优势,先后走访相关职能部门,深入了解实际情况,撰写调研报告。报告深化了对建立科学发展指标体系的认识,梳理了国内有关科学发展指标体系的理论研究成果,阐述了建立闵行区科学发展指标体系的指导思想、主要原则以及指标体系的基本框架,提出了规划先行,提升城市综合功能;适度超前,完善社会公共资源配置;转变职能,建设和谐的政府行政等建议,提出了《闵行区科学发展指标体系(建议稿)》,涵盖经济发展、科技创新、社会事业进步等七大主要类别共72项指标。在此基础上,举办了"建立闵行区科学发展指标体系"调研汇报与研讨会,邀请区内外专家学者,区领导,各职能部门、镇、街道领导参加,与政协委员共同进行深入探讨和论证,进一步增进各方共识。

区委、区政府对政协的研究成果十分重视,有关领导牵头多次召开专题座谈会,课题组及时梳理和汇总修改意见,对指标体系作了再一次修改,形成结题报告,提交区委常委会审议。经区委常委会研究,决定把这一指标体系以文件的形式正式印发,作为编制区"十二五"规划时的参考指标和衡量区域经济社会统筹协调发展的评价指标,在实践中加以完善,更好地发挥其对推动闵行科学发展的指导意义。

五、坚持服务大局,认真参政议政,积极建言献策

参政议政是人民政协履行职能的重要内容,也是党和政府听取各民主党派和各界人士意见的有效形式。常委会充分发挥人民政协人才荟萃、智力密集的优势,坚持以科学发展观为指导,围绕区委、区政府中心工作,把促进闵行区经济和社会各项事业协调发展、维护人民群众切身利益作为参政议政的重点,深入开展调查研究,及时反映社情民意,积极为推动科学发展提供强大智力支持、奠定坚实群众基础,努力在协调关系、汇聚力量、建言献策、服务大局中发挥重要作用。

(一)认真抓好专题调研工作

常委会鼓励各专委会按照选准角度、发挥优势、突出重点、保持特色的要求,精心选择课题,深入调查研究。在形成的8篇调研报告中,既有促进中小企业发展、提升先进制造业能级、为台资企业营造良好发展氛围等事关经济发展的重要议题,又有完善重大事项社会稳定风险评估机制、提高闵行外来务工人员综合素质等城市建设管理中亟待解决的问题,还包括医疗机构药品管理改革和文化体育科学发展指标体系等与人民生活密切相关的民生问题。这些选题都围绕区委、区政府的重点热点工作展开,体现各专委会的专业特点,具有很强的现实针对性。在调研中,各专委会注重加强同民主党派、职能部

门的联系合作,如区政协科技委与九三学社区委、区科委共同开展了《依靠科技进步提升先进制造业能级的思考和建议》调研,区政协社法委与区政法委就建立重大事项社会稳定风险评估机制进行深入探讨,研究对策方案。通过这一方式,有效整合了各自优势,调研质量得到新的提升。

(二)积极推进议政建言工作

年内,组织委员先后就营造迎世博良好氛围、扶持社会组织发展、推进农村集体资产监督指导等经济和社会建设的相关工作,听取区委、区政府职能部门的通报,并进行认真协商。在此过程中,充分发挥界别的优势,邀请界别负责人参加区政协主席(扩大)会议和其他协商活动,积极反映不同阶层利益诉求,使群众有关意见建议通过界别渠道得到系统和综合反映,为区委、区政府科学决策、民主决策提供参考。围绕迎世博这一重点工作,在全体委员中开展"我为世博献一计"建言征集活动,共收到各位委员的各类建议72条,分别以社情民意形式,分送市、区相关部门,得到了重视和采纳,促进相关问题的解决。如"为城市洗脸、为市民充电"的建议已被市委宣传部采纳并在全市范围内予以推广。与区科技节组委会联合举行"迎世博、抢机遇、推创新、促发展"论坛,结合世博盛会,从促进新能源产业、发展农业旅游产业和都市生态农业等方面,提出了以企业为主体推进产学研合作、建立都市农业可持续发展评估体系等建议,得到了市科协领导的肯定。

(三)努力做好反映社情民意工作

常委会重视社情民意信息员队伍建设,聘请23名委员担任社情民意信息员,引导和鼓励信息员及时、准确地反映界别群众的呼声和诉求,提高反映社情民意工作的质量。进一步健全社情民意信息反映和处理机制,在拓宽社情民意来源的同时,注重在常委会议、主席会议、视察、座谈等活动中收集和整理重要信息,形成社情民意材料,报送市、区有关部门。全年共报送社情民意信息149条,编发社情民意专报12期,被评为市政协系统反映社情民意先进单位。其中,《建议增加导厕标识》的信息得到了市委、市政府的高度重视,俞正声书记、沈骏副市长亲自就办理落实作出批示;《"四馆合一"管理运作应突出公益性》等4条信息得到孙潮书记等区领导的批示,有关部门积极采纳并在具体工作中予以落实。

回顾过去的一年,在区委的正确领导以及区人大、区政府的支持下,在各民主党派、人民团体以及全体委员的共同努力下,区政协的工作取得了一些新的成绩,但对照新时期政协工作的要求,还需与时俱进、开拓创新。如何促进参政议政的制度化建设、如何更好地发挥委员作用、如何更好地提高监督实效等,都有待于在新一年的工作中加以研究和实践。

2010年工作思路

2010年,是全面实现"十一五"规划、谋划"十二五"规划承前启后的一年。常委会2010年工作的指导思想是:高举中国特色社会主义伟大旗帜,以邓小平理论和"三个代表"重要思想为指导,深入学习实践科学发展观,认真贯彻胡锦涛总书记在庆祝人民政协成立60周年大会上的重要讲话精神和市、区政协工作会议精神,在中共闵行区委的领导下,坚持以促进发展为第一要务,牢牢把握团结和民主两大主题,切实履行政治协商、民主监督、参政议政职能,务实开拓、奋发有为,不断开创政协工作新局面,为促进闵行科学发展汇聚力量。

一、深入学习贯彻中央和市委政协工作会议精神,更好把握政协工作方向

常委会要把学习贯彻胡锦涛总书记在庆祝人民政协成立60周年大会上的讲话精神作为首要政治任务,贯穿于政协各项工作中,切实抓紧抓好,努力在领会精神实质、把握政协方向、推动工作开展上取得实效,努力使党的主张成为政协履职的广泛共识和社会各界的自觉行动。在学习中,注意与学习贯彻党的十七大和十七届三中、四中全会精神相结合,与贯彻中央要求和市委、区委部署相结合,与巩固

学习实践科学发展观活动成果和政协工作实际相结合,深入研究新形势下政协工作创新发展面临的新课题,积极探索政协履职的新思路,进一步提高学习实效,促进政协工作科学发展。

二、贯彻区委要求,推动政协履职的制度化、规范化、程序化建设

常委会要认真落实区委《关于加强人民政协政治协商工作的意见》和《关于进一步完善人民政协民主监督机制的意见》的要求,健全工作制度、规范履职程序,更好地发挥政协作为扩大社会各界有序政治参与的重要渠道和平台作用。一是规范政治协商程序,在区委的领导下,与区委、区政府共同研究确定协商议题,把协商在决策之前真正落到实处;二是完善民主监督机制,进一步改进视察方式,探索重要提案办结听证、专项监督评议等监督形式,不断拓展监督内涵,增强监督实效;三是组织开展关于"进一步提高政协参政议政实效"的课题调研,总结政协履行参政议政职能的经验和做法,分析存在的问题并提出对策建议,为深化参政议政职能提供保障。

三、围绕中心工作、广泛凝聚力量,为促进科学发展提供有力支持

围绕中心、服务大局是做好政协工作必须始终坚持的重要指导方针。常委会将着力通过三方面工作予以体现。一是为保持区域经济平稳较快发展献计出力。继续致力于为优化和调整产业结构、促进经济又好又快发展服务,大力推动科技创新和民营经济发展,不断提高科技对经济发展的贡献率,推进经济发展质量有新的提升。二是为改善城市建设和管理出谋划策。结合迎世博、办世博各项工作,组织委员深入调研,就治理社会治安的顽点、城市管理的盲点,提出有现实针对性的建议措施。在政协有关研究成果的基础上,深化对城市综合管理"大联动"机制的研究,为区委区政府及时妥善地解决社会矛盾提供有益参考。三是为高质量编制"十二五规划"贡献力量。充分发挥政协人才荟萃、智力密集的优势,通过提案、专题调研等形式,为编制出符合科学发展要求、具有闵行特点的"十二五规划"贡献智慧和力量。

四、促进民生改善、协调各方关系,为维护社会和谐稳定发挥独特优势

在经济社会结构转型的关键时期,协调好各方关系,维护好社会稳定,具有十分重要的意义。常委会将发挥政协作为各种观点交流、交锋、交融平台的作用,坚持把理顺情绪、协调关系、化解矛盾作为履行职能的重要着力点,着力做好三方面工作。一是组织和鼓励政协委员深入界别群众,及时了解和反映所代表阶层和利益群体的诉求,发挥好界别群众利益代言人的作用,为实现好、维护好、发展好人民群众的根本利益多做实事。二是注意发现影响社会稳定的苗头性、倾向性问题,协助党和政府妥善处理新形势下的人民内部矛盾;三是大力宣传区委、区政府出台的重大政策,多做增进了解、加深理解、消除误解、达成谅解的工作,为构建和谐闵行努力营造和谐、顺畅的社会环境,为实现闵行区经济社会的科学发展奠定坚实基础。

五、弘扬团结民主、广泛加强联谊,不断巩固和扩大爱国统一战线

人民政协作为中国共产党领导的各党派、各团体、各民族、各阶层、各界人士大团结大联合的组织,是中华民族强大凝聚力的重要实现形式。常委会将着重从四个方面做好工作,使这一重要实现形式充分发挥优势和作用。一是进一步强化同各民主党派和无党派人士的合作共事,尊重和保障各党派团体参政议政的各项权利,认真听取他们的意见建议,为他们发挥作用创造有利条件。二是进一步加强同非公经济代表人士、港澳台企业家、海外留学归国人员的联系,引导他们为闵行经济和社会发展发挥更大作用。三是进一步强化与民族、宗教界人士的和睦团结,引导宗教与社会主义社会相适应。四是进一步加强与委员的联系,坚持走访委员制度,关心委员的工作生活,不断增强政协组织的凝聚力。同时,继续组织好庆祝教师节、迎中秋茶话会等各项联谊交流活动。继续重视和支持政协之友社按照章程开展活动。

六、坚持开拓创新、适应新的要求，进一步加强政协自身建设

常委会要不断强化自身建设，提高政协工作的质量和水平。一是立足于充分发挥政协委员的主体作用，努力提高委员的责任感、使命感，为全体委员履行职能创造良好条件。二是立足于充分发挥专门委员会的基础作用，从组织上、措施上加强专委会建设，配备好工作力量，使其发挥更大作用。三是立足于充分发挥界别的重要作用，为界别开展活动、发挥作用创造更有利的条件，使政协的界别活动更加生动活泼、规范有序。四是立足于充分发挥政协机关的服务与参谋作用，切实提高政务服务水平。同时，进一步重视理论研究，积极探讨新形势下政协工作的新情况、新问题，努力创新政协工作的思路和载体。

各位委员，胡锦涛总书记在庆祝人民政协成立60周年大会上的重要讲话，为我们做好新时期政协工作指明了方向、提出了要求。新的一年，我们要以“三个代表”重要思想为指导，继续深入学习贯彻科学发展观，认真落实中央、市委、区委对政协工作的新要求，在中共闵行区委的领导下，以更加强烈的政治责任感和更加饱满的精神状态，同心同德、开拓进取，为全面推进闵行区经济、政治、文化、社会建设，为开创闵行区政协工作的新局面，作出新的更大的贡献！

（责任编辑　胡克群）

(一)地　域

闵行区位于上海市中心城区西南部,东与徐汇区、浦东新区接壤,南与奉贤区隔江相望,西和松江区、青浦区相接,北隔吴淞江与嘉定区相邻,东北与长宁区相连。黄浦江贯穿南部,吴淞江流经北境,沪杭铁路穿过中部,沪宁、沪杭、沪青平高速公路穿越境内。区域面积371.68平方公里。

(胡克群)

(二)行政区划

2009年,闵行区辖有浦江、吴泾、马桥、颛桥、莘庄、梅陇、七宝、虹桥、华漕9个镇,江川路、龙柏、古美路3个街道和莘庄工业区管委会。有156个村民委员会、354个居民委员会。闵行区人民政府设在莘庄镇,地址为沪闵路6258号。

(胡克群)

行政区划表

地　区	居民委员会(个)	村民委员会(个)
合　计	354	156
浦江镇	26	56
吴泾镇	12	8
马桥镇	5	16
颛桥镇	18	14
莘庄镇	50	3
梅陇镇	52	16
七宝镇	39	9
虹桥镇	20	6
华漕镇	16	26
江川路街道	40	
龙柏街道	31	1
古美路街道	36	
莘庄工业区	9	1

(区统计局)

(三)人　口

2009年末,全区常住人口181.43万人,其中外来常住人口74.61万人。全区户籍数36.14万户,户籍人口94.28万人,其中男性47.87万人、女性46.41万人。人口出生率9.8‰,死亡率7.1‰,自然增长率2.7‰,计划生育率99.8%。全区外来流动人口89.09万人。全区少数民族常住人口2.87万人,其中户籍人口9 700人;涉及48个少数民族,以朝鲜族、回族、土家族、满族为主。

(胡克群)

(四)水文气候

【水文】　区内河道属太湖流域黄浦江水系。

2009年,全区河道2 778条段,总长1 251.37公里,其中市级河道6条段(不含黄浦江、吴淞江),区级河道17条段,镇级河道206条,村宅河道2 549条。河道水面积率6.9%,分属淀北片、淀南片、浦东片3大水利控制片。2009年全区年总取水量(包括市管取水单位)为164 734.164 8万立方米。年降水量为1 470.9毫米,属丰水年。全区本地径流量为2.078亿立方米,折合径流深558.9毫米。按国家地表水环境质量标准,2009年全区河道水质综合评价类别为Ⅳ~劣Ⅴ类,其中Ⅳ类河道占30%,Ⅴ类河道占25%,劣Ⅴ类河道占45%。淀浦河东闸和黄浦江大治河西闸水位站最高潮位分别为4.52米(8月10日03:20测得)、4.32米(8月10日04:05测得)。 (胡克群)

【气候】 年平均气温17.6℃,比常年高1.8℃。年内大于等于35℃的高温日数16天,极端最高气温39.5℃(7月20日);小于等于-5℃的严寒日数3天,极端最低气温-6.9℃(1月25日)。年降水量1 454.8毫米,比常年多331.5毫米。各月降雨量分布不均,月降水量比常年同期偏少的有5月、10月;比常年同期偏多的有2月、7月、8月、11月。年日照数1 909.4小时,比常年偏少31.2小时。年内1月11、14、24、25日出现严寒天气,对农业生产、供电供水带来一些不利。7月8—21日晴热无雨,气温异常偏高,给居民生活带来一定影响。入梅日6月20日,出梅日7月8日,梅雨期19天,梅雨量169.0毫米。 (胡克群)

(五)党政干部名录

(2009年1月1日—12月31日)

中共闵行区委系统

中共闵行区第四届委员会

书　记　孙　潮

副书记　陈　靖　张路加

常　委　孙　潮　陈　靖　张路加　胡世民
陆广银　刘海涛　何义正
赵丹妮(女,2009.1任)
阎祖强　金士华　李梦麟

委　员　(书记、副书记、常委均为委员,省略。以下委员按姓氏笔划为序)
刘　明　孙培龙　吴申耀　何国文
张　华(女)　张有为　张金弟
陆　明　陆根龙　俞莉红(女)
夏龙兴　夏根福　徐铁钊　栾国梁
程爱国　蔡建忠　潘丽萍(女)
潘金平

候补委员　(按得票多少为序)
俞言长　费　霞(女)　余建源

中共闵行区第四届纪律检查委员会

书　记　何义正

副书记　林　杰(2009.2止)　于钢明
俞　芳(女,2009.2任)

常　委　(书记、副书记均为常委,省略)
俞　芳(女,2009.2止)
王　辉(2009.2止)　季卫明
陈　磊　周慧敏(2009.10任)

委　员　(书记、副书记、常委均为委员,省略。以下委员按姓氏笔划为序)
马建国　王　俭　卢国庆　刘　杰
孙　静(女,2009.10止)　李永珍(女)
李育心　吴金水　张　珺　张春兰(女)
张海平　陈　斌　陈志强　罗家峰
季佩坤　金剑荣　俞文虎　胥勇年
姚计华(女)　诸金华　曹鸿章
葛云华(女)　韩　勇(2009.2止)

区巡察工作办公室

主　任　俞　芳(女)

区委工作机构

(1)2009年1月至2009年2月

区委办公室

主　任　林龙斌

副主任　张卫农　王一力　汪跃如

区委机要局

局　长　钟　华

区委督查室

主　任　王忠平

区委组织部

部　长　刘海涛

副部长　董新华(兼)　卢国庆　王文辉

区委宣传部

部　长　李　芸(女)

副部长　何国文(兼)　陈志强　胡志宏

陈冬发

精神文明建设委员会办公室

主　任　胡志宏

副主任　孟彦江

区委统战部

部　长　李梦麟

副部长　梅建高(兼)　王秋明　李正东(兼)
李龙皋　裘建华(兼)　魏庆吉(兼)

民族宗教事务办公室

主　任　魏庆吉

副主任　王小兰(女,2009.1 止)

区委台湾工作办公室、台湾事务(侨务)办公室

主　任　裘建华

副主任　王小兰(女)

区委政法委员会

书　记　张路加

副书记　胡世民　金士华　王耀强

社会治安综合治理委员会

主　任　张路加

副主任　胡世民　金士华　王耀强

社会治安综合治理委员会办公室

主　任　姜国週

副主任　陆慈军

区委政策研究室

主　任　刘　明

副主任　陆建平　童荣兵

区委老干部局

局　长　陈素梅(女)

副局长　王国兴　谈国庆　王丽华(女)

区级机关工作委员会

书　记　董粉弟

副书记　曹宝鑫

区委党史资料征集办公室

主　任　赵国防

副主任　张永斌(女)

区综合党工委

副书记　王文辉

区委党校(区行政学院)

校　长(院长)　张路加(兼)

副校长(副院长)　王　洪(常务)　朱水清
杨　华(女)

(2) 2009 年 2 月,根据闵行区机构改革方案的要求,区委工作机构作部分调整

区委办公室

主　任　林龙斌

副主任　张卫农　王一力　汪跃如

区委研究室(2009 年 2 月,撤消原区委政策研究室,组建区委研究室)

副主任　王一力(常务,2009.10 任)

区委机要局

局　长　钟　华

区委督查室

主　任　王忠平

区委组织部

部　长　刘海涛

副部长　董新华(兼)　卢国庆　王文辉

区委宣传部

部　长　赵丹妮(女,2009.2 任)

副部长　何国文(兼)　陈志强　胡志宏
陈冬发

精神文明建设委员会办公室

主　任　胡志宏

副主任　朱鸿召(2009.9 任)　孟彦江

区委统战部

部　长　李梦麟

副部长　梅建高(兼)　王秋明　李正东(兼)
彭炜林(兼,2009.9 任)　李龙皋
裘建华(兼,2009.9 止)　魏庆吉(兼)

民族宗教事务办公室

主　任　魏庆吉

区委台湾工作办公室、台湾事务办公室

主　任　裘建华(2009.9 止)
李龙皋(2009.9 任)

副主任　王小兰(女,2009.10 止)

华侨事务办公室

主　任　裘建华(2009.10 止)
彭炜林(2009.10 任)

副主任　王小兰(女)　王飞麟(2009.10 任)

政法委员会

书　记　张路加

副书记　胡世民　金士华　姜国週(2009.2 任)
王　辉(2009.10 任)

社会治安综合治理委员会

主　任　张路加

副主任　胡世民　金士华　姜国週(2009.2 任)

社会治安综合治理委员会办公室

主　任　王　辉(2009.2任)

副主任　陆慈军(2009.10止)

　　　　李　萍(女,2009.10任)

　　　　王　强(2009.10任)

区级机关党工委

书　记　董粉弟

副书记　曹宝鑫

区机构编制委员会办公室

主　任　董新华

副主任　朱雷萍

区委、区政府信访办公室

主　任　盛振华(2009.2任)

副主任　李玉仓　李致峰

　　　　陈金浪(2009.10止)

　　　　邢红光(2009.10任)

　　　　施文炯(2009.2任)

区档案局(区档案馆)

局　长(馆　长)　李春晖(女)

副局长(副馆长)　徐建华　乔晓萍(女)

区委老干部局

局　长　陈素梅(女)

副局长　王国兴　谈国庆　王丽华(女)

区综合党工委

副书记　王文辉

区委党校(区行政学院)

校　长(院　长)　张路加(兼)

副校长(副院长)　陆　明(常务,2009.2任)

　　　　　　　　朱水清　杨　华(女)

区委党史资料征集办公室

主　任　张卫农(2009.2任)

副主任　张永斌(女)

区政权、统战、群众团体系统党委、党组

区人大常委会党组

书　记　栾国梁

副书记　凌耀松

区人民政府党组

书　记　陈　靖

副书记　阎祖强　金士华

区政协党组

书　记　吴申耀

副书记　李梦麟

区人民武装部党委

书　记　骆林森

副书记　陆广银

区人民法院党组

书　记　郭　俭

区人民检察院党组

书　记　陈宝富(2009.9止)

　　　　潘祖全(2009.9任)

区总工会党组

书　记　俞莉红(女)

共青团区委党组

书　记　朱　奕(女)

区妇女联合会党组

书　记　费　霞(女,2009.2止)

　　　　赵芝娟(女,2009.2任)

区工商业联合会党组

书　记　李正东

区残联党组

书　记　龚仁德

区政府部门党委、党组

(1) 2009年1月至2009年2月

发展和改革委员会党组

书　记　程爱国

经济委员会党委

书　记　张鹏宇

副书记　宋爱民　钱翠仙(女)

对外经济委员会党组

书　记　汤曦东

科学技术委员会党委

书　记　孙金康

副书记　杜　涛

信息化委员会党组

书　记　李斌洲

人口和计划生育委员会党组

书　记　李永珍(女)

国有(集体)资产监督管理委员会党组

书　记　刘　杰

上海市公安局闵行分局党委

书　记　胡世民

副书记　韩　勇(2009.1止)

　　　　谷继明(2009.1任)

司法局党委

书　记　张国荣

副书记　钱建德

人事局党组

书　记　董新华

劳动和社会保障局党委

书　记　张伟麟

副书记　张建刚

民政局党委

书　记　陈志福

副书记　钱　志

财政局党组

书　记　季佩坤

审计局党组

副书记　孙　林

统计局党组

书　记　项上桢

教育局党委

书　记　朱雪平

副书记　姚计华(女)

卫生局党委

书　记　许　速

副书记　谈德弟(常务)　花亚林

文化广播电视管理局党委

书　记　何国文

副书记　王云峰

体育局党组

书　记　吴建清

城市建设和管理局党委

书　记　叶新龙

副书记　郭昌礼　何忠诚

环境保护局党组

书　记　刘家欣(苗)

规划管理局党组

书　记　陈福明

房屋土地管理局党委

书　记　余建源

副书记　陈相斌(常务)

农业和绿化管理局党委

书　记　吉玉萍(女)

副书记　马小弟

水务局党委

书　记　曹顺祥

副书记　蔡正军

安全生产监督管理局党组

书　记　谢德宝

档案局党组

书　记　李春晖(女)

民防办公室党组

书　记　李国法

机关事务管理局党委

书　记　楼永剑

副书记　刘　明

上海市税务局闵行分局党组

书　记　苍铁城(满)

上海市工商局闵行分局党委

书　记　彭文皓(女)

副书记　江明毅

上海市食品药品监督局闵行分局党组

书　记　黄国奇

质量技术监督局党组

书　记　陈晓军

副书记　陆金达

(2) 2009年2月,根据闵行区机构改革方案的要求,各委、办、局党委、党组作部分调整

发展和改革委员会党委(2009年2月,撤消党组,成立党委)

书　记　程爱国(2009.2任)

副书记　汤曦东(2009.2任)

经济委员会党委(2009年2月,撤消原经济党委和外经委党组,成立新的经济党委)

书　记　张鹏宇(2009.2—2009.9)

　　　　王文兴(2009.9任)

副书记　蔡潇飞(2009.9任)

　　　　宋爱民(2009.2任)

科学技术委员会党委(2009年2月,撤消原科学技术党委和信息化委员会党组,成立新的科学技术党委)

书　记　李斌洲(2009.2任)

副书记　孙金康(2009.2任)

　　　　杜　涛(2009.2任)

人口和计划生育委员会党组

书　记　李永珍(女)

建设和交通委员会党委(2009年2月,撤消城市建设和管理局党委,成立建设和交通党委)

书　记　林龙斌(2009.2任)

副书记　吴仲权(2009.2 任)
　　　　郭昌礼(2009.2 任)

农业委员会党委(2009 年 2 月,撤消农业和绿化管理局党委、城市管理监察大队党组,成立农业党委)

书　记　刘　明(2009.2 任)
副书记　马小弟(2009.2 任)

国有(集体)资产监督管理委员会党组

书　记　刘　杰(2009.10 止)

国有资产监督管理委员会党委[2009 年 10 月,撤消国有(集体)资产监督管理委员会党组,成立国有资产监督管理委员会党委]

书　记　刘　杰(2009.10 任)
副书记　杨延龙(2009.10 任)

上海市公安局闵行分局党委

书　记　胡世民
副书记　谷继明

司法局党委

书　记　张国荣
副书记　钱建德(2009.10 止)
　　　　周信根(2009.10 任)

人力资源和社会保障局党委(2009 年 2 月,撤消人事局党组、劳动和社会保障局党委,成立人力资源和社会保障局党委)

书　记　张伟麟(2009.2 任)
副书记　张建刚(2009.2 任)
　　　　许庆龙(2009.10 任)

民政局党委

书　记　陈志福
副书记　俞言长(2009.9 任)　钱　志

财政局党组

书　记　季佩坤

审计局党组

副书记　孙　林(2009.10 止)
　　　　马建国(2009.10 任)

统计局党组

书　记　项上桢

教育局党委

书　记　朱雪平
副书记　姚计华(女)

卫生局党委

书　记　许　速
副书记　谈德弟(常务)　花亚林

文化广播影视管理局党委(2009 年 2 月,撤消文化广播电视管理局党委,成立文化广播影视管理局党委)

书　记　何国文(2009.2 任)
副书记　王云峰(2009.2 任)

体育局党组

书　记　夏　林(2009.2 任)

规划和土地管理局党委(2009 年 2 月,撤消规划管理局党组、房屋土地管理局党委,成立规划和土地管理局党委)

书　记　陈福明(2009.2 任)
副书记　许延岭(常务,2009.2 任)

住房保障和房屋管理局党委(2009 年 2 月,撤消规划管理局党组、房屋土地管理局党委,成立住房保障和房屋管理局党委)

书　记　余建源(2009.2 任)
副书记　陈相斌(常务,2009.2 任)

绿化和市容管理局党委(2009 年 2 月,撤消农业和绿化管理局党委、城市管理监察大队党组,成立绿化和市容管理局党委)

书　记　叶新龙(2009.2 任)
副书记　吉玉萍(女,2009.2 任)
　　　　何忠诚(2009.2 任)

环境保护局党组

书　记　刘家欣(苗)

水务局党委

书　记　曹顺祥
副书记　蔡正军

民防办公室党组

书　记　李国法

安全生产监督管理局党组

书　记　谢德宝

档案局(档案馆)党组

书　记　李春晖(女)

机关事务管理局党委

书　记　楼永剑
副书记　钱惠琴(女,2009.9 任)
　　　　刘　明(2009.10 止)
　　　　顾中根(2009.10 任)

上海市税务局闵行分局党组

书　记　苍铁城(满)

上海市工商局闵行分局党委

书　记　彭文皓(女)

副书记　江明毅

上海市食品药品监督局闵行分局党组

书　记　黄国奇

质量技术监督局党组

书　记　陈晓军(2009.11 止)
　　　　闻志国(2009.11 任)

副书记　陆金达

镇党委、社区(街道)党工委

浦江镇党委

书　记　潘金平

副书记　马顺华(2009.2 止)
　　　　徐　勇(2009.2 任)　袁佳卫(女)

吴泾镇党委

书　记　朱国兰(女)

副书记　王书根　李顺基

马桥镇党委

书　记　施炳弟

副书记　赵芝娟(女,2009.2 止)
　　　　吴建清(2009.2 任)　王仁彪

颛桥镇党委

书　记　孙培龙

副书记　邓国庆　邵嘉敏(2009.9 止)
　　　　张益忠(2009.10 任)

梅陇镇党委

书　记　蔡建忠(2009.9 止)
　　　　夏龙兴(2009.9 任)

副书记　施宝其　许庆龙(2009.10 止)
　　　　杨建华(2009.10 任)

莘庄镇党委

书　记　夏龙兴(2009.9 止)
　　　　张金弟(2009.9 任)

副书记　张　伟　钱惠琴(女,2009.9 止)
　　　　王文兴(2009.10 任)

七宝镇党委

书　记　夏根福

副书记　夏　林(2009.2 止)
　　　　马顺华(2009.2 任)
　　　　王文兴(2009.10 止)
　　　　陶　生(女,2009.10 任)

虹桥镇党委

书　记　张有为

副书记　王备军(2009.9 止)　汤士佳

华漕镇党委

书　记　陆根龙

副书记　蔡潇飞(2009.9 止)
　　　　张鹏宇(2009.9 任)
　　　　盛振华(2009.2 止)
　　　　吴志华(2009.2 任)
　　　　杨永志(2009.9—2009.12,挂职)

中共江川路社区(街道)工作委员会

书　记　俞言长(2009.9 止)
　　　　刘　琼(女,2009.9 任)

副书记　刘　琼(女,2009.9 止)
　　　　李建华(2009.9 任)
　　　　张益忠(2009.10 止)　张海平

中共古美路社区(街道)工作委员会

书　记　张华(女)

副书记　韩朝阳　邹蕴珠(女)　诸金华

中共龙柏社区(街道)工作委员会

书　记　陆　明(2009.2 止)
　　　　费　霞(女,2009.2 任)

副书记　叶文昌　李文彩

区直属企事业党委(党工委)、党组

中共闵行区证照办理中心工作委员会

书　记　黄慧超

闵行区城市管理监察大队党组(2009 年 2 月撤消)

书　记　徐　勇(2009.2 止)

副书记　王文兴(2009.2 止)

中共上海市莘庄工业区工作委员会

书　记　张金弟(2009.9 止)
　　　　王备军(2009.9 任)

副书记　金慧明　胥勇年

闵行城市建设投资开发有限公司党组

书　记　吴仲权(2009.2 止)
　　　　王德成(2009.2—2009.9)
　　　　蔡建忠(2009.9 任)

副书记　陈振华　王德成(2009.2 止)

上海闵盛投资发展有限公司党组(2009 年 10 月成立)

书　记　韦苏扬(2009.10 任)

上海闵交资产投资有限公司党委

书　记　杨培芝(2009.9 止)　吴玉明(2009.9 任)

上海申信工业总公司党委

书　记　盖建军

上海闵鑫工业有限公司党委
书　记　薛龙德
副书记　阮跃平(女)
上海闵商商贸有限公司党委
书　记　祝家骊

闵行区政权系统
闵行区第四届人民代表大会常务委员会
主　任　栾国梁
副主任　凌耀松　王胜扬　张宗琪
　　　　俞莉红(女)　林富生
委　员　(以姓氏笔划为序)
　　　　王志祥　卢国庆　冯乃波
　　　　朱　奕(女)　杨　海　杨耀昌
　　　　李美英(女)　李爱红(女)　吴恩福
　　　　吴慧巍　陈　峻　陈国华
　　　　金慧频(女)　赵良生　侯永发
　　　　俞言长(2009.9 止)　洪卫红
　　　　费　霞(女)　骆林森　顾宏平
　　　　鲍云峰

区人大常委会工作机构
内务司法工作委员会
主　任　赵良生
副主任　骆林森(兼)　吴春兰(女)
财政经济工作委员会
主　任　顾宏平
副主任　李兆祥(兼)　郁　臻
教育科学文化卫生工作委员会
主　任　陈国华
副主任　邬国新(兼)　吴慧芳(女)
城市建设环境保护工作委员会
主　任　杨耀昌
副主任　洪卫红(兼)　郭永明
华侨民族宗教事务工作委员会(2009 年 10 月成立)
主　任　赵良生(兼,2009.10 任)
副主任　吴春兰(女,兼,2009.10 任)
　　　　杨和平(2009.10 任)
人事代表工作委员会
主　任　卢国庆(兼)
副主任　李美英(女,常务)　侯永发(兼)
人大常委会办公室
主　任　王志祥(2009.9 止)
　　　　冯乃波(2009.9 任)
副主任　张维林　赵龙芳(女)
人大常委会研究室
主　任　冯乃波(2009.9 止)　王志祥(2009.9 任)
副主任　赵龙芳(女,兼)
代表资格审查委员会
主任委员　卢国庆(兼)
副主任委员　李美英(女)

镇人民代表大会
浦江镇人民代表大会
主　席　顾根勇
副主席　沈美玉(女,2009.11 止)
　　　　陈金浪(2009.11 任)
吴泾镇人民代表大会
主　席　洪卫红
副主席　王金龙
马桥镇人民代表大会
主　席　潘黎明
副主席　乔宇红(女)
颛桥镇人民代表大会
主　席　李兆祥
副主席　蒋永彪
梅陇镇人民代表大会
主　席　唐曙建
副主席　黄桂芳(女)
莘庄镇人民代表大会
主　席　侯永发
副主席　罗锦旗
七宝镇人民代表大会
主　席　邬国新
副主席　施汉荣
虹桥镇人民代表大会
主　席　周孝平
副主席　黄惠民
华漕镇人民代表大会
主　席　沈静初
副主席　潘建清

闵行区第四届人民政府
区　长　陈　靖
副区长　阎祖强　金士华　张　辰(女)
　　　　程向民　蔡小庆　连正华

区人民法院
院　长　郭　俭
副院长　孙志华　吴金水　徐立明　叶建国

区人民检察院、反贪局
检 察 长　陈宝富(2009.9止)
潘祖全(代,2009.9任)
副检察长　许国庆　高永华
孙　静(女,2009.9止)
杨慧亮(2009.10任)
赵绘宇(女,挂职)

反贪局
局　长　孙　静(女,2009.9止)
杨慧亮(2009.10任)
副局长　刘　仪　阮文杰

区政府工作机构
(1) 2009年1月至2009年2月

区政府办公室
主　任　潘丽萍(女)
副主任　王欢平(女)　陈国兴
谈龙真(2009.1止)　金海民
汪向阳(2009.1任)　沈永铭　邢红光
倪晓良　周胜春　阳勇建

合作交流办公室
主　任　王欢平(女)
副主任　徐建平

外事办公室
主　任　潘丽萍(女,兼)

法制办公室
主　任　陈国兴
副主任　陈　静(女)

区政府督查室
主　任　徐永明

机关事务管理局
局　长　楼永剑
副局长　钟　亮　翁国庆

信访办公室
主　任　黄允祥
副主任　章群策　李玉仓　李致峰　陈金浪

地区工作办公室
主　任　袁师达
副主任　阙永华　吴伯才

发展和改革委员会
主　任　程爱国
副主任　刘跃明(兼)　丁　萍(女)
韩永强　施惠刚　刘卫平(挂职)

物价局
局　长　刘跃明
副局长　赵铁民

经济委员会
主　任　张鹏宇
副主任　李建华(兼)　丁俊泽　徐忆帆
郭保强

粮食局
局　长　张鹏宇

投资发展局
局　长　李建华
副局长　尹文良

对外经济委员会
主　任　汤曦东
副主任　贾开京　胡东明　郑守疆

科学技术委员会
主　任　孙金康
副主任　顾建平　宋运堂

知识产权局
局　长　孙金康(兼)

地震办公室
主　任　孙金康(兼)

信息化委员会
主　任　李斌洲
副主任　栾志勇　顾海生　韩宝国

人口和计划生育委员会
主　任　李永珍(女)
副主任　张全熙　方永昌　程建萍(女)

国有(集体)资产监督管理委员会
主　任　刘　杰
副主任　周　明　金　莉(女)

监察委员会
主　任　林　杰
副主任　俞　芳(女)　王　辉　季卫明
陈　磊　周慧敏

上海市公安局闵行分局
局　长　胡世民
政　委　韩　勇(2009.1止)
谷继明(2009.1任)

副局长　谷继明(2009.1止)　薛志华　胡延枫
　　　　刘　强　黄　卫

司法局

局　长　张国荣

副局长　范永飞　周信根

人事局

局　长　董新华

副局长　何渝民　鞠　伟　朱雷萍

机构编制委员会办公室

主　任　董新华

副主任　朱雷萍

劳动和社会保障局

局　长　张伟麟

副局长　杨建华　倪学斌　张志权

民政局

局　长　陈志福

副局长　李保平　刘国卿　蔡秀兰(女)

社团管理局

局　长　陈志福(兼)

财政局

局　长　季佩坤

副局长　董国荣　李　骏(女)

审计局

局　长　王　敏(女)

副局长　陈志强　岳　崇

统计局

局　长　项上桢

副局长　周明飞　郭卫民

教育局

局　长　竺建伟

副局长　朱　越(女)　王　浩　李光华

卫生局

局　长　许　速

副局长　谈德弟　杨　炜(兼)　孙镇远(兼)
　　　　夏　红(女)
　　　　程　佳　施晓军

文化广播电视管理局

局　长　何国文

副局长　李　萍(女)　姜忠民　杨继桢

体育局

局　长　吴建清

副局长　郑　平　何红卫

城市建设和管理局

局　长　叶新龙

副局长　俞志清　孟庆平　朱成杰
　　　　徐根兴(挂职)

环境保护局

局　长　刘家欣(苗)

副局长　余　梅(女)　喻文熙

规划管理局

局　长　陈福明

副局长　张　健　周忆华(女)　朱震宇

房屋土地管理局

局　长　余建源

副局长　陈相斌　王志清　张海莉(女)
　　　　姚亚祥

农业和绿化管理局

局　长　吉玉萍(女)

副局长　徐明生　陈恒国　杨其景(女)

水务局

局　长　曹顺祥

副局长　杜政杰　康建权　李　丽(女)

安全生产监督管理局

局　长　谢德宝

副局长　朱毓金

档案局

局　长　李春晖(女)

副局长　徐建华　乔晓萍(女)

民防办公室

主　任　李国法

副主任　张玉礼　朱圣贤　胡　滨

上海市税务局闵行分局

局　长　苍铁城(满)

副局长　黄炉海　戴明荣　刘如敏

上海市工商局闵行分局

局　长　彭文皓(女)

副局长　刘如新(女,2009.1止)　尹　兵
　　　　钱杰仁　黄东明(2009.1任)

上海市食品药品监督管理局闵行分局

局　长　黄国奇

副局长　孙振伟　杨锡仁　叶宝法

质量技术监督局

局　长　陈晓军

副局长　陆金达　金启华　龚明红

(2)2009年2月,根据闵行区机构改革方案的要

求,区政府工作机构作部分调整

区政府办公室

主　任　潘丽萍(女)
副主任　陈国兴　金海民　汪向阳
　　　　孙耀辉(2009.10任)　沈永铭
　　　　邢红光　倪晓良(2009.10止)
　　　　周胜春　阳勇建
　　　　苏志和(2009.10任)

法制办公室

主　任　陈国兴
副主任　陈　静(女,2009.10止)
　　　　张琍俊(女,2009.10任)

外事办公室

主　任　潘丽萍(女,兼)
副主任　许　沁(女,2009.2任)

区政府督查室

主　任　徐永明

发展和改革委员会

主　任　汤曦东(2009.2任)
副主任　刘跃明(兼)　丁　萍(女,2009.9止)
　　　　韩永强　施惠刚　孙二平(2009.10任)

物价局

局　长　刘跃明
副局长　顾洪昌(2009.10任)

经济委员会[2009年2月,撤消经济委员会(挂粮食局、投资发展局牌子)和对外经济委员会,组建新的经济委员会(挂商务委员会、旅游局、投资发展办公室牌子)]

主　任　张鹏宇(2009.2—2009.9)
　　　　蔡潇飞(2009.9任)
副主任　李建华(兼,2009.2—2009.9)
　　　　陈　皋(兼,2009.9任)
　　　　胡东明(2009.2任)
　　　　贾开京(2009.2任)
　　　　郭保强(2009.2任)
　　　　陈陵红(女,2009.2任)
　　　　吕振玉(2009.10任)

商务委员会

主　任　张鹏宇(兼,2009.2—2009.9)
　　　　蔡潇飞(兼,2009.9任)

旅游局

局　长　张鹏宇(兼,2009.2—2009.9)
　　　　蔡潇飞(兼,2009.9任)
副局长　陈　健(女,2009.10任)

粮食局

局　长　张鹏宇(兼,2009.2—2009.9)
　　　　蔡潇飞(兼,2009.9任)

投资发展办公室

主　任　李建华(2009.2—2009.9)
　　　　陈　皋(2009.9任)
副主任　尹文良(2009.2任)

科学技术委员会[2009年2月,撤消科学技术委员会(挂知识产权局、地震办公室牌子)和原信息化委员会,组建新的科学技术委员会(挂信息化委员会、知识产权局、地震办公室牌子)]

主　任　孙金康(2009.2任)
副主任　李斌洲(2009.2任)
　　　　顾建平(2009.2任)
　　　　宋运堂(2009.2任)
　　　　韩宝国(2009.2任)

信息化委员会

主　任　李斌洲(2009.2任)

知识产权局

局　长　孙金康(兼,2009.2任)

地震办公室

主　任　孙金康(兼,2009.2任)

人口和计划生育委员会

主　任　李永珍(女)
副主任　张全熙　方永昌　程建萍(女)

建设和交通委员会[2009年2月,撤消城市建设和管理局(挂市政工程管理局、市容环境卫生管理局、交通管理局牌子),组建建设和交通委员会(挂重大工程建设指挥部办公室牌子)]

主　任　吴仲权(2009.2任)
副主任　余建源(兼,2009.2任)
　　　　陈福明(兼,2009.2任)
　　　　陈振华(兼,2009.2任)
　　　　吉玉萍(女,兼,2009.2任)
　　　　俞志清(2009.2任)
　　　　朱成杰(2009.2任)
　　　　孟庆平(2009.2任)
　　　　李建江(2009.10任)

重大工程建设指挥部办公室

主　任　吴仲权(2009.2任)

农业委员会(2009年2月,原农业和绿化管理局更名为农业委员会)

主　任　刘　明(2009.2任)
副主任　徐明生(2009.2任)
　　　　张国荣(2009.2任)

国有(集体)资产监督管理委员会

主　任　刘　杰
副主任　周　明　金　莉(女)

监察局(2009年2月,原监察委员会更名为监察局)

局　长　于钢明(2009.2任)
副局长　季卫明(2009.2任)
　　　　陈　磊(2009.2任)
　　　　周慧敏(2009.2任)

上海市公安局闵行分局

局　长　胡世民
政　委　谷继明
副局长　薛志华　胡延枫　刘　强　黄　卫

司法局

局　长　张国荣
副局长　范永飞　周信根(2009.10止)
　　　　陈　静(女,2009.10任)

人力资源和社会保障局[2009年2月,撤消人事局、劳动和社会保障局,组建人力资源和社会保障局(挂公务员局牌子)]

局　长　张伟麟(2009.2任)
副局长　杨建华(2009.2—2009.10)
　　　　许庆龙(2009.10任)
　　　　何渝民(2009.2任)
　　　　张志权(2009.2任)
　　　　倪学斌(2009.2任)

公务员局

局　长　何渝民(2009.10任)

民政局

局　长　陈志福(2009.9止)
　　　　俞言长(2009.9任)
副局长　李保平　蔡秀兰(女)　刘国卿

社团管理局

局　长　陈志福(兼,2009.9止)
　　　　李保平(兼,2009.10任)

财政局

局　长　季佩坤
副局长　董国荣　李　骏(女)
　　　　周国强(2009.10任)

金融服务办公室

主　任　季佩坤(兼,2009.10任)
副主任　董国荣(兼,2009.10任)
　　　　周国强(兼,2009.10任)

审计局

局　长　王　敏(女)
副局长　陈志强　岳　崇

统计局

局　长　项上桢
副局长　周明飞　郭卫民

教育局

局　长　竺建伟
副局长　朱　越(女)　王　浩　李光华

卫生局

局　长　许　速
副局长　谈德弟　杨　炜(兼)　孙镇远(兼)
　　　　夏　红(女)　程　佳　施晓军

文化广播影视管理局(2009年2月,原文化广播电视管理局更名为文化广播影视管理局)

局　长　何国文(2009.2任)
副局长　李　萍(女,2009.2—2009.10)
　　　　吴敏华(女,2009.10任)
　　　　姜忠民(2009.2任)
　　　　杨继桢(2009.2任)

体育局

局　长　夏　林(2009.2任)
副局长　郑　平　何红卫

规划和土地管理局(2009年2月,撤消规划管理局和房屋土地管理局,组建规划和土地管理局)

局　长　陈福明(2009.2任)
副局长　许延岭(2009.2任)
　　　　张　健(2009.2任)
　　　　张海莉(女,2009.2任)
　　　　朱震宇(2009.2任)

住房保障和房屋管理局(2009年2月,撤消规划管理局和房屋土地管理局,组建住房保障和房屋管理局)

局　长　余建源(2009.2任)
副局长　陈相斌(2009.2任)
　　　　王志清(2009.2任)
　　　　周忆华(女,2009.2任)
　　　　姚亚祥(2009.2任)

绿化和市容管理局[2009年2月,撤消城市建设

和管理局(挂市政工程管理局、市容环境卫生管理局、交通管理局牌子),组建绿化和市容管理局(挂城市管理行政执法局牌子)]

局　长　吉玉萍(女,2009.2任)

副局长　薛允康(2009.2任)

　　　　赵铁民(2009.2任)

　　　　杨其景(女,2009.2任)

城市管理行政执法局

局　长　吉玉萍(女,2009.2任)

环境保护局

局　长　刘家欣(苗)

副局长　余　梅(女)　喻文熙

水务局

局　长　曹顺祥

副局长　杜政杰(2009.10止)　康建权

　　　　李　丽(女)　张　建(2009.10任)

民防办公室(人民防空办公室)

主　任　李国法

副主任　张玉礼　朱圣贤　胡　滨

安全生产监督管理局

局　长　谢德宝

副局长　朱毓金　张　伟(2009.2任)

合作交流办公室

主　任　王欢平(女)

副主任　徐建平

区政府研究室(2009年2月,撤消区委政策研究室,组建区政府研究室)

主　任　丁萍(女,2009.9任)

副主任　陆建平(2009.2任)

　　　　童荣兵(2009.2任)

机关事务管理局

局　长　楼永剑(2009.9止)

　　　　钱惠琴(女,2009.9任)

副局长　倪晓良(2009.10任)

　　　　钟　亮　翁国庆

地区工作办公室

主　任　金海民(2009.2任)

副主任　阚永华　吴伯才

上海市税务局闵行分局

局　长　苍铁城(满)

副局长　黄炉海　戴明荣　刘如敏

上海市工商局闵行分局

局　长　彭文皓(女)

副局长　尹　兵　黄东明　钱杰仁

上海市食品药品监督管理局闵行分局

局　长　黄国奇

副局长　孙振伟(2009.3止)

　　　　陈　滨(女,2009.8任)

　　　　杨锡仁　叶宝法

质量技术监督局

局　长　陈晓军(2009.11止)

　　　　闻志国(2009.11任)

副局长　陆金达　金启华　龚明红

各镇政府、街道办事处

浦江镇政府

镇　长　马顺华(2009.3止)

　　　　徐　勇　(2009.3任)

副镇长　黄德明　钱金华

　　　　张晓英(女,2009.11任)

　　　　费　俭(女,2009.11止)　瞿建国

吴泾镇政府

镇　长　王书根

副镇长　陆根秀(2009.3止)

　　　　李　慧(女,2009.3任)

　　　　陈士良　虞石桂

　　　　姚海娟(女,2009.3止)

　　　　苏新华　(2009.3任)

马桥镇政府

镇　长　赵芝娟(女,2009.3止)

　　　　吴建清(2009.3任)

副镇长　张　伟　朱蓉蓉(女)　陈　锋

颛桥镇政府

镇　长　邓国庆

副镇长　何永林(2009.10止)

　　　　侯永平(2009.10任)

　　　　沈士国　袁家勤(女)　任　巍

梅陇镇政府

镇　长　施宝其

副镇长　张永才　李明国　陈　明(女)

　　　　周　亮

莘庄镇政府

镇　长　张　伟

副镇长　陈明达　汤忠心　姚菊林

　　　　曲　峥(女)

七宝镇政府

镇　长　夏　林(2009.4 止)
　　　　马顺华(2009.4 任)

副镇长　琚汉铮(2009.11 止)
　　　　朱建设(2009.11 任)
　　　　夏明弟　李映屏(女)

虹桥镇政府

镇　长　王备军

副镇长　朱建设　王宁红(女)　俞李清

华漕镇政府

镇　长　蔡潇飞(2009.9 止)
　　　　张鹏宇(2009.9 任)

副镇长　吴志华(2009.3 止)　周浩华
　　　　陆　瑾(女)　高宝金
　　　　章群策(2009.3 任)

江川路街道办事处

主　任　刘　琼(女,2009.9 止)
　　　　李建华(2009.9 任)

副主任　沈士国　孔文龙(2009.2 止)
　　　　陆根秀(2009.2 任)
　　　　孙志远　马佩华(女)　张文琦

古美路街道办事处

主　任　韩朝阳

副主任　王顺华　薛伟星　马伟琴(女)
　　　　张　浩

龙柏街道办事处

主　任　叶文昌

副主任　李卫民(女)　张书明(2009.10 止)
　　　　陆　权(2009.2 止)
　　　　徐忆帆(2009.2 任)　方俐伟
　　　　吴音英(女,2009.10 任)
　　　　曹　诚(女,挂职,2009.11 止)

区直属企事业单位

闵行报社

总　编　陈志强

副总编　杨惠康　郁　青(女)

区志办公室

主　任　吕万端

区政府证照办理中心

主　任　黄慧超

副主任　朱丽娟(女,2009.10 止)
　　　　沈　丽(女,2009.10 任)
　　　　徐军鹰(2009.10 任)

土地储备中心

主　任　钱国平

副主任　张亚弟　罗嗣军

区招标投标管理委员会办公室

主　任　王　勇

副主任　赵大明　王建萍(女)

区招标投标中心

主　任　祝泷飙

人口综合管理办公室

主　任　姜国遇(兼,2009.2 止)
　　　　胡延枫(兼,2009.4 任)

副主任　郭国兴　王三槐

区城市管理监察大队

政　委　徐　勇(2009.2 止)
　　　　叶新龙(兼,2009.2 任)

大队长　徐　勇(2009.2 止)
　　　　吉玉萍(女,兼,2009.2 任)

副大队长　副政委　王文兴(常务,2009.9 止)

副大队长　薛允康　严　俊

副政委　金　坤(2009.10 任)

区劳动保障监察大队

大队长　沈　萍(女,2009.10 任)

上海市莘庄工业区管委会

主　任　金慧明

副主任　陈建平(常务)　柳　林(女,2009.2 任)
　　　　黄筱峰　郑守疆(2009.2 任)

上海市莘庄工业区经济技术发展有限公司

董事长　张金弟(2009.9 止)
　　　　王备军(2009.9 任)

总经理　金慧明

监事长　杨　立

副总经理　陈建平(常务)　柳　林(女)
　　　　黄筱峰　郑守疆(2009.2 任)

闵行城市建设投资开发有限公司

董事长　吴仲权(2009.2 止)
　　　　陈振华(2009.2—2009.10)
　　　　蔡建忠(2009.10 任)

总经理　吴仲权(2009.2 止)
　　　　陈振华(2009.2 任)

监事长　陈振华(2009.2 止)
　　　　王耀强(2009.2 任)

副总经理　王德成(常务)

许永福(2009.10止)
朱翀远(2009.10任)
薛顺平(2009.10任)

上海闵盛投资发展有限公司

董事长、总经理 韦苏扬
监事长 刘杰(兼)
副总经理 王忆卿(女,常务,2009.9任)
赵建成
杨海燕(女,2009.2任)

上海闵航投资建设有限公司

董事长 钱国平(兼)
监事长 吴仲权(兼,2009.2止)
陈振华(兼,2009.2任)
总经理 丁峻松
副总经理 蒋继兰(女) 叶龙银

闵行资产投资经营有限公司

总经理 吴玉明(2009.9止)
邵嘉敏(2009.9任)
副总经理 周安明(2009.10止)
许永福(2009.10任)

上海闵商商贸有限公司

总经理 祝家骊
副总经理 周雁 陈皋(2009.9止)
陈康义(2009.10止) 曹军辉

上海闵交资产投资有限公司

总经理 杨培芝(2009.9止)
吴玉明(2009.9任)
副总经理 汤松华(2009.10任)

上海闵浩实业有限公司

总经理 吴玉明(2009.9任)
副总经理 莫政权 汤松华(2009.10任)

上海申信工业总公司

总经理 盖建军
副总经理 周安明(2009.10任)

上海闵鑫工业有限公司

董事长、总经理 薛龙德
副总经理 沈其祖

上海施达实业总公司

总经理 程之中

闵行物资总公司

副总经理 陈康义(主持工作,2009.10止)

区供销合作总社

副主任 周雁(主持工作)

闵行区粮油总公司

副总经理 曹军辉

闵行区人民武装部

部长 陆广银(2009.12止)
申康林(2009.12任)
政委 骆林森

闵行区统一战线系统

闵行区政协第四届委员会

主席 吴申耀
副主席 李梦麟 毛荣发(2009.9止)
邹蜜蜂(女) 尹文明 汪小帆
秘书长 梅建高
常委 (主席、副主席、秘书长均为常委,省略。以下常委按姓氏笔划为序)
马小弟 马绘新(2009.1任)
王勤(2009.12止) 王文兴
王秋明 王满勤(女) 许速 许恺德
孙康(2009.1任) 孙耀辉(2009.12止)
李庆昇 李慧民 吴刚(2009.1任)
沈永铭 宋运堂 张则其
张新华(女,2009.1任) 陆强
陈红铭 林先燎 周亮
郑敏谊(女,2009.12止) 柯碧华(女)
赵根法 姚经建 姚海娟(女,2009.3止)
贾开京 董增平(2009.1任) 慧平

各专门委员会

学习委员会

主任 李梦麟(兼)
副主任 陈志强 朱水清 谈为民
何渝民(2009.2任)

提案委员会

主任 毛荣发(兼,2009.9止)
副主任 张则其 陆广士 王一力 倪晓良
巫岭(女)

经济委员会

主任 李正东
副主任 项上桢 韩永强 徐忆帆 马小弟
贾开京

科技委员会

主任 宋运堂

副主任　顾海生　何渝民　张　红(女)
马绘新(2009.2任)
董增平(2009.2任)

环境和城市建设委员会

主　任　严　耀
副主任　周　亮　张　健　席洪德
袁佳卫(女)

教育委员会

主　任　姚计华(女)
副主任　王满勤(女)　顾庆余　叶银花(女)
武天龙　陈文军(2009.2任)

人口和健康委员会

主　任　许　速
副主任　黄国奇　张全熙　姚经建　邹振东
程　佳(2009.2任)

文化和体育委员会

主　任　赵根法
副主任　何红卫　杨建华　张乃清　沈永铭

社会和法制委员会

主　任　姜国週
副主任　金林根　施炳弟　孙耀辉　王文兴
许恺德

爱国联谊委员会

主　任　王秋明
副主任　魏庆吉　裘建华　柯碧华(女)
姚海娟(女,2009.3止)

工作机构

副秘书长　谈为民　张则其　沈永铭(兼)
李啸瑜(女,兼)　柯碧华(女,兼)
王余民(兼)　任成(兼,2009.1任)
陈文军(兼,2009.1任)　潘家增(兼)

政协办公室

主　任　谈为民
副主任　沈　丽(女,2009.10止)
郑敏谊(女,2009.10任)

专门委员会办公室

主　任　张则其
副主任　巫　岭(女)

闵行区群众团体系统

闵行区总工会

主　席　俞莉红(女)
副主席　孙耀辉　朱冬梅(女)　曹　宏

共青团闵行区委员会

书　记　朱　奕(女)
副书记　姚　媚(女)　陈红铭

闵行区青年事务局

局　长　朱　奕(女,兼)
副局长　姚　媚(女,兼)　陈红铭(兼)

区青年联合会

主　席　朱　奕(女)

闵行区妇女联合会

主　席　费　霞(女,2009.4止)
赵芝娟(女,2009.4任)
副主席　姚爱军(女)　何爱群(女)
朱冬梅(女,兼)

闵行区科学技术协会

主　席　孙金康
副主席　吴慧巍　马绘新

闵行区工商业联合会

主　席　尹文明(兼)
副主席　李正东(兼)　马建国　张忠良
张俊明(兼)　黄炉海(兼)
潘玉明(兼)　陆兴官(兼)
李　绥(兼)　董增平(兼)
吴恩福(兼)　陈晓东(兼)
辛春华(女,兼)　王　云(兼)
杨桂生(兼)　李　彧(兼)　白　亮(兼)
秘书长　马建国(兼)

闵行区归国华侨联合会

主　席　王　勤(兼,2009.11止)
彭炜林(兼,2009.11任)
副主席　王飞麟　王小兰(女,兼)
朱保华(兼)

闵行区红十字会

会　长　张　辰(女,兼)
副会长　秦志良(常务)
秘书长　沈庆平

闵行区第四届残疾人联合会

理事长　龚仁德
副理事长　郑　健　刘建萍(兼)

闵行区社区学院

院　长　张　辰(女,兼)

(赵国防)
(责任编辑　胡克群)

1 月

4 日 闵行区举行深化“三区联动”合作框架协议签约仪式暨服务大学生就业创业现场会。上海交通大学、华东师范大学分别与闵行区政府签署《区校联动发展框架协议》,并与紫竹科学园区就校区、园区联动发展达成协议,双方承诺发挥各自优势,深化产学研合作,共建大学生创业平台和实习基地。现场近百家单位走进校园,为大学毕业生提供近 3 000 个岗位。

同日 闵行区婚姻(收养)登记中心设立“婚姻法律服务”窗口,采取政府购买服务的方式,聘请有资质的律师进驻,每个工作日下午 1—4 时,免费为婚姻当事人提供法律服务。

5—8 日 政协闵行区四届三次会议举行。区政协主席吴申耀受区政协第四届常委会委托向大会作工作报告。会议围绕政府工作报告和转变发展方式、迎世博、改善民生等专题进行讨论。

6—9 日 闵行区四届人大四次会议举行。市人大常委会副主任郑惠强、市十二届人大常委会副主任包信宝出席开幕式。区长陈靖代表区政府向大会作政府工作报告。

10—16 日 闵行区 2009 年就业援助周。7 天中 120 名就业困难人员通过就业援助实现就业,207 名失业特困人员领取每人 400 元的春节困难补助,共计 82.89 万元。2009 年援助对象范围扩大到受金融危机影响而新登记的城镇失业人员。

12 日 “推进银企合作、服务经济发展签约仪式暨现场金融咨询服务活动”在闵行体育馆举行。20 余家入驻闵行区的金融单位和小额贷款公司,300 多家大型企业、高新技术企业和中小企业参加签约活动。8 家金融单位和小额贷款公司为 82 家大型企业、高科技园区、高新技术企业以及中小企业集中签约贷款授信 192 亿元,其中贷款 60 亿元,50% 已资金到位。

18 日 “2009 年新年万人上街慈善募捐活动”在闵行区举行。虹桥、七宝、莘庄、梅陇、江川 5 个地区 13 个募捐点 2 小时募集善款 8 万元。

是月 中央文明委表彰第二批全国文明城市(区)、村镇、单位,第四批全国创建工作先进城市(区)、村镇、单位,闵行区 7 家单位榜上有名,分别是:全国文明镇——七宝镇;全国文明单位——古美路街道办事处;全国创建文明村镇工作先进村——梅陇镇行西村、七宝镇九星村、华漕镇陈家角村;全国精神文明建设工作先进单位——区卫生局、七宝中学。

是月 家住马桥的古稀老人孙炳祥被上海市非物质文化遗产保护部门评定为马桥手狮代表性传承人。

2 月

3 日 由上海市海峡交流促进会、闵行区政府、台湾两岸科教文交流促进会主办，中华才艺小天使两岸少年上海七宝学习营在龙通生活广场开营，海峡两岸近 70 名青少年参加，该学习营旨在建立一个让两地少年朋友学习与交流的平台。

6 日 上海闵行莘子小额贷款股份有限公司在莘庄镇开业。它与之前开业的九星小贷公司一起，构成闵行南北两家小贷公司的格局。该公司是由上海申宝泵业有限公司作为主发起人，联合 8 家法人公司参股共同设立的股份制企业，公司注册资本 6 000 万元。

25 日 闵行区召开政府机构改革工作会议，区四套班子领导孙潮、陈靖、栾国梁、吴申耀、张路加等出席。会议明确，改革后的区政府工作部门由 29 个减为 26 个，整个改革工作于 4 月底完成。

26 日 闵行区教育局和卢湾区教育局签约，百年名校——向明中学浦江校区揭牌。9 月 1 日，向明中学浦江校区正式落成，并与浦江高级中学结成姐妹学校。此举改变浦江镇没有优质高中的历史。该校区 60% 的招生名额面向闵行区。

27 日 区长陈靖接受“中国上海”门户网站“在线访谈”栏目专访。围绕“城乡统筹促发展，暖冬行动创和谐”主题，陈靖就网友提出的问题作详细回答。该“在线访谈”受到网友高度关注，最高时 4 680 人同时在线。

28 日 “2009 年上海市大学生就业专场招聘会”在闵行区举办，招聘会由团市委、市总工会、闵行区政府、市青联、市学联主办，入场招聘企业 216 家，代理招聘企业 103 家，为应届高校毕业生提供岗位 5 809 个，吸引 3.5 万名大学生冒雨参加，达成初步录用意向约 5 700 人次。

同日 位于联航路 2627 号的仁济医院（南院）在浦江镇世博家园奠基，7 月 1 日该院门诊部正式对外开放。仁济医院（南院）占地 106 亩，投资约 5.4 亿元，由市区二级政府财政共同承担。

3 月

4 日 闵行区召开深入学习实践科学发展观活动动员大会。区委书记、区委学习实践活动领导小组组长孙潮作主题动员报告。市委学习实践活动第四指导检查组组长刘纪舟作重要讲话。刘纪舟、孙潮共同开通闵行区学习实践活动专题网站。闵行区学习实践活动分两个批次进行。第一批至 8 月底结束，分学习调研、分析检查、整改落实三个阶段。第二批从 9 月开始。

5 日 闵行区“就业特别困难人员社会保险费月补贴券”首发仪式在江川路街道举行。全区首发 1 000 套“补贴券”，每套 12 张，每月使用一张，每张券最低可抵充 832 元社会保险费，由政府采取实名制发放。获领“补贴券”者只要将券按月交给企业，企业就可凭券到所在劳动保障事务部门结算。

6 日 总投资 9 000 万美元的可口可乐创新与技术中心暨中国总部在紫竹科学园区落成。

上旬 闵行区开始连续三年选拔培养一支由 200 人组成的村（居民区）储备人才队伍。首批选拔 80 名储备人才安排至村（居民区）或区级机关、镇（街道）机关事业单位挂职锻炼，任职期一般为 2 年。

10 日 闵行区召开科技创新和高新技术产业化推进大会，明确全区建立总资金超过 5.5 亿元的科教兴区专项资金作为科技创新扶持资金和高新技术产业发展基金。

19 日 七宝大绿地建设启动。七宝大绿地位于新镇路以东、外环线以西、漕宝路以北、吴中路以南，总面积 83 公顷，投资 34 亿元。

26 日 第三届“全国先进基层检察院”揭牌仪式在闵行区检察院召开。区委书记孙潮代表区委、区政府对区检察院再次荣获“全国先进基层检察院”表示祝贺。

同日 闵行区自行车免费租赁服务项目启动。该项目以地铁和轨道交通为中轴线,根据站点周边不同条件进行租赁网点规划布局,采用政府推动、企业运营的模式运作。第一期到2009年底在全区范围内设置租赁网点200个以上,投放自行车1万辆。

4月

9日 上海申龙客车有限公司新厂投产,区长陈靖为上海申龙新能源研发中心揭牌。上海申龙客车有限公司是上海唯一、国内为数不多的综合性客车制造企业,年产值超过10亿元人民币。

15日 中共闵行区委四届九次全会在区机关会议中心举行。全会听取并审议通过《关于区委四届六次全会决议执行情况的报告》和《关于本区2010年公共财政预算编制的有关情况的报告》,并差额票决《提请区委全委会分项表决的有关事项》。

同日 浦江镇域性出租车队成立。它是由上海江南旅游服务有限公司组建,首批投入运营15辆桑塔纳车,起步价9元。

17日 全国农村教育工作专题会议在闵行体育馆召开,全国人大常委会副委员长、民进中央主席严隽琪出席,市人大常委会副主任、民进市委主委蔡达峰,闵行区领导孙潮、陈靖、张辰及浦东新区、宝山区、嘉定区、崇明县政府分管领导参加。

同日 闵行区首批3个全景式党员教育基地(指拥有丰富的党建教育资源)挂牌,分别是七宝中学党委、九星村党委和古美路街道平吉六村居民区党总支。

21日 市政协主席冯国勤带领部分市政协委员来闵行区劳动争议仲裁院调研,并就"关于加强本市劳动争议仲裁的建议"重点提案举行办理协商会。

26日 闵行区乡村休闲项目计划启动,首批纳入该计划的有黄浦江水文化博物园、响水湾会员农庄及浦江市民农园等。

28日 闵行区召开金融服务和政府采购推进大会,在全市率先为205家高新技术企业聘请金融顾问,同时宣布区内第一批自主创新产品目录及政府采购相关政策。

29日 市委副书记、市长韩正率市政府副秘书长、市商务委主任沙海林,市经济信息化委主任王坚等赴紫竹科学园区调研,区领导陈靖、程向民等陪同。

30日 上海世博会形象大使MV首发暨"世博进社区"闵行区主题活动日举行,揭晓世博会倒计时一周年纪念歌曲《城市》。

5月

1日 闵行区纪念"五四"运动90周年暨"青春世博行动"总动员活动举行。"闵行区世博志愿者工作站"揭牌。闵行区世博志愿者招募工作启动。

5日 区委书记孙潮作客东方网谈科学发展。孙潮就闵行区重大工程建设、交通出行、民生保障、城区发展等六大类近34个问题与网友们在线交流。一个半小时活动吸引9 000多名网友在线观看,其中600多名网友留言提问。

7日 漕宝路上原七宝蔬菜副食品批发市场("八号桥市场")迁至涞亭北路888号新址开业,这个闵行区最大的蔬菜副食品零售批发市场"搬家",是为了配合七宝外环大绿地工程建设。

8日 闵行区召开教育工作会议,公布区政府《关于进一步深化教育改革,发展教育事业的意见》和《关于进一步促进民办教育健康发展的若干意见》两大文件,促进区域教育"公平、均衡"。闵行职业教育联盟同时揭牌,区有关领导与上海外国语大学、上海师范大学领导签订教育合作协议。

11 日 闵行区召开农村基层公务消费改革推进会。2009 年全区 50 个村实行村级公务接待限额制度，消费额度不高于各村前三年消费平均数，不高于前一年公务接待消费预算数。

14 日 闵行区与韩国首尔市松坡区签约友好交流合作意向。

中旬 闵行区做好甲型 H1N1 流感防控工作。区卫生局开展排摸，对 AM098 等航班中居住在闵行区的乘客、家属及密切接触者实施隔离医学观察。发热门诊 24 小时开放、人员到位，落实预检分诊工作流程。区农委将"甲型 H1N1 流感明白纸"和"加强防控甲型 H1N1 流感告知书"发放到各规模养猪场和养殖户。

18 日 在北京召开的全国社会治安综合治理先进集体、先进工作者表彰大会上，闵行区被评为 2005—2008 年度全国平安建设先进区。区委副书记、区长陈靖代表闵行区参加会议并接受颁奖。

26 日 闵行区各界人士在区烈士陵园集会，隆重纪念上海解放 60 周年。区领导还为九星发展规划陈列室、闵行经济技术开发区展示厅、上海黄浦江水文化博物园、上海"荣军工作展示厅"、上海电机厂毛主席纪念塑像、浦江镇青少年活动中心 6 家新命名为区级爱国主义教育基地的单位授牌。

31 日 上海市第一家社区股份合作社——莘庄工业区社区股份合作社成立大会召开，97 名村民代表 5 000 多名入股村民，投票通过合作社章程、选举办法，并选出第一届理事会与监事会成员。入股村民每年都将拿到红利。

是月 堪称上海商业"航母"的仲盛世界商城在地铁莘庄站南广场亮相，商城总建筑面积近 30 万平方米，是集大型超市、时尚购物、休闲娱乐、特色餐饮于一体的"一站式"综合性购物中心，其地上 5 层、地下 3 层。

6 月

15 日 位于马桥镇彭渡村的源江水厂一期工程通水，基本实现自动化控制，投产后，上水闵行公司的日供水量由原先的 67 万立方米增至 90 万立方米。

15—16 日 中国国民党台北市中山区党部参访团抵沪，与中共闵行区委开展地方党部的对口交流。双方就开展政党交流和推动两区经济文化交流举行会谈。参访团一行还赴紫竹科学园区、古美路街道参观考察和交流座谈。

18 日 闵行区政府与中国信保上海分公司签署全面战略合作协议。区政府还与信保公司搭建"上海闵行区出口企业集约承保金融服务平台"，为闵行区出口企业提供一系列的政策支持和金融服务。

21 日 闵行区举行推进新能源产业发展签约仪式。区政府分别与上海交通大学、上海电器集团、上海航天局等签约。仪式吸引众多新能源企业前来参会。

24 日 市委副书记、市长韩正，副市长沈骏等来闵行区实地调研市保障性住房大型居住社区浦江基地的建设进展情况，区领导陈靖、连正华等陪同。

27 日 5 时 38 分，莲花南路、罗阳路口西侧，在建的"莲花河畔景苑"7 号楼——一栋 13 层住宅楼发生整体倒覆事故，造成一名工人死亡。事发后，引起市委、市政府领导高度重视，区委书记孙潮、区长陈靖等区领导第一时间赶赴现场指导抢险工作。

30 日 闵行区召开纪念中国共产党成立 88 周年暨"为闵行科学发展建功立业"先进事迹报告会。

是月 闵行区执行《关于本区深化新型农村合作医疗制度改革的实施意见》，农民到合作医疗范围内的各级医院看病，由原先各镇分别制订报销额度,转为区级统筹,报销比例有所提升。

7月

1日 坐落于浦江镇的尚德(上海)电子有限公司薄膜太阳能电池生产线投产。该公司集薄膜电池生产、设计、研发、制造及销售于一体,设计总产能360 MW/年,将有6条生产线入驻。

5日 轨道交通8号线二期(南延伸段)试运营,浦江镇设5个站点:芦恒路站、浦江镇站、江月路站、联航路站、航天博物馆站。

8日 中共闵行区委四届十次全会在区机关会议中心举行。全会审议通过《中共闵行区委常委会半年工作报告》、《中共闵行区委全委会提案工作暂行办法》和《提请区委四届十次全会表决的提案》,差额票决区委近期拟推进的党建创新项目。

上旬 《上海市绿化行业社会公众满意评价调查报告》公布,在全市135座公园中,闵行体育公园社会公众满意度测评排名第一。

15—16日 迎世博世界乒乓球群英会在闵行区举行。群英会共邀请来自日本、韩国、瑞典、匈牙利和中国的22位世界名将参加。其间,世界乒坛明星还分别到闵行区乒乓特色学校明强小学传授球技,到莘庄名都社区指导居民开展健身活动。

16日 市人大常委会主任刘云耕、副主任陈豪率部分市人大常委会组成人员和市人大代表来闵行区浦江镇检查建设工程质量安全管理情况并召开座谈会,区领导孙潮、栾国梁、王胜扬、连正华陪同。

17日 闵行区政府与中国电信上海公司签署信息化建设合作协议。中国电信上海公司在2009和2010两年内投入5亿元专项资金用于闵行区信息化建设,并为闵行区建设和维护"城市管理及应急联动中心视频图像系统"。

21日 中欧国际光伏产业投资峰会暨投资闵行合作会议召开。区政府向参会的中外光伏企业介绍闵行的投资环境,重点推介闵行区新能源产业的投资政策和发展平台。

23日 闵行区政府与中国移动上海公司签署信息化建设合作备忘录。中国移动上海公司在2009年至2010年内投入10亿元的资金用于闵行区通信基础设施建设和信息化应用提升。

25日 居(村)委会换届选举工作在闵行区全面实施。到9月11日,全区327个居委会和122个村委会完成换届选举,选出居(村)委会成员2 218人;居(村)民小组成员15 921人;居(村)民代表31 906人;村务监督小组成员710人。

31日 闵行区政府与复旦大学附属肿瘤医院\肿瘤研究所签署华漕地区国际医学园区合作协议。

8月

2日 45年来最强的特大暴雨突袭闵行区。16时03分,区防汛指挥部将预警级别从暴雨黄色提升为暴雨橙色预警。区领导第一时间前往受灾较严重的莘庄、颛桥、江川等地视察灾情,组织区消防支队抢排积水。

4日 市委副书记殷一璀,市委常委、市委组织部部长沈红光等来闵行区调研党建工作,并对闵行区区委全委会改革给予充分肯定。

上旬 坐落于马桥镇的铁路闵行站新货场对外营业,受理上海至全国各地的货运业务。它取代有着百年历史的铁路南浦站,与北郊站一起成为上海铁路一南一北两大货运中心。

14日 闵行区四届人大常委会第十九次会议举行。上午常委会在区委党校举行扩大会议,听取区长陈靖作区政府工作情况汇报。下午作出区人大常委会《关于闵行区2008年财政决算的决议》。

15日 闵行区企业界向我国台湾"莫拉克"台风受灾地区慈善募捐。20多家企业、开发区捐款

221万元，捐衣物价值90万元，帮助台湾同胞战胜灾难、重建家园。

20日 市政协主席冯国勤，副主席周太彤、李良园等赴紫竹科学园区调研高新技术产业发展情况，充分肯定园区在创新体制机制和建设具有自主创新能力的产业集聚基地等方面所取得的重要进展。

中旬 闵行区“村村通”高速光纤信息网建成。该网由区有线中心建设，覆盖全区城乡，政府各类为民信息服务均可依托该网络延伸。

21日 漕河泾开发区生产性服务业功能区奠基。功能区建成后，将集聚一批跨国公司、国内大型企业的地区总部和研发、技术、管理、销售、结算中心项目。

同日 闵行区与东上海国际文化影视集团达成闵行剧院委托管理合作框架协议，开展为期5年的首度合作，将闵行剧院打造成“音乐剧”的生产展演基地、“东方百老汇”的艺术殿堂和国际演艺文化的交流中心。闵行剧院位于莘庄地铁南广场，由政府全资建造，建筑面积7 012平方米，设观众席固定座位1 112座。

26日 上海市大型居住社区浦江基地启动，上海城建集团与中国建设银行上海分行共同签订社区建设银企合作书。浦江基地由位于杜行地区的谈家港基地和位于鲁汇地区的鲁汇基地组成。

28日 闵行区召开区征地镇保人员两年以后生活费发放问题听证会。这是根据《闵行区人民政府关于实施重大事项决策听证制度的试行办法》，召开的全区首次公众代表听证会。

9月

3日 闵行区志愿者协会成立大会暨第一届第一次会员代表大会召开，审议通过《上海市闵行区志愿者协会章程》，选举产生区志愿者协会第一届理事会。

8日 阿海珐集团输配电部旗下中国技术中心在漕河泾开发区浦江高科技园动工。这是继尚德太阳能之后，浦江镇又入驻一个世界级能源巨头。

11日 家住古美一村的中共党员徐素珍赶在新中国60华诞前夕，将毕生积蓄79万元作为大额党费上缴闵行区委组织部。中共闵行区委授予徐素珍优秀党员称号。10月28日凌晨5时50分，徐素珍因患胰腺癌医治无效在龙华医院逝世，享年89岁。其名下房产出卖所得款尽数交给党组织，前后两次向组织交纳党费共计152万余元。

15日 “世博论坛·虹桥综合交通枢纽与长三角联动发展”在闵行区举办。来自国家发改委、商务部、上海市委市政府有关部门、长三角地市领导、国内外著名专家、部分知名企业老总200多人参加。区长陈靖代表闵行区政府与市商务委签定框架合作协议。本次论坛达成《虹桥综合交通枢纽与长三角联动发展共识》。

21日 《至尊国礼——中华人民共和国国际礼品展》开幕。该展览由闵行区博物馆和北京国际友谊博物馆主办，分亚洲、欧洲、非洲、大洋洲、美洲五个部分，表现不同国家、不同民族的文化独特性及其艺术风貌。

25日 闵行区启音学校建校30周年。该校创办于1979年，原名上海县聋哑学校，1994年易名为闵行区启音学校，是一所九年一贯制义务教育特殊学校。

26日 五年一度的盛大文体活动——第四届闵行区艺术节、运动会在闵行体育馆开幕。艺术节安排各类文化活动800余场次，运动会参赛人数8 877人，创历届之最。

28日 闵行区在区政府会议中心隆重举行各界人士庆祝中华人民共和国成立60周年座谈会。区四套班子领导孙潮、陈靖、栾国梁、吴申耀等各界人士200余人参加。

30日 闵行区召开生物医药产业推进大会。《闵行区生物医药产业发展行动计划(2009—2012年)》出台,紫竹科学园区等4个产业园区被确定为国家生物医药产业基地,并对列入全市第一批生物医药产业转化项目的区域内四家企业发放匹配资金。

10月

10—18日 “2009上海ATP1000大师赛”在旗忠网球中心举行。法国选手贝内特乌、特松加夺得双打冠军,俄罗斯选手达维登科夺得单打冠军。

上旬 紫竹科学园区先后被中共中央组织部授予“海外高层次人才创新创业基地”和被国家科技部授予“国家科技兴贸创新基地(生物医药)”两项称号。

11日 闵行区百支志愿团队迎世博倒计时200天主题集会开幕。仪式上,“闵行区百支志愿服务团队”揭幕,闵行区迎世博十大志愿服务项目揭晓。

16日 闵行区中心医院举行建院40周年庆祝活动。全国人大常委会委员长吴邦国为医院题词“杏林礼赞 四十华章”表示祝贺。该医院创建于1969年,当初仅是一所乡镇卫生院,之后逐步发展为莘庄医院、上海县中心医院、闵行区中心医院。2000年8月加入瑞金医院集团以后,医疗业务量及医疗质量位居上海同类同级医院前列。

17日 第十一届中国上海国际艺术节群文开幕活动暨“金秋闵行”第二届上海合唱节开幕式在上海城市剧院举行。此次合唱节邀请来自世界各地的专业合唱团、全国少数民族合唱团以及上海本土优秀合唱团等14支队伍1 000余人同台献艺。

23日 中共闵行区委四届十一次全会在区机关会议中心举行。全会听取《认真贯彻四中全会精神 进一步加强党建工作》的报告,审议并通过《闵行区关于加强处级后备干部队伍建设的若干意见》、《关于进一步完善建立闵行区正处级领导干部预备人选队伍并实行区委全委会差额推荐的意见》。全会还就党建工作、干部队伍建设及区委其他工作进行询问,并差额推荐补充闵行区正处级领导干部预备人选。

29—30日 2009沪港科技合作研讨会举行。闵行区政府邀请区内近40位企业家与香港代表及上海专家进行对话,为融通学术交流与企业发展提供范例。

11月

2日 闵行区12万中小学生开始接受“甲流”疫苗注射。

9日 2009闵行区青年创业计划大赛决赛暨颁奖仪式举行。获奖的创业计划落户闵行实际创业的,优先获得由紫竹YBC科创基金提供的10—30万元无息免担保贷款。

10日 闵行区首条政府主导的社区巴士开通,票价1元,线路往返于轨道交通8号线江月路站和浦江镇世博家园之间。社区巴士营运出现的亏损由区财政全额承担。

上旬 经市民投票和有关部门审核,闵行区新镇路(农南路—顾戴路段)获得“上海市民满意的人行道”称号。

18日 位于中谊路955号的闵行区中谊福利院开业。该院由区政府出资回购,专业机构经营管理,是集养老、医疗、保健、康复为一体的综合型养老机构,建筑面积2万多平方米,设置床位798张。

同日 闵行区政府与申能(集团)有限公司签署战略合作协议,推动闵行区新能源产业发展,加快新能源领域技术创新,协力推广和应用天然气清洁能源、分布式供能系统等新能源项目。

26日 市人大常委会主任刘云耕一行来闵行区开展水环境保护法律法规执法检查,市人大常委会副主任陈豪、王培生,区领导孙潮、栾国梁、王胜扬、阎祖强等参加。

29 日 2009“东丽杯”上海国际马拉松赛在闵行举行。全程、半程比赛线路经过古美、梅陇、颛桥、莘庄工业区、莘庄、七宝等路段，终点设在闵行区体育馆。

30 日 浦江社区卫生服务中心新址项目开工建设。新址位于谈家港社区，北临江文路，西临向阳河，建筑面积 1.43 万平方米。建成后将改善浦江镇社区居民的医疗卫生状况。

12 月

9—11 日 闵行区人大常委会举行 2010 年部分财政预算项目初审听证会，就财政预算在 2 000 万元以上，关系公共服务和民生的农业规模经营补贴、公交补贴、劳动关系和谐企业创建、社保补贴及教学设备添置更新 5 个专项项目听取人大代表和社会公众的意见。

11 日 闵行区经济适用房首批试点房源“翔泰苑”公布销售基准价——5 200 元/平方米，购房者拥有 70% 的产权比例。18 日至 2010 年 1 月 17 日，开展经济适用房购房申请受理、审核、公示等工作。翔泰苑小区地处颛桥镇，东西南北各与北庙泾、沪闵路、元江路、鹤翔路相邻。

15 日 上海三菱电梯有限公司自动扶梯工厂在闵行经济技术开发区奠基，将于 2010 年底建成投产，到 2013 年计划形成 5 000 台各类自动扶梯、自动人行道的生产能力。

中旬 闵行区市容环境综合建设和管理项目荣获“中国人居环境范例奖”。闵行区市容环境管理近年来逐步实现城市形态中平面整洁、立面规范、空间和谐、动态有序的目标，获得专家评审组的充分肯定。

19—20 日 “深化党内基层民主实践创新”研讨会在闵行区举行，市委副书记殷一璀出席会议并讲话。来自中央党校、中国浦东干部学院，北京大学、清华大学以及北京、上海等省市 30 多位党建专家与上海、四川、湖北、浙江、陕西等省市地区的党委进行对话交流。

22 日 清晨 7 时左右轨道交通 1 号线突发故障，造成闵行区莘庄站、莲花路站等车站大量乘客滞留，地面部分路段交通一度瘫痪。闵行区建交委紧急调度 47 辆公交车疏散客流，到上午 10 时，滞留乘客分流完毕，莘庄站、莲花路站交通秩序恢复正常。

23 日 位于莘庄地铁南广场的闵行春申文化广场启用。整个广场是一座无围墙的开放式公共建筑，总建筑面积达 47 221 平方米，是上海西南地区一个集上海城市剧院、区青少年活动中心、区档案馆、区图书馆“四馆合一”的公共文化服务基地。

24 日 上海中广核工程科技有限公司破土动工。该项目位于紫竹科学园区，是中国广东核电集团有限公司在上海的核电技术产业研发中心，占地 6.47 公顷，总投资 5.5 亿元，由产业中心和研发中心构成。

26 日 闵行区政府与总参测绘局签署《国家卫星导航应用浦江产业基地战略合作框架协议》。

（责任编辑　胡克群）

（一）开展深入学习实践科学发展观活动综述

按照中央和市委的统一部署，在区委的正确领导和市委第四指导检查组、市委第三巡回检查组的具体指导下，闵行区从2009年3月4日开始，分两批开展深入学习实践科学发展观活动，每批半年时间。第一批至8月底结束，第二批从9月份开始，分学习调研、分析检查、整改落实三个阶段。包括区四套班子在内，涉及区级机关74个处级单位，13个镇、街道和工业区，1 713个村、居民区、学校、卫生服务中心和“两新”组织；涉及2 406个党组织，72 887名党员，其中处级以上党员领导干部899人，局级干部27人。

一、主要做法

深化理论学习。坚持做到“三个必学”，即《毛泽东邓小平江泽民论科学发展》、《科学发展观重要论述摘编》两个读本必学；党的十七大报告、十七届三中全会精神、胡锦涛等中央领导同志以及市委、区委主要领导同志的重要讲话精神必学；《深入学习实践科学发展观活动领导干部学习文件选编》处级以上领导干部必学。区委还成立讲师团，深入基层作专题辅导讲座161场，帮助基层党员加深对科学发展观的理解。各学实单位结合基层条件，坚持因地制宜、灵活简便的原则，努力做到党员学习全覆盖，喜闻乐见易接受。各学实单位党委（党组）中心组集中学习累计604次，其中区委中心组组织学习6次，举办各类学习实践活动辅导报告4场次，举办各类学习班、培训班523期，集中培训党员干部47 514人次。村、居民区、学校、卫生服务中心和“两新”组织等基层党组织安排辅导报告952场次，党员参观学习33 084人次。

加强分类指导。各学实单位按照党员领导干部和普通党员的不同职责，分别提出了领导班子领导科学发展，机关事业单位党员服务科学发展，村、居普通党员参与科学发展的具体要求。针对流动党员、动迁在外党员、挂靠党员等这类难集中的党员群体，各学实单位认真分析情况，抓住典型群体，确保活动党员全参与。此外，各学实单位还抓住街镇工作重点、破解“两新”组织难点、把握行业特点，加强工作研究和具体指导。

运用典型引路。各学实单位注重从身边人、身边事中挖掘典型，不断增强学实活动的感染力、渗透力和影响力。如徐素珍上缴152万元大额党费的事迹经媒体报道后，得到中共中央组织部部长李源潮、上海市委书记俞正声的充分肯定和高度评价。区委组织部、区委宣传部积极组织徐素珍先进事迹故事会，以故事的形式宣传徐素珍无私奉献的精神。区委还先后组织召开四种类型的工作交流会，总结宣传各镇（街道）、“两新”组织、教育系统、村（居民区）开展活动中形成的好的经验做法。

坚持群众路线。开展走访、下访、接访等活动，邀请广大党员、基层群众和社会各阶层代表参加各类会议，交流交心聚民心，明确努力方向。据统计，各学实单位走访基层 2 745 家，上门走访群众 2.33 万人次，召开各类座谈会 3 414 个、个别访谈 1.56 万人次、征求意见建议 3.56 万多条。活动期间，各学实单位还邀请 2 134 名代表全程参与学习实践活动，确保活动不走过场，体现实效。区委常委会下发群众满意度测评表 149 份，满意度 100%，其中表示“满意”的占 98.7%，“比较满意”的占 1.3%。

突出实践特色。各学实单位以解决突出问题为着力点，加强边学边改、边查边改的力度，以学习推动实践，在实践中深化学习。活动期间，梳理问题 5 089 个，其中，影响和制约科学发展方面的突出问题 2 458 个，党员干部党性党风党纪方面突出问题 733 个，涉及群众切身利益等方面突出问题 1 898 个。年内，已解决问题 2 787 个，为群众办好事办实事 5 343 件。

强化后续整改。各学实单位普遍对制定的整改落实方案，特别对具体整改事项进行认真研究，对需要集中整改的突出问题，认真落实整改。同时注意做到三个有效对接：区级机关学实活动与市级机关有效对接，74 个学实单位与区四套班子有效对接，第一批“条”上整改与第二批“块”上落实有效对接，切实加强上下联动、左右互动，有效整合各种资源，充分调动各方面力量，形成整改落实合力。从整改落实的情况看，闵行区第一批 74 家学实单位，梳理整改事项 1644 个，年内已完成整改事项 1 347 个，整改率 81.93 %。

二、主要成效

思想认识有提高。经过深入学习，全区广大党员干部普遍受到了一次深刻的马克思主义理论教育，基层群众的思想认识也在实践中得到深化和提高。在解放思想讨论中，广大党员干部就事关闵行新一轮发展的重大问题上，在事关本单位、本系统、本行业科学发展的关键问题上，进一步形成共识。各镇、街道、莘庄工业区广大党员干部更加坚定了转变经济发展方式的信心，尤其是在 2008 年金融危机之年，确定“腾地为王”的工作思路，2009 年又提出“招商为上”的工作理念。

经济发展有成果。2009 年，全区主要经济指标增幅居全市区县前列。全区完成生产总值 1 234.4 亿元，比上年增长 10.2%。全年合同吸收外资 12 亿美元，实际到位 11.2 亿美元，比上年增长 10.8%；新增内资注册资本 260.2 亿元，比上年增长 27.4%。高新技术产业发展加快。闵行区抢抓产业布局机遇，被上海市确定为新能源等五大高新技术产业重点区。第三产业发展势头良好。服务业对全区经济增长的贡献率达到 74.5%。

平安世博有实效。学实活动中，闵行区充分动员各部门各单位和各行各业的党员群众参加迎世博各项活动，全力服务保障世博会的顺利召开。每月 5 日、15 日、25 日“三五”集中行动已成常态。截至 2009 年底，全区招募世博志愿者 11 386 名，参加世博知识培训 110 万人，市民参与达到百万人次。2009 年闵行区被中央综治委评为“全国平安建设先进区”。在建国 60 周年等重大节日和重要活动期间，确保了社会稳定。

人民群众有实惠。2009 年城镇和农村居民家庭人均可支配收入分别为 24 969 元和 16 082 元，比上年增长 9.5% 和 10.9%。实事项目等民生工作全面落实，包括市大型居住社区浦江基地在内的 70 万平方米保障性住房已开工建设，新增廉租住房保障户 326 户。全年新增就业岗位 3.3 万个，对 4.3 万名各类劳动者开展职业技能培训。完成 2 294 亩设施农田建设，完成 38 个自然村庄改造，8 757 户村民受益。

基层党建有强化。全区 247 个居民区已推进组织设置优化工作，占全区居民区总数的 75.1%。制订出台《关于加强新社会领域党建工作的实施意见》，并选取 54 家试点单位适时进行评估。17 家新社会组织在学实活动中建立党组织。研究制定《闵行区基层党委实行党员代表大会常任制实施意见》，建立健全征询通报制度、提案提议制度等党内民主制度。拟定《闵行区基层党组织领导班子“公推直选”及配套管理暂行办法》，对公开推荐、直接选举、纪律监督、辞职罢免等程序作了明确规定。各镇、街道、莘庄工业区等基层党组织全面推进以“三联四会”为主要内容的党的群众工作机制，实现街镇党政议事会、村(居)两委议事会和党员群众代表议事会等平台的有效运作。岁末年初，24 名四套领导班子干部，391 名区级机关处级领导干部，173 名镇、街道、工业区班子成员分别走访 435 个居民区、

134 个村、416 家规模以上非公有制企业,基层班子成员走访普通党员和困难群众,切实解决民困民难等方面实际问题,党群干群关系更加密切。

三、主要经验

领导带头是关键。区委书记孙潮、区长陈靖等区四套班子主要领导带头作动员报告、作学习辅导、深入基层和联系点开展调研、查找个人和班子存在的突出问题、撰写专题民主生活会发言材料和开展批评与自我批评等“十个带头”,对整个活动起到较好的示范带动作用。3 月 16—29 日,区四套班子 23 名党员领导干部深入联系点作学习报告。孙潮先后到浦江、华漕等地调查城市化进程中的动拆迁问题,研究加快推进动拆迁工作的具体对策。陈靖就“实施‘暖冬’行动,实现‘五保’目标”课题,深入七宝镇、强生公司等单位调研,了解企业生产经营情况。各学实单位主要负责人认真履行第一责任人的职责,既当好活动的组织者和推动者,又当好活动的先行者和实践者。各学实单位领导建立联系点 646 个,带头作报告 732 场,形成 513 篇调研报告。

统筹联动是方法。(1)注重活动批次的衔接。第一批形成的科学发展共识、体制机制成果、惠民利民政策等通过第二批活动,进一步贯彻落实到基层。(2)注重条块之间、街镇之间、基层单位之间的互动。(3)注重与当前工作的协调。既保证学习实践活动的进度和质量,又提高日常工作的效率和水平,做到工作学习两不误、两促进。

营造氛围是保障。(1)搭建传统宣传平台,充分利用标语、宣传栏、橱窗等宣传阵地,入村进社。(2)搭建主流媒体平台,充分运用政府网站、党员干部现代远程教育网络等媒体,主题引领。学实活动开展以来,闵行区编印《闵行区深入学习实践科学发展观活动简报》91 期、《周报》49 期,被中央学实活动简报录取 1 篇,被市委学实活动简报录用 18 篇。人民日报、新华社等中央新闻媒体报道本区学习实践活动情况 7 篇。学实网总点击量超过 71 万人次。

正面教育是原则。各学实单位在活动中始终注意保护和调动广大党员干部的积极性、主动性,做到以正面教育和正面引导为主。通过正面教育这一有效形式,广大党员在落实科学发展观的要求中强化责任意识,在查找问题和不足中强化忧患意识,在解决突出矛盾和问题中强化大局意识,实现自我教育、自我提高的目标。

(洪 潮)

(二)闵行区迎世博 600 天行动纪实

2009 年,闵行区迎世博 600 天行动围绕“迎精彩世博,做文明市民”主题,以迎世博倒计时重要时间节点为契机,广宣传、深发动,查问题、找差距,聚合力、治顽症,在动员全区市民和社会力量广泛参与上下功夫,在提升环境文明、服务文明、秩序文明上下功夫,全力以赴做好迎世博各项工作,切实提高城区文明程度和市民文明素质。

一、文明测评推动创建工作上台阶

2009 年,闵行区成立创建全国文明城区先进区工作领导小组,强化对创建工作的组织领导。在测评方面,推行社会化考评机制,委托社会第三方对文明镇、文明社区、文明小区、文明市场等创建开展群众满意度测评。在监督方面,将监督权交给市民和媒体,依托新闻媒体、市民巡访团等社会力量,加大文明创建的监督力度。在考核方面,测评结果作为各级各类推优评优及文明创建日常考核重要依据,对重点指标实行一票否决。

年内,闵行区组建文明指数督查组,对全区城市化较为集中的 327 个考察点广覆盖、多角度、全方位的自查、暗查、回头查,每天整理形成“文明指数测评实地督察抄告单”告知各相关职能部门主要领导,要求即刻整改。该举措促动了各单位、各部门积极自查,主动担责、合力尽责,使闵行区在全市郊区县文明指数测评排名中保持前三名;为加快网上市民投诉处理响应速度,闵行区建立“文明在线”网上投诉督办整改机制,将每天预处理过的投诉以抄告单形式发至各相关单位。截至年底,处理各类投诉 768 条,得到市民充分认可,并获得东方网颁发的“雷厉风行奖”。

年内，区市民巡访团60多名队员不定期在全区各重点路口路段、公交枢纽、居民小区进行巡访，对所发现的问题及时向相关部门反馈。全区524个小区、115个村创建成文明小区、文明村，市、区两级文明小区、文明村创建达标率87%。修订完善文明小区以奖代补标准，对全区文明小区实施奖励。积极开展迎世博“文明餐饮”专项创建活动，闵行区有9家餐厅被评为上海市首批文明餐厅。截至年底，闵行区37个单位和个人被评为市迎世博贡献奖。

二、群文活动、志愿服务推动社会各方参与

截至年底，全区累计完成世博培训110万人，完成市民测试50余万人，其中通过网上测试22万人，通过书面测试28万人。闵行区由普通市民组成的代表队在市级世博知识竞赛中获一等奖。此外，全区还开展了一系列群文活动：如倒计时500天交通文明集中行动、市民知识竞赛、市场企业员工知识竞赛、上海世博会形象大使MV首发暨“世博进社区”闵行区主题活动、窗口行业世博会志愿者招募集中行动、“世界在你眼前，我们在你身边”闵行区百支志愿团队迎世博倒计时200天主题集会、交通路口志愿者规范手势操展示等，吸引超过15万市民参与。

9月3日，闵行区志愿者协会成立大会暨第一届第一次会员代表大会召开。区志愿者协会包括区青年志愿者服务队、区律师志愿者服务队、区献血促进会志愿者服务队、紫竹科学园区志愿者服务队等67个团体会员。时隔一个月，闵行志愿者网开通，它通过公益项目库、公益捐赠、志愿服务动态、志愿者培训等板块，有效实现志愿服务资源的合理调配以及志愿者的快速动员，同时也向广大市民提供了一个参与闵行区志愿服务的网络窗口。从2009年3月起，每月25日都有数千名身着统一服装的志愿者在全区19个重点路口、10个非机动车规范停放示范点、40个公交站点以及各轨道交通枢纽站点开展活动，以身作则，积极倡导文明理念。截至年底，闵行区参与25日“公共秩序日”各类活动的市民已超过20万人。

三、营造氛围推动社会宣传深入人心

为做好迎世博社会宣传工作，截至年底，闵行区累计制作户外大型公益广告、高炮广告377块，招风旗4 000对；下发招贴画80 625张，文明卡6 700套67 000份；制作易拉宝广告424个，早餐车车身广告80辆，宣传折页9 600份；制作电子屏幕广告25块，灯箱广告44块，横幅125条；下发宣传展板165块，文明提示牌1 500块，世博环保袋2 000个，世博贴纸13 200张，世博手执旗900面。另外，在市社会动员指挥部下发5个大型“海宝”的基础上（设置于区内重点区域），又购买添置充气“海宝”模型近50个。

与中央、市级媒体紧密合作，组织新闻发布会、新闻通气会、集中宣传40余次，大力推介区委、区政府服务世博的措施，相继推出世博系列主题报道400余篇。闵行政府门户网站在倒计时1周年之际，特别开通世博专题网，至年底已发布各类信息100余条。

四、达标竞赛推动窗口服务规范有序

2008年9月，成立闵行区窗口服务指挥部，成员单位包括全区窗口行业30个主管部门、各镇（街道、莘庄工业区）。指挥部办公室设在区经委。区内55个与世博相关的窗口服务行业整合成三大类，并相应在指挥部下设公共服务、综合服务、文化娱乐3个专项工作组，分别由区证照中心、区经委和区文广局负责本类行业的工作推进。

2009年3月起，启动了窗口服务行业从业人员培训工作。培训分为全员普训和双语培训两个阶段。采取不脱产的方式进行，年内已累计培训104 734人次。先后组织开展了“迎世博、树形象、说闵行”导游技能大赛、“医务职工院前急救技能操作比赛”、“绿化技能比赛”、“迎世博，作贡献——出租车行业职工立功竞赛”等活动。在迎世博每100天的时间节点，组织形式多样的窗口服务技能竞赛活动。如，在迎世博倒计时300天之际，开展以“树窗口形象、展魅力闵行、迎精彩世博”为主题的世博知识竞赛活动，并同步举行“微笑的城市、满意的你”的闵行区服务品牌、服务明星集中展示和“真诚服务顾客、真情奉献世博”的窗口服务承诺宣誓和签名仪式等。2009年3月起，闵行区将每月5日作为全区窗口服务行业“迎世博，讲文明，树新风——窗口服务日”集中行动，组织开展了10次“窗口服务日”

行动,评选出窗口服务行业三批178个"优质服务示范窗口"和237名"优质服务示范员"。

五、市容整治推动城市建设亮点频出

闵行区坚持市容整治与城市管理同步推进,聚焦重点、把握节点、营造亮点,迎世博各项建设和管理工作取得阶段性成果,城区建设和管理出现良好面貌,百姓得到实惠,环境得到进一步美化。

年内清理户外广告和规范店招店牌,58条中小道路保洁,整治铁路、轨道交通、轮渡码头、公交枢纽和长途客运站市容环境,整治建筑渣土乱偷倒易发路段,整治市政道路、桥隧和人行道、规范标志标线标牌管理,700万平方米清洁建筑立面等任务完成。完成组合花卉建设919组、主题景点建设7个、立体绿化17.74公顷、行道树设施3 708套。420万平方米综合改造旧居住区,300万平方米二次供水设施改造等任务完成。江月路枢纽建设区域出租车、公交车、搬场车罩漆,公交调度亭翻新,3米以上路幅站点候车设施整合改造,6.1万块门弄楼牌更新安装等15个项目完成。10 000辆便民自行车投放、公园人性化设施改造、沪闵高架和中环线景观灯光建设、外环线内行道树调整等39个项目也全面完成。

(朱　峰)

(三)闵行区政府机构改革综述

根据党的十七大、十七届二中全会关于深化行政管理体制改革的意见精神和《市委、市政府〈关于本市区县政府机构改革的意见〉》精神,结合闵行区实际,自2009年1月起,闵行区开展区政府机构改革。改革过渡平稳,工作不断不乱,至2009年4月底,闵行区在全市各区县中率先完成改革任务,达到预期目的。

一、坚持三条基本原则、突出七项主要任务

基本原则:(1)转变职能、理顺关系,突出区政府的管理和服务重点以及理顺部门之间、条块之间以及行政层级之间的关系。(2)上下对应、因地制宜,与市级机关机构改革相衔接,积极探索实行职能有机统一的大部门体制。(3)精简、统一、效能,进一步优化组织结构,坚持一件事情原则上由一个部门负责。

主要任务:(1)转变职能,全面梳理政府各部门的行政职能,强化社会管理和公共服务职能。(2)理顺职责关系,重点梳理和解决区政府部门之间职责交叉和关系不顺的问题。(3)强化部门责任,在赋予区政府各部门职权的同时,又相应明确其承担的责任,逐步健全区政府部门绩效考核体系,进一步提高行政效能。(4)优化组织结构,对有关部门分别进行相应的组建、归口、合署、挂牌、更名。(5)规范机构设置。(6)调整人员编制,实行总量调控。(7)清理和规范区议事协调机构和临时机构(非常设机构)。

二、机构改革的重点和进程

本次改革重点是对经济信息、人力资源社会保障、建设交通三大领域的管理体制进行调整,同时在促进城市规划和土地管理的统筹协调、建立健全住房保障体系及加强和完善对房地产市场的调控管理、统筹城市形态和功能管理等领域进行机构和职能的整合。通过改革,进一步加强党建工作,切实强化区政府的社会管理和公共服务职能。

根据《闵行区政府机构改革方案》,这次区政府机构改革的主要内容是:整合划入区经济委员会、区对外经济委员会的职能,组建区经济委员会;将区信息化委员会承担的职能并入区科学技术委员会,在区科学技术委员会挂区信息化委员会牌子;整合划入区人事局、区劳动和社会保障局、区医疗保险办公室的职能,组建区人力资源和社会保障局;整合划入区规划管理局的职能和区房屋土地管理局的土地管理职能,组建区规划和土地管理局;整合划入区房屋土地管理局的有关房屋管理职能,组建区住房保障和房屋管理局;整合划入区农业和绿化管理局的绿化、林业管理职能和区城市建设和管理局的市容管理职能,组建区绿化和市容管理局;整合划入区城市建设和管理局的有关管理职能,组建区建设和交通委员会等。改革后,区委工作部门由8个增加为9个,区政府工作部门由29个减少为26个,涉及调整和完善部门占总机构数的51%。其中少设的2个政府机构额度，经市编办同意，闵行区可根据工作需要，择时设置并报市编委备案。本次改革，人大、政协、群团、公检法等部门未涉及（见下表）。

2009年闵行区政府机构改革前后对照表

改革前区政府工作部门（29个）		改革后区政府工作部门（26个）	
序号	机构名称	序号	机构名称
1	区政府办公室（与法制办公室、外事办公室合署，挂合作交流办牌子，归口管理机关事务管理局、信访办、地区工作办公室）	1	区政府办公室（与研究室、法制办公室、外事办公室、合作交流办、机关事务管理局、地区工作办公室合署）
2	发展和改革委员会（物价局）	2	发展和改革委员会（物价局）
3	经济委员会（粮食局、投资发展局）	3	经济委员会（商务委员会、旅游局、粮食局）
4	对外经济委员会	4	科学技术委员会（信息化委员会、知识产权局、地震办公室）
5	科学技术委员会（知识产权局、地震办公室）	5	人口和计划生育委员会
6	信息化委员会	6	国有资产监督管理委员会（集体资产监督管理委员会）
7	人口和计划生育委员会	7	建设和交通委员会
	监察委员会（不计机构数）	8	农业委员会
8	公安分局		监察局（不计机构数）
	国家安全分局（不计机构数）	9	公安分局
9	司法局		国家安全分局（不计机构数）
10	人事局（与编办合署）	10	司法局
11	劳动和社会保障局	11	人力资源和社会保障局（公务员局）
12	民政局（社会团体管理局）	12	民政局（社会团体管理局）
13	财政局	13	财政局
14	审计局	14	审计局
15	统计局	15	统计局
16	教育局	16	教育局
17	卫生局	17	卫生局
18	文化广播电视管理局	18	文化广播影视管理局
19	体育局	19	体育局
20	城市建设和管理局（市政工程管理局、市容环境卫生管理局、交通管理局）	20	规划和土地管理局
21	环境保护局	21	住房保障和房屋管理局
22	规划管理局	22	绿化和市容管理局（城市管理行政执法局）
23	房屋土地管理局	23	环境保护局
24	农业和绿化管理局	24	水务局
25	水务局	25	民防办公室（人民防空办公室）
26	档案局	26	安全生产监督管理局

(续表)

改革前区政府工作部门(29个)		改革后区政府工作部门(26个)	
序号	机构名称	序号	机构名称
27	国有(集体)资产监督管理委员会		
28	民防办公室(人民防空办公室)		
29	安全生产监督管理局		
	民族宗教事务办公室(不计机构数)		民族宗教事务办公室(不计机构数)
	台湾事务办公室(不计机构数)		侨务办公室(不计机构数)
	华侨事务办公室(不计机构数)		
	青年事务局(不计机构数)		

说明:闵行区政府设置26个工作部门。其中:办公室与研究室、法制办、外事办、合作交流办、机关事务管理局、地区工作办公室合署;发展和改革委员会挂物价局牌子;经济委员会挂商业委员会、旅游局、粮食局牌子;科学技术委员会挂信息化委员会、知识产权局、地震办公室牌子;人力资源和社会保障局挂公务员局牌子;民政局挂社会团体管理局牌子;国有资产监督管理委员会挂集体资产监督管理委员会牌子;绿化和市容管理局挂城市管理行政执法局牌子;民防办公室挂人民防空办公室牌子;监察局、国家安全分局、民族宗教事务办公室、侨务办公室不计入区政府机构个数。

2月25日,区委、区政府召开区政府机构改革工作会议,会议由区委副书记张路加主持,区委书记孙潮在会上作讲话,区委副书记、区长陈靖对区政府机构改革工作进行动员和部署。在2月底前,全区陆续完成方案的上报备案、机构改革动员大会的召开、新机构领导班子的配备;3—4月,完成涉及调整部门的“三定”工作,本次机构改革工作4月底基本完成;5—6月,完成其余部门的“三定”修订、印发工作。

三、机构改革取得的主要成效

通过本次政府机构改革,主要取得三方面成效。

(一)调整机构,强化政府部门的服务功能

本次机构改革,按照“转变职能,体现服务,提高效率”的原则,对行使行政审批职能的政府部门,设置成立了集中的行政许可内设机构,充分体现行政审批制度改革关于“行政审批权向一个科室集中”的总体思路,使政府部门服务企业、服务群众的功能进一步得到体现。比如区绿化市容局组建集绿化林业、市容环卫一体化办理和服务的行政许可科;区规土局成立集土地和规划职能的建设项目审批科;区建交委设立审批科和受理服务中心,并进驻区证照办理中心,实行“一门式”受理、“一条龙”服务,在减少审批事项和环节的同时极大地方便群众和企业。通过有效整合部门内部的审批职能,有效解决单位内部审批部门之间相互扯皮、互相推诿的问题,提高行政审批效率,方便群众和企业办事。

(二)理顺关系,基本解决政府部门之间的职能交叉

比如将规划和土地职能“合二为一”,调整到区规土局,从源头上消除原土地利用规划和城市总体规划之间的矛盾,较好解决了规划审批和土地审批之间职能交叉、互相推诿等问题,有利于发挥土地和规划职能整合的优势,通过“两规合一”的规划编制工作,有力促进政府重点建设项目的推进,强化服务企业、服务居民职能,提高政府行政效能。

(三)挖掘潜力,发挥政府部门的职能优势

主要体现在“七个新”:(1)在应对繁杂工作方面形成新思路。区经委在编制较紧、条线较多、职能增加的情况下,积极转变工作思路,将工作分解成模块化管理,通过内部挖潜,适应审批职能减少而服务企业和规划产业等综合协调职能增加的发展要求。(2)在整合资源形成合力方面取得新成效。区科委在整合原区信息委的职责后,将原区信息中心调整为区信息服务中心,结合各自优势,加强对工作人员的考核,以电子政务平台建设为基础,推进信息化建设,加强政务信息资源的开发和利用,不断提

高技术管理和服务质量，强化为基层、为企业的服务功能。将原农绿局和原建管局各自承担的绿化和市容管理职能进行重新理顺，组建成立区绿化市容局，强化政府对生态文明建设和市容管理职能，提高城市综合管理和综合服务能力。(3)在立足于统筹兼顾的基础上走出新路子。区建交委面对综合交通、城市农村道路建设管理、城乡统筹服务、行政审批制度改革等难点热点领域，一是在观念上，强化"服务"；二是在规划上统筹兼顾；三是在办事流程上，坚决做减法；四是在技术手段上，倡导"网路"替代"走路"(通过网上办事)。(4)在促进城乡统筹与发展方面形成新机制。区农委围绕区委、区政府的重点工作，有机整合对全区"三农"问题的研究和新农村建设的指导、协调职能，建立健全农业、农村、农民工作保障体系。统筹相关资源管理和配置，不断提高行政效率，农民群众满意度明显提升。(5)在人力资源整合和人才高地建设方面取得新进展。区人保局以机构改革为契机，使劳动力市场和人才市场得到统一管理和领导，为今后建立统一的人力资源市场夯实基础；同时在围绕优化人才发展环境、优化事业单位招考制度方面做了积极探索和尝试。(6)在保增长和保民生的工作中取得新成绩。区房管局实施的旧小区"平改坡"综合改造的总面积和进度位于全市前列；上半年新增廉租配租户完成量占全年目标的61%，进一步扩大了廉租住房受益面；特别是举办2009闵行房地产春季交易展示会，为促进房地产市场持续、稳定发展，增加区域税收做出较大贡献。(7)在调整充实综合部门力量、强化统筹兼顾中形成新举措。区财政局增挂区金融工作办公室牌子(后调整为金融服务办公室)，划入与区域内金融机构协调沟通职能，搭建金融机构与政府部门之间的合作交流平台，较好地体现服务政府的特征。区发改委设立重大项目稽查办，负责组织开展对重大建设项目的稽察，探索对重大项目全过程跟踪、检查和督促。 (孔祥峰)

(四) 以居民电子健康档案为核心　推动区域医疗卫生信息化

2008年1月，闵行区纳入卫生部应用居民电子健康档案推进居民健康管理信息化试点区。2009年，闵行区卫生局从三个主要途径深化信息化工作：(1)架构信息化大平台，支撑区域卫生综合改革。(2)用好社会第三方，充分挖掘并发挥社会各方资源的作用。(3)实行流程再造，在体制机制方面探索，转变医生思维、医疗行为、看病模式。卫生部王国强、尹力、王陇德等部领导及卫生部信息中心饶克勤主任，国务院政策研究室陈文玲司长，市政府杨雄、沈晓明副市长，市卫生局徐建光局长、夏毅副局长等领导多次调研和指导闵行区卫生信息化工作，充分肯定闵行区利用现代信息化技术推动医药卫生体制改革的工作和做法。

一、把深化社区卫生服务综合改革构架在信息化平台上

1. 通过社区居民"健康卡"和社区医务人员"绩效卡"，实施"二卡制"管理，实时建立居民电子健康档案(eHR)。居民电子健康记录(eHR)是记录居民从出生到死亡的生命指标、疾病史、免疫接种史、体检情况、保健管理信息的集合，电子健康档案的信息是一点(源)采集，多点共享，综合利用。至年底，全区户籍居民签约建档82.67万人(建档率90.31%)，流动人口签约建档31.59万人(建档率33.95%)。

2. 以居民电子健康档案为基础，对社区卫生服务功能和流程进行再造，创新管理机制，转变服务模式，形成"全程"健康管理概念。以肿瘤早发现为例，通过"乳腺癌、宫颈癌、大肠癌、胃癌、肝癌和肺癌"6个肿瘤管理模块，规范肿瘤早发现社区干预流程，从健康教育、健康问卷、免费健康体检等途径开展肿瘤筛查，建立高危人群数据库，实现社区与上级医院双向转诊，开展疾病早发现工作。2009年，全区开展肿瘤筛查28.61万人次，建立高危档案1.68万人，发现肿瘤157例，社区肿瘤早发现率从不足10%提升到30%以上。

3. 通过健康卡，探索居民自助健康管理。2009年，在全区12个社区设立居民自助健康小屋，开展免费自助健康服务6.91万人次、18.90万项次，让居民主动参与自我健康管理，实现社区居民以医生为主的"被动管理"向医生居民互动的"主动管理"模式转变。还尝试社区免疫接种网上预约，2个试点社区共开展了网上预约9 568人次、网上支付793人次,交易金额16.80万元,探索在社区卫生服务中引入电子商务。

4. 通过信息化,完善公共财政绩效考评机制。在加大社区卫生投入,社区预防保健等公共卫生经费达到人均50元的同时,继续强化公共卫生经费项目管理,以信息化为依据,发挥经济杠杆作用,强化政府资金的使用效率,着力提升社区公共卫生管理效率。2009年,全区社区管理高血压患者15.08万人,管理率接近100%,开展随访86.76万人次,血压控制率达到68.24%;管理糖尿病患者4.25万人、管理率82.79%,开展随访27.66万人次,血糖控制率达到68.11%,管理人数分别占全市的1/5和1/3。

5. 以信息化建设构架为基础,实现医疗纵向整合。闵行区已经形成了覆盖区域医疗中心、社区卫生服务中心、社区卫生服务站点和村卫生室的信息网络体系,通过百兆光纤,实现居民电子健康档案信息共享。以此平台,启动了Muse诊断中心、B超诊断中心、PACS诊断中心和综合会诊中心建设,实现区域医疗资源的纵向整合。利用信息技术,实现医疗信息和医疗技术的有效整合,让患者真正受益、医疗机构也能互惠互利。闵行区已经实现与申康"医联"网的互联互通,可以调阅双方信息,特别是与第一妇婴保健医院实现妇幼保健业务互动。

二、依托信息化建设和现代物流,实行药品综合改革

借鉴国内外药品管理经验,在国家和上海市药品政策框架下,以信息化为支持,闵行区利用现代物流技术,构建药品供应链,实行医院药品存货托管、银行信用结算。由供应商管理库存,自动补货,医院实现药品"零"库存,降低了药品供应链的总成本,优化供应链环节,降低医院运行成本。通过商物分离、购销分离、收支分离,从经济上实现"医药分开"。2009年,闵行门诊均次药品费用74.45元,出院均次药品费用2 509.57元,为全市最低,有效缓解群众看病贵问题。通过药品管理改革,全区公立医疗机构的门诊均次药品费用年均降低3.8%,为群众节省医药费3亿多元。

三、强化信息指挥系统,推进区域120改革

1. 做强120信息指挥系统,建立GPS车载定位系统,提高急救效率。同时,区政府加大投入,完善医疗急救规划布点,增加医疗急救人员编制,添置医疗急救设备,提高闵行区急救能力,努力满足市民院前急救需求。

2. 在信息化基础上,通过单车成本核算,建立以工作数量、服务质量和百姓满意度为基础的量化绩效考核分配体系。将职工收入与工作量、工作成本、工作反馈满意度直接挂钩,落实车与人的关系,人与医院的关系,既有效控制了支出成本,降低回车率,又有效改善了职工收入水平,大大激发了职工积极性,职工实现了从"要我做"到"我要做"的转变。闵行区已经形成了1个总站、5个分站、4个急救点的急救网络,急救半径缩短到6.95公里,急救反应时间缩短到11分钟,回车率下降到1.32%。社会满意度97.95%。

(蒋小华)

(五)闵行区成功处置莲花河畔景苑倒覆楼事故

2009年6月27日5时30分左右,莲花南路、罗阳路口西侧,在建的"莲花河畔景苑"7号楼——一栋13层住宅楼发生整体倒覆,造成一名工人死亡。这起由突发事故引起的,社会强烈关注的,并伴随着购房者激烈情绪的公共危机,经过市、区两级政府及相关部门的共同努力得到解决,购房者赔付和稳定工作基本结束,后续施工建设正按计划进行。事故处理中,依据相关法律,群众的利益得到保障,法治的权威得到维护,社会的稳定得到巩固,政府的公信得到提升。

一、事故处置过程

事故发生后,中共中央政治局委员、上海市委书记俞正声和上海市委副书记、市长韩正迅速批示,要求有关部门和专家立即组成联合调查小组,彻底查清事故原因,从规划、施工许可、招投标、资质管理、施工图审查、工程监理等各个环节逐一审查,并依法公开严肃处理。韩正市长、沈骏副市长,以及市有关部门领导第一时间赶赴现场，组织抢险和善后处置。

（1）事故抢险施工。6月27日—7月3日，市、区组织抢险，水务部门对航道、防汛墙进行修复。7月3日，抢险工作结束。

（2）事故原因调查。6月28日—7月28日，事故现场指挥部和专家组对事故原因展开调查，市政府就此召开两次新闻发布会，分别公布事故原因和调查结果，以及对这起事故的调查处理情况。经事故专家组认定，7号楼整体倒覆的主要原因是大楼两侧的压力差过大的水平力超过桩基的抗侧能力，使主体发生水平位移。

（3）事故善后处理。6月27日，市建交委牵头组建现场抢险指挥部，成立由14位结构、地质、水利方面专家组成的专家组；闵行区成立现场指挥部；并发布《告莲花河畔全体购房者书》；7月5日，开发商设立接待点，政府授权律师与购房者及其代理律师协商，依法解决双方的房屋买卖（预售）合同纠纷；7日，事故中不幸身亡的工人获得赔偿79.8万余元；11日，出台《莲花河畔景苑7号楼倾倒事件解决方案》和《莲花河畔景苑7号楼倾倒事件解决方案操作细则》；12日，召开未倒覆楼购房者《预售合同》后续履行框架性方案沟通会；24日，区政府决定由区房管局牵头，区监察局、区财政局组成梅都公司监管小组，审核该公司日常运营和资金使用；31日，出台《关于未倒覆楼预售合同后续履行的框架性方案操作细则》，并宣布上海万科房地产有限公司作为第三方托管该楼盘；8月4日，市建七公司进场进行后续施工建设；11日，向倒覆楼购房者寄送《解除7号楼〈商品房预售合同〉的通知》；12、13日，倒覆的7号楼房被拆除；14日，区政府网上《倒覆楼事故处理多方沟通平台》开通；同日，成立莲花河畔景苑后续建设处理闵行区工作小组；15日，上海建科院开始对地面上在建工程主体部分进行检测；17日，上海岩土工程勘察院开始对在建工程基础部分和地基进行检测；21日，按期出具该楼盘房屋市场价评估报告；27日，万科公司公布《莲花河畔景苑景观设计方案》；9月9日，出台《7号楼购房者房屋置换细则》；9月25日，如期公布经过市建交委科技委组织评审通过的在建住宅楼工程质量检测与安全性评估结果；10月31日，在建449户购房者赔付工作顺利完成（其中选择留房折让5%的388户，退房的61户）；11月10日，又出台《莲花河畔景苑7号楼倾倒事件调解意见》；18日，40户倒覆楼购房者全部按《调解意见》进行选择（其中置换20户，退房20户）。就此，由倒覆楼引发的购房者群体性事件处置工作告一段落。

二、事故处置做法

（一）快速反应，把控局面

根据市委、市政府领导批示，区委、区政府迅速成立现场指挥部，下设技术调查、安全维稳、宣传报道、组织协调四个工作组。事故当天上午8点，区委书记孙潮和区长陈靖即在事故现场召开各工作组第一次会议，明确四项工作重点：一是立即疏散和安置、安抚可能受到影响的居民；二是立即组织现场抢险；三是立即控制相关事故责任人；四是立即控制开发商银行账户，确保购房款和资金的安全。

事故发生后，闵行区第一时间向市委、市政府报告事故简况。区委、区政府主要领导立即赶赴现场，了解事故基本情况，初步判断事故等级和影响程度，表明原则和态度，稳定购房者情绪，为事故处置赢得先机。区政府新闻办现场召开新闻发布会，同时，做好相关新闻媒体单位的接待、安排工作。事故发生仅两小时，区政府妥善疏散可能受影响的居民，并提供基本生活保障。次日，在确保安全的情况下，及时组织居民撤回。

（二）依法处置，有理有节

从倒覆楼事故发生当天至7月31日，共接待423户、2 563人次；7月4日至8月22日，每周末有组织地召开购房者现场沟通协调会，通报处置进展；8月22日至10月11日，根据事故处置进展不定期地召开有针对性的专题解答会，通过专家现场讲解、答疑，消除购房者的疑虑。

区委、区政府周密部署，充分发挥政府律师协调作用，引进品牌企业加入，相关部门共同参与的协调处置工作格局，把握"合法、合情、合理"的原则。区监管小组认真贯彻市、区两级政府的相关精神，牵头组织多方协商，对出台的方案和行动预案严格把关，慎重决策的方案一经公布，严格按方案执行，有理有节落实处置的推进工作。

（三）整合资源，稳步推进

为了确保事故处置的科学、高效，区指挥部召集相关部门、专家、律师等，详细分析事态发展情况，及时掌控购房者最新诉求，细化事故处置方案，明确当前重点工作和后续处置思路，牢牢把握事故处置主动权，使事态朝着预期方向发展，从而保证社会和谐稳定。

在做好购房者赔付和稳定工作的同时，市、区有关部门和施工单位齐心协力，迅速恢复施工。在事故责任调查过程中，闵行区全力配合，如实、客观、准确地向市调查组提供相关资料。调查结果公布后，区委、区政府坚决贯彻落实市有关意见精神，追究相关责任人的责任。

三、事故责任处理

2006年8月，上海梅都房地产开发有限公司与上海众欣建筑有限公司签订《建设工程施工合同》，由众欣公司承建梅都公司开发的“莲花河畔景苑”房地产项目。9月，梅都公司与上海光启建设监理有限公司签订“莲花河畔景苑”《建设工程委托监理合同》，委托光启公司为工程监理单位。10月，梅都公司取得《建筑工程施工许可证》并开始施工。

2008年11月，梅都公司项目负责人秦永林接受公司法定代表人张志琴指令，将“莲花河畔景苑”项目的地下车库分包给不具备开挖土方资质的张耀雄进行开挖。后秦永林及张志琴为便于土方回填及绿化用土，指使张耀雄将其中的12号地下车库开挖出的土方堆放在7号楼北侧等处。2009年6月，秦永林及张志琴为赶工程进度，在未进行天然地基承载力计算的情况下，仍指使张耀雄开挖该项目0号地下车库的土方，并将土方继续堆放在7号楼北侧等处，堆高最高达10米。

在此过程中，张耀杰作为众欣公司安全生产第一负责人，未全面履行建设工程总承包单位依法应当承担的工程质量和施工安全管理责任，任由梅都公司将合同约定属于总承包范围的地下车库土方开挖工程违法分包给张耀雄，以及违规堆积土方；夏建刚作为安全、防火工作负责人，未按照合同约定履行检查、督促职责，对违规开挖、堆积土方行为不予制止；陆卫英明知众欣公司将其指派为“莲花河畔景苑”项目经理，怠于履行职责，任由梅都公司将该项目的0号地下车库违法分包及进行违规施工；光启公司乔磊作为工程总监理，对梅都公司指定没有资质的人员承包土方施工及违规堆土的行为，未按照法律规定及时、有效制止和报告主管部门。

2009年6月27日，“莲花河畔景苑”7号楼整体倒覆，造成作业人员肖德坤逃生不及，被压窒息死亡。经审计，7号楼土建及安装造价计人民币669万余元。梅都公司在7号楼倒覆后向购房者赔付计人民币1 276万余元。

1995年12月，阙敬德、张志琴受上海市闵行区梅陇镇征地服务所委派，分别担任梅都公司法定代表人、董事长、经理及董事、副经理。2000年10月，梅都公司经梅陇镇企业改制办公室同意进行企业改制，并委托资产评估公司对涉及的全部资产和负债进行评估。2000年9月至2001年2月间，阙敬德、张志琴利用职务便利，在梅都公司改制过程中，采用隐匿、欺骗等手段，致使梅都公司4 482万余元资产未被计入资产置换价格。2001年2月，梅都公司以净资产1 000余万元的价格置换给阙敬德、张志琴等24名自然人。阙敬德、张志琴实际贪污梅都公司资产价值3 370余万元。

2010年2月11日，闵行区人民法院对“莲花河畔景苑”倒覆楼案作出一审判决，分别以重大责任事故罪判处秦永林有期徒刑5年、张耀杰有期徒刑5年、夏建刚有期徒刑4年、陆卫英有期徒刑3年、张耀雄有期徒刑4年、乔磊有期徒刑3年。同年4月21日，上海市第一中级人民法院对倒楼案主要责任人阙敬德、张志琴作出一审判决，认定阙敬德犯贪污罪，张志琴犯贪污罪、挪用资金罪和重大责任事故罪，两人均被判无期徒刑。（李玉华）

（六）多管齐下保通畅　发展公交惠百姓

随着闵行区城市化进程不断加快，市区居民大量导入，大型住宅小区不断涌现，对公交服务供应和质量提出更高要求。2009年区建交委制定《闵行区公交发展方案》,经区政府转发。实施中注重突出公交公益特性,完善公交运行机制、公交市场经营机制、政府监管调控机制和财政扶持政策,建立健全交通网络,改善交通设施,公交发展取得新成效。在2008年全区实现行政村“村村通”交通的基础上,全年调整优化18条线路,其中,新辟8条线路,调整10条线路。至2009年末,闵行区域内公交线路55条;由闵行区通往市中心线路72条,通往郊区线路38条,过境线路44条。

一、改善公交服务供应

(一) 提高公交服务供应的均衡性。结合轨道交通发展、住宅基地开发、小区配套、城乡一体化建设,优化线网布局。城市地区公交线路与轨道交通站点、市民主要生活需求紧密衔接。农村区域与所在集镇、主要生活学习中心衔接。2009年,完成区政府实事项目,做好浦江四高基地、森安苑小区、虹桥枢纽动迁基地爱博家园、君莲小区四小区的公交线路配套工作。新开、调整的每一条线路都做到实地踏勘,在反复听取相关镇及交通规划设计单位意见的基础上,科学规划线路走向、站点设置和道路桥梁配套建设项目。

(二) 提高公交服务供应的便捷性。新建住宅区人口规模达到5 000人以上,并具备设置公交中途站的,均配套公交线路;人口规模超过2万人的配置公交起讫站。营运首末班时间、班次间隔时间,严格执行《上海市公交服务规范》中有关线路营运时间的规定,并兼顾特殊群体(如学生、轮渡)的出行时间需求,适当增加出行峰谷时段班次;尚未与轨道交通运行时间衔接的区域公交线路逐步实施衔接。

(三) 提高公交服务供应的经济性。新开区域性线路全部采用单一票价,票价统一为空调车2元,非空调车1元。实行多级制的14条区域性线路实行单一票价。

(四) 提高公交服务的安全舒适性。通过市、区财政补贴的方式,加快公交车更新步伐,2009年闵行区区域性线路高等级车辆占公交车辆总数的70%左右。

二、完善公交行业监管机制

(一) 强化政府监管。实施公交成本规制,健全各类规范标准,以成本规制、经营权管理为主要抓手,以信息化为有效手段,加强政府职能部门对公交客运市场的监管;通过政府采购方式委托社会中介机构,对新辟、调整线路进行评估,对线路营运亏损补贴进行核定;通过政府购买服务方式,委托区乘客管理协会,对营运服务质量进行考评。加强行业协会建设,充分发挥区乘客管理协会在新辟调整线路方案听证、公交行风测评工作中的作用。完善长效发展的扶持机制,督促公交企业加强管理,调动公交职工积极性。

(二) 建立科学高效的财政补贴机制。将公共交通发展投入纳入公共财政预算体系。完善线路补贴奖惩机制,对纳入财政补贴的线路,主要补贴其政策性亏损,并适当考虑企业基本盈利率。

(三) 形成“一区一骨干”的经营格局。明确闵客公司产权和管理权,提高国有控股比例,形成“国有主导,规模经营,适度竞争”的闵行区公交管理模式。推进以闵客公司为主体的区域公交重组,逐步整合其他客运公司经营的区域性线路,通过考核对不合格线路予以接管,形成国有企业为主,其他企业为辅的公交经营格局。

(四) 加强公交行风建设。整合交通管理部门、执法部门、公安交警管理力量,发挥乘管会监督作用,强化现场管理。针对群众反映强烈的沪闵路公交线路行风问题,开展专项整治,改善该区域公交秩序。加强区域性线路经营权考核工作,根据考核成绩授予企业线路经营权期限。开展新开线路后评估工作,对营运方案作进一步优化。

三、加快公交基础设施建设

(一) 加快推进重点项目公交设施建设。推进北桥站、江月路、航中路等重点交通枢纽建设,莲花路地铁站南北广场公交终点站站点设施新改建全面完工;对莘庄地铁北广场公交站站内换乘设施进行整修;委托市专业部门对占路公交终点站还路进站编制规划。

(二) 加快推进公交场站建设计划。合理布局,加快推进市区重大工程(公交场站)建设;编制闵行区候车亭建设计划,城市化地区设置标准化公交候车亭,农村地区设置相对简易的候车亭,三年内闵行区公交站点候车亭设置全覆盖。启动建设一批大型的公交场站、保养场等公交基础设施,争取2010年建成一批重要的枢纽站、停车场。

(三)综合开发利用轨道交通站点。协调市、区政府相关部门,研究现有轨道交通站点的综合开发利用。制定规划,改变由于轨道交通站点换乘设施和停车场缺失造成的站点管理混乱现象。现有轨道交通站点辟建社会机动车辆、非机动车辆停放场,区域性出租车候客点,合理增设公交线路站点,设置免费自行车租赁服务点。

四、推进免费自行车服务项目

(一)推行绿色交通。2009年区政府把推行绿色交通,推进自行车免费服务列为区政府实事项目。为了保证项目顺利推进,区建交委建立工作例会制度,制定工作方案,统筹协调项目推进,区镇配合解决经费、场地、设施、人员等诸多问题。

(二)方便市民出行。为解决市民最后一公里的出行需求,充分考虑社区与轨交站点、大型商圈、医院等市民生活场所的衔接,科学设置自行车免费租赁服务点。在网点设置上,听取所在区域居民意见,保证网点建设布局合理,快速到位。凡2 000人以上并离轨交站点3公里以内的小区均设置租赁服务点,较好地解决了市民在轨道交通和居住区之间的短途交通问题。年内设置200个服务点,投放1万辆自行车。

(三)降低出行成本。在项目推进过程中,加强"以诚信换成行"理念的宣传,免费自行车服务降低市民出行成本,同时,也赢得群众的支持和欢迎。2009年,市民办理免费自行车诚信卡4.6万张。

五、提高区域出租车服务水平

(一)增加出租车额度。随着闵行区人口增加和城市化区域不断扩大,对出租车需求日益增加。针对部分地区群众叫出租车难的问题,专门在新增额度中落实驻镇出租车,相对固定地专门为相关镇群众服务,得到人民群众的好评。

(二)加大行风考核。在管理上,要求区域出租企业建立行风建设考核基金,在驾驶员上交的管理费中拿出一部分资金用于行风考核,既加强行风建设,又增加驾驶员收入,提高了驾驶员的积极性。

(三)加大硬件投入。辟建出租车专用候客点,在莘庄镇南北广场、上海交大闵行校区、第五医院、剑川路轻轨站等专门设立候客点,防止站点有限的道路资源被非法营运车辆挤占,保证出租车正常营运秩序,方便乘客上下车。

(林英盈)

(责任编辑　胡克群)

一、中国共产党闵行区委员会

(一)综　述

2009年,区委团结带领全区干部群众,坚持以邓小平理论和“三个代表”重要思想为指导,深入学习实践科学发展观,解放思想、克难奋进,努力应对金融危机的严峻挑战和社会转型的重大考验,保持全区经济平稳健康发展和社会和谐稳定,全年各项工作任务顺利完成。

认真组织开展深入学习实践科学发展观活动。确定“保增长、迎世博、促和谐,推动闵行科学发展”的实践载体,提出“保有质量的经济增长、保有优势产能的企业、保群众能得实惠的民生、保符合发展需要的人才、保法理情有机结合的稳定”的工作目标。统筹安排并扎实推进学习实践活动各批次、各阶段和各环节的工作,全区第一批学实活动取得圆满成功,第二批学实活动取得阶段成果。

加快转变经济发展方式。主要经济指标运行平稳。全面实施“暖冬行动”,出台一系列服务企业发展的政策措施。树立“腾地为王”理念,加大动拆迁工作力度。依托国家和市发展战略,推动新能源、民用航天航空、先进重大装备、电子信息制造、生物医药五大高新技术产业和新材料产业的发展。主动对接虹桥商务区的功能开发,加快推进服务业集聚区建设。建立产业园区与街镇联动发展、合作共赢机制,加大与市属集团的合作力度,促进区域经济融合发展。

积极探索城市管理新机制。虹桥综合交通枢纽等一批市、区重点工程建设顺利推进。“城中村”改造和违法建筑整治取得显著成效。全面实施迎世博600天行动计划,开展市容环境整治,提升窗口服务水平,不断加大社会宣传动员和志愿者服务力度。构建城市社会治安防控体系,扩大网格化管理覆盖面,试点探索城市综合管理“大联动”新机制。

努力维护社会和谐稳定。积极促进就业,继续完善社会保障制度和社会救助机制,重点加大对农民的保障力度,建立多层次的住房保障体系。统筹推进社会事业项目建设,进一步深化教育、卫生改革,完善文化、体育设施的布点规划。建立社会稳定风险评估机制,全面实施重大决策事项信访评估制度。有效应对公共突发事件,及时妥善处置“6·27”在建楼房倒覆等事(案)件。深化“大调解”工作机制,进一步动员社会力量参与社会矛盾调处。

积极推进民主政治建设。健全和完善区委常委联系街镇制度。支持人大着力加强公共财政预算监督。支持政协加强政治协商工作和完善民主监督机制。加快推进政府职能转变,顺利完成政府机构改革,扎实推进行政审批管理制度改革。充分发挥爱国统一战线的作用,积极拓展多党合作事业领域和内涵。切实发挥工、青、妇、科等人民团体的桥梁纽带作用。顺利完成村(居)委会换届选举。

党建创新全面深化。深化“科学规范和有效监督选人用人”试点,认真做好区委全委会成员提名推荐、干部考核及领导班子调整配备工作,完善后备干部规模结构和选拔培养途径。大力推进区域党建联建,创新居民区、农村基层党组织设置模式和新社会领域党建管理模式。深化全委会改革,成立提案、财经、人事专门委员会。探索党务公开从结果公开到过程公开,有效运作“三联四会”群众工作机制。扎实有序推进惩防体系建设,实施处级干部选拔任用考廉审廉制度,推行公务卡制度改革和村级公务接待改革,对“三重一大”的监督检查延伸到各街镇并基本涵盖区内“三公”部门。 (张晓斌)

(二) 区委全会

【区委四届九次全会】 4月15日在区机关会议中心举行。全会听取并审议通过《关于区委四届六次全会决议执行情况的报告》和《关于本区2010年公共财政预算编制的有关情况的报告》,并差额票决《提请区委全委会分项表决的有关事项》。区委副书记、区长陈靖作《关于区委四届六次全会决议执行情况的报告》,区委常委、副区长阎祖强作《关于本区2010年公共财政预算编制的有关情况报告》,区委常委、组织部部长刘海涛作《关于闵行区党费收缴、使用和管理情况的报告》的说明。区委委员和区党代表还就区委四届六次全会决议执行情况和闵行区2010年公共财政预算编制的有关情况向区委常委进行询问。

(张晓斌)

【区委四届十次全会】 7月8日在区机关会议中心举行。会议审议通过《中共闵行区委常委会半年工作报告》、《中共闵行区委全委会提案工作暂行办法》和《提请区委四届十次全会表决的提案》,差额票决区委近期拟推进的党建创新项目。区委书记孙潮就本次全会主题作讲话,区委副书记张路加作关于《中共闵行区委全委会提案工作暂行办法》、《提请区委四届十次全会表决的提案》、《提请区委四届十次全会表决的党建创新项目》的说明,浦江镇、莘庄镇党委,古美路社区(街道)党工委向全会报告党建工作。区委委员、候补委员、区纪委委员、区党代表和区域党建联席会议成员单位党委领导还围绕全会主题进行询问。 (张晓斌)

【区委四届十一次全会】 10月23日在区机关会议中心举行。全会听取《认真贯彻四中全会精神进一步加强党建工作》的报告,审议并通过《闵行区关于加强处级后备干部队伍建设的若干意见》、《关于进一步完善建立闵行区正处级领导干部预备人选队伍并实行区委全委会差额推荐的意见》。全会还就党建工作、干部队伍建设及区委其他工作进行询问,并差额推荐补充闵行区正处级领导干部预备人选。区委书记孙潮作《认真贯彻四中全会精神 进一步加强党建工作》的报告,区委常委、组织部部长刘海涛作《闵行区关于加强处级后备干部队伍建设的若干意见》的说明、《关于完善闵行区正处级领导干部预备人选队伍差额推荐意见和人选补充调整》情况的说明。 (张晓斌)

(三) 区委常委会

【概况】 2009年共召开21次区委常委会议,就贯彻落实中央和市委有关会议精神,结合闵行实际研究制定相应政策,部署闵行经济社会发展重点工作等,发挥常委会集体领导作用。

日 期	序数	会 议 内 容
1月9日	1	1.《2009年区委常委会重点工作分解表》和《2009年区委常委会重要议题分解表》 2. 关于调整闵行区“迎世博600天行动计划”领导小组组成人员的建议名单 3. 关于贯彻落实科学发展观、进一步推进科技创新和成果产业化的实施意见的情况汇报 4. 关于2008年区级机关目标管理绩效考核情况汇报和考核结果运用的说明 5. 关于加强闵行区外国人管理和服务工作的情况汇报
2月6日	2	1. 关于副局级领导干部民主推荐的有关情况 2. 关于王顺龙同志退休的请示

（续表一）

日　期	序数	会　议　内　容
2月9日	3	1. 关于闵行区政府机构改革方案 2. 2008年上海领军人才后备队（闵行领军人才）评审工作的情况汇报 3. 中共闵行区委关于在全区党员中开展深入学习实践科学发展观活动的实施意见等 4. 闵行区“暖冬”行动实施计划、关于2009年元旦春节加强帮扶营造“暖冬”的实施方案 5. 闵行区预防化解劳资纠纷突出矛盾的实施办法 6. 关于闵行区来沪人员居住点规划（2008—2020年）的情况汇报
2月20日	4	1. 闵行区处级领导干部调整配备建议方案 2. 关于2008年度镇、街道、莘庄工业区考核奖励情况 3. 关于2009年度闵行区政府投资项目计划安排的情况汇报 4. 关于干部处分问题的情况通报
3月20日	5	1. 关于2008年目标管理绩效考核创新创效奖 2. 关于统筹全区考核工作和成立闵行区考核工作领导小组的请示等 3. 关于区级公司2008年度考核情况 4. 关于区政府机构改革部门“三定”方案 5. 关于召开2009年闵行区文明委全会和精神文明建设大会的请示 6. 关于上海高清数字电视战略合作有关事宜 7. 传达市党风廉政建设责任制工作推进会精神，汇报本区贯彻落实党风廉政建设责任制的情况 8. 深入学习实践科学发展观活动集中学习
4月7日	6	1. 关于召开区委四届九次全会有关情况的汇报 2. 关于区委四届六次全会决议执行情况的报告、关于本区2010年公共财政预算编制的有关情况报告和提请区委全委会分项表决的有关事项 3. 区委全委会相关专门工作委员会组建方案和闵行区党费收缴、使用和管理情况的报告 4. 关于汪祖超同志退休的请示 5. 深入学习实践科学发展观活动集中学习
5月7日	7	1. 关于召开闵行区教育工作会议的有关情况汇报 2. 关于保持区域经济平稳较快发展对策研究的调研情况汇报 3. 关于完善党风廉政建设责任制落实机制的调研情况汇报 4. 关于加强和改进考核工作的意见 5. 关于成立闵行区居（村）委换届选举工作领导小组的请示和关于调整上海紫竹科学园区管理委员会组成成员的请示 6. 关于依法开展居（村）民委员会换届选举工作的意见 7. 关于进一步加强因公出国（境）管理的意见
6月1日	8	1. 关于闵行区副局级后备干部民主推荐情况汇总 2. 关于《中共上海市闵行区委常委会贯彻落实科学发展观情况分析检查报告》的有关情况
6月10日	9	1. 关于召开中共闵行区委四届十次全会的工作方案 2. 中共闵行区委全委会提案工作暂行办法、中共闵行区代表大会代表提议工作暂行办法 3. 中共闵行区委常委会贯彻落实科学发展观情况分析检查报告 4. 副局级后备干部正式人选 5. 关于《闵行区国民经济和社会发展第十一个五年规划纲要》中期评估情况 6. 关于调整闵行区“迎世博600天行动计划”领导小组组成人员的建议名单和闵行区推进高新技术产业化工作领导小组名单
7月1日	10	1. “莲花河畔景苑”在建楼房倒覆事故有关情况的汇报 2. 区委四届十次全会有关文件和材料工作 3. 区人大常委会党组半年工作汇报 4. 区政府党组半年工作汇报 5. 区政协党组半年工作汇报 6. 关于毛荣发同志退休的请示

(续表二)

日　期	序数	会　议　内　容
7月17日	11	1. 保持闵行经济平稳较快发展的对策研究 2. 关于虹桥商务区设立新街道的情况汇报 3.《闵行区虹桥枢纽周边产业规划、区域发展与管理模式研究》调研情况汇报 4. 加快推进闵行区高新技术产业化实施意见的汇报 5. 完善征地镇保人员保障政策调研情况汇报 6. 上海航天博物馆建设方案的汇报 7. 有关人事汇报 8. 传达市委全会精神 9. 关于区委四届十次全会有关事项的督促落实
7月24日	12	1. 通报"6·27"莲花河畔景苑楼房整体倒覆事故责任认定的有关情况 2. 讨论决定《中共上海市闵行区委常委会深入学习实践科学发展观整改落实方案》 3. 讨论决定上半年区级机关、各镇、街道、莘庄工业区考核奖
8月7日	13	1. 区委统战部关于进一步加强闵行社区统战工作的意见 2. 关于完善闵行区村级集体经济组织产权制度改革工作的意见 3. 关于建立重大事项社会稳定风险评估机制 4. 关于建立城市综合管理"大联动"新机制的实施意见 5. 群众团体下半年创新工作汇报 6. 贯彻落实中央领导同志有关党务公开工作批示精神
9月3日	14(1)	1. 干部人事问题 2. 关于闵行区开展深入学习实践科学发展观活动第一批开展情况和第二批有关安排的报告 3. 关于闵行区第二批深入学习实践科学发展观活动指导检查组组长建议名单 4. 关于召开"2010年上海世博会闵行区安全保卫群防群治工作动员部署大会"等情况汇报 5. 近期上级有关纪检监察工作重要文件、重要精神的材料
9月7日	14(2)	6. 关于虹桥商务区设立新街道和撤消龙柏街道的建议方案 7. 关于成立区城市综合管理和应急联动推进工作领导小组的请示 8. 关于进一步发挥基层党代会作用有效途径的调研情况汇报 9. 关于进一步深化行政审批管理制度改革的调研情况汇报 10. 闵行世博论坛——"虹桥商务区联动和发展"筹办情况的汇报 11. 闵行区公共交通发展方案
9月18日	15	1. 关于干部处分问题的意见 2. 干部人事问题 3. 闵行区关于规范公职人员投资入股行为的暂行规定 4. 中共闵行区委四届十一次全会安排方案 5. 培育社会组织、推进和谐社区建设的调研情况汇报
10月12日	16	1. 干部人事问题 2. 关于推荐徐素珍同志为优秀共产党员的方案 3. 关于郑永鹤同志退休的请示
10月16日	17	1.《闵行区关于加强处级后备干部队伍建设的若干意见》、《关于进一步完善建立闵行区正处级领导干部预备人选队伍并实行区委全委会差额推荐的意见》 2. 2009年闵行区正处级领导干部预备人选初步人选建议名单 3. 关于建议区委召开闵行区政协工作会议的请示、关于加强人民政协政治协商工作的意见和关于进一步完善人民政协民主监督机制的意见 4. 闵行区开展经济适用住房分配管理试点工作方案 5. 加强区委全委会对干部选拔任用工作的监督

（续表三）

日 期	序数	会 议 内 容
11月6日	18	1. 关于召开闵行区第四届人民代表大会第五次会议的请示 2. 关于召开政协闵行区第四届委员会第四次全体会议的请示 3. 关于成立致公党上海市闵行区委员会筹备组的请示 4. 关于闵行区义务教育学校绩效工资实施方案
12月11日	19	1. 区政府党组工作汇报 2. 区人大常委会党组、区政协党组工作汇报 3. 区纪委、区委组织部、宣传部、统战部、政法委、区人武部工作汇报 4. 区总工会、团区委、区妇联、区科协工作汇报 5. 关于区四届五次人代会的有关材料 6. 关于成立闵行区治理工程建设领域突出问题工作领导小组的请示 7. 闵行区处级领导干部调整配备建议方案 8. 关于乔正余同志退休的请示 9. 关于区政协副主席考察人选
12月18日	20	1. 中共闵行区委四届十二次全会安排方案 2. 闵行区人大常委会工作报告 3. 政协闵行区常委会工作报告 4. 闵行区人民法院工作报告 5. 闵行区人民检察院工作报告
12月25日	21	1. 闵行区社会事业统筹协调机制的指导意见 2. 区委常委会2009年工作总结、区委常委会2010年工作要点、区委常委会2010年重要议题 3. 区委常委会2009年重要议题决策和执行情况的评估报告 4. 区委常委会2009年干部选拔任用工作情况专题报告 5. 区政府工作报告 6. 区2009年财政预算执行情况和2010年财政预算报告

（张晓斌）

（四）重要活动

【政法工作会议】 1月12日召开。区委书记孙潮就进一步做好2009年政法工作，全力维护社会和谐与政治稳定作讲话。孙潮强调：全区政法部门要认真贯彻全国和市政法工作会议精神，全面加强政法工作，为确保闵行区经济平稳较快发展，积极主动提供良好的法律保障和法律服务。必须不遗余力加强和改进党对政法工作的领导。必须始终如一把人民群众的利益摆在首位。必须坚持不懈促进司法公正，维护司法权威。必须想方设法加强社会治安综合治理，推进平安建设。必须坚定不移加强队伍建设，提高执法能力。（张晓斌）

【政府机构改革工作会议】 2月25日召开。区委书记孙潮传达市委九届七次全会精神，并指出：一是要充分认识机构改革的重要性和紧迫性，准确把握中央精神和市委要求。机构改革的核心是转变职能，要增强综合协调能力，提高办事效率，转变工作作风。二是要精心做好组织实施工作，确保机构改革任务圆满完成。必须加强领导，精心组织，增强大局意识，做好工作衔接，着力完善机制，认真加强学习。区委副书记、区长陈靖作动员部署。他要求，要以科学发展观为统领，周密部署、突出重点、明确责任、扎实工作，通过深化区政府机构改革，着力解决制约本区经济社会发展的突出矛盾，着力解决人民群众最关心、最直接、最现实的利益问题。（张晓斌）

【社会治安综合治理暨信访工作会议】 2月27日召开。会议强调，要牢固树立责任意识，切实转变工作作风。要进一步细化责任，做到事有专管之人、人有明确之责、责有限定之期。要牢固树立服务意识，继续坚持依法办事。要坚持执政为民的理念、严格依法办事的原则,做好信访服务,依法处理信访诉求,有效规范信访秩序。要牢固树立创新意识,不断提高工作实效。结合学习实践科学发展观活动,突破瓶颈,解决难题。要牢固树立合作意识,不断提高整体合力。要加强多方合作,调动社会力量参与社会矛盾的调处工作。要牢固树立基础意识,不断深化长效管理。 (张晓斌)

【学习实践科学发展观活动】 (见第50页专文《开展深入学习实践科学发展观活动综述》)

【科技创新和高新技术产业化推进大会】 3月10日召开。孙潮讲话中指出,要认清形势,提高经济转型的主动性,咬紧牙关,挤出有限的资源来支持、帮助科技型企业渡过难关,寻求难得的发展机遇;要加强政策的落实和执行,不仅要在当下鼓励和支持科技型企业发展,更要建立良好的制度,让科技人员能够充分发挥自己的想象力和聪明才智;要调动各方积极性,让科技创新、科学生活成为更多人的选择。大会明确,全区将建立总资金超过5.5亿元的科教兴区专项资金,作为科技创新扶持资金和高新技术产业发展基金,在区域内营造良好的创新创业环境,提升区域自主创新能力。 (张晓斌)

【精神文明建设大会】 4月10日召开。会议主要任务是:学习贯彻市文明委、市精神文明建设大会精神,进一步统一思想,明确目标,动员社会各方力量参与文明建设,全力推动迎世博各项工作。孙潮讲话强调:要紧紧抓住世博机遇,激活社会动员社会,真正把"理解、沟通、欢聚、合作"的理念落到实处;要持续推动环境、服务、秩序三个文明建设,确保每个一百天都能取得实质性的进展;要注重内涵式发展,塑造城区精神品格;要创新管理体制机制,着力提高城市管理水平和能级。 (张晓斌)

【拆迁工作推进专题会议】 6月5日召开。孙潮强调,动拆迁工作体现党群关系的调整,体现区与镇、镇与相关委办局关系的调整,做好这项工作可以集中反映我们工作的质量和水平,体现对未来发展的责任。他指出,要敢于给自己压担子,咬紧牙关、全力以赴完成既定的年度目标;要抓紧时间研究解决瓶颈问题,找到未来发展空间和化解突出矛盾的方法;要注重腾地后续开发,积极为项目落地创造有利条件。他要求,领导干部要到一线去,加强调研和指导;要研究出台鼓励措施,加强对动拆迁工作的考核激励。 (张晓斌)

【区委与中国国民党台北市中山区党部开展对口交流】 6月15—20日,中国国民党台北市中山区党部与中共闵行区委开展地方党部对口交流,这是两区第一次开展区级党际交流活动。中共闵行区委书记孙潮,区委副书记、区长陈靖,区委常委、区政协副主席、统战部部长李梦麟,副区长程向民等参加接待。15、16日,双方就开展政党和经济文化交流举行会谈。陈靖介绍闵行区概况。孙潮从思想建设、组织建设、作风建设等方面介绍闵行区党建工作特点。双方还就两岸两党关心的问题交换各自的看法和意见,并取得众多共识。期间,参访团一行参观紫竹科学园区、七宝古镇,考察了古美街道的党建工作和社区工作。 (张晓斌)

【基层党(工)委书记座谈会】 6月17日召开。孙潮指出,区委四届十次全会聚焦基层、聚焦党建,专题听取、审议下级党组织党建工作报告,研究下级党组织集中反映的党建问题,目的是更好地引导下级党组织扎实推进党建工作。各级党组织必须高度重视基层党建、党组织向心力建设和党群工作。对动拆迁工作,他提出三点要求:一要加强对动拆迁成本的控制;二要加强对动拆迁方案的审核把关;三要加快动迁房建设进程和质量控制。 (张晓斌)

【纪念中国共产党成立88周年暨"为闵行科学发展建功立业"先进事迹报告会】 6月30日召开。报告会通过专题片和先进事迹演讲的方式,展示先进班子和优秀党员干部在"保增长、迎世博、促和谐,推动闵行科学发展"中表现出的坚定信念、勇于创新、积极进取的高度责任感和使命感,为全区各级党组织和广大党员干部树立榜样。孙潮在讲话中充分肯定先进集体和优秀个人所体现出的精神品质,要求广大党员干部坚持

"真学、真信、真用",为闵行科学发展坚定信念;围绕"发展、民生、服务",为闵行科学发展真抓实干;彰显"大气、锐气、勇气",为闵行科学发展建功立业。（张晓斌）

【社会事业发展专题调研会】 6月26日召开。孙潮强调,要全力以赴推进社会事业发展;要把握关键,创新体制机制;要抓住核心,加大各类资源向社会事业倾斜力度;要调动社会力量,服务社会公众。陈靖指出,要进一步体现群众的参与性和满意率;各镇、街道要明确在"十二五"和2010年工作中各自的重点发展领域,并提高项目建设管理等工作软实力。（张晓斌）

【经济工作会议】 7月21日召开。孙潮讲话强调,要准确把握当前形势,全力确保年度目标任务全面完成。客观看待当前经济形势,正确认识闵行发展的成绩和现状,不背"6·27"事故的包袱,鼓足干劲完成全年目标任务。按照九届市委八次全会关于以结构调整促发展和认真落实"6+3"的工作要求,加快高新技术产业发展,集中精力推进虹桥综合交通枢纽周边地区建设,力争建成上海国际贸易中心的核心区。要加强统筹兼顾,全力推进保增长与调结构的协调发展。有效发挥动迁腾地的促进作用,大力推进高新技术产业化,最大限度利用世博会效应,带动相关产业发展,扩大公众参与和提高城市管理水平。要坚持两轮驱动,全力推进社会事业发展,不断提高社会保障和管理水平,创新党的群众工作体制机制,全面实现经济社会共同发展。陈靖回顾总结上半年经济工作,并对下半年经济工作作具体部署。他指出,下半年经济工作的重点要从上半年的"保增长,调结构"变为"调结构,保增长",更加突出"调结构"。一要不失时机"调结构"。继续有力推进动迁腾地,实质性推进高新技术产业发展,聚焦虹桥综合交通枢纽,推动国际采购、会展、医疗等现代服务业重大项目落地。二要千方百计"保增长"。探索财政资金管理方式,加快商品房项目和保障性住房项目开工建设,进一步加大服务企业力度,切实解决企业面临的个性化困难问题。三要全力以赴"迎世博"。提前启动虹桥综合交通枢纽等重大项目的公共交通和社会服务配套。四要坚持不懈"促和谐"。以推进软实力建设为重点,继续做好民生工作和发展社会事业。吸取"6·27"倒楼事故教训,建立市区镇联动,全覆盖、高效率的建筑工程质量安全监管机制,确保下半年特别是世博会期间闵行地区的和谐稳定。（张晓斌）

【新华社党建调研组来闵行区调研党建情况】 在7月20日的专题访谈中,孙潮与新华社党建调研组交流闵行区推进党建改革创新的背景、探索与思考。他认为,社会正发生巨大变迁,需要以全新的方式组织、动员社会。闵行区的党建改革创新既是对党的十七大精神的贯彻落实,也是对党自身建设所面临挑战的积极回应。全委会是党内权力架构中承上启下的关键环节,推行全委会改革是在对民主与效率统一考量的基础上提出的,闵行希望通过全委会改革,在党内建立起一个向多数人负责的制度体系。通过建立提案工作制度、"三联四会"工作机制等,把全委会改革与发挥党代表、党员作用相结合,促进党内沟通,推动下情上达,改善党群关系。（张晓斌）

【殷一璀等来闵行区调研党建工作】 8月4日,市委副书记殷一璀,市委常委、市委组织部部长沈红光等来闵行区调研党建工作。孙潮等作党建工作情况汇报。（张晓斌）

【世博会安全保卫群防群治工作动员部署大会】 9月8日召开。孙潮传达中共中央政治局委员、上海市委书记俞正声关于世博会安全保卫工作的重要讲话精神,并提出具体工作要求:一是要认清形势,准确定位。对于可能危及上海世博会安全的各种不安定因素,全体同志要保持清醒的头脑,树立如履薄冰的危机意识,以高度的政治责任感,把落实上海世博会安全保卫群防群治工作纳入当前主要工作的议事日程,作为事关全局的头等大事,优先部署、迅速启动、反复督查、全面考核,实现以阶段安全确保全程安全,以局部安全确保全局安全。二是要明确责任,提供保障。各级领导要思想上高度重视,精力上全力投入,从组织、制度、经费三方面提供保障。三是要细化措施、有序推进。在区委、区政府的统一领导下,成立"闵行区上海世博会安全保卫工作领导小组",在区综治办设立办公室。从即日起至

2010 年底,各街镇、责任单位都要根据工作推进时间节点的要求,认真履职,全力以赴,完成党和国家赋予我们的历史使命,巩固平安闵行的建设成果,确保上海世博会的绝对安全。（张晓斌)

【党政负责干部会议】 (1)9 月 21 日召开。陈靖传达胡锦涛总书记在党的十七届四中全会上的讲话精神。孙潮传达市委书记俞正声在上海市党政负责干部大会上的讲话,并指出,全区上下要把学习贯彻党的十七届四中全会精神作为一项重大任务,作为学习实践科学发展观的重要学习内容,认真制订学习计划,提出有针对性和可操作性的贯彻措施。他强调,当前要以十七届四中全会精神为动力,精心做好改革发展稳定工作,全面落实好全年各项工作任务。要切实做好保增长、调结构、保民生、迎世博的各项工作。要认真做好维稳工作,关心、维护好群众的切身利益。要结合闵行实际,扎扎实实地加强党的建设工作。他要求,全区各部门要坚持两手抓,在完成好 2009 年工作任务的同时,抓紧开始筹划 2010 年工作。(2)11 月 12 日召开。孙潮在传达市委九届九次全会主要精神和市委书记俞正声在全会上的重要讲话精神后指出,全区上下要认真学习贯彻市委九届九次全会精神,加强新形势下党的建设工作。他强调,当前要以市委九届九次全会精神为动力,一是要紧紧围绕“迎办世博”,及时筹划和全力推进党建工作。要增强抓好党建工作的紧迫性,要探索新形势下群众工作新思路、新办法,建立走访基层党员群众的长效机制,要探索干部培养新模式,注重优秀年轻干部的培养选拔。二是要认真吸取“重大事件”的教训,更加突出制度建设。要推进制度梳理,解决制度的合法性问题,要加强机制创新,解决制度的合理性问题。他要求,要精心做好改革发展稳定工作,全面落实好全年各项工作任务,同时要认真及时筹划好 2010 年的工作。（张晓斌)

【各界人士庆祝新中国成立 60 周年座谈会】 9 月28 日举行。孙潮指出,新中国走过的 60 年,也是孕育、推动、成就闵行建设与发展的 60 年。自 1992 年“撤二建一”以来,闵行区大力推进工业化,奠定坚实的经济基础。大力推进城市化,城区面貌发生巨大变化,营造了良好的生态环境。坚持在发展经济中关注民生,经济社会获得全面进步。他强调,要实现闵行下一轮全面协调可持续发展,就要真学实干,让学习实践活动开花结果;就要统筹协调,让保增长与调结构相得益彰;就要自觉行动,让城市软实力得到新的提高;就要勇于创新,让党的建设开启新的篇章。

（张晓斌)

【重点工作现场推进会】 12 月 14 日召开,对动迁腾地、拆违工作、来沪人员集中居住点建设以及城市综合管理大联动机制试点工作进行总结和部署。孙潮讲话指出,动迁腾地、拆除违章、来沪人员集中居住点建设和大联动机制等工作的核心是提高城市管理服务和社会管理水平。下一步工作中,要更加关注地块的动迁拔点,有效腾出地块,要更加关注农民动迁房的落地、建设。要调整拆违工作重点,进一步强化“减存量、控增量”,集中打击重点违法建筑。要加强和探索来沪人员集中居住点的管理模式,以有效管理和人性化服务支持优势、重点产业和工业园区发展。要积极推进大联动试点工作,有效积累经验,相关职能部门要全力支持地区试点工作,考核工作要突出收益增加和公平性,突出激活创新。

（张晓斌)

【“深化党内基层民主实践创新”研讨会】 12 月 19、20 日举行。研讨会上,区委副书记张路加围绕改革全委会运行机制作交流发言。他指出,近年来,闵行区改革全委会运行模式,创新机制,通过坚持落实对重大事项的决定权、完善对常委会的监督功能,构建“有权”的全委会;坚持改变会议模式、增加审议内容、设立专门工作委员会,建立“有序”的全委会;坚持引入询问制度、优化表决方式、扩大网络民主,建设“有活力”的全委会;坚持建立区委委员联系区党代表机制、推进“三联四会”群众工作机制、创设提案工作制度,打造“有源”的全委会。同时,深化推进党务公开,尊重和落实党员的主体地位,建立区委带动、上下联动、考核促进的党务公开责任制,创建互动式公开形式,做到党内重大事项主动公开、社会关注事项重点公开、涉及群众利益的事项及时公开,通过党务公开网实现公开的转型。(张晓斌)

【整治违法建筑总结表彰大会】 12月30日召开。孙潮肯定闵行区开展整治违法建筑3年集中行动所取得的工作成效。他强调,要积极探索建立农民长期有效合法收益机制;要切实做好外来人口集中居住地建设和管理工作;要努力提高社区管理尤其是社区物业管理水平。他指出,2010年要加强联合执法,条块结合,有效制止违法建筑反弹;要集中打击无证无照市场、城中村,尤其是治安混乱地区的违法建筑,逐步消除存量;要探索建立长效管理机制,常态化整治违法建筑;要动员全社会力量,持续有效地推进整治工作。（张晓斌）

（五）组织工作

【概况】 2009年,区委组织部以学习实践科学发展观活动为契机,加强党员和干部思想政治建设;以规范选人用人为重点,加强领导班子和干部队伍建设;以构筑人才高地为引领,推进人才工作和人才队伍建设;以创新组织体制为基础,加强基层党组织和党员队伍建设。至年底,全区党组织3 304个,其中党委(党工委)76个,党总支362个,党支部2 866个;党员74 866人,其中女性党员24 860人,新发展党员761人。（张　悦）

【规范干部选拔任用制度】 在区委出台《关于规范干部选拔任用工作的若干意见》后,修订完善全委提名、审议票决、廉政报告、年度考核等制度,建立健全备用推荐、初始提名、区委全委会监督及群众满意度评估等制度,有效提高选人用人公信度。做好区委全委会成员提名推荐工作,规范上级组织、区领导、处级单位党组织及区委全委会成员“3+1”的干部初始提名模式。2月,结合机构改革,组织对区政府组成部门党政正职的拟任人选和推荐人选进行区委全委会投票表决。（张　悦）

【做好干部考核及领导班子调整配备】 4—6月和10—12月,分两批对闵行区83个镇、社区(街道)、部委办局、人民团体、区直属单位党政领导班子和503名领导干部进行届中和定期考核,并开展党风廉政建设责任制专项检查、巡察、巡察“回头看”、贯彻“两个条例”专项检查和党建督查。全年,领导班子调整配备涉及337名处级干部,其中提任48名,机构改革调整重新任命126人,交流80人,转岗55人,转任非领导职务19人,安置正团职军转干部9人。（张　悦）

【规范领导班子和领导干部管理】 (1)9—10月,吸取“6·27”倒覆楼事故经验教训,全面开展党政机关科级以上领导干部企业兼职清理工作和领导班子自行任命助理情况专项检查,制订规范科级干部选拔任用工作中沟通酝酿、讨论决定环节的操作细则,加强各处级单位干部选拔任用工作的指导。(2)在党务公开网上专辟“干部园地”板块,向社会公开全区干部工作相关政策制度及人事任免情况,落实群众知情权和监督权。（张　悦）

【落实培训干部工作】 全年,选送11名局级领导干部、23名处级领导干部和14名科级干部参加市委党校各类培训,组织1 787名干部参加在线学习。举办2期正职领导干部研讨班、3期处级干部轮训班、第16期中青年干部培训班、第7期优秀青年知识分子培训班和第5期科级后备干部培训班,以及第4期年轻干部管理能力研修班,并选派60名年轻干部分赴美国、新加坡、中国香港学习考察。全年选派6名副处级后备干部和35名科级后备干部到区纪委(监察局)、区信访办、区发改委等6家单位进行挂职锻炼。（张　悦）

【加强领导干部监督】 1月,修订《关于闵行区党员领导干部报告个人有关事项的实施办法》,把拟提任副处级岗位的人选纳入报告范围,把监督的关口前移。结合届中和定期考核,对15家单位进行专项检查抽查、15家单位巡察、15家单位巡察“回头看”。委托区审计局完成20项领导干部经济责任审计。3月,委托区纪委、区统计局开展干部选拔任用工作群众满意度评估调查。（张　悦）

【做好海外高层次人才基地建设和引进工作】 年内,会同区人保局、区科委帮助紫竹科学园区成功申报国家级海外高层次人才创新创业基地。指导区内相关园区、高校、科研院所、市属企业以

及部分区域组织人事工作沟通联系小组成员单位开展2批“千人计划”申报工作。（张 悦）

【**增强党的组织活力**】 (1)全年召开4次区域组织人事沟通联系工作会议。通过区域党建联建协调小组,整合区域内农村、社区、机关企事业单位和“两新”组织等驻区单位资源,推进“镇管社区”党组织建设,形成区域互联、互动、互补的工作格局。(2)按照社会行为转变和人群取向分类,推进以社区群众性团队为单位的居民区党组织设置模式创新。全区247个居民区已推进组织设置优化工作。(3)在浦江镇、吴泾镇、七宝镇等地区农村开展试点,把村级所属“两新”党组织和拉条管理的老龄党组织属地化管理,实现村党组织对“两新”党支部的托管和老龄党支部的直管。同时探索动拆迁过程中农村党员教育管理工作。（张 悦）

【**完善民主参与机制**】 (1)年内,在七宝镇、莘庄镇等7家单位推行党代会年会改革。11月,制定《闵行区基层党委实行党员代表大会常任制的实施意见》。(2)重点在村(居)党组织推进党务公开阵地建设,全区118个村、300个居民区党组织完成党务公开栏建设。(3)推进以“三联四会”为主要内容的党的群众工作机制,重点抓好街镇党政议事会、村(居)两委议事会和党员群众代表议事会等平台的有效运作。（张 悦）

【**加强党员教育管理和党员队伍建设**】 年内,在七宝中学党委、九星村党委和平吉六村党总支等基层党组织建立闵行区党员全景式教育基地,在568个基层党(总)支部建立党员干部现代远程教育网络。定期举办村(居)党组织书记培训班、村(居)储备人才培训班等。4月,选聘7名2009年高校毕业生到村任职。6月,组织首批村(居)储备人才、到村任职高校毕业生赴革命老区贵州遵义开展革命传统教育。（张 悦）

【**加快“两新”组织有效性建设试点**】 年内,选取54家试点单位,推进有效性建设试点工作。组织开展“出行闵行”、“学实活动”等专题网络论坛。7—8月,举办“两新”组织青年麦霸赛,全区203家企业610名“两新”组织青年报名参赛,总决赛吸引各界观众近3 000人观看。11月,召开闵行区加强新社会领域党建工作推进会,制定《关于加强新社会领域党建工作的实施意见》。围绕“服务世博,奉献世博,建功立业促发展”,开展来沪人员领域党建主题教育活动。组织开展“小故事,大主题”非公企业党组织助企解困案例征集活动,11篇案例获得市社会工作党委优秀奖。深化党建信息化建设,全年发送各类短信25万条,8家支部网站被市社会工作党委评为优秀支部网站。（张 悦）

【**学习宣传徐素珍先进事迹**】 9—10月,闵行区离休老党员徐素珍在病重期间及逝世后,向组织缴纳党费152万余元,引起社会强烈反响。区委授予徐素珍同志优秀共产党员荣誉称号,并下发《关于认真组织开展向徐素珍同志学习活动的通知》。全区各级领导班子和各基层党组织通过中心组专题学习、专题组织生活会、座谈交流会等方式,组织学习徐素珍先进事迹。（张 悦）

(六) 宣传工作和精神文明建设

【**概况**】 2009年,区委宣传部创新务实求质,着力提高班子思想理论素养,全力推动全区宣传思想和精神文明创建工作,认真抓好党风廉政各项任务,班子凝聚力战斗力明显增强,宣传工作的成效明显提升,为全区经济和社会各项事业发展营造良好氛围。（王卫国）

【**推动两级党委中心组理论学习**】 2009年,区委以中共十七大、十七届四中全会精神、科学发展观为主要内容,制定学习计划,采取多种方式推动两级班子理论学习。举行每月1次领导干部报告会,先后邀请有关专家学者作辅导报告12场,受众2万人次。区委中心组坚持“走出去”与“请进来”相结合,组织集中学习、专题辅导12次,并赴石家庄、太原、杭州等地学习考察,学人之长、创己之新。印发《关于加强和改进基层党委(党组)中心组理论学习意见》,完善集中学习、个人自学、课题调研、学习档案等8项制度。会同组织部、党校举办处级干部科学发展观研讨班,分专题深入学习科学发展观的丰富内涵。深化干部读书活动,全年推荐下发《小趋势》、《不抱怨的世界》、《牛奶可乐经济学》等12本书籍。开展案例学习,推动理论学习的深化。市委宣传部推广闵行区以案例推动理论学习的典型做法,获全市理论学习创新成果特别奖。分别在全市党委(党组)中心组理论学习交流会和上海市理论工作会议上作书面交流。（王卫国）

【面向社会开展理论教育大众化】 编发新春形势任务宣讲材料,编印《闵行概览2009》,展示成就和发展目标。组成由区委党校教师、在职处级干部、退休专家学者等为主体的宣讲团,深入到全区农村、社区、学校、企业、机关、部队,开展科学发展观、新中国成立60周年辉煌成就的宣讲302场,听众6万人次。在吴泾镇、江川路街道、区经委开展理论教育大众化项目试点,推出百姓聊吧、吴泾故事会、相约星期三、新视野论坛等工作方式,探索理论与人心结合、与现实对应、与百姓连接的有效途径,着力推动党的理论教育在基层的普及。（王卫国）

【开展调研关注社情民意】 参与中宣部重大课题的配合调研,上报关于基层宣传干部现状和对策的调研报告。开展和谐社区专题调研,聚焦当前社区建设的重点和难点,形成整合运用属地化社会资源的思路办法。提出服务民生诉求的专项建议报告,旨在推动社会服务的优化和民生问题的分流化解。召开思研会第七届年会,总结经验、交流做法。组建"舆情信息特约研究员"队伍,落实舆情直报点,形成三级舆情信息员队伍,定期编发《舆情研报》。向市有关部门报送各类信息,及时反映社会动态。（王卫国）

【围绕重大节庆营造宣传教育氛围】 以庆祝新中国成立60周年为契机,开展爱国主义教育。举办"城市魂·群英谱"大型展览,在博物馆展出2个月,吸引1万多人次市民参与。举办"昨天·今天·明天"征文活动,收到市民征文1 594篇,汇编《见证辉煌》一书。闵行博物馆、闵行烈士陵园被上海市政府命名为上海市爱国主义教育基地,命名第三批6家区级爱国主义教育基地,编制《区级爱国主义教育基地图册》。至年底,闵行区已先后命名三批20家区级爱国主义教育基地,各基地开展各种形式宣传教育活动,吸引15万人次市民和青少年参与,较好地发挥基地的教育功能。举办"魅力都市、绿色家园"摄影大赛,制作《春申岁月》画册。召开闵行区各界人士庆祝新中国成立60周年座谈会,营造上下呼应、各方联动的欢庆氛围。（王卫国）

【围绕全局工作做好新闻宣传】 协调区内3家媒体,开展区委全会、区人大、区政协会议的宣传。通过组织策划、新闻发布、媒体沟通和季度新闻例会等,宣传闵行区党建、经济、社会等各方面的发展举措和成果,全年在市级以上主流媒体刊发报道3 200篇(条),其中在《人民日报》、《解放日报》头版和重要版面推出《闵行一季度经济缘何逆势飘红》、《上海闵行经济持续高速发展》、《党务公开,阳光带来凝聚力战斗力》、《闵行区"三联四会"创新党的群众工作机制》等系列报道26篇,产生较大反响;大力开展学实活动的宣传,重点宣传徐素珍同志的感人事迹、可爱闵行人的生动事迹。围绕新中国成立60周年,区内3家媒体联动,推出系列有深度、有分量的报道。邀请香港有线电视台《直通世界》栏目组拍摄"科学发展看闵行"电视专题片在海外播出,提升闵行影响力。对党务公开网进行第四次改版,点击率突破250万人次。建立学习实践专题网站,大力宣传闵行区学实活动的有效做法,点击率71万人次。《闵行新闻》英文版成功改版,由原来的二开四版改为四开八版。（王卫国）

【加强新闻舆论有效监督】 建立新闻舆情监督、反馈制度,及时通报相关职能部门和基层单位进行整改。编发72期媒体舆情告知单,同时,每月开展专题分析汇总,督促有关部门及时整改。不断完善新闻发言人制度,组织新闻发言人培训,研究深化新闻管理工作。依托东方网开展区委书记与网友互动交流活动,9 000多人在线观看,600多名网民提出问题,把网民提出的问题归类整理成171个问题,明确时间落实责任加以解决。（王卫国）

【加强对突发事件的新闻应对】 制定闵行区新闻应对实施办法,开展对突发事件的新闻应对。年内分别就"温柔诉求"、"最牛图书馆"、"倒覆楼事故"、"虚假统计"、"城管打人"、"钓鱼执法”、“强制动迁”等新闻热点开展一系列应对、引导工作。特别是“6·27倒覆楼事故”,集中力量千方百计采取多种办法开展媒体应对、新闻发布、舆情收集、信息报送、上下沟通、公关协调等工作,经受了从未有的挑战和考验,尤其注重在应对中学习应对,适时总结经验教训,形成《当危机来临时:“6·27倒覆楼事故”闵行区新闻宣传工作自问自答60例》、《6·27倒覆楼事故公共危机管理案例分析报告》、《打造一个会说话的政府——面对媒体问答80例》等材料,为突发事件的新闻处置积累经验。（王卫国）

【拓展文明建设途径】 利用各种传媒,以礼仪、文明、和谐为重点,加强道德建设,培育文明风尚,整治市容环境,激活社会参与,凝聚各方力量。举行“蓝天下的至爱”——万人上街慈善募捐、未成年人思想道德实践等系列活动。吴泾镇保护母亲河志愿者团队被评为上海市精神文明建设十佳好人好事。举办闵行学习节,吸引百万市民参与。规划新一轮基础性创建,广泛开展文明社区、文明村镇、文明小区、文明单位等创建,修订完善文明小区以奖代补标准,落实文明小区建设激励措施,调动基层创建积极性。开展迎世博“文明餐饮”专项创建活动,闵行区9家餐厅被评为上海市首批文明餐厅。与房管局联手开展“双优”、“双好”物业服务行业文明竞赛活动,推动物业规范化管理。（王卫国）

【完善文明创建机制】 成立创建全国文明城区先进区工作领导小组,对照《全国文明城区测评体系》,细化分解工作任务,强化对创建工作的组织领导。推行社会化考评机制,委托社会第三方对文明镇、文明社区、文明小区、文明市场等创建开展群众满意度测评。组织市民和媒体,依托市民巡访团等社会力量,加大监督力度,结合迎世博,定期开展文明指数督导,做好网上“文明在线”投诉反馈工作,督促基层定人定点及时整改。实施各级各类推优评优及文明创建日常考核测评,对重点指标实行一票否决。全区524个小区、115个村创建成文明小区、文明村,市、区两级文明小区、文明村创建达标率87%。创建市首批文明餐厅9家,区级世博示范区域10个、示范路段11个、示范小区51个,有效推动重点区域、重点场所的硬件改善和环境优化。2009年,全区37个单位和个人被评为“上海市迎世博贡献奖”。（王卫国）

【不断深化世博志愿服务】 成立闵行区世博会城市志愿服务站点建设管理工作综合协调小组,完成莘庄地铁南广场等7个外建服务站、南方商城等27个公共场所内设服务站建设的前期勘察工作,推动和落实城市志愿服务工作。开展多层面、全方位、立体化的世博志愿者工作宣传动员,年内招募世博志愿者11 386人,向市志愿者组推荐园区长期管理岗位志愿者27人,特殊岗位志愿者80人,高峰岗位志愿者429人。开通“闵行志愿者网”,通过公益项目库、志愿者培训、志愿者论坛、公益捐赠等板块,实现志愿服务资源的有效统筹和志愿者信息化管理,为世博期间志愿服务工作的高效有序运作奠定基础。主动孵化志愿服务项目,推出迎世博绿手帕公益行动、低碳生活馆、“更绿色的闵行”环保主题活动等一批品牌项目。面向全市刊发20万份2010上海世博会志愿者会刊——《心周刊》闵行专刊,集中展示和宣传闵行志愿者的良好风采。（王卫国）

【不断创新文化建设】 牵头协调“十二五”文化发展规划研制任务,启动前期筹备工作,项目实施有序进行。构建服务体系,抓好梅陇、吴泾、颛桥3个中心的新建和改建,实现社区文化活动中心的全覆盖。协调推动第四届闵行艺术节和“金秋闵行”合唱节等1 000多场群文活动。以中华传统节日为抓手开展文化活动,丰富群众精神文化生活。自9月26日至10月31日,全区举办各类文化活动2 800多场次,覆盖群众100万人。同时,各单位、各部门组织开展主题活动如“龙跃浦江”端午文化节、古美一街粽情、颛桥世博主题剪纸等活动,产生良好的宣传效应。（王卫国）

【七宝镇等获全国文明镇称号】 2月11日,中央文明委对全国精神文明创建工作进行表彰,闵行区七宝镇、古美路街道被中央文明委命名为全国文明镇、全国文明单位,九星村、行西村、陈家角村被命名为全国文明村镇创建先进村,区卫生局、七宝中学被命名为全国文明建设工作先进单位。（王卫国）

【宣传工作专题培训班】 3月31日——4月3日在中国浦东干部学院举办,全区各镇、街道、莘庄工业区和有关委办局的分管领导、宣传委员(干部),以及区内3家媒体负责人60多人参加。区委常委、宣传部部长赵丹妮作开班动员,区委书记孙潮为培训班学员作“新形势下党的群众工作”专题讲座。此次培训精心安排领导沟通能力、上海世博宣传、媒体危机公关、政府新闻发布、博弈思维策略等课程,同时与中国浦东干部学院紧密合作,创新教学形式与方法,通过案例分析、情景模拟、对话问答等形式,激发学员学习兴趣,拉近学员与教师、课程间的心理距离,效果良好。 (王卫国)

【上海市闵行区宣传教育服务中心】 经闵行区机构编制委员会批准,于5月建立。其性质为中共闵行区委宣传部归口管理的财政全额拨款的正科级事业单位,编制数5人。其主要职责是:统筹、协调、监管全区网络新闻宣传工作;收集、分析、研判社会舆情,把握社会舆论动向;实施闵行区加强和改进未成年人思想道德建设的计划,协调和整合未成年人思想道德建设工作中各种资源;承办市委宣传部、闵行区委交办的任务。

(王卫国)

【上海摄影名家聚焦闵行】 5月27、28日,区委宣传部与上海市摄影家协会共同主办“魅力都市绿色家园——上海摄影名家聚焦闵行”大型摄影活动。30名上海摄影名家齐聚闵行,分成6组,到全区近80个城市景观或人文活动现场进行采风拍摄,景点围绕交通枢纽、城市景观、科技研发、现代服务、社会事业、宜家宜居、民生保障、市民生活等多个方面,覆盖全区。摄影名家们在感受和谐闵行魅力神韵的同时,通过镜头记录闵行建区17年来经济社会发展的巨大成就,定格闵行人民携手共创美好生活的精彩瞬间。

(王卫国)

【闵行区与东上海合作打造上海城市剧院】 8月21日,闵行区所属上海闵盛投资发展有限公司与上海东上海国际文化影视集团有限公司就闵行区上海城市剧院委托经营管理合作一事达成合作框架协议,双方达成共识将通过市场运作,把上海城市剧院打造成具有国际影响力的演艺舞台、上海新文化地标和面向长三角地区的文化艺术中心,从而更大限度满足并丰富市民文化生活需求。该剧院位于莘庄地铁南广场,由政府全资建造,建筑面积7 012平方米,设观众席固定座位1 112座,为中型乙级剧场。该剧院配备有升降舞台、乐池、音罩、乐队平台等,设施先进、功能完善,且地理位置优越、构思独特。(王卫国)

【世博论坛聚焦虹桥综合交通枢纽与长三角联动发展】 (见第97页区政府重要会议、重要活动**【世博论坛】**)

【开展“感动闵行”——“可爱的闵行人”评选】 通过制作宣传网站和宣传专版,22万人次市民群众参与投票,闵行区古美一村居民徐素珍、区就业促进中心失业保险科科长杜水华、区福利院院长陈方、区公安分局刑侦支队外协队队长何益民、94969部队汽车连代理副连长汪家胜、区中心医院消化内科主任医生冯莉、区启英幼儿园园长沈巧珠、浦江社区学校退休教师周曙明、上海航天设备总厂退休职工朱可安、梅陇镇助老服务社助老服务员邓桂香、上海焦化公司退休职工张更大夫妇和江川路街道就业服务社等12名个人(集体)获第六届“感动闵行”——“可爱的闵行人”称号,莘格中学教师张凤兰、中国核工业总公司退休职工原公浦等8人获第六届“感动闵行”——“可爱的闵行人”提名。 (王卫国)

【“深化党内基层民主实践创新”研讨会】 12月19、20日在闵行区举行,由中国浦东干部学院与中共闵行区委联合主办。区委宣传部采取措施营造舆论氛围做好研讨会宣传推广:(1)在解放日报推出“闵行区推进党内基层民主实践与探索”专版,详细介绍闵行区委近年来围绕党务公开、全委会改革等党建重大事项进行的实践探索。(2)会前举办媒体新闻通气会,邀请新华社、人民日报社、解放日报社等主流媒体参与,并提供闵行区探索党建创新等方面相关材料。(3)跟踪媒体对于研讨会当天的报道,12月20日解放日报和文汇报均在当日的头版位置以及新华网、东方网、新民网等网络媒体对研讨会进行报道。(4)邀请东方网对研讨会全程直播。 (王卫国)

(七) 统战工作

【概况】 2009年区委统战部紧紧围绕区委“保增长、促和谐、迎世博”的工作主线,大力整合统战系统各部门工作资源和工作力量,充分发挥统一战线的优势和作用,实现统战系统服务科学发展和自身科学发展的有机统一,为推动闵行的经济社会和谐发展做出积极贡献。2009年获中央统战部和统一战线杂志社颁发的“中国统一战线宣传先进单位”、市综治委颁布的“平安单位”、市委统战部颁发的“2009年度上海统战信息工作先进单位评比二等奖”;《闵行自由择业党外知识分子情况调查与思考》一文获市委统战部调研优秀成果一等奖。根据党外人士的意见建议,统战部全年编辑《诤言》6期,为区委、区政府有关部门科学决策提供依据。全年在“党务公开”网站发布信息709条;《闵行统战》月报12期,发行量4 850份。 (殷　之)

【2009年度统战工作会议】 2月10日召开,会上观看专题短片《共同的理想,凝聚的力量——2008闵行统一战线工作巡礼》,全面回顾2008年闵行统一战线工作取得的成果。区委常委、区政协副主席、统战部部长李梦麟对2009年工作进行部署。区委副书记张路加作讲话,并对2009年全区统战工作提出要求。 (殷　之)

【统战系统科学发展观教育培训】 以区社会主义学院为阵地,将学习、宣传、贯彻落实科学发展观作为教育培训的首要任务,加深学员对科学发展观精神内涵和科学实质的把握。(1)2月23—28日,闵行区工商联、区委组织部、区委统战部、区委党校、区综合工作党委、区社会主义学院在闵行区党校联合举办“闵行区第五期民营企业家研修班”,50余名民营企业家参加。(2)4月21、22日,区社会主义学院举办民主党派中青年干部学习班,来自闵行7个民主党派的40名中青年干部参加。(3)6月19—27日,区社会主义学院举办各民主党派、工商联负责人学习班,30余人参加。学习班采用课堂学习与社会考察相结合的形式,使民主党派、工商联负责人在提升政治理论水平的同时,加深对国情的了解和对形势的把握。(4)7月16、17日,举办各镇、街道、莘庄工业区党(工)委委员、统战干部学习班。学习班以《市委统战部关于进一步加强上海社区统战工作的意见》为主要学习内容。(5)11月19日,区社会主义学院举办民主党派专职干部学习班。 (殷　之)

【民主党派与政府部门结对共建】 (1)2月13日,区委统战部在区机关会议中心举行“结对共建、合作共赢——闵行区各民主党派与政府部门结对共建启动仪式”。区委副书记、区长陈靖,区委常委、区政协副主席、统战部部长李梦麟出席会议并讲话。各民主党派区委正副主委、主委助理、专职干部,区台侨办、经委、科委、人事局、教育局、卫生局、文广局领导、统战干部参加会议。(2)4月14日,区委统战部、区社会主义学院召开“结对共建”合作调研工作推进会,各民主党派区委主委、各调研团队调研骨干参加。(3)9月9日,区委统战部在区机关会议中心召开“结对共建、合作共赢”民主党派区级组织与政府相关部门合作调研成果交流会,展示“结对共建、合作共赢”工作机制的初步成果,并下发《“结对共建、合作共赢”民主党派区委与政府部门合作调研成果汇编》。 (殷　之)

【调研征求基层意见建议】 (1)3月12、18日,区委常委、区政协副主席、统战部部长李梦麟率区统战系统领导班子成员分别到华漕镇、吴泾镇调研社区统战工作情况,就统战系统深入学习实践科学发展观听取基层意见建议。(2)3月13日,李梦麟召开座谈会,邀请各民主党派区委领导就区委统战部深入学习实践科学发展观活动听取意见建议。民主党派区委领导就提高各级中共组织统战意识、帮助民主党派加强自身建设、提升统战干部以及党派机关专职干部的工作能力和水平等问题提出意见和建议。 (殷　之)

【利用双月座谈会听取党外人士意见建议】 全年,区委常委、区政协副主席、统战部部长李梦麟主持召开6次双月座谈会。(1)2月23日,区综治办和区司法局分别通报平安建设实事项目开展情况和建立“大调解”机制工作情况。各民主党派、工商联负责人,无党派人士代表和两所高校党派负责人代表15人出席会议并就社会稳定工作提出意见建议。(2)4月28日,区经委通报“调整产业结构,转变发展方式”工作情况;区人保局通报《劳动合同法》贯彻执行情况。与会代表就保增长、保民生工作提出意见建议。(3)7月3日,区委副书记、区长陈靖通报区政府上半年工作情况及下半年工作打算,以及“楼房倒覆事件”处理工作进展情况,并真诚感谢和热切期待党派同志发挥民主监督和参政议政作用,建诤言、献良策;李梦麟代表区委通报区委常委会上半年工作情况及下半年工作打算。与会代表针对区委、区政府“保增长、促和谐、迎世博”工作提出意见建议。(4)8月28日,区学实办通报学习实践科学发展观活动情况;区民政局通报居(村)民委员会基层自治组织建设情况。与会代表就两项通报工作提出意见建议。(5)10月27日,区纪委以村务管理“四本台账”建设为重点,通报区党风廉政建设和反腐败工作情况;闵盛发展投资有限公司通报闵行区社会事业建设项目化推进情况。与会代表提出社会事业社会办、社会事业节俭办;及时总结经验,打造社会事业建设、发展、管理软实力;村民监督用好“四本台账”新抓手、培育公信力;提高村民民主意识和村官民主素质等意见建议。(6)12月28日,区委书记孙潮通报区委2009年工作总结、2010年工作要点,区委常委、副区长阎祖强通报2009年政府工作报告。与会代表提出发展低碳经济、加强依法行政、加快高校周边配套服务、提高信息透明度和民生感受度、营造闵行艺术氛围等意见,并对《政府工作报告》的结构、篇幅和文字等提出具体修改意见。 (殷 之)

【加强党外干部队伍建设】 起草《闵行区加强党外干部培养选拔工作实施办法》,明确党外干部选拔工作的指导思想和工作目标,对党外干部培养选拔工作的体制机制进行完善。做好政协委员届中调整工作,调整增补政协委员16人、常委2人,向政协有关会议作说明3次。调整民主党派后备干部队伍,建立一支由47人组成的民主党派中青年后备干部队伍。8月12日,区委常委、区政协副主席、统战部部长李梦麟一行4人赴金山区委统战部学习交流党外干部培养选拔工作。 (殷 之)

【丰富党外知识分子联谊会活动】 8月14日,区政协副主席、区知联会会长汪小帆主持召开区知联会一届二次会员大会。区委统战部副部长、区社会主义学院院长王秋明出席会议并讲话。大会审议并通过区知联会工作报告、调整副会长兼秘书长人选、部署近期工作。11月27日,闵行区党外知识分子联谊会在上海英硕聚合物材料有限公司举行成立2周年庆祝活动,总结2009年工作、部署2010年工作。区委常委、区政协副主席、统战部部长李梦麟应邀出席。 (殷 之)

【开展无党派人士政治交接主题教育活动】 根据中共中央统战部《关于在无党派人士中开展以“自觉接受中国共产党的领导,坚持走中国特色社会主义道路”为主题的政治交接教育活动的意见》以及上海市无党派人士主题教育活动工作会议精神,区委统战部通过举办培训班、组织考察调研、召开报告会和座谈会、开展征文活动等一系列举措,开展无党派人士政治交接主题教育活动,取得良好效果。 (殷 之)

【新的社会阶层人士统战工作联席会议第一次全体会议】 2月19日召开,区委常委、区政协副主席、统战部部长李梦麟,联席会议成员单位,统战系统有关领导等50余人参加。会议由区委统战部副部长李龙皋主持。区委统战部副部长、区社会主义学院院长王秋明作《关于成立闵行区新的社会阶层人士统战工作联席会议制度的情况说明》,区民政局、司法局、团区委分别就开展社会组织管理工作、党外律师统战工作、新的社会阶层青年代表人士工作的经验和成果作交流发言。 (殷 之)

【加强社区统战工作】 制定并实施《区委统战部关于进一步加强闵行社区统战工作的意见》,下发《社区统战工作者职责》。编印3 000册《统战政策知识手册》和1万余份《统一战线服务你》宣传折页。成立“统一战线知识宣讲团”,讲课24次。根据市有关文件精神,会同区民政局制定《中共闵行区委统战部、闵行区民政局关于推进统战系统社会工作者队伍建设的实施方案》。与司法局联合发文《关于做好社区为统一战线成员法律服务工作的意见》,为统战成员提供优先、优

质、优惠的法律服务。 (殷 之)

【区统战理论研究会理事工作研讨会】 7月30日召开,理事们就“新中国六十周年与统一战线理论和实践”征文活动落实情况进行交流,并对研究会后续工作开展提出意见建议。区委常委、区政协副主席、统战部部长、统战理论研究会会长李梦麟参加会议并讲话。 (殷 之)

【杨晓渡一行来闵行区调研台资企业】 9月3日,市委常委、统战部部长杨晓渡,市台办副主任顾洪辉一行来闵行区走访调研台资企业上海宜鑫实业有限公司,副区长程向民陪同。杨晓渡对该公司多年来为两岸经贸交流做出的贡献表示肯定。程向民介绍了自金融危机以来,闵行区出台的“保增长、调结构”相关措施,特别是针对台资企业自主品牌的支持政策。杨晓渡表示肯定,并希望闵行区为该企业在大陆整体上市做好指导和服务工作。 (殷 之)

【喜迎新中国成立60华诞文艺演出】 区委统战部、区文广局9月16日在上海戏剧学院(闵行校区)举办“祖国颂歌”闵行统一战线喜迎新中国成立60华诞文艺演出。300余人观看演出。区委常委、区政协副主席、统战部部长李梦麟为演出致辞。17家单位精心组织选送12个节目,演员是在闵行生活、工作的,来自民主党派成员、无党派人士代表、党外知识分子、少数民族同胞、新的社会阶层人士、归侨侨眷等各种类型的统战成员。 (殷 之)

(八) 政法工作

【概况】 2009年区委政法委、区综治委主要工作:坚持以化解社会矛盾为主线,最大限度地减少社会不和谐因素;坚持以强化维稳机制为重点,全面维护社会大局稳定;坚持以深化平安建设为载体,切实维护好、发展好群众利益;坚持以“大联动”机制为依托,提升城市综合管理水平;坚持以平安世博为首责,全面启动世博安保群防群治工作;坚持以开拓创新为目标,不断完善预防和减少犯罪工作体系;坚持以执法为民为宗旨,着力提升政法系统的履职能力;坚持以党对政法工作的领导为核心,着力推动新时期政法队伍建设。 (王月芳)

【化解矛盾减少社会不和谐因素】 2009年,区委政法委全年受理来信来访82人次,协调处理疑难个案16件,化解中央和市委政法委交办的涉法涉诉信访矛盾20件,化解率为历年最高。年初,区委政法委牵头组织相关单位开展专题调研,制定《闵行区重大事项社会稳定风险评估实施意见》。至年底,全区6个区级风险评估试点项目全部完成,13个街镇试点项目有序推进。同时,构建具有闵行特色的大调解机制,进一步探索专业调解和政府购买人民调解服务的长效机制,完善司法、公安联合调解机制。10月,在区法院建立闵行区诉讼调解对接中心。2009年,区委、区政府在区法院专门设立帮困救助基金。全年使用区维稳经费390万元,化解涉稳和涉法涉诉信访矛盾121起。 (王月芳)

【健全维稳机制】 2009年,在全区13个街镇和19个单位架设“闵行区维稳工作信息平台”。建立矛盾纠纷经常性排查制度、社会矛盾定期排查通报制度和社会稳定工作形势分析研判制度。区委政法委牵头政法各部门,组织参与“6·27”莲花河畔景苑倒覆事件、“9·8”交通行政执法事件等社会热点的维稳工作,依法维护正常信访秩序。协调处置“沪杭客运专线”、取缔“万邦宣教教会”等一批群体性事件和重大疑难涉稳事件。确保新中国成立60周年、美国总统奥巴马访问和平息1989年春夏之交政治风波20周年等重要节点的社会稳定。 (王月芳)

【深入开展平安建设】 2009年,区综治委编制《2009年度平安建设实事项目实施方案》和《项目计划书》,根据实事项目的推进情况,先后召开“来沪人员集中居住点建设”、“四小场所”整治、“群租”整治、“城中村”整治、规范客运市场、拆除违法建筑等实事项目推进工作会议。年内,全区落实来沪人员集中居住点建设项目12个,约25.5万平方米;拆除违法建筑268.3万平方米,完成全年目标148.8%,同时控制新增违法建筑,快速处置1 472起新违法建筑;疏导取缔美容美发、足浴沐浴及小餐饮无照经营815户,关门停业或拆违消亡321户；处罚违法、违规经营小旅馆109个，取缔无证旅馆24个，打击处理在旅馆内从事“黄、赌、毒”等违法犯罪分子185人；取缔无证照职业中介405家，清理整顿违规经营职业中介70家；整治违章设摊、散发黑广告、强行乞讨、兜售等人员2 026人，暂扣各类物品1 633公斤，罚款5 015元，查扣车辆230辆。（王月芳）

【建立城市管理大联动新机制】 9月29日，全区召开“大联动”机制试点工作推进现场会，在全区各街镇试点推进“大联动”机制。成立由街镇主要领导分工负责的组织架构，试点区域初步完成网格划分、队伍整合等基础工作。全区各街镇（工业区）“大联动”试点区域面积55.98平方公里，整合管理力量2 555人。区“大联动”推进办下发《关于开展城市综合管理网格化巡管的工作意见（试行）》等6个规范性文件，为各部门、各街镇推行“大联动”试点改革提供具体的指导性意见。建立覆盖全区的《城市综合管理基础信息采集系统》，初步建立条块之间发现和处置工作机制，使区有关职能部门、各街镇“大联动”分中心、各居村委“大联动”工作站有效联结，初步实现房屋“群租”、违法建筑、无证照经营等五类基础信息发现与处置有序流转。截至年底，城市综合管理信息平台采集各类违章违规信息2 400余条，各相关职能部门对369条违章违规信息进行先期处置。（王月芳）

【世博安全保卫工作】 6月，闵行区成立“上海世博会闵行区安全保卫工作指挥部”，全面启动世博安保群防群治工作。9月8日，召开世博安保工作部署大会，区委书记、2010年上海世博会闵行区安全保卫工作指挥部总指挥孙潮与各街镇、责任单位主要领导签订《2010年上海世博会闵行区安全保卫工作责任书》。全区招募组建上海平安志愿者71 750人，在全区范围内开展排查工作。（王月芳）

【以常态化工作落实“两个排查”】 2009年，深入开展排查调处矛盾纠纷和排查整治治安复杂地区，并与“大调解”机制和“城中村”整治两项常态化工作有机结合。全区各调解组织受理各类社会矛盾22 028件，调处成功21 480件，调处成功率97.5%；建立来沪人员调解组织353个，覆盖来沪人员93万人，解决纠纷1 953起。继续开展“城中村”整治，全区确定15个“城中村”重点整治地区，其中区级重点3个。年内，取缔无证照“六小”场所360家，地下食品加工点和非法诊所58家，打击“黄、赌、毒”等治安顽症29起，整治消防隐患266处。（王月芳）

【深化基层基础工作】 2009年，全面推进基层综治维稳力量整合工作，在街镇建立综治工作中心，在村（居）委建立综治工作站。组建平安志愿者服务队。多方筹资强化硬件建设。构建人防、物防、技防相结合的治安防控体系。年内，在50个售后公房小区，开展小区技防设施建设，完成社区警务室建设20个。（王月芳）

【完善预防和减少犯罪工作体系】 2009年，深入开展社工联校工作。实现全区中小学校联校签约率100%，专职联校社工人数增加到27人，其中驻校社工由原先的4人发展到9人，成功进驻到9所学校。继续做好未成年人社会观护工作。全年，有40名失足青少年接受观护，25名观护对象结束帮教，14名判缓刑，5名不诉。开展“危机”青少年特别关护工作。区阳光青少年事务工作站与区公安分局签订《“危机”青少年特别关护行动协议》，成立闵行区青少年社会特别关护工作室。青少年社工进驻区拘留所，开展对25周岁以下涉案青少年的帮教工作，有70名青少年接受特别关护，进行心理访谈80余次。深化司法审判与社区矫正无缝衔接工作。区新航社区服务工作站与闵行法院刑事审判庭、少年庭签订《关于非监禁刑司法审判与社区矫正衔接的工作协议》和《关于非监禁刑未成年人司法审判与社区矫正衔接的实施意见》，成为上海市第一家与法院审判机关建立工作合作机制的社会服务机构。（王月芳）

【巩固和持续发展禁毒成果】 年内，闵行首家“自强康复指导室”率先在龙柏街道建立，全区已有8个街镇的“自强康复指导室”相继挂牌并开始运作。区禁毒办举行禁毒平安志愿服务签约仪式，动员禁毒平安志愿者与社区康复人员结对。全年推荐吸毒人员就业成功390人次，技能培训132人次,学历培训9人次,协办低保548人次,办理劳动手册等421人次。全区172名吸毒人员被认定戒断毒瘾三年以上。查处吸毒人员615人,其中强制隔离戒毒188人、行政拘留363人、社区戒毒64人。登记经营易制毒化学品厂家854家(其中新登记2家),办理易制毒化学品购买证3 671张,运输证1 010张,办理销售备案727份;查处违规买卖易制毒化学品单位、企业13家。破获毒品案56起,抓获嫌疑对象68人,缴获毒品6.3万克(其中冰毒等新型毒品63千克),缴获毒资105万余元。成功侦破"6·26"上海市首例地下制毒案,缴获制毒设备两套、成品固体冰毒约6公斤、液态冰毒约36公斤、正在反应的液态化合物约15公斤,受到公安部通报表扬。 (王月芳)

【开展社会治安综合治理宣传月活动】 4月1日,以"创平安、保稳定、迎世博"为主题的闵行区2009年社会治安综合治理宣传月开幕式在古美路街道科普公园举行。期间,举办"迎世博'300天'法制宣传进社区活动暨'闵行老舅妈'与社区居民见面会"。各街镇的分会场组织综合性法宣活动440场、法律咨询1 847次、制作法宣版面10 443块、发放法宣资料50余万份、举办法制讲座601场、各类法制培训901次、法制文艺汇演32场,各类法宣活动受教育者约42万人。年内组织市民巡访4次,受理处理治安网上举报和电话举报120个,评选表彰见义勇为先进分子52人。 (王月芳)

【开展禁毒宣传教育月活动】 6月3日,2009年"闵行区禁毒宣传教育月活动暨'远离毒品,健康人生迎世博'健身活动"启动仪式在华漕国际文化活动中心举行。当日,"闵行区迎世博——禁毒法制数字电影进农村启动仪式"在华漕国际文化活动中心影视厅举行。区委副书记、政法委书记张路加为开幕式致辞,市委宣传部副部长马春雷宣布放映活动开幕。6月8—10日,区委政法委在区委党校举办为期3天的禁毒专职干部培训班。6月16日,区禁毒办在龙柏街道召开闵行区社区戒毒(康复)综合干预工作推进会。6月18日,区禁毒办在浦江镇英华达来沪人员集中居住点举行"珍爱宝贵生命、拒绝新型毒品"赠书仪式。6月25日,由区禁毒办、自强闵行工作站共同组织的"迎世博——闵行区禁毒平安志愿服务推进大会"在龙柏街道召开。期间,发放各类宣传资料4万余册,制作500余幅禁毒宣传横幅和320块禁毒宣传版面。禁毒法制数字电影放映长片623场、短片636场,观众人数近7万人。 (王月芳)

【节日安全检查】 1月19日春节前夕,区委副书记、政法委书记张路加,区委常委、副区长金士华,区人大副主任张宗琪,区政协副主任毛荣发等领导,对莘庄镇上海仲盛世界商城、上海紫江喷铝包装材料有限公司、梅陇镇上海毛家塘南北货批发市场经营管理有限公司、昆山润华商业有限公司上海闵行分公司、莘庄工业区友发铝业(上海)有限公司等单位进行安全大检查。4月28日,张路加、胡世民、金士华、张宗琪等区领导,对莘庄工业区的鼎艺室内装潢有限公司、梅陇镇的双华(上海)食品有限公司、永联村羊毛衫批发市场和莘庄镇的上海翰氏模具有限公司进行安全大检查。9月23日,由张路加带队,对梅陇镇永联村羊绒毛市场、华一村蒋家塘、爱国村等地区进行节前安全大检查。9月24日,由金士华带队,对上海深试仓储有限公司、上海杰高生聚氨酯制品有限公司、玛文家具(上海)有限公司进行节前安全大检查。9月27日,由胡世民带队,对吴泾第二发电有限责任公司、闵行自来水二厂、上海石油储运配送分公司闵行油库进行节前安全大检查。 (王月芳)

【市领导视察工作】 5月3日,市委政法委副书记林化宾等领导来闵行区视察未成年人社会观护体系工作。市委政法委领导视察区未成年人社会观护工作总站及古美路街道观护点,阅看观护工作台账及观护对象活动,听取区检察院关于区未成年人社会观护工作的汇报,林化宾对闵行区未成年人社会观护工作所取得的成绩给予充分肯定。11月17日,市政协党组副书记、副主席、市综治委副主任朱晓明,市政协常委、社会和法制委员会主任缪晓宝,市综治办副主任、市禁毒办主任周伟航以及部分市政协委员来闵行区视察综治和平安建设工作并听取工作汇报。 (王月芳)

(九)保密工作

【概况】 闵行区委保密委员会是区保密工作的领导机构,下设办公室与闵行区国家保密局实行两块牌子、一套班子的体制,办公室工作人员3名,负责指导、监督和管理全区保密工作,与全区各镇、街道、莘庄工业区、各部委办局和部分区属公司建立长效联系机制,在各单位建立保密工作领导小组,形成完善的工作网络体系。(肖　琦)

【区委保密委(扩大)会议】 2月5日在区机关会议中心召开。区委副书记、区委政法委书记、区委保密委主任张路加作讲话,区委常委、副区长金士华主持。各镇、街道、莘庄工业区、法院、检察院、各部委办局及部分区属公司的分管领导和保密干部等160余人参加。会上,回顾总结2008年保密工作情况,部署2009年保密工作任务;传达令计划在中央保密委员会第一次会议上的讲话精神,通报近期中央和国家机关重大泄密事件。(肖　琦)

【开展保密工作专项大检查】 5—9月,区国家保密局组织全区各级党政机关开展“不漏一人、一机、一盘、一网”的保密工作专项大检查。全区78家单位纳入检查范围,检查计算机5 873台,移动存储介质3 241个。(肖　琦)

【实施保密承诺制度】 5月,按照市保密委、市国家保密局的统一部署,区国家保密局组织全区4 375名重点涉密人员开展“保密承诺书签订”工作,签约率100%。(肖　琦)

【举办保密干部培训班】 2009年,举办三期保密工作培训班,培训人员范围包括各单位分管保密工作的领导、保密干部和网管员。培训以授课、参观和观看资料片等方式相结合,针对保密工作中政府(党务)信息公开工作、计算机信息系统以及移动存储介质保密管理工作中的难点、瓶颈问题,邀请市国家保密局专家进行专门讲解。(肖　琦)

【保密宣传教育】 2009年,组织开展全区性保密法制宣传月活动。以涉密人员为重点,开展以提高“领导干部、涉密人员和国家公务员的敌情意识、保密意识、责任意识”为主题的讲座活动。(肖　琦)

【检查试卷保密室】 按照“确保试卷安全保密和考试公平、公正”要求,区国家保密局组织专人,年内先后7次对区考试中心试卷保密室例行检查。同时根据考试时间节点,认真做好各类考试各个环节的安全保密监督、指导和服务工作。(肖　琦)

(十)党校工作

【概况】 2009年,区委党校开设干部教育培训主体班9个,培训干部993人次;开设中央党校和上海市委党校函授学历班2个,培训学员54人;开设各类联办班11个,培训学员925人次;开设各类外培班5个,培训学员187人次。开展各类宣讲活动141场,听课人数14 500多人次。举办党校“周末讲坛”9次,2 500多人次参加。编发《党校简讯》24期、校刊《闵行天地》6期。出版学术论文集7部。发表文章72篇,其中在核心期刊上发表文章13篇;完成市委党校课题、区软课题5项,举办理论研讨会4次。年内,党校被授予“2007—2008年度上海市文明单位”、“2007—2008年度上海市军民共建社会主义精神文明先进集体”、“2009年度上海市治安保卫先进集体”、“上海市党校系统优秀科研工作组织奖”等称号。(徐　鹏)

【举办处级干部深入学习实践科学发展观研讨班】 3月4日开班,3月6日结业,参加培训学员127人。区委书记孙潮作开班动员,培训班安排经济发展与结构调整、城市建设与城市管理、社会管理与社会稳定、党的建设四大专题进行教学,以案例教学为主,并开展分组讨论。(徐　鹏)

【举办区第二期、第三期处级干部轮训班】 第二期5月12日开班,7月17日结业,参加培训学员59人。第三期6月15日开班,7月17日结业,参加培训学员40人。培训班以学习贯彻党的十七大和十七届四中全会精神为主题,采用案例教学与分组讨论相结合的形式,紧密围绕经济发展、城市建设、社会事业、政府服务与党建等专题进行培训。（徐 鹏）

【举办基层纪委书记轮训班】 3月10日开班,3月12日结业,参加培训学员105人。培训班集中学习领导干部作风建设、党风廉政建设的实践与思考等课程,通过专题讲座、分组讨论、学习交流等方式,提高基层纪委书记理论水平和业务素质。（徐 鹏）

【举办2009年江西吉安市经济管理干部培训班】 5月9日开班,5月12日结业,参加培训学员36人。培训班安排闵行区创建国家生态城区案例分析、循环经济与节约型社会、完善投资环境与招商选资等课堂集中授课,组织小组讨论,安排组织市内、江浙地区现场教学等。（徐 鹏）

【举办新疆八师石河子市社区干部培训班】 4月13日开班,4月25日结业,参加培训学员39人。培训班安排解放思想与科学发展、产业集群基本理论和案例分析等理论专题和知识讲座。还采用党性修养分析、学员论坛、小组讨论、与闵行区有关单位对口交流学习、区内和市内现场教学、赴江浙地区现场教学、理论测试等形式多样的培训方式。（徐 鹏）

【举办基层维稳干部培训班】 6月8日开班,6月10日结业,参加培训学员39人。通过培训,落实中央对社会治安综合治理工作提出的各项意见,在综治维稳工作中加以运用和创新,提升街镇综治维稳水平,为闵行区创建稳定和谐的社会环境和治安环境。（徐 鹏）

【举办第五期科级后备干部培训班】 7月20日开班,7月24日结业,参加培训学员101人。培训班安排深入学习贯彻中国特色社会主义理论体系、团队精神与合作共赢等课程的学习,并采用现场教学、分组讨论、学员论坛等多种培训方式。（徐 鹏）

【举办2009年村(居民区)书记培训班】 8月19日开班,8月21日结业,参加培训学员467人,培训班组织形式上分合并培训和分类培训(分类培训包括村书记班、居民区班)两种。在教学方式上,结合区委领导主题报告和专家教授专题辅导,运用分组讨论和大会交流等形式。通过培训,帮助广大村(居民区)党组织书记进一步解放思想,明确思路,认真开展好各项基层工作。（徐 鹏）

【举办2009年湖北宜昌夷陵区工业经济管理干部培训班】 9月14日开班,9月25日结业,参加培训学员50人。培训涉及宏观经济与政策研究分析、现代金融与企业发展、先进制造业与高科技产业发展、人力资源开发与管理等内容,还组织区内和市内现场教学、赴江浙地区现场教学等。（徐 鹏）

【举办第7期青年知识分子培训班】 9月9日开班,10月16日结业,参加培训学员25人。培训班围绕“学习党的创新理论,贯彻落实十七大精神”、“政治思想和理想信念教育”、“知识讲座”三大主题,安排22门专题课。还采用学员论坛、辩论赛、现场教学、理论测试等形式多样的培训方式。（徐 鹏）

【举办第16期中青年干部培训班】 9月9日开班,12月11日结业,参加培训学员30人。培训班理论学习分为学习贯彻十七大精神、干部任职资格基础理论与相关知识、原著导读三部分。还组织学员论坛、辩论赛、党性修养自我分析、现场教学、军训、革命传统教育、干部任职知识考试等。（徐 鹏）

【举办都江堰市乡镇党务干部研修班】 11月18日开班,11月21日结业,参加培训学员50人。培训班通过理论教学、现场教学等方式,提升乡镇党务干部的理论水平,开阔视野,加快震区灾后重建的步伐。（徐 鹏）

【举办宜昌市国民经济管理培训班】 11月23日开班,12月4日结业,参加培训学员50人。培训涉及国民经济发展热点问题、金融经济学、城市发展与管理等内容,采用小组讨论、区内和市

内现场教学、赴江浙地区现场教学等培训方式。（徐　鹏）

【出版论文集7本】《闵行智慧——闵行区软课题研究论文选编(三)》(2009年2月出版)、《思索明天——中青班干部论文集(六)》(2009年6月出版)、《时代的选择——纪念上海科学主义学会成立30周年》(2009年7月由香港文汇出版社出版)、《时代的选择——和谐文化与文化创新》(2009年7月出版)、《社会稳定与社会治安综合治理专题研讨会》(2009年7月出版)、《旗帜高扬——贯彻党的十七届四中全会精神,以改革创新的精神推进党的建设理论研讨会论文集》(2009年12月出版)、《闵行智慧——闵行区软课题研究论文选编(四)》(2009年12月出版)。（徐　鹏）

【发表论文、撰写著作】 2009年,区委党校在省市级以上刊物《农村经济》、《党政论坛》、《伦理学研究》等发表《从国家级生态村建设成果看新农村生态建设的重点》、《以三个一体化推进党校科学发展》、《在统筹城乡发展中,加强农村基层党组织建设》、《试析儒家的品德养成论》等论文72篇。（徐　鹏）

【完成一批课题】（1）"长三角地区大学园区对区域经济影响研究"课题。(2)"闵行区党建的实践探索与理论思考"课题。(3)"闵行区新时期经济、社会和党的建设研究"课题。(4)"闵行区基层干部教育培训需求调查"课题。(5)"闵行区文化创意产业发展的战略思路和对策研究"课题。（徐　鹏）

【举办研讨会】 "和谐文化与文化创新"暨上海科社学会成立30周年理论研讨会,于7月3日举办。"社会稳定与社会治安综合治理"专题研讨会,于7月23日举行。"新中国成立以来中国特色社会主义政治发展道路"理论研讨会,于9月28日与华东政法大学联合举办。"贯彻党的十七届四中全会精神,以改革创新的精神推进党的建设"理论研讨会,于12月14日在党校举办。（徐　鹏）

【完成区软课题管理】 2009年,区委党校完成对全区41个软课题的管理任务,组织课题立项评审会和结题评审会,组织出版《闵行智慧——闵行区软课题研究论文选编(四)》,为推动全区软课题研究,实现软课题研究计划管理的科学化、规范化和制度化,更好地指导和协调区各有关部门、各街道(镇)开展软课题研究奠定良好基础。（徐　鹏）

【举办党校"周末讲坛"】 全年举办9次党校"周末讲坛",分别为《世博会与上海城市发展》、《上海建设国际金融中心和国际航运中心》、《南海风云与海防建设》、《闵行区民生指标体系建设和推行》、《21世纪的健康生活方式》、《影像中的上海六十年》、《学习实践科学发展观,迎接闵行经济社会新一轮发展》、《党的十七届四中全会报告解读》、《窗口礼仪》。全区2 500余人次到党校参加"周末讲坛"。（徐　鹏）

（十一）机关党工委工作

【概况】 2009年,区级机关党工委下属基层党组织49个,其中机关党委3个,总支11个,直属支部35个。党员2 140人。被授予"2009年度上海市学习型机关创建工作先进单位"称号。年内,制订下发《关于做好2009年度区级机关基层党组织目标责任制考核的通知》、《关于区级机关开展"迎世博、提素质、树形象"系列活动的通知》等文件。指导区委组织部等11个任期届满的基层党组织采取"公推直选"的方式完成换届选举工作。全年发展新党员33人,预备党员转正26人。（彭秀峰）

【加强理论学习】 年内制订下发《关于机关基层党组织和党员参加学习实践科学发展观活动的方案》。2月,下发《2009年区级机关党建理论学习安排》。年内,举办"党的十七届四中全会精神辅导"等3场专题理论报告会,区级机关1 000多名党员干部参加报告会。（彭秀峰）

【抓好形势任务教育和思想政治工作】 2009年,举办"60年成就"等3场形势任务报告会。清明节组织由区四套班子领导参加的祭扫闵行区革命烈士陵园活动,参加人数250多人。8—9

月,组织50多名基层党组织书记赴湖南韶山毛泽东故居等地进行革命传统教育。（彭秀峰）

【加强基层党组织建设】 2009年,机关党工委任命基层党组织书记、副书记15名,增补委员4名。完成12个基层党组织的整体划出和4个基层党组织的新建工作。指导基层党组织开展“双结对”、“双关爱”活动。年初,机关党工委补助困难老党员20人,发放慰问金1万元。“七一”期间,各基层党组织走访慰问党员469人,帮扶困难党员92人,结成帮扶“对子”143个,帮扶物质15.73万元,助学、助老、助困331人,帮助就业27个,解决实际问题108个,250名党员领导干部与984名党员交流谈心,通过手机发送短信1734条。在各基层党组织中建立“二联三会”群众工作机制。年内,党工委委员走访基层党组织38个、64人次,召开基层党员群众代表议事会2次,征求各类意见、建议5条。（彭秀峰）

【加强党员队伍建设】 年内,举办1期入党积极分子培训班,对115名入党积极分子进行为期四天的培训。组织区级机关43名新党员举行入党宣誓仪式。组织50名新党员开展向优秀党员徐素珍学习活动。规范“三会一课”、民主评议、考勤、讲评、通报和党员远程教育工作。指导各基层党组织做好《基层党(总)支部活动记录本》、《党性实践活动记录册》、《远程教育管理册》和《党员活动证》等“三本一证”的记录工作。（彭秀峰）

【深化区级机关廉政建设和作风建设】 以项目化推进的形式,组织开展廉政文化进机关试点工作。年初,制订下发《关于继续抓好“讲党性、重品行、作表率”主题教育活动的通知》。通过开展集中学习、自主学习、观看专题教育片、座谈讨论、领导讲党课、对照检查、落实整改等途径,突出理想信念、党风党纪、廉洁从政和艰苦奋斗方面的教育。全年查办4起案件,分别给4名涉案人员作出党纪政纪处分。（彭秀峰）

【深化机关精神文明创建活动】 在机关工作人员中发放《迎世博倡议书》;举办“迎世博——国旗下的畅想”宣讲比赛;组织世博知识培训;成立区级机关志愿者服务总队、中队和小队,组建由1912名机关公务人员组成的志愿者(平安志愿者)队伍,组织1000多人次机关党员干部参加交通文明志愿者活动;组织区级机关2391人参加世博知识测试;开展“迎世博、迎国庆——身边人身边事”征文活动;开展机关公务人员形象大讨论活动;举办“向国旗敬礼,为世博添彩”区级机关文艺汇演。召开区级机关精神文明创建工作推进会,部署2009—2010年区级机关精神文明创建工作。区级机关31家单位申报创建文明单位(其中7家申报创建市级文明单位,24家申报创建区级文明单位),37家单位申报创建区级文明机关,创建申报率97%以上。（彭秀峰）

【加强区级机关工会、共青团工作】 2009年,组织职工学习科学发展观、世博知识、中国工会十五大和上海工会十二大精神、新修订的《中国工会章程》;组织2000余名职工参加《中国工会章程》知识竞赛;开展“当好主力军,建功世博会,展示新风采”主题竞赛活动。组织区级机关35个单位、471名职工运动员参加闵行区第四届运动会。推进医疗补充保障计划。年内,开展“五一巾帼奖”、“巾帼文明岗”评比推荐活动,开展机关职业女性疏导减压工作,落实女职工特殊保险和体检工作。开展“一日捐”和帮困送温暖工作。完成“金秋助学”、节日帮困送温暖以及夏季送清凉工作,并建立健全困难职工帮困档案,落实职工慰问探望制度。（彭秀峰）

(十二) 老干部工作

【概况】 至年底,闵行区有区属离休干部362人、外省市安置在闵行区离休干部15人,总计377人。全区离休干部平均年龄81.49岁。2009年病故20人。居住在闵行的离休干部1732人。（沈　飞）

【闵行区社区老干部工作受表彰】 1月5日,市委在浦东干部学院召开2009年老干部工作会议。区委老干部局获“推进社区老干部工作优秀组织奖”,龙柏街道、莘庄镇被命名为“社区老干部工作示范点”,莘庄镇水清一村居民区、七宝镇万科城市花园居民区、梅陇镇上海春城第二居民区、虹桥镇海申花园居民区、华漕镇华漕居民区、江川路街道古梅七村居民区、龙柏街道航华四村第二居民区被命名为"居民区老干部工作示范点",龙柏社区卫生服务中心、江川社区卫生服务中心被命名为"社区卫生服务老干部工作示范点"。 (沈　飞)

【区四套班子领导慰问部分离退休老领导】 1月19—21日,区四套班子领导孙潮、陈靖、栾国梁、吴申耀、张路加等分五路走访慰问部分离退休老领导,向他们送上区委、区政府的新春祝福。1月19日上午,区人大常委会主任栾国梁和区领导李梦麟、张宗琪、蔡小庆、汪祖超等走访老领导范钦山、黄玉凤。下午,区政协主席吴申耀和区领导俞莉红、连正华等慰问老领导陆道南和徐亦勋。区委副书记张路加和区领导胡世民、金士华、毛荣发等慰问老领导凌志俭和凌斯培。1月20日上午,区委副书记、区长陈靖和区领导阎祖强、程向民先后来到老领导罗云芳、郭祖光家中,送上新春问候。1月21日下午,区委书记孙潮和区领导刘海涛、凌耀松、张辰等先后慰问退休原四套班子老领导黄富荣、王洪泉等,并送上鲜花及新春慰问品。 (沈　飞)

【老干部工作会议】 2月17日在区机关会议中心召开。区委常委、组织部部长刘海涛,副区长张辰出席会议。区老干部工作委员会全体成员、离休原四套班子老领导、离休党支部书记(学习小组组长)和各单位老干部工作分管领导、老干部工作者、社区专职老干部工作者、社区老干部工作先进单位代表等200多人参加。会上,莘庄镇党委、区商贸有限公司党委分别进行大会交流发言,会议对市级、区级推进社区老干部工作优秀组织单位和"社区老干部工作示范点"进行表彰。会上,区委老干部局局长陈素梅作老干部工作报告,明确2009年区委为离休干部办的9件实事项目。 (沈　飞)

【三区活动中心(室)区域联合体在闵行成立】 3月27日,闵行、嘉定、青浦老干部活动中心(室)区域联合体成立仪式在闵行区老干部活动中心举行,市老干部活动中心、闵行区委老干部局领导,3个区老干部活动中心(室)的同志,老同志代表参加。 (沈　飞)

【举行纪念上海解放60周年纪念系列活动】 5月25日,由区委老干部局举办的纪念上海解放60周年座谈会,在局多媒体会议室举行。离休原四套班子老领导代表和部分当年参加解放上海的老战士代表聚集一堂,共忆60年前难忘的历史岁月。5月26日,闵行区委宣传部、区委老干部局等5家单位联合举行纪念上海解放60周年纪念活动。区领导张路加、陆广银、赵丹妮、凌耀松、蔡小庆、毛荣发和部分参加过解放上海战斗的老同志,驻区部队官兵代表,军休干部代表,各镇、街道、莘庄工业区、各部委办局负责同志,区爱国主义教育基地负责人,机关干部、社区居民及学生代表300多人参加。纪念活动邀请9位参加过解放闵行战斗的老同志,9位学生代表向老同志献上鲜花,并为老同志戴上红领巾,表达对为解放事业作出贡献的革命志士的崇高敬意。活动现场还朗诵专门为纪念上海解放60周年而创作的诗歌"从五月启程"。 (沈　飞)

【老干部法律服务志愿团成立】 6月29日,闵行区老干部法律服务志愿团成立仪式在区委老干部局举行。区委常委、组织部部长刘海涛,区委老干部局局长陈素梅,区司法局局长张国荣向张鹏峰等6位律师颁发聘书,聘请为闵行区法律服务志愿团成员,并由张鹏峰律师担任团长。仪式结束后,志愿团律师为离休老同志讲授法律知识。 (沈　飞)

【区委书记孙潮通报区情】 8月13日,区委老干部局在区机关会议中心三楼大会场举行"闵行区老干部区情报告会",区委书记孙潮为全区离退休干部作区情报告。参加报告会的有区离退休原四套班子老领导、全体离休老同志、区退休处级干部联谊会的理事及组长、区委老干部局宣讲团全体成员共350人。 (沈　飞)

【赴山东走访慰问易地安置老同志】 8月25—29日,区委老干部局部分工作人员赴山东省青岛市、淄博市、沂水县、泰安市等地,走访易地安置的老同志,给老同志送去庆祝新中国成立60周年纪念章、纪念伞和慰问金等,并且与当地老干

部局工作人员进行工作交流。(沈　飞)

【推进关心下一代工作】 8月27日,区委老干部局、区关心下一代工作办公室在区委老干部局举行"老少结对"、老干部关爱特殊对象未成年子女活动签约仪式。4对结对的老干部宣讲团成员、服刑劳教及社会回归人员的未成年子女及其家长和有关镇、街道司法所、从事社区矫正工作的社工等20余人出席会议。(沈　飞)

【构建法律服务网络】 2009年,区委老干部局将建立老干部法律服务志愿团列入区委实事项目来抓,通过为老干部提供法律服务,帮助老干部解决好实际困难。(1)区委老干部局法律服务接待日。每星期四下午,由区委老干部局常年法律顾问为老干部提供法律咨询服务。(2)区级层面,充分发挥好"闵行区老干部法律服务志愿团"6名律师的作用,区委老干部局搭建平台,由律师开展定期、不定期地为老干部提供法律知识讲座、法律咨询等服务。(3)镇、街道、莘庄工业区层面,由组织科、老干部科会同司法所,以"社会矛盾调处中心"为平台,在"司法信访综合服务窗口"设立"老干部法律服务窗口",每月定期由律师为老干部提供咨询、纠纷调解等法律服务。

(沈　飞)

【老干部庆祝新中国成立60周年】 9月27日,区委组织部、区委老干部局联合在闵行区机关大会场召开闵行区老干部庆祝新中国成立60周年暨先进离休干部党支部和离休干部先进个人表彰大会。出席会议的领导有区委副书记、区长陈靖,区委常委、组织部部长刘海涛,区原四套班子离退休老领导,以及离休干部代表,区退休处级干部联谊会代表,有关单位老干部工作者和团干部代表200多人。会上对5个区先进离休干部党支部、12位离休干部先进个人进行表彰并授予奖牌和荣誉证书,对获得上海市先进离休干部党支部、先进个人赠送纪念章、纪念册和鲜花。表彰大会后,区领导和广大老干部共同观看了由新四军之友东进艺术团和区群艺馆的联合演出。

(沈　飞)

【区委领导走访慰问离退休老领导】 9月24日,区委书记孙潮,区人大主任栾国梁,区委副书记张路加,区委常委、组织部部长刘海涛,区委常委、宣传部部长赵丹妮,区委常委、统战部部长李梦麟等领导在国庆60周年纪念日期间,分3路走访慰问区离退休原四套班子范钦山、凌斯培、黄富荣等老领导。在走访中,区委领导向老领导致以节日的祝福,感谢老领导在离退休之后还一如既往地关心支持闵行的改革和发展,并送上国庆60周年纪念册、纪念章、鲜花和慰问品。

(沈　飞)

【组织纪念新中国成立60周年征文活动】 区委组织部、区委老干部局联合组织纪念新中国成立60周年征文活动。收到70位老同志的80多篇征文。经评选,收集48位离休干部的50篇征文,汇编成《我和共和国60年》征文集,区委书记孙潮为征文集写序。9月27日,征文集向老同志发放。(沈　飞)

【举行重阳节团拜会】 10月26日,区委书记孙潮、区长陈靖和区委常委、组织部部长刘海涛来到区委老干部局,集体慰问离退休老领导,孙潮代表区委向为闵行区建设与发展作出奉献的老领导致以节日的问候和诚挚的祝福,并通报闵行经济社会各项事业发展的情况及前景。

(沈　飞)

【举办百对老人金婚庆典活动】 10月18日,闵行区老龄工作委员会和上海市老年基金会闵行区分会在闵行区体育馆举行"携手五十载,真情到永远"百对老人金婚庆典活动。市老年基金会名誉副会长张立志,市民政局副局长高菊兰,区委副书记张路加,区人大副主任、区老年基金会会长王胜扬,副区长蔡小庆等领导应邀出席。在100对金婚老人中,有15对离休老干部。

(沈　飞)

【调研离休干部就医工作】 12月10日,区委老干部局局长陈素梅、副局长王国兴与区卫生局副局长程佳到区中心医院对方便离休干部就医工作进行调研。区中心医院院长沈翔慧介绍医院离休干部"一门式"诊室与离休干部专用病房的建设情况,并陪同区委老干部局、区卫生局领导对“一门式”诊室与离休干部专用病房建设情况进行现场检查。12 月 17 日,陈素梅到上海市第五人民医院调研方便离休干部就医工作,并看望住院治疗的离休干部。上海市第五人民医院副院长方正、卢一飞介绍了医院离休干部“一门式”诊室与离休干部专用病房建设情况,并陪同陈素梅对“一门式”诊室与离休干部专用病房建设情况进行现场检查。（沈　飞）

（十三）党史研究

【概况】 2009 年,区委党史办公室完成年内党史资料的征集、编写、研究和宣传等各项工作。2009 年 2 月被中共上海市委党史研究室授予 2007—2008 年度上海党史部门先进集体称号。9 月,被授予上海党史报刊宣传先进集体称号。11 月,闵行区党史系统陈裕康等参与国家社会科学基金特别委托项目《抗战时期中国人口伤亡和财产损失》(上海)工作的 8 位同志被中共上海市委党史研究室授予荣誉证书。（陈裕康）

【报送党史大事记】 全年向市委党史研究室报送《闵行区党史大事记》6 期,1. 8 万余字。（陈裕康）

【闵行区组织史资料征编】 2009 年,完成 2008 年中共闵行区组织史资料的征集、编写、反馈和核准工作。完成 2007 年 3 月至 2008 年 12 月期间的组织史资料汇编。（陈裕康）

【《二十世纪五、六十年代闵行、吴泾工业基地建设的历史回顾》课题研究】 该课题是反映中央和市委、市政府对闵行老工业基地建设的重视和关心,反映企业自力更生、艰苦奋斗的创业史。课题定稿,2 万余字,上报市委党史研究室。（陈裕康）

【开展《中共上海市闵行区党代会、全委会资料选编(1993. 6—2006. 12)》编辑工作】 该书内容收集了闵行区“撤二建一”以来,中共闵行区第一届至第三届委员会期间的党代会、全委会的资料,约 60 余万字。该书由区委办、区委党史办、区档案局(馆)三家合作,已完成资料的征集工作。（陈裕康）

【《抗日战争时期上海市人口伤亡和财产损失系列丛书》(闵行卷)送审】 上半年完成向市委党史研究室送审和修改工作,下半年向中央党史出版社送审。全书 46 万字。（陈裕康）

【宣传闵行党建特色】 推荐反映古美路社区(街道)党工委和浦江镇党委工作特色的文章在《上海党史与党建》2009 年第十二期发表。（陈裕康）

（本栏目编辑　庞　宇）

二、闵行区人民代表大会

（一）综 述

2009年，区人大常委会围绕区四届人大四次会议提出的目标任务，以“深化、完善、落实”为主线，加强工作监督和法律监督，着重抓好财政预算监督和代表联系选民2项工作，依法行使重大事项决定权和人事任免权，提高常委会审议质量。

工作监督。先后听取政府关于“十一五”规划中期评估、外资利用、重点投资项目等情况汇报，调研扶持中小企业发展政策落实情况，了解科技政策对企业自主创新的导向作用，支持政府积极应对国际金融危机的冲击，加快产业结构调整步伐，推动经济平稳健康发展；组织人大代表到环境卫生问题较突出的区域进行暗访，专项审议市容环卫责任制建设、乱设摊整治情况，视察水环境建设和违章建筑整治情况，督促政府以迎世博为契机，提高城市管理水平；调研促进就业和社会保障工作情况，实地察看免费自行车租赁点和公交车候车点，深入中小学校调研教育资源配置情况，分赴工地食堂、肉品批发市场等地视察食品安全监管工作情况，支持政府着力保障民生，提高群众生活质量；“6·27”在建楼房倒覆事故发生后，专题研究建设工程质量安全管理监督工作，多次到建筑工地视察、检查住宅建设和重大工程质量安全管理情况，要求政府加大安全生产监管力度，保障人民群众生命安全；成立预算决策与监督咨询专家组，就公共交通补贴等5个项目组织预算初审听证会，首次将政府预算外收支情况纳入常委会会议审议范围，支持政府以满足公众需求为导向制定预算，提高财政资金使用效率。

法律监督。对《产品质量法》、《食品安全法》、《台湾同胞投资保护法》、《水污染防治法》、《上海市河道管理条例》、《上海市退役士兵安置工作暂行办法》等法律法规开展执法检查和调查研究工作，促进相关法律法规的贯彻实施。

讨论、决定重大事项。关注财政资金运行中的重大事项，审查和批准区政府2008年财政决算报告、2009年财政预算调整报告。决定增加人民陪审员名额50名。全年常委会作出6项决定、决议。

人事任免。2月，依法任免14名区政府组成人员。全年任免国家机关工作人员81人次。

代表工作。探索建立代表履职档案和优秀代表书面意见评选机制，通过抓典型与促平衡，激发代表履职积极性。加大代表组服务保障力度，充分发挥社区代表和条线代表各自优势，深入推进代表联系选民工作。

指导代表组和镇人大工作。定期召开镇人大主席、街道代表组组长例会，交流经验，拓宽思路。组织镇人大主席赴温岭学习镇级人大“参与式预算”改革经验，参与制定《闵行区镇级政府预算监督制度改革工作方案》，推进镇级财政预算审查监督工作。

自身建设。以“突出重点，关注民生，完善机制，强化服务”为实践载体，认真开展学习实践科学发展观活动。加强工作联动，加大暗访力度，提高常委会工作实效。制定《关于法律法规实施

情况检查的若干规定》、《预算修正案实施办法》,促进人大工作规范化、制度化。 (胡晓楠)

(二)区人代会及其常委会会议

【概况】 闵行区第四届人民代表大会第四次会议时有代表255人,在闭会期间组建为17个代表活动小组。区人民代表大会常务委员会有组成人员27人,其中主任、副主任6人,委员21人(9月29日,区四届人大常委会第二十次会议决定接受俞言长同志辞去区人大常委会委员职务的请求,此后至年底,区人民代表大会常务委员会有组成人员26人,其中主任、副主任6人,委员20人);下设内务司法工作委员会、财政经济工作委员会、教育科学文化卫生工作委员会、城市建设环境保护工作委员会、人事代表工作委员会、代表资格审查委员会、办公室、研究室(10月26日,区四届人大常委会第二十一次会议决定设立闵行区人大常委会华侨民族宗教事务工作委员会)。2009年,举行人代会1次,常委会会议8次,主任会议21次。 (胡晓楠)

【闵行区第四届人民代表大会第四次会议】 1月6—9日在区委党校举行。245名区四届人大代表出席。市人大常委会副主任郑惠强、市十二届人大常委会副主任包信宝参加大会开幕式。会议听取和审议区人民政府工作报告、区2008年财政预算执行情况和2009年财政预算(草案)报告,审查和批准区2008年财政预算执行情况报告和2009年财政预算;听取和审议区人大常委会、区人民法院、区人民检察院工作报告,并对以上5个报告作出相应决议。会议围绕民生指标体系完善及落实、平安建设、促进就业和社会保障、依托园区提升区域经济抗波动性和成长性、食品安全、迎世博重大工程建设及城市管理6个专题,进行专题审议。会议期间,收到代表提出的议案1件,经大会主席团会议审议,决定作为代表书面意见处理;收到代表书面意见143件。 (胡晓楠)

【区四届人大常委会会议】 2009年,区四届人大常委会举行8次会议。

2009年闵行区四届人大常委会会议情况表

日 期	序数	主 要 内 容
2月26日	16	审议通过区人大常委会2009年度工作要点、个别代表的代表资格审查报告和有关人事任免事项
4月29日	17	听取和审议《关于我区水环境建设工作情况的汇报》;审议通过个别代表的代表资格审查报告。会前,听取区政府近期工作情况通报
6月18日	18	听取和审议《关于查处职务犯罪的专项工作报告》、《关于扶持中小企业发展的专项工作报告》及有关调查报告;听取和审议《关于区四届人大四次会议以来代表书面意见初步办理情况的汇报》;审议决定增加闵行区人民法院陪审员名额50名;审议通过个别代表的代表资格审查报告和有关人事免职事项
8月14日	19	听取和审议区政府上半年工作情况汇报;听取和审议《关于本区2008年财政决算的报告》、《关于2008年区级财政预算执行和其他财政收支的审计工作报告》、《关于闵行区2008年财政决算的初步审查报告》,作出《关于闵行区2008年财政决算的决议》;听取和审议《关于我区促进就业和社会保障专项工作报告》及有关调查报告;听取和审议《关于我区建设工程质量安全管理工作情况的报告》;审议决定有关人事任免事项
9月29日	20	审议决定有关人事任免事项
10月26日	21	听取和审议《关于推进义务教育均衡发展专项工作报告》、《关于我区市容环卫责任制建设、乱设摊整治情况专项工作报告》及有关调查报告;审议通过《关于法律法规实施情况检查的若干规定》;作出关于设立区人大常委会华侨民族宗教事务工作委员会的决定;审议通过有关人事任免事项

(续表)

日 期	序数	主 要 内 容
11月18日	22	听取和审议《关于2009年预算外资金使用与管理、2010年预算外资金支出安排情况的汇报》;作出召开区四届人大五次会议的决定。会前,听取区政府近期工作情况通报
12月30日	23	听取和审议《关于调整2009年度区本级财政预算的报告》及相关初审报告,并作出相关决议;听取和审议《关于2009年财政预算执行情况和2010年财政预算(草案)报告》及相关预审报告;听取和审议《关于社区卫生服务中心建设议案办理情况汇报》、《关于区四届人大四次会议以来代表书面意见办理情况汇报》;讨论区人大常委会工作报告草案;听取和审议有关代表变动情况报告、区四届人大五次会议筹备工作情况汇报,通过大会日程、补选区人民检察院检察长办法、主席团和秘书长候选人名单等草案,决定大会列席人员名单。补选两名市十三届人大代表,审议通过有关人事免职事项

(胡晓楠)

(三) 执法检查、工作监督

【概况】 2009年,区四届人大常委会重点听取和审议闵行区查处职务犯罪、扶持中小企业发展、促进就业和社会保障、推进义务教育均衡发展、市容环卫责任制建设等专项工作报告,先后对涉及食品卫生、环境保护等方面10多部法律法规进行执法检查,对闵行区社区卫生服务中心建设、防震减灾工作等情况进行视察,并对区内妇女儿童发展"十一五"规划执行情况、村(居)委换届选举工作等课题开展调研。 (胡晓楠)

【听取和审议查处职务犯罪专项工作报告】 6月18日,区四届人大常委会第十八次会议听取和审议区检察院查处职务犯罪专项工作报告,听取区人大常委会内司工委主任赵良生所作的有关调查报告。会议肯定区检察院在查处职务犯罪方面所做的工作,同时建议要进一步突出办案重点,加大对重点部门、重点领域的查案力度;完善办案机制,提高办案质量和效率;加强防范和宣传,延伸查案工作效应。 (胡晓楠)

【听取和审议扶持中小企业发展专项工作报告】 6月18日,区四届人大常委会第十八次会议听取和审议区政府关于扶持中小企业发展的专项工作报告,听取区人大常委会财经工委副主任郁臻所作的有关调查报告。会议对区政府不断加大对中小企业的扶持力度,全面实施"暖冬"计划表示肯定,并建议区政府建立政策评估机制,提高政策执行效果;整合政府服务功能,提高服务企业的效率;重视行业协会培育,提高社会化服务水平。 (胡晓楠)

【听取和审议促进就业和社会保障专项工作报告】 8月14日,区四届人大常委会第十九次会议听取和审议区政府关于促进就业和社会保障专项工作报告,听取区人大常委会人事代表工委主任卢国庆所作的有关调查报告。会议认为区政府及其职能部门高度重视促进就业和社会保障工作,积极应对国际金融危机的冲击,确保闵行区就业形势基本稳定,社会保障覆盖面不断扩大,保障水平持续提高。建议区政府加强调研,及时全面掌握劳动力供求的动态情况和特点,出台针对性强的政策措施;完善就业培训、资金使用评估等机制,优化考核指标体系,增强工作实效;深化弱势群体就业援助工作,切实履行就业托底责任。 (胡晓楠)

【听取和审议推进义务教育均衡发展专项工作报告】 10月26日,区四届人大常委会第二十一次会议听取和审议区政府关于推进义务教育均衡发展专项工作报告,听取区人大常委会教科文卫工委主任陈国华所作的有关调查报告。会议认为,近年来区政府注重设施改善、引进优质资源,创新体制机制,取得一定成效,建议区政府抓紧做好基础教育经费全区统筹的准备和实施工作,在教育经费安排上继续向农村、偏远地区倾斜;进一步完善教师柔性流动机制,发挥优秀教师的辐射带教作用;通过引进外区优质管理团队和优

质学校、开展区内校际结对合作等方式，提升教育资源的整体水平。（胡晓楠）

【听取和审议市容环卫责任制建设、乱设摊整治情况专项工作报告】 10月26日，区四届人大常委会第二十一次会议听取和审议区政府关于市容环卫责任制建设、乱设摊整治情况的专项工作报告，听取区人大常委会城建环保工委主任杨耀昌所作的有关调查报告。会议对区政府围绕城市环境建设的难点问题，加强制度建设，规范管理行为，严格执法巡查表示肯定，同时提出要重视日常管理，放大整治效应；加强协调配合，加大对市容环境建设相对薄弱镇（街道）的综合整治力度；严格依法行政，规范行政执法行为等意见建议。（胡晓楠）

【检查《上海市河道管理条例》实施情况】 4月2日，组织代表检查闵行区贯彻实施《上海市河道管理条例》情况。代表们视察马桥镇彭渡村、颛桥镇集体村、吴泾镇塘湾村及区级河道俞塘河，实地查看河道整治、污水收集与防汛基建的具体情况，听取区水务局的工作汇报。代表们建议：(1)建立长效管理机制和回访机制；(2)加强河道和饮用水取水口水源地的综合管理；(3)加大宣传力度，增强市民对水环境的保护意识。（胡晓楠）

【检查《食品卫生法》实施情况】 4月28日，组织代表检查闵行区贯彻实施《中华人民共和国食品卫生法》情况。代表们实地察看上海廿一客食品有限公司和江崎格力高食品有限公司闵行第二分公司的生产情况，听取市食品药品监督管理局闵行分局的工作汇报。代表们对区食药监分局的工作表示满意，同时建议：(1)完善管理机制，严惩违规企业，提高企业违法成本；(2)加强引导教育，培育企业社会责任意识；(3)建立食品质量监督联动机制，形成工作合力；(4)健全食品安全公开机制，向全社会公布食品抽检结果。（胡晓楠）

【检查《档案法》实施情况】 9月9日，组织代表检查闵行区贯彻实施《中华人民共和国档案法》情况。代表们实地查看新建的区档案馆档案利用中心和档案保管中心，听取区档案局的工作汇报。代表们认为，区档案局以新档案保管中心的建成为契机，积极整合资源，创新机制，有效提高档案管理水平，并提出要加强对区内企业和基层单位档案工作的指导和监督，拓展档案征集渠道等意见建议。（胡晓楠）

【视察防震减灾工作情况】 4月15日，组织代表视察闵行区防震减灾工作情况。代表们实地视察塘湾地震监测站、锦绣苑地震监测站等场所，听取区科委的工作汇报。代表们对区政府及其职能部门在加强地震监测预报，完善应急预案方面所做的工作表示满意，同时提出要进一步重视防震减灾工作，加强防震减灾基础建设等意见建议。（胡晓楠）

【视察看守所工作情况】 5月15日，组织代表视察闵行区看守所工作情况。视察中，代表们实地察看收押监区、伙房、讯问、会见等场所，检查看守民警、驻所检察官、武装民警的工作情况，听取区公安分局和检察院的有关情况汇报。代表们建议：(1)进一步提高看守所工作的透明度和社会认同度，促进看守所规范执法、文明执法；(2)加强看守所信息化、规范化建设，强化科学管理；(3)加强干警队伍建设，依法从严治警，落实从优待警。（胡晓楠）

【视察食品安全监管工作情况】 5月26日，组织代表视察闵行区食品安全监管工作情况。代表们实地察看建筑构建制品有限公司第二构件厂和宏润建设集团有限公司虹桥枢纽2家工地食堂、鑫品南北干货批发市场、陇南肉品批发市场和双华食品（上海）有限公司，听取区食药监分局的工作汇报。代表们提出要重点把好食品源头治理关、建立健全食品安全信用体系、落实食品安全长效管理措施等意见建议。（胡晓楠）

【视察环境卫生情况】 7月7日，组织代表对闵行区“迎世博”环境卫生情况进行暗访。暗访主要针对闵行区6月份卫生检查中评分较差的居民小区、集贸市场、农村和工地等场所。代表们认为，通过整治，这些区域总体卫生情况有所好转，但仍有乱涂写、乱设摊、跨门经营、“三小”行业等环境卫生问题,个别场所仍有安全隐患,农村卫生、工地卫生仍是环境卫生管理的薄弱环节。代表们建议:(1)加强"迎世博"宣传,提高群众环境卫生意识和参与度;(2)完善积分制管理办法,加强动态管理、长效管理;(3)强化部门职责和协同意识,对环境卫生中的突出问题进行综合整治。（胡晓楠）

【视察建设工程质量安全管理工作情况】 7月23日,组织代表视察闵行区建设工程质量安全管理工作情况。代表们实地查看埃克森美孚亚太研究中心和君莲居住区配套商品房2个建设工地,了解建设现场的安全管理措施,听取区政府有关职能部门的工作汇报。随后,副区长连正华向代表们介绍"莲花河畔景苑"楼房倒覆事故处理过程的基本情况,以及政府在进一步加强建设工程质量安全管理方面准备采取的措施。代表们对事故发生后,区委、区政府迅速有效的处置措施给予肯定,并希望政府相关部门能够举一反三,增强建筑工程质量安全意识,认真查找在市场准入、招投标、施工现场、竣工验收等方面的薄弱环节,完善和落实各项安全监管制度,确保建设工程质量和安全。（胡晓楠）

【视察义务教育均衡发展情况】 9月9日,组织代表通过暗访形式对闵行区义务教育均衡发展情况进行视察。代表们实地走访昆阳小学、北桥中学,听取区教育局的有关情况汇报。代表们认为区政府采取积极措施,推动农村和偏远地区的义务教育发展,闵行区义务教育均衡发展局面正逐步形成。同时对基础教育经费区级统筹、提高教师待遇、引进优质教育资源等方面提出具体的意见建议。（胡晓楠）

【视察退役士兵安置情况】 9月24日,组织代表视察闵行区退役士兵安置情况。代表们听取区民政局和吴泾镇关于2008年度冬季退役士兵安置工作情况汇报,并与部分退役士兵座谈。代表们建议:(1)提高安置标准,规范待安置费发放;(2)整合资源,搭建培训、推荐平台为退役士兵就业创造条件;(3)加强宣传,提高退役士兵自谋职业的积极性。（胡晓楠）

【视察社区文化中心建设情况】 9月29日,组织代表视察闵行区社区文化中心建设情况。代表们实地查看马桥镇社区文化活动中心、吴泾镇文化站改建工程和永北新村社区老年活动室等场所,听取区文化广播影视管理局的工作汇报。截至视察时,闵行区社区文化活动中心总面积已达77 945平方米,平均达到5 995平方米/个,超过上海市规定的配置要求。代表们建议:(1)进一步充实社区文化中心文化服务员队伍,提高服务水平;(2)加强社区文化中心的后续管理工作;(3)根据社区群众的需要,提供群众喜爱的文化产品。（胡晓楠）

【视察社区卫生服务中心建设情况】 11月10日,组织代表视察闵行区社区卫生服务中心建设情况。代表们实地察看浦江镇社区卫生服务中心鲁汇分中心、浦江镇正义村卫生室等场所,听取区卫生局的工作汇报。2009年1—9月,全区社区卫生门诊441.27万人次,比上年同期增长20.18%。代表们对区政府在社区卫生服务中心建设方面所做的工作表示满意,同时提出进一步加大医疗卫生投入力度、想方设法缓解社区卫生中心床位紧张问题、加强对居民自助健康小屋的宣传等具体的意见建议。（胡晓楠）

【调研法院执行工作情况】 6月,区人大常委会组织代表通过对涉及法院执行工作的信访件进行阅卷和分析、召开座谈会、听取汇报等形式,对闵行区法院执行工作进行调查研究。代表们对法院加大执行工作力度,有关执行工作信访件大幅减少表示肯定,同时建议法院继续做好立案、审判和执行的衔接工作,提高诉讼保全和委托执行案件的效率,积极探索破解执行难的方法与措施。（胡晓楠）

【调研妇女儿童发展"十一五"规划执行情况】 7月29日,区人大常委会组织代表对闵行区妇女儿童发展"十一五"规划执行情况开展调研。代表们实地察看了闵行区婚姻登记中心婚检服务工作、牙防所中小学生龋齿填补工作、"老舅妈"工作室,听取有关单位的工作汇报。调研中了解到,市妇女儿童发展"十一五"规划的指标中有具体量化目标值的指标数49项,闵行区提前达标

45 项，提前达标率 91.8%。代表们对规划的执行情况表示满意，并就提高婚前医学检查率，控制出生缺陷；改善中小学教室采光照明条件，降低学生视力不良率；推进反家庭暴力工作等方面提出具体的意见建议。 （胡晓楠）

【成立预算决策与监督咨询专家组】 4 月 9 日，常委会召开会议，成立闵行区人大公共预算决策与监督咨询专家组。 （胡晓楠）

【预算项目初审听证会】 12 月 9—11 日，区人大常委会举行 2010 年部分财政预算项目初审听证会。听证会选择农业规模经营补贴、公交补贴、劳动关系和谐企业创建、社保补贴券发放及教学设备添置更新 5 个预算项目，涉及金额 1.9 亿元，参与听证会的人大代表和社会公众超过 230 人次，公开媒体 17 家。 （胡晓楠）

（四）讨论决定重大事项

【概况】 2009 年，区人大常委会就召开区四届人大五次会议、批准区政府调整 2009 年度区本级财政预算等事项，作出 6 项决定、决议。 （胡晓楠）

【作出关于增加闵行区人民法院人民陪审员名额的决定】 从闵行区近年来人口数量不断增加，法院收、结案数大幅增长的实际情况出发，6 月 18 日，区四届人大常委会第十八次会议决定增加闵行区人民陪审员名额 50 名。 （胡晓楠）

【作出批准区政府调整 2009 年度区本级财政预算的决议】 12 月 30 日，区四届人大常委会第二十三次会议作出《关于批准区政府调整 2009 年度区本级财政预算的决议》，决定批准区政府关于调整 2009 年度区本级财政预算的报告。

（胡晓楠）

【成立华侨民族宗教事务工作委员会】 10 月 26 日，区人大常委会第二十一次会议作出关于设立华侨民族宗教事务工作委员会的决定，同时表决通过相关人事任命。由赵良生兼任侨民宗工委主任，吴春兰（兼）、杨和平任副主任，江玉英等 7 位代表任委员。侨民宗工委将作为闵行区人大在华侨民族宗教事务方面的常设工作机构，与内司工委合署办公。 （胡晓楠）

（五）人事任免

【概况】 2009 年，区人大常委会依法任免闵行区国家机关工作人员 81 人次，其中任免区人大常委会工作委员会组成人员 10 人次；区政府组成人员 20 人次；区法院、检察院有关人员 51 人次。 （胡晓楠）

（六）联系代表和人民群众

【区人大代表变动】 区四届人大四次会议时实有代表 255 人。其后，韩勇、徐同庆、齐峻、张达亚代表因调离闵行行政区域，代表资格终止；朱林芳代表因病逝世，代表资格自然终止。补选谷继明、黄建中、朱兆开，增选孙培龙、施炳弟为区人大代表。至年末，区第四届人民代表大会实有代表 255 人。 （胡晓楠）

【督办代表书面意见】 区四届人大四次会议以来，有 93 名区人大代表提出代表书面意见 231 件，其中大会期间 144 件，闭会期间 87 件。其中由区人大办理 1 件，其余 230 件由区政府负责办理。为提高意见处理效率，常委会改进代表意见网上管理系统操作界面，进一步完善网络功能。全年 2 次听取政府关于代表书面意见办理情况汇报，并通过网上督办、现场督办、会议督办等形式，加大对难点问题的督办力度，要求政府加强对承办人员的培训，规范意见办理，提升工作实效。区政府多次召开推进会，完善相关制度，严格落实时间节点，提高代表书面意见的解决率。至年末，231 件书面意见全部办理并答复代表。其中解决采纳的 58 件、正在解决的 66 件、计划解决的 57 件、留作参考的 50 件。 （胡晓楠）

【代表联系选民】 4 月 2 日，常委会召开代表联系选民工作座谈会，听取人大代表和基层人大工作者对代表联系选民工作的意见和建议。针对部分条线选区代表难以有效联系选民的问题，常委会与教育、卫生等系统或部门沟通协调，为代表在原选区开展工作创造条件。至年末，有 249

位区人大代表开展1 048次联系选民活动,其中公开接待选民56次。代表在闭会期间提交书面意见87件,约占书面意见总数的三分之一。

(胡晓楠)

【代表小组组长培训会】 3月25日召开。通过培训交流,引导各代表小组组长积极开展工作,充分发挥各代表小组在闭会期间的作用,提升代表履职整体水平。(胡晓楠)

【代表培训】 4月29日,区人大常委会举办代表培训会,邀请市人大代表、社科院世界经济研究所所长张幼文教授作关于全球金融危机对上海经济影响的讲座。5月21日、8月6日、11月20日、12月28日,先后4次组织代表参加财政预算审查监督知识培训,提高人大预算监督工作水平。(胡晓楠)

【代表监督员工作】 4月13日,区人大常委会组织部分单位的监督员小组组长,召开座谈会了解相关单位和代表开展代表监督员工作情况。9月14日,召开代表监督员工作会议,区人保局、水务局、建交委等10家单位交流代表监督员工作经验。(胡晓楠)

【信访工作】 6月,区人大常委会办公室建立与法院执行庭的信息沟通机制。2009年,区人大常委会受理群众来信、来访、电子邮件492件1 793人次(其中全国人大交办件45件,市人大交办件10件)。按来件形式分:来信356件(其中初信210件、重复信146件);来访93批(其中初访72批,重访21批);电子邮件43件(其中初次40件、重复件3件)。电话反映咨询500人次(其中登记案件12件)。(胡晓楠)

(七) 指导各代表组和镇人大工作

【召开镇人大主席、街道代表组组长例会】 4月16日,召开各镇人大主席和街道代表组组长例会,推进镇级财政预算审查监督工作。会上,常委会对镇级财政预算监督工作提出5点要求:(1)要确定具体可行的计划方案;(2)要建立预算初审制度;(3)要细化政府财政预算;(4)要逐步向社会公开;(5)要加强代表培训工作。截至年底,闵行区9个镇均被纳入镇级财政预算审查监督改革范围。9月1—4日,常委会组织七宝、虹桥、莘庄、华漕4镇人大主席赴浙江温岭市学习镇级人大预算审查监督经验。(胡晓楠)

【古美代表组推出“代表助理”新举措】 上半年,古美代表组推出“代表助理”新举措,10名区人大代表每人配备1名年轻社区干部或大学生社工作为代表助理,为代表在联系选民、走访调查时提供文字记录、资料整理等服务。这一措施的推出有助于代表集中精力开展履职活动,也为年轻社区干部、大学生社工更好地了解社情民意提供平台。(胡晓楠)

【颛桥镇人大视察村(居)委换届选举工作】 7月25日,颛桥镇人大组织部分人大代表对中沟村、光明村和莘闵荣顺苑等村(居)委会换届选举的中心会场和投票站进行视察。2009年颛桥镇人大把监督村(居)委会换届选举工作作为人大法律监督的一项重要内容:(1)提前介入,从换届选举工作一开始就了解动态信息,掌握各阶段的实施进展情况;(2)组织培训,使代表了解和掌握换届选举工作的法规程序和工作要求;(3)在选举日组织代表视察,加强对选举工作的实时监督。(胡晓楠)

【七宝镇人大召开财政预算审查初审会】 12月25日,七宝镇人大召开财政预算审查初审会,分经济建设、城市建设与管理和社会事业发展3个专题小组讨论镇财政预算(草案)。会上,代表们充分发表意见建议,由政府职能部门对代表提出的问题进行解释和说明。会前,镇人大组织代表参加财政预算知识培训。(胡晓楠)

(本栏目编辑 庞 宇)

三、闵行区人民政府

（一）综　述

2009年，区政府贯彻落实科学发展观，做好“保增长、促和谐、迎世博”各项工作，完成年初确定的经济社会发展任务。

保增长工作实现预期目标。全区完成生产总值1 236.35亿元，比上年增长10.3%，其中第三产业增加值比上年增长26.6%；实现财政总收入342.79亿元，比上年增长7.4%，其中区级财政收入110.35亿元，比上年增长14.3%。全年合同吸收外资12.02亿美元，实际到位11.26亿美元，比上年增长11.0%；新增内资注册资本260.20亿元，比上年增长27.4%。全年城镇和农村居民家庭人均可支配收入分别为24 969元和16 082元，比上年增长9.5%和10.9%。

转变经济发展方式迈出较大步伐。被市确定为新能源、民用航天航空、先进重大装备、电子信息和生物医药五大高新技术产业的重点区。制定加快推进高新技术产业化的实施意见和各大产业发展行动计划，出台47项政策措施，设立专项扶持资金。积极服务国家战略，中航商用飞机发动机公司总部奠基。被市确定为智能电网产业基地。尚德薄膜太阳能项目投产，锂动力电池、三菱自动扶梯项目开工。被国家环保部确定为“生态文明建设试点区”。在市公布的2008年节能降耗考核结果中，闵行区单位增加值能耗降幅11.46%。全区单位增加值能耗降幅和二氧化硫排放总量削减均提前完成“十一五”规划目标。

和谐社会建设积极推进。各项社会事业有新发展。推进教育均衡与内涵发展，全区预算内教育经费投入比上年增长16%，向明高中浦江校区、上海外国语大学闵行实验学校开学。公立医院体制机制进一步完善，社区卫生服务、药品综合管理等改革取得成效。农村合作医疗实现区级统筹。区镇两级文化、体育设施日趋完善。集城市剧院、图书馆、青少年活动中心、档案馆为一体的春申文化广场基本建成，剧院已投入使用。新农村建设得到加强。全年安排统筹城乡发展资金比上年增长114%。出台完善村级集体经济组织产权制度改革的政策意见。平安建设深入推进。被中央综治委评为“全国平安建设先进区”。扎实推进社会矛盾大调解机制建设，动员社会力量参与社会矛盾化解，启用区诉调对接中心。城市综合管理“大联动”机制试点工作取得初步成效。

迎世博工作成效明显。完成虹桥综合交通枢纽及“一纵三横”配套道路和京沪高速铁路等重大工程的动迁。沪杭高速公路（改建）通车，机场高速公路基本竣工，闵浦二桥工程进展顺利，铁路闵行货运站投入使用，轨道交通8号线（二期）试运营。落实迎世博600天行动计划。完成延安路高架沿线集中整治。举办“走进世博”大型旅游主题晚会和“虹桥综合交通枢纽与长三角联动发展”论坛。　（何　易）

（二）重要会议、重要活动

【经济工作会议】　7月21日召开，区主要领导孙潮、陈靖、栾国梁、吴申耀出席。区四套班子领导,巡视员,区法院院长、区检察院检察长,区各单位各部门主要负责人,各镇、街道党政主要负责人,有关区属公司主要负责人,有关园区、区内部分外资内资企业、区内部分市属单位、金融单位负责人等近300人参加。会议回顾总结上半年经济工作,并对下半年经济工作作具体部署,指出下半年经济工作的重点要从上半年的"保增长,调结构"变为"调结构,保增长",更加突出"调结构"。(何 易)

【区政府全体(扩大)会议】 (1)4月1日召开。区长陈靖,副区长阎祖强、金士华、张辰、程向民、蔡小庆、连正华,副巡视员张文越出席,区人大常委会副主任凌耀松应邀参加。区政府各委、办、局行政主要领导,各街道办事处主任等近100人参加。会议肯定一季度工作所取得的成绩,提出二季度工作要求。(2)10月20日召开。区长陈靖,副区长阎祖强、金士华、程向民、蔡小庆,副巡视员张文越出席,区人大常委会副主任凌耀松应邀参加。区政府各委、办、局行政主要领导,各街道办事处主任等近100人参加。会议部署第四季度工作,要求确保完成全年目标任务,同时对2010年工作提出初步思考。(何 易)

【领导视察】 (1)2月18日,副市长胡延照来闵行区视察农业生产和新农村建设工作,实地察看新农村自然村落改造、浦江市民农园建设和航育蔬菜培育等情况。副区长阎祖强陪同视察。(2)3月19日,市委副书记殷一璀、副市长沈晓明率市有关部门来闵行区调研生物医药产业发展情况,副区长程向民陪同。市领导一行考察坐落于莘庄工业区的上海天伟生物制药有限公司,听取区相关部门工作汇报。(3)4月29日,市委副书记、市长韩正率市商务委、市经济信息化委等部门赴紫竹科学园区调研,区领导陈靖、程向民陪同。韩正一行视察晟碟半导体(上海)有限公司、申联生物医药(上海)有限公司等园区内企业及上海国家动物医学研究中心,并重点听取紫竹科学园区发展情况汇报。(4)6月24日,市委副书记、市长韩正,副市长沈骏来闵行区实地调研市保障性住房大型居住社区浦江基地的建设进展情况,区领导陈靖、连正华陪同。在实地察看和听取汇报后,韩正对闵行区顾全大局、主动承担责任,为全市保障性住房大型居住社区的开发建设所作出的贡献给予充分肯定。(5)8月12日,市领导杨雄、沈晓明一行来闵行区调研卫生信息化推进情况,实地察看古美社区卫生服务中心卫生信息化推进应用情况和听取闵行区关于依托信息化平台推进卫生事业改革的汇报。区领导孙潮、陈靖、张辰陪同。(6)8月15日,副市长沈骏等视察闵行区迎世博市容环境整治工作,副区长连正华陪同。沈骏一行到闵行区与徐汇区交界处的虹梅路立交进行视察,并听取相关工作汇报。(7)9月14日,副市长沈骏率市发改委、房管局、建交委、法制办、民政局等部门领导,来闵行区专题调研经济适用住房分配管理试点准备工作,区领导陈靖、蔡小庆、连正华陪同。(8)11月10日,副市长艾宝俊率市"迎世博600天行动"窗口服务管理指挥部及长宁区检查组来闵行区检查指导窗口服务行业推进情况,实地查看区证照中心、莘城菜场和仲盛购物中心,并听取相关工作情况汇报。副区长程向民陪同。(何 易)

【推进高新技术产业化】 3月10日,召开科技创新和高新技术产业化推进大会,区领导孙潮、陈靖、吴申耀、张路加、凌耀松、蔡小庆,市知识产权局局长陈志兴、市科委副主任陆晓春出席。大会明确全区将建立科教兴区专项资金作为科技创新扶持资金和高新技术产业发展基金,在区域内营造良好的创新创业环境,提升区域自主创新能力。7月21日,召开中欧国际光伏产业投资峰会暨投资闵行合作会议,区领导陈靖、程向民出席。会议重点向参会的中外光伏企业推介闵行新能源产业的投资政策和发展平台。参会企业代表到漕河泾开发区浦江高科技园、尚德太阳能、紫竹科学园区和太阳能工程中心进行实地考察。9月30日,召开生物医药产业推进大会,市科委副主任徐祖信,区领导陈靖、程向民、蔡小庆出席。会上发布《闵行区生物医药产业发展行动计划(2009—2012年)》,紫竹科学园区等4个产业园区被确定为国家生物医药产业基地,并对列入全市第一批生物医药产业转化项目的区域内四家企业发放匹配资金。(何 易)

【开展"暖冬"行动】 1月12日,举行"推进银企合作、服务经济发展签约仪式暨现场金融咨询服务活动”,区长陈靖、副区长阎祖强出席。20余家入驻闵行区的金融单位和小额贷款公司,300多家大型企业、高新技术企业和中小企业参加。8家金融单位和小额贷款公司为82家大型企业、高科技园区、高新技术企业以及中小企业集中签约贷款授信192亿元。2月28日,“2009年上海市大学生就业专场招聘会”在闵行区举行,市委副书记殷一璀,市人大常委会副主任、总工会主席陈豪,副市长沈晓明,市政协副主席朱晓明等市领导到招聘会现场视察,区领导孙潮、陈靖、张路加、俞莉红、张辰陪同。招聘会入场招聘企业216家,代理招聘企业103家,为应届高校毕业生提供岗位5 800多个,吸引近35 000名大学生前来参加,达成初步录用意向5 700人次。4月26日,举行乡村休闲项目计划启动仪式,市旅游局局长道书明、市农委秘书长唐海龙,区领导陈靖、金士华、程向民出席。活动旨在促进闵行区农业休闲旅游事业规范、有序、健康发展,扩大农业休闲旅游消费。4月28日,召开金融服务和政府采购推进大会,市委常委、副市长屠光绍,区领导陈靖、阎祖强、蔡小庆出席。会议由陈靖主持。阎祖强介绍闵行对企业加强金融服务的相关举措,蔡小庆介绍闵行区科技新政策,宣布区内第一批自主创新产品目录及政府采购相关政策。6月18日,区政府与中国信保上海分公司签署全面战略合作协议,搭建“上海闵行区出口企业集约承保金融服务平台”,为闵行区出口企业提供一系列的政策支持和金融服务。市政府副秘书长、市商务委主任沙海林,市保监局局长马学平,区领导陈靖、程向民出席。 (何　易)

【深化区域战略合作】 1月4日,举行深化“三区联动”合作框架协议签约仪式暨服务大学生就业创业现场会,区领导孙潮、陈靖、张辰、程向民出席。上海交通大学、华东师范大学分别与区政府签署《区校联动发展框架协议》,并与紫竹科学园区就深化产学研合作,共建大学生创业平台和实习基地达成协议。现场还组织近百家单位走进校园,为大学毕业生提供近1 000个就业岗位和2 000个见习岗位。6月21日,举行推进新能源产业发展签约仪式,市政府副秘书长肖贵玉,区领导陈靖、阎祖强、程向民、蔡小庆出席。蔡小庆主持签约仪式。阎祖强、程向民分别代表闵行区与上海交通大学、上海电气集团、上海航天局等签约。7月17日,区政府与中国电信上海公司签署信息化建设合作协议,区领导孙潮、陈靖、胡世民、金士华、蔡小庆出席。根据协议,中国电信上海公司将在2009—2010两年内投入专项资金用于闵行区信息化建设。双方将重点在“平安城市”领域展开合作。7月23日,区政府与中国移动上海公司签署信息化建设合作备忘录,区领导孙潮、陈靖、蔡小庆出席签约仪式。根据备忘录,中国移动上海公司将在2009年至2010年内投入专项资金用于闵行区通信基础设施建设和提升信息化应用水平。11月18日,区政府与申能(集团)有限公司签署战略合作协议,区领导阎祖强、程向民出席签约仪式。根据协议,双方将充分发挥在新能源产业领域的优势,加快推进闵行新能源领域技术创新,协力推广和应用天然气清洁能源、分布式供能系统等新能源项目,共同建设绿色生态闵行。 (何　易)

【区农村工作会议】 4月17日召开,区领导孙潮、陈靖、栾国梁、吴申耀、张路加、金士华出席。会上,陈靖传达市委九届七次全会和市农村工作会议精神。金士华回顾2008年统筹城乡发展工作情况并提出2009年工作要求。孙潮在讲话中指出:闵行有条件、有能力、有责任、有义务率先实现城乡一体化,要抓住农业发展、农民增收、农村公共服务这些难点,集中精力实现新突破,要尽心尽力,讲责任、讲科学、讲方法,确保每年有实效。 (何　易)

【区教育工作会议】 5月8日召开,市教委副主任李骏修,区领导孙潮、陈靖、栾国梁、吴申耀、张路加、张辰出席。陈靖主持会议,张辰作教育工作报告。孙潮在讲话中强调:要坚持教育优先发展,建立全方位教育体系,促进各类教育协调发展。会上,李骏修、张路加为闵行职业教育联盟揭牌,张辰与上海外国语大学、上海师范大学领导签订教育合作协议。 (何　易)

【世博论坛】 9月15日,“世博论坛·虹桥综合交通枢纽与长三角联动发展”在闵行区举行。来自国家发改委、商务部、上海市委市政府有关部门、长三角地市领导、国内外著名专家、部分知名企业老总200多人参加。市委常委、宣传部部长王仲伟出席论坛并讲话。区委书记孙潮代表区委、区政府致辞。区委副书记、区长陈靖代表闵行区政府与市商务委签定框架合作协议。该论坛达成《虹桥综合交通枢纽与长三角联动发展共识》:一是依托虹桥枢纽,积极服务长三角一体化发展;二是依托虹桥枢纽,合力打造国际贸易中心重要承载区;三是依托虹桥枢纽,加快形成新的增长极。（何　易）

(三)政府实事项目

【政府实事项目按期完成】 (1)新增就业岗位3.3万个,其中新征地人员、农村富余劳动力0.9万个;完成4.3万名各类劳动者职业技能培训;对5.1万人次来沪从业人员开展安全生产培训,超额完成全年计划;对1.2万名职工进行心理健康指导;市级水源涵养林、浦江片林失地农民已全部纳入“镇保”。(2)完成重点区域车行道、人行道整治37.8万平方米,店招店牌整治2.6万平方米,摊亭棚整治0.6万平方米,整治跨门营业0.8万处,清除“三乱”23万处。(3)新增养老床位1 005张,新增居家养老服务对象2 500人,全区累计居家养老服务老人9 200人。(4)落实11.7万平方米、1 299套人才公寓房源;为50个小区安装安全信息系统。(5)完成52个小区、304.9万平方米旧小区“平改坡”综合改造和335万平方米居民住宅二次供水设施改造;对涉及浦江、华漕、马桥3个镇的38个村庄改造点的村宅河道、农村污水、宅前屋后、道路、桥梁、公厕实施改造,8 757户村民受益。(6)建立12个居民自助健康管理小屋,为6.9万人次开展18.9万项次服务;对37 876名退休和生活困难妇女、19 493名60岁以上农民和801名重残无业人员提供免费体检,并同步建立电子健康档案,对患病人群进行追踪随访。(7)新建、改建幼儿园10所,完成1 030名幼儿园教师培训任务。(8)新增43处公共服务网点,其中,银行网点12处、邮政服务点14处、电话亭6处、医保结算点11个;完成5 921户居民低电压改造。(9)新辟和调整公交线路18条,其中,新辟8条,调整10条;结合社区与轨道交通站点、大型商业区、医院、学校等区域的衔接,以莘庄、梅陇、浦江、江川为试点区域,设置自行车免费服务点,投放便民自行车1万辆。(10)完成50万平方米公共绿地建设,建成17万平方米立体绿化。（何　易）

(四) 人事、编制

【概况】 2009年,全区区属系统人才总量25 738人(机关公务员、事业单位工作人员以及国有、集体企业工作人员)。其中公务员4 635人、事业编制人员18 406人、参公事业单位工作人员163人、区级公司工作人员296人、镇村级公司工作人员2 221人。公务员队伍中,区级机关公务员946人、镇(街道)公务员454人、政法口(法院、检察院、司法局)公务员544人、公安分局公务员2 463人员。事业编制人员中,教育系统10 884人、卫生系统3 995人,其他事业单位3 527人。（陈铁民）

【引进人才】 聚焦闵行区高新技术产业、支柱产业、重点项目和社会事业领域的人才需求,为企业引进急需人才。全年户籍引进人才36人,“居转户”12人;新办人才居住证3 353份。（陈铁民）

【做好各类人员招录】 全年录用公务员50人;举办2次事业单位公开招聘,录用120人;组织实施“高校优秀应届毕业生储备计划”、“三支一扶”大学生招募,招录21名储备人才、32名“三支一扶”大学生。（陈铁民）

【抓好青年公务员素质培训】 全年组织全区1 788名科级干部参加在线学习,2 792人参加世博知识培训,275人参加团队拓展训练、革命传统教育;举办闵行区第五届公务员综合知识竞赛活动;组织60人赴美国、新加坡、中国香港接受行政管理能力培训;选派35名科级后备干部到艰苦复杂环境、一线岗位进行挂职锻炼。(陈铁民)

【创建国家“海外高层次人才创新创业基地”】 全区拥有包括紫竹科学园区在内的基地3家。规划制定闵行区引进海外高层次人才配套政策,设立专项扶持资金,用于配套资助、安家补贴、薪

酬补贴、综合服务等资助。（陈铁民）

【组织海外招聘会】 年内举办海外名校——中航商飞人才对接交流活动,组织英国牛津大学、剑桥大学、帝国理工学院和伦敦政经学院毕业生参加现场招聘。（陈铁民）

【做好领军人才选拔培养工作】 按照“每年评选、三年滚动”的原则,对第一批领军人才进行考核评估;组织新一轮领军人才评选推荐活动,收到推荐材料89份;对29名拔尖、领军人才提供5—20万元的资助,共计发放389万元。（陈铁民）

【实施义务教育学校绩效工资】 在闵行区义务教育学校实施绩效工资,涉及人员6 928人。结合教育工作特点,设立骨干教师奖、考核优良奖、班主任考核奖等,并适当向农村学校、考核优秀学校、特殊教育学校倾斜。（陈铁民）

【做好对口支援工作】 按照闵行区和宜昌市友好区市协议的要求,先后开设宜昌市夷陵区“政府系统管理干部培训班”、“企业经营管理培训班”、“经济管理干部培训班”3个班,累计培训136人。（陈铁民）

（五）信访工作

【概况】 2009年,区政府共受理信访总量30 485件,其中来访4 088批18 298人次;来电14 560件;来信5 208件;电子邮件6 629件。至年末,办理复查复核54件;信访终结3件;开门办信9件;去京劝返582人次;到市敏感地点疏访分流3 904人次。全年信访按期办结率99.8%;化解率82.83%,高出市定目标2.83%;来电和电子邮件办理回访群众满意率91%,位列全市第一。年内发生“莲花河畔景苑”一幢在建楼房整体倒覆事件,经协调处理,这一事件引发的信访矛盾得到稳妥、有效解决。（龚柏林）

【化解信访积案】 4月17日召开闵行区化解信访积案工作会议,部署全区开展化解处置23件信访积案工作。其中市交办并列入市领导调研范围的动拆迁信访积案10件(个访件9件、集访件1件,涉及41户动迁户),自排9件集访件和4件个访件。市委书记俞正声7次到闵行区调研以动拆迁为重点的信访积案化解工作,3次约见信访人。区四套班子领导一一包案,逐案核查,接访、家访、约访,分类制定化解方案,按排定的时间节点落实推进。至年末,市交办的10件动拆迁信访积案,化解3件,上报终结2件,拟上报终结3件,缓解2件。区自排的13件信访积案,化解3件,有望化解3件,部分化解1件,缓解6件。（龚柏林）

【重信重访专项治理】 5月,组织开展第二轮专项治理工作。对市交办的172件重信重访案件按照先易后难、分类推进的工作原则,全部落实领导包案处理,每件明确责任单位、配合单位、处理要求和办结时限。至年末,市交办的172件重信重访案件已全部办结,其中已化解128件,化解率74.4%。（龚柏林）

【信访评估】 2009年,按照区委办下发的《闵行区重大决策事项信访评估制度》文件要求,在上年各镇、街道和莘庄工业区开展信访评估试点工作的基础上,根据社会稳定风险评估工作分工,对沪杭客运专线、虹梅路高架重大工程项目开展信访评估工作。（龚柏林）

【信访核查终结】 在总结上年信访核查终结试点工作经验的基础上,按照《上海市信访事项处理终结办法实施意见(试行)》等相关文件规定,稳妥扎实推进信访事项核查终结工作。至年末,核查终结3件,拟终结正在准备上报材料的4件。（龚柏林）

【律师参与化解信访突出矛盾试点】 6月,闵行区启动律师参与化解信访突出矛盾试点工作。上海震旦律师事务所主任邵曙范带领律师团队对市下达、区自排的23件信访突出矛盾逐案予以法律审核,并出具律师审核评估意见书。制定《闵行区关于引入律师参与市领导调研信访突出矛盾试点工作的方案》,试点工作按照时间节点、任务要求有序推进。全区重大突出信访问题都采取政府购买服务和律师团队志愿者服务形式,委托区属律师事务所律师参与化解,促使信访积

案化解实现"三个一批"(化解一批、缓解一批、核查终结一批)的目标。 (龚柏林)

【公共突发事件处置】 6月27日,闵行区发生"莲花河畔景苑"在建楼房倒覆事故。事故发生后及时成立由区主要领导任组长的"6·27"事件应急处置工作领导小组,并启动应急预案。按照市委、市政府的要求,建立领导挂帅、专家研判、部门协作、条块联动、司法介入的运作机制,现场设立3个信访接待点,广泛听取百姓诉求;通过情况沟通会、政府网站信息发布、律师现场释法等正确引导社会舆论;通过发挥当地基层党员干部以及基层司法所、信访办的作用,取得大多数购房者的理解。区政府职能部门多次召开该信访事项情况通报会和"6·27"事故赔偿方案沟通会。最终,"6·27"事故得到稳妥有效处置。

(龚柏林)

(六) 台侨事务

【概况】 至年底,全区台资企业609家,总投资额7.2亿美元。在区内常住的台商及其家属8 047人,短期居住的74 612人次。区台胞台属联谊会会员1 600户,其中台湾籍同胞247人,理事35人。上海市台资企业协会闵行区工作委员会会员152家,其中企业会员132家,个人会员20人。至年底,全区归侨530人;侨眷4 622人;留学生眷属2 393人;外籍华人眷属3 469人。港澳同胞眷属920人,其中香港同胞眷属839人,澳门同胞眷属81人。居住在闵行区、具有海外身份的人士479户、964人。全区华资企业1 010家。 (陆文捷 马国龙)

【举行"两岸少年文化交流学习营"】 2月3—9日,由上海市海峡交流促进会、闵行区政府、台湾两岸教科文交流促进会共同主办的"第二届中华才艺小天使两岸少年文化交流学习营"在七宝举行。其间,两地青少年共同学习中国传统戏曲、绘画艺术、传统武术,从相互学习中培养团结、互助、合作、进取的精神。海峡两岸近70位少年儿童参加。 (陆文捷)

【区台办与民革区委结对共建】 2月19日,闵行区台办与民革区委举行结对共建仪式,通过以"营造台商台胞投资生活和谐环境,推动两岸关系和平发展"为主题的结对共建活动工作方案,确定双方合作调研的课题。 (陆文捷)

【启动"台资企业迎世博365天系列活动"】 在闵行区台办、总工会、文明办的倡导下,市台协会闵行区工作委员会在闵行区台资企业全体员工中开展"同展亮丽风采 共树文明新风——闵行台资企业迎世博365天系列活动"。4月28日,启动仪式在闵行区机关举行,区内台资企业董事长、总经理、员工代表近200人参加。区委常委、区政协副主席、统战部部长李梦麟宣布"闵行区台资企业迎世博365天系列活动"启动,并授旗给台协会闵工委副主委李崇章。 (陆文捷)

【举办涉台教育宣传日活动】 10月25日,区台办和七宝镇政府在七宝广场举办以涉台法律法规宣传为主题的宣传活动。来自闵行税务分局、工商分局、人力资源和社会保障局、科委、教育局、安全监察局、司法局等相关职能部门的专业干部义务为台商台胞提供咨询服务。现场接待台商台胞台属咨询117人次,展示涉台法律法规版面40块。 (陆文捷)

【处理涉台纠纷和突发事件】 区台办受理涉台突发事件23起,其中涉及台胞非正常死亡3起、交通事故3起、涉台盗窃案件10起、诈骗2起,其他5起。协调处理涉台来信来访79起,其中台企合作纠纷、劳资纠纷、动迁纠纷等13起,台胞台商提出请求帮助60起。 (陆文捷)

【做好台生就读服务】 区内就读的台湾学生1 731人,其中幼儿园418人、小学453人、中学427人、成职教2人、台商子女学校431人。区台办为62名台湾学生办理就读证明,为101名台湾学生办理中考加分手续。 (陆文捷)

【做好涉台宣传工作】 年内,被录用的涉台宣传稿件110篇,其中被国家级媒体录用9篇,上"上海与台湾"网82篇。完成《闵行区贯彻落实〈中华人民共和国台湾同胞投资保护法〉及其〈实施细则〉情况》的调研报告。区台办被中共中央台

办评为2009年度对台宣传工作先进单位，被上海市台办评为2009年度上海对台工作(调研)先进单位。（陆文捷）

【推进社区侨务工作】 区侨办成立侨界志愿者服务社区讲师团。5月，分别组织讲师团到莘庄镇和七宝镇开展试讲活动。讲师团以“老年人的养生与保健”和“良好的习惯对孩子成长的影响及对成功的作用”为题进行宣讲，莘庄镇和七宝镇组织100多位侨界人士和社区群众参加活动，反响良好。江川社区和古美社区于5月完成社区侨务网格化。全区于6月底基本完成社区侨务“三推进”(社区事务受理中心设立为侨服务窗口、社区文化中心设立侨之家活动场所、社区卫生中心设立早期归侨绿色通道)工作。（马国龙）

【开展侨法宣传月活动】 3月19日，“上海侨界医学专家送医到农村”闵行专场暨2009年上海市侨法宣传月闵行区主题宣传活动在江川路街道社区文化活动中心举行。在3月侨法宣传月期间，区侨办与辖区内的各种宣传媒体主动沟通联系，通过电视台、区网站、《闵行报》及社区宣传栏电子显示屏等形式，开展丰富多彩的侨务法律法规知识宣传，在全区营造爱侨护侨的良好氛围。以龙柏侨界医疗志愿者服务队和古美侨界老年爵士乐队为基本班底的侨界志愿者服务队，到龙柏、吴泾和华漕开展活动，受到社区群众普遍欢迎。各地区设立由侨界志愿者参与的便民服务点，为社区居民提供小家电维修、理发、医疗咨询义诊等服务。期间，发放各类宣传资料2万余份，展出黑板报300多块，设计制作宣传版面60余块，悬挂宣传横幅150条，开展各种专题座谈会、报告会8场，组织侨界志愿者活动3次，参与群众2万余人次。（马国龙）

【探索服务侨企前移】 年内区侨办开展调查摸底，了解、分析行业分类、投资规模、生产经营状况等现状，对全区千家侨资企业进行全面梳理，并建立动态跟踪数据库，形成《闵行区侨资企业现状的调查报告》获上海市侨务调研优秀成果一等奖。区侨办把维护侨资企业、侨商合法权益作为侨务重要工作，尝试提前参与、服务前移的新方式，为有意来闵行区投资的西班牙西中经济贸易促进协会常务副会长、西班牙汇丰置业有限公司总经理王伟杰提供相关信息，从而使他避免了可能被欺诈而遭受损失的后果。（马国龙）

【侨务信息工作跃居全市首位】 在3月举行的市侨务信息工作会议上，区侨办获2008年上海市侨务信息工作先进集体称号，区侨办干部获上海市侨务信息工作先进个人、东方海外之桥优秀通讯员等荣誉。闵行区侨务信息工作由2007年的全市11名一跃成为2008年的全市第一名。区侨办开拓华文媒体海外宣传新举措，12月在意大利《新华时报》上同时刊登《侨商经济沙龙闵行之行在沪举办》和《投资视点：上海市闵行区简介》2篇宣传闵行的文章，在华人社会引起一定反响。（马国龙）

（七）民族宗教事务

【概况】 2009年，全区少数民族常住人口28 700人，涉及48个少数民族成份。其中户籍少数民族9 700人，来沪少数民族19 000余人，少数民族中主要以朝鲜族、回族、土家族、满族为主。正式登记的宗教活动场所14所，批准设立固定宗教活动处所8所，占地面积27 838.6平方米，建筑面积24 669.2平方米。天主教、基督教、佛教、道教信徒近5.17万人，教职人员45人(其中男23人，女22人)，全年参加宗教活动104.75万人次。有少数民族联合会、天主教爱国会、基督教“三自”爱国运动委员会、道教协会、佛教协会5个民族宗教群众团体。民族宗教界人士中市人大代表1人，市政协委员1人，区人大代表2人，区政协委员8人，区青联委员2人。（邵慧莉）

【开展民族宗教法制宣传】 3月1日，区民宗办、区司法局、古美路街道联合举办“民族宗教法制宣传周”启动仪式，由市民族宗教委领导和区委、区政府领导向社区民族宗教工作志愿者赠授法律书籍，组织区法律专家、义务工作者和宗教界人士提供专业咨询服务。期间，发放各类宣传资料2万余份，展示黑板报172块，制作宣传版面145块，悬挂宣传横幅88条，举办各类报告会48场。（邵慧莉）

【创建上海市民族团结进步社区全覆盖】 6月,市创建工作考核小组在闵行区召开创建上海市民族团结进步社区评审会,全区参与创建的12个镇、社区(街道)全部通过评审。其中虹桥、龙柏、古美3个社区被评为“上海市民族团结进步模范集体”,虹桥镇被评为“全国民族团结进步模范集体”,受到国务院表彰。莘庄、颛桥、江川、浦江、马桥、七宝、华漕7个社区被评为“上海市民族团结进步优秀社区”;梅陇、吴泾2个社区被评为“上海市民族团结进步达标社区”;取得创建活动参与率100%、创建成功率100%的“双百”成绩。 (邵慧莉)

【推进基层宗教事务委托管理】 3月26日,召开闵行区2009年民族宗教工作联席会议暨闵行区基层宗教事务委托管理工作经验交流会。全区8个相关委、办、局和各镇、街道(含工业区)的分管领导及联络员参加会议。七宝镇、虹桥镇、梅陇镇、浦江镇和江川路街道分别就基层宗教事务委托管理1年来所做的工作做经验交流,区委常委、统战部部长李梦麟、副区长程向民对基层宗教事务委托管理工作取得的成绩给予充分肯定。9月,区民宗办制定并经区政府办公室转发《闵行区基层宗教事务委托管理实施细则》,进一步促进依法管理宗教事务工作的制度化、规范化。 (邵慧莉)

【搭建来沪少数民族服务平台】 依托来沪少数民族代表人士,成立上海市首家来沪少数民族联谊会,在各镇、社区(街道)设立来沪少数民族联络点12个,在古美路社区(街道)建立服务站1个,并建立信访、学习、交友、走访、培训、联谊、帮困7项工作制度。队伍组建半年多来,协助区民族联开展来沪少数民族人口生活状况调查以及来沪维吾尔族情况专题调查2次。开展社区民族工作培训3次,提高来沪少数民族联谊会的工作能力。 (邵慧莉)

【做好清真食品供应工作】 2009年,开展全区清真饮食网点专项调查,合理布局清真网点,至年底,全区有清真标志牌的清真网点12个,其中清真饮食网点1家、清真副食品网点9家、清真食品网点2家。定期组织清真食品监督员对全区217家兰州清真拉面馆监督检查,引导他们依法经营、诚信服务。 (邵慧莉)

【新设固定宗教活动处所】 2009年,经区民宗办审核批准,并报市民宗委同意备案,七宝耶稣堂、华漕纪王寺作为新增固定宗教活动处所获得许可登记,分别纳入区基督教两会和区佛教协会管理。 (邵慧莉)

【深化“绿色通道”服务】 依托社区事务受理中心、社区卫生服务中心、社区法律援助中心,深化少数民族就业、就医、法律援助3条绿色通道,发挥少数民族爱心基金、事业发展基金、互助基金的作用,通过发挥少数民族联络员队伍、清真监督员队伍、工作志愿者队伍,为少数民族同胞提供优质服务,基本形成“三中心、三服务、三基金、三通道”的少数民族民生保障体系。全年帮扶少数民族同胞246人,慰问及帮困金额136 842元。少数民族就业、就医、法律援助3条“绿色通道”为89名少数民族同胞提供就业援助,为117名少数民族同胞提供就医援助,为10名少数民族同胞提供法律援助。 (邵慧莉)

【闵行区天主教爱国会换届】 10月28日,区天主教爱国会在七宝镇机关召开第二届代表会议,会议以举手表决的方式,选举产生50名委员组成闵行区天主教爱国会第二届委员会,其中常务委员15人,许玉英再次当选主任,董玫瑰当选常务副主任,沈宗熙(神父)、李虎(神父)、瞿桂章、褚炳其当选副主任,骆莲宝当选秘书长。 (邵慧莉)

(八) 外事工作

【概况】 2009年,区外事工作认真贯彻有关文件精神,加强工作管理,严格审批因公出国出境,做好外宾接待和涉外事件处理,拓展国际交流渠道,办理因公出访团组83批、269人,其中区内组团24批、204人,参团59批、65人,接待外宾13批、137人。 (汤玉兰)

【外事管理】 3月,成立闵行区外事工作领导小组,由区主要领导担任组长和副组长,下设外事工作领导小组专门管理办公室。年内,建立外事专管员队伍,对全区相关单位设立外事工作基础管理网络,形成完整的外事工作管理系统。

(汤玉兰)

【因公出国(境)】 2009年,制定因公出国(境)管理工作若干规定;制订因公出访计划,报市外办备案后实施,2009年实际全区因公出国(境)自组团在前3年平均数量基础上减少36%,人次减少20%;对全区党政机关和区直属公司领导干部出访经费实行统筹安排,禁止出访团组挪用其他公用资金或由企事业单位出资补助、向下属机构摊派、用公款报销以因私证件出国(境)的费用;加强出访团组管理,明确团组出访任务必须密切结合闵行区重点工作,保证因公出访取得实效。 (汤玉兰)

【外宾接待】 全年接待来访代表团13批、137人。主要有韩国首尔松坡区政府代表团、法国奥柏赫维利耶市政府代表团、美国国会中美工作小组工作人员代表团、美国威斯康辛州长代表团、澳大利亚高级公务员考察团、新加坡人协青运考察团、日本大村市友好交流代表团等。(汤玉兰)

【国际交流】 努力寻求国际合作,畅通国际交流渠道,与以下国外城区和机构开展友好交流活动:5月,韩国首尔市松坡区区长金荣顺女士一行来闵行区进行友好访问,签署两地友好合作交流意向书。年内,闵行区先后组织区民乐队、区政府代表团、区人大代表团赴松坡区进行友好访问,就两地文化、经济及社会养老开展学习交流;7月,法国奥柏赫维利耶市政府代表团来访,与闵行区签署友好交流合作意向书;继续与日本大村市开展友好交流活动,9月,区政府代表团赴大村市开展友好访问,11月,大村市日中友好交流代表团来访,为纪念闵行区与大村市文化交流10周年,在闵行体育公园举行1次植树活动;应友好交流城市荷兰泰尔纳曾市的邀请,区卫生局组织两批医疗机构管理人员和全科医生赴该市卫生医疗部门开展业务培训;继近几年闵行区组织各种培训班赴英国布莱登大学开展业务培训后,2009年,先后组织两个考察团赴该校就人力资源管理和城市建设等方面开展学习交流。年底,该校访问团来闵行区实地考察闵行卫生医疗等情况,并就今后开展各种交流进行磋商。(汤玉兰)

【涉外事件处理】 (1)6月2日,闵行区新镇路发生一起交通事故,造成4名韩国人员死亡,区外事部门协助市、区相关部门,对事故进行妥善处理。(2)6月14日,闵行区莫泰168酒店被临时指定为甲型H1N1流感集中医学观察点,开始接收甲型H1N1流感密切接触者入住,其中约50%为外籍人员,区外事部门迅速抽调人员,在观察点开展24小时值班,帮助外籍人员解决困难,涉外甲型H1N1流感防控工作取得成功。

(汤玉兰)

(九)法制建设

【概况】 2009年,区政府审查《关于应对当前经济形势,切实做好稳定就业促进就业工作的实施意见》等区政府文件草案15件,委办局制定的《关于在城市管理中进行综合执法的实施意见》等文件7件,提出法律修改意见41条。向市政府报备《关于完善〈闵行区农村社会养老保险缴费和养老补贴暂行办法〉的通知》等区政府规范性文件4件,全部经市政府备案审查通过。组织相关部门对《上海市虹桥商务区管理办法(草案)》等市政府规章草案14件进行研究,提出修改意见16条。办理行政复议申请60件次,接待来信来访425人次,受理40件,经协调在受理前撤回的复议案件13件,不予受理7件。在受理的40件中,办结38件,其中维持26件,确认违法3件,驳回2件,终止7件。以区政府为被诉对象的行政复议、行政诉讼案件2件,全部得到妥善解决。 (王春美)

【落实行政执法责任制】 2009年,开展行政处罚、行政许可实施主体调整登记工作。因区政府机构调整,法制办对调整的行政处罚、行政许可实施主体重新进行梳理,区建交委等8家变更单位向法制办进行申报。对各机构的行政处罚、行政许可实施主体资格逐一进行审查。审核确认区规土局、住房保障局、文广局、动物卫生监督所等8家单位具有行政处罚和行政许可实施主体资格,清理8家不具有行政执法权的单位。

(王春美)

【创新行政执法人员培训】 2009年,将全区行政执法人员的基础法律知识培训由原有的市政府法制办组织改为区政府法制办统一组织培训和考核。将培训对象调整为全区从事行政执法活动的新上岗和在岗的行政执法人员。区政府法制办制定并下发《关于本区行政执法人员基础法律知识培训考试的实施意见(试行)》。

(王春美)

【开展行政执法检查】 2009年,对全区各行政执法单位开展全面的行政执法检查,重点开展对区食药监局、农委、经委、工商分局、质监局、公安分局和建交委等部门执行的《上海市生猪产品质量安全监督管理办法》、《上海市建筑消防设施管理规定》和《上海市停车场(库)管理办法》等情况进行检查。抽查区房管局、规土局等部门实施的其他行政法规和规章的执行情况。对全区其他33家行政执法部门执行有关法律、法规和规章的情况进行1次书面检查。 (王春美)

(十) 国内合作交流与对口支援

【概况】 "加强对口支援、推进区域合作"列入区政府年度重点工作项目之一。年初,制定2009年度区合作交流与对口支援工作计划和2009年对口支援都江堰市蒲阳镇工作计划,落实对口支援地区项目资金安排。2009年,闵行区对口支援都江堰蒲阳镇7个项目,资金455.2万元;对口支援湖北省宜昌市夷陵区6个项目,资金650万元。5月召开区合作交流与对口支援工作领导小组会议,修改和完善《闵行区国内合作交流专项资金合作项目投资补助的意见》,落实闵行区符合政策企业的市区两级投资补助。 (郭剑英)

【支援都江堰建设】 2009年在完成上缴市统筹资金外,及时安排专项资金,开展蒲阳镇软项目建设。完成农村用水保障、医疗设备添置、教育卫生人才培训等7个项目,安排资金455.2万元。深入开展送温暖活动,慰问蒲阳镇贫困家庭2 219户,送去年货和御寒用品价值38万元,捐赠镇政府办公经费20万元。启动闵行——蒲阳镇社区守望相助活动,捐款蒲阳镇社区19万元,走访慰问特困户38户,捐款3.8万元。安排都江堰市党务系统干部培训班一期,培训人员11人,费用3万元。捐赠笔记本电脑14台。购买爱心农产品50万元。截至年底,全年除市统筹资金外,区(镇)二级财政在蒲阳镇共计投入714.895万元。年中,区委副书记张路加,副区长阎祖强、程向民、蔡小庆分别到蒲阳镇开展调研和慰问活动。年内继续选派医务、教师等专业人员6批22人次到灾区开展支医支教工作。

(郭剑英)

【支援宜昌市和夷陵区发展】 4月,落实2009年闵行区对口支援湖北省宜昌市夷陵区6个项目,资金650万元。在上海市对口支援三峡库区合作项目签约仪式上,闵行区4家企业与对口支援地区签约,签约金额5.03亿元,占总签约额的40%。7月,闵行区为夷陵区设立"夷陵区农特产品展销中心",签约5年,闵行区每年优惠租金40万元。7月26—30日,区委书记孙潮、副书记张路加赴夷陵区考察调研,并与夷陵区签订进一步深化经济合作、干部培训、开拓市场、移民就业等方面的合作协议书。9月15—27日,"2009年夷陵区工业经济管理干部培训班"在区委党校开班,培训企业负责人和经济管理干部50人,安排经费20万元。11月24日——12月4日,为宜昌市、夷陵区举办"宜昌市国民经济管理专题培训班",培训50名经济管理干部,安排经费20万元。国务院三峡建设委员会授予闵行区"全国对口支援三峡工程库区移民工作先进集体"称号。

(郭剑英)

【区党政代表团赴西藏考察慰问】 8月17—26日,区人大主任栾国梁、区委副书记张路加带队的闵行区党政代表团,赴西藏日喀则考察慰问,代表团一行与日喀则地委行署领导、上海市第五批援藏总领队、江孜县四套班子领导进行座谈,参观考察2009年在江孜县的援建项目,走访江孜闵行中学,慰问区内援藏江孜县的干部。栾国梁代表区委、区政府向江孜县政府及江孜闵行中学捐赠70万元。 (郭剑英)

【深化长三角地区和友好地区合作交流】 8月31日至9月4日,闵行区参加第十八届新疆乌鲁木齐经济贸易洽谈会,为对口支援阿克苏地区温宿县农业科技扶贫捐赠15万元。5月9—20日，举办"2009年吉安市政府系统干部培训班"，培训36人。9月在"闵行世博论坛·虹桥商务区与长三角联动发展"论坛中，组织联络接待长三角地区15个省市的50多名领导嘉宾和各地驻沪办、商会的10多名嘉宾的深度对话，取得较好成效。全年接待对口支援地区、友好地区公务考察团30批次500多人次。（郭剑英）

（十一）政策研究

【概况】 3月，根据区委、区政府机构改革方案，撤销区委政策研究室，设置区政府研究室，为区政府工作部门，归口区府办管理。区政府研究室主要承担闵行区改革、发展、稳定等方面重大问题的调研，研究制定促进全区经济发展的相关政策。设综合调研科、经济政策科2个内设机构，机关行政编制6名，其中主任1名，副主任1名，正、副科级领导职数2个。（陈伟娟）

【编著《闵行区域经济社会发展研究与探索》】 闵行区委政策研究室组织编写，9月由上海交通大学出版社出版。该书收录区委政策研究室近10年来的研究成果，集中闵行区建设上海现代化国际大都市辅城、区域功能定位、建设经济强区的目标任务、经济发展战略思考等宏观研究；汇集对区域社会保障与改善民生状况的深入求索；展示对闵行农村改革与发展的不懈探索；调研城市建设与社区管理，并收录对区域党的建设、文化建设的积极思考。（陈伟娟）

【形成《关于建立闵行区社会事业发展统筹协调机制的指导意见》】 建立社会事业发展统筹机制被列入区委常委会2009年重要议题，明确由区委常委、区人武部部长陆广银和副区长张辰牵头，由区政府研究室会同有关部门组成议题研究组。研究工作从4月展开，12月底形成《关于建立闵行区社会事业发展统筹协调机制的指导意见》（闵府发[2010]5号），提交区委常委会审议通过。（陈伟娟）

【形成《闵行区民生指标体系(2009年度)》】 年内，完善民生指标体系和评估机制列入区政府重点工作。经广泛听取各方面意见，反复研究修订，形成《闵行区民生指标体系(2009年度)》（闵府办发[2009]107号），使民生指标不断贴近百姓需求。委托上海社科院编写出版《闵行区民生发展报告(2009年)》（即蓝皮书，上海社会科学院出版社2009年9月出版），向区领导、区各职能部门、各镇（街道、莘庄工业区）、区人大代表和政协委员赠阅，增进社会各界对政府工作的了解。连续第二年配合市政府发展研究中心开展上海民生问题问卷调查，对闵行区回收问卷进行抽样分析，形成《上海民生问题专项调查之闵行地区情况分析》。（陈伟娟）

【起草《闵行区新材料产业发展行动计划(2009—2012年)》】 开展闵行区新材料产业发展研究，起草《闵行区新材料产业发展行动计划(2009—2012年)》。该行动计划分析闵行区新材料产业发展现状，提出未来3年加快闵行区新材料产业发展的指导思想、基本原则、发展目标和主要任务，并明确相关政策措施和保障机制，力争抢抓机遇，与其他区县错位发展，加快形成以新能源、航天航空、重大装备、电子信息、生物医药、汽车和轨道交通等行业关键材料为标志的具有闵行特色的新材料产业发展优势。（陈伟娟）

【开展闵行区加强公共服务课题研究】 该项目为"十二五"规划前期研究课题，由区政府研究室与区地区办共同牵头，委托上海市城市规划设计研究院浦东分院具体承担研究工作。形成中期研究成果报告，向区政府做专题汇报。该课题分析"十一五"期间闵行区公共服务发展现状，提出在"十二五"期间要抓好公共服务设施标准化布局、特殊群体公共服务基本化发展、农村社区公共服务均衡化发展、社区综合公共服务特色化发展4大重点任务，并从建立完善公共服务的规划统筹机制、区域联动机制、社会参与机制、资金保障机制等入手，切实加强公共服务发展。（陈伟娟）

【开展高新技术产业化相关政策研究】 区政府研究室与区经委等部门共同研究制定《2009—2012年闵行区新能源产业发展行动计划》（闵府办发[2009]105号）、《关于加快推进闵行高新技术产业化的实施意见》(闵府发[2009]13号)。

(陈伟娟)

【软课题研究】 2009年,区政府研究室完成《落实民生指标中的民意沟通机制建设问题研究》和《新时期闵行转变经济发展方式的对策思路研究》2项区委党校软课题。 (陈伟娟)

(十二) 机关事务管理

【概况】 2009年,区机管局在编人员154人,局机关设办公室、资产管理科、财务科、保卫科、接待科等,下属事业单位含财务核算中心、资产物业管理中心、后勤保障中心、闵行区机关服务中心等。另负责上海广厦(集团)有限公司、闵行区建筑工程公司2个"两新"组织的党建工作。

(周煜斌)

【建设节约型机关】 区政府将推进节约型机关建设列入2009年政府重点工作。(1)加强宣传交流。通过节能宣传、动态编印、专题网页建设等形式宣传节能降耗理念,组织全区约3 000名公务员参加市节能知识学习和网上竞赛活动。先后接待山东省机管局、湖南省委机关服务中心、杭州市机管局及上海市黄浦区、奉贤区、青浦区等单位来闵行区学习考察节约型机关建设。(2)推进技改。为沪闵路6258号、莘松路555号等办公大楼玻璃门窗加贴隔热膜8 000平方米;完成区委党校、财政局、文广局、发改委燃气办等单位照明系统节能改造项目,实现节电50%;对区法院供电系统、空调系统进行技术改造,综合节电率和节能率分别达到11.5%和15%;继续推进各单位食堂燃气灶具节能改造,平均节气25%。此外,投入资金369万元对区公安分局等10家单位进行节能技术改造。(3)加强能耗监测。完善能耗统计指标体系,开展统计人员培训,规范能耗统计工作。区机关大院、集中办公点能耗监测系统建设,已完成信息采集点方案设计及公开招投标工作。在区公安分局继续推进合同能源管理试点,创新管理模式。(4)节能效果明显。与上年相比,全年全区在总人数增加5.34%、办公用房面积增加5.09%的情况下,办公经费总额下降27.50%,接待费下降6.67%,电话费下降10.34%,会议费下降7.9%,用油下降3.36%,人均能耗下降5.75%。 (周煜斌)

【加强机关资产管理】 2009年,完成机构调整改革单位及区法院、区水文站等其他单位办公用房调配30 800平方米;落实区城市管理和应急联动信息中心、区人口计生委等单位办公用房租赁23 490平方米,经费1 137万元;收回区税务分局迁址后办公用房6 022平方米;完成办公用房退租12 239平方米,经费312万元。落实区招标办、教育局、质监局、红十字会、计生委等单位办公用房维修改造、区机关大院自来水系统改造等项目,完成基本建设项目17项、大中修专项项目28项。完成交通执法大队等36家机关事业单位公务用车更新审批。全年政府集中采购金额297万余元,节约预算经费9.8%。登记入库资产总额155.82万元。 (周煜斌)

【强化财务集中管理】 贯彻收支二条线,对38家预算单位集中管理,集中支付,分户核算。2009年财政拨入经费2.187亿元,支出2.167亿元。完成各类经费统计、发放、清理及结转、上缴等工作,全年"四金"调整、工资发放、个税清缴、伙食补贴发放等按时完成。配合做好"小金库"专项治理工作,年内核发公务卡286张。

(周煜斌)

【圆满完成接待服务保障工作】 全年接待来宾290多批次4 900人次,保障区四套班子赴外省市调研大型考察活动4批;会务活动保障2 163批10万余人次;保障大型接待用餐56批2.52万人次;提供客饭约12 000份。圆满完成区"两会"保障、畹町路甲流医学观察点后勤保障、国庆60周年焰火燃放、世博论坛、网球ATP大师赛等各项重大保障任务。区机关车队全年安全行车98万公里,节油3.7万公升,节约修理费用27万余元。对区机关大院和集中办公点的物业管理监管有力,确保内部环境规范整洁。 (周煜斌)

【确保区级机关安全稳定】 严格执行区级机关保卫、消防制度,坚持每月例行安全检查,认真组织消防演练和消防设备检查。落实人防、物防、技防有机结合,完成区机关大院技防设施升级和改造。协助信访部门劝阻、处置集访事件118批、5 200余人次，确保全年无一例刑事案件、无一失泄密事件、无一件安全事故。（周煜斌）

（十三）档案管理

【概况】 2009年，闵行档案保管中心和档案新馆先后建成启用。位于颛桥的保管中心是全区重要档案保管基地，名都路档案新馆是档案利用中心，两地通过专用光缆实现档案保管利用"一体化"的高效衔接。年内，围绕区政府重要工作积极开展档案服务。针对政府机构改革，研究制定机构改革档案管理实施意见，完成撤并单位档案接收及新建单位建档案指导；加强全区重要项目档案监管，全年登记重要项目档案105个，其中重要建设工程项目13个、重点工作77个、重要产业园区1个、重大活动2个、重大改革举措11个、重要科研项目1个；收集、上报舆论媒体涉区信息3 000余条；结合区卫生系统"档案工作达标升级三年行动计划"，顺利完成龙柏、古美、马桥、华漕等8家社区卫生服务中心档案工作晋升市级先进。加快档案信息化步伐，完成95个全宗、560万页馆藏档案数字化。同步推进室藏档案数字化工作，接收区政府等10家单位的档案信息条目，同时整合各街镇室藏档案全文数字化信息。（陈长青）

【专业档案进驻保管中心】 区档案馆向原由各部门自行保管的专业档案开放保管中心的库房，统一提供档案加工整理、内部利用、安全保密、技术保护、后勤保障等规范服务。第一批计划进驻档案保管中心的专业档案为房管局房地档案、规土局城建档案、法院诉讼档案、劳动监察档案、民政局婚姻、民间组织档案、环保局"三同时"档案、财政局财政管理档案、卫生局卫生专业管理档案等。至年底，整合专业档案77万卷，使档案馆保存的档案量从22万卷跃升至97万卷。（陈长青）

【举办"迎世博档案便民服务"咨询会】 4月25日，由闵行区档案局（馆）主办的"迎世博档案便民服务"民生档案现场咨询会在友谊南方商城举行。区工商局、税务局、人保局、房管局、公安分局等多家单位参加。区委常委、副区长金士华，市档案局纪检组长龚芳，区人大常委会委员、人事代表工委常务副主任李美英，区司法局局长张国荣到现场视察并与前来咨询的市民交谈。活动现场发放《民生档案查阅服务指南》、《政府信息公开查阅》等宣传材料2 300余份。（陈长青）

【汇编倒覆楼事故专题档案】 7—12月，"6·27"莲花河畔景苑倒覆楼事故发生后，区档案局（馆）及时跟进倒覆楼事故的媒体追踪，整理汇编倒覆楼事故信息700余条，收集整理各类媒体报道300余篇，完成《化危为机》"闵行莲花河畔景苑"倒覆楼纪实的编辑，共计13万字。同时，根据区委、区政府部署，启动对倒覆楼事故材料收集工作，局馆人员先后到区委办、区府办、组织部、纪监委、宣传部、信访办、司法局、房管局、梅陇镇等14家单位，收集有关倒覆楼事故原因技术调查、安全维稳处理、宣传跟踪报道和组织协调等工作材料1 000余件，并形成专题档案。（陈长青）

【完成馆藏档案搬迁】 7月15—24日，闵行区档案局（馆）将借存在七莘路金三角水利公司库房的11万卷档案搬迁至颛桥档案保管中心。12月7—11日，又将借存在市统计中心库房和区公安分局库房的11多万卷档案分别搬迁至档案保管中心和"四馆合一"库房。结束3年以来档案分三地过渡保存的状况。（陈长青）

【闵行区档案馆新馆开馆】 9月28日，位于名都路85号的闵行区档案馆新馆对公众开放。区档案新馆与区图书馆、区青少年活动中心、剧院"四馆合一"，被命名为闵行春申文化中心。春申文化中心内的档案新馆共有五层。一楼是"鉴证历史"——闵行区档案馆馆藏史料展，展览分为沧海变迁、城乡巨变、改革开放、领导关怀4个部分，再现闵行的发展历程，展出面积800平方米，对社会公众免费开放。二楼是档案和政府公开信息查阅中心。作为全区档案查阅利用服务中心的窗口，新建的对外查阅服务窗口配备一流的硬件设施，有公示大屏、介绍和引导的触摸屏、叫号系统等。先进的网络系统和完善的数据中心使新馆和颛桥保管中心实现快速信息对接，确保查档者在最短时间内查阅到所需资料。三楼、四楼是档案库房。五楼是业务管理区域。新馆为档案向社会公众开放提供良好的硬件条件。档案馆将在主动公开政务信息、满足社会知情权上发挥积极作用,为市民百姓依法维护自身权益提供档案凭证,同时也将成为社会公众知晓闵行、了解地区历史演变轨迹的服务平台。(陈长青)

(十四) 证照办理

【概况】 2000年3月,闵行区成立便民服务中心,2007年4月更名为闵行区人民政府证照办理中心。该中心为区政府派出机构,主要工作职责:组织证照办理窗口的开设和服务指导;联络、协调重大项目的联审和部门之间的业务衔接;为办事群众和企事业单位提供有关服务及咨询;督查证照办理窗口的服务质量;受理包括行政效能在内的有关投诉;负责证照办理窗口人员的日常管理和考核;承担区行政审批制度改革领导小组办公室的日常工作;负责行政审批制度改革的组织实施和协调推进。内设窗口管理科、综合协调科和行政审批制度改革科。至2009年底,21个政府部门和单位、共计315个服务事项入驻中心,2009年受理393 600件,办结386 680件。

(龚 敏)

【深化行政审批制度改革】 年内,组织开展区委常委会关于进一步深化行政审批改革重要议题的调研,撰写调研报告,制定配套措施,以召开座谈会等方式认真听取市、区两级有关专家及区人大代表、政协委员的意见建议,11月经区政府常务会议讨论并报区委常委同意,形成由区府办转发《关于进一步深化本区行政审批制度改革意见的通知》。结合政府机构改革,实现部门行政审批向内部一个科室集中,区建交委、市容绿化局等单位的审批科室整体入驻中心。开展企业设立并联审批,10月19日在中心一楼办事大厅设置"企业设立并联审批专窗",工商、质监、税务三个部门合署办公,并由工商负责"一口收件、抄告相关、并联审批、限时办结",至年底,对225户企业实行"一口收件",办结180户。推进建设项目工程审批管理程序改革,编制建设项目审批总流程,搭建审批协调和审批意见征询平台,完善项目审批跟踪系统。进一步清理和减少行政审批事项,从387项减少到338项。中心项目审批公示和窗口服务评价两个系统于10月启用。

(龚 敏)

【组织协调政府服务窗口单位迎世博行动】 年内,先后3次组织全区政府服务窗口单位开展迎世博"集中行动日"活动,举办迎世博知识竞赛、征文演讲比赛和专题培训讲座,每周编发迎世博行动工作简报,在市迎世博窗口服务文明指数测评中,连续6次郊区县排名第一,获2009年上海市迎世博优质服务贡献奖。(龚 敏)

【领导检查调研】 2月3日市纪委监察综合室副主任金跃明来中心调研审批制度改革工作。3月10日区委常委、副区长阎祖强到中心进行工作调研。3月13日中纪委监察部监察综合室处长孙兴谋来中心调研行政审批制度改革工作。4月15日中华全国总工会副主席乔传秀,市总工会副主席肖堃涛等视察中心工会窗口,区人大副主任、区总工会主席俞莉红和副区长程向民陪同视察。6月5日区委常委、副区长阎祖强到中心调研窗口服务工作。9月16日市纪委副书记、监察局局长顾国林至中心调研、指导行政审批改革工作。11月11日副市长艾宝俊带领市"迎世博600天"窗口服务管理指挥部检查组和长宁区"迎世博600天"窗口服务管理指挥部一行至中心检查迎世博窗口服务工作。(龚 敏)

【外地政府团至中心考察】 6月25日,太原市委常委、常务副市长李俊明率太原市政府考察团来中心参观。11月5日,厦门市建设管理服务中心副主任吴育农一行来中心参观考察。11月11日,阿克苏市行政服务中心党组书记王志武一行来中心参观考察。(龚 敏)

(十五) 地方志

【概况】 2009年,闵行区地方志工作按照《地方志工作条例》要求全面展开,编纂闵行年鉴,记录年度区情,迎接世博盛会,编纂世博丛书,开展课题研究,发挥资政作用,广泛调查研究,准备启动修志。

(胡克群)

【编辑出版《闵行年鉴(2009)》】 全面记述2008年闵行区情的《闵行年鉴(2009)》年底出版，全鉴90万字，图片130张。《闵行年鉴(2009)》结构既保持稳定又略有调整，新增专文一栏，记述大事特事；按照组织部门统一标准，调整干部名录分类；完善工业栏目层次布局，更全面地记述工业情况；劳动、保障、民政、社会生活栏目相对集中，使民生和社会事业的内容更为鲜明；大量增加彩色图片，充分发挥图片功能。 (胡克群)

【完成《话说上海·闵行卷》编辑任务】 作为上海市迎世博旅游文化丛书之一，《话说上海·闵行卷》按照上海市地方志办公室统一要求，组织编辑，按时完稿送审。全书约8万字，图片约150张，对闵行区内人文历史、旅游资源作出新的梳理。 (陈 敏)

【完成《闵行六十年》课题研究】 为庆祝新中国成立60周年，区志办与区委办、党史办合作，进行《闵行六十年》课题研究，回顾60年发展道路，梳理60年历史进程，形成包括《六十年大事记》和《初步研究》2部分内容约10万字的研究成果，理清发展脉络，总结发展经验，提供各界参考，发挥资政作用。 (李志英)

【完成《上海年鉴(2009)·闵行区》撰稿任务】 按照市志办统一要求，完成《上海年鉴(2009)·闵行区》撰稿任务，内容全面，重点突出，简明准确地介绍闵行区基本情况。 (胡克群)

【完成《上海百科全书(2009)·闵行区》撰稿任务】 《上海百科全书(2009)》由上海市政府主要领导担任编纂委员会主任，是上海市迎世博重点文化工程，区志办按照编纂委员会统一要求，研究条目，组织稿件，精选图片，按时成稿。 (胡克群)

【编辑《闵行年鉴编撰指南》】 收集地方志工作文件和资料，包括领导讲话、法规文件、编纂规范、撰稿经验等内容，编成工作资料《闵行年鉴编撰指南》，帮助全区撰稿员掌握撰稿要求，提高工作能力，建立合格的队伍基础。 (胡克群)

【继续编纂《上海县续志》】 1996年，闵行区人民政府办公室140号文件决定编修《上海县续志(1985—1992)》，编修工作由区志办负责实施，1997年，区志办编修人员写出《上海县续志(1985—1992)》纲目讨论稿，此后工作时断时续，至2009年，《上海县续志》由原编纂人员继续编修。 (胡克群)

【准备启动《闵行区志(1992—2011)》编纂工作】 区志办组织编辑赴浦东、金山、奉贤、宝山、松江、徐汇、普陀、虹口等区学习考察，调查研究，遵循修志一般规律，借鉴兄弟区经验，结合闵行实际情况，制定编纂方案，设计区志纲目，准备启动新志编纂。 (胡克群)

(本栏目编辑 庞 宇)

（一）综　述

区政协由中共、民革、民盟、民建、民进、农工、九三学社、致公、无党派、共青团、工会、妇联、青联、工商联、科协、侨联、台联、农业、经济、文艺、科技、教育、体育、医卫、社会福利、少数民族、宗教、特邀28个界别组成，有委员238人，其中主席1人，副主席5人，秘书长1人，常委28人。设学习委员会、提案委员会、经济委员会、科技委员会、环境和城市建设委员会、教育委员会、人口和健康委员会、文化和体育委员会、社会和法制委员会、爱国联谊委员会10个专门委员会。

按照区政协四届三次会议要求，区政协认真履行政治协商、民主监督、参政议政职能，开展各项工作。

学习贯彻中央会议精神。通过各种形式，组织政协委员深入开展学习活动。年内，举办各类学习报告会3次、中心组学习会1次、委员学习培训班1期，注重引导委员深刻领会、准确把握胡锦涛总书记对政协工作的新要求，并努力在工作中予以体现。

开展政治协商。区政协四届三次会议期间，组织委员认真讨论政府工作报告、财政预算报告、区法院工作报告和区检察院工作报告，围绕“转变发展方式，保持经济平稳较快发展”、“迎世博，加强精神文明建设和城市管理”、“改善民生，发展社会事业，建设和谐社会”3个专题进行讨论，并就改革发展稳定和群众关心的热点问题组织大会发言，先后有300余人次发言。区政协四届三次会议以后，在与中共区委、区人大、区政府充分协商的基础上，认真研究拟定区政协常委会议和主席会议的协商专题和全年计划安排，年内召开6次常委会议、13次主席会议、6次协商座谈会，先后围绕促进经济平稳较快发展、虹桥综合交通枢纽周边地区产业规划、闵行区“十一五”规划中期评估、“十二五”规划前期思路研究工作方案、政府机构改革等专题，听取通报、共商对策，以会议纪要形式提出100余条意见建议，得到重视和采纳。

推进民主监督。区政协四届三次会议以来，年内收到提案196件，经审查立案183件。由主席、副主席分工跟踪促办6件重点提案。邀请区委常委、分管副区长在常委会议上通报提案办理情况。积极推行提案结案报告制度，完善网上提案管理系统，开展重要提案办理评议活动，与区政府督察部门联合召开由提案人、有关承办单位参加的提案办理协调会，就办理提案过程中遇到的实际困难，共同研究解决方案。加强专委会与政府有关部门的对口联系，促进提案办理落实。全部办理完毕的提案中，得到解决或采纳的138件，列入计划拟解决的27件，此两类提案占提案总数的90.2%。组织委员开展经常性视察和年末集中视察。年内，组织专题视察5次，集中视察1次，300余人次参加，提出40余条意见建议。推荐70名政协委员担任党风、政风、行风及区20家单位的特约监督员。

助推科学发展。根据中共区委要求，把“关于建立闵行区科学发展指标体系的调查研究与建议”作为2009年重点调研课题，结合开展深入学习实践科学发展观活动，组建以政协委员为主体的课题组。深入了解实际情况，撰写调研报告，提出《闵行区科学发展指标体系（建议稿）》。在此基础上，举办“建立闵行区科学发展指标体系”调研汇报与研讨会。经中共区委常委会研究，采纳政协调研成果，作为编制区“十二五”规划时的参考指标和衡量区域经济社会统筹协调发展的评价指标，在实践中加以完善，发挥其对推动闵行科学发展的指导意义。

开展参政议政。各专委会精心选择课题，深入调查研究，完成《依靠科技进步提升先进制造业能级的思考和建议》等8篇调研报告，举办调研成果汇报会。围绕迎世博这一重点工作，在全体委员中开展“我为世博献一计”建言征集活动，收到委员的各类建议72条，分别以社情民意形式，分送市、区相关部门，得到重视和采纳，促进相关问题的解决。进一步健全社情民意信息反映和处理机制，年内，报送社情民意信息149条，编发社情民意专报12期，被评为市政协系统反映社情民意先进单位、市委办公厅2009年信息直报点工作先进单位。（董苗苗）

（二）重要会议

【概况】 年内，举行全体会议1次、常委会议6次、主席会议13次。（董苗苗）

【全体会议】 1月5—8日，中国人民政治协商会议上海市闵行区第四届委员会第三次会议在闵行区委党校举行。会议应出席委员238人，实到226人。会议审议通过区四届政协主席吴申耀代表常务委员会所作的工作报告、区四届政协副主席毛荣发代表常务委员会所作的关于区政协四届二次会议以来提案工作情况的报告。与会委员列席区四届人大四次会议，听取并讨论闵行区人民政府工作报告，讨论闵行区2008年财政预算执行情况和2009年财政预算（草案）的报告、区人民法院工作报告、区人民检察院工作报告。中共闵行区委副书记张路加在开幕会议上讲话。区领导出席开幕和闭幕会议，并分别参加小组讨论和专题讨论，听取大会发言，与各界委员共商闵行经济社会发展大计。会议审议通过《政协上海市闵行区第四届委员会第三次会议决议》。会议增补孙康、吴刚、马绘新、张新华、董增平为区四届政协常委。会议期间，收到提案187件，经审查立案174件。（董苗苗）

【常务委员会会议】 年内召开常委会议6次，其中四届三次会议后4次。

2009年政协闵行区四届常务委员会会议情况表

日期	序数	主要内容
1月6日	11	审议通过区政协2009年工作要点，讨论大会决议（讨论稿），审议通过调整、增补区四届政协副秘书长名单
1月7日	12	听取区政协四届三次会议秘书长梅建高关于会议期间委员分组讨论情况的汇报，听取区政协四届三次会议副秘书长张则其关于会议期间提案审查情况的汇报，审议通过补选区四届政协常务委员候选人名单（草案）和选举办法（草案），通过大会决议（草案），并决定将上述事项提请全体会议审议通过
3月18日	13	邀请区委宣传部副部长、区精神文明建设委员会办公室主任胡志宏通报闵行区激活社会力量，开展文明创建，营造迎世博良好氛围工作情况。会议通过关于撤销姚海娟政协闵行区第四届委员会常委、委员资格的决定。区委常委、宣传部部长赵丹妮出席
6月29日	14	邀请区委常委、副区长阎祖强通报区政协四届三次会议以来提案办理工作情况，邀请区委常委、区公安分局局长胡世民通报闵行区“建立城市管理和维稳力量整合联动新机制”调研工作情况，讨论区政协重点课题调研报告《关于建立闵行区科学发展指标体系的调查研究与建议》
9月10日	15	邀请区发展和改革委员会主任汤曦东通报促进闵行区经济平稳较快发展的有关政策措施及工作进展情况，决定接受毛荣发同志辞去中国人民政治协商会议上海市闵行区第四届委员会副主席、委员和区政协提案委员会主任职务的请求。区委常委、副区长阎祖强出席

(续表)

日　期	序数	主　要　内　容
12月30日	16	邀请区政府办公室主任潘丽萍通报区政协四届三次会议以来提案落实情况，邀请区政府研究室主任丁萍通报闵行区社会事业发展统筹机制研究情况，审议通过调整、增补区四届政协委员名单，审议补选区四届政协常务委员候选人建议人选名单，审议通过关于召开区政协四届四次会议的决定和区政协四届四次会议议程(草案)、日程，审议通过区政协四届四次会议秘书长、副秘书长及秘书处各组组长名单，区政协四届四次会议分组及小组召集人名单和区政协四届四次会议列席、邀请范围，审议通过区政协常务委员会工作报告和关于四届三次会议以来提案工作情况的报告，决定政协上海市闵行区第四届委员会第四次会议于2010年1月18—21日举行。副区长张辰出席

(董苗苗)

【主席会议】 年内召开主席会议13次，其中四届三次会议后12次。

2009年政协闵行区四届主席会议情况表

日　期	序数	主　要　内　容
1月5日	25	讨论区政协2009年工作要点和大会决议(讨论稿)，讨论调整、增补区四届政协副秘书长人选名单
1月14日	26	听取区人事局关于闵行区政府机构改革情况的通报，讨论通过区政协2009年度常委会、主席会议协商计划及重要活动安排、区政协部分专委会副主任调整名单，决定区政协2009年度重点提案
3月11日	27	听取各专委会2009年工作设想的汇报，讨论关于撤销姚海娟政协闵行区第四届委员会常委、委员资格的决定
4月1日	28	听取区环保局关于闵行区推进生态文明建设工作情况，听取区国资委关于闵行区推进农村集体资产监督指导工作情况的通报
5月6日	29	听取区经济委员会关于闵行区虹桥综合交通枢纽周边地区产业规划、区域发展及管理工作思路的通报
6月17日	30	听取区民政局关于闵行区培育发展社会组织，推进和谐社会建设情况的通报，听取区政府办公室关于区政协四届三次会议以来提案办理情况的通报
7月15日	31	听取区发展和改革委员会关于《闵行区国民经济和社会发展第十一个五年规划纲要》中期评估情况的通报
8月6日	32	听取区人力资源和社会保障局关于闵行区完善征地“镇保”人员保障工作及相关配套政策情况的通报，听取区发展和改革委员会关于《闵行区国民经济和社会发展第十二个五年规划纲要》前期思路研究工作方案的通报
9月2日	33	讨论“辉煌六十年—— 杨浦、嘉定、闵行、静安四区政协书画摄影联展(闵行区)”方案和徐汇、长宁、闵行三区政协纪念人民政协成立60周年理论研讨和实践交流座谈会方案
10月9日	34	听取区财政局关于闵行区2009年1—8月财政收支情况的通报，听取区政协工作会议筹备情况的汇报
11月4日	35	听取区政府办公室关于区政协四届三次会议以来提案落实情况的通报
12月7日	36	听取区发展和改革委员会通报闵行区2009年民生实事项目、重大工程进展情况和2010年民生实事项目初步安排情况

（续表）

日 期	序 数	主 要 内 容
12月30日	37	听取区政府办公室关于区政协四届三次会议以来提案落实情况的通报，听取区政府研究室关于闵行区社会事业发展统筹机制研究情况的通报。讨论增补区四届政协委员建议人选的补充名单，听取区政协2009年先进专委会和优秀调研报告评选情况的汇报以及区政协四届四次会议各项筹备工作进展情况的汇报

（董苗苗）

（三）重要活动

【开展“关于建立闵行区科学发展指标体系的调查研究与建议”课题调研】 2—7月，区政协组织调研组先后赴区卫生局、人保局、环保局、绿化市容局、教育局、规土局等部门调查了解情况；召开职能部门领导参加的专题座谈会，了解部门工作，听取相关工作思考和意见，形成区政协调研报告《关于建立闵行区科学发展指标体系的调查研究与建议》。调研报告阐述建立闵行区科学发展指标体系的指导思想、主要原则，以及指标体系基本框架的对策建议，并形成涵盖经济社会发展和政治文明建设等7个方面72项具体指标的《闵行区科学发展指标体系（建议稿）》。7月22日，区政协在闵行区机关会议中心举办“建立闵行区科学发展指标体系”调研汇报与研讨会。中共区委书记孙潮讲话，区长陈靖等参加。区政协副主席汪小帆作主题报告，区发改委、区政协环境和城市建设委员会负责人和有关专家学者在会上发言。区政协主席吴申耀主持会议，各界人士150余人出席。（董苗苗）

【组织委员视察】 3—10月，区政协组织委员开展平时视察。分6个专题，对“四馆合一”项目建设情况、促进就业工作情况、商业业态调整和窗口服务、市容环境综合建设和管理、产品质量和食品安全、迎世博市容市貌整治情况进行视察。11月18日，组织委员围绕区政府重点项目和实事工程开展年末集中视察，分别就闵行区园区开发建设情况、城市综合管理“大联动”机制建设情况、社会事业发展情况3个专题进行视察。中共区委常委、区公安分局局长胡世民，副区长张辰、程向民分别参加有关专题视察，听取委员意见和建议。年内，有300余人次参加视察，政协委员在视察中提出的意见和建议，经整理归纳报送区委、区政府及其有关部门参考。（董苗苗）

【走访政协委员】 3—12月，区政协主席吴申耀，副主席李梦麟、毛荣发、邹蜜蜂、尹文明、汪小帆分别带领机关工作人员分3路走访20余名委员及所在单位领导，了解委员工作和生活情况，听取对进一步做好政协工作的建议，就走访中委员反映的一些问题和困难进行统筹研究，推动解决。（董苗苗）

【举办“我为世博献一计”论坛】 5月20日，区政协与区科技节组委会联合举办“我为世博献一计”论坛，共话科技与世博。区政协主席吴申耀、上海市科协副主席王智勇、闵行科技顾问团副团长陈积芳以及区委宣传部、区经委、科委、工商联等单位领导参加论坛，区政协副主席汪小帆主持论坛。（董苗苗）

【举办闵行等4区政协书画摄影联展】 9月10日，区政协与杨浦、嘉定、静安区政协联合举办的书画摄影联展闵行区开幕式在闵行区图书馆新馆举行。区政协主席吴申耀致欢迎辞，中共区委常委、宣传部部长赵丹妮宣布联展开始，副区长张辰点击开通书画摄影联展网上展厅。区政协副主席李梦麟主持开幕式，副主席邹蜜蜂、汪小帆，秘书长梅建高等参加开幕式并参观书画摄影作品。在为期16天的展出期间，政协委员及各界群众3 000余人次参观展览。（董苗苗）

【举办闵行等3区政协理论与实践研讨会】 9月18日，闵行区政协与长宁、徐汇区3区政协联合召开人民政协理论与实践研讨会。市政协主席冯国勤应邀出席并讲话，区政协主席吴申耀在研讨会上作主题发言。（董苗苗）

【举办委员学习班】 11月24—25日，区政协举办第三期委员学习培训班，100余名委员参加。区政协主席吴申耀主持开班式，副主席李梦麟作辅导报告，委员们认真学习胡锦涛总书记在庆祝人民政协成立60周年大会上的讲话精神和市、区政协工作会议的主要精神。许恺德、杨华芳、崔雁屏3位委员分别交流各自在履职实践中的经验和体会。《关于鼓励我区民营科技企业发展的几点建议》等19件2009年度优秀提案和《给城市洗脸、为市民充电》等15个"我为世博献一计"金点子受到表彰。 (董苗苗)

【专委会工作总结暨调研成果汇报会】 12月9日召开，总结交流2009年专门委员会工作情况和2010年工作思路，汇报年度课题调研成果，以进一步推动和深化专门委员会工作。会议对各专门委员会工作和调研成果进行评选。区政协主席吴申耀，副主席李梦麟、邹蜜蜂、汪小帆以及各专门委员会主任、副主任30余人参加会议。 (董苗苗)

(四) 专门委员会工作

【学习委员会】 年内，组织1次中心组学习会，举行3次学习报告会，1期委员学习班，组织委员学习中共十七大和十七届三中、四中全会精神，学习领会胡锦涛总书记在庆祝人民政协成立60周年大会上的重要讲话精神，与区委党校开展对口联系，参加区政协关于"我区产品质量和食品安全"专题视察，听取区质量技术监督局工作通报，实地视察上海香特莉食品发展有限公司和书香门第实业有限公司。走访委员单位以及相关企业进行调研，了解闵行北片地区现代服务业集聚区建设情况。组织委员赴金山区政协学习考察。全年学习委成员反映社情民意17条，提交提案14份。 (董苗苗)

【提案委员会】 全年收到提案196件，经审查立案183件，全部办复。其中办理结果为解决或采纳、列入计划拟解决的90.2%。遴选并报请主席会议审定《关于充分发挥民营企业在"保增长"中作用的几点建议》等重点提案6件，并做好区政协领导促办重要提案的服务组织工作。对《迎世博，创建绿色交通》、《关于进一步推动全民参与非物质文化遗产保护的建议》2件提案进行民主评议。组织委员参加区委、区政府两会书面意见、提案办理工作会议和推进会议等。开展专题视察，促进提案办理，分别就促进就业、市容环境综合管理、商业业态调整、"四馆合一"建设等相关提案组织委员和相关专委会进行专题视察，以点带面推进提案办理。遴选并报请主席会议审定区政协优秀提案19件。更新和完善网上提案管理系统，增强提案委员会与提案人、提案承办单位的互动功能，提高提案工作服务水平。加大提案工作宣传力度，与闵行电视台合作拍摄《建设社区服务团队，共创平安和谐社区》新闻宣传片，借助《联合时报》、闵行电视台等新闻媒体，及时报道中共区委、区政府有关部门提案办理工作动态，宣传提案办理先进事例。加大社情民意信息征集力度，增设网上反映渠道。全年召开社情民意信息员会议2次，编发《政协委员社情民意反映》81期、《基层直报点信息专报》68期、《政协委员社情民意反映专报》12期，专报市政协社情民意信息68件。组织委员赴黄浦区政协、浙江长兴等地学习参观。 (董苗苗)

【经济委员会】 历时6个月，围绕区委、区政府保增长的工作中心，就中小企业政策落实为研究重点进行调研，形成调研报告《关于进一步促进中小企业扶持政策落实的意见建议》。加强与区财政局、区科委等部门联系，深入了解闵行区财政政策和科技政策对中小企业的支持情况。把走访委员单位与调查企业实际生产情况相结合，赴大通涂料有限公司了解中小企业在危机中生产经营情况。专委会所属工商联界别对50户重点民营企业经营情况进行跟踪调研，完成3篇分析报告。对闵行区中小企业融资环境开展调研，形成调研报告《闵行区中小企业融资现状调查分析报告》。年内，专委会委员及所属界别提出提案18件。组织委员赴浙江宁海、苏州、甪直等地学习考察。 (董苗苗)

【科技委员会】 历时6个月，以"如何推进科学发展"为主题，与区科委、九三学社闵行区委联合开展调研活动，形成调研报告《依靠科技进步提升先进制造业能级的思考和建议》。联合区政协经济委员会，就闵行区扶持企业科技创新新政策的出台和落实情况进行座谈交流。举办科技、科协界别委员中秋茶话会，邀请区科委领导介绍闵行区科技新政策执行情况。走访委员5人，并参观上海市农科院、南大波平电子信息有限公司、思源电气股份有限公司、锦湖日丽塑料有限公司和樽轩城市工业园区。组织委员赴江苏扬州、如皋等地学习考察。年内，专委会委员提出提案26件，反映社情民意10余条，很多意见建议被采纳。（董苗苗）

【环境和城市建设委员会】 历时6个月，开展"促进我区人与自然环境和谐发展"课题调研，召开调研座谈会，听取委员的意见和建议，形成调研报告《关于促进闵行区人与自然环境和谐发展的几点建议》，在"关于建立闵行区科学发展指标体系"调研汇报与研讨会上，作题为"促进人和自然和谐发展的几点建议"的发言，并在区政协四届四次会议上作大会发言。邀请区迎世博城市管理指挥部介绍市容环境综合建设和管理情况，并就此项工作进行视察，发现问题，提出建议。9月，再次组织委员对"迎世博，市容市貌整治情况"进行视察，实地察看部分镇、街道整治后的市容情况，提出加强长效管理的意见建议。组织委员视察闵行区迎世博拆除违法建筑、加强环境综合整治情况，听取浦江镇、颛桥镇政府情况介绍。组织委员参加区建交委"公共交通规划"、"水上巴士"项目论证活动，委员提出的建议得到重视和采纳。与区房地局、环保局、有关镇开展对口联系，了解闵行区经济适用房建设管理、环保三年行动计划、新农村建设情况。组织委员赴四川学习考察。（董苗苗）

【教育委员会】 历时6个月，开展"提升我区外来务工人员的综合素质"课题调研，通过调查、走访等形式，了解闵行区外来务工人员综合素质的现状，形成调研报告《关于利用世博契机提升闵行外来务工人员综合素质的建议》。与区教育局展开对口联系，听取闵行区教育工作情况的介绍。参观浦江二中、七宝中心幼儿园、莘庄镇小学。组织委员赴北戴河学习参观。（董苗苗）

【人口和健康委员会】 组织委员暗访闵行区迎世博商业业态调整和窗口服务情况，深入了解各类服务单位迎世博准备情况。历时6个月开展课题调研，形成调研报告《关于深化我区医疗机构药品管理改革的建议》。与闵行食药监分局开展对口联系活动，了解闵行区食品、药品的监管情况，与区人口计生委开展对口联系活动，听取统筹解决城市人口问题、促进人口与城市协调发展等方面的情况介绍。年内，专委会委员提出提案24件，反映社情民意8条。2名委员被聘为社情民意信息员，积极反映界别群众呼声。7位委员担任区安监局、物价局等单位的特邀监督员，关注闵行区各项事业发展。组织委员赴山东威海环翠区政协学习考察。（董苗苗）

【文化和体育委员会】 历时6个月，开展"增强闵行文化软实力"课题调研，组织委员赴外区县和闵行区基层实地考察，形成《关于文化体育科学发展指标体系的调研报告》，并在区政协四届四次会议上作题为《提升城市文化软实力，推进区域经济社会全面发展》的大会发言。协助做好纪念国庆60周年、人民政协成立60周年静安、嘉定、闵行3区书画、摄影联展的筹备工作。与区档案局开展对口联系活动，参观新建成的档案保管中心和区档案馆，帮助委员了解闵行区档案工作情况。组织委员参观证大现代艺术中心、张江现代艺术馆和大东方现代艺术中心，并赴山西、陕西等地学习考察。（董苗苗）

【社会和法制委员会】 组织委员与区委政法委就建立重大事项社会稳定风险评估机制进行深入探讨。历时6个月，开展"闵行区劳资纠纷的预防和排解工作"课题调研，向区总工会、劳动争议仲裁院、劳动保障监察大队以及法院民一庭了解情况，通过座谈会等形式，收集闵行区劳资纠纷预防及排解工作的举措、成效和遇到的困难，并以调研问卷的方式，向90余家企业和240名企业员工征询信息，形成调研报告《完善政策，理顺机制，积极预防和排解劳资矛盾》。与闵行公安分局、区法院开展对口联系活动，了解劳动争议调解、审判，企业守法经营及劳动者理性维权情况。年内，提交提案18件，反映社情民意17条。10名委员担任区司法局、城管大队、教育局等职能部门的特邀监督员，监督评议工作突出，

受到委办局领导的肯定。与经济委联合组织委员赴浙江宁海学习考察。 (董苗苗)

【爱国联谊委员会】 历时6个月,开展“依法保护台胞利益,为台资企业营造更加良好的发展环境”课题调研,形成调研报告《依法保护台胞利益,为台资企业营造更加良好的发展环境》。组织委员参加闵行区“迎世博,市容环境综合建设和管理情况”的视察,实地查看闵行区市容市貌。与区台联会、区台侨办开展对口联系,听取闵行区台联会和台侨办工作情况介绍,了解台联工作和台侨工作的内容、工作职能和对台工作情况。年内,提交提案20件,社情民意10件。组织委员赴金山区、江西省婺源、三清山等地学习考察。 (董苗苗)

(五) 提案工作

【概况】 区政协四届三次会议以来收到提案196件,其中大会期间提案187件,会后提案9件。经提案审查委员会和提案委员会审查,立案183件,其中党派团体、专门委员会和界别提案23件,委员个人和联名提案160件。从提案内容看,有关经济建设方面的54件,占全部提案的29.5%;有关城市建设和管理方面的63件,占34.4%;有关科教文卫体方面的42件,占23.0%;有关爱国统一战线、民主法制建设、劳动和社会保障以及精神文明建设等方面的50件,占13.1%。未予立案的13件,作为意见建议或社情民意信息送达有关部门处理。年内,区政协四届三次会议以来的提案全部办复。立案的183件提案中,解决或采纳的138件,列入计划拟解决的27件,此两类共占90.2%;留作参考的18件,占9.8%。 (董苗苗)

【区政协四届三次会议以来优秀提案19件】 (1)《关于鼓励我区民营科技企业发展的几点建议》(潘家增提案)。(2)《关于在闵行区地铁沿线站点设立自行车免费租赁系统的建议》(叶剑标提案)。(3)《关于充分发挥民营企业在“保增长”中作用的几点建议》(区工商联提案,区政协重点提案)。(4)《关于配套商品房用地征地承包费下拨政策调整的建议》(周亮提案)。(5)《关于进一步抓住机遇加快人才公寓建设的建议》(汪小帆提案,区政协重点提案)。(6)《关于进一步推动全民参与非物质文化遗产保护的建议》(民进闵行区委员会提案,区政协重点提案)。(7)《关于利用高校资源建立社区讲坛的建议》(民革闵行区委员会提案,区政协重点提案)。(8)《虹桥综合交通枢纽对闵行产业的影响及对策》(朱水清提案)。(9)《迎世博,创建绿色交通》(农工党闵行区委员会提案,区政协重点提案)。(10)《关于迎世博业态调整工作的几点建议》(许恺德提案)。(11)《对治理占道设摊的几点思考》(瞿峻提案)。(12)《服务国家重点战略,嫁接海内外高科技企业,增强企业的核心竞争力》(致公党闵行区支部委员会提案)。(13)《城乡统筹促进新农村文化建设的几点建议》(葛建芳提案)。(14)《进一步开发闵行区旅游资源的建议》(王征雄提案)。(15)《促进毕业生就业的建议》(民盟闵行区委员会提案,区政协重点提案)。(16)《关于帮助科技中小企业渡难关的几点建议》(九三学社闵行区委员会提案)。(17)《措施落实,稳步推进节能减排工作的开展》(宋鸿发提案)。(18)《发展都市农业,推进农业产业化发展》(马正驰提案)。(19)《关于进一步加强我区商贸服务产业建设开发力度的建议》(林先燎提案)。 (董苗苗)

(本栏目编辑 庞 宇)

五、中国共产党闵行区纪律检查委员会

（一）综　述

2009年，全区各级纪检监察组织坚持标本兼治、综合治理、惩防并举、注重预防的方针，按照"实抓教育、严抓惩治、深抓源头、真抓监督、重抓纠风"的思路，扎实有序推进各项工作，为闵行区的改革发展稳定提供有力的政治保障。

推进反腐倡廉教育。年内，开展"讲党性、重品行、作表率"主题教育活动，组织"做党的忠诚卫士、当群众的贴心人"主题实践活动。在全市率先探索并推行处级干部任前廉政法规知识考试制度，印发党员干部廉政风险防范系列知识手册，在区看守所建立"闵行区党员干部警示教育基地"，深化廉政文化建设。

查办违纪违法案件。2009年，全区纪检监察组织受理人民群众来信、来访、来电750件。根据信访反映，组织信访谈话、批评教育115人次。立案37件，其中处级干部案件6件，科级干部案件18件。涉嫌犯罪移送司法机关处理9人。审理结案37件。其中开除党籍8人，留党察看1人，党内严重警告7人，党内警告6人，行政开除1人，行政记大过2人，行政记过6人，行政警告6人。通过查办案件，挽回经济损失762万元。

开展治本抓源头工作。通过开发信息系统，完善工作制度，深化村级集体资产、土地管理、社会事业和综合治理"四本台账"管理。按照控制消费总量，公开定额、公开事由、公开账目、公开措施的"一控四公开"思路，在全区50个行政村开展农村基层公务接待改革。在区级机关全面推行公务卡制度改革。选择3家单位开展以岗位为点、以程序为线、以制度为面的廉政风险防控工作。

加大对权力运行的监督力度。修订监督检查办法，创新工作模式，完善对区委常委会年度重要议题的监督检查。延伸对处级单位执行"三重一大"（重大决策、重要干部任免、重大项目安排和大额资金使用）制度的监督检查，试点单位扩大到26家，覆盖全区各镇、社区（街道）、莘庄工业区和13个公权力比较集中的委办局。完善党风廉政建设责任制落实机制，研究制定《闵行区关于落实党风廉政建设责任制的实施办法》（试行）、《闵行区关于党风廉政建设责任制责任追究的实施细则》（试行）。

加强政风行风建设。规范教育收费和物业服务行为，纠正医药购销和医疗服务中的不正之风。深化企业协会和市场中介组织在职能、机构、人员、财务等方面与行政主管部门脱钩工作。组织民主评议政风行风工作，对6个部门和4个行业开展重点评议，对30个部门和14个行业开展问题实例调查。对66家区级机关部门开展效能满意度测评工作。（刘明秋）

（二）重要会议和活动

【区纪委四届四次全会】 2月6日，在区机关会议中心召开。全会由区纪委常委会主持。出席的有区纪委委员27人，列席人员60人。区委、区人大、区政府、区政协领导，区法院、区检察院和各镇、街道、部委办局、人民团体、区属企事业单位的主要负责同志以及各民主党派主委、工商联负责人等260多人参加全会第二次会议。区委书记孙潮出席全会第二次会议并讲话。全会审议通过区委常委、区纪委书记何义正代表区纪委常委会作的工作报告。全会号召,全区各级党政组织和纪检监察组织要以实际行动维护核心、服务中心、凝聚民心,开创闵行区党风廉政建设和反腐败工作的新局面。（刘明秋）

【党风廉政建设责任制工作推进会】 4月1日,在区机关会议中心召开,会议明确全区2009年反腐倡廉建设重点任务的部门责任分工。区委书记孙潮出席会议并讲话。区委常委、区纪委书记何义正就2009年的反腐败重点任务部门责任分工作说明,区委常委、副区长阎祖强传达中央、市委落实党风廉政建设责任制的有关要求,区检察院通报查处职务犯罪工作情况,区审计局通报审计工作情况。全区反腐倡廉重点任务牵头单位和配合单位的主要领导,各镇、社区(街道)、莘庄工业区党委书记(党工委书记)90多人参加会议。（刘明秋）

【董君舒到区调研社区党建】 6月4日,市委常委、市纪委书记董君舒一行10人到古美路街道调研社区党建工作。区委书记孙潮,区委常委、组织部部长刘海涛,区委常委、区纪委书记何义正陪同调研。在实地视察古美路街道社区学校、平吉六村居民区、社区事务受理中心,听取古美路社区(街道)工作汇报后,董君舒要求,进一步搞好社区党建要健全机制,依靠机制。当前要重点建立健全并完善社情民意沟通机制,优质快捷为民服务机制,社区品位提升机制以及社区资源整合机制。（刘明秋）

【杨雄到区检查党风廉政建设责任制落实情况】 12月22日,市委常委、常务副市长杨雄带领市党风廉政建设责任制专项检查组,到闵行区听取党风廉政建设责任制和基层党建工作责任制落实情况。市党风廉政建设责任制专项检查组全体成员,区委、区政府领导班子全体成员30余人出席会议。区委书记孙潮就闵行区落实党风廉政建设责任制和基层党建工作责任制有关情况作专题汇报。在听取汇报后,杨雄指出,闵行区能够认真贯彻中央和市委精神,结合本区实际,创造性地开展党风廉政建设和基层党建工作,部分领域工作力度较大,并有明显工作成效。市党风廉政建设责任制专项检查组12月7—11日,采取个别访谈、查阅资料、问卷调查、召开座谈会、走访基层等多种形式,多层次、多侧面地对闵行区贯彻落实党风廉政建设责任制、推进惩防体系建设、加强基层党建的情况进行专项检查。（刘明秋）

【举办纪检监察业务系列培训班】 3月10—12日,区纪委监察局举办纪检监察系统深入学习实践科学发展观活动培训班,全区纪检监察干部105人参加培训。区委常委、区纪委书记何义正在培训班上作了专题动员。6月29日—7月1日,区监察局举办区级机关行政监察主任培训班,全区16名区级机关行政监察主任参加培训。培训期间,全体学员听取行政监察业务的辅导报告,赴昆山学习行政监察、效能监察工作经验。11月18—20日,区纪委监察局举办新任纪检监察干部培训班。区委书记孙潮出席结业式并讲话。（万泽波）

(三) 反腐倡廉教育

【开展“讲党性、重品行、作表率”主题教育】 5—9月,主题教育活动紧密结合全区深入学习实践科学发展观活动。6月12日,区委中心组召开反腐倡廉专题学习会。6月30日,区委书记孙潮为全区党员干部上《坚定信念,提振信心,为推动闵行科学发展建功立业》的党课。同日,区委、区政府举办闵行区纪念中国共产党成立88周年暨“为闵行科学发展建功立业”先进事迹报告会,为广大党员干部树立学习榜样。组织全区党员干部观看各类警示教育片,学习案件情况通报,举一反三,吸取教训。同时,各单位认真查找和初步解决一批影响和制约闵行区科学发展以及人民群众关注的突出问题,确定整改目标,制定方案,公布措施,落实责任。（万泽波）

【推行处级干部任前廉政法规知识考试制度】 2月18日,区纪委、区委组织部联合印发《关于推行处级干部任前廉政法规知识考试制度的实施意见》,在全市首创处级干部任前廉政法规知识考试制度。制度规定,廉政法规知识考试成绩是闵行区处级干部任职的必备资格,廉政法规知识考试内容包括党纪政纪法纪条规以及有关廉洁自律规定和要求,主要考查履行领导岗位工作职责应知应会的党纪政纪和廉政法规基本知识。考试时间安排在拟任对象公示期间,采取闭卷形式。同时规定,凡考试不合格者,安排时间进行一次补考,补考仍不合格的,不予任用。为严肃考试纪律,区纪委专门建立由部分区特邀监察员和区委党校教师组成的监考和阅卷人员库,每次考试都将从库中随机确定监考员和阅卷员,同时实行封闭阅卷和全程监督。年内,共组织 52 名拟提任为正、副处级的干部参加任前廉政法规知识考试。（万泽波）

【建设区党员干部警示教育基地】 区纪委监察局会同区委组织部、宣传部、公安分局、检察院、闵盛公司等单位,在区看守所建设“闵行区党员干部警示教育基地”。12 月 24 日,区委书记孙潮、区委副书记、区长陈靖为基地揭牌,区委常委、区纪委书记何义正主持揭牌仪式,区人大常委会主任栾国梁,区政协主席吴申耀,区委副书记张路加等区委中心组成员出席。基地启用后,先后接待市纪委领导、新提任处级干部、新提任处级干部配偶和部分驻区单位党员干部的参观。基地主要包括展览厅、羁押场所和报告厅。展览厅,分“党心民心”、“警示启示”和“保廉倡廉”三部分,展示上级关于反腐倡廉的重要论述和会议精神,闵行区近年来查处的职务犯罪典型案例、反腐倡廉建设成果和廉政风险提示等内容。羁押场所,主要是参观区看守所已决犯人监舍,增强警示教育的直观感受。报告厅,可以观看警示教育片或听取预防职务犯罪教育讲座。

（万泽波）

【处级干部任前集体廉政谈话】 12 月 4 日,区纪委和区委组织部在闵行区党员干部警示教育基地联合开展 2009 年新提任处级干部集体廉政谈话。区委常委、组织部部长刘海涛主持,区委常委、区纪委书记何义正出席并讲话。会议还组织 43 位新提任处级干部参观党员干部警示教育基地,观看警示教育片《悔恨》,发放一套廉政风险防范手册,签订一份“廉政承诺书”,并由每位干部撰写一篇体会文章。（万泽波）

【开展“廉内助”教育活动】 12 月 18 日,闵行区组织部分新提任处级干部家属开展“廉内助”教育活动。区委常委、区纪委书记何义正出席并讲话,区妇联主席赵芝娟主持座谈会。座谈会前,新提任处级干部家属参观闵行区党员干部警示教育基地和浦江世博家园,听取市妇联专家作的《家庭倡廉鼓干劲,亲情助廉促和谐》讲座。

（万泽波）

(四) 领导干部廉洁自律

【落实中央厉行节约八项要求】 年内,将贯彻落实中办发[2009]11 号、中办发[2009]12 号中关于厉行节约的工作要求纳入监督检查的重点内容。督促、协调各有关职能部门明确工作任务和目标要求,根据中央明确的八项要求和四项削减指标,逐项核定闵行区费用支出基数及削减的具体目标数。结合委、办、局届中考核和党风廉政建设责任制自查、抽查,核实单位执行情况。8 月 11 日,迎接由市纪委常委李红任组长的市督查小组专项检查,市督查小组查阅相关资料,召开座谈会,对闵行区贯彻落实厉行节约八项要求进行督查,并对吴泾镇进行实地检查。（徐　姿）

【严格落实廉洁自律各项规定】 全年审核处级干部住房买卖申报 49 人次;各级领导干部上缴礼品礼金折合人民币 125.6 万元;对 257 名提任、调任的处级领导干部组织登记申报,对 45 名拟提任处级干部个人有关事项报告情况中的房屋买卖,配偶、子女投资入股情况进行审核。开展对闵行区公务员离职后从业行为的自查自纠。规范公职人员投资入股行为。（徐　姿）

【完善党风廉政建设责任制落实机制】 经区委四届八次全会表决通过,“完善党风廉政建设责任制落实机制”列入区委常委会年度重要议题。议题确定后,区纪委及时制定工作计划,开展调研、咨询和论证。11 月,完成《关于完善闵行区党风廉政建设责任制落实机制的调研报告》、《闵行区关于贯彻落实党风廉政建设责任制的实施办法》及《闵行区关于党风廉政建设责任制责任追究的实施细则》,并提交区委常委会讨论。12月,《闵行区关于贯彻落实党风廉政建设责任制的实施办法》(试行)和《闵行区关于党风廉政建设责任制责任追究的实施细则》(试行)由区委正式发文。 (徐　姿)

【推进“两新”组织反腐倡廉建设试点】 闵行区被确定为“两新”组织反腐倡廉建设试点单位。年内,选定区科技党委、七宝镇综合党委、上海日之升新技术发展有限公司党支部、上海江南旅游服务有限公司党总支、上海莘闵律师事务所党支部为首批5家试点单位,并成立区综合纪工委。10月19日,区纪委、区委组织部召开“两新”组织反腐倡廉建设试点工作推进会,专题部署试点推进工作。 (徐　姿)

(五) 办信查案

【“擅自出境及境外赌博案调查组”受市纪委通报表扬】 3月9日,市纪委印发《关于对查办康慧军等违纪违法案件调查组给予表扬的通报》。区纪委监察局“擅自出境及境外赌博案调查组”受到表扬。 (朱叶萍)

【完善执纪办案单位紧密协作机制】 年内,区纪委先后与区检察院、工商分局、房管局、执法监察队等9个部门签订紧密配合的工作协定,做到信息及时沟通、线索及时移送。7月22日,区纪委监察局组织召开闵行区执纪执法成员单位联席会议。 (朱叶萍)

【市纪委检查组到区检查工作】 6月11日,市纪委检查组一行6人到闵行区抽查党政纪处分案件质量。检查组抽查闵行区2008年度所办党政纪处分案件18件,其中自办案件16件,移送案件2件。从抽查反馈的情况看,闵行区的党政纪处分案件总体质量较高,18件案件的得分均在99分以上。 (俞锦祥)

(六) 源头治理

【推行村级公务接待改革】 年内,选择50个试点村实施村级公务接待限额制度,按照“两个不高于”(不高于前三年平均支出数,不高于前一年支出数)的原则,确定2009年公务接待支出额度。5月11日,在莘庄镇政府召开闵行区农村基层公务消费改革推进会,区委副书记张路加出席并讲话,区委常委、区纪委书记何义正主持会议,副区长蔡小庆布置工作。区集资委、民政局、审计局等相关职能部门领导、各镇镇长、纪委书记、经发办主任和50个试点村的支部书记等参加会议。会上下发《闵行区实行农村基层公务消费改革的实施意见(试行)》、《闵行区实行村级公务接待限额制度的指导意见(试行)》,明确村级公务接待限额实行“一控四公开”制度(控制限额额度,公开接待额度,公开接待事由,公开接待账目,公开工作措施)。每月对各镇上报的限额使用情况进行汇总分析,对支出过快情况及时预警。2009年50个村的公务接待支出,与前三年的公务接待平均数相比,减少525万元。 (徐　姿)

【推进公务卡制度改革】 6月15日,按照“试点先行,跟踪督查,总结经验,全面推广”的原则,选择区建交委、财政局、审计局试行公务卡制度改革。改革以公务卡及电子转账支付系统为支撑,实现使用公务卡办理公务支出,最大程度减少现金结算,强化财政的动态监控。区纪委监察局会同区财政局与试点单位建立信息沟通反馈制度、工作例会制度、跟踪督查制度和分析汇总制度,研究解决试点过程中遇到的问题,保障试点工作平稳推进。10月28日,召开会议总结试点经验,在全区进行部署推广。 (徐敏利)

【管好用好“四本台账”】 3月18日,在七宝镇召开区管好用好“四本台账”工作会议,市纪委副书记程志强,区委常委、区纪委书记何义正出席并讲话,副区长蔡小庆主持会议。会上下发《闵行区关于加强村务管理“四本台账”管理工作的实施意见(暂行)》和《闵行区村务管理“四本台账”监督检查办法(暂行)》。8月,区纪委监察局与区集资委、民政局、综治办、规土局等相关职能部门组成监督检查小组深入88个村,围绕数据更新、规范管理、村务公开、监督检查4个方面,对全区管好用好“四本台账”工作进行普查,并对监督检查中发现的问题和典型事例进行分析和反馈。9月,在闵行区深化"四本台账"暨镇级资产台账建设推进会上,对管好用好"四本台账"进行讲评。（徐 姿）

【开展廉政风险防控工作试点】 8月7日,区纪委监察局印发《关于开展廉政风险防控试点工作的实施意见》,选择区农委、人保局、规土局三家单位进行试点。针对权力运行过程中可能发生廉政风险的环节,通过"找、防、控"3个环节,突出廉政风险辨识、预防和控制机制建设。3家试点单位查找廉政风险点1 920个,制定防控措施1 305条。区纪委在党务公开网上开辟"廉政风险防控专栏",编发信息简报17期,组织编印《廉政风险防控知识问答》。（徐敏利）

【推进镇级资产台账建设】 9月8日,在颛桥镇召开深化"四本台账"暨镇级资产台账建设推进会。市纪委常委、市监察局副局长李红到会并讲话,区委常委、区纪委书记何义正主持会议,副区长蔡小庆就全区推行镇级资产台账建设作工作部署,区集资委通报全区镇级资产台账建设工作情况。9月27—29日,结合全区各镇农村党风廉政建设专项检查,区集资委对各镇镇级资产台账建设情况进行检查。（徐 姿）

（七）监督检查

【完善对区委常委会年度重要议题的监督检查】 年内,修订《区委常委会年度重要议题决策和执行情况监督检查办法(暂行)》,探索并实施监督小组当场评议和询问工作模式。组建4个监督检查工作小组,对四届区委八次全会票决通过的12个区委常委会年度重要议题开展监督检查。3月11日至12月25日,监督检查小组列席区委常委会年度重要议题各类座谈、调研、决策活动46次。年底,就重要议题决策和执行情况向区委常委会和区委全会提交年度评估报告。（丁依群）

【监督检查处级单位执行"三重一大"制度】 扩大监督单位。年内,对26家处级单位执行"三重一大"制度的情况开展监督检查,覆盖全区各镇、社区(街道)、莘庄工业区和13个公权力比较集中的委办局。创新监督方法。修订《闵行区处级单位执行"三重一大"制度监督办法》,完善"会前报告、会中列席、会后反馈、监督整改、决策通告、决策备案、监督执行、责任追究"的监督流程。建立两级监督员队伍。由区纪委、区委组织部聘请6名副调研员成立区级监督员队伍。26家处级单位从本单位的纪检干部、党代表、人大代表、政协委员中选聘人员,成立本级监督员队伍。2009年,两级监督员对26家单位的137次决策会议进行监督,参加前期酝酿活动11次,并对374项决策的执行情况进行监督。（许天明）

【开展区级财政性资金使用情况专项检查】 1月,下发《关于开展对2008年度区级财政性资金使用情况专项检查的通知》,69家主管单位及所属事业单位进行自查自纠工作,其中67家单位零报告,有2家单位及时纠正存在的问题。区纪委、监察局、财政局、审计局组成3个专项检查组,重点抽查9个主管单位及相关事业单位,对存在问题单位的相关责任人进行问责谈话,提醒教育,指出存在问题,责令整改,并将谈话记录登记备案,跟踪督促各单位按节点落实整改。（徐敏利）

【开展"小金库"专项治理】 下半年,区纪委监察局会同区财政局、审计局,组织开展对全区630家党政机关、事业单位"小金库"专项治理工作。专项整治分为两个阶段:自查自纠阶段,发现5家事业单位存在"小金库"情况,涉及金额56.64万元。重点检查阶段,发现1家事业单位存在"小金库"问题,涉及金额18.04万元,对其主要领导予以免职处理。（徐敏利）

【开展执法专项检查】 开展房地产开发领域违规变更规划调整容积率问题专项治理。上半年,组织开展对2007年1月1日至2009年3月31日期间领取规划许可的所有建设项目的自查自纠工作,重点对房地产项目中变更规划、提高容积率的建设项目进行自查自纠,形成专项检查报告,接受市检查组的专项检查。开展政府投资项目后评价。年内,区监察局会同区发改委,组织开展对虹莘路淀浦河桥项目和闵行区第二福利院项目的后评价工作。重点通过实地踏勘、听取汇报、查阅资料、专家评审等方式,对各职能部门在立项、审批、招投标、施工、竣工、资金使用等环节的履行职责情况进行评价。开展征地补偿费使用情况专项检查。年内,组织开展对9个镇36个村的农村集体土地征地补偿费使用情况的专项检查,对在检查中发现的问题,及时指出,督促整改。(徐敏利)

(八) 部门、行业纠风

【规范教育收费】 年内,落实6项工作。(1)全面取消义务教育阶段学校学生借读费,全区112所公办义务教育阶段的学校全部免除借读生的借读费。(2)公办高中招收择校生严格执行“三限”规定。闵行区公办高中招收“三限”生的学校有15所,都能严格遵守“限分数、限人数、限钱数”的三限政策。(3)做好教育收费公示和代办项目备案制度。(4)对家庭经济困难学生实行帮困政策落实到位。对普通高中、义务教育阶段的低保家庭学生实施“两免一补”资助政策,减免学费、减免杂费、发放补贴,帮困专项资金落实到位。(5)严格执行农民工子女教育收费政策。13所民办农民工子女小学的学生全部得到政府购买的教育服务,享受义务教育阶段免费就读。(6)开展清理“校中校”工作。对闵行区9家“校中校”进行清理。(周玲华)

【纠正医药购销和医疗服务中的不正之风】 年内,督促卫生系统落实医改各项措施,提高基本医疗保障水平,加强医德医风建设,实施医务人员医德档案和医德考评制度,开展医疗服务收费和药品价格执行情况专项检查,规范医疗服务行为。区卫生局深化医药分离改革,以信息化为支持,利用现代物流,构建药品供应链,试行医院药品存货托管,实行银行信用结算。通过购销分离、收支分离,从经济上实现医药分开,切断医疗机构运行与药品销售的直接经济利益联系。(周玲华)

【规范物业管理行为】 年内,在住宅小区网格化管理体系和信息到户基础上对小区实行精细化管理,开展小区安全防范,开展物业行业文明竞赛和大比武活动,提高物业服务技能。加快住宅小区962121物业服务呼叫平台建设。通过运行962121呼叫平台,受理物业报修、投诉、咨询,加大对居民应急维修的保障力度,及时解决市民的应急维修求助。完善前期物业招投标工作和资质管理,建立事前准入制度,加强对住宅小区日常检查考评,建立物业管理服务考核评估体系,健全诚信经营的行业自律机制,建立住房管理数据库。(周玲华)

【开展政风行风评议】 年内,区纠风办聘请50名政风行风监督员和100名政风行风调查员,对30个部门和14个行业开展政风行风测评,对安全生产监管、农业、民防、市政供气管理、交通管理、电信管理6个部门及其所管理的供气、出租车、公交、电信4个行业开展重点评议。在为期4个月的问题实例调查和重点评议中,收集梳理157件问题实例。(周玲华)

【开展效能满意度测评】 年内,对全区66个区级部门开展效能满意度测评工作。测评分3个层次:一是依托区政务网,组织区党代表、人大代表、政协委员以及科级以上干部开展网上测,占效能测评总分的30%;二是委托社会中介机构对各部门外部服务职能调查测,占总分的30%;三是组成6个评议小组进行全面评议,占总分的40%。全年测评中,中介机构通过发放调查问卷、电话调查、面访调查等形式,回收样本量13 592份;代表委员、科级以上干部930人次进行网上测评并提出60余条意见建议;49名评议员对66个部门全部进行打分并提出针对性的意见建议154条。(周玲华)

(本栏目编辑 庞 宇)

（一）中国国民党革命委员会闵行区委员会

【概况】 2009年，民革闵行区委有党员149人，其中女党员41人，占总人数27.5%；40岁以下党员32人，41—50岁32人，51—60岁29人，61—69岁32人，70岁以上24人；具有大专以上学历131人，高中级职称117人。党员主要来自经济界和科教医卫界，其中经济界及其他界别78人，占52.3%；科教医卫界71人，占47.7%。年内发展新党员6人，平均年龄35.8岁；其他行政区转入8人，转到其他行政区1人，去世1人。主委张则其，副主委陈峻、张勤淬，秘书长叶剑标（兼），委员王牧、叶剑标、陈卫中、季祝华、郑芸（女）、蒋歆韵（女）。下设学习和提案委员会和4个支部。（王维敏）

【重要会议和活动】 （1）5月26日，民革闵行区委召开区委扩大会议，讨论闵行区台办执笔撰写的“闵行区贯彻落实《中华人民共和国台湾同胞投资保护法》及其《实施细则》的情况调研”，并提出修改意见和建议。对民革闵行区委2010年支部换届工作提出初步设想。（2）9月22日，民革闵行区委召开“庆祝中华人民共和国成立60周年暨迎中秋”座谈会，学习传达中共十七届四中全会精神和胡锦涛总书记在纪念人民政协成立60周年庆祝会上的重要讲话精神，畅谈60年来国家发生翻天覆地的变化。（3）10月20日，民革闵行区委与闵行区司法局在闵行区政协会议室进行“加强法制宣传，依法治区”专题调研座谈会。（4）11月3日，民革闵行区委召开区委扩大会议，传达“关于开展民革上海市委2007—2009年基层工作先进评选表彰活动的通知”，经过充分讨论，决定推荐2个支部和2名党员代表民革闵行区委上报民革上海市委参与评选；对2010年支部换届工作提出初步方案。（王维敏）

【参政议政】 在区政协四届三次会议上，民革区委作《实施项目化合作推进“三区联动”的思考和建议》的大会发言，会后，该大会发言被区政协列为重点提案交有关部门办理；叶剑标委员的个人提案被区政协评为优秀提案。（王维敏）

【与区台侨办结对】 2月13日，民革区委参加中共闵行区委统战部召开的“结对共建、合作共赢”闵行区各民主党派与政府部门结对共建启动仪式。2月19日，在闵行区政协会议室，闵行区台侨办与民革闵行区委召开结对共建联席会议。会上首先由闵行区台侨办主任裘建华向民革闵行区委与会同志通报区台侨办的工作情况；民革闵行区委主委张则其也向与会的区台侨办同志介绍民革闵行区委的基本情况。初步形成《闵行区台侨办与民革闵行区委结对共建活动实施方案》和《闵行区台侨办与民革闵行区委2009年结对共建活动计划》，并确定共建内容和调研方向。4月14日，民革闵行区委参加区委统战部召开的“结对共建”合作调研工作推进会，会上，民革闵行区委和区台侨办汇报调研选题、走访情况、工作进展及下一阶段安排。9月9日，民革闵行区委参加区委统战部举办的“结对共建、合作共赢”民主党派区级组织与政府相关部门合作调研成果交流会,会上民革区委和区台办作题为《认真贯彻落实〈台湾同胞投资保护法〉进一步推进两岸经济发展和友好往来》的书面发言。

(王维敏)

(二) 中国民主同盟闵行区委员会

【概况】 2009年,中国民主同盟闵行区委员会(简称“民盟闵行区委)有盟员330人,其中女盟员139人,占总人数42%。40岁以下46人,41—50岁69人,51—60岁46人,61—70岁100人,70岁以上69人,平均年龄58.2岁。具有大专以上学历311人,具有中高级职称299人。其中文教界191人、科技界79人、医卫界13人、经济界16人、其他界别31人。新发展盟员4人,平均年龄36.3岁,转入盟员21人,去世3人。民盟区委由11名委员组成,主任委员邹蜜蜂,区委下设7个基层支部和7个专委会。

(薛利军)

【重要会议、活动】 (1)1月10日,民盟区委联合民盟交大、华师大委员会举行“民盟‘一区两校’委员会2008年度工作总结暨新年招待会”,闵行区、上海交大、华东师大全体盟员出席会议。(2)2月28日,举行“两会”精神传达暨经济形势报告会,邀请民盟交大委员会主委、经济学专家吴冲锋作经济形势报告《美国次贷危机及其对中国经济的影响》,由市政协常委、民盟区委副主委常清传达市“两会”精神,由区人大常委、民盟区委副主委鲍云峰传达区“两会”精神。(3)3月3日,民盟区委与区教育局举行第一次结对共建联席会议,民盟区委正副主委及有关专委会负责人、区教育局党政领导及有关科室负责人出席会议,会上区教育局局长竺建伟介绍闵行区教育发展基本情况,民盟区委主委邹蜜蜂介绍民盟区委概况及工作情况,双方讨论了《闵行区教育局、民盟闵行区委关于建立联席会议制度的实施意见》,并共同商讨合作调研课题。(4)7月8日,民盟闵行、徐汇、交大、华东师大委员会在徐家汇社区文化活动中心联合举行活动,“两区两校”民盟委员会成员及部分骨干盟员参加。(5)8月13—16日,在区社会主义学院举行“提高履职能力,搞好民盟工作”暑期学习班。(6)9月11日,举行庆祝教师节茶话会。主委邹蜜蜂代表民盟区委向各位盟员教师致以节日问候。副主委范建荣宣读获得市、区园丁奖等荣誉的盟员名单。教育专委会负责人袁敏敏通报民盟区委与区教育局结对共建,联合开展课题调研等工作。(7)9月22日,召开民盟区委四届二十七次会议,组织学习中共十七届四中全会精神。(8)10月25日,举行专题文艺演出,庆祝中华人民共和国成立60周年,同时庆祝敬老节。(9)10月26日,在中共闵行区委召开的政协工作会议上,主委邹蜜蜂代表各党派作《同舟共济,继往开来,谱写多党合作新篇章》的发言。在区政协中心组学习时,邹蜜蜂作《坚持和完善中国共产党领导的多党合作和政治协商制度,加强新形势下民盟的自身建设》的发言。

(薛利军)

【参政议政】 (1)民盟区委主要领导参加中共区委召开的双月座谈会、区情通报会,参加区人大常委会议、区政协常委会议。(2)邹蜜蜂担任闵行区第四届政协副主席,鲍云峰担任闵行区第四届人大常委,李啸瑜、葛建芳、董学平、王征雄、范建荣、罗国荣、朱永庆、余恩秀、鲁莲娜、李宁、姚辉担任区政协委员。常清担任上海市第十一届政协常委。张蕾、刘清担任上海市第十三届人大代表。(3)在区政协四届三次大会上,民盟区委作大会发言《充分发挥政府主导功能,大力提升公民素质》。递交集体提案5件,其中《促进毕业生就业的建议》被评为区政协优秀提案。提交个人提案16件,其中《进一步开发闵行区旅游资源的建议》、《城乡统筹促进新农村文化建设的几点建议》被评为区政协优秀提案。(4)在中共区委统战部举行的调研成果交流会上,民盟区委与区教育局合作调研的课题报告《充分利用区域教育资源,开拓我区素质教育新境界——关于我区中小学对校外教育资源利用的调查与思考》作汇报交流。(5)申报民盟市委2009年度参政议政自选课题《关于我市中小学教师教育科学有效性的调查和建议》。(6)全年盟员提交社情民意39份,选取13份具有全市普遍意义的社情民意上交民盟市委,其中余恩秀的社情民意《关于进一步加强本市垃圾车清运管理的建议》经民盟市委推荐,被市政协采纳,引起市、区市容局有关领导重视。在“我为应对国际金融危机影响献一策”活动中,薛利军写的《国际金融危机对中介组织的影响及政策建议》被民盟市委采纳。

（薛利军）

【组织建设】 在2月28日民盟区委四届二十三次会议上,选举增补李啸瑜、常清为区委副主委,通过任命薛利军为秘书长的决定。在6月3日民盟区委四届二十六次会议上,选举增补薛利军为区委委员。加强参政议政、教育专委会力量,由余恩秀担任参政议政专委会负责人,袁敏敏担任教育专委会负责人。10月14日,成立闵行区民盟艺术工作专委会,涂远裕任主任,宋频平、杨建鸣、谭琦、章臻任副主任,许德新、陈芳、查健生、陈英任委员。4月10日,正副主委会议和四届二十五次区委会议讨论确定7位盟员为后备干部,6位后备干部参加中共区委统战部和区社会主义学院联合举办的闵行区民主党派中青年干部学习班。 （薛利军）

【社会服务】 11月1日,民盟市委与东方电台“东方大律师”栏目,联合举办“上海民盟百名律师法律义务咨询”活动,闵行区是咨询活动所设的十个点之一,民盟区委组织律师盟员万文志、姚海嵩、陈明、陈燕、乔湧和区新闵律师事务所的几位律师开展法律义务咨询活动。民盟市委副主委沈志刚、民盟区委主委邹蜜蜂到现场,向各位律师致以慰问。 （薛利军）

（三）中国民主建国会闵行区委员会

【概况】 2009年民建闵行区委有会员204人,平均年龄57.3岁,大专以上文化程度166人,中高级职称139人。其中经济界75人,科技界43人,文教界10人,医卫界4人,其他界别72人。年内发展新会员12人,外省、区转入8人,转出4人,去世5人。区委下设6个支部。聘请民建上海交大教授顾孟迪、民建华东师大讲师孙丽为主委助理。区委办公室专职干部1人。

（唐士奇　喻萧萧）

【重要会议和活动】 （1）组织会员深入学习贯彻科学发展观。（2）民建区委正副主委参加由中共闵行区委统战部和社会主义学院联合举办的学习班。（3）7月15日,民建闵行区委与华东师大、上海交大民建会员赴浦江镇,实地考察华侨城的绿色居住环境和生态环境。（4）8月28日,区委组织区委委员、支部主任和部分骨干会员,结合学习中央有关文件精神赴井冈山革命根据地进行考察活动。（5）民建闵行区委组织基层6个支部举行“迎中秋,庆国庆”茶话会系列活动。（6）春节前夕,民建区委召开辞旧迎新座谈会。参加座谈会的有民建区委历任老领导、基层支部主任、非公企业主代表、部分新老骨干会员。（7）区委主委助理顾孟迪教授参与课题调研,担当多项主体课题调研任务,并撰写《“三区联动”促进闵行区科技创新与社会经济发展的机制研究》、《关于园区与区域经济联动发展的思考》、《关于以科技手段促进我区节能减排的建议》等调研报告。 （唐士奇　喻萧萧）

【参政议政】 （1）在区政协四届三次会议上,民建区委作《促进志愿者组织健康发展,助推和谐闵行建设》的大会发言。（2）在区政协四届三次会议期间,积极提交提案,反映社情民意。其中《对治理占道设摊几点思考》的建议获优秀提案奖。（3）民建区委与区经济委员会结对,民建区委主委助理顾孟迪教授给结对单位区经委作《当前经济形势报告》,为区经委决策提供参考依据,充分发挥民建会员参政议政优势。（4）民建区委主要领导参加中共闵行区委召开的双月座谈会、区情通报会,参加区人大、区政协实事工程视察活动。 （唐士奇　喻萧萧）

【社会服务】 春节前夕和盛夏时节,对生活有困难的老领导、老会员、年老多病会员进行帮困送温暖活动。民建区委在企业会员潘国乔的大力支持下,敬老节组织部分老会员赴千灯古镇一日游活动。潘国乔还热心慈善事业,在莘庄镇敬老院开院之际捐款5万元。 （唐士奇　喻萧萧）

【获奖】 2010年1月13日,根据民建市委十一届十次党委会议通过的《关于开展先进支部评选活动的决定》,经民建市委十一届十二次常委会审议决定,民建闵行区委第六支部被评为2007—2009年度先进支部。 （唐士奇　喻萧萧）

(四) 中国民主促进会闵行区委员会

【概况】 2009年,中国民主促进会闵行区委员会会员297人,其中新发展会员5人,转进3人,转出2人,去世1人。女会员149人,40岁以下38人,41—50岁80人,51—60岁49人,61—70岁82人,70岁以上48人,平均年龄56.3岁。文化教育界196人,医卫界33人,科技界29人,经济界15人,其他界别24人。具有大专以上文化程度者252人,高中级职称者276人。主委柯碧华,副主委李文伯、王浩,委员张辰、安莉、李雷、陈纪平、金慧频、赵金海、徐中杰、蔡惠铭,秘书长黄惠琴。下设12个支部。 (黄惠琴)

【重要会议】 (1)1月11日,民进区委在莘城学校召开全体会员大会,总结2008年工作,表彰2007至2008年度会务工作先进个人,传达民进中央第十二届二中全会精神。(2)7月9日,民进区委举行"纪念民进上海市委成立60周年"座谈会。(3)10月28日,民进区委召开与中共基层党组织恳谈会,邀请区各相关镇、街道、委、办、局、学校的基层党组织领导和上海交大、华东师大党委领导参加。(4)11月30日,民进区委召开区委扩大会议,学习中共十七届四中全会精神,解读《中共中央关于加强和改进新形势下党的建设若干重大问题的决定》。(5)12月24日,民进区委召开区委会议,向委员通报民进闵行区委主委柯碧华因患重病,需较长时间治疗。经民进市委讨论,决定由区委副主委王浩临时主持民进闵行区委工作。 (黄惠琴)

【重要活动】 (1)为配合民进区委开展"我为世博献一计"活动,结合庆祝三八妇女节,区委于3月8日,组织部分女会员、中青年工作组成员及近二年入会的新会员参观"中国2010年上海世博会展示中心"。(2)5月24日,民进区委组队参加民进市委下属12个基层委员会在浦东新区建平中学联合举行的"庆祝民进上海市委成立60周年会史会章知识竞赛",获二等奖。(3)5月29日,与中共闵行区委统战部、区文广局及浦江镇政府共同协助民进上海市委在浦江镇世博家园举办"更美的城市、更好的生活、更深的情谊"——纪念中国民主促进会上海市委员会成立60周年暨迎世博文艺演出、医卫咨询活动。(4)8月21、22日,民进闵行区委举办2009年度"学习贯彻科学发展观,切实履行参政党职能"为主题的暑期学习班。(5)9月12日,民进闵行区委与民进上海交通大学委员会、民进华东师范大学委员会在七宝幼儿园联合举行"纪念国庆60周年暨庆祝教师节"歌咏活动。 (黄惠琴)

【参政议政】 (1)在区政协四届三次全会上,民进区委递交2份提案,个人提交提案19份。其中集体提案《关于进一步推动全民参与非物质文化遗产保护的建议》被列为2009年区政协重点提案,并被评为优秀提案。(2)3月17日,民进闵行区委邀请部分文化界会员召开参政议政专题讨论会,对2009年民进区委拟开展文化建设方面的调研课题进行专门研究。(3)在中共闵行区委统战部的牵头下,2009年民进闵行区委与闵行区文广影视管理局开展结对共建活动。双方建立合作交流机制,利用民进区委的人才资源优势,利用文广影视管理局的工作平台,对闵行区文化发展规划中的社区公共文化服务体系再建设开展调研,调研工作历时5个月,形成《关于进一步完善我区公共文化服务体系建设的建议》的调研报告,并在统战部举行的论坛上作交流,为政府部门制定第十二个五年规划提供决策参考。(4)全年区委收到社情民意60多份,其中《加快社会主义新农村建设是应对金融危机的重要手段》、《医疗保障制度不完备是制约老百姓消费的重要原因》被民进市委录用并被报送至市委统战部、市政协、民进中央。(5)11月,民进区委着手对2010年区政协大会发言和集体提案进行讨论、立项。对如何提高家长的教育素质,培养家长教育子女的能力做调研,为政协四届四次大会发言做准备。 (黄惠琴)

(五) 中国农工民主党闵行区委员会

【概况】 至年底,农工党闵行区委党员318人,其中男性172人,女性146人,平均年龄55.8岁。2009年,区委发展新党员5人,其中男性1人,女性4人,平均年龄38.6岁。大专以上学历305人,占95.91%;中专13人,占4.09%;医卫界

163人，占51.26%；文教界49人，占15.41%；科技界75人，占23.59%；经济界17人，占5.34%；其他界别14人，占4.4%；高级职称172人，占54.09%，中级职称146人，占45.91%。区委班子组成人员：主委姚经建，副主委王余民、李爱红，秘书长胡政，区委办公室设专职干部1名。

（朱海峰）

【重要会议、活动】 全年召开区委（扩大）会议12次，主委办公会12次，15个支部年平均组织生活9次。(1)3月24日，农工党闵行区委与闵行区卫生局在区疾控中心会议室举行结对共建启动仪式。会上，中共区卫生局党委常务副书记谈德第和农工党闵行区委主委姚经建分别介绍各自单位的情况，会议审议通过《闵行区卫生局、农工党闵行区委关于建立联席会议制度的实施方案》，与会双方初步商讨并确定共同调研课题的框架和方案。(2)12月23日，农工党闵行区委在华东师大闵行校区组织召开“区校共建、党派联动”参政议政专题交流会议，中共华师大党委副书记罗国振，农工党中央常委、上海市委副主委、全国政协委员叶建农，上海市人大常委、农工党上海市委专职副主委姚俭建，中共闵行区委常委、区政协副主席、统战部部长李梦麟等出席，会议由农工党华东师大主委丁金宏主持。黄林鹏代表上海交大直属支部作调研报告《“校区联动”和跨界、交叉学科中项目与课题的开展》，吴瑞君代表华东师大委员会作调研报告《关注民生、服务发展，积极行使参政议政职能》。会上针对区校共建、参政议政工作展开讨论和交流。

（朱海峰）

【参政议政】 1月，区政协四届三次全会上，农工党区委作《政府主导，完善残疾人就业服务体系》的大会发言，受到中共区委和区政府领导的重视；提交以农工党闵行区委名义的集体提案3件，全部得到政府相关部门的答复，其中《迎世博，创建绿色交通》的提案被列为重点提案，被评为2009年区政协优秀提案。农工党区委年内成立课题组，完成3个专题的调研报告：《探索高级医务人员跨院互聘机制可行性》、《推进养老服务储蓄机制》、《关于闵行区公共场所控烟的几点建议》。

（朱海峰）

【社会服务】 10月24日，农工党闵行区委组织闵行区中心医院、复旦大学附属第五人民医院、区疾控中心、江川医院以及新闵律师事务所部分党员专家组成服务队，前往龙柏街道虹井居委开展为期半天的义诊、法律咨询活动。

（朱海峰）

（六）九三学社闵行区委员会

【概况】 2009年，九三学社闵行区委有社员418人，平均年龄57.6岁，具有大专以上学历402人，高级职称285人，占68.18%。科技界316人，医卫界57人，文教界24人，经济界21人。当年发展新社员9人，转进5人，转出2人。林富生任区委主委，夏红、李慧民、陈文军任区委副主委，曹珍富、李道季任主委助理，丁建新、王崇斌、许军、周任远、郑敏谊、赵玉、胡世红、施鸣、龚明红任区委委员，郑敏谊兼秘书长。下设14个支社。

（谭文琦）

【重大活动、会议】 (1)1月18日，九三学社闵行区委召开六届十二次区委扩大会议暨年终总结会议。会议从加强自身建设和履行职能等方面总结2008年度工作，部署2009年工作；传达市人代会精神；通报社区委在政协四届三次会议期间提交大会发言、集体提案和个人提案情况。(2)2月27日，九三学社区委与区科委召开“结对共建，合作共赢”第一次联席会议，就调研课题、调研方案、撰稿人等问题进行讨论确定。(3)3月31日，九三学社闵行区委召开“结对共建，合作共赢”工作推进会，讨论闵行区在经济发展方式转变中的瓶颈因素，咨询微电子、光电子、新能源、生物医药等产业发展规划，确定题为《依靠科技进步提升产业能级——大力发展先进制造业的战略思考》的调研课题和提纲。(4)4月21、22日，社区委中青年干部方玲、石淼、刘军、牟振英、周爱宇、陈蓉6人参加由中共闵行区委统战部和区社会主义学院联合举办的闵行区民主党派中青年干部学习班。9月2日石淼参加社市委暑期中青年干部培训班。(5)6月9日，九三学社区委与区科委联合召开“结对共建，合作共赢”课题调研座谈会。副主委陈文军代表课题组汇报课题调研报告第三稿“依靠科技进步提升产业能级——大力发展先进制造业的思考和建议”

的修改过程;区科委副主任宋运堂立足区产业结构现状和趋势,提出重点发展电子信息、先进重大装备、民用航天航空3个主导产业和新能源、生物医药、新材料3个新型产业,形成3+3产业发展格局的修改意见,副主委李慧民、主委助理李道季,课题特聘专家华东师大教授、博导沈玉芳分别就调研课题的内容、结构以及如何建议提出观点。(6)8月19、20日,18名(2007年下半年之后入社)新成员参加由中共闵行区委统战部与区社会主义学院联合举办的民主党派新成员培训班。(7)8月22日,九三学社闵行区委部分班子成员、老同志、支社代表等成员庆贺原九三学社闵行区委第一届主委郭纲朴九十华诞。九三学社上海市委秘书长沈洁,中共闵行区委常委、区政协副主席、统战部部长李梦麟,统战部副部长王秋明到场祝贺并送上关怀。(8)9月19日,九三学社闵行区委召开六届十三次区委(扩大)会议,认真学习中共十七届四中全会精神,林富生主委就学习《中共中央关于加强和改进新形势下党的建设若干重大问题的决定》作主题发言。(9)10月22日,九三学社闵行区委在区机关会议中心开展敬老节活动,近120名老年社员参加。(10)组织参加庆祝新中国成立60周年、人民政协成立60周年"辉煌六十年"书画摄影联展;以纪念新中国成立60周年和多党合作制度确立60周年为契机,开展诗歌征文活动,在《九三闵讯》开辟专栏进行交流。 (谭文琦)

【参政议政、民主监督】 (1)组织开展"我为应对国际金融危机影响实现'四个确保'目标任务献一策"、"对迎世博600天行动的建议"、"保增长扩内需面临的重大问题、非公经济面临的困难和问题"等信息征集活动。全年收到各支社反映的信息59条,其中《关于进一步加大名牌推进工作的建议》、《目前非公有制经济所面临的问题和困难》2条被社市委录用。(2)与区科委建立结对共建关系,年内共同确立《关于优化提升产业结构加快转变发展方式的思考》合作调研课题,就重点发展电子信息、先进重大装备、民用航天航空3个主导产业和新能源、生物医药、新材料三个新型产业,形成《依靠科技进步提升产业能级——大力发展先进制造业、创建科技先进区的思考与建议》调研报告。在8月召开的闵行区各民主党派课题调研论坛上作交流发言。(3)在市、区级政协、人代会上建言献策。九三学社区委在区政协四届三次会议上作题为《大力发展科技中介服务 推进企业技术创新》大会发言,并提交4件集体提案,其中许军委员执笔的《关于帮助科技中小企业渡难关的几点建议》获集体优秀提案。社内政协委员提交个人提案24件。汪峻委员提出关于"世博会期间开通多种世博专线巴士"的建议获区政协"我为世博献一计"金点子奖。在区四届四次人代会上,赵玉提交《关于闵浦二桥在江川路设一个轻轨站点的意见》等书面意见7件。在市人代会上,夏红提交《关于加强虹桥综合交通枢纽工程道路配套和文明施工,减轻施工对周边影响的建议》等书面建议3件。

(谭文琦)

【社会服务】 加强企业与大学校园的互动,促成多家企业与华东师范大学等高校进行毕业生应聘模拟演练;由科技委牵线搭桥,使一家民营科技企业与上海交通大学联姻,成立校企联合研究室。许军被聘为中国青年创业国际计划(YBC)上海市紫竹科学园区导师,并担任4个青年创业企业的导师和辅导者。 (谭文琦)

【获奖】 赵玉《超超临界1000MW等级汽轮发电机组开发研制》获2008年度上海市科技进步一等奖、《提高4 500 kW无刷励磁机可靠性》获2008年度上海市质量技术三等奖;顾越《改进型400MW燃气轮发电机》获2009年上海电气(集团)总公司科技进步一等奖、《提高4 500 kW无刷励磁机可靠性》获2008年度上海市质量技术三等奖;周任远获2008年度卫生部援助西部优秀奖;刘军《女性腹型肥胖患者低脂联素血症与胰岛细胞功能相关性研究》、龚静蓉《轻度超重的成人与睡眠紊乱和胰岛素抵抗的相关性研究》均获2008年度闵行区科技成果三等奖。(谭文琦)

(七) 中国致公党闵行区支部委员会

【概况】 2009年,中国致公党闵行区支部委员会有党员16人,平均年龄49.3岁,全部具有大专以上学历,高级职称7人,占44%。其中,科技界6人,医卫界2人,教育界2人,经济界1人。

2009年发展新党员3人,转进1人,转出1人,去世1人。孙康任主委,任成、杨森平、王小兰任委员。（王　薇）

【组织建设】 4月,发展王小兰、王薇、戴潇湘3名党员。另将严宝珊、何曙光、郭作鹏作为入党考察对象。8月,增补王小兰、杨森平为支部委员。（王　薇）

【重大活动、会议】 (1)年内,积极开展民主党派深入学习贯彻科学发展观活动。孙康、杨森平等作为闵行支部代表参加区委统战部组织的多项相关活动。(2)1月,闵行支部与上海交大支部举行联谊活动,邀请朱国泓作题为"金融危机与我们的距离"的专题报告。(3)7月,孙康主委参加市委组织的北欧出访团,宣传我国政党制度、统一战线、人大和政协等,同时介绍2010年上海世博会。(4)9月,支部党员团聚在区社会主义学院庆祝新中国60华诞。(5)10月,组织新老党员参观世博局,观看世博园区展示模型,同时庆祝敬老节,感谢老年党员为支部发展所做贡献。(6)10月,由支部委员杨森平任董事长的上海市升杰奇石园艺场送展的《东方雄狮》、《牛气冲天》2件作品被评为"迎世博极品石"。（王　薇）

【参政议政、民主监督】 (1)在区政协四届三次会议上,提交个人提案3件,其中《服务国家重点战略　嫁接海内外高科技企业　增强企业的核心竞争力》获优秀提案,并受到区政协表彰。(2)开展"结对共建,合作共赢"调研活动。组织支部成员赴区人保局、莘庄工业区留学生创业园、区科技小巨人企业等进行调研,完成《鼓励和引导高层次人才服务闵行区区域经济发展》调研报告1篇,并在区委统战部举办的"结对共建,合作共赢"调研成果交流会上作交流。(3)年内,主委孙康积极参加区双月座谈会、区政协主席会、政协常委会等会议,讨论十一五计划的执行情况,并参与十二五计划的规划制定工作。（王　薇）

【社会服务】 5月,参与致公党上海市委组织"5·12致公爱心基金"捐款活动,捐款4 050元。7月,开展捐资助学爱心行动,党员们分别以个人和集体的形式捐助浙江省磐安县6名品学兼优的贫困中小学生2009年第一学期费用6 370元。其中党员杨森平一人资助3名学生。（王　薇）

(八) 闵行区工商业联合会

【概况】 2009年,闵行区工商联围绕区委中心工作,主动应对国际金融危机带来的挑战,开展"暖冬"行动。年内举办3期法律、法规培训咨询活动。召开4次基层商会秘书长例会。至年底,工商联会员企业1 550户。年内发展新会员88户,纳税100万元,注册资金500万元,营业收入2 000万元以上有52户,占新会员的59.1%。（史红伟）

【参政议政】 组织和动员界别政协委员就民营企业如何在金融危机中求生存、促发展、保增长和构建和谐企业文化等开展调查研究。召开工商联界别人大代表和政协委员座谈会,商讨区"两会"期间的议案和提案。《关于发挥民营企业在保增长中作用的几点建议》等3件提案2009年被区政协评为优秀提案。（史红伟）

【上规模民营企业调研】 年内,区工商联对24家上规模民营企业集中开展调研工作。区工商联《上规模民营企业调研》获上海市工商联调研工作二等奖。（史红伟）

【调查研究】 由区工商联牵头,会同区统计局、经委对50户重点民营企业经营情况进行跟踪调查分析,完成4篇分析报告。其中"闵行区中小企业融资现状调查分析报告"得到市长韩正的重视并批转有关部门研究落实。（史红伟）

【工商联四届六次执委会】 7月14日召开,听取并审议区工商联主席尹文明作的四届六次执委会工作报告,通报2009年上半年会费收缴和使用情况。副区长程向民在会上通报上半年全区经济运行情况。区委常委、政协副主席、统战部部长李梦麟作讲话。区工商联80多名常委、执委参加会议。（史红伟）

【工商联主席会议】 全年召开3次。(1)1月8日,会议讨论2009年工作要点。(2)7月14日,会议审议通过四届六次工作报告、2009年上半年会费收缴和使用情况报告、闵行区光彩事业促进会换届方案和闵行区工商联四届六次执委会会议议程。(3)11月12日,会议通报工商联班子调整情况,并就闵行区光彩事业促进会第二届理事会会长、秘书长、常务理事、理事候选建议名单征求意见。 (史红伟)

【光彩事业促进会第二次会员代表大会】 11月26日在区机关会议中心召开,190多名代表和嘉宾出席。区委常委、区政协副主席、统战部部长李梦麟,区人大副主任凌耀松,副区长程向民,区政协副主席、区工商联主席尹文明被聘为区光彩事业促进会名誉会长。大会选举产生区光彩事业促进会二届理事会,修改并审议通过闵行区光彩事业促进会章程,总结并研究部署今后五年工作。上海日之升科技有限公司总经理陈晓东被选举为闵行区光彩事业促进会新任会长。 (史红伟)

【非公经济代表人士综合评价联席会议】 8月10—11日由区工商联牵头召开,推荐方加亮、虞明东、朱铭岳、郑晓东、李绥5位民营企业家为第三届上海市“优秀建设者”候选人。经市评选领导小组审定,方加亮、虞明东、朱铭岳3位民营企业家被评为第三届上海市“优秀建设者”,李绥被评为第三届上海市“优秀建设者”提名奖。 (史红伟)

【校企合作签约大会】 10月29日,闵行区召开非公有制企业科技顾问团聘任仪式暨“校企合作协议”签约大会。来自上海交通大学等3所高校的10名教授被区工商联聘为“闵行区非公有制企业科技顾问团”顾问,上海交通大学等3所高校分别与上海南大集团公司等6家企业现场签约“校企合作协议书”。 (史红伟)

【举办第五期民营企业家研修班】 2月23—28日,区委组织部、统战部、党校、综合工作党委、社会主义学院和区工商联在闵行区委党校联合举办“闵行区第五期民营企业家研修班”,近50名民营企业董事长、总经理参加。 (史红伟)

【闵行首家基层商会分会在莘庄镇成立】 7月8日,工商联莘庄镇商会经济城分会成立暨第一届会员大会在莘庄镇会议中心召开。年内新发展的32家会员企业负责人出席会议,并听取镇商会经济城分会成立工作筹备组的筹备工作报告,通过镇商会经济城分会第一届会员大会的选举办法和一届执委会候选人建议名单,选举产生镇商会经济城分会第一届执委会领导机构。 (史红伟)

【闵行第一家行业商会成立】 10月13日,区工商联召开汽车配件用品业商会成立仪式暨第一次会员大会。大会审议通过《上海市闵行区工商联汽车配件用品业商会章程》,选举产生第一届理事会组成人员。会员单位代表在成立仪式上发表诚信宣言。 (史红伟)

【民企向莫拉克受灾地区献爱心】 莫拉克台风肆虐中国台湾及福建地区后,闵行区光彩事业促进会捐赠人民币各10万元。上海杰事杰新材料股份有限公司、上海思源电气股份有限公司、上海九星控股(集团)有限公司等部分工商联执常委捐款人民币60余万元。 (史红伟)

【公务礼品拍卖捐赠】 3月12日,区工商联组织开展公务礼品拍卖款捐赠仪式,10余家企业代表参加,12件拍品拍卖捐赠资金127万元,全部捐赠给上海市老年基金会闵行分会。 (史红伟)

【区光彩事业促进会积极帮困】 春节期间,区光彩事业促进会出资40万元,对浦江镇、吴泾镇、马桥镇和江川路社区(街道)400户贫苦家庭进行帮困。出资60万元,在云南省广南县莲城镇、贵州省大方县鸡场乡各援建一所希望小学和一处教学楼。向山东省寿光市孙家集街道三元朱村捐赠150万元用于“乐义果菜技术推广计划培训”项目。 (史红伟)

【百名非公企业人士慰问消防官兵】 7月28日,来自全区各镇、社区(街道)、莘庄工业区百名非公企业人士深入浦江杜行消防中队走访慰问。闵行区新经济组织拥军优属协会副会长、上海联

洲物流有限公司董事长潘德强向中队指战员送上高温慰问品。（史红伟）

【企业家赴都江堰拥军慰问】 5月19日，区委常委、区政协副主席、统战部部长李梦麟，区委统战部副部长（兼）、工商联党组书记、新经济组织拥军优属协会副会长李正东，率领区新经济组织拥军优属协会成员单位的企业家赴四川省都江堰市蒲阳镇进行慰问活动。重点慰问5位伤残军人及17名烈士家属。（史红伟）

【先进表彰】 区工商联副主席、上海日之升新技术发展有限公司总经理陈晓东获第三届全国“优秀建设者”称号；区工商联副主席、上海九星控股（集团）有限公司董事长吴恩福获“中国功勋村官”；区工商联执委、上海洋帆实业有限公司董事长刘锦荣获“全国关爱员工优秀民营企业家”称号；区工商联常委、上海大华汽车服务有限公司董事长吴桂明获“全国优秀复员退伍军人”称号。（史红伟）

（本栏目编辑　庞　宇）

(一) 闵行区总工会

【概况】 区总工会辖有镇、社区(街道)总工会,莘庄工业区及委、局、公司工会36个,基层工会5 424个,覆盖各类单位1.42万个,职工51.53万人,工会会员48.58万人,其中女会员21.18万人。年内,开展"暖冬行动",引导企业实现"稳员增效"。组织开展送政策、送慰问、送医疗、送捐助、送岗位、送技能、送法律、送助学等活动,8 000多名职工接受服务,2 000多名困难农民工、1 916名本地下岗职工得到资助。组织2 700多名职工参加60期岗位技能培训;组织7.34万名职工参加32项技能竞赛;组织职工提出1万多条合理化建议。组织1万余家企事业单位47万余名职工开展清洁岗位、擦亮窗口、整洁环境"三五"集中行动,在交通、环卫等行业开展"迎世博、作贡献"优质服务竞赛活动。在推进工会组织建设方面,外商投资企业新建会81家,世界500强企业新建会7家。全年新增会员4.4万人,年增长率10%;新增基层工会组织710个,年增长率14%;建会单位数新增1 758个,年增长率14%。33%的基层工会主席由公推直选产生。建立健全区域性行业工会,新建闵行区纺织行业工会联合会。在莘庄镇、梅陇镇等6个来沪人员集中居住点建立工会服务站。在10家企业建立实验平台,在全区工会系统建立短信平台,在251家规模企业和外来人员集中居住点设立工会信箱。全区11 368家单位实行厂务公开,涵盖职工45.36万人,其中建立职代会制度1 583个,建立职工大会制度2 378个;新签订集体合同233份,新签订工资专项合同228份。新建立企业劳动争议调解组织171个,累计2 583个。(叶民强)

【实施"万名职工心理健康知识培训"】 年内,成立"职工心理援助项目(EAP)"课题组,设计《闵行区职工职业发展与心理健康调查问卷》,统计分析形成调查报告;在世界精神卫生日举办大型心理健康知识普及活动,发放宣传品2万多份,接待职工咨询2 000多人;送给一线职工1万多册书籍。成立"闵行区心理咨询协会",挑选20名咨询师组成培训团队;制定心理健康知识培训菜单,开展《金融危机下的员工心理辅导》、《金融危机后的组织弹性建设》等专题培训。(俞龙祥)

【窗口行业举行迎世博演讲比赛】 年内,区重点服务窗口行业围绕"迎世博,满意在窗口,服务见行动"主题举行演讲比赛,经初赛、复赛、决赛,古美路社区事务受理服务中心获一等奖。(俞龙祥)

【举办职工科技创新研修班】 以"闵行区工人发明家"、"闵行区职工科技创新英才"及部分企业的职工为对象,举办职工科技创新研修班,邀请老师作"创新思维与实践能力的培养"讲座;研修班学员的成果在第十八届全国发明展览会、第七届GENIUS-EUROPE(欧洲天才)国际发明博览会上屡获殊荣。(俞龙祥)

【引导职工增强主人翁意识】 组织10万多名职工完成"世博知识"培训,组织1.7万多名农民工完成“迎世博基本素质”教育培训,组织6万多名职工完成“迎世博,学双语”培训;以文化为媒介,开展“职工文化园区行”、“六大杯赛”职工文体活动,其中“园丁之声”闵行教师合唱团获第三届上海市“五一文化奖”十佳职工文化特色活动,在“为农民工送文化”活动中融入世博知识。全年进工地放映电影420场,开展慰问演出6场。 (洪 岩)

【建立劳动争议预警调解工作机制】 区总工会在全区范围内牵头建立劳动争议预警调解机制。组织开展面向企业和劳动者的劳动法律政策法规宣传教育活动。在企业内部建立职工诉求表达机制、劳动生产安全防护机制和平等协商集体谈判制度,推动企业建立健全内部民主管理制度和参与“劳动关系和谐企业”创建活动。建立化解劳资纠纷的预防调解机制,完善区、镇(街道)、村(居委)、企业劳动争议调解四级网络,推进企业劳动争议调解委员会的组建,建立健全职代会制度,开展行业性、区域性集体协商。协调各相关部门建立劳动争议涉案企业法定代表人、负责人逃逸预警机制。 (乔世苏)

【区总工会建立劳动争议预警调解工作室】 年内建立。主要职责:指导基层开展劳资纠纷预警防范工作,畅通职工诉求渠道、及时提供劳动法律咨询等;参与全区重大群体性劳动争议纠纷的处理工作,协调相关职能部门共同化解纠纷;指导基层建立健全劳动争议调解组织。区总工会指派专人负责工作室日常事务。 (乔世苏)

【举办创建劳动关系和谐企业暨工资集体协商培训班】 培训班由区总工会、区人力资源和社会保障局在年内联合举办,就工资集体协商、规范劳动用工、和谐企业创建申报等工作进行专题授课,共举办14期,历时3个月,培训全区工会主席、人事干部3 000余人,覆盖企业2 000余家。 (汤 怡)

【建立“对群体性劳资纠纷平息后企业回访制度”】 回访由区总工会机关干部和企业所属系统(地区)工会干部年内共同实施。回访主要是了解纠纷协商协议的执行情况和影响协议履行的隐患等,提出整改意见;提出建设和谐劳动关系工作要求;跟踪指导企业和谐劳动关系建设进展情况。 (范茂盛)

【深化“法律进企业”活动】 区总工会组织职工维权律师团律师与各镇、街道、工业区结对,定期向职工提供法律咨询;同时参与群体性劳资纠纷的化解工作,为发生纠纷的企业、职工提供咨询与服务。向基层发放法律书籍2万余册。组织万余名职工参与全国法制动漫、书画作品征集活动及“2009年百家网站法律知识竞赛”。 (刘 芳)

【开展“关爱女职工健康行动”】 年内,首次通过社会捐赠的方式募集慈善资金,开展“关爱女职工健康行动”妇科体检进企业活动,全年1 600余名外来女工受益;针对金融危机下职工普遍焦虑的心理状况,以政府实事项目开展万名职工心理援助计划(EAP),近5 000名女职工受益;举办女职工心理健康和婚姻家庭专题讲座152场,培训女职工8 389人。 (杭梅娟)

【推进世界500强企业组建工会】 区总工会与基层工会坚持上门与企业沟通,讲解世界500强企业组建工会的必要性和紧迫性,宣传工会法等相关法律法规。各级工会帮助企业熟悉了解工会运作的具体要求。2009年7家世界500强企业建立工会组织。 (胡 译)

【着力构建党工共建新格局】 坚持把党建带工建、工建服务党建作为推进党建和工会组建的有效机制。坚持以《闵行区区域党建联席会议制度(试行)》规定的“九项制度”为主要内容,年内探索建立互联、互补、互动的区域党建单位工会共建新格局。聘任基层党群工作者担任工会组建工作指导员。 (许向东)

【推进区域性、行业性工会建设】 全面推进村级工会联合会和行业工会联合会建设,已建立村级工会联合会163个、区(镇、街道)两级行业工会9个、小区工会70个、商务楼宇工会16个、一条街工会2个,覆盖工会组织4 161家,会员33.7万人。 (许向东)

【区纺织行业首届职工暨会员代表大会】 12月30日召开,来自全区纺织企业133名职工暨会员代表参加。会议通过《闵行区纺织行业职工暨会员代表大会章程》,选举产生第一届工会委员会和女职工委员会。 (许向东)

【推进“来沪人员集中居住点工会服务站”建设】 在莘庄镇、梅陇镇、江川路社区(街道)等6个来沪人员集中居住点建立工会服务站,开展就业帮扶、生活救助、医疗互助、法律援助、心理咨询热线、“职工书屋”和“为农民工送文化”等活动。 (许向东)

【举行《中国工会章程》知识竞赛】 5月18—29日,闵行区总工会举行《中国工会章程》(修正案)知识竞赛。竞赛以区总工会网站为平台,采取网上答题的方式。全区8 000多名工会干部参加竞赛。 (胡 译)

【举办“五个万名”职工科技节活动】 年内组织万名职工开展节能减排、增产节支等合理化建议活动,举办闵行职工技术创新发明创造讲座,评选闵行区职工“十佳”节能金点子;组织万名职工参观闵行科技成果展示;组织万名职工开展各类工种的技术比武活动,举办职工职业技能竞赛;组织万名职工参加普及心理健康知识专题讲座,提高职工心理素质;向万名职工赠送“迎世博”科普读物,开展世博知识进企业、进工地、进农民工集中居住地活动。 (叶民强)

【开展“迎世博上海农民工基本素质教育培训”】 全年组织1.7万余名农民工参加培训。与上海交大、东海职业技术学院等高校联合举办各类新型工种的技能培训和竞赛。组织农民工骨干参加初级工商管理(EBA)培训。组织农民工参加心理健康教育培训,开展心理咨询和心理干预。组织农民工参加学法用法各类主题教育活动,在由市总工会等九单位组织的“学法律、知荣辱、讲文明、促和谐”农民工风采大赛上,闵行区代表队获大赛金奖。 (叶民强)

【规范企业劳资关系信息报送工作】 2009年明确规定所属单位发生下列情况之一的都要及时报送:(1)企业一次性减员10人以上;(2)企业员工减薪;(3)企业拖欠职工加班工资、欠交职工社保;(4)企业经营发生困难,亏损严重;(5)企业歇业、关闭;(6)企业临时性停产或安排员工短期培训、休假;(7)因劳资纠纷引发的5人以上职工群体性事件。对于发生职工群体性事件,各级工会要在第一时间进行了解,在第一时间报告,积极协助政府和有关部门做好处置工作,把矛盾解决在萌芽状态,维护职工队伍和社会和谐稳定。 (叶民强)

【工会工作研究会注重制度建设】 在2009年完善4项工作制度:(1)研究信息工作制度。在区总工会网站上开设“工运研究”、“职工诉求”等栏目,编发《闵工简报》和《信息快报》。(2)联系基层团体会员制度。区总工会机关干部每人联系2—3个基层团体会员,了解情况,听取意见和建议,梳理归纳后,提出整改措施。(3)基层调研点工作制度。在全区选择10家单位作为基层调研点,开展“畅通职工诉求渠道”的调研和实验。(4)理论学习制度。个人制定年度读书计划,由研究会推荐书目,每季度举行理论学习交流活动,并以课题调研深化理论学习。 (叶民强)

【七宝镇总工会开展职工互助保障工作】 2009年参加在职职工住院保障4 077人,特种重病保障3 412人,女职工重病保障1 283人,意外伤害和伤残保障6 100人,退休职工住院保障958人。各类保障计划合计参保总量名列闵行区第一。 (叶民强)

【区教育职工合唱团在国际比赛中获金奖】 7月11日,在韩国庆尚南道省举行的2009年韩国世界合唱锦标赛上,上海闵行区教育职工合唱团获得本届世界合唱锦标赛混声组金奖。 (叶民强)

【闵行区总工会财务工作获全总、市总表彰】 2009年度,闵行区总工会获“全国总工会省属市级工会财务先进单位”称号和“上海市工会财务工作竞赛优秀奖”。 (叶民强)

(二)共青团闵行区委员会

【概况】 2009年,共青团闵行区委员会在编人员12人。内设团务工作部、基层工作部、学校少年部3个部室，挂闵行区青年事务局牌子，不计机构数，下设综合事务科。全区14—35周岁青年16.6万人，其中14—28周岁青年11.8万人。共青团闵行区委员会下属团员2.4万人。（凌　华）

【召开“青少年正面成长计划”暨“学校社会工作项目”展示研讨会】 1月14日，与区综治办、教育局、华东师范大学社会学系共同举办“青少年正面成长计划”暨“学校社会工作项目”展示研讨会，以“‘青少年正面成长计划’暨‘学校社会工作项目’成果分享与理论研讨”为主题探讨，对“正面成长”计划的项目化运营、教育公益营销的模式化探索进行交流。（凌　华）

【区青联举行2009各界青年迎新活动】 1月20日，在绿洲比华利花园会所举办“年轻，让世博更精彩”闵行区各界青年迎新活动，来自全区各条战线的100余名青联委员参加。上海世博局园区志愿者部副部长栗芳出席并作主题演讲。

（凌　华）

【召开共青团闵行区委员会四届四次全体（扩大）会议】 2月27日，在区机关会议中心召开。团区委副书记姚媚代表团区委常委会向大会作工作报告。全会审议并通过《关于共青团上海市闵行区第四届委员会委员卸职和替补的确认案》，表彰闵行区“五四”红旗团组织、“五四”特色团组织、政府实事工程项目及区委常委会重点工作优秀组织奖、共青团工作调研奖、优秀团干部等。区委常委、宣传部部长赵丹妮出席会议并作讲话。（凌　华）

【开展“青春世博”三五志愿服务行动】 3月5日，“ZHI在闵行”迎世博闵行区秩序（服务）文明青年志愿服务总动员启动仪式举行。区委常委、宣传部部长赵丹妮出席仪式，来自基层的团干部、青年志愿者骨干等100余人参与活动。首批秩序文明志愿服务涉及全区18个文明行路点、15个公交文明点以及6个轨道交通文明点，覆盖所有镇、街道和莘庄工业区。（凌　华）

【举办青年交友派对活动】 3月8日，由共青团上海市委、12355上海青少年公共服务平台主办，共青团闵行区委员会、白领俱乐部承办的12355“益友圈”绿色交友派对活动在马桥黄浦江水文化博物园举行，近百名“益友圈”的单身青年自发报名参加。5月16日，“世博之恋——闵行2009”系列交友活动在奉贤拉开序幕。69位来自闵行各行各业的单身青年通过自愿报名参与。

（凌　华）

【举办中学生社团文化系列活动】 4月22日，“承诺——奉献世博”中学生辩论邀请赛在交大二附中演讲厅举行。4月23日，“精彩——演绎世博”中学生微型话剧赛在西南工程学校多功能厅举行。6月11日，承办团市委、市教委、市学联主办的第五届上海市中学生社团文化节系列活动之“城市·生活·发展”中学生微型话剧比赛颁奖仪式。8月20日，闵行区中学生科技创意金点子大赛在七宝中学举行。9月22日，“展青春风采，抒爱国情怀”闵行区中学生新中国60周年辉煌成就主题教育活动在莘庄中学举行。（凌　华）

【“智”（挚）爱心连心志愿服务总结表彰会】 4月22日在启智学校召开，慈善基金会秘书长晨旭东、团区委副书记陈红铭、派安公司总经理徐蓓参加。（凌　华）

【闵行区红领巾巡访团成立】 4月24日，区少工委在莘庄镇小学举行“大小代表面对面，共话成长进行时”市少代会闵行区代表团组提案研讨会暨红领巾巡访团成立仪式。（凌　华）

【纪念五四运动九十周年暨“青春世博行动”总动员活动】 5月1日在闵行体育公园七彩广场举行，团市委副书记夏科家，区委副书记张路加，区委常委、宣传部部长赵丹妮，副区长连正华出席仪式，来自全区各界团员青年代表及志愿者代表600余人参加。夏科家和赵丹妮为闵行区世博志愿者工作站揭牌，张路加宣布闵行区世博志愿者招募工作启动。现场招募志愿者152人。（凌　华）

【举办青春世博系列活动】 5月6日，在中福会少年宫浦江青少年活动中心举办“闪耀青春年华，诗韵世博盛会”闵行区青年诗会（决）赛。7

月16日,在莘庄工业区举办“共建文明城区,同迎精彩世博”闵行区礼仪博客大赛。8月26日,在莘庄镇文化活动中心举办“画说文明礼仪”闵行区迎世博青少年1+1漫画大赛颁奖仪式。9月22日,组织“节能减排,绿色出行”闵行区“迎世博”绿手帕志愿团骑游环保宣传行动。 (凌 华)

【庆祝“六一”主题集会暨“童游闵行”世博欢乐体验营活动】 5月31日在浦江青少年活动中心举办,来自全区600余名少先队员参与。中国福利会副主席许德馨,区委常委、宣传部部长赵丹妮出席并观摩活动。区少工委向雏鹰世博文明行动的优秀个人颁发“雏鹰世博金(银)章”。区少工委制作的“童游闵行”红领巾世博护照在活动仪式上启用发放。 (凌 华)

【成立“闵行区青年创业服务链”】 7月18日,在区体育馆新闻发布中心举办“青年创业服务链”系列活动。团市委书记潘敏,闵行区区长陈靖,中国青年创业国际计划执行总干事张惠玲,区人大副主任凌耀松,副区长程向民、蔡小庆出席,2 895名大学生参与100多家单位2 000多个就业见习岗位的应聘,现场还举办创业青年沙龙和专家咨询等活动。 (凌 华)

【招募第十二批上海青年志愿者赴滇扶贫接力队队员】 8月17日,经组织推介和选拔,闵行区中心医院医生朱洪松和闵行区第四中学老师严红萍,前往云南开展为期半年的志愿服务,成为第十二批上海青年志愿者赴滇扶贫接力队队员。

(凌 华)

【举办闵行区“两新”组织青年麦霸赛】 8月29日,闵行区综合工作党委、团区委、“春申e站”网络俱乐部、“园外园”闵行区青年创新创业服务平台在莘庄仲盛世界商城广场共同举办“园外园”杯闵行区“两新”组织青年麦霸赛总决赛,来自203家企业的610名“两新”组织青年报名参赛。市社会工作党委副书记王希俊,闵行区委常委、组织部部长刘海涛,区委常委、宣传部部长赵丹妮,副区长程向民,全区“两新”组织业主、党组织负责人及青年代表近600人观看比赛。

(凌 华)

【召开第四届委员会第五次全体(扩大)会议】 9月1日,共青团闵行区委员会召开第四届委员会第五次全体(扩大)会议。团区委书记朱奕代表团区委常委会向大会作工作报告,回顾总结2009上半年工作,具体部署下半年全区团的各项工作任务。全会对共青团闵行区第四届委员会委员进行卸职确认。 (凌 华)

【“世界在你眼前,我们在你身边”百支志愿团队迎世博倒计时200天主题集会】 10月11日在闵行体育公园举行。活动邀请130家社团组织参与并进行现场展示。市委宣传部副部长、市文明办主任马春雷,区政协主席吴申耀,区委副书记张路加,区委常委、宣传部部长赵丹妮,团市委副书记邓小冬,闵行区人大副主任、总工会主席俞莉红,副区长程向民、连正华出席。 (凌 华)

【举行青少年迎世博倒计时200天暨建队日主题活动】 10月13日,“向祖国敬礼,为世博添彩”闵行区青少年迎世博倒计时200天暨建队日主题活动在实验小学举行。活动当天,全区95所中、小学举行统一的升旗仪式。市少先队名誉总辅导员沈功玲、中国少先队工作学会基础理论专业委员会主任段镇、市教委德育处副处长邹竑、区文明办、团区委、区教育局等单位相关领导出席活动。 (凌 华)

【闵行区青年志愿者协会第四届第一次会员大会】 10月26日在区机关举行,区委宣传部副部长、区文明办主任胡志宏,区民政局副局长、社团局局长李保平,团区委副书记陈红铭出席。会长张春燕代表协会第三届理事会作工作报告,大会表决通过《闵行区青年志愿者协会章程(草案)》、《闵行区青年志愿者协会第四届理事会成员名单(草案)》,选举产生新一届协会负责人,陆晓燕任闵行区青年志愿者协会新一届会长,林先燎、黄衍、葛楠任副会长。 (凌 华)

【开展“12·5我志愿”迎世博集中活动】 12月5日,全区34家委办局,街镇、工业区组织百余个团支部、上千名志愿者在全区各交通要道、商业圈等地,开展世博及文明礼仪宣讲、文明劝导行动、“ZHI在闵行”迎世博秩序文明青年志愿服务

总动员、清洁家园行动、爱心公益行动等一系列丰富多彩的志愿服务活动。（凌　华）

【召开区域团建座谈会】 11 月 4 日，团区委牵头组织召开区域团建座谈会，筹备建立区域团建联席会议，为闵行区域内的各级团组织搭建一个互相合作和交流的平台。参加会议的包括区域内的高等院校、工业园区、市属大企业等 24 家单位团组织。（凌　华）

【举行区青年创业计划大赛决赛暨颁奖仪式】 11 月 9 日，闵行区青年创业计划大赛决赛暨颁奖仪式于华纳风格酒店国际会议中心举行。团市委副书记陈凯，闵行区副区长蔡小庆，区青年事务局局长朱奕，市人保局就业处副处长顾国萍，上海发明协会副会长蔡懿出席。（凌　华）

【勘察闵行区世博会城市志愿服务站点外建站】 11 月 23 日，上海市文明办副主任朱响应带领上海市世博会工作领导小组志愿者组对闵行区世博会城市志愿服务站点外建站进行勘察，进一步明确世博会城市志愿服务站点选址、布点工作，区委宣传部副部长、文明办主任胡志宏，文明办副主任孟彦江，团区委副书记陈红铭陪同。（凌　华）

【启动团中央乡镇团组织格局创新试点工作】 年内，按照团中央下发的《关于在第三批深入学习实践科学发展观过程中认真学习贯彻党的十七届四中全会精神进一步加强团的基层组织建设和基层工作的意见》和《共青团中央书记处专题会议纪要》部署和团市委关于推进乡镇团组织格局创新试点工作具体要求，团区委推荐浦江镇团委和古美路社区（街道）团工委对乡镇团组织格局创新试点工作进行探索。（凌　华）

（三）闵行区妇女联合会

【概况】 2009 年，全区妇联组织加强学习，把握精髓，深入学习实践科学发展观，引领各界各层妇女参与社会建设；热情参与，全心全力，共奏文明精彩世博曲；凝心聚力，真情服务，帮扶弱势夯实群众基础；扩大覆盖面，增强凝聚力，提升妇联组织的社会动员力和工作影响力。年内，全国妇联授予闵行区首批“全国妇联基层组织建设示范区”称号，这是上海市唯一获此殊荣的区县。（乔　晶）

【举行庆祝三八国际劳动妇女节 99 周年表彰大会】 3 月 5 日，区委常委、宣传部部长赵丹妮，区人大副主任王胜扬，副区长、区妇女儿童工作委员会主任张辰，区政协副主席邹蜜蜂，市妇联组织部部长竺倩伟等领导，与区级机关、企事业单位女干部、女军人、军嫂、台商夫人代表 300 余人欢聚一堂，共庆三八国际劳动妇女节 99 周年。会议表彰荣获市、区 78 名“三八红旗手”和 29 个“三八红旗集体”，并启动区妇联 2009 年“巾帼建功、奉献世博”行动。12 支女性文艺团队在会上进行风采展示。（乔　晶）

【双学双比引领巾帼建功】 年内，进一步深化“双学双比”活动，引导妇女投身新郊区新农村建设。在全区 5 个镇、街道落实市妇联向日葵种植项目，组织浦江镇、马桥镇妇女代表参加市妇联举办的农家乐培训班。在全区 9 个镇开展“千村万户”信息化宣传普及工作，全年完成 26 726 人，完成率 111%，居全市第二；与区科委联合开展“送戏下乡”活动，400 多名群众收看以农村信息化为题材的多媒体科普滑稽戏《橘树下的婚礼》。（乔　晶）

【促进妇女创业就业】 年内，举办“女性招聘咨询专场”，全年推荐妇女就业 3 万多人次，办理女性就业备案登记 26 835 人。在广贤职业技术学校和派安职业技术学校成立“家政服务培训基地”和“妇女创业就业培训基地”，全年完成各类技能培训 4 500 人。承接市妇联“外来巧媳妇创业培训”和“居家创业女巧手”培训项目，完成培训 150 人。向区政府申请到对 2 000 名外来从业人员的培训补贴，同时向区慈善基金会申请 6 万元经费，解决 200 个本地失业失地妇女从事家政服务培训的补贴问题。举办家政服务员技能比赛，成立“闵行区家庭服务业沙龙”，搭建学习交流平台。关注女大学生就业问题，开展在校女大学生人数摸底、大学生就业问卷调查等工作，举行区女企业家与女大学生择业引航带教签约仪式,以优秀女企业家传、帮、教女大学生为特色,为女大学生提供为期1—2年的择业导航培训。与区人保局就业促进中心联合开展女性就业创业情况调查,形成《闵行区2009年度女性就业创业情况调查分析》调研报告。 (乔 晶)

【巾帼建功奉献世博】 开展“巾帼建功、奉献世博”行动,举办“迎世博”巾帼文明岗负责人培训,开设巾帼建功专题讲座。召开闵行区“上海市巾帼文明岗”创建检查评比会议,成功创建迎世博600天上海市巾帼文明岗60余家。开展“志愿劝导展英姿,巾帼示范迎世博”闵行区巾帼文明示范劝导行动,制作并发放6 500个巾帼志愿者标志、384套巾帼志愿者服装,在全区16个重点路口配备两个便民服务包;每月5日、15日、25日下午开展文明劝导,由家庭志愿者在重点交通路口进行文明过马路、文明驾车等交通文明劝导;每周六上午结合“星期六文明行动”,开展讲文明礼貌、遵守公共秩序和交通规则、维护公共形象和设施、爱护生态环境等多方面的文明示范行动。联合团区委、莘庄工业区妇联等举办“共建文明城区,同迎精彩世博”闵行区礼仪博客大赛,期间收到投稿博文150余篇。 (乔 晶)

【家庭教育提升文明素养】 开展“迎世博,建和谐之家”闵行区第十一届家庭教育宣传周活动,从“学习型家庭创建”、“和谐邻里一家亲”、“巾帼志愿展英姿”三大板块入手,开展“亲情友情皆是缘,奉献社区谱新篇”主题活动、“红飘带在传递”——家庭志愿者签名活动、家庭志愿者与孤老爱心传递活动、慰问参与巾帼文明示范劝导行动志愿者活动等,呈现新时代和谐融洽的邻里关系和志愿者的感人精神。围绕推动家庭成员知识化、家庭教育科学化、家庭生活文明化、家庭环境净化美化绿化的目标,广泛开展丰富多彩的学习型家庭创建活动,全区创建100户上海市学习型家庭。开展2009年上海市首次“科学育儿进社区”活动,把开放式的亲子课堂办到居民家门口,让更多家长学习科学育儿知识。依托区家庭教育指导中心,集中对20名外来务工人员子女学校专业家庭教育指导员进行培训,提升进城务工家庭的家庭教育水平。闵行区现代家庭教育研究指导中心被推荐为全国示范性家庭教育研究指导中心。 (乔 晶)

【节能减排引领绿色生活】 联合区科委、经委、文明办、发改委开展“迎世博节能减排家庭社区行动”。成立节能减排宣讲志愿者队伍,开展绿色超市活动、节能产品咨询推介、家庭环保制作展示等活动,向全区户籍家庭发放节能减排宣传册35万册、环保袋35万个,向全区困难家庭赠送节能灯5.5万个。启动“节能减排家庭社区行动公共满意度评价”,节能减排项目群众知晓率98.1%,满意率88.9%。开展节能减排家庭社区行动总结和评估,评选、表彰节能减排示范社区、节能减排家庭。“节能减排家庭社区”项目被评为上海市“迎世博贡献奖——优秀创意项目贡献奖”。 (乔 晶)

【妇女健康实事项目惠民利民】 全年为3.7万名退休和生活困难妇女免费妇科及乳腺病筛查,患病12 735人,确诊癌症40例,患病率34.42%。着力完善后续援助机制,设立“闵行区妇科重症关爱项目”,每位筛查出妇科重症的妇女至少得到二年的帮扶补贴。通过市、区慈善基金会、区女企业家和区“暖冬计划”项目,落实15万元帮扶97名妇科重症妇女。表彰2008年度实施政府实事项目先进集体、先进个人。配合区政研室、发改委等部门,参与2008年度政府实事项目进行后评价。闵行区妇儿工委被评为2008年市政府为“30万退休和生活困难妇女免费提供妇科及乳腺病筛查”实事项目优秀组织奖。 (乔 晶)

【关爱援助项目帮困】 联合区民政局、慈善基金会举办“爱心点亮希望,快乐伴我成长”自强队员迎世博8·18主题活动,向100名自强队员发放助学金16.12万元。六一节期间,开展各类庆祝、走访慰问活动,邀请区四套班子领导和社区自强队员、来沪儿童家庭一起欢庆节日。开展自强队员与困难家庭未成年子女帮困助学行动日活动,走访慰问125名特殊对象未成年子女,为其送上慰问品和学习卡。配合市科学育儿基地完成“送光明、送美丽、送爱心”近视眼镜慈善捐赠活动,为39名困难学生发放眼镜券。对全区特殊人员未成年人子女进行梳理,86名需要关爱的特殊人员未成年子女与妇联志愿者进行结对。

对生活困难女性艾滋病人进行走访探望。定期走进区看守所开展帮教活动，为女服刑在教人员送去棉衣50件、法律励志书籍300本。（乔　晶）

【反家庭暴力】　在全市率先将“家暴案件受理点”向100个社区警务室延伸。对原《家庭暴力案件受理记录册》进行修改完善，建立基层妇联上报家暴统计情况的月报制度。在全区开展“零家庭暴力小区”创建工作，制发《关于在全区开展“零家暴小区”创建工作的通知》，提出4个100%的创建目标，即：妇女对家庭暴力处理方法知晓率100%，反家庭暴力组织建立率100%，反家庭暴力介入率100%和反家庭暴力小区的创建率100%。（乔　晶）

【普法维权】　开展“法律进家庭”活动，大力宣传《宪法》、《妇保法》、《婚姻法》、《劳动法》等法律法规。开展2009年“三八”妇女维权周活动，参与维护和保障女职工权益的劳动专项检查和咨询活动，检查各类用人单位13户，涉及从业女职工2 544人，发现9户用人单位存在违反劳动保障法律法规的行为，令其整改。推进《妇保法》、《实施办法》的司法引用，与区法院达成在民一庭和颛桥法庭建立“妇女儿童维权合议庭”的合作协议，3名妇联干部担任人民陪审员。推进“平安家庭”创建工作，在市“平安家庭”创建工作考核评估中名列前茅。（乔　晶）

【参与维稳】　制定并下发《关于在我区妇联组织中开展参与维护社会稳定工作的指导意见》，2009年，区妇联机关干部和街镇妇女干部结对包案15件，7件主要涉及动拆迁，其中6件已完成；全区638名妇女干部主动参与动拆迁工作，完成居民动迁5 000余户，企业动迁500余户。建立全市首个区级层面的疏导调解邻里和家庭矛盾的民间组织“闵行老舅妈”工作站，覆盖全区各镇、街道、莘庄工业区以及部分村（居）委。至年底，闵行区涓涓老舅妈工作站受理群众来访386起，成功调解87起。全年接待处理来信13件、来访149起、来电215件、来邮6件，提供法律援助12件。联合区法院，对全区信访数据进行统计分析，撰写《当前婚姻家庭中妇女权益维护的难点问题及对策研究》调研报告。对全区妇联系统信访接待典型案件进行收集、整理，召开案例交流和研讨会，印制《维护合法权益，构建和谐家庭》普法教育读本。在全市率先建立“妇联维权服务数据系统”，开通78个工作点，实现全区三级妇联信访网络试运行。（乔　晶）

【启动妇女儿童发展规划】　2009年，区妇儿委及相关成员单位就闵行区实施妇女儿童发展规划情况接受人大调研及人大代表的询问。启动《闵行区妇女儿童发展十二五规划》编制工作，制定“十二五”规划编制工作方案，成立“十二五”编制协调小组，针对新时期妇女儿童发展中热点难点问题，邀请社会学家、市妇儿工委领导对妇女儿童干部开展培训。（乔　晶）

（四）闵行区科学技术协会

【概况】　2009年，闵行区建成科普公园3个，科普一条街3条，资助镇级科普活动中心5个。至年底，全区有3个国家科普教育基地、15个市级科普教育基地和19个区级科普教育基地。2009年，在全国县级科协科普工作条件测评中，闵行区科协名列全国第三位；在全国县级科协科普工作绩效测评中，闵行区科协名列全国第六位。

（盛酉红）

【开展“讲、比”活动】　2009年，闵行区科协以“讲、比”（讲理想、比贡献）活动为抓手，联合区发改委、国资委、总工会、团区委、妇联等部门共同开展“我为闵行作贡献”演讲比赛，动员全区科技企业和广大科技工作者以实际行动为闵行科学发展建功立业。通过预选赛和复赛，9名选手进入总决赛。12月28日，2009年闵行区科协年会暨“讲理想、比贡献”——我为闵行作贡献演讲比赛总决赛在上海航天设备制造总厂举行。来自马桥镇科协、青少年科技辅导员协会和“三老”促进会的代表作交流发言。（盛酉红）

【沪港科技合作研讨会】　以“聚科技智慧，与世博同行”为主题的2009沪港科技合作研讨会10月29日在沪开幕。来自两地的200多名政府官员、专家学者和企业界人士出席会议，并围绕“交通、信息技术与世博”、“金融危机形势下的基建发展”和“科技创新与企业发展”3个子议题展开交流讨论。研讨会由上海市科学技术协会、香港工程师学会和闵行区人民政府共同主办,会期2天。研讨会还组织闵行区近40位企业家代表就“科技创新与企业发展”专题与香港代表、市级学会专家进行面对面交流。（盛西红）

【2009长三角青少年科技创新月活动】 10月17日在闵行区七宝中学举行。活动由上海市科协、浙江省科协、江苏省科协和闵行区人民政府共同主办,来自上海、江苏、浙江等地的1 000多名中小学生和科技教师参加系列活动。学生们探讨科技创新的热点难点问题,教师们探讨青少年科技教育工作的方法、经验、设想。青少年科技创新月活动创立于2002年,每年10月中旬举行。2007年苏浙沪三省市科协首次联手,共同将创新月活动打造成为一个长三角青少年科技教育的合作平台,并通过该平台,推动更多区域性青少年科技活动的开展。（盛西红）

【2009闵行科技节】 5月16—22日举行,主题为“携手建设创新型国家——引进 消化 再创新”。2009年的科技活动周由主题活动、展览展示、学生创新、科普论坛、评选表彰、社区活动、国际交流、网络宣传八大板块组成。期间全区组织1 281项科普活动,其中国际和市级项目6个,总计20多万人次参加。在2009年闵行区科技节上,成立闵行区首个专业科普工作机构——“王世杰科普工作室”。该工作室的两大特色是为盲人讲科普电影和趣味科普秀:为盲人讲电影是运用讲解的方式帮助广大盲人朋友更真切地感受电影,享受电影带来的乐趣;趣味科普秀则用时尚、有趣的表演方式解说群众身边的科学,使人们理解科学,爱上科学。（盛西红）

【创建上海市科普示范社区】 2009年,浦江镇和江川路街道成功创建成上海市科普示范社区,上海上房园林植物研究所、上海城市蔬菜产销专业合作社和闵行污水处理厂3家单位成功创建成为2009年度上海市科普教育基地。（盛西红）

【双休日“科技下乡、科普进社区”】 闵行区科协坚持每月2次组织机关党员、干部、有关区级学会和高新技术企业深入到各镇、街道、莘庄工业区的社区和农村开展“双休日科技下乡、科普进社区”活动,为居民宣传科技政策,发放科普资料,组织科普猜谜和版面展示等。全年在社区和农村发放《地震应急须知》、《专利知识小册子》、科技政策和节能减排小册子、《老年人常见病防治》、《都市农业》和《新生活的起点——进城务工人员知识读本》等科普图书资料65 000余册,组织科技专家现场咨询200余人次。全年各项科普活动受众面达80万人次。（盛西红）

【人均科普投入14.33元】 从科普工作的社会公益性出发,坚持科普投入以区、镇二级财政为主导,并遵循市场经济的运行规律,积极引导和吸纳社会资金,同时努力争取区以外的科普资金落地闵行,并加强对科普经费的管理,“开源节流”,形成多元化的科普投入机制。2009年区财政科普专项经费投入1 290.03万元,比上年增长21.63%,人均科普投入14.33元。（盛西红）

【公众科学素养调查报告】 至年底,闵行区已连续2次被中国科协命名为全国科普示范城区,科普事业一直以来都走在全市区县前列,在《2008年闵行区公众科学素养调查报告》数据显示:闵行区公众科学素养的总体达标率(即具备基本科学素养的比例)15.8%,这一水平高出上海市平均水平1.4%。（盛西红）

【“科盛杯”闵行区第四届青少年发明创造大奖赛】 4月25日决赛暨颁奖大会在文来中学举行,此次大赛参赛作品100余件,参赛学校30多所。经过专家评审,评出一等奖2项,二等奖6项,三等奖12项,优胜奖20项,优秀组织奖3家。（盛西红）

（五）闵行区归国华侨联合会

【概况】 2009年,根据市侨联的工作要求,新成立华漕、颛桥、吴泾等3个侨联分会。至年底闵行区建成各类“侨之家”活动基地近30个、工作片30个、工作(联络)小组近70个;拥有各级侨联联络员230余人、侨界志愿者330余人和侨联通讯员近10人。区侨联获2009年度上海市侨联信息工作先进奖、《上海侨讯》刊物优秀组织奖和《上海侨讯》刊物优秀通讯员等称号。在市侨联的年度工作考核表彰中,虹桥、梅陇、江川、七宝4个侨联分会获上海市“特色侨之家”荣誉称号;严宝珊等6人获上海市“优秀侨联联络员”称号。区侨联副主席王飞麟获全国侨联、中侨办联合颁发的全国归侨侨眷先进个人称号。

（史嘉安）

【届中调整】 11月12日,区侨联召开全委会,王勤因工作调离闵行区,不再担任区侨联主席(兼)的职务;会议选举通过彭炜林为区侨联主席(兼),同时增补3名区侨联委员。（史嘉安）

【理论学习】 全年组织、参加各类报告会、学习交流会80余次,参加人数6 000余人,撰写各类调研报告、学习体会100余篇;编辑《闵行侨讯》四期;向市侨联及各类刊物投稿300余篇;组织外出学习参观考察活动30余次、参加者近1 000人次;机关人员接受各类培训3人次。（史嘉安）

【维护侨益】 年内,区接待侨界群众来信、来访200多批次;各级侨联分会信访接待80余件,全都做到“件件有着落,事事有回音”。同时,解决10余起市、区级重要统战对象及其子女在求医、就学等方面遇到的困难,其中包括市政协港澳委、市侨联的重要工作对象;解决数家统战人士的公司、企业在财务、土地、人事等方面遇到的难题。（史嘉安）

【凝聚侨心】 年内,组织安排50多位老归侨参加免费体检;在春节期间,向全区200余户困难侨界家庭总计发放价值近6万元的慰问金和慰问品;在中秋、重阳、元旦等节日期间,先后投入资金10万余元,开展各类宣传、联欢50场(次)、参加近5 000人次;走访、慰问归侨侨眷2 000多人次。号召闵行区广大侨胞奉献爱心,援建北川中学,募集资金7.18万元;组织侨界群众学习宣传“迎世博行动计划”。（史嘉安）

【参政议政】 年内,侨界政协委员先后向市、区两级政协提出各类议案、提案20件,提供社情民意50多篇;部分被列为区政协的年度重点提案。

（史嘉安）

(六) 闵行区残疾人联合会

【概况】 截至2009年底,闵行区残疾人累计16 872人。其中肢体残疾人7 344人,占43.53%;智力残疾人3 237人,占19.19%;视力残疾人2 576人,占15.27%;精神残疾人2 026人,占12.01%;听力残疾人1 611人,占9.55%;言语残疾人50人,占0.3%;多重残疾人27人,占0.16%。全年投入助困、助学、助医、助养、助托、扶贫等社会保障资金588.51万元,使22 572人次贫困残疾人得到及时救助。1 570名残疾人参加各类职业技能培训,其中中高层次69名,核拨培训经费33.86万元。通过机构康复、社区康复、家庭康复途径,使19 118人次有康复需求的残疾人得到不同程度的康复服务。年内对660辆残疾车进行年检,并办理第三者责任保险和盗抢险。残疾人来信来访86件(人次),处理率100%。

（时广聚）

【创建工作】 全国残疾人示范城市闵行区创建工作2009年12月29日通过市残联牵头组织的专家评议预审。（时广聚）

【重残无业人员免费健康体检】 区残联与区卫生局采用政府购买服务的方式,为801名重残无业人员免费提供就近便利的健康体检。

（时广聚）

【残疾人劳动就业】 全年有323名残疾人实现就业,其中分散就业93人、集中就业189人、非正规就业35人、个体开业6人。（时广聚）

【征缴残疾人就业保障金】 2009年接待735家社会单位申报残疾职工情况,其中506家单位超比例安排残疾人就业(发放超比例奖励121.49万元);28家福利企业不缴“残保金”;201家单位未达到1.6%法定比例;依法足额征缴“残保金”6 353万元。

（时广聚）

【盲人保健按摩场所年检】 对区内10家盲人保健按摩场所进行年检,重点检查盲人按摩师劳动合同签订和劳动报酬发放及社会保险缴纳等情

况。2009 年先后组织 60 名盲人按摩师参加市举办的保健按摩知识后续教育讲座。（时广聚）

【“阳光之家”学员增加】 截至年底,全区智障学员 804 人(其中全日制 420 人、定期活动 233 人、上门服务 151 人),比上年增加 16 人,管理与服务人员 85 人,下拨教育培训费 180.48 万元。（时广聚）

【辅助器具供应】 全年组织供应配发各类辅助器具 2 949 件;家庭组合和职业定向适配 31 户 70 件;发放 2008 年度彩票公益金《上海市贫困残疾人辅助器具适配》255 件;脑瘫儿童康复训练器具进家庭 15 人 19 件。（时广聚）

【残疾人养护服务】 2009 年,为 282 名靠家人或亲属照料得以生活的重残无业人员提供入机构养护,给予补贴并办理意外伤害保险。7 月起,通过政府购买服务方式,选派有爱心的服务人员(志愿者)上门,为 744 名有需求的未享受机构养护、智力和精神日间照料的重残无业人员提供居家养护服务。（时广聚）

【残疾人领养导盲犬】 年内,闵行区盲人陈金弟领养政府资助的名叫“勒青”的拉布拉多导盲犬,经过南京两周集训,训导员入户配对训练及评估,已成为盲人陈金弟出行的保护神。（时广聚）

【无障碍设施建设】 全年落实和完成无障碍设施进家庭 210 户、提高型 6 户的任务。配合“迎世博 600 天”,加强无障碍设施建设和督导工作,迎接无障碍设施建设国家中期检查。（时广聚）

【丰富残疾人文体活动】 年内组织 83 名残疾人运动员参加市七届特奥会 8 个大项的比赛。组织全区 500 余名残疾人观看由市残联主办的话剧《灿烂的阳光》。闵行区启音学校聋人学生排演的文艺节目参加 2009 年上海市残疾人艺术汇演。（时广聚）

(七) 闵行区红十字会

【概况】 2009 年,闵行区红十字会行政编制 3 名(实有 5 名),新增事业编制 3 名(录用 3 名),制度外用工 5 名(实有 6 名)。办公地址:莘谭路 408 号。全区有红十字会组织 443 个。其中各镇、街道、莘庄工业区红十字会 13 个;医疗卫生单位红十字会团体会员单位 17 个;学校红十字会团体会员单位 72 个(其中中学 38 所、小学 34 所);街道居委会 331 个;村委红十字会 5 个;敬老院红十字会 2 个,红十字老年护理医院 2 个。全区红十字会员 3 万多人,社区红十字志愿者 785 人。镇、街道级红十字救护队 13 个,队员 390 人。（沈庆平）

【区红十字会三届五次常务理事会】 3 月 11 日召开。各镇、街道、莘庄工业区 24 位常务理事出席会议。会议由秘书长沈庆平主持,常务副会长秦志良作工作报告,沈庆平作帮困基金、救灾物资使用情况的报告。会议表彰 2008 年度完成市政府救护培训实事项目中的先进单位和个人;向张四平、赵龙宝颁发由中国红十字会授予的工作 10 年以上“红十字会员”之星证书和向张宝珍、沈晓祥颁发红十字会志愿者证章。会上,理事会还与镇、街道、莘庄工业区的 13 个红十字会就 2009 年度的重点工作目标进行签约。（沈庆平）

【迎春帮困工作】 元旦、春节期间,区红十字会根据上海市红十字会的统一部署,开展“千万人帮万家”迎春帮困活动,向全区 750 多户困难户和特困家庭发放帮困资金 35 万元;衣被物资价值 5 万多元。（沈庆平）

【救助困难群体】 2009 年,救助白血病患者 3 人,支付 12 万元;为 4 户重病家庭补助 6 000 元;为 2 名特殊血液病人救护 2 000 元,物资价值 300 元。“六一”期间帮困助学 2 万元;慰问 2 所智残学校 3 万元;组织学生夏令营 100 人,支出费用 2.5 万元;慰问 2 所老年护理院 5 万元;资助马桥敬老院 10 万元。全年日常帮困共计支出 35.6 万元。（沈庆平）

【援建红十字会博爱小学两所】 2008—2009 年,区红十字会援建江西上饶市玉山县、横峰县贫困山区博爱小学两所,总投资 40 万元。学校于 2009 年 9 月 1 日揭牌使用,命名为:沪闵上田博爱小学、沪闵义门博爱小学。

【开展“5·8”纪念活动募集帮困基金】 5月9日，区红十字会在体育公园室内体育场进行“5·8”世界红十字日纪念活动，区委、区人大、区政府和区政协的领导出席纪念活动，各镇、街道、莘庄工业区的领导和红十字会工作者、志愿者500多人到会参加。内容有授旗仪式；单位捐款举牌仪式；红十字知识宣传；造血干细胞志愿者捐献等，活动筹集救助基金136万元。同时，镇、街道、莘庄工业区还分设13个分会场。内容有红十字知识传播；预防艾滋病知识宣传；献血、造血干细胞知识宣传；医疗业务咨询服务；急救逃生救护知识宣传；发放少儿基金、健康知识宣传资料；学生上街劝募；医疗单位义诊，上缴区红十字会义诊款15万元。（沈庆平）

【落实市政府培训工作实事项目】 2009年是完成市政府培训工作实事项目的第二年。年内完成救护师资复训83人，培训救护员2 159人、群众性救护知识普及员17 570人。支出培训费用591 500元。（沈庆平）

【探索救护队建设长期机制】 各镇、街道、莘庄工业区分别建立一支稳定的具有一定水准的救护队；区红十字会向救护队授旗，确立救护队建制；继续开展救护队活动，每年投入一定的人、财、物，定期开展工作；“5·8”、“9·9”活动日进行演练，每年进行一定期限的救护培训。

（沈庆平）

【开展大型献血、造血干细胞志愿者征募活动】 5月9日，区红十字会与团区委开展献血宣传和造血干细胞志愿者征募活动。当天征募造血干细胞志愿者150多人。（沈庆平）

【创建上海市红十字服务示范社区】 2009年，七宝镇、颛桥镇、虹桥镇、马桥镇通过评审被评为2009年度上海市红十字服务示范社区，至年底，龙柏街道、江川路街道、莘庄镇、古美路街道共8个单位被评为上海市红十字服务示范社区。

（沈庆平）

【教育局召开学校红十字工作会议】 3月3日，区教育局、红十字会在教育局会场召开学校红十字工作会议，各中、小学校负责人参加。会上区教育局、红十字会对2008年的学校红十字会工作进行总结，对新一年的学校红十字会工作进行布置，会议表彰黄浦世博一中心小学、平南小学、莘庄中学、航华第二中学4所学校评为“上海市红十字工作达标学校”。至年底，全区19所学校被评为“上海市红十字会工作达标学校”，53所学校被评为区级红十字工作达标学校。

（沈庆平）

【赈灾募捐】 8月中国台湾地区遭受“莫拉克”台风重大灾害。区红十字会发动全区企事业单位和个人进行赈灾募捐，取得位列全市第一的募捐数据。开展基金日常募捐，募集款物名列全市第一。全年“莫拉克”赈灾募集120.8万元，基金募集282万元，合计募集资金402.8万元。物资价值113万元。（沈庆平）

【少儿基金、少儿居保】 2009年，全区少儿参保人数16.72万人，收缴参保基金1 001万元。参保率99.86%，低保减免2 748人，地震灾区减免121人。全区261个单位参加少儿基金和少儿居保工作。5 272人次享受少儿基金报销，全年支付829.67万元，收入827.3万元。基金使用率100.3%，基本达到收支平衡。（沈庆平）

【红十字服务站器材配置】 2009年区红十字会为137个居委服务站配置轮椅车311辆，拐杖130副，人体秤130台，血压计130只；为134个村红十字服务站配置轮椅车268辆；为3个镇办敬老院、2所红十字老年护理院配置轮椅车50辆；为区内10所公园建立红十字服务站，配置轮椅车、医药箱等器材，培训公园救护工作人员98人。（沈庆平）

【公民遗体捐献】 2009年公民自愿遗体捐献登记125人。审核发证113人。累计发证765人。3月1日，由区红十字会组织遗体捐献者去青浦瞻仰活动一次，参加人数100人。（沈庆平）

（本栏目编辑　庞　宇）

八、治安·司法

（一）公 安

【概况】 2009年，上海市公安局闵行分局增设人口管理办公室，成立虹桥综合交通枢纽广场治安派出所筹备组，共有指挥处、政治处、后保处、纪委（监察室）、督察支队、国内安全保卫处、经济犯罪侦查支队、治安支队、刑事侦查支队、出入境办公室、交警支队、特警支队、人口管理办公室、消防支队、法制办、科技科、信安队、看守所、治安拘留所、保安一公司、保安二公司21个业务部门，下设诸翟、华漕、纪王、航华新村、龙柏新村、虹桥、七宝、新镇、莘松、莘庄、莘光、梅陇、古美路、曹行、田园新村、颛桥、马桥、金都、碧江路、华坪路、吴泾、塘湾、水上治安、闵行开发区治安、华银路、陈行、杜行、鲁汇28个派出所。全年破获刑事案件3 446起，比上年增长5.1%，其中破获“八类”案件426起，比上年减少3.2%，破案率分别为44.5%和68.6%。加大对命案、涉黑涉恶以及毒品犯罪等案件的打击力度，破获命案35起，破案率100%。查处涉恶犯罪团伙103个。破获毒品案件39起，缴获毒品3.9千余克。加大对假币、假发票、银行卡等经济犯罪的打击力度，破获经济犯罪案件412起，比上年增长11.4%，挽回经济损失1.26亿余元。打击处理劳教以上违法犯罪3 334人，比上年增长1.0%。抓获逃犯648人，比上年增长13.1%。全年发生火灾事故591起，比上年增长66.5%，死亡5人，受伤4人，直接经济损失293.8万元。加强出入境管理工作，查处外国人“三非”案件355起，破获偷越国（边）境案件3起、5人。至2009年底，全区外来流动人口89.09万人，其中男性46.28万人，女性42.81万人。从业分类情况：务工57.69万人，务农6 667人，经商9.81万人，建筑施工3.43万人，其他17.49万人。居住类型情况：租住公房7 915户、21 135间、62 387人；租住私房94 073户、329 264间、633 954人；集中居住小区20个、36 787人；自购房27 893套、66 358人；宿舍工棚15 253间、55 409人；其他8 635间、35 963人。年内，下发《关于确定2009年各镇、街道、莘庄工业区外来人口综合调控目标的通知》和《关于闵行区来沪人员集中居住点服务和管理工作检查验收的通知》，加强对外来人员的管理。开展来护人员领域党建工作和文明践行等活动。全面推进并完成实有房屋、实有人口全覆盖管理工作。全年闵行公安分局21个集体、516人次受到记功、嘉奖，虹桥派出所民警肖桂东获全市“我最喜爱的十佳社区民警”称号。

（王春莲　董志强）

【全力维护政治稳定】 全年上报情报信息1 017份，被公安部录用165份、市局录用34份。成立反恐怖工作组，对全区11类重点行业开展专项督导检查。建立部门间涉恐情报信息定期研判机制，提高情报导侦效能。完成大型活动安全保卫任务76批次、警卫任务273批次，确保国庆60周年焰火燃放、上海ATP1000（男子职业网球协会）大师赛等大型活动的安全。（王春莲）

【强化社会治安防范和治理】 以防范盗窃“三

车”(机动车、非机动车、车内物)、电信诈骗等为重点,依托全区278个社区警务室,组织民警深入社区,举办“东方讲坛”100余场次,开展专题版面巡展200余次,发放防范宣传资料150万份。查处治安案件44 261起、9 342人。其中查处赌博案件2 924起、2 953人,卖淫嫖娼案件460起、773人,涉毒案件493起、589人。检查娱乐场所3.7万家次,处理700家次。查处违法房东2 316人、新采集来沪人员信息40.96万余条、注销来沪人员信息36.36万余条。（王春莲）

【开展交通、安全工作专项整治】 开展突出交通违法行为、道路停车秩序整治等专项行动。查处“八类”(超速行驶、客车超员、酒后驾驶、疲劳驾驶、违法鸣号、机动车滞留路口压黄线、行人违法行为、非机动车违法行为)突出交通违法行为28.82万余起。新增机动车停车泊位8 013个,非机动车停车泊位79 736个。发生道路交通事故(上报)301起,比上年增加27.0%,死亡105人,受伤253人,直接经济损失34.6万余元。深入人员密集场所、易燃易爆化学物品单位、经营娱乐(餐饮、住宿)业务的地下人防工程等高危场所开展火灾隐患大排查、大整治。检查高层建筑1 131幢,人员密集场所68家,发放限期改正通知书568份,处罚单位118家次,罚款112.5万元。（王春莲）

【发挥情报信息体系作用】 闵行分局应用情报信息工作平台,整合案(事)件信息管理系统、派出所综合应用平台等40余个公安内部系统1.2亿余条信息,定向采集13类社会资源信息4 151万条,形成“全警采集、全警应用”的工作格局。全年,利用情报信息工作平台,抓获各类违法犯罪嫌疑人656人,破获各类案件350起。12月9、10日,闵行分局倡议召开的首届流动人口关联地公安机关情报信息协作共商会在闵行区召开,辽宁省大连市、黑龙江省大庆市公安局等12家单位共同签署《情报信息协作备忘录》,建立流动人口关联地公安机关情报信息协作长效机制。（王春莲）

【推行“网上警务室”管理】 闵行分局组建一支以青年民警为主体,全警参与的网络警察队伍,搭建“网警平台”。全年,搜集涉警网络舆情125条,实施舆情引导9次。完善“网上警务室”界面,增设为民办事、警民互动功能,将“网上警务室”与主要社区论坛链接,提高群众对“网上警务室”的知晓率和使用率,推动社区警务管理向互联网延伸。全年,“网上警务室”点击数超过2.3亿次。（王春莲）

【强化警务“大联动”】 深化警社合作,强化“三个结合”:与加强实有人口管理相结合,将“两个实有”(实有房屋、实有人口)需要的采集项吸收到“大联动”社区信息采集中;与推进社区警务战略相结合,整合各类社会协管和市场化服务力量;与建立“数字巡防”体系相结合,形成街面治安巡逻与市容城管巡管之间“网格叠加、工作联动、角色互补、绩效激励”的工作机制。（王春莲）

【建立“八个走”“大走访”机制】 建立“八个走”24项大走访长效机制(帮扶帮困“广泛”走、便民利民“快步”走、整治顽症“反复”走、维护稳定“齐步”走、警察公关“定期”走、排堵保畅“主动”走、和谐警营“用心”走、便民服务“网上”走)。先后组织“暖冬行动”、“阳光校园行”、“交警伴你行”等送暖排忧解困活动,“暖冬行动”给全区4.5万名生活困难的群众送去人民警察的温暖。（王春莲）

【侦破“8·24”抢劫杀人案】 8月24日,闵行分局接市局指挥中心指令:有一女子倒在江川路东风小区52号门口,地面有血迹。分局即成立专案组,在奉贤分局协助下,8月27日将犯罪嫌疑人薛某(男,27岁,上海市人)抓获。经审查,薛某交代因经济拮据,窜至东风小区抢劫杀人的犯罪事实。同时,还供认7月16日在东风小区实施的另一起抢劫案。该案的侦破工作在2009年度“刑警803破案奖”评比中获“金奖”。（王春莲）

【侦破“9·30”山东枣庄籍团伙持刀抢劫案】 9月30日,上海小鲸食品有限公司财务蒋某与驾驶员季某驾车前往银行存款途中,被一辆黑色桑塔纳轿车堵住,车上有4名蒙面男子,其中3人持刀将季某脸部砍伤,抢走一包装有40万元现金的布袋后驾车逃逸。闵行分局会同市局有关业务部门成立联合专案组,在江苏、山东警方的协助下,于10月13日将3名山东省枣庄市籍犯罪嫌疑人姜某(男,25岁)、张某(男,21岁)、刘某(男,19岁)抓获,1名同伙孙某(男,34岁,山东省枣庄人)在逃。该案的侦破工作在2009年度“刑警803破案奖”评比中获“金奖”。

(王春莲)

【侦破“4·8”故意杀人案】 4月8日,闵行区鹤庆路341—1号休闲足道馆老板陈某与妻子李某在馆内被杀。闵行分局成立专案组,在市局有关业务部门和浙江义乌警方的协助下,于4月13日将犯罪嫌疑人丁某(男,38岁,江西省上饶市人)抓获。经审查,丁某交代其与陈某原是生意上的朋友,因债务纠纷,产生矛盾,将陈某夫妇杀害的犯罪事实。该案的侦破工作在2009年度“刑警803破案奖”评比中获“铜奖”。(王春莲)

【侦破“6·26”制造贩卖毒品案】 4月,闵行分局在侦办一起贩毒案件时获悉:一名男子经常购买化工原料及化学实验器皿,有制造毒品的嫌疑。经侦查,于10月21日将犯罪嫌疑人胡某(男,45岁,上海市人)、陈某(女,44岁,上海市人)、沈某(男,33岁,湖北省天门市人)抓获。经审查,胡某交代了为谋取暴利,通过互联网学习制毒技术,购买制毒原料,制造冰毒的犯罪事实。该案的侦破工作在2009年度“刑警803破案奖”评比中获“铜奖”。(王春莲)

【侦破“2·22”运销假烟网络案】 5月,闵行分局在市局有关业务部门和闵行区烟草专卖局的指导配合下,侦破公安部督办的“2·22”运销假烟网络案,抓获以沈某(男,36岁,福建省诏安人)为首的上海假烟分销商及其犯罪团伙成员26人,查获“中华”、“黄鹤楼”等品牌假冒伪劣卷烟18万余条,查扣涉案车辆11辆,查获上海制假窝点1个。同时根据该案提供的线索,江苏、浙江警方先后查处数个运销假烟犯罪团伙。该案的侦破工作在2009年度上海经侦系统“经济犯罪案件侦查破案精品案例评选”中获“银奖”。

(王春莲)

【侦破“3·17”跨省、市出售非法制造的发票案】 3月,闵行分局获悉:上海某快递公司每天收到深圳同一单位上百份印刷品寄送业务,即和市局经侦总队成立联合专案组。在市局有关业务部门和广东省深圳市警方的协助下,破获专门通过手机群发短信方式出售假发票犯罪团伙5个,抓获犯罪嫌疑人刘某(男,43岁,广东省har平人)等21人,查获位于闵行、浦东等区和广东省深圳市的假发票窝点9处,缴获各类假发票104余万份。同时,市局在全市范围内组织开展专项行动,严厉打击“3·17”假发票案件买方市场,抓获假发票买方犯罪嫌疑人33人,缴获各类假发票2.5万余份,查获贩卖假发票犯罪窝点27处。该案的侦破工作在2009年度上海经侦系统“经济犯罪案件侦查破案精品案例评选”中获“银奖”。

(王春莲)

【侦破“2·16”涉众型网络合同诈骗案】 2008年12月底,闵行分局获悉:有人在上海多处租借场所雇佣人员,在互联网上搭建原始股销售平台,通过随机拨打电话,向他人推荐购买福建瑞丰铝业股份有限公司原始股,且购买人数众多。分局迅速成立专案组,在市局有关业务单位的协助下,经过3个月的缜密侦查,抓获犯罪嫌疑人陈某(男,23岁,福建省宁德人)等13人,查获跨三省一市的涉众型网络合同诈骗团伙,为100余名被害人挽回经济损失150万元。该案的侦破工作在2009年度上海经侦系统“经济犯罪案件侦查破案精品案例评选”中获“铜奖”。

(王春莲)

【查处“6·27”重大责任事故案】 6月27日,罗阳路599弄莲花河畔景苑小区一栋在建的13层高楼发生整体倒覆事故。市局立即成立由经侦总队、治安总队和闵行分局组成的专案组。在案件侦查过程中,专案组根据倒覆楼房前面正在开挖深基坑及事故现场有大量堆土情况,深入调研侦查取证,多次与检察院、市安监局等部门进行会商,于10月10日将涉嫌重大责任事故罪嫌疑人张某(男,51岁,上海市人)等7人依法起诉。该案的查处工作在2009年度上海治安系统综合评比中被评为“十大典型案件”之一。(王春莲)

【加强人口综合调控工作】 年初制定下发《关于确定2009年各镇、街道、莘庄工业区外来人口综合调控目标的通知》,分解各单位目标数,落实人口调控由街镇实施的具体工作。至12月底,全区来沪人员登记数89.09万人,低于目标数的6.22%。 (董志强)

【加强来沪人员集中居住点服务管理工作】 区人口办年初制定下发《关于闵行区来沪人员集中居住点服务和管理工作检查验收的通知》,将不具备居住条件的24个老旧居住点进行撤、并、转,对余下的20个居住点,从硬件设施建设、服务措施、管理制度等方面进行改进、完善和规范。区人口办会同区人口计生委、公安分局、司法局等职能部门对集中居住点分别上门检查验收。对集中居住点的党建、工会、团建、妇女维权、治安管理防范、房屋租赁、人口计生、法制宣传、登记办证信息化管理制度等33项内容进行统一规范,重新整合的20个居住点13个合格、7个基本合格。 (董志强)

【开展"两个实有"全覆盖管理工作】5月中旬至10月底,在全区范围内全面推进实有房屋、实有人口"两个实有"全覆盖管理工作。至12月上旬,通过市人口办组织的验收评估。实有人口、实有房屋全覆盖管理工作采集建筑物信息10.9万条、定位门弄牌号15.4万个,采集房屋信息107万间、关联实有人口175万人。 (董志强)

【加强人口综合管理基础工作】 "以证管人",继续加大来沪人员居住登记和居住证办证工作力度。至12月底,全区发放《上海市临时居住证》94.03万张,受理申领《上海市居住证》4.71万人,发放《上海市居住证》4.49万张。完成整治"群租"1 500户任务。推进来沪人员集中居住点规划建设工作,年内开工建设20.42万平方米。2009年,区人口办组织开展综合协管员队伍的业务培训、岗位竞赛、技能比武等活动,加强社区综合协管队伍建设。 (董志强)

【协助加强治安复杂地区及来沪重点人群管理】 至2009年底,全区整治治安突出来沪人员聚居地349次、646处;社区协管员协助提供线索协破治安案件181起、刑案33起;提供线索抓获治安拘留以上对象264人;协助组织开展宣教活动898次、发放各类宣传资料43.96万份;协助卫生防疫部门查处取缔无证行医727处、协助流动儿童免疫接种12.94万人;协助工商部门取缔外来人员无照经营888处;协助计划生育管理部门办婚育证5.73万张、验婚育证33.91万张(合格21.08万张、不合格12.83万张)、其中协管员发现计划外怀孕3 170人;协助征收房屋租赁小税源4 752.07万元。 (董志强)

【加强来沪人员法制宣传、法律援助和矛盾预防等工作】 2009年,全区20个来沪人员集中居住点基本建立法制宣传栏、法律服务站、法律援助点、法律咨询箱、法律图书架、法律咨询电话、法制学校。全区建立来沪人员调委会和调解小组207个,达到全区来沪人员1 000人以上集居地的75%。全年积极开展来沪人员法律援助和刑释解教对象安置帮教工作。 (董志强)

【加强来沪人员社会服务保障工作】 2009年,区人保局在浦江、华漕两个职业中介园区成功运作的基础上,筹建闵行区第三个人力资源中介园区(颛桥人力资源中介园区)。建立农民工就业情况监测点,及时掌握农民工就业情况,开展定向技能培训工作。至12月底,完成对2.2万名来沪就业人员的培训工作,其中8 000人为等级工培训,14 000人为上岗证培训。主动宣传综合保险的相关政策,增强来沪人员维权意识。有27 310家企业办理了综保,有44.54万人参保,完成指标109%。各街镇劳动争议调解委员会受理2 939件劳资纠纷案件,涉及人数8 595人,追回金额2 011万元。全区全年受理劳动争议仲裁案件6 488件,结案7 376件(上年积案因素)。落实来沪人员集中居住点卫生管理网络,加强对流动人口传染病防治、卫生监督力度、流动儿童计划免疫、外来孕产妇管理、外来精神病管理、外来流动人口艾滋病防治、流动人口减免服务等工作。全区来沪人员计划生育率92%。全区农民工子女学生3.66万人,其中公办中小学接纳农民工子女就读1.45万人,占40%;民办农民工子女小学接纳就读学生2.21万人,占60%;全部接受免费义务教育。 (董志强)

【开展来沪人员领域党建工作和文明践行等活动】 年内,区综合党工委通过建立动态管理机制,及时将来沪党员纳入党的组织管理体系。区文明办开展"让来沪人员与文明同行,与闵行共成长"、"我是世博主人"责任意识教育;组织"文明出行、文明交往、文明用餐"等主题教育活动;发放世博读本、宣传世博理念、学习世博知识、参与世博建设等系列活动。区文广局开展多样文化活动,丰富来沪人员业余生活;配送各类文化资源,关心来沪人员文化需求;完善管理制度,为来沪人员提供优质服务。 (董志强)

(二)检察

【概况】 闵行区人民检察院年末在编人员177人,其中检察长1人,副检察长4人(挂职1人),检委会委员5人,检察员79人,助理检察员39人,书记员29人,司法警察10人,无法律职务11人。2009年,区检察院被评为全国先进基层检察院,11个内设机构被市检察院记功嘉奖,5名干警分别被市检察院记个人二等功和三等功。

(吴彦彩)

【依法批捕、公诉刑事犯罪】 2009年批捕2 238人,比上年上升1.91%;提起公诉1 710件2 524人,比上年分别上升10.18%和4.86%。批捕故意杀人等"八类"案件犯罪嫌疑人527人,提起公诉376件545人。严厉打击丁某故意杀害陈某夫妇、李某为首的"东川帮"恶势力团伙等210余件严重危害民生、影响社会治安稳定的犯罪案件。批捕危害社会主义市场经济秩序犯罪嫌疑人136人,提起公诉120件151人,依法办理公安部督办的刘某等18人特大出售假发票犯罪团伙案。全年分5批次对暴力侵财、毒品犯罪等案件集中公诉。稳妥办理莲花河畔景苑倒楼事件中秦某等7人重大责任事故等敏感、热点案件。全年适用简易审933件,简化审561件。(吴彦彩)

【落实宽严相济刑事司法政策】 依法对轻微刑事案件犯罪嫌疑人相对不批捕29人,决定相对不起诉6人。对137人进行非羁押措施可行性评估,对10人实行刑事和解,对不批捕的5人实行帮教。 (吴彦彩)

【化解矛盾】 全年受理并审查处理来信来访案件447件。院领导接待群众来访111件189人,包案的5起涉检重信重访案件得到妥善处理。开展下访巡访、法律服务站工作,现场接待群众89人次。落实首办息诉责任制,推出上门接待、预约接待、联合接访等便民措施,探索信访听证会制度和运用心理咨询化解疑难信访机制。 (吴彦彩)

【参与社会治安综合治理】 全年,发出检察建议57份,帮助有关单位和部门堵漏建制;制作95块法制宣传版面,到各镇、街道、莘庄工业区以及外来人员集聚地开展法治巡展;组织80余名干警深入高铁建设沿线、虹桥交通枢纽建设工地附近的居民家中做好释法化解工作。 (吴彦彩)

【查办和预防职务犯罪】 全年,立案侦查国家工作人员职务犯罪案件24件28人。其中贪污4件6人,贿赂18件20人,渎职侵权2件2人。查处的案件中大案、要案21件,占立案总数的87.5%;通过办案追缴赃款赃物折合人民币4 500余万元。依法查办原区文广局党委书记、局长王某受贿案,严肃查处上海梅都房地产开发有限公司原总经理阙某与原副总经理张某涉嫌共同侵吞集体资产和张某涉嫌挪用资金的重大职务犯罪案件。查处3起农村基层组织负责人受贿案。在税务系统和动迁部门查办5起受贿案件。选择6件典型的职务犯罪案件开展个案预防。在中化三建公司召开深化系统预防工作推进会;在虹桥交通枢纽、轨道交通10号线、沪杭高速等大型工程建设中开展争创"工程优质、干部优秀"活动,构建优政廉洁保障机制。加强对农村基层干部职务犯罪情况的调研,探索建立职务犯罪预测、预警机制。 (吴彦彩)

【严格法律监督】 刑事诉讼监督。全年发出《要求说明不立案理由通知书》15份。结合办案追捕、追诉犯罪嫌疑人35人和22人。对侦查活动中的不当行为发出《纠正违法通知书》4份。对不够法定条件的150人和7人依法不批准逮捕和不提起公诉。向行政执法机关发出《检察建议书》12份,《建议移送犯罪案件线索函》1份,公安机关已立案13件。开展"加强刑事审判监督"专项活动,按第二审程序提出抗诉2件,按审判监督程序提请抗诉或建议提请抗诉5件,上级检察院支持抗诉4件,法院已改判1件。民事审判和行政诉讼监督。全年受理民事行政申诉案件98件,审查处理90件,建议上级检察院提请抗诉2件,向上级检察院提请抗诉1件。刑罚执行和监管执法监督。年内与区看守所、北新泾监狱建立和完善监区巡视、约见谈话、送医检查等制度,维护监管安全。发现并纠正5起律师违规为犯罪嫌疑人传递信函事件。纠正监管活动中的不规范行为11起。对534件提请减刑、假释等案件进行监督,提出检察建议9件。对2名有严重违法违规行为的监外执行人员依法建议收监执行。自身办案监督。年内建立与律师工作委员会规范联系、自侦办案与案发单位"三沟通"等制度,实行自侦办案讯问全程同步录音录像,开展对直接立案侦查案件扣押冻结款物专项检查及"百日办案安全检查"等活动。 (吴彦彩)

【拓展接受监督渠道】 坚持重大工作部署和重大事项向区人大常委会和区政协作报告。就职务犯罪查处工作、信访工作分别向区人大常委会和区人大主任会议作专项报告。邀请部分区人大代表到区看守所视察驻所检察工作、参与听庭评议等。建立院领导联系街道、镇人大代表组制度,通报检察工作和检察队伍建设情况,主动接受监督。 (吴彦彩)

【查办"6·27莲花河畔景苑倒覆楼事故"中的犯罪案件】 "6·27莲花河畔景苑楼房倒覆事故"发生后,区检察院领导第一时间派员深入倒楼现场提前介入,同时成立职务犯罪侦查专案组和批捕、公诉审理专门小组,检察长、分管检察长靠前指挥,严肃侦查、办理倒覆楼事故中的犯罪案件。查办原梅陇镇人民政府征地服务所副所长、所长、上海迅豪置业有限公司法定代表人、上海梅都房地产开发有限公司(系莲花河畔景苑开发商,以下简称"梅都公司")法定代表人、董事长、总经理阙某伙同梅都公司副总经理张某,在梅都公司改制过程中,共同贪污4 200余万元案,以及张某在担任改制后"梅都公司"法定代表人、董事长、总经理期间,利用职务便利,挪用资金4.4亿元案。同时,在证据确凿的情况下,对涉嫌重大责任事故罪的莲花河畔景苑现场负责人秦某,上海众欣建筑有限公司法人代表、总经理张某,项目安全、防火工作负责人夏某,二标段项目经理陆某,0号地下车库挖土施工方张某,上海市光启建设监理有限公司莲花河畔景苑项目总监理乔某,以及梅都公司法定代表人、董事长、总经理张某快捕快诉。 (吴彦彩)

(三)审 判

【概况】 2009年,闵行区人民法院收案34 600件,比上年上升8.48%;审结34 634件,比上年上升9.28%;正在审理和执行的案件3 377件,比上年下降1%。人均结案数119.46件,是全市法院人均结案数的1.75倍,继续居全市首位。年内,区法院立市法院系统集体一等功,获得"上海市文明单位"称号。院监察室被评为"全国法院纪检监察工作先进集体",执行法官李永新被评为"全国优秀执行法官"。6个部门立上海法院集体二、三等功,多人被评为上海法院各类业务标兵。 (苏吾德)

【刑事审判】 全年受理刑事案件1 954件,比上年下降0.76%;审结刑事案件1 965件,比上年下降0.35%。判处被告人2 912人,比上年下降6%。审结的案件中,杀人、绑架、强奸等严重危害社会治安的犯罪案件692件1 110人;假冒注册商标、非法经营、金融诈骗等破坏经济秩序的犯罪案件114件138人;贪污、受贿、挪用公款等国家工作人员职务犯罪案件13件,涉及处级领导干部4人。 (苏吾德)

【民事审判】 全年受理传统民事案件19 635件,比上年上升13.65%;审结19 500件,比上年上升12.75%。审结的案件中,劳动就业、社会保障纠纷案件1 844件,比上年上升10%;房屋买卖纠纷案件875件,比上年上升59%。围绕虹桥综合交通枢纽建设,稳妥处理一批动迁范围内发生的商铺租赁、厂房租赁类纠纷案件。受理一审商事案件2 762件,比上年下降18.02%;审结2 983件,比上年下降9.93%,涉案金额13.86亿元,其中金融纠纷案件456件,比上年上升10.67%。"积极、优先、亲和、关怀"的涉少民事审判工作理念获得最高人民法院"具有理论创新价值"的评价。加大对

困难群体的司法救助,办理减免缓交诉讼费651件,并对166件案件的特困当事人及一名见义勇为者发放司法救助金。（苏吾德）

【行政审判】 全年受理行政案件105件,比上年下降26.57%;审结行政案件106件,比上年下降25.87%。切实保障行政相对人诉权,妥善审理在全国有较大影响的张某诉区城市交通行政执法大队不服行政处罚案。继续推进行政首长出庭应诉工作,行政机关负责人出庭应诉案件数量比上年增长23%。（苏吾德）

【执行工作】 与公安、工商、税务、银行等部门实行工作联动,确立资产信息协查、限制出境协办、拒执线索移送等多项协助执行长效工作机制,理顺协助执行工作环节。开展清理执行积案专项活动,加强法院间区域协作,完善委托执行、异地执行、失信记录共享等措施。全年执结案件9 917件,执行到位金额11.57亿元。其中百人以上的群体性执行案件执行到位金额4 200余万元,维护1 091名申请执行人的合法权益。（苏吾德）

【法庭工作】 2009年,区法院3个派出人民法庭审结各类案件10 319件,指导设立在法庭的人民调解工作室成功调处纠纷1 923件。同时,人民法庭建立"法官定时定点进社区"、"人民调解员业务培训"等工作制度。（苏吾德）

【少年刑事审判"教审合一"】 区法院不断探索"在审中教,在教中审"的"教审合一"刑事审判工作模式。在审判工作中开展的教育针对未成年人个人及其法定代理人,参与的主体包括法官、公诉人、辩护人、法定代理人、被告人以及缓刑案件中的社工陪审员。在法官的调控、引导下,公诉人、辩护人等都会对未成年人的犯罪行为和相关法律问题进行剖析,法官进一步辨法析理,向被告人阐述其所实施行为的社会危害性,促使其进一步懂法、识法、服法。教育时间节点前移,即将法庭教育阶段设置于法庭辩论结束后,当事人最后陈述及宣判之前。（苏吾德）

【审务公开】 推行立案公开、庭审公开、裁判公开和执行公开。增设立案审查互联网申请功能,提供办案进度网上查询服务,开放电子诉讼档案公众查阅平台,实行裁判文书后附法律条文,推行裁判文书网上公开。处理网上立案申请60余件,提供办案进度查询服务2 700余件,电子化诉讼档案30余万册,判决书法律条文附录率98.45%,生效判决书上网率32.85%。实行财产保全和执行异议公开听证,公开查封、扣押、拍卖过程,执行程序公开透明。落实人民陪审员工作制度,人民陪审员参审率95.75%,居全市首位。（苏吾德）

【强化调解】 全年调解息诉案件14 522件,调解息诉率65%,在全市法院名列前茅。发挥行业协会、专业部门等社会力量化解矛盾纠纷的作用,加强对人民调解组织的工作指导,创新诉调对接工作模式,健全多元纠纷解决机制。11月,区法院与区司法局共同建立的诉调对接中心挂牌成立。在区法院召开的"全市诉调对接工作推进会"上,重点推介闵行区"诉调接待分流"、"诉执程序启动"、"诉执事务服务"、"诉后释疑解惑"等多位一体的工作机制。（苏吾德）

【化解信访】 全年涉法涉诉信访交办件化解率93%,上访人数比上年下降25%。区法院被中共上海市委政法委评为"上海政法系统信访矛盾化解工作先进集体"。（苏吾德）

【法制宣传】 通过公告显示屏、查询触摸屏、法制宣传栏、社区普法课和诉讼事务手册等载体,介绍法律知识,普及诉讼常识。借助新闻宣传媒介,发表各类报道1 800余篇,进行网络庭审直播15次,首次通过有线数字频道向全国观众直播庭审实况。丰富青少年法制教育形式,对5 000余名学生进行法制宣讲和安全教育。启动"中小学生走进法院"系列活动,组织4批在校学生来院参观学习。区法院被市高院、市教委命名为"上海市青少年法制教育活动基地"。（苏吾德）

【首例SiTV案件庭审直播】 6月12日,区法院在第一法庭公开开庭审理丁某盗窃、放火案,并通过中国最大的有线数字付费频道SiTV(上海互动电视)"法治天地"频道向全国直播庭审实况。这是全国首例通过互动电视直播的庭审案件,为

220 个城市及地区的近 2 300 万数字收视用户同步提供两小时的庭审视频。此举标志着上海文广集团下属 SiTV 与市委政法委合作启动的“庭审直播”节目开播。（苏吾德）

【实现破产审理“零震荡”】 年内，闵行区法院在审理企业破产案件时强化破产程序的公开、公正和公平，从制度上遏制恶意破产、逃废债务的行为，最大限度提高破产财产清偿率，减少债权人损失，维护社会稳定。（1）为能让破产企业顺利走完法律程序，实现无振荡破产，在处理破产案件时，法院主动“出击”，提前介入，无条件地为企业提供法律服务。（2）区法院在立案时采取严格审查的办法，首先由民二庭审理企业破产案件的破产合议庭重点审查，对符合法定破产条件的，方予以受理。（3）主动与工商、税务、国资局、规土局、人保局、房管局、审计等诸多部门发生业务联系，事前严密组织、事中积极协调使破产案件顺利进行。（4）区法院着重发挥破产重整和破产和解程序的作用，通过对当事人的释明和协调工作，引导当事人通过和解方式挽救企业，给企业提供获得再生的机会。（苏吾德）

【服务经济】 年初，区法院研究出台《关于金融危机环境下服务经济发展的九项措施》。挂牌成立劳动争议人民调解工作室，组建金融案件专项审理合议庭，审结、执结案件标的总额近 48 亿元。推进司法建议工作，向行政机关、保监会、银行等部门发出司法建议书 9 份，行政机关回复率 100%。全国“两会”期间，中央电视台《中国法治报道》栏目就区法院在金融危机背景下，建立劳动纠纷案件审理和执行绿色通道的做法进行报道。（苏吾德）

（四）司法行政

【概况】 2009 年 7 月，区司法局内设机构调整为政治处、行政监察室、办公室、律师公证工作科、法制宣传教育科、基层指导科、矫正工作科、法制科。所属闵行区法律援助中心 1 家，公证处 1 家，司法所 13 家，律师事务所 34 家，基层法律服务所 4 家。年末在职人员 72 人，其中局机关公务员 30 人，司法所 32 人，编制外用工 10 人。法律援助中心员工 7 人。闵行公证处、各律师事务所聘用专业技术人员 591 人。其中公证员 14 人，专职律师 366 人，兼职律师 11 人。基层法律服务所 35 人。（丁玉良）

【提供法律服务】 全年，全区律师事务所办理各类诉讼案件 6 925 件，办理非诉讼事务 1 181 件，通过提供法律服务，各类经济组织避免经济损失 41 387.7 万元，索回赔欠款 27 988.7 万元。闵行公证处全年受理公证 21 337 件，其中办理国内公证 12 206 件，办理涉外公证 8 296 件，涉台公证 744 件，涉港澳公证 91 件。民事公证 7 862 件，经济公证 4 270 件。区法援中心办理法律援助案件 704 起，参与调处群体纠纷案件 23 起，涉及 241 人次；解答来访咨询 5 359 起，接答“12348”专线电话 6 317 起。（丁玉良）

【开展人民调解】 全年，全区各人民调解组织受理各类社会矛盾 22 028 件，调处成功 21 480 件，制作人民调解协议书 10 886 份，防止民间纠纷引起的自杀事件 10 件，民转刑事件 227 件，化解 20 人以上的群体性纠纷 576 起。其中镇街预调中心形成“一口受理、内部流转、分工落实、配合协调、反馈监督”的工作模式，成功调处各类纠纷 5 690 件，制作人民调解协议书 3 530 份。区域性、行业性调委会调处成功民事案件委托调解 4 657 件，达成人民调解协议书 4 602 份，涉案金额 7 142.7 万元。人民调解员进驻公安司法联合调解室，全区有 25 个公安派出所派驻 50 名专职人民调解员，接受委托成功调处治安案件、轻伤害案件 2 129 起。（丁玉良）

【社区矫正帮教】 至年底，全区在册社区服刑人员 389 人，2009 年新增 265 人，接受矫正总人数 654 人。期满解除矫正 254 人，收监执行 2 人，矫正期内重新犯罪 3 人，重犯率 0.46%。社区矫正工作奖惩情况，全年 3 名社区服刑人员获得记功，3 名获得社区矫正积极分子，1 名社区服刑人员因表现突出，受到减刑奖励，另有 1 名台湾籍社区服刑人员因表现良好，保外就医到期后，裁定假释。9 名社区服刑人员被处以警告，4 名被处以记过，2 名严重违反社区矫正管理规定尚未构成犯罪的社区服刑人员被撤销缓刑并收监执行。（丁玉良）

【法制宣传教育】 全年,全区组织综合性法宣活动587场,法律咨询2 462次,制作法宣版面13 923块,发放法宣资料65余万份,举办法制讲座801场,举办各类法制培训1 565次,举办法制文艺汇演52场,各类法宣活动的受教育者约60万人。与上海电视台《新老娘舅》节目组举办“迎世博‘300天’法制宣传进社区活动暨‘闵行老舅妈’与社区居民见面会”,与闵行报社合作开设《与法同行》专栏,与闵行电视台合作开设《生活与法》栏目,宣传与老百姓生产、生活密切相关的法律知识,引导百姓学法守法。与上海佳好艺术剧团建立“闵行区法制文化艺术团”,将“梅陇杯”全国法制故事征集大赛作品改编成独角戏、说唱、小品等法制文艺作品,在全区演出39场,观看演出群众3万多人。在全区开展“‘华漕杯’‘五五’普法法制摄影大赛”、“‘虹桥杯’‘五五’普法成果征文比赛”、“‘吴泾杯’‘五五’普法法制案例征集大赛”,取得较好效果。闵行区梅陇镇人民政府被中宣部、司法部、全国普法办授予“全国‘五五’普法中期先进集体”称号。 (丁玉良)

【建立“1+13”法制宣传站(点)】 年内以区层面建立的“‘和谐家园’法制宣传站”为龙头,在13个镇、街道和莘庄工业区各设1个宣传点,面向社会招募200多名志愿者,每周六在14个固定地点接待咨询,接受群众咨询700余人次。 (丁玉良)

【律师携手应对金融危机】 1月4日,上海市律师协会闵行区工作委员会举办律师工作年会,动员全体律师携手合作,主动出击,迎接挑战,积极应对金融危机。区委书记孙潮出席并讲话。市司法局领导、市律师协会和市、区有关单位、闵行区律师共500余人参加。年会对闵行区首届“十大优秀律师”进行表彰并颁奖。 (丁玉良)

【百名律师与百家企业结对签约】 5月14日,为应对金融危机,发挥律师法律服务优势,预防和化解劳资纠纷,帮助企业渡过难关,区司法局组织开展“百名律师与百家企业结对共建活动”,引导律师送法进企业,为企业解忧,为职工排难。当天,区司法局会同七宝镇政府举办百名律师与百家企业结对签约启动仪式。七宝镇15家企业代表与闵行区律师事务所15位律师签订闵行区“构建和谐劳动关系”共建协议。 (丁玉良)

【律师参与“莲花河畔景苑倒覆楼事故”维稳工作】 6月27日,闵行区梅陇镇莲花河畔景苑在建的13层7号楼发生倒覆,死亡1人,引起国内外媒体关注。事发后,区司法局与市司法局、市律协沟通协调,组织人员在现场参与信访接待,并推荐闵行区26名律师参与接待咨询。市律师协会推荐80余名资深律师,将其信息在接待现场张贴,并印成小册子发给业主。 (丁玉良)

【社区建立迎世博法律援助联络点】 1月,在“迎世博600天行动”中,区法律援助中心在全区各村、居委设立“法律援助联络点”,向群众发放“闵行区法律援助中心法律援助联络点”工作台卡490件,《法律援助指南》宣传资料13 000份,张贴宣传画册1 000份,制作发放《闵行区法律援助联络点工作指导手册》1 000册,对各村居委联络点负责人进行分批培训。 (丁玉良)

【著名调解员柏万青应邀社区授课】 5月26日,上海东方电视台娱乐频道《新老娘舅》节目著名调解员柏万青应邀到江川路街道,举办一场以“沟通·调节·家和”为主题的专题报告会。江川路街道全体机关干部、居委会干部、志愿者以及街道直属企事业单位代表参加报告会。 (丁玉良)

【共同打造“老舅妈工作室”】 6月12日,区妇联、区司法局联合召开“老舅妈工作室”创建动员会。闵行“老舅妈工作室”成立后,以解决妇女群众实际问题为出发点,化解婚姻家庭纠纷。此后,全区各镇、街道相继建立13个“老舅妈工作站”,涌现出20多位“闵行老舅妈”。 (丁玉良)

【闵行区代表队获上海赛区法律知识竞赛二等奖】 11月10日,在全国青少年法律知识竞赛上海赛区竞赛活动中,由公、检、法、司各一名队员组成的参赛团,经过初赛、复赛,以小组第一名成绩进入决赛,取得全国青少年法律知识竞赛上海赛区二等奖。 (丁玉良)

(本栏目编辑 庞 宇)

（一）人民武装

【概况】 中国人民解放军上海市闵行区人民武装部为军队建制副师级单位，是全区的军事领导指挥机关，是区委的军事部和区政府的兵役机关，接受上海警备区和闵行区委、区政府的双重领导。区委书记孙潮兼部党委第一书记、区国防动员委员会第一主任，区长陈靖兼区国防动员委员会主任。2009年，区人武部下辖镇、街道、莘庄工业区、区教育局及区内部分国有企业武装部37家。 （段 越）

【探索国防动员建设新途径】 2009年，科技动员办公室获全国防震减灾工作综合评比优秀奖。全年完成26项国防动员潜力调查，修订完善《经济动员综合预案》、《人民防空应急行动方案》等方案计划，以民兵应急分队为重点整组国防后备力量，组织民兵训练1 400余人次，全区防空警报音响覆盖率100%。2月，完成区国动委机构调整；7月，组织国动委“八办”负责人外出参观考察；9月，人防办在闵行油库组织重要经济目标防护演练。 （伍向荣）

【组织区四套班子赴太原卫星发射基地过“军事日”】 3月21—25日，区人武部牵头组织区委、区人大、区政府、区政协四套班子领导，从西柏坡接受教育开始，沿着当年老一辈革命家走过的路线，一路走到太原卫星发射基地，并在该基地过“军事日”，感悟传统、感悟精神、感悟变化、感悟发展成果，接受国防教育。 （段 越）

【孙潮被评为“党管武装好书记”】 孙潮自2006年6月任闵行区委书记、区人武部党委第一书记以来，始终履行“第一责任人”职责，推进全区武装工作不断进步，闵行区连续第四次被评为“全国双拥模范城”。2009年，孙潮被南京军区表彰为“党管武装好书记”。 （段 越）

【加强民兵应急分队建设】 2—3月，根据《闵行区国防后备力量整组工作实施意见》，整组民兵应急分队，全区共编25个分队1 450人；4月6—16日，在全区范围内精选素质过硬的30名应急分队骨干，参加警备区应急分队骨干集训，成绩优秀；5—7月，各基层武装部自行组织所属民兵应急分队，进行为期10天的训练，人员参训率90%以上；9—10月，组织100人的民兵应急分队集中备勤，参加警备区世博安保综合演练，成绩突出，受到上级充分肯定。 （伍向荣）

【开展国防教育系列活动】 9月19日，组织全区开展以“赞颂辉煌成就，建设强大国防”为主题的第九个“全民国防教育日”系列活动。当日，区长陈靖发表题为《心系国防，推进发展》的电视讲话。9月18日，在《新民晚报》闵行社区版开设国防教育专题版面，以“增强国防观念、关心国防建设”为主题，请闵行区各界人士畅谈国防建设体会。9月26日，区人武部邀请国防大学金一南教授为全区处级以上领导作《近期安全演变及应对》的国防专题报告，区委书记孙潮主持，军地反响非常好。2009年，区人武部被总政《中国国防报》评为“刊授教育最佳单位”。 （段 越）

【组织民兵参加义务植树】 3月19日,区人武部组织全区13个镇、街道和莘庄工业区1 500多名民兵、预备役人员到七宝大绿地,种植香樟、银杏等2 000余株苗木。 (段 越)

【开展"三同"活动】 7月21日,中共闵行区委、闵行区人民政府、闵行区人民武装部印发《关于在全区开展军民"同学创新理论、同树文明新风、同建和谐平安"活动的实施意见》。活动开展以来,区人武部积极参加区委中心组的理论辅导讲座;组织基层武装部普遍建立一支20人左右的民兵服务队,在3月5日前后、重大节日及每月第三周周六,开展学雷锋为民服务活动;在区民兵训练基地常年保持一支维稳队伍;开展"一连帮一户,共走致富路"结对共建活动;协调驻区部队和民兵预备役人员大力开展"军徽映夕阳"军民共建助老专项活动,全区15支现役部队与30家养老机构签约共建,24支基层民兵连与24位困难老人签约共建,涉及482名困难老人,区人武部专门与莘庄军休之家结对共建,春节前,部领导带队慰问120余名老同志。 (段 越)

【完成年度义务兵征集】 9—11月,闵行区完成义务兵征集任务263人,其中女兵58人。所征新兵中党团员占75%;全部为高中以上文化程度,大专以上占47%;应届毕业生占45%。作为2010年上海世博会的地面安保力量,所征新兵全部送往上海武警总队。区内2所高校上海电机学院、上海东海职业技术学院完成任务出色。另外,闵行区还完成4名士官直招任务。(伍向荣)

(二)民 防

【概况】 7月,区民防办完成整组,民防专业队伍扩编至860人。提前完成政府实事项目,实现居民小区"民防应急箱"全覆盖。2009年,净增民防工程使用面积18万平方米。至年底,提前完成军区下达的"十一五"人均工程使用面积指标。2009年,连续第五年被国家人防办评为"全国人防系统宣传报道先进单位"。年内研发电声警报器假负载,并于6月通过人防专家组的评审鉴定。完成人防警报设施有线控制系统建设和警报设备控制中心建设,形成警报设备无线、有线两种控制方式并存。研发《闵行区防空防灾组织指挥辅助决策系统》,并经市、区两级人防指挥和华师大信息专家验收。11月,区民防值班室通过区政府应急办"政府机关创建规范化值班室"检查验收。开展新增民防工程检查。通过编制《闵行区地下空间突发公共事件应急预案》,制定《关于加强本区地下空间安全管理实施意见》、《闵行区地下空间群防群治工作方案》,建立非民防地下空间网上数据平台,开展地下空间生产经营人员密集型场所专项整治、安全生产和世博安保群防群治等多种行动,推动全区地下空间安全管理工作。 (张 平)

【研发民防指挥软件】 3月,区民防指挥中心研发的"城市防空防灾组织指挥辅助决策系统"通过由人防指挥专家和华东师大信息专家组成的专家组的鉴定。该系统是全市首个基于网络的区级人民防空人员疏散撤离与组织指挥信息系统。 (张 平)

【组织百饰得建材市场应急防护演练】 3月17日,区民防办在莘庄百饰得建材市场组织应急防护演练。演练不作预告,不搞预演,以建材市场电器老化突发火灾,检验市场人员应对突发灾情下的应急处置能力。演习中,建材市场在启动预案、召唤保安维持现场秩序;依托民防志愿者有序组织业主和顾客及时疏散;市场救护人员具备基本防护知识,能够使用消防、灭火工具方面具有优势。通过演练,梳理出培训教育、防护设施、防范措施等方面存在的不足。 (张 平)

【参与建筑工程事故隐患处置】 7月2日傍晚,闵行区突降暴雨,19时50分左右,区民防办值班员接到区政府总值班室电话,获悉龙柏地区白樟路99弄9号一在建工地在进行民防工程施工时地表有沉降现象,造成居民恐慌。同时,在梅陇南方城12号建设工地也有险情发生。民防专业队伍接警后迅速出动,工程、指挥、化救的同志也在第一时间赶赴现场,进行应急处置。在南方城12号建设工地现场,根据区领导指示,紧急调派民防照明车到场协助施工抢险队伍进行应急排险,较好完成应急抢险任务。 (张 平)

【组织重要经济目标应急演练】 9月19日，区民防办在闵行油库举行重要经济目标防护应急演练。演练围绕可以容纳5 000立方米汽油的储油罐突然遭到“雷击”展开，出动包括抢险抢修、医疗救护、化学救援、指挥通信、特种救援、环保监测等多支民防专业队伍。民防机动指挥车在演练中首次通过卫星与固定指挥所互联，实现现场指挥部与指挥中心的互联互通。 （张 平）

【启动镇、街道人防指挥所建设】 11月10日，闵行区首家镇级人防指挥所——吴泾镇人防指挥所系统建设招投标任务完成，标志着闵行区镇、街道人防指挥所建设全面启动。（张 平）

【组织社区民防干部培训】 2月上旬，根据镇级职能机构调整的实际情况，区民防办组织一期社区民防干部培训班。学习相关法律、法规和上级文件；听取区民防办2009年社区民防工作16条意见，并开展交流和讨论。 （张 平）

【七宝镇推进社区民防建设】 七宝镇政府及职能部门推进社区民防建设工作，3月，在区民防办指导下，在一部分条件成熟的居民小区各组建一支由居委干部、物业、保安及居民群众组成的民防志愿者队伍，主要任务是担负起“四大员”（民防知识宣传员、应急疏散疏导员、灾情处置救助员、民防设施协管员）的职责。为给民防志愿者活动提供方便，镇政府专门拨款，为该镇38个居委会380名民防志愿者配发“民防应急包”。

（张 平）

【开展民防电子手册进社区试点】 区民防办在莘庄春申万科城小区试行“民众防护电子手册”的基础上，4月，会同莘庄镇安全办，选定9个居民小区，对“民众防护电子手册”进社区工作进一步开展试点工作，为2010年开始在全区范围内逐步推开“民众防护电子手册”进网络、进社区打好基础。 （张 平）

【社区民防工作纳入文明社区、文明镇测评体系】 4月20日，区民防办、文明办联合发出通知，明确规定从2009年起，社区民防建设工作纳入文明社区、文明镇测评体系。重点考评内容包括社区民防工作领导机构、运行机制、宣传培训、器材配置。 （张 平）

【开展“防灾减灾日”宣传周活动】 5月7—13日，区民防办组织“防灾减灾日”宣传周活动。活动主题为“关爱生命安全，加强防灾减灾”。期间，组织“社区防护电子手册”进社区启动仪式，开展“防护型”社区主题宣传，在各镇、街道进行“5+1”宣传，即“一条横幅、一期专栏、一张海报、一批宣传册、一套宣传挂图，另加本单位自筹活动”，使集中宣传周活动丰富多彩。并在龙柏街道航华二中组织举行以“纪念5·12汶川地震一周年，应对和处置突发事件”为主题的人员应急疏散演练。 （张 平）

【落实“民防应急箱”进社区工作】 7月24日，区民防办提前完成政府实事项目——“民防应急箱”进社区工作。全区837个居民小区全部按要求配备“民防应急箱”。为了让居民能充分利用好“民防应急箱”，不定期组织居委干部和民防志愿者开展使用培训，全年完成3期200多人次的培训。 （张 平）

【获得全市首届社区民防技能运动会团体总分第二名】 10月28日，上海市首届社区民众防护技能运动会在同济大学举行，全市18个区县的社区民防运动代表队参加11个项目18块金牌的角逐。由区民防办组织的闵行区代表队在比赛中夺得4块金牌，获得团体总分第二名。

（张 平）

【开展“国防—人防—民防”网上主题征文活动】 5月27日—9月30日，区民防办会同区地区办联合组织开展“国防—人防—民防——庆祝新中国成立60周年网上征文活动”。至9月底，收到各界征文156篇，10月，经严格筛选和评比，产生一等奖2名、二等奖3名、三等奖5名、优秀奖和入围奖若干名。 （张 平）

【组织民防工程管理养护培训】 3月，区民防办组织民防工程管理和维护培训班，区内24家新建民防工程的使用管理单位参加培训。重点学习民防工程日常管理知识、维修养护要求、维修

养护质量检验标准、使用备案相关规定以及改造项目审批手续相关规定等。（张　平）

【编制区地下空间突发公共事件应急预案】 4月,区民防办编制《闵行区地下空间突发公共事件应急预案》。该预案由总则、组织体系、预警与行动、后期处置、应急保障、监督管理、预案管理八个方面组成,并统一纳入《闵行区突发公共事件总体应急预案》管理。根据预案规定,区地下空间突发公共事件预警级别分为4级:Ⅰ级(特别严重)、Ⅱ级(严重)、Ⅲ级(较大)、Ⅳ级(一般),依次用红色、橙色、黄色、蓝色表示,与之相对应的应急响应级别也分为4级。（张　平）

【开展地下工程管理信息采集工作】 4—6月,按照沪地空联办[2009]4号文件要求,完成地下工程管理信息采集工作。此次信息采集的范围和内容为地下生产、生活服务设施,重点是2006年7月1日至2009年3月31日新建或拆除的地下工程管理信息。6月15日,完成数据录入并汇总上报。采集到的地下工程1 273只,建筑面积245.69万平方米。（张　平）

【开展有毒有害场所专项整治】 5—11月,区民防办开展有毒有害场所专项整治活动。活动分为三个阶段,5—6月为自查自纠阶段,7—9月为集中整治治理阶段,10—11月为督查总结阶段。根据市民防办的相关要求,结合区民防工程实际情况,主要针对民防工程中存在或可能产生硫化氢、一氧化碳等有毒有害气体的污水池、排水管道、集水井、燃气井等场所进行重点排查。（张　平）

【开展应急避险和疏散场所普查工作】 7月3日,区民防办组织召开应急避险和疏散场所普查工作会议,对全区的普查工作进行布置。到10月底,全部完成辖区范围内各类应急避险和疏散安置场所的全面普查。普查出闵行区可用于应急避险和疏散安置的社会旅馆214个、各类学校117个、影剧院10个、礼堂17个、体育场馆2个、公园绿地6个、广场4个和救助管理站1个,共计371个场所,并按照市里统一部署对各类场所的数据信息进行汇总、统计和数据录入。（张　平）

【民防结建工程实行网上审批】 自8月1日起,闵行区与全市民防系统同步实行民防结建工程网上审批。网上审批按照市民防办《上海市民防行政审批管理系统3.0(区县版)》运行,民防窗口、工程科、分管领导按照各自权限和程序进行网上审批,除需报市民防办审批的项目,如学校、工厂厂房与仓储等结建费减免审批以外,其余审批项目均可在网上一次性办结。结建工程网上审批实行"双轨制",即:网上审批与纸质审批同步进行,纸质审批文件由网上审批系统产生,并作为审批资料归档。（张　平）

【闵行区民防急救医院开工】 9月14日,闵行区急救医院开工建设。该项目位于区中心医院急诊综合楼地下二层,占地面积为10 666.72平方米,总建筑面积约5 012平方米,投资总额4 014万元。工程分设两个防护单元,战时为1个民防急救医院(建筑面积3 000平方米)和1个一等人员掩蔽部(建筑面积2 012平方米),并预设有连通口,与邻近民防工程规划连通。设计防核武器抗力、防常规武器抗力级别均为5级,防化级别均为乙级;平时民防急救医院部分作为医院医疗用房,一等人员掩蔽部用作地下停车场。该工程属区"十一五"期间大型民防骨干工程,由民防专项资金投资。承建单位为上海广厦集团有限公司,主体结构工期270天,预计2011年底区中心医院急诊综合楼竣工后,同时验收并交付使用。（张　平）

【开展地下空间安全生产"三项行动"】 从6月起,区民防办开展为期半年的全区地下空间安全生产执法、治理、宣传教育"三项行动"。整项工作开展宣传教育活动32次,参加人数4 147人,检查地下空间2 421只,建筑面积约290万平方米,发现存在安全隐患的工程21只,安全隐患29处,开出整改通知书5份,并督促有关单位全部完成整改工作。（张　平）

【完成区人员掩蔽工程标识牌安装任务】 根据市防办"两防一体化"建设要求,为加强社区、厂区避险场所建设,从9月初至10月底,在全区人员掩蔽民防工程的主要出入口安装标识牌,并在工程附近道口醒目处安装指示牌。共对385只

人员掩蔽工程安装指示牌300块、标识牌650块。同时,做好每只工程指示牌、标识牌的建档工作。 (张　平)

【完成人防警报器假负载研制】 6月12日,人防警报器假负载通过市民防办主持的人防专家组评审鉴定。该产品实现电声警报器在无声状态下满负载带电检查,提高电声警报器维护检查的科技手段,填补人防电声警报器维护检测的空白,具有较高的推广应用价值。 (张　平)

【完成人防警报有线统控系统建设】 12月,经过区民防办,莘闵电信局,各镇、街道以及警报设置单位等多方的共同努力,历时3个多月,完成区人防警报有线统控系统建设工作任务。实现闵行区人防警报有线、无线两种手段的统控,统控率100%。 (张　平)

【成立闵行区民防协会】 1月20日,闵行区民防协会成立。闵行区民防协会是以公益性为目的的社会组织。它以科学发展观为统领,以"平战结合,为民造福"为宗旨,以"战时保护人民,平时造福人民"为准则,本着"天道酬勤、厚德载物"的意愿,为构建闵行区"战时能力强,平时作为大"的民防体系服务,通过组织各会员单位和民防志愿者开展各种形式的活动,不断完善社区民防长效机制,促进社会组织与经济建设同步发展。 (张　平)

【获得"全国人防系统宣传报道先进单位"】 12月,区民防办获得2009年度"全国人防系统宣传报道先进单位"。这是区民防办连续第5年获得此项荣誉,是全市唯一获此项荣誉的区级单位。2009年,编发《民防动态》26期,刊载文章172篇,被区以上刊物录用134篇。 (张　平)

(本栏目编辑　庞　宇)

(一) 综 述

2009 年全区制定加快推进高新技术产业化的实施意见和各大产业发展行动计划,出台 47 项政策措施,设立专项扶持资金。

聚焦虹桥综合交通枢纽,研究枢纽周边地区功能定位和产业规划。莘庄商务区控制性详细规划完成修编,轨道交通莘庄站"上盖"开发出让方案确定,10 号线停车场"上盖"完成基础工程,南方商务区动迁完毕。漕河泾开发区浦江生产性服务业功能区开工建设,莲花生产性服务业功能区获市认定。出台相关政策措施,促进房产市场健康稳定发展。

实施循环经济发展规划,24 家市、区级循环经济单位试点工作顺利推进。出台重点用能企业节能扶持政策,实施百项节能技术改造工程。市、区联手对 1 200 多家高能耗企业实施"关停转迁",节约标准煤 50 万吨。全区单位增加值能耗降幅和二氧化硫排放总量削减均提前完成"十一五"规划目标。

加强为企业服务。集中走访 1 500 多家企业,帮助解决一批个性化问题。补贴企业基本养老保险金、失业保险金 2.9 亿元。加大政策性担保扶持力度,为全区中小企业提供融资服务 135 户次,贷款金额 5.2 亿元,为 205 家高新技术企业聘请金融顾问。至年底,闵行区 5 家企业在深圳中小板上市,占全市总量的 36%。

加大行政审批制度改革力度,取消和调整行政审批事项 81 项,占总数 20%。大力优化审批流程,在全市率先推行企业设立并联审批,建设工程审批程序 56% 得到简化。取消行政事业性收费 54 项。 (胡克群)

(二) 公有资产监督管理

【概况】 至年底,全区国有资产总量 209.17 亿元。参加统计年报的企业户数 95 户,经营性国有资产总量 56.26 亿元,占全区国有资产总量的 26.9%,比上年增长 18.5%;参加统计年报的行政事业单位 431 户,非经营性国有资产总量 152.91 亿元,占全区国有资产总量的 73.1%,比上年增长 20.5%。全区城镇集体资产总量 1.63 亿元,比上年增长 57.3%,参加统计年报的城镇集体企业 65 户。全区农村集体净资产总量 172.32 亿元,比上年增长 20.44%。其中镇级 116 户,集体净资产总量 86.43 亿元,比上年增长 17.18%;村级 292 户,集体净资产总量 81.57 亿元,比上年增长 27.37%;组级 893 户,集体净资产总量 4.32 亿元,比上年减少 18.18%。2009 年 4 月,闵行区国有(集体)资产监督管理委员会更名为闵行区国有资产监督管理委员会,增挂闵行区集体资产监督管理委员会牌子,内设办公室、社会事业科、产权管理科、统计评价科、集体资产管理科,编制 18 人。直属事业单位有经营管理指导站和商业网点管理办公室,编制分别为 11 人和 5 人。10 月,经营管理指导站划归区农委,成立区集体资产监督管理指导中心,编制 6 人。

(陈 浩)

【改制企业自查自纠】 9—10月,区国资委在全区范围内进行一次改制企业改制环节及资产处置实施情况的自查自纠工作。全区497户镇属以上改制企业填报自查表,参与此次自查自纠工作。在对全区改制企业自查自纠情况进行汇总的基础上,由区国资委拟定《关于改制企业自查上报问题的处理意见》的通知,发至各镇、街道、莘庄工业区,区政府各委办局和区级公司,并对企业自查上报问题进行分门别类地处理。经过此次自查,收回资金709万元。（陈　浩）

【建立健全企业法人治理结构】 区国资委完成上海闵商商贸有限公司变更为国有独资公司,并对该公司开展建立健全法人治理结构工作。批复同意变更上海市闵行资产投资经营有限公司董事长、法定代表人、董事等。（陈　浩）

【回购物业经营收益使用监管】 区国资委制定并下发《对回购物业经营收益使用情况进行监管的实施方案》和《关于加强我区物业回购监管工作的通知》文件。全区1—11月完成物业回购总面积93.34万平方米,支付价款45.83亿元。其中回购标准厂房11.19万平方米,总价2.50亿元;储备动拆迁房70.10万平方米,总价37.61亿元;商业配套用房7.34万平方米,总价3.72亿元;办公用房1.66万平方米,总价1.17亿元;商业用地1.98万平方米,总价0.36亿元;商业菜场1.07万平方米,总价0.39亿元;地下车位250个,总价0.08亿元。（陈　浩）

【建立镇级资产信息化台账】 年内,完成闵行区村级资产台账信息化建设,并在9个镇建立闵行区镇级资产信息化台账,从而形成全覆盖的农村集体资产信息化监管系统。（陈　浩）

【化解农村村级债务】 年初村级债务余额2.49万元。区国资委在镇(村)的密切配合下,1—3季度化解债务9 055万元,化解率8.23%。四季度此项工作划归区农委。（陈　浩）

【规范村级公务消费】 为规范村级集体资金的管理,压缩村级集体非生产支出,加强农村基层干部作风建设,区国资委积极配合区纪委,年内在全区50个村开展村级公务接待限额制度试点工作,制定"村级公务接待限额管理指导意见"、公务接待登记台账、财务处理规程等,明确公务接待的范围、限额标准、核算方法和管理办法。年内从各镇上报的试点村数据汇总显示,各村公务消费明显下降,有力促进农村党风廉政建设。（陈　浩）

【指导撤制村队集体资产处置】 区国资委对撤制村队比较集中的镇加强调研和指导,及时了解和掌握撤制村队集体资产处置情况,并结合实际对操作文本进行补充和完善。同时指导镇、村把握好资产处置过程中的清理、评估、产权界定、农龄计算及资产处置方案等各个环节,避免可能由此引发的各种矛盾。（陈　浩）

【国有资产委托监管】 区国资委年内对文广、体育、民政、水务、公安等系统行政事业单位国有资产实施委托监管工作。年初在征求各方面意见的基础上,6月下发《关于文广、体育等五大系统行政事业单位国有资产实行委托监管的函》文件并组织实施。同时,分别与区文广局、体育局、民政局、水务局、公安分局签署《行政事业单位国有资产委托监管协议书》。协议明确委托监管资产范围、委托监管期限及各方的主要工作职责等内容。（陈　浩）

【下放"三集中"资产】 为关注民生,支持镇、街道社会公益事业发展,国资委将"三集中"(对全区各委办局及事业单位的房屋土地资产实行集中整合、集中管理、集中经营)部分经营性资产,以协议的形式授权下放到镇、街道进行统一管理统一经营。这部分资产主要用来开办老龄食堂、助老服务社、敬老院、社区服务中心等。至年底下放江川路街道"三集中"资产面积19 437.8平方米,下放莘庄镇"三集中"资产面积4 139.33平方米。（陈　浩）

【服务重点工程】 完成莘庄商务圈内国有资产搬迁工作。所属国有资产的七莘路925号相关房屋土地资产被列入莘庄商务区规划范围内,对涉及动拆迁范围内的企业,多次与莘庄商务区人员上门进行协调,妥善制定实施方案和补偿细则。（陈　浩）

【落实帮困基金646万元】 2009年,区国资委直接考核管理的6家区级公司下属企业已改制,困难企业、困难职工集中,历史遗留问题较多。在对这6家公司考核管理中,注意将帮助困难职工、维护企业稳定作为考核的重要指标,并通过财政等多种渠道,加大区级公司在帮困方面的资金筹措力度。年内,区国资委通过对闵鑫公司等4家区级公司2009年度下属35户企业、受助对象1 179人的申报材料进行核实汇总,与财政部门沟通后上报区政府批准,落实2009年度财政帮困基金646万元,并及时划转至相关企业。

(陈　浩)

【妥善处理改制企业遗留问题】 年内,区国资委妥善解决改制企业遗留问题11件,妥善处理上海梅陇物业管理有限公司改制中龙临路诉讼费及办公楼装修费用事宜;下发《关于改制企业自查上报问题处理意见的通知》,对有关遗留问题处理作明确部署等。 (陈　浩)

【产权(股权)管理】 年内,区国资委批复同意国有产权(股权)转让9件:(1)批复同意上海春申房地产开发有限公司51%国有股权公开挂牌转让,转让底价3 165.19万元;第一次流拍后再次批复同意上海春申房地产开发有限公司51%国有股权再次挂牌转让,转让底价2 848.67万元。(2)批复同意闵行区城市建设和管理局下属上海海龙建工实业总公司在上海宏康建设工程监理有限公司中14%股权实施挂牌转让,转让底价87 173.79元。(3)批复同意春光路99弄12—26号(莘庄工业区8街坊7丘)工业厂房挂牌转让,转让底价925万元等。 (陈　浩)

【日常产权登记】 年内办理企业国有资产产权占有登记2户,变更登记5户,注销登记1户;办理企业集体资产产权注销登记6户;办理行政事业国有资产产权占有登记16户,变更登记12户。 (陈　浩)

【区属企业经营预算】 根据区属国有(集体)资产的监管体系,按照分层次监管的原则,以现金流为核心,组织23户纳入经营预算管理的三类区属企业分类编制2009年度资产经营预算。根据这三类区属企业不同的情况,采取不同的方式实施监管:(1)对承担政府职能的莘庄工业区经济技术发展公司等6家区级公司的经营预算方案以报送备案为主。(2)对下属企业基本改制后保留的闵商公司等6家区级公司(实际仍为9家)的经营预算方案采取预案、正案,二上二下的形式进行,经初审、会审后下达经营预算通知。在规范经营预算编制的同时,采取事前控制、事中监测、事后检查等方式加强经营预算执行监督,对5家区级公司的经营预算调整下达批复。根据6家区级公司均系非经营性管理型公司的特点,进一步细化企业管理费用的预算指标,加强经费支出管理,其中对整合后闵商公司的经营预算方案进行严格审核,对在2008年由于整合而产生的一次性整合费用计33万元不再列入经营预算;利用财务月报动态监测预算单位的资产运行情况;通过编制经营决算来检查经营预算的执行情况,并作为绩效考核的依据之一。(3)对委办局下属企业清理后仍保留运转的11户企业经营预算方案,在2008年试编基础上,也采取预案、正案,二上二下的形式进行,经初审、会审后下达经营预算通知。 (陈　浩)

【完善评估监管体系】 严格规范资产评估机构的执业行为,提高资产评估服务质量和水平,完善评估项目台账,健全项目跟踪评价制度,从定点评估机构的选取、评估项目的分配、评估项目的专项监管、中介机构服务情况的监管和评估4个方面,加强对评估项目和中介机构的动态监管。年内,区国资委受理资产评估项目13项,其中核准项目3项,核准资产评估价值48 813万元;备案项目10项,评估价值73 752万元。 (陈　浩)

【行政事业单位资产处置审批】 年内,区国资委受理行政事业单位资产处置项目77个,处置资产4 788.48万元,至年底全部完成审批并基本处置完毕,收到资产处置的变价收入和残值收入75.15万元。其中办理报废、报损的资产处置项目70个,处置资产4 683.8万元(含各种车辆120台,计1 976.74万元;房屋建筑物18 647平方米,计1 314.90万元;设备和其他资产1 392.16万元);办理划转的资产项目7个,划转资产104.68万元。 (陈　浩)

（三）发展计划管理

【概况】 2009年，闵行区发展和改革委员会职能机构有所调整。设8个职能科（室）：办公室（组织人保科）、发展规划科、社会发展科、产业发展科、投资管理科（重大项目稽察办公室）、综合改革科、价格管理科、价格监测监审科（价格认证科）。辖区物价检查所、区散装水泥办公室、区能源办公室、区燃气管理办公室和区电力建设协调办公室5个事业单位。撤销中共上海市闵行区发展和改革委员会党组和中共上海市闵行区纪律检查委员会驻闵行区发展和改革委员会纪律检查组。成立中共上海市闵行区发展和改革委员会和中共上海市闵行区发展和改革纪律检查委员会。年内，编制完成《关于上海市闵行区2008年国民经济和社会发展计划执行情况与2009年计划的报告》，提交区四届人大四次会议。按照市政府关于开展全市2010年国民经济和社会发展思路研究工作的要求，提出2010年全区经济社会发展目标、总体思路，明确重点工作和措施，撰写并上报闵行区2010年发展思路报告。并借此启动2010年计划报告的编制工作，全面总结闵行区2009年国民经济和社会发展计划执行情况，提出2010年经济社会发展主要预期目标和重大建设项目计划安排。 （冯德华）

【"十一五"规划中期评估】 区"十一五"中期评估工作分别于2009年4月9日、5月6日、6月10日、7月15日向第四届人大常委会第44次主任会议、区政府第46次常务会议、区委第50次常委会和区政协四届第31次主席会议作专题汇报和通报，并由上海市信息中心作为第三方机构对评估报告及评估过程进行再评估。"十一五"评估报告年内已按要求在"上海闵行"网站和区政务网上进行公示。 （冯德华）

【"十二五"规划前期思路研究】 详尽制订工作方案。"十二五"规划前期思路研究工作于2009年6月启动，参照国家和上海市的"十二五"规划前期重大问题研究选题指南，制订《"十二五"规划前期思路研究工作方案》（以下简称《方案》）。《方案》先后征求相关委办局、镇、街道、工业区，区人大有关工委、部分区人大代表、部分党代表、区政协主席会议意见，多次修改完善，确定7大方面、25个重点议题，经区政府第53次政府常务会审议通过，于9月由区政府正式发文（闵府发［2009］19号）。推进前期思路研究。8月，成立由区委常委、副区长阎祖强任组长、全区44个相关部门、各镇街道、工业区组成的区"十二五"规划前期思路研究协调小组，全面启动"十二五"规划前期思路研究工作。9月，对"加强公共服务"和"激活社会组织参与社会建设"2个课题开展调研。多种形式"开门办规划"。不定期编写《闵行区"十二五"规划编制工作简报》，记录研究过程，总结研究经验，推广好的做法，汇总研究成果。同时，成立"十二五"规划专家委员会，由来自市有关部门、研究机构、高校等16位知名专家组成，涵盖经济发展、城市建设、环境保护、公共管理、社会事业发展等各个领域，参与将来课题成果的评审，并在规划编制过程中出谋划策。 （冯德华）

【经济运行分析监测举措】 与区经委、区财政局、区税务局、区房地产交易中心、区统计局等部门建立日常的联系机制，获得相关历史数据进行汇总整理，建立详细的数据库，为分析工作奠定基础。建立由各镇经发办主任、各街道经济科长、重点园区经济部门负责人参加的经济运行分析联席会议，及时掌握经济运行的主要特点、主要困难，研究制定对策措施。对重点园区和企业加强调研，并为企业解决个性化问题。（冯德华）

【加强区域经济相关研究】 年内，开展服务区域经济的研究；启动闵行区范围内外环地区发展战略的研究工作；起草虹桥交通枢纽调研报告；开展汽车消费、楼宇经济、房地产市场发展等专题调研。开展新兴产业和现代服务业研究；起草医药产业、新能源产业、平板显示产业发展等调研报告。 （冯德华）

【开展社会发展评估和社会事业重点项目调研】 全面完成闵行区2007年、2008年社会发展水平自评工作。重点围绕就业、社会保障、教育、卫生、文化、体育等12个方面开展评估。为了总结社会事业市场化运作经验，对"四馆合一"（区图书馆、档案馆、青少年活动中心、城市剧院)、航天博物馆、中谊路福利院等社会事业重点项目展开调研。开展公益性项目补偿机制研究。提出完善政策、补贴资金等相关建议。进行慈善事业调研。 (冯德华)

【编写闵行区服务业发展报告】 按照市发改委《关于编制2009年上海服务业发展报告》的要求,区发改委经过调研分析,年内编制完成《2009年闵行区服务业发展报告》,内容包括闵行区服务业总体发展情况、重点领域发展情况、布局、措施和趋势分析等。 (冯德华)

【做好国防经济动员】 开展给养应急保障动员潜力调查。对闵行区涉及粮食、食品生产加工的24家重点企业的生产、经营状况全面开展摸底调查,掌握第一手资料。向市经济动员办公室上报24家企业《军队给养应急保障动员企业(单位)基本情况调查表》及《闵行区开展给养应急保障动员潜力调查情况汇报》。做好国防后备力量整组工作。充分利用区发改委干部资源,组织建立一支由51人组成的军需物质保障分队,并按要求搞好宣传教育和组织政治审查,制定配套保障方案。 (冯德华)

【推动循环经济试点】 与区环保局联合下发《关于申报闵行区循环经济试点单位(第三批)的通知》,编撰完成《闵行区循环经济试点单位成果汇编》,收集闵行区38家试点单位的典型案例,为闵行区推动循环经济工作提供指导和借鉴。 (冯德华)

【为企业争取资金】 争取市服务业发展引导资金。按照《上海市发展改革委关于申请本市服务业发展引导资金有关工作的通知》要求,闵行区落实2009年度引导资金申报工作。7月,区发改委上报争取资金项目21个,项目总投资39.75亿元。争取中小企业技术改造项目专项资金。国家在2009年重点产业振兴和技术改造专项中安排30亿元资金支持工业中小企业技术改造,切块给上海9 000万元。9月,区发改委向市发改委上报闵行区申请中小企业技术改造资金项目。争取中央投资重点产业振兴和技术改造专项资金。在2009年中央投资重点产业振兴和技术改造专项资金中,经市发改委审核批复,安排中央专项资金2 450万元。配合市有关部门做好高新技术产业化项目备案工作。 (冯德华)

【推动设立国家工程实验室】 2009年,国家发展改革委批复,中国船舶重工集团公司第七一一所建设“船舶动力系统国家工程实验室”。 (冯德华)

【参与粮食清仓查库工作】 根据国务院办公厅关于开展全国粮食清仓查库工作的要求,在市、区两级政府的统一部署下,年内区发改委对属地的14家粮库的库存粮食数量、粮食质量、储备粮轮换情况、账务情况进行检查,确保国家粮食安全。 (冯德华)

【鼓励生产性服务业发展】 按照区生产性服务业发展政策,做好生产性服务业项目会审工作。2009年,牵头组织召开会审会议5次,会审项目10个,经初审,5个项目符合条件由区经委备案。同时,上海莲花生产性服务业功能区和上海漕河泾开发区浦江生产性服务业功能区,经市经委等部门审核,认定为上海市生产性服务业功能区。 (冯德华)

【发展太阳能等新能源产业】 闵行区支持太阳能产业发展,并制定一系列政策,年内形成产业积聚优势。正在筹备太阳能国家工程研究中心建设,区发改委配合做好项目上报工作。国家鼓励太阳能光伏发电相关政策出台后,闵行区向市发展改革委申报太阳能光伏发电项目2个(紫竹太阳能科技有限公司1MW光伏发电项目及尚德太阳能2.54MW光伏发电项目),并争取国家财政补助资金。 (冯德华)

【配合推进大型居住区建设】 区发改委作为推进工作办公室成员单位,着重做好项目核准等工作。浦江镇大型居住区一期年内启动,上海晶城50万平方米经济适用房项目12月正式开工建设。同时,积极向市争取政策支持,为君莲居住区社区卫生中心争取市财政资金500万元,资金计划年内下达。 (冯德华)

【促项目开工竣工】 全年开工产业项目102个，项目总投资272.45亿元，其中工业项目64个，总投资95.83亿元；房地产项目29个，总投资149.61亿元，总建筑面积328.13万平方米；经营性项目9个，总投资27.01亿元，总建筑面积40.54万平方米。全年竣工产业项目140个，项目总投资178.46亿元，其中工业项目119个，总投资96.75亿元；房地产项目18个，总投资79.58亿元，总建筑面积224.31万平方米；经营性项目3个，总投资2.13亿元，总建筑面积8.56万平方米。（冯德华）

【区重大项目社会风险评估】 开展重点项目社会风险评估先期试点。区发改委牵头负责上海紫竹科学园区紫虹路（虹梅南路—龙吴路）和颛桥中学校区改扩建一期2个项目的风险评估工作。探索研究重点项目社会风险评估方法。与维稳部门、第三方中介机构共同研究如何编制重大项目社会稳定风险评估报告。探索研究重点项目社会风险评价程序。（冯德华）

【促进建安税落地工作】 继续抓好建安税和小税源征收各项工作，区各有关部门在项目审批过程中，坚持建安税落地承诺制度，立项、规划、土地、招标、施工、征税多环节把关，确保项目税收落地。1—11月，全区建筑业完成税收14.70亿元，比上年同期13.58亿元增长8.18%。

（冯德华）

【编制政府投资项目计划】 编制完成2009年度闵行区政府投资项目计划，于2009年3月正式下达，比上年提前两个月，基本做到与财政年度预算同步编制。加大民生和基础设施投入。2009年政府投资计划安排项目309个，比上年增加67个；建设项目总投资330亿元，比上年增加115亿元，增长53%；年度安排资金145亿元，比上年增加72亿元，增长99%，其中区级资金安排82亿元，比上年增加42亿元，增长105%。2009年度社会事业设施安排资金14亿元，比上年增加11亿元。在做好2009年政府投资调整计划的基础上，于2009年12月编制完成2010年投资计划讨论稿。（冯德华）

【政府投资项目监督检查】 区发改委作为牵头部门，会同相关部门对2006年以来的政府投资项目进行梳理分类，召开后评价推进工作会议，制定《关于开展政府投资项目后评价的工作方案》，各单位在自评的基础上，选取2个总投资在500万元以上的政府项目进行重点后评价。通过政府购买服务方式委托上海投资咨询公司对重点项目进行后评价，完成政府投资项目后评价报告。严格控制党政机关办公楼等楼堂馆所建设，建立长效机制。（冯德华）

【编制2010年民生实事项目计划】 年内，进一步拓宽项目的征集渠道，一是把征集范围扩大到村委会、居委会；二是首次通过闵行区电视台公布征集启事，提高百姓参与热情。通过广泛征集，收到意见和建议229项，并进行筛选和整理汇总。经与有关部门、单位反复沟通对接，结合区长网上办公的意见和建议，形成2010年民生实事项目初步安排（共10大类，21个小项），于11月底报区政府。（冯德华）

【完成2008年实事项目后评价报告】 2009年，闵行区首次开展对2008年实施的10项实事进行后评价。制订《2008年闵行区政府实事项目后评价工作方案》，明确实事项目后评价内容、方法、工作节点。为确保公正性、独立性，通过政府购买服务，委托中介机构上海投资咨询公司为第三方评估机构。在项目单位自评的基础上，针对实事项目特点，上咨公司通过现场踏勘、问卷调查等方式对2008年实事项目进行全面评估，并通过多次与各相关单位反馈沟通，完成2008年闵行区实事项目后评价报告报区政府。

（冯德华）

【协调推进重大社会事业项目】 年内，将航华九年一贯制学校、区教师进修学院迁建、区中心医院扩建、龙柏社区服务中心、仁济医院南院、华东师大附属学校、黎安生态文化创意中心、山花网球馆、法院二期、上师大附属中学、华漕外国语实验学校、网球中心二期等项目，纳入区促项目开工、促竣工投产联席会议平台推进。（冯德华）

【服务世博项目建设】 年初会同区财政局等相

关部门对迎世博82个项目进行梳理分类打捆,根据项目特点,将60个迎世博项目打捆为7个单列项目,其余22个项目列入条线计划,安排好项目资金20亿元。配合区城市管理指挥部做好世博相关项目前期方案论证等前期工作。建立联合会审机制,对世博项目采用项目建议书和可行性报告合并审批,按照项目分类打捆批复,在两天内批复项目,项目投资概算组织专家集中进行评估,概算资金确认当天办结。 (冯德华)

【推进行政审批制度改革】 2009年进一步优化行政审批流程,加快区公共服务中心硬件建设。修改和完善《闵行区政府投资管理办法》,在2006年试行办法的基础上明确区发改委、区财政局、区城投公司、区闵盛公司等相关部门的工作职责;明确入库申报时间、规范入库论证、完善政府投资计划编制;优化项目审批流程,减少审批环节、压缩审批时限;加强评估管理、规模与投资控制;完善项目实施与监督机制。会同区机管局、区闵盛公司,做好闵行区公共服务中心的初步建设方案研究工作,多次牵头,会同相关部门召开协调会,明确项目功能地位、立项主体、供地方式、投资规模。 (冯德华)

【加大电力建设协调力度】 协调有关部门实施吴中路电力、通信架空线入地以及道路修复等工程。做好浙信置业商务楼接电工程施工组织协调工作。争取电力部门加大对闵行区电力建设投资力度,22万伏吴中变电站和青虹变电站、11万伏芒市变电站和召楼变电站相继建成投运,确保全区电力供应;11万伏陇南变电站和3.5万伏农科变电站进展顺利,11万伏合川变电站和3.5万伏都庄变电站年内开工。配合做好闵行区22万伏电力黄线规划和11\3.5万伏变电站站址规划落地工作。 (冯德华)

【加强燃气安全管理】 成功实施马桥地区天然气转换;完成吴中路天然气调压站建设;协调浦销燃气公司投入资金900万元,完成沈杜路天然气管道敷设。开展燃气行政稽查和燃气管道占压专项整治。取缔非法经营液化气窝点33个,收缴非法经营液化气钢瓶1 156只,罚款金额2.5万元,使闵行区非法经营液化气情况明显好转。开展燃气安全进社区、进学校活动,开展燃气行业安全生产“执法、治理、宣传”三项行动。实施闵行区天然气发展规划的修订工作。 (冯德华)

【加大散装水泥推广力度】 加大检查力度,确保散装水泥社会使用率继续保持全市前列。加大专项资金投入,促进商品砂浆的推广使用。做好散装水泥专项资金预缴、征收、结算、使用等管理工作。广泛开展多渠道、多层次宣传和培训,加大商品砂浆推广力度。 (冯德华)

(四)物价管理

【概况】 2009年,全区物价管理部门开展清费减负,配合政府保增长工作,以项目开工为切入点,开展房地、建设、卫生等领域的行政事业性收费监管,查究隐性不规范收费。健全监测机制,从规范价格监测工作,提高监测准确性、科学性和实效性出发,构建以提高人员素质、增强预测预警、提升监测质量的监测组织、分析预测和质量保障体系。价格监督检查坚持以人为本,转变执法理念,注重柔性执法,改变单一的价格检查模式,开创服务、检查并举的综合执法方式。紧扣民生热点,扩展工作内涵,开展社会事业价格调查研究。2009年,区物价局被国家发展和改革委员会评为全国价格监管服务先进集体;区物价检查所被市迎世博窗口服务指挥部评为优质服务示范窗口。 (潘伟南)

【价格管理】 清理行政事业性收费。按照“两高一少”(行政透明度最高、行政效率最高、行政收费最少)目标要求,完成全区237户行政事业收费年审,清理11个系统104个单位的收费项目,涉及金额1 000多万元;开展行政事业性收费项目论证,对有关企业、农民和居民的15项收费项目实行免收费政策。调整收费政策。一是规范学校收费,优化收费环境,先后制定和调整学生用餐和校服定价政策,民办学校收费标准、民办幼托园所收费管理工作实施意见;二是对部分机动车停车场调整计费政策,实行按次计费方法。开展调价成本监审。年内有6所民办学校、3所幼儿园和2所养老院调价接受成本监审。

(潘伟南)

【价格监测】 开展商品价格监测。一是开展对43个常设网点的价格监测，涉及主副食品、工业日用品、涉农产品、成品油、药品及医疗器械等大类的400余种重要商品价格；二是为宏观决策提供依据，坚持日报、旬报、月报制度，年内向上级部门报送监测报告314份，向区政府报送市场动态60篇。开展农本调查。围绕党和政府中心工作，聚焦"三农"，开展农产品成本收益、农业生产综合经济效益等调查，撰写调查报告13篇，其中《完善农村土地流转制度，保障农民基本权益》报告被市农本队评为二等奖。 （潘伟南）

【价格监督检查】 全年查处价格违法案件55件，实施经济制裁总额47.33万元，其中罚款18.47万元、没收违法所得15.73万元、退还违法所得13.13万元。全年无行政复议、行政诉讼案件。强化法制建设。制定闵行区《关于合理掌握行政处罚尺度的实施意见》，有效防止行政处罚畸轻畸重现象。开展专项价格监督检查。根据市条线统一部署，先后开展医疗、餐饮、旅游、百货、教育、家电等行业专项检查。工作中，大力推行提醒告诫、反馈通报、政策培训等措施，促进行业价格自律。开展常规价格监督检查。一是以明码标价为载体，开展市场商品价格反欺诈活动，对上海都市特易超市有限公司进行查处；二是针对公众关注行业，如汽车维修、汽车销售、机动车停车、物业服务收费等开展价格检查，对9户相关价格违法单位予以经济制裁。尤其是在汽车维修价格检查中，为敦促行业规范明码标价，在部分4S店开展价格诚信承诺签约活动，得到企业响应。 （潘伟南）

【价格举报办理】 全年受理各类价格举报、咨询184件，办结183件，办结率99.5%。通过价格举报，处理价格违法案件37件，实施经济制裁总金额10.06万元，其中退还消费者款项4.91万元。 （潘伟南）

【价格调研】 农村贫困户收支调研。通过对养老、就医、文化、教育等民生内容调查，反映闵行区农村贫困户总体生活状况及其成因，提出让就读民办大学的贫困户子女享受进入公办大学的同等优惠政策等建议。养老事业调研。掌握闵行区养老机构基本状况，发现公用事业没有落实民办养老机构价格优惠政策问题，为区政府完善养老事业政策提供建议。区域性出租车调研。采用实地走访、召开座谈会等形式，对闵行区域出租汽车营运状况、运价结构等项目展开调查，为市出台出租汽车行业管理政策提供详实依据。经适房销售价格定价课题开发研究。为配合全市经济适用房工程，率先探索闵行区定价机制。课题论证分析闵行区中低收入家庭标准和数量，构建以家庭收入为主、以建房成本、市场价为辅的定价权重模型，具有推广价值。课题研究已进入专家论证阶段，中间成果被上级部门运用到经适房试点工作。 （潘伟南）

【价格督察】 建立督察机制，价格行政工作全面接受社会监督，11月，由区物价局聘请的10位人大代表、政协委员组成区价格督察员队伍。价格督察工作定位于行为监督、执法监督、决策监督、问题调查和疑难协调五个方面，实施履职、作风和廉政督察。 （潘伟南）

【迎世博公共服务】 围绕"食、住、行、游、购"，精心编印餐饮、宾馆、百货超市、汽车维修及销售等行业价格宣传资料，开展价格政策培训，提出行业规范要求，做好监管服务台账记录。建立以主管领导为总指挥的迎世博领导机构，下设行动、受理2个工作部，组成5个应急小组，确保遇到突发事件在30分钟内完成工作程序，并到达事发地。按照世博会价格监管方案要求，完成旅馆住宿、旅游门票、旅游客车等9类项目18个监测网点增布工作，同时对大卖场主副食品、家电等大宗商品进行销量监测，由单一的价格动态分析上升为复合的市场动态分析。年内，上报国际、国内大宗商品行情，区域主副食品动态82篇。在餐饮行业中，树立莘庄紫丰阁小田园酒店明码标价示范单位，组织区内30余家大型餐饮企业进行观摩交流，并在全市餐饮行业作经验介绍。 （潘伟南）

（五）招标投标管理

【概况】 2009年全区完成政府集中采购项目626批次，预算金额10.02亿元，实际采购金额

9.41 亿元,节约资金 0.61 亿元,资金节约率 6.13%。按照采购项目分,货物采购 251 批次,预算金额 23 632.47 万元,实际采购金额 21 038.01 万元,节约 2 594.46 万元,节约率 10.98%;工程采购 272 批次,预算金额 62 144.58 万元,实际采购金额 59 181.19 万元,节约 2 963.39 万元,节约率 4.77%;服务采购 103 批次,预算金额 14 421.84 万元,实际采购金额 13 840.32 万元,节约 581.52 万元,节约率 4.03%。全年完成建设工程施工承发包项目 233 项,发包价 29.45 亿元,发包面积 153.47 万平方米;监理承发包项目 8 项,总投资 6.55 亿元,建筑面积 16.94 万平方米;设计承发包项目 2 项,总投资 3.99 亿元,建筑面积 8.24 万平方米;勘察承发包项目 2 项,总投资 3.99 亿元,建筑面积 8.24 万平方米。全年完成部门集中采购 92 批次,采购预算金额 4 885.43 万元,实际采购金额 4 531.36 万元,节约资金 354.07 万元,资金节约率 7.25%。

(施欲晖)

【促项目开、竣工】 完善各项工作制度,提高项目办理效率。在继续严格落实主要领导亲自抓、分管领导具体抓、专人负责办理等工作机制的基础上,优化区内企业投资项目建设工程项目发包的操作流程,建立一般项目定期沟通、重大项目及时沟通、紧急项目随时沟通的跟踪协调机制。严格履行监管职能,确保项目规范有序。为确保财政性资金的使用效益、使"保增长"措施发挥实效,对应纳入区招投标统一平台的项目,把握项目关键环节,重点项目做到全程监管;针对年内有关工程项目出现安全质量而造成社会影响的问题,专门召开各镇、街道、莘庄工业区建设工程管理负责人以及区监察局、发改委和建交委有关领导参加的规范促项目开竣工承发包专题工作会议,明确加强促项目开竣工承发包监管工作的要求。全年受理促开、竣工项目 87 个,办结 83 个,所有项目均在承诺时间内办结。 (施欲晖)

【迎世博工作】 建立机制,加强协调。成立迎世博领导小组和工作小组;在受理大厅专设迎世博窗口;建立迎世博项目绿色通道机制;定期至区"600 办"现场办公,协同相关部门研讨解决项目审批与推进中存在的问题。在迎世博市重大项目——漕宝路拓宽工程实施中,多次与市、区相关部门沟通协调,积极疏理项目进程中的瓶颈问题;主动帮助建设单位把好招标资质关,既充分考虑项目的实际情况,又能做到无倾向性、无排斥性,兼顾招投标的公平竞争和科学择优原则。优化措施,确保效率。4 月底各镇迎世博环境治污、河道整治等项目集中启动,针对项目多、投资额较小的实际,以及项目之间关联性较强的特点,对 41 个项目进行合理划分,打成 14 个包件进行招标,提高项目招投标环节的工作效率。服务在先,监管其中。在延安路高架沿线市容环境整治灯光工程中,协同相关部门做好工程设计方案的论证、费用谈判、合同条款把关等工作,工程前期费用由原报价的 70 万元降至 55 万元以内,施工费在审定价的基础上下浮 5%;对被列入绿色通道操作的政府采购项目,加强对项目事前、事中、事后的监管,于年底印发《迎世博 600 天项目招投标(政府采购)环节审核评估主要内容及备查资料》的通知,要求各相关部门按照要求进行全面梳理。区招管办获得上海市第二批迎世博贡献奖——公共管理贡献奖。 (施欲晖)

【拓展政府采购政策功能】 制定各项政府采购促进区内企业发展的措施。制定《关于政府采购促进本区科技创新和成果产业化的操作办法》,凡被纳入国家和上海市自主创新产品目录的闵行区产品及区科委等部门推荐的自主创新产品,在政府采购招投标中实行产品推介机制、优先采购机制和合同优惠机制。搭建区内自主创新、知名品牌产品的推介平台。与区科委、区财政局等相关职能部门,召开"闵行区金融服务和政府采购推进大会",有 143 家参展单位进行现场展示、推介,包括 33 家区镇两级政府集中采购的一级预算单位、99 家近两年政府重大投资项目中标单位和施工企业在内的 400 多家单位到会观展。落实优先采购的工作要求。制定节能、环境标志、自主创新产品的政府采购操作办法;制作采购公告、招标文件的标准模板,将涉及相关政策要求的条款进行固化;按照有关清单,对协议供货产品信息库中的相关产品进行标注。全年采购节能产品 3 576.19 万元,环保产品 2 853.06 万元。

(施欲晖)

【推进镇、街道招投标规范化建设】 提供服务平台,实现资源共享。利用信息化平台为部分镇、街道的招投标(政府采购)项目发布采购信息,帮助其抽取、邀请评标专家,借用开、评标室及硬件设备,提供区定点审价、施工监理公司名单,取得较好效果,全年为镇、街道18个项目抽取专家52人次。主动对接指导,加强项目监管。与浦江镇、吴泾镇、江川路街道、莘庄镇的招投标管理部门开展业务交流,对项目的操作实务进行详细讲解、释疑解惑;对镇、街道的相关重点项目认真把关,如闵浦二桥沪闵路沿线旧小区改造工程属区府实事工程,内容较杂、涉及面较广,多次上门帮助项目实施主体江川路街道梳理项目、提供建议,同时为充分体现竞争,将其中的平改坡综合改造部分纳入平台操作,确保工程实施的规范性。至年底,浦江镇、江川路街道、吴泾镇三个镇级招投标平台建设试点单位的招投标(政府采购)工作步入正轨。 (施欲晖)

【探索招投标管理工作发展思路】 2009年,经过半年多的起草、修改、完善,形成《闵行区招标投标管理体制改革情况报告》,对三年来招投标统一平台建设取得的主要成效、管办分离体制的运行情况、认识和体会进行较为全面的总结。在自我评估的基础上,经广泛调查研究、多方听取意见,形成《关于进一步完善招标投标管理体制的几点意见》的调研报告,明确"依法行政,加强招标投标管办分离的原则,着力提高法律、法规和制度的执行力,着力发挥政府采购政策性功能的作用,着力加强招投标工作的有效监管"的发展思路。 (施欲晖)

【加强招投标日常监管】 加强项目现场巡查。对公开招标项目进行100%的现场监管,对邀请招标项目进行50%的现场监管;充分发挥社会监督力量,每周将项目安排预先告知社会监督员,便于他们随时、随机选择招投标项目上门监督,遇重大项目主动邀请社会监督员参与全程监督,全年有14人次参加14个项目的监管。加强项目事后抽查。定期检查项目操作的规范性、程序的合法性、资料的完整性等,抽查结果总体良好;会同市行业管理部门开展3次项目后评估,评价结果为2次满意,1次较满意;发出391张评价表对21个项目开展市级公正度评价,未有不良信息反馈。 (施欲晖)

【加大招投标信息公开力度】 利用信息网络资源,将工程招标项目的中标合同价、评标专家名单等中标结果及质疑、投诉的方式在上海市建筑建材业网站、闵行政府网站、闵行区招标投标网同步发布,扩大信息公开的覆盖面,增强招投标全过程的透明度。全年对137个政府投资建设工程项目的中标合同价及评标专家名单进行网上公示,公开率100%。下半年,与区财政局联合下发《关于规范政府采购信息单一来源公示制度公开事项的通知》,以进一步规范区政府采购信息公开制度。 (施欲晖)

【规范预算单位政府采购工作】 推行政府采购责任人考核。年初,区招管办联合区财政局、监察局、审计局、区府督查室,对全区50家一级预算单位的政府采购责任人进行考核。考核采取听取汇报、查阅档案、多方测评等方式对一级预算单位本部及下属单位2008年度政府采购工作执行情况、相关制度和机制建设进行全面检查,促进预算单位政府采购的责任主体意识。建立集中采购任务启动事项主动提示机制。年初财政预算下达后,招投标中心即对2009年区机构集中采购预算进行分类和梳理,向各预算单位发送《2009年度区集中采购任务启动事项的通知》,对集中采购任务、采购范围和内容、启动项目需提交的资料等内容进行事先提醒,使预算单位对本部门的采购任务有了进一步明确,为其制定具体采购计划、进度安排等预留较为充足的时间。 (施欲晖)

【完善政府采购供应商合同履行情况反馈机制】 结合政协提案主办件的办理工作,完善政府集中采购项目合同履行情况反馈机制:在监管范围上,加强对已履约一年以上合同的跟踪管理,重点是处于保修期内项目,保证保修服务质量;在监管方法上,实施动态管理,结合电询和走访等形式对供应商履约情况进行评估,保证供应商履约信息的实时性。 (施欲晖)

【监管定点中介服务机构合同履行情况】 针对

预算单位反映定点监理公司在部分工程项目中存在监理缺位等问题,区招管办两次召集闵盛公司、区教育局、区农委等单位和定点监理公司召开专题会议,并邀请区监察局、审计局、财政局等监管部门参加,共同督促监理公司查找工作中存在的问题和薄弱环节,落实整改措施,提高服务质量,严格履行合同,为确保闵行区工程项目施工安全质量提供机制保障。 (施欲晖)

【专项检查工程建设领域突出问题】 11月,按照国家和上海市《关于开展工程建设领域突出问题专项治理工作的通知》,成立区招管办专项治理领导小组和办公室,制定《闵行区建设工程招投标专项治理工作安排》,确定"公开招标项目先行先查,邀请招标项目后续抽查"的检查策略,宣传发动30多家相关建设单位开展专项治理工作,并完成79个公开招标项目的自查及核实。 (施欲晖)

【贯彻落实行政审批制度改革】 根据市、区行政审批制度改革的各项要求,区招管办按照"简化手续,体现效率"的原则,及时对年内建设工程承发包项目办理收取资料要求和审核审批流程进行梳理,制定新的操作方案,将项目发包方式的审批环节提前至承发包办理环节之前,预先进行发包方式审核的内部流转,提高项目承发包的工作效率,体现招投标程序效率规范并重的原则。 (施欲晖)

【启用建设工程评标专家语音通知系统】 区招管办于5月1日启用建设工程评标专家语音通知系统,该系统改变以往人工操作的方式,包括专家抽取、通知确认、名单打印密封等一系列环节实现全程自动化操作,体现保密、安全、简便、准确的特点。为确保新系统使用真正起到优化专家保密制度的作用,专门制定系统使用规范。至年底,系统完成77个项目324人次的专家抽取工作。 (施欲晖)

【推进跨部门跨系统归并打包采购】 提高系统内部归并打包采购方式运用广度。从区教育局暑期校舍维修、计算机、远程教学系统、学校安全技防到区建交委的道路大中修、区卫生局的医疗设备采购等,全部实行跨单位的归并打包采购,既提高工作效率,又节约财政资金。尝试跨系统之间的归并打包采购。如全区车辆集中采购,涉及预算单位31家,采购94辆公务用车,通过归并打包采购,整个采购周期15天,大大提高工作效率;卫生、体育系统的电梯采购实行跨系统归并打包后,总预算金额286万元,实际采购金额231万元,资金节约率19%。 (施欲晖)

【完善政府采购协议供货平台】 为加强对分散及定点采购项目的管理、解决经常性零星采购的效率和价格等方面的问题,年内对15类通用设备采购实行协议供货模式,考虑到产品更新换代速度以及预算单位实际需求,将产品库更新频率由原先半年一次调整为每月一次;对报价不及时更新或以高于同期市场价销售的供应商,采取冻结账号甚至取消资格的处罚措施。全年有182家预算单位完成1 166批次协议供货采购,实际采购金额2 688.56万元。 (施欲晖)

(六) 工商行政管理

【概况】 2009年,全区各类企业59 621户(其中母体52 148户,分支机构7 473户),比上年增长4.31%。其中内资企业4 953户(母体3 281户,分支机构1 672户),比上年下降4.13%,注册资本699.89亿元,比上年增长25.87%;私营企业50 397户(母体45 294户,分支机构5 103户),比上年增长7.18%,注册资本850.92亿元,比上年增长12.29%;外资企业4 271户(母体3 573户,分支机构698户),比上年增长2.05%,投资总额103.87亿美元,注册资本60.9亿美元(协议外资53.89亿美元),比上年下降1.42%。全年新设企业8 010户,比上年增长22.22%,注册资本合计134.93亿元,比上年下降7.43%。新设企业中内资企业94户,比上年下降19.66%,注册资本26.71亿元,比上年下降51.96%;外商投资企业289户,比上年下降33.26%,注册资本2.15亿美元,比上年下降23.76%;私营企业7 627户,比上年增长27.03%,注册资本93.6亿元,比上年增长31.87%。 (王 岚)

【助推中小企业发展】 制定《2009年助推中小

企业发展行动方案》,指导设立2家小额贷款公司,办理动产抵押登记72件,帮助22户企业通过股权质押登记,为企业融资16亿元;对无法按时缴付注册资本金的272户企业延长出资期,帮助企业渡过难关。推行网上年检,网检率比上年增长154%,简化程序,提高效率,降低企业商务成本。（王　岚）

【大学生创业“注册资本零首付”】 年内,在上海交通大学闵行校区举行“鼓励创业、促进就业”报告会,加强后续跟踪服务,扶持大学生创业企业走向正轨。全年核准登记大学生创业企业193户,参加创业大学生245人。（王　岚）

【180家企业通过并联审批流程领取相关证照】

企业设立并联审批工作在闵行试点,年内初步实现并联审批“一口收件、抄告相关、同步审批、限时办结”的目标。全年有180家企业通过并联审批流程领取相关证照,居3个试点区首位,在市政府行政审批电视电话会议上得到市领导表扬。（王　岚）

【全区著名商标企业达55家】 2009年,闵行区18户企业被认定为上海市著名商标企业,至年底,全区著名商标企业达55家。七宝工商所被国家工商总局评为“全国工商行政管理系统商标工作先进集体”。

2009年新认定的18户上海市著名商标企业情况表

商标注册人	使用商品或服务项目	商标图形
上海日之升新技术发展有限公司	聚乙烯塑料粒子	SUNNY
上海莱士血液制品股份有限公司	血液制品	
上海荣盛生物药业有限公司	医用诊断制剂	
上海电气液压气动有限公司	液压泵	
上海爱登堡电梯有限公司	电梯	爱登堡
上海纳杰电气成套有限公司	高低压开关柜	NAJIE
上海苏民电线有限公司	电线、电缆	
上海威尔泰工业自动化股份有限公司	变送器、流量计	威尔泰
上海舜宇恒平科学仪器有限公司	电子天平	
上海交大泰阳绿色能源有限公司	太阳能电池	Topsola 交大泰阳

（续表）

商标注册人	使用商品或服务项目	商标图形
上海紫江喷铝包装材料有限公司	喷铝纸	紫日
书香门地(上海)木业有限公司	实木复合地板	書香門地
上海紫日包装有限公司	塑料瓶盖	
上海爱舒床垫有限公司	弹簧床垫	爱舒
上海万盛保温容器有限公司	保温瓶	MAY FLOWER
上海台尚食品有限公司	休闲食品	台尚
上海正义园艺有限公司	新鲜蔬菜	天寿
上海云峰(集团)有限公司	货运、仓储	YUNFENG 云峰集团

（王　岚）

【整治无照经营】　年内，将无照经营整治和迎世博环境建设相结合，开展无照经营情况调查排摸，下发《关于开展迎世博无证无照经营整治的实施意见》，建立“政府领导、部门参与、各司其职、齐抓共管、综合治理”的整治格局。以重热点、高危行业为重点，开展多项集中整治，协调各方有效解决梅陇永联村羊绒毛非法交易区无照经营难题，全年查处取缔无照经营4 781户，比上年下降27.5％，其中重点区域713户，比上年下降54.4%；高危重热点行业2 548户，比上年下降45.7%。拓展无照经营监管疏导途径，将电子阅览室纳入“农家书屋”建设内容并在浦江镇试点，遏制黑网吧的蔓延；促进秀文路社区管理模式，推动富强街业态转变。将无照经营纳入区城市综合管理大联动机制，完善无照发现、处置和综合治理机制，促进长效管理。落实和完善无照市场发现防控预案，年内无新增无照（变相）市场。闵行工商分局被评为全国“清理整顿人力资源市场秩序专项行动”突出成绩单位。（王　岚）

【加大执法办案力度】　以产品质量违法、商业贿赂、高危重热点行业无照经营等危及人民群众身体健康、财产安全和经济社会安全稳定的违法行为为重点，加大执法办案力度，全年查处各类经济违法违规案件3 005件。其中查办的“唐山市兴达钢管厂经销不合格螺纹钢案”被市局评为“十佳案件”。（王　岚）

【提高监管工作效能】　年内，加大主要商业路段市场主体监管，区内主要商业达标路段达到90

条,市场主体有照率和登记事项一致率提升到92%。推进经济小区协管平台建设和商务楼宇管理平台建设,七宝工商所完成楼宇管理计算机软件的设计开发工作。试点开展远程行政指导,通过电子邮件群发系统,向企业及时传递监管预警、行政建议等监管意见,促进行业自律经营。落实个体工商户分类监管工作,完成重热点行业个体户设定和重点区域设置工作。（王 岚）

【维护食品市场秩序】 组建监管队伍,确保流通环节食品安全监管工作的无缝连接和平稳过渡。全年受理食品流通许可证相关申请1 274户,发放准予许可通知书856份。针对“注水牛肉”、“漂白豆芽”、“添加剂过量羊排”等突发食品质量问题,及时查处,应对得力,有效维护食品市场秩序。开展打击流通环节违法添加非食用物质和滥用食品添加剂专项整治,通过国务院九部委督查组的验收。（王 岚）

【美发美容预付费消费卡发售经营者试点监管】 年内,协调召开全区美发美容预付费消费卡发售经营者试点监管推进会,指导市美发美容行业协会推出《自律公约》和售卡保证金制度,得到市局、区政府领导充分肯定,国家、市和区级媒体广泛报道。（王 岚）

【保护知识产权和规范户外广告】 加强对世博权益相关广告的监督管理,开展形式多样的“保护知识产权宣传周”和大型现场宣传咨询暨假冒商品销毁活动,制作分局知识产权工作巡礼宣传片,组织以大通阳商厦为重点的统一执法行动。加强户外广告日常检查和清理规范,严格户外广告的审批和规范设置,完成店招牌匾的规范整治。（王 岚）

（七）审 计

【概况】 2009年完成审计项目52项,审计资金总额929.39亿元,查出管理不规范资金28.25亿元,其中应上缴财政资金971.32万元,应归还原渠道资金3 222.79万元,应作调账处理资金1 498.33万元,应自行纠正管理不规范资金55 114.81万元,基建核查核减财政性资金27.85万元;得到区领导的批示项目6项;向被审单位提出审计意见和建议255条。全年提交审计工作报告52篇、审计专报和各类信息56篇,被上级审计机关、区政府采用40篇。完成区政府交办的“小金库”检查、粮食清仓查库、航天博物馆前期筹建费用审计、上海宏华实业总公司审计、莘庄工业区“园区发展资金”专项审计、区图书馆财务收支专项调查等任务。（董晨元 张仁荣）

【财政审计】 年内组织实施2008年度区级财政预算执行和其他财政收支的审计。重点审计预算批复、调整及执行结果,超预算收入安排支出,转移支付资金分配使用,区级有关财政扶持政策兑现,中小企业信用担保贷款运行,国库集中收付、预算外专款资金管理使用的合规性等方面。发现未按教育费附加使用规定列支教职工住宅费用、部分借调人员经费的预算编制及执行不合规、扶持政策兑现存在差错、中小企业贷款申请审核不严格等问题。（董晨元 张仁荣）

【经济责任审计】 受区委组织部委托,完成区民防办、区地区办、区信访办、区妇联、区委党史办、区经委、区粮食局、区司法局、马桥镇、梅陇镇、龙柏街道、区委党校、区城管大队、区城投公司、原区政研室、原区人事局、原区建管局、原区劳动局、原区信息委、原区科委20个部门23名领导干部的经济责任审计。由于涉及机构改革,领导干部调任、离任人数多、涉及部门多的情况,按照《领导干部经济责任审计结果运用办法(试行)》和《区级部门(单位)领导干部任期经济责任审计综合评价办法(试行)》等评价体系的要求,规范审计工作程序,细化审计工作方案,扩大延伸审计范围。在审计中发现的主要问题有:(1)部分收入没有严格执行“收支两条线”管理。(2)专项资金没有专款专用,未真实反映单位财务收支。(3)固定资产未及时入账。(4)往来款不及时清理,部分款项长期挂账。(5)个别单位会计核算不规范。(6)现金使用管理不规范。(7)对外投资疏于管理。(8)违规领取劳务费。(9)车辆购置使用不符合车改规定。(10)个别单位违规收费。对于存在问题,区审计局按规定分别作出相应的处理。（董晨元 张仁荣）

【企业审计】 开展莘庄工业区、闵航公司、区土地储备中心(区地产公司)、区资产经营公司4户企业的资产负债损益审计。通过审计,发现土地未按协议取得和支付补偿款、套取现金、违规出借资金、购原料计价不准确、工程贷款利息未及时摊销、费用支出不规范、地块结案后未及时进行账务处理等问题。 (董晨元 张仁荣)

【基本建设审计】 积极实施全过程跟踪审计。分别对虹桥综合交通枢纽规划地块前期基础性开发、十号线前期、外环绿带(七宝段)前期、澄江路改建、闵行铁路货运土地储备、莘庄中心医院扩建、区档案保管中心建设7项重大工程项目进行跟踪审计,审计人员定期了解工程进度,定期勘察施工现场,对立项、报建、概算、设计等资料加强审核,审计工作的事前、事中介入,进一步帮助和提高被审计单位工程管理水平。重点监督中介机构审价质量。对社会中介机构完成的政府建设工程审价项目实行严格抽查复审程序,定期工程审价例会通报,对促进中介机构审价质量的提高和强化固定资产投资监督有着积极作用。至年底,区审计局完成复审项目16个,送审金额3 095.79万元,审定价3 066.09万元,核减29.70万元,平均核减率0.96%,审价质量处在可控范围。 (董晨元 张仁荣)

【专项资金审计和审计调查】 按照市审计局统一安排,对闵行区迎世博加强市容环境建设和管理600天行动项目及专项资金进行跟踪审计,审计资金24.90亿元。对2008年度区促进就业专项资金的使用和管理情况进行专项审计。掌握“自主创业补贴”、“双困人员补贴”、“万人就业项目”、“低收入农户就业补贴”、“劳动力安置补贴”等10个项目资金的收支规模及筹集、管理、使用情况,评价资金的使用效果,保证专项资金的规范使用。对新产品试制、中试、应用科研项目、小巨人培育、专利资助和补贴企业使用高校仪器设备等区科技扶持资金管理、使用、效益情况进行专项审计调查,从区科技扶持资金制度建立、执行等方面加以分析,评价资金使用过程中规范性、合理性和效益性。对闵行区2008年度工业反哺农业专项资金投入使用绩效情况进行审计调查,针对基本农田保护区生态补贴、涵养林片林生态补偿、农业抗灾救灾扶持、黄浦江水文化博物园建设等方面的政策执行和资金管理使用中存在的问题,提出改进意见和措施。

(董晨元 张仁荣)

【内部审计】 制定《闵行区内部审计业务工作考核办法》。考核办法涵盖内审组织机构建立及人员配备、制度建设、工作规范、资料报送、内审活动6个方面内容。进一步强化村级财务管理的监督约束机制,维护农村集体经济组织和农民利益;与区民政局联合制定《关于加强闵行区村级组织审计的指导意见》,规范村级组织的审计工作。安排28名内审人员跟班参与区审计局财政财务收支、经济责任、基本建设、审计调查等14个审计项目,从而使内审人员形成严谨、规范的审计工作理念。将内审工作作为审计报告评价被审计单位的内容之一,作为区对镇、街道综合管理考核重要指标之一,从而为内审人员创造较好的工作环境。 (董晨元 张仁荣)

【审计结果公开】 2009年向社会公开审计项目计划、审计实施公告等事项50项。审计结果报告及时向区人大财经工委公开。4月,在区党风廉政建设推进大会上,公开2008年审计查出的主要问题。7、8月,分别向区人大主任会议和人大常委会报告和公开《2008年区级财政预算执行和其他财务收支情况的审计工作报告》。11月,向区人大主任会议报告《关于我区2008年度审计整改工作情况的汇报》。《2008年区级财政预算执行和其他财务收支情况的审计工作报告》和《关于我区2008年度审计整改工作情况的汇报》于年底通过上海闵行门户网站向社会公开。

(董晨元 张仁荣)

【审计整改】 将审计整改纳入年度政府重点工作加以落实推动。将审计整改情况纳入镇、街道的年度考核。定期召开整改落实专题会、审计情况通报会和组织财经法律法规培训班等,根据培训学习需要,与区相关部门联合编写《党员干部风险防范手册》。发挥审计整改联动机制作用,形成监督合力,区委组织部发出要求被审计单位落实整改的意见通知书16份,区财政局对审计查出的区本级预算单位存在的问题落实业务科进行跟踪检查和整改反馈。执行审计回访、跟踪检查制度。至年底,2008 年审计提出的 245 条审计意见整改完毕 238 条。 (董晨元 张仁荣)

(八)统计管理

【概况】 2009 年,区统计工作重点围绕构建统计监测网络、加强经济运行分析、推动统计基础建设、提高统计数据质量、提供优质统计服务等方面,努力为保持闵行经济社会平稳较快发展提供准确的信息、科学的判断和可行的政策建议,全年撰写各类统计分析报告 53 篇。区统计局先后获上海市统计系统先进集体、上海市节能先进单位等称号。 (费文博 许 瑛)

【建立重点企业跟踪调查机制】 先后建立工业、商业和房地产业重点企业跟踪调查和工作联系制度,及时收集重点企业生产经营情况,为全区经济运行情况的预测分析和总量推算提供可靠依据。通过召开重点企业经营负责人统计工作座谈会的形式,了解和掌握金融危机下企业的生产经营情况、所处行业的发展走势,及时把座谈收集的重要信息向区委、区政府汇报。

(费文博 许 瑛)

【制定经济运行情况综合分析制度】 为适应经济形势综合分析频率由季度调整为月度的要求,制定月度经济运行情况综合分析工作流程:每月 20 日各有关专业提交预测数据;每月最后一天召开局内经济形势分析会;次月 3 日前完成经济分析讨论稿;次月 5 日报分管领导审定后,报区委、区政府主要领导和分管副区长;次月 15 日之前以统计信息的形式把经济形势分析报告印发至各单位。 (费文博 许 瑛)

【完善统计方法制度】 建立健全服务业统计方法制度。年内全面推行社会服务业统计调查工作,组织好社会服务业统计年定报工作,构建稳定的服务业统计资料搜集网络和渠道,逐步改变服务业统计工作薄弱的状况。改革完善园区统计方法制度。一是修订统计指标。以科学设计为基础,以减轻基层负担为原则,以搞清园区情况为目标,进一步修订园区统计指标体系,删除不常用指标,规范指标名称。二是调整上报时间。为完善园区统计台账记录,将原来 1—5 月、1—11 月、1—12 月的上报时间节点,调整为半年报与主要经济指标快报相结合的制度,逐渐形成以季度为单位的统计台账记录。三是设计并增加《园区、产业基地科技活动情况表》,更好地掌握园区科技创新的能力。 (费文博 许 瑛)

【抓好经济运行监测分析】 搭建工作平台。按照“月有分析、季有小结”的工作要求,搭建以统计分析为主,配合以快报、专报、月报等为载体的统计分析工作平台,全面、准确地反映全区经济运行的趋势和特点。加强统计分析。通过整合局内资源,制定月度经济监测分析工作流程,提高监测分析的有效性、科学性和前瞻性,努力使分析报告在“准、深、新”上体现工作特色,为区委、区政府研判经济形势提供准确依据。落实领导批示。针对区领导关心关注的问题,组织力量进行调查研究,报送统计专报。构建监测网络。加强与发改委、经委、财政局、税务局、房管局和城投公司等部门的沟通联系,共同做好经济运行监测工作。加强重点领域监测。围绕经济发展方式转变、产业结构调整、自主创新、节能降耗、居民收入、劳动就业等重点、热点问题加强统计分析和研究。 (费文博 许 瑛)

【居民收入统计监测】 通过与 1% 人口抽样调查有关资料的比对分析,及时轮换调查样本点,确保抽样调查数据的代表性。加大对大笔收支数据的审核力度,从源头上确保数据真实可信。坚持调查员例会制度,总结反馈调查中存在的共性问题,努力加强对调查员的业务培训。

(费文博 许 瑛)

【政策效果跟踪反馈】 为掌握“促项目开工、竣工和投产”各项政策措施的落实情况和执行效果,对 2006—2008 年全区竣工的固定资产投资项目进行重点梳理,形成统计分析专报。在系统梳理投资项目的基础上,对 2006 年以来全区近 370 个竣工产业项目生产经营情况进行调查,跟踪掌握竣工项目产出情况,全面、客观、真实地反映近三年来闵行区固定资产投资的产业贡献和投入产出效率。 (费文博 许 瑛)

【提高统计资料出版质量】 做好《统计年鉴》、《闵行概览》(中英文)、《统计公报》等统计产品的编辑出版工作,出版质量努力在“优”和“精”上下功夫。及时收集进度性和横向对比统计资料,严格做好编审工作,使《闵行统计月报》、《闵行统计快报》成为区四套班子领导和相关部门掌握全区经济社会发展最新信息的重要资料之一。汇编出版《闵行统计报表制度》和《闵行统计信息汇编》、《闵行区统计局文件汇编(2004—2008)》,方便各级领导了解统计工作,促进统计人员开展业务学习。 (费文博 许 瑛)

【夯实统计基础工作】 在第二次经济普查取得阶段性成果后,组织各有关专业对统计基本单位数进行全面梳理核对,确保经济普查数据、有关部门数据和日常统计数据的相互衔接。同时,召开统计基本单位梳理核对工作交流研讨会,明确加强统计基础工作的思路和努力方向。每月统计并通报各专业和部门名录库更新维护工作进度情况,及时提出和解决工作中存在的问题。开展专业岗位说明书编制工作,不断推进统计工作的规范化和制度化管理。 (费文博 许 瑛)

【加强统计法制建设】 年内组织“五五”统计普法培训班3期,培训学员400人次。以《统计违法违纪行为处分规定》出台为契机,与区纪委、区监察局联合下发关于认真学习贯彻《处分规定》的通知,并以参与区纪委党员干部廉政风险防范系列手册编撰为契机,向全区各级领导干部宣传统计违法违纪行为应承担的法律责任,切实提高领导干部统计法制意识。对经济普查中发现的4起拒报行为进行上门教育,对迟报单位发送统计催报通知12份,对1家拒报单位和2家构成虚报和瞒报统计资料的单位依法给予行政警告的处罚。 (费文博 许 瑛)

【推进信息技术运用】 扩大统计报表网上直报覆盖面。直报企业数从2004年300家增加到近4 000家,基本实现“网上直报”在主要统计专业的全覆盖。推广应用统计信息化项目。在工业和能源等专业全面推广电子统计台账系统,实现区镇两级共计一套统计台账,提升统计基础工作的规范化和标准化水平。做好数据加载工作,全年向统计信息管理应用系统加载各类统计数据140万条,为统计资料开发利用提供数据基础。 (费文博 许 瑛)

【推进经济普查工作】 全区第二次经济普查工作围绕“催、收、审、录”四字诀,全面完成登记阶段工作,顺利通过市级普查数据质量验收。普查表上报率99%以上,全区上报普查表的法人单位和产业活动单位28 280家。完成“三上”(规模以上工业企业、限额以上批发和零售企业、住宿和餐饮企业、有资质的建筑业企业和房地产开发经营企业)专业数据收审录入上报工作,上报各类企业3 699家。严把普查工作质量关,制定闵行区第二次经济普查数据抽查实施办法,对全区普查数据进行自查和联合会审,通过实地核查和机表一致纠错,把各类错误消灭在源头。抓好普查资料的开发利用工作,制定闵行区第二次经济普查资料开发应用工作实施方案,选择项目,确定题目,思考内容,拟定提纲,形成一批开发成果。 (费文博 许 瑛)

【按时完成各类调查项目】 年内开展各类调查项目30余项。组织居民出行调查。涉及到全区100个居(村)委会,5 600户家庭,近1.3万人。做好R&D资源清查开始前的各项准备工作,成立清查工作办公室,落实经费,制定方案,开展摸底调查,完成对街镇和相关企业的调查业务培训。开展“服务企业、促进增长”政策落实情况调查,在完成上级下达的调查任务基础上,扩大样本点,更好地反映闵行情况。组织月度劳动力调查,建立区镇两级调查联络员网络,规范流程,实行专人全程监控,确保月度劳动力调查数据准确反映就业状况。 (费文博 许 瑛)

【开展统计业务培训】 对企业(单位)统计人员组织开展统计从业资格考试培训,培训学员373人次,参加全国统考合格率88.35%,名列全市第一。开办统计继续教育培训班2期,培训学员263人次。对街镇统计人员组织开展统计综合业务能力培训,围绕经济普查成果应用与日常统计的关系、网上直报与电子台账、高新技术产业与园区统计、统计基础工作与统计台账等主题进行专题辅导。 (费文博 许 瑛)

【政务信息公开】 依托网络加大信息发布力度。年内,完成“闵行统计信息网”自上线运行以来的第4次改版工作,使网页发布的信息更加丰富,满足社会各界对统计资料多样化的需求。2009年,“闵行统计信息网”发布各类统计信息551条。做好统计信息利用工作,向党政部门和社会各界提供各类统计信息咨询服务100余次。年内编辑出版《闵行统计动态》19期。向市局、总队报送政务信息近60条,位列全市各区县前三名,报送数量比上年增长30.2%。

(费文博 许 瑛)

(九)安全生产监督管理

【概况】 2009年全区发生安全生产死亡事故30起,死亡30人,死亡事故起数、人数比上年分别下降1起、2人,未突破市安委会下达的生产安全事故控制指标,未发生有严重社会影响的较大以上事故。12家区直管企业全年发生生产安全死亡事故1起、死亡1人,比上年4起、4人有下降。

(易 达)

【拓展综合考核办法】 年内,将安全生产工作与年度考核、评先评优有机结合,与街镇领导的政绩、业绩考核挂钩,督促安全生产目标管理和责任落到实处。

(易 达)

【强化企业安全生产主体责任】 年内,区安监局依据《中华人民共和国安全生产法》和《生产安全事故报告和调查处理条例》等安全生产法律、法规规定,制定出台《闵行区生产经营单位生产安全事故责任问责制》,依法对事故单位进行安全责任问责,进一步推动企业落实好安全生产主体责任。

(易 达)

【开展安全教育培训】 7月底提前完成市、区二级政府实事项目:农民工安全生产教育培训,培训农民工51 291人。全年教育培训企业主要负责人、安全管理人员2 167人,特种作业15 191人,危化从业人员1 319人。组织开展各类安全生产宣传教育活动587次,受众人数达15.61万人次。

(易 达)

【安全生产隐患排查治理】 全年检查生产经营单位2 571家(危化单位837家次),查出隐患3 256条,落实整改3 100条,整改率95.2%;对整改不力、逾期未整改的43家单位实施事前处罚,处罚款23.3万元,责令停产整顿1家。

(易 达)

【查处安全生产事故】 查处105起生产安全死亡和重伤事故,依法对有关责任人进行责任问责和责任追究,处行政罚款313万元,对30名有关责任人员给予行政处分,其中行政警告13人,行政记过5人,行政记大过3人,撤职9人。

(易 达)

【建设安全监控信息平台】 对全区708家危险化学品从业单位继续完善A、B、C分级监管动态数据库的跟踪监管;建立危险化学品重大危险源信息监控、隐患排查治理信息、应急管理信息“三大监控平台”;完成区内危险化学品生产、储存单位安全责任险投保工作。

(易 达)

【小企业安全生产诚信星级管理】 年内,89家企业获得星级企业称号,比上年上升14%。其中安全生产五星级诚信企业27家,四星级36家,三星级26家,并颁发相应的星级证书和标牌。

(易 达)

【发挥重大工程安全合作共建机制】 年内由区安监局牵头,建立区域内重大建设工程会议制度:安全生产形势分析制度、事故通报制度、联合检查制度及工作讲评制度,全年先后组织开展5次安全生产联合检查,以现场会形式,点评和研讨安全隐患治理工作。

(易 达)

【获全国先进】 年内,区安监局朱毓金获国家安监总局2009年安全生产监察监管先进个人;区安监局安监大队获国家安监总局2009年安全生产监管监察先进单位。

(易 达)

(十)质量技术监督管理

【概况】 2009年,重点对涉及安全、环保、建筑节能等直接关系公共安全、可能危及人体健康和人身财产安全的产品开展监督抽查和预警性抽查:对眼镜、电动自行车等9大类产品,102家企业生产的128批次产品进行监督抽查;对低压电器等21大类产品涉及107家企业的129批次产品进行预警性抽检。通过监督抽查和预警性抽检,督促企业加强质量管理,帮助企业及时发现潜在问题,做到早发现、早控制、早处理。

(李 刚)

【实施名牌战略】 以推进名牌战略为突破,着力加快培育和树立一批自主创新型的优秀企业、优良品牌和优质产品,加大帮扶力度,从完善企业质量管理体系、标准体系、计量体系入手,提高企业的产品质量和市场竞争力。通过实施名牌战略,加大支持和引导个体私营等非公有制企业实施以质取胜战略的工作力度,形成一批拥有知名品牌、国际竞争力较强的优势企业,把名牌产品等行业作为闵行区新的经济增长点,从而带动地方经济的发展。截至年底,10家企业获得中国名牌称号,102家企业获得上海市名牌称号。

(李 刚)

【深入推进"质量和安全年"活动】 年初,召开"质量和安全年"工作推进会,专题部署质量安全工作,明确各职能部门负责区域内的质量安全管理工作,以涉及民生、迎世博产品质量安全保障工作为重点,通过一手抓整治,一手抓完善,不断健全监管网络体系。加强与各镇、街道、工业区等有关部门的沟通协调,对区内重点产品生产企业进行拉网式的再调查、再梳理、再确认,同时组织400多家重点产品生产企业召开质量安全整治工作动员会,宣传贯彻《国务院关于加强食品等产品安全监督管理的特别规定》,督促企业开展自查自纠。监督检查与服务帮扶相结合,开展对获得生产许可证企业的证后监管和强制性产品认证企业的有效性检查。对已取证企业,采取现场核查方式,组织部分专家对获证企业生产条件的符合性、生产工艺的符合性、企业质量保证体系的有效性进行检查。对符合条件但还未取证企业,采用热心帮扶服务,注重疏导引导。一方面,争取政府的政策支持,鼓励企业进行生产条件改造,督促企业限期取证;另一方面,注重发挥质监部门的技术优势,组织技术服务专家深入企业,帮助他们分析质量问题,现场指导改进生产工艺、改善内部质量管理等,增强整治工作的针对性。"质量和安全年"活动期间,结合"3·15"、"质量月"等活动,会同相关部门开展以"共铸质量安全、同迎精彩世博"为主题的现场咨询服务活动,发放"质量和安全年"活动宣传资料8 000多份,接待质量咨询30余人次,突出宣传质监部门从源头抓质量,深入打假,保障人民群众健康安全,维护消费者权益的各项工作,营造全社会重视质量的氛围。

(李 刚)

【食品安全专项整治】 上半年重点开展为期4个月的打击违法添加非食用物质和滥用食品添加剂专项整治工作,出动执法人员590人次,全覆盖地检查食品生产企业233家,整改到位率100%。对肉禽类制品、仿瓷餐具、乳制品、肉制品、酒类和酒酿、矿泉水等重点行业进行专项监督检查,出动执法人员626人次,检查生产企业195家。开展食品小作坊综合整治,积极帮扶一批具有一定条件的食品小作坊取得食品生产许可证,督促引导一批食品小作坊进行卫生条件改造,关闭一批整治后仍达不到条件的小作坊。

(李 刚)

【保障特种设备安全运行】 全年检查单位395家,抽查各类特种设备2 206台,立案查处特种设备违法案件5起。受理特种设备安装、改造、维修开工告知书1 134份,锅炉注册登记许可52台,压力容器注册登记许可441台,压力管道注册登记70公里;电梯注册登记许可822台,起重机械、厂内车辆注册登记许可1 185台,办理特种设备变更868台,特种设备作业人员发证4 593张。

(李 刚)

【启动七宝老街创建上海市服务标准化示范区】为促进七宝老街内商贸、餐饮、文化艺术三大服务行业的规范管理,优化环境,提升服务水平,9月11日在七宝镇召开七宝老街创建上海市服务标准化示范区推进会,并在七宝古镇广场举办七宝老街创建上海市服务标准化示范区的揭牌仪式,这标志着七宝老街创建上海市服务标准化示范区工作正式启动。

(李 刚)

【**查处违法案件**】 全年立案查处各类违法案件56件，查获涉案产品货值6 313.5万元，罚没总款64.2万元。未发生行政复议、行政诉讼、行政赔偿案件。（李 刚）

【**落实民生计量工作**】 加强和巩固对现有57家标准化菜市场的监管，对市场统一购置的电子秤实行入场检定验收和确认，100%加贴一次性防作弊封印。同时加强源头管理，不断推动批发市场统一配秤工作的开展。结合迎世博活动，通过企业申报、自查，闵行首批有2家集贸市场被评为上海市诚信示范市场。对35家医疗卫生单位全覆盖复查，检查在用强检计量器具4 750台件，受检率100%。健全医疗机构管理档案，建立计量管理动态长效监管机制。加强对眼镜制配门店的监管。一是利用计量所的力量，科所配合，实现监管和检定的信息互通和联合管理；二是通过浦江分所和光华分所的配合，抓好对两地眼镜制配门店的日常监管；三是结合“3·15”、“5·20”、质量月等活动节点，组织对眼镜制配门店的专项检查。2009年，全区84家眼镜制配门店238台在用验配镜用强检计量器具件的受检率100%。除在局窗口常年接受居民血压计的免费检修外，3月在浦江镇专门成立居民血压计免费检定服务站，进行血压计免费检修。全年开展免费服务活动23次，为居民免费检定血压计1 065台件，修理血压计近700台件。此外，还充分利用眼镜制配门店的资源，组织开展眼镜“三免”服务活动，免费校准、小修眼镜200多副，清洗眼镜100多副。（李 刚）

【**特种设备安全知识宣传**】 6月在锦江乐园开展大型游乐设施进校区宣传活动的拍摄。7月组织江川街道的社区居民参观上海三菱电梯厂，组织有关专家介绍电梯安全乘坐的注意事项。8月在康城社区开展“电梯安全进社区”现场宣传活动，向居民介绍如何安全使用电梯，尤其是电梯困人后如何自救，现场发放资料200余份，接待咨询42人次。（李 刚）

【**开展“双万”活动**】 开展“百千万”食品加工企业外来务工青年培训活动和“百千万”食品加工企业市民巡访活动。4—6月，联合团区委，并依靠自己的师资力量，先后组织25场，67家企业约3 200名务工青年参加培训，提升外来务工青年的融入能力，增强其责任意识和职业技能。7月，组织10批1 055名市民代表对辖区内10家知名食品企业开展现场巡访，使市民代表近距离参观放心食品的生产过程，普及食品质量安全知识。（李 刚）

【**组建特种设备应急救援队伍**】 组建由4家电梯制造单位与4家电梯维保单位参与组成电梯应急救援队伍，在全区镇、街道、工业区设立16个点，通过区质监局的协调，对全区范围内发生的电梯故障、事故作出及时反应和处置，以最短时间、最快速度实施救援。与锦江乐园签署协议，组建“闵行区大型游乐设施应急救援队伍”。与上海氯碱化工有限公司签署协议，组建“闵行区液氯气瓶应急救援队伍”。4月和8月，分别在锦江乐园和康城社区组织大型游乐设施和电梯的应急救援演练，提高实战能力和技术水平。（李 刚）

【**开展防控甲流疫情物资执法检查**】 6月，出动执法人员50余人次，对区内涉及生产消毒剂、洗手液以及相关产品的生产企业进行执法检查，要求相关企业严格按照标准组织生产，确保生产的防控流感物资质量可靠。检查3家生产企业，未发现违法违规情况。（李 刚）

（十一）海 关

【**概况**】 2009年，莘庄海关受理进出口报关单35 964份，监管进出口货物59 537吨，进出口货物总值6.78亿美元，征收税款7.83亿元，审批减免税104票，减免税货值1 576万美元，办理企业注册登记883家，办理加工贸易合同备案5 342份，核销手册7 364份，稽查企业48家，稽查补税1 660万元，实现加工贸易电子联网企业18家，联网覆盖率65%。

2009 年莘庄海关主要业务数据情况表

项　目		数　量	比上年(%)
进出口报关(票)		35 964	-21.21
货运量(吨)		59 537	-12.91
货运金额(亿美元)		6.78	-44.42
征收税款(亿元)		7.83	6.01
注册企业(家)		883	-34.05
审批减免税	票数(票)	108	-74.52
	货值(亿美元)	0.15	-85.13
	减免税款(亿元)	0.13	-92.94
合同备案(份)		5 342	-33
核销合同(份)		7 364	-15.02
稽查补税(万元)		1 660	970

(瞿陆宏)

【**提高综合治税能力**】　年初开展辖区内纳税大户摸底调研工作,掌握部分企业关税可能锐减的情况,制定相应处置预案,谋求新税源,预测年度税收总量。推进规范申报工作,制定“规范申报、严密审核、快速通关、优质服务”的工作方案,走访重点税源企业、深入莘庄工业区、紫竹科学园区开展政策宣讲,优化服务质量等措施,实现辖区内多家异地纳税企业回归莘庄海关申报完税。加大重点环节征管力度,加强对化妆品行业特许权使用费、其他进口免费货物成交价格、加工贸易内销征税货物价格的估价补税工作,严密价格监控。规范加工贸易环节补税流程,全面跟踪内销征税审批、报关、缴税整个过程,确保内销征税及时入库。

(瞿陆宏)

【**提高加工贸易监管水平**】　针对企业面临国际金融危机经营困难现状,开展加工贸易企业排查工作,通过下发《加工贸易企业情况调查表》、企业进出口数据分析和重点企业实地排查等方式,全面掌握辖区内加工贸易企业经营状况,全年排查加工贸易企业 600 余家,为不同企业提供针对性服务奠定基础。强化加工贸易企业全过程风险监控,通过备案环节风险控制、核查环节动态跟踪、核销环节提前处理、内销征税环节规范申报、监控环节预警处置,有效提高加工贸易监管质量。加大核查力度,推进中介机构协助核查核销,通过开展海关与中介机构间双向互动培训、强化审计的针对性及有效性,全年引入中介审计企业 40 家,开展各类核查企业 206 家,促进企业提高内部管理水平。

(瞿陆宏)

【**规范企业经营**】　加大企业管理力度,规范企业分类工作,鼓励高资信、优质企业主动申报 A(AA)类,受理 5 家企业 A(AA)类申请,同时加强对原 A(AA)类企业管理,全年办理 58 家 A(AA)类企业年审,促进诚信企业享受海关通关便利。开展注册企业信息核查工作,主动走访各主要乡镇,审核并录入企业信息 3 400 余份。协助困难企业重组。对面临重组企业上海广电 NEC 液晶显示器有限公司,主动协调上级职能部门,通过专人专岗指导,制定盘点工作方案,帮助企业全面掌握进口料件情况,确保重组顺利。

(瞿陆宏)

【**开展“诚信兴商宣传月”活动**】　自 2009 年 9 月,以进一步深入宣传《中华人民共和国海关企业分类管理办法》为重点,开展为期一个月的“诚信兴商”宣传月活动。走访晟碟半导体(上海)有限公司、上海申沃客车有限公司等多家企业,听取企业的发展情况介绍,了解企业在进出口业务上的难点,结合海关分类通关改革试点工作和海关诚信体系建设工作,向企业宣传相关政策,加强关企合作力度。走访闵行区经委和各街镇，征求地方政府对海关在把关服务上的意见，联合地方政府搭建政企平台，共同为企业解决难题。组织辖区内近200家企业召开政策宣传会，主动宣讲海关监管政策、法规，为企业答疑解惑，促进企业诚信经营。 （瞿陆宏）

【优化服务质量】 加大政务公开力度，统一设立海关业务办事指南栏，对20余种海关业务分门别类制作业务指南，明确办事流程，方便企业查询，强化首问负责、跟踪及时的咨询制度，完善咨询台账。狠抓内部服务质量。开展抓岗位内务规范、讲文明“十字”服务用语活动，组织“树新风、展新貌、立新功”百日优质服务专项行动，促进每位关员公正执法、优质服务，营造一个便捷高效的海关通关环境。落实“迎世博600天行动方案”。深入开展“世博知识大家学”活动，参与青年志愿者“ZHI在闵行”秩序文明志愿服务活动，参加闵行区窗口单位文明礼仪培训，获得闵行区迎世博窗口服务征文、演讲比赛优胜奖和迎世博窗口服务竞赛二等奖，两个科室被评为迎世博“优质服务示范窗口”，通关科创建为“上海市巾帼文明岗”，3人被评为迎世博“优质服务示范员”。 （瞿陆宏）

【引入新型监管模式】 推进联网监管。提高加工贸易联网覆盖率，改进海关监管模式，提高企业经营便利。年内通过深化宣传和培训，实现新增联网企业2家，累计联网企业18家，联网覆盖率65%。优化联网监管水平。通过加强联网企业前期备案规范、中期风险跟踪、后期核销审核力度三个步骤，采取提高准联网企业内部系统的适应性标准、规范预归并预归类工作、提交联网企业月报表、设立联网企业专管员、组织召开联网企业经验交流会五项措施，优化联网监管水平。 （瞿陆宏）

【综合运用风险管理】 注重风险信息收集工作，健全风险管理网络，每月制发《莘庄海关风险预警提示信息》，推动风险信息及时有效汇总、报送。全年报送录用各类风险信息47条，其中总署录用23条。开展进出口监测预警。根据外贸形势发展，注重与风险管理结合，参与上海海关组织的专项预警监测工作，撰写上海口岸“玩具出口”、“稀土出口”和“中日双边贸易”等专项分析报告。全年上报录用监测预警报告10篇，其中4篇被总署“海关要情”采用，1篇次被中办、国办采用。 （瞿陆宏）

【推进区域经济协调发展】 开展与地方政府横向沟通交流，强化海关与地方党政领导及有关部门的联系，主动介绍海关工作重点，根据《闵行区新能源产业发展行动计划》，主动介入，提供海关政策指引，畅通信息沟通渠道。关注闵行地区先进制造业发展，及时介入地方招商引资工作，建立与电气集团、中国商飞上海客服公司等项目的沟通机制，多次与企业开展互动培训，主动提供海关业务咨询和政策指导，支持地方经济快速发展。开展闵行区国营企业、民营企业、台资企业、加工贸易企业进出口情况调研，形成调研报告报送区政府，详细分析闵行区各类企业的发展历史、发展方向、经济危机下遇到的困难以及对政府部门服务的需求，为地方政府了解企业外贸发展、促进地方经济发展提供参考。突出宣传重点，针对加工贸易政策调整、减免税政策变更等重大事项，联手地方政府举办6次联席座谈会，运用政策宣讲、送法上门等方式进一步扩大宣传效果。 （瞿陆宏）

（十二）出入境检验检疫

【概况】 2009年，闵行区检验检疫局受理出入境货物申报及报检154 196批，受理报检货物金额35.86亿美元。检出进出口不合格商品325批，检出各类疫情及有害生物1 143批；行政处罚立案调查14起，涉及案值近65万美元。全年内部业务差错率1.12%，出局差错率0.02‰，业务时限符合率99%。经走访顾客和问卷调查，顾客满意度99.69%，全年未接到一起顾客投诉。

（王孝彬）

【检验检疫监管模式改革】 年内，开展对辖区内出口电动工具和视听类电子信息产品两大类机电产品实施以“型式试验+质量管理体系考核+抽批检验”为合格评定模式的检验监管放行试点模式；对出口食品接触材料和包装容器严格实施

"备案考核管理+周期性检测"制度,并将有毒有害物质检测范围外延至出口食品加工机械;对进口食品和化妆品严格建立进口官方证书的索证查询审核制度,确保外方供应商提供的检验证书和资质证明的真实性和有效性;对2009年实施的新出口工业产品分类管理办法开展有针对性的摸底试点,结合产品风险评估,做好所辖企业重新分类评定的工作准备。 (王孝彬)

【建立风险管理机制】 2009年对进口水果采取"到货检测"和"产地预警"的风险联动监管机制;在进口工业产品风险预警上,坚持采取"及时通报,责令退货"的处置方式,严堵不合格商品流入市场;在应对境外官方机构对闵行辖区内企业出口商品的警示通报方面,对被通报企业及时提供技术支持,帮助企业迅速了解相关境外官方强制性技术法规要求,协助企业实施召回完善整改措施的落实,为企业及时应对境外技术贸易壁垒赢得时间与信誉。 (王孝彬)

【加快诚信体系建设】 完善闵行地区出口一、二类企业及部分大型进口企业的诚信档案,出口工业产品生产企业全部签署质量承诺书。研究和尝试在行政执法服务工作中引入"出口企业所在地方政府信用推荐评价"的诚信征用模式。建立出口食品生产企业添加剂申报机制,坚决遏制出口食品中添加非食用物质和滥用食品添加剂的行为,建立违法违规企业"黑名单"制度。帮助符合条件的研发机构和维修单位申请上海局免办CCC认证诚信企业资格,实行季度检查的诚信监管模式。全面、有序地推进"进出口企业诚信管理系统"的实施应用,并专门组织系统应用培训会。 (王孝彬)

【开展质量整治工作】 年内闵行检验检疫局对辖区内8家乳制品和含乳食品生产企业进行监督检查,对辖区内43家通过出口食品卫生备案的企业进行摸底调查和实地大检查工作,同时按照时间节点完成年度进口化妆品质量安全监控计划和出口食品生产企业添加非食用物质和滥用食品添加剂专项整治工作。结合2009年进出口工业产品监督抽查工作,对近50家2009年列入目录内的婴幼儿服装、童装、内衣和睡衣等商品生产企业实施81批抽样检测,对80批出口食品接触材料实施周期性卫生项目检测,对笔记本电脑、电动工具、家用电器、压缩机和医疗器械等进出口工业产品进行740批次的周期性检测。 (王孝彬)

【加强对重点敏感的进出口商品检验检疫】 全年经检验不合格的进口货物294批,不合格的出口货物31批;经检疫截获的入境货物疫情1 143批次,进境木质包装疫情31批次,进境集装箱疫情6批次。8月连续两次在美国进口鲜橙中截获双翅目幼虫活体并作退运处理,为中美植物检疫双边会谈提供有利的砝码,为解决中美农产品贸易中的检疫准入及贸易中出现的摩擦提供有利支持。在国境卫生口岸建设过程中,不断加强区域疫病疫情和有毒有害生物的监控力度,在防控甲型H1N1流感工作中,加大龙吴口岸的入境船舶检疫工作力度,对106艘次来自流感疫区的船舶和1 963名入境人员实施检疫监管,检出发热症状4人,实施集中医学观察46人,查封来自疫区的肉类9批次。在外来有害生物监测工作中,在闵行区的东西南北中共设置检疫性实蝇、舞毒蛾和红火蚁等监测点57个,加大在码头港区、木材堆场、进口水果市场、花卉种植基地和出口加工区等关键区域的监测力度,全年诱捕到桔小实蝇790头、具条实蝇198头。 (王孝彬)

(本栏目编辑 胡克群)

(一) 综　述

2009年,闵行区实现财政总收入342.79亿元,比上年增长7.36%,其中区级财政收入110.35亿元,比上年增长14.31%。全年完成税收收入319.85亿元,比上年增长5.14%。在税收收入中,增值税完成142.68亿元,比上年增长13.9%;营业税完成53.01亿元,比上年增长18.0%;企业所得税和个人所得税完成101.88亿元,比上年下降11.2%。私营企业完成税收63.21亿元,比上年增长8.5%。地方财政支出138.49亿元,比上年增长14.6%。其中一般支出12.76亿元,比上年下降0.4%;科学技术支出7.28亿元,比上年增长17.3%;教育支出19.62亿元,比上年增长16.0%;医疗卫生支出4.94亿元,比上年下降7.5%;社会保障和就业支出19.84亿元,比上年增长5.6%;城乡社区事务支出27.36亿元,比上年增长14.8%。（胡克群）

(二) 财　政

【概况】 2009年闵行区完成财政总收入342.79亿元,比上年增长7.36%,其中第二产业占54.5%,第三产业占45.5%。完成区级财政收入110.35亿元,比上年增长14.31%,其中第二产业占37.5%,第三产业占62.5%。2009年全区完成财政总支出138.49亿元,剔除市拨专款支出4.7亿元,区级财政预算支出133.79亿元。其中区本级64.61亿元,镇级58.33亿元,街道6.23亿元,莘庄工业区9.31亿元,教育支出19.62亿元,医疗卫生支出4.94亿元,社会保障和就业支出19.84亿元,环境保护和城乡社区事务支出30.36亿元,科学技术支出7.28亿元。全年财政所契税窗口契税收件88 279件(不含退税收件2 799份),比上年增长94.1%;税款入库15.81亿元,比上年增长58%;通过复核退回802套,减少财政支出1 326.85万元。2009年区财政局增挂金融服务办公室,并成立正科级全民事业单位闵行区金融服务中心。（曹　晨）

【全面推进公共预算改革】 年内制发《关于全面开展"以结果为导向"预算管理改革工作的通知》和《闵行区财政预算项目支出绩效评价实施方案》等文件;规范预算编制,建立在2010年预算编制过程中,要求主管部门必须编报《预算说明》,重点对500万元以上的公共性项目和民生项目,做出详细说明,并提出预期结果;开展重点项目绩效评价,对2010年预算中14个2 000万以上的民生或公共产品项目的开展前评价工作,对2009年预算中的28个民生或公共产品项目的开展过程评价;建立绩效信息网上信息发布平台,45个、总金额约15亿元左右的项目上网公示,还对28个绩效预算项目的支出,在网上开展"过程绩效评价",涉及预算金额3.21亿元;构建学术交流平台,与财政部科学研究所合作共建"中国地方财政改革闵行实践基地",成功举办"中国地方政府绩效预算改革研讨会"。

（曹　晨）

【金融服务力度不断加强】 年内为全区中小企业提供贷款担保132户次,金额5.094亿元,分别比上年增长71.43%和99.22%,担保资本金由原来3 500万元增加至5 000万元。规范和支持小额贷款公司发展,制定《闵行区支持小额贷款公司发展实施意见》、《闵行区小额贷款公司监督管理暂行办法》等规范性文件,建立定期走访和例会制度,服务指导小额贷款公司开业。全区三家小额贷款公司放贷225笔,金额近3亿元。推进银企合作,举行"推进银企合作、服务经济发展签约仪式暨现场金融咨询服务活动",签约贷款授信192亿元;召开"金融服务和政府采购推进大会",向驻区22家银行的62位金融顾问颁发聘书,为闵行区205家高新技术企业代表聘请"金融顾问"。 (曹 晨)

【加大民生资金投入】 调整优化支出结构,重点保证教育、农业、科技三个法定和基本运转需要;确保民生项目资金到位,社会保障和就业支出比上年增长20%;做好迎世博资金保障,全年区本级财政完成支出17.71亿元;支持保障性住房建设,筹措预算外资金,加大人才公寓、经济适用房和廉租房建设力度。 (曹 晨)

【推行公务卡改革】 年内制定《闵行区深化推行公务卡制度改革方案》和《闵行区区级预算单位公务卡管理暂行办法》,完成公务卡软件开发工作,在区级主管预算单位全面推行公务卡改革,大幅提高公务支出透明度。 (曹 晨)

【建设财政信息一体化系统】 财政一体化信息项目通过招标,确定系统软件开发公司。一期软件开发通过专家考核和验收,为财政预算绩效管理改革提供保障。同时,在闵行区首次尝试硬件配套设施租赁方式,既充分利用区现有的网络、机房、设备、人才等资源,又解决财政一次性投入过大的资金需求压力。 (曹 晨)

【科学理财】 通过银行招投标,社保专户年综合收益率4.3%,增加利息收入7 800万元。农行承诺每年为区内社会事业项目投入专项资金240万元,年内已兑现480万元。"财政资金专户"和"售房净资产专户"中标的工商银行和上海银行,也分别承诺每年为区内社会事业项目投入专项资金100万元。 (曹 晨)

【开展小金库检查】 制定《闵行区关于开展"小金库"专项治理工作的实施方案》,全区630家单位开展"小金库"自查自纠,5家事业单位存在"小金库",涉及资金56.64万元;对121家单位开展重点检查,发现1家单位存在"小金库"现象,涉及资金18.04万元;"小金库"资金全部上缴国库。 (曹 晨)

【开展会计信息质量检查】 探索财政检查与税务检查相互配合的"双查联动"机制,对12户企、事业单位开展会计信息质量检查,发现涉及违规问题金额9 669.22万元,其中应补缴税金1 738.58万元。根据2009年会计信息质量检查的重大线索,供区税务局排查被检查的2户企业,通过对其账目的检查,企业补缴税收1.75亿元。 (曹 晨)

(三)税 务

【概况】 2009年,闵行区实现计划口径税收收入319.85亿元,比上年增长5.14%,其中中央级收入170.18亿元,比上年增长3.51%;市级收入55.58亿元,比上年增长2.29%;区级收入94.09亿元,比上年增长10.09%。第二产业税收186.99亿元,比上年增长3.58%;第三产业132.82亿元,比上年增长7.39%。增值税142.68亿元,比上年增长13.87%;消费税1.18亿元,比上年增长3.94%;营业税53.01亿元,比上年增长18.01%;企业所得税70.1亿元,比上年下降17.60%;个人所得税31.78亿元,比上年增长6.99%。 (李 俊 诸 赟)

【夯实征管基础】 年内,组织纳税申报、发票管理、税务登记等基础性日常工作全面自查,统一规范操作。加强企业迁移注销登记管理,调整注销办理流程,规范企业注销清税、清票工作。开展税种登记异常户清理,对各类税种登记异常户进行3 500余户次的分析调整。加强对零申报企业核查管理,查处有税零报现象。开展纳税人信用等级评定、发票换版升级等工作。 (李 俊 诸 赟)

【信息管税】 年内,对税收征管状况数据深入分析、按月通报,督促税务所有针对性地采取改进措施;启用征管数据监控系统,发现疑点企业及时转入稽查或评估流程;在使用过程中向基层征求业务工作需求,逐步增加预警指标;注重数据利用效率。对市局下发的征管数据深入分析,将数据比对、分析的结果应用于实际工作,堵塞征管漏洞,防止税款流失。 (李 俊 诸 赟)

【推行征管新措施】 配合参与新办企业并联审批试点,及时应对税务登记流程调整变化;结合电子签名落实,取消电子申报企业纸质申报资料报送;推广网上申报、网上抄税、网上认证等手段,实际网上申报率92.67%,网上认证、网上抄税推广率分别达83.1%、90.1%;分行业稳妥有序落实税控收款机推广,对部分企业推广前后纳税情况进行比对分析。 (李 俊 诸 赟)

【强化税种管理】 所得税条线:完成新法实施以来第一个年度汇算清缴工作,参加汇缴企业34 000多户,汇缴面100%,所得税清算入库数63.25亿元;着力加强后续管理,对252户研发费超常规增长企业进行核查;完成两万多人次的12万元以上个人所得税自行申报工作。流转税条线:对接增值税转型、营业税、消费税条例及细则的变化,完成相关企业的增值税先征后退(返)、货物运输业营业税自开票纳税人年审等工作,对部分企业固定资产抵扣进项税情况进行核查。地方税条线:推进土地增值税清算,对房产税、城镇土地使用税进行比对清理,小税种增收明显。 (李 俊 诸 赟)

【税务稽查】 年内,实施专案稽查135件,其中重大案件24件,移送公安机关20件;对建筑安装、租赁、中介服务业、网络购物、房地产等行业的200户企业实施专项检查;对10户上市公司的大小非股东的减持收益、281户企业538条"大小非"和IPO减持进行核查,69户企业的股权转让收益进行核查。全年查补税款、滞纳金、罚款6.5亿元。其中查处2009年全国十大假发票案之一——"3·17"制售假发票案件,经税警协作,抓获犯罪嫌疑人21人,捣毁假发票窝点9处,缴获包括增值税专用发票在内的假发票100.12万份,最高可开金额近1 000亿元,缴获作案设备81台,假冒上海市各税务机关和部分企业印章213枚。 (李 俊 诸 赟)

【优化纳税服务】 通过组织开展九大领域的专题辅导会,逐户走访以及印制各类政策汇编送发相关企业等措施,实现重点税收政策宣传辅导全覆盖,确保企业知晓用好。同时,开展各项税收扶持政策落实情况的检查,对涉及享受11项税收扶持优惠政策的1 369户(次)企业进行梳理检查。成立专门工作小组,有序推进办税服务厅标准化建设,拓展丰富功能,开展工作调研,因地制宜地探索整合部分窗口,全面开辟网上申报自助服务区。采取多种形式加强税法宣传,其中"托起朝阳——大学生创业长效服务行动"邀请区税务分局业务科室领导对部分大学生创业企业进行政策辅导,选拔青年业务骨干为企业进行为期1年的一对一政策解答等服务,扶持大学生成功创业,分局被评为上海市税务系统2009年税收宣传月活动优秀项目奖,并获总局表彰。通过办税服务厅意见建议箱、纳税服务例会制度、信访接待等广泛采集纳税人的呼声,收集各类意见建议并进行筛选、归类,认真及时做好纳税人呼声答复落实工作,并抓好跟踪反馈,确保"事事有回音,件件有答复"。 (李 俊 诸 赟)

【纳税评估】 年初制定纳税评估工作要点,明确纳税评估的组织协调、对象、流程及工作要求。根据市局纳税评估核查指导性意见,确认制造、批发零售、房地产和建筑4个行业为主要评估对象,结合市局下发的数据分析查找疑点内容下发评估名单,并在基层结合企业纳税情况自行分析疑点发现问题进行评估。完成纳税评估840户次,其中有问题企业529户次,移交稽查4户,补税40 464.31万元(其中土地增值税23 113.2万元),企业所得税亏损调减1 282.06万元,增值税留抵调减6.98万元。 (李 俊 诸 赟)

(本栏目编辑 胡克群)

十二、金　融

（一）综　述

至2009年末，全区有各类金融机构51家，其中银行23家，保险公司20家，证券交易所8家。年内新增异地银行支行4家，台资银行1家，韩资银行1家。全区各项存款余额2 015亿元，比年初增长26.9%。其中企业存款余额1 024亿元，比年初增长32.3%。金融机构贷款余额782亿元，比年初增长31.9%，其中短期贷款268亿元，比年初增长36.7%；个人消费贷款249亿元，比年初增长15.8%，其中住房按揭贷款234亿元，比年初增长15.3%。年内新增3家小额贷款公司，服务"三农"和小企业，年末贷款金额3.05亿元。

（胡克群）

（二）银　行

【中国工商银行股份有限公司上海市闵行支行】 2009年，实现账面考核利润4.95亿元，完成计划的103.08%。本外币各项贷款余额79.2亿元，比年初增加17.1亿元，其中公司贷款48.3亿元，增加10亿元；个人贷款30.9亿元，增加7.1亿元。本外币各项存款余额316.7亿元，比年初增加47.62亿元，其中人民币对公存款74.9亿元，增16.9亿元；人民币储蓄存款230.8亿元，增加31.4亿元。中间业务收入1.76亿元，比上年增加3 396万元。

经营管理。(1)争揽公私存款。在对公存款上，加强存量维护，重点维护与挖掘100万元以上有效客户。争揽新企业、新项目，早接触、早营销抢抓先机。在储蓄存款上，重点落实"三抓"：抓客户发展与维护，提升客户满意度和忠诚度，稳定客户存款；着力办好中高端客户理财沙龙，初步实现沙龙活动的经常化、制度化。抓存款源头，大力拓展第三方存管、代发工资和基金定投等客户，批量发展储蓄存款客户。抓重点区域与重点客户的发展。(2)贷款持续增长。加强市场营销，做大贷款业务，努力实现信贷规模跨越式增长。积极支持区域重大市政项目建设，加大区域经济项目贷款营销力度，巩固发展区域经济贷款市场份额；加快房地产开发贷款、固定资产支持融资贷款发展速度，狠抓贷款二次营销。利用小企业供应链融资、保理、发票融资等手段，提高贸易融资占比，推动小企业贷款业务发展。(3)个人贷款实现新增长。发挥业务合作渠道营销小分队作用，拓展合作机构；做好网点网格化营销推进，增加从事个贷业务网点数量，增强网点个贷市场拓展能力；发挥支行融资中心在个贷业务发展中的核心作用，搭建平台，完善流程，提高客户经理工作效率。加强支行融资中心与二级支行的联动，二级支行转介绍个贷业务覆盖率80%以上。(4)超额完成中间业务发展任务。研究中间业务的增收渠道，全行上下动员，各业务条线共同挖潜，开展业务冲刺，中间业务收入超额完成分行年度追加指标，中间业务收入列区域同业第一。(5)银政合作取得突破性进展。关注区财政局、城投公司、土地储备中心、工业园区发展动态，及时了解新情况，维护存量，争取新业务份额，扩大同业占比，提升支行在区域经济发展中的作用。年内，为区城投公司成功安排10亿元"信托+理财"结构性融资;成功中标区财政预算外资金专户;完成闵行区优质中小企业集合票据发行前期工作。(6)加强网点渠道建设。新设高端渠道网点锦绣江南支行,创新经营服务模式,为支行未来网点建设起到示范作用;积极调整网点布局,搬迁东风支行成立康城支行,搬迁静安新城支行,并升格为综合业务网点;扩建、改建兰坪路支行、田园都市支行成贵宾理财中心,提升网点经营水平和客服水平;浦星路支行对外营业,启动对浦江镇的金融服务与市场拓展。(7)提高二级支行市场竞争力与盈利能力。转变网点经营模式,从传统柜面收付型向产品营销型转变,从被动等客上门型向主动出击营销型转变,从单一业务型向综合业务型转变,从一般理财型向贵宾理财型转变,使二级支行成为支行盈利平台,取得初步成效,部分网点已显现独特优势。在二级支行资产业务发展上,强调从单一经营向综合化、多元化方向发展,鼓励二级支行在固定资产融资、贸易融资、票据业务和个人贷款等资产业务上的全面发展。

2009年中国工商银行股份有限公司上海市闵行支行网点情况表

名　称	地　址	电　话
莘庄支行(综合贵宾理财)	莘松路288号	64885321,64889900转
浦江支行	沪闵路64号	64359605
梅陇支行(综合贵宾理财)	莘朱路1999号	64540238
七宝支行(综合贵宾理财)	七莘路3062号	64785764
吴泾支行	剑川路136号	54871381
江川支行(综合贵宾理财)	文井路125号	64302365
莘庄工业区支行(综合贵宾理财)	金都路3800号	54421589
南方商城支行(综合贵宾理财)	古美路55号	34225286
莘城支行(贵宾理财中心)	名都路36弄60号	54154467
龙柏新村支行(贵宾理财中心)	黄桦路244—250号	64499667
春申支行(贵宾理财中心)	澜沧路248号	54383642
航华新村支行	航南路258号	64206108
顾戴路支行	顾戴路1126号	54144403
静安新城支行(贵宾理财中心)	龙茗路1708—1716号	34228473
七莘路支行	七莘路1832号	64193978
古美西路支行	古美西路38号	34121526
报春路支行	报春路200号	64137467
莘松路支行	莘谭路124号	54530751
田园都市支行(贵宾理财中心)	银都路3306号	64588966
吴泾二村支行	龙吴路5487号	54871381
康城支行	莘松路1098号	57688304
碧江路支行	碧江路451号	64302276
浦星路支行	浦星公路800号	64291962
兰坪路支行(贵宾理财中心)	兰坪路302弄16号	64308751
颛桥支行	颛兴路170号	64891582
锦绣江南支行(贵宾理财中心)	金汇南路88号	34320361
交大分理处	东川路800号上海交大内	54741028

(陈亚奇)

【中国农业银行股份有限公司上海闵行支行】下辖27个营业网点,分别为17个非管辖支行、8个分理处、2个储蓄所。2009年,全行有干部职工594人。全行本外币存款总额比年初增加38.58亿元,增幅13.4%;本外币贷款余额比年初增长17.94%;不良贷款率1.26%,比年初下降1.17%。

经营管理。(1)优化客户结构。支行以"推进银企合作,服务经济发展"闵行区暖冬行动签约仪式为契机,在与地方政府保持深入合作的同时,加大对区内重点企业、重点项目的拓展力度和对中小企业的扶持力度,全行工业法人较上年增长12.79%、事业法人增长47.22%、商贸法人增长140.37%、综合类法人增长5.95%、其他法人客户贷款余额增长20.80%,发放中小企业贷款近3亿元,全行优良客户贷款余额较年初增加30.32亿元。(2)调整经营架构,加快经营转型,重点业务稳步发展。支行大力推进个人住房贷款业务,扭转全行个贷业务萎缩局面,贷款余额比年初增长近20%。全行加快基层网点向"营销服务型"转变,并以此为依托,充分挖掘中间业务收入来源。(3)各项存款稳步发展。支行开展旺季综合劳动竞赛,在大力吸储的同时,注重稳定储源,并以主动性负债,积极促进对公存款增长。(4)抓好精细化管理,夯实经营基础。抓好不良资产清收处置及风险资产清退工作;从基础管理抓起,强化自律监管和合规管理职责,提高全行的风险意识和合规管理水平。(5)加强渠道建设。年内新设古美路支行、将昆阳分理处迁址更名为都市路分理处,同时,加大自助设备投放,至年末,投入使用的现金类自助设备244台。

2009年中国农业银行股份有限公司上海闵行支行网点情况表

名称	地址	电话
莘庄支行	莘建路1号	54955020
水清南路支行	水清南路68号	64122662
纪王分理处	纪翟路2789号	62960594
华漕支行	北翟路5201号	62211161
北翟路支行	华美路268号	62201154
七宝支行	漕宝路3158弄5号	64787685
虹桥支行	吴中路918号	64061781

(续表)

名称	地址	电话
梅陇支行	梅陇镇一村37号	64102740
曹行分理处	虹梅南路3005号	64973131
南方商城支行	沪闵路7388号	64121120
颛桥支行	光华路58号	64891936
颛兴路储蓄所	颛兴路100号	64895817
北桥分理处	北松路49号	64901719
马桥支行	北松路2219号	64091032
都市路分理处	都市路5001号	34633361
浦江支行	浦申路538号	34504871
杜行支行	谈中路208号	64110927
鲁汇分理处	闸航路2801号	64914211
江川支行	兰坪路508号	64309137
吴泾支行	剑川路141号	64504743
莘庄工业区支行	银都路3980号	54423725
紫竹科学园区支行	东川路555号甲楼	34292038
青杉路储蓄所	青杉路331号	34323624
七莘路分理处	七莘路765弄5幢755号	64882613
静安新城分理处	龙茗路2835号	54784751
龙茗路分理处	龙茗路1476号	54143340
古美路支行	古龙路66弄11号	54930832

(顾蔚珺　钱莉莉)

【中国建设银行股份有限公司上海闵行支行】2009年,有员工400余人,下属分支机构22个。全口径存款余额较年初增长66.21亿元,其中对公存款143亿元,个人存款152.52亿元。贷款比年初增长31.67亿元,其中对公贷款78.36亿元,个人贷款37.18亿元。实现中间业务比上年新增2747万元,增幅18.69%,计划完成率101.42%。不良贷款余额持续下降,全年比年初减少478万元,不良率降至0.14%。累计完成国际结算比上年增幅16.8%。实现考核利润4.68亿元,年度计划完成率113.59%。

经营管理。(1)加强对资产业务拓展力度。面对外部金融危机、内部结构调整等重重困难,发挥传统优势,抓住闵行区拉动内需、加大基础设施投资的机遇,大力营销优质贷款,加强银政合作的力度,同时抓住2009年房地产业发展机遇,巩固与绿地集团等一大批房地产优质客户的合作关系。至年底,支行各类贷款余额比年初新增32亿元,在区域市场内贷款总量和当年新增均名列第一。在对负债业务的夯实上,支行一方面改善与区镇两级政府关系,一方面加强对各园区内优质工业企业、外资企业的拓展力度。年内,新争办50万元以上对公基本结算账户260户。同时,支行注重对新产品的应用,逐步拓宽中间业务的收入渠道。全年支行办理总行系统首笔房地产企业并购贷款和分行首笔汇贷盈产品,创造了可观的中间业务收入。(2)服务质量优,客户满意度提升。2009年支行配合分行年初旺季营销等活动目标,适时推出"金牛贺新春、人均夺八强"和"300天账户金投资冠军赛"等个人银行业务竞赛活动。莘中路支行在总行2009年"351"电子营销竞赛中获得分行第一。支行还先后对支行营业室、梅陇支行、吴中路支行、青年路支行4家设施陈旧或营业面积狭小的网点进行改扩建,着重扩大并优化客户等候区及柜面业务办理区,同时成功开设支行营业室与龙茗路支行的2家贵宾理财中心,并通过总行二代转型验收。(3)经营风险防控得力。支行对企业客户推行平行作业,坚持做到人员到位、职责到位、风险控制到位,将风险控制贯穿于业务操作各个环节。同时坚持严格的贷后管理,要求客户经理和信贷管理人员多层次、多角度、点面结合式地参与客户贷后资金监管,加强对贷款客户与关联方交易的识别判断,切实防范信贷风险。在全年资产业务保持快速增长的同时,支行的对公不良贷款比年初下降901万元,不良率0.08%。

2009年中国建设银行股份有限公司上海闵行支行网点情况表

名　称	地　址	电　话
闵行支行	沪闵路6555号	64126412
青年路支行	青年路194号	64590846
东川路支行	东川路2194—2196号	64351825
报春路支行	报春路342号	64126441
龙柏支行	红松路517号	64219045
吴泾支行	永德路215—217号	64502915
闵行开发区支行	闵行开发区文井路105号	64302084
鹤庆路支行	兰坪路560号	64308781
江月路支行	江月路1831—1839号	64110719
梅陇支行	罗秀路1333号	64763309
七宝支行	七宝镇七莘路2833—2839号	54796378
华漕支行	金丰路492—500号	62211999
颛桥支行	颛卫路218号	64897125
吴中路支行	吴中路1029号	64060639
浦江支行	联航路1588号	54325770
曹行支行	曹建路218号	64972536
古美路支行	古美路789号	64805629
航华支行	航华新村航北路199号	64212365
莘中路支行	莘中路97号	64880532
莘庄工业园区支行	金都路4299号	54425081
龙茗路支行	龙茗路1730—1732号	54932592
银都路支行	银都路3452号	54430652

(何　易)

【中国银行股份有限公司上海市闵行支行】 2009年支行设有办公室、会计结算部、公司业务部、个人金融部、国际结算部、营业部、业务管理部7个职能部门,下设18家路支行,员工300余人。截至年底,实现经营利润2.87亿元。

经营管理。个人金融业务:(1)拓展业务品种,加大与优质开发商及中介的合作力度,确保市场份额。(2)顺势而为,通过差异化营销及交叉营销,稳步提升负债业务市场份额。(3)围绕分行工作重点,策划组织各类竞赛活动,开拓渠道建设。(4)细分客户群体,明确差异化发展战略,提高理财客户贡献度。公司业务:(1)通过重点客户营销、基础客户扩大、新品推广,保持存款强劲升势。(2)做好基础工作,着眼于做大做强路支行。(3)加大贸易融资业务,以新品推广推动国际结算业务发展。

2009 年中国银行股份有限公司上海市闵行支行网点情况表

机　构	地　址	联系电话
闵行支行营业部	莘建路 256 号	64889988
江川路支行	江川路 245 号	64352648
闵行开发区支行	文井路 106 号	64636789
吴泾支行	龙吴路 5523 号	64509087
莘沥路支行	莘沥路 289 号	64882563
万科支行	七莘路 3333 号 8 区 8—9 幢	64611198
静安新城支行	宜山路 2360 号	33589011
红松路支行	红松路 236 号	64029138
虹许路支行	虹许路 788 号	64017393
顾戴路支行	顾戴路 1198 号	54166803
春申路支行	畹町路 118 号	54376606
漕河泾出口加工区支行	浦星路 789 号	54336001
吴中路支行	吴中路 1077 号	64650502
中春路支行	新龙路 1039 号	33502680
航华支行	航东路 528 弄 3 号	64211659
银都路支行	莲花南路 1500 弄 8—9 号	33581227
莘庄支行	广通路 18 号	54134087
虹梅路支行	虹梅路 3325 号 B 座	64067264
莲花南路支行	莲花南路 165 号	54813411

（沈　凌）

【交通银行股份有限公司上海闵行支行】 下辖 7 家营业网点以及 6 家自助银行,并设有综合管理、内控合规、经营管理、公司业务、零售业务、国际业务 6 个部门。在编员工 172 人,派遣制员工 10 人。2009 年支行实现利润 1.03 亿元,新增对公存款 17.07 亿元,新增储蓄存款 12.95 亿元,新增对公贷款 7.53 亿元,新增个人贷款 5.51 亿元,新增外币存款 3 053 万美元,完成国际结算量 8.45 亿美元,实现中间业务收入 5 268 万元,新增达标沃德客户 583 户,新增交银理财客户 2 958 户,实现个金销售收入 1 428 万元,新增双币贷记卡 8 136 张。

经营管理。(1)支行业务实现飞跃式发展,发展速度为支行历年之最。支行各项主体业务在全年中保持协调、稳定、持续的发展态势,分行排名和区域市场份额明显提高。(2)以客户发展为抓手,以考核分配为导向,加速零售业务发展。2009 年,支行对私中高端客户的发展带动个金销售、储蓄存款等指标创历年新高。通过建立有利于业务发展的考核激励机制,增强客户关系联络,做到以客户带业务、以考核促发展。(3)支行结合区域经济发展重点,除继续保持与区融资平台的紧密合作外,争取区内优质项目,捕捉重要商机;利用上海建设“两个中心”的机遇,将授信投向由传统制造业逐步向先进制造业调整;依托紫竹科学园区、浦江镇等平台,重点发展高新技术企业、新能源企业作为授信业务拓展对象。

2009 年交通银行股份有限公司上海闵行支行网点情况表

名　称	地　址	电　话
闵行支行	文井路 145 号	64303804
莘庄支行	莘潭路 82 号	64887483
鹤庆支行	鹤庆路 258 号	54700058
莘建东路支行	莘建东路 201 号	64130226
七宝支行	七莘路 2978 号	54855595
春申支行	畹町路 99 弄 178 号	54419242
虹梅支行	虹梅路 3208 号	64065141
银都路自助银行	银都路 3545 号	
交大自助银行	东川路 800 号	
古美路自助银行	古美路 1491—1493 号	
红松路自助银行	红松路 189 号	
紫竹自助银行	东川路 555 号	
江川路自助银行	江川路 170 号	

（毛　伟）

【上海银行闵行支行】 下辖 10 家营业网点,覆盖莘庄镇、七宝镇、梅陇镇、虹桥镇、江川路街道、原龙柏街道及航华等地区,员工 180 余人。至年底,支行总存款余额 134.84 亿元,其中对公存款余额 84.51 亿元,储蓄存款余额 50.33 亿元。总贷款余额 68.09 亿元,其中对公贷款余额 34.64 亿元;对私贷款余额 33.45 亿元。

经营管理。(1)依托区域发展,提高对公业务市场份额。针对支行的经营现状,结合闵行区各级经济体的发展特点,工作重点主要集中在闵行区区镇两级财政、中小企业业务等方面,着力扩大对公业务市场份额。(2)扩大个人业务规模。通过深入营销个人储蓄业务、个人理财业务,以网点的物理渠道为依托,以 VIP 客户经理为抓手,着力提高个人存款业务在区内的规模。(3)完善内部控制管理。通过制定支行内部规章制度,全方位开展自查、互查,不断完善支行内部控制管理水平。

2009 年上海银行闵行支行网点情况表

名　称	地　址	电　话
闵行支行营业部	莘松路 215 号	64920350
莘庄工业区支行	金都路 3688 号	54421510
虹梅路支行	虹梅路 2917 号	64014477
七宝支行	七莘路 2961 号	54796877
江川路支行	安宁路 40 号	54711533
都市路支行	都市路 4480 号	54154625
金汇路支行	虹井路 185 号	34308138
航华路支行	航北路 245 号	34715006
莲花南路支行	罗锦路 428 号	54293651
春申路支行	莲花南路 1133 号	54994751

(张徵燕)

【上海农村商业银行闵行支行】 下辖 24 家经营网点,分别为 1 家营业部、13 家二级支行、10 家分理处,员工 325 人。年末支行各项存款余额 170.23 亿元,比年初增加 25.91 亿元,增幅 17.95%,各项贷款余额 61.46 亿元,比年初增加 12.83 亿元,增幅 26.38%,存贷款规模分别位列全区金融机构第五和第六位,存贷比例 36.10%,不良占比为 0.53%,全年实现账面利润 2.27 亿元。

经营管理。(1)巩固传统优势,稳定发展负债业务。加大旺季吸储、如意卡发卡和账户有效性管理工作,加强农保缴费卡、网银、银税通等便利性金融产品的营销推广,纯公积金贷款业务基本实现闵行区独家代理的格局。(2)加强与政府部门合作,支持区域发展建设。启动储备政府贷款项目的跟踪服务,2009 年在闵浦二桥等公用设施建设项目中,新增贷款近 14 亿元。积极支持中小企业发展,2009 年累计投放中小企业贷款近 28 亿元。(3)加快产品开发,市场准入和业务创新取得进展。获得储蓄国债(电子式)、外汇即期买卖等业务的市场准入资格。拓展信用卡产品链,推出公务卡、商务卡、“鑫风卡”、“鑫农卡”。创新个贷经营模式,推出“二手房贷款直通车”业务。借助澳新银行技术支持,开发小企业房地产抵押融资组合产品、贸易融资组合产品。启动科技型中小企业融资业务试点,推出股权质押融资、订单融资等创新产品。加快渠道建设,实现个人网银、信用卡网银上线运行,推出移动双向 POS、POS 个人账户收单等业务;客户服务中心开通 24 小时英语坐席服务、咨询投诉绿色通道,拓展外呼服务功能。(4)以“迎世博”为契机,紧抓网点形象和服务质量提升。加强网点整合,推进营业网点标准化建设,完成颛桥支行、华漕支行搬迁新址,诸翟支行、曹行支行、马桥支行及塘湾分理处改造装修,合理规划、布设适应现代发展新型自助机具。制定和推行营业网点服务标准,建立健全服务质量检查、监督、考核制度,邀请专业礼仪专家,对全行员工进行培训。

2009 年上海农村商业银行闵行支行网点情况表

名　称	地　址	电　话
闵行支行营业部	莘建路 61 号	64889008
诸翟支行	北翟路 5080 号	62213011
华漕支行	北翟路 2000 弄 70 支弄 56 号	62204387
七宝支行	青年路 338 号	64780206
虹桥支行	吴中路 1050 号	64061083
梅陇支行	益文路 99 号	64530542
颛桥支行	颛兴路 285 号	64890315
曹行支行	曹建路 213 号	64972929
马桥支行	马桥西街 11 号	64091056
陈行支行	江园路 756 号	34030002
杜行支行	谈中路 229 号	64110875
鲁汇支行	闸航路 2676 号	64911375
江川支行	沧源路 756 号	54703036
吴泾支行	龙吴路 5572 号	64509969

(续表)

名 称	地 址	电 话
莘庄分理处	莘浜路260号	64922699
纪王分理处	纪信路86号	62960193
九星分理处	虹莘路2299号	34170770
龙柏分理处	黄桦路5号	64020691
古美分理处	古美路486号	64801368
北桥分理处	新建路27号	64901715
联航分理处	联航路1515号	54325201
召楼分理处	苏召路39号	64110294
沪闵分理处	东川路2088号	64352210
塘湾分理处	三星街51号	34306935

(姚璐林)

【上海浦东发展银行闵行支行】 对外营业机构6个,自助银行4个,在册员工127人。年末各类存款余额94.34亿元,贷款余额47.80亿元,全年实现国际结算量5.34亿美元,资产不良率控制在0.03%以内,贷款收息率99.95%以上。

经营管理。(1)扩大资产规模,调结构保增长。支行明确经营目标,注重实效,拓展潜在市场,提高区域市场份额和综合竞争实力。全年实现账面利润1.91亿元,人均利润达百万余元,闵行支行营业部被总行列为全国百强网点前十强。(2)加大中间业务营销,适应形势发展要求,重点拓展国际结算、信托类理财产品等投行类业务,保证支行中间业务收入稳步增长。(3)以全员营销观念为核心,以追求经营目标为方向,以体现优质服务为基础,以沟通理解为纽带,以落实考核办法为根本。支行完善内部管理制度的同时,严格控制和有效规避运营操作风险,确保以优质的服务水平迎接世博会。

2009年上海浦东发展银行闵行支行网点情况表

名 称	地 址	电话
闵行支行营业部	莘松路159号	64882488
吴中支行	莲花路2333号(吴中路口)	64060030
吴宝支行	吴宝路15号	64194020
春申支行	春申路2750号	54389426
江川支行	江川路204号	54714354
漕河泾支行	虹漕南路461号	64951888

(狄 逊)

【中国民生银行股份有限公司上海闵行支行】 年末各项存款余额98.82亿元,各项贷款余额37亿元,按揭贷款余额27.8亿元,实现年度报表利润1.2亿元,人均利润194万元。

经营管理。(1)负债业务实现稳步增长。截至12月,支行对公存款余额88.08亿元,日均42.28亿元,储蓄余额10.74亿元,日均9.84亿元,比上年对公存款余额35.79亿元,储蓄余额7.51亿元有较大增长。(2)大力推动零售业务。除了做好按揭业务的巩固维护外,还通过开展各种营销活动,举办各种社区活动,公私联动等拓展零售业务,创造民生品牌。至年末储蓄余额10.74亿元,日均9.84亿元,分别比上年增加3.24亿元和3.21亿元。(3)结合市场上中小企业的资金需求,支行推出“中小贷款”、“商贷通”等民生品牌产品。(4)资产业务上严把关控风险,业务质量优良,年内对公不良贷款控制为0,对私不良资产严格控制在2 000万元以下。

(王 骏)

(三)保 险

【中国人民财产保险股份有限公司上海市闵行支公司】 全年实现保费收入2.66亿元,比上年增加7 043万元,增幅35.99%,实收保费2.76亿元,比上年增加8 980万元,计划完成率128.9%,签单、实收保费创支公司发展新高。其中车险实收保费1.99亿元,比上年增加8 584万元,增长76.1%。意外健康险实收保费705万元,比上年增加460万元,增长187.8%。企财险实收保费3 706万元,比上年增加251万元,增长7.3%。工程险实收保费866万元,比上年增加156万元,增长22%。

全年赔款支出1.40亿元,综合赔付率57.18%。其中企事业财产险赔款1 761万元;家庭财产保险赔款210万元,赔付率91.84%;汽车保险赔款1.09亿元,比上年增加1 948万元(商业车险赔付率52.68%,交强险赔付率119%);健康保险赔款61万元,赔付率126%;工程保险赔款434万元,赔付率70.7%。2009年面对百年一遇暴雨灾害,前后三次暴雨,支公司受理企财险报案56件,赔付金额1 112.2万元;家财险报案182件,赔付金额44.3万元。　(郑丽娟)

【中国人寿保险股份有限公司上海市闵行支公司】　全年寿险业务收入近2.67亿元,其中个险长险业务收入近3 218万元,团险长险业务收入9 491万元,银行代理业务收入1.06亿元;短险业务收入3 286万元。

重大赔案:(1)1月,中美上海施贵宝制药有限公司员工徐哲发觉身体不适,经查确诊为甲状腺乳头状癌。中国人寿闵行支公司按其投保的《国寿团体重大疾病保险》,赔付20万元。(2)1月,上海申美饮料食品有限公司员工邱金德,因患右上肺腺癌住院治疗,并于1月13日医治无效死亡。中国人寿闵行支公司按其投保的《国寿团体人身保险》和《附加住院医疗补贴金保险》,赔付10.18万元。(3)12月,上海市罗阳小学学生陆知秋在放学回家途中,因乘坐的电动自行车与一辆重型罐式货车发生碰撞,导致被货车碾压当场死亡。中国人寿闵行支公司按其投保的《国寿学生、幼儿平安保险》,赔付6万元。

中国人寿保险股份有限公司
上海市闵行支公司网点情况表

网点名称	地　址	电　话
莘庄柜面	莘谭路580号	64986444
鹤庆路柜面	鹤庆路335号2楼	64632093
七莘路营业部	七莘路2841号307、308室	54858140
吴中路营销服务部	吴中路1099号612室	61458385
谈家港营业部	谈中路155号	64115028
华漕镇营销服务部	纪翟路71弄50、52号	62219332

(丁忠萍)

【安信农业保险股份有限公司上海闵行支公司】　全年保险费收入4 731万元,比上年下降10.14%,其中种、养两业保险保费590万元,比上年下降10.06%;商业保险保费2 680万元,比上年增长50.39%;机动车辆保险保费684万元,比上年增长36.53%;项目险保费777万元,比上年下降66.57%。

全年支付赔款1 547万元,简单赔付率32.70%。其中种、养两业保险赔款470万元,赔付率79.66%;商业保险赔款785万元,赔付率29.29%;机动车辆保险赔款286万元,赔付率41.81%;项目险赔款6万元,赔付率0.77%。

重大事件。7月30日和8月2日,闵行区受到特大暴雨袭击,各蔬菜园艺场、畜牧场受灾严重。灾害发生后,闵行支公司及时组织员工赴各受灾点进行查勘。全区蔬菜园艺场受灾面积4 293亩,2户家禽养殖户19 800羽肉鸡、种鸡被淹死,7户淡水养殖户的鱼塘、虾塘发生漫塘,受损面积7.73公顷。8月4日,闵行区副区长金士华、区农委主任刘明等领导赶赴受灾点实地查看损失情况,同时闵行支公司启动快速理赔程序,支公司总经理李晓华将总额40万元先期赔款分别送到上海丰南果蔬园艺场和上海城市蔬菜产销专业合作社负责人手中,让企业及早抢种抢收,恢复生产,稳定市场供应,本次事故最终赔款417万元。　(沈　巍)

(四) 证　券

【申银万国证券股份有限公司上海莘庄营业部】　2009年实现利润1.3亿元,新增客户开户数6 700余户,全年完成沪深市场交易总量1 193亿元,其中沪深A股892亿元,沪深基金交易总量9.3亿元,B股交易总量4.1亿美元。(1)高度重视银证合作,深度开发银行客户资源。把握好周边市场竞争态势,灵活应用佣金策略。提升咨询服务水平,突出增值服务。培育创新优势,大力开拓融资融券业务和期货业务。借助创业板的开通,推进客户进一步加大对深圳市场的了解。(2)7月14日,上海证券交易所投资者教育视频节目"证券大讲堂"在营业部举行开播仪式,上交所副总经理徐明致开播辞、申银万国副总裁刘郎致欢迎辞。开播仪式上播放上交所总经理张育军为节目作的开播寄语。中央电视台经济频道对该活动进行报道。　(边晓刚)

(本栏目编辑　胡克群)

十三、工　业

（一）综　述

2009年，全区工业经济面对国际金融危机的严峻挑战和重大考验，区委、区政府采取各项措施，促使项目尽早落地，紧抓项目开竣工，帮助企业建成投产，积极解决企业所面临的困难。闵行区工业经济在小幅调整中稳步回升，逐步达到和超过上年水平，总体运行平稳。2009年实现工业总产值3 533.64亿元，比上年增长1.10%，其中规模以上工业产值3 337.94亿元，比上年增长2.1%。工业增加值766.20亿元，比上年增长3%，工业销售收入3 510.55亿元，比上年减少4.20%。

规模以上重点行业中通信设备、计算机及其他电子设备制造业实现产值1 072.28亿元，比上年增长10.70%；通用设备制造业实现产值486.81亿元，比上年减少1.90%；电气机械及器材制造业实现产值286.03亿元，比上年增长0.30%；化学原料及化学制品制造业实现产值232.36亿元，比上年增长5.40%。全年实现规模以上工业利润总额174.46亿元，比上年增长23.90%。

因部分企业受金融危机影响关闭、停产和外迁，虹桥交通枢纽工程和七宝生态商务区企业动迁，产业结构调整等原因，闵行区规模以上工业企业比上年减少1.80%，总数2 331家。规模以上工业企业主营业务收入3 425.27亿元，比上年减少1.70%。由于国外市场萎缩，出口受阻，出口商品总额增幅减少3.20%。企业投资热情下降，全年固定资产投资55.44亿元，比上年下降46.50%，降幅较大。受国家新增投资及陆续出台的产业振兴规划和相关扶持政策的影响，闵行区通用设备制造业等以国有大中型企业为主力的行业复苏较快，由于国内市场需求旺盛，一些生活消费类产品生产的企业未受金融危机影响，保持高增长。企业盈利情况下半年出现明显好转，全年规模以上工业利润总额174.46亿元，比上年增长23.90%。（陆晨昱）

（二）工业经济运行

【工业总产值增幅1.10%】 2009年，由于国际金融危机的影响，虹桥交通枢纽工程、七宝生态商务区等重大工程的推进以及产业结构调整实施等因素，大量工业企业外迁或关闭，部分企业停产、半停产。另外，以英氏企业为代表的电子信息产业下降幅度较大，增幅放缓，新投产项目减少等原因，使得全区工业总产值在1—4月增长一直为负数，但从环比来看，一直呈上升趋势，工业生产总体稳定，全年工业总产值增幅1.10%。（陆晨昱）

【饮料制造等行业保持较快增长】 国际金融危机发生后，闵行区从事生产、生活及消费品的生产行业复苏较快，甚至有的行业并未受到影响，全年保持高增长。在全区所涉及的32个行业中，部分增长较快的规模以上企业分行业的情况为：农副食品加工业42.05亿元，比上年增长7%；饮料制造业59.75亿元，比上年增长3.38

倍；纺织、服装、鞋帽制造业135.26亿元，比上年增长15.70%；塑料制造业100.10亿元，比上年增长28.40%；非金属矿物制品业80.45亿元，比上年增长39.90%；交通运输设备制造业208.76亿元，比上年增长53.90%；电气机械及器材制造业326.28亿元，比上年增长33.30%；仪器仪表及文化、办公用机械制造业71.46亿元，比上年增长24.50%。　（陆晨昱）

【私营工业稳定发展】 2009年新增内资注册资金260.20亿元，完成全年目标的144.56%。其中吸纳私营注册资金157.88亿元，占注册资本总数的60.67%。完成私营税收63.21亿元，比上年增长8.50%。截至年底，全区有各类企业59 621户（其中母体52 148户，分支机构7 473户），比上年上升4.31%。其中内资企业4 953户（其中母体3 281户，分支机构1 672户），比上年下降4.13%，注册资本699.89亿元，比上年上升25.87%；私营企业50 397户（其中母体45 294户，分支机构5 103户），比上年上升7.18%，注册资本850.92亿元，比上年上升12.29%。年内新设企业仍以批发零售业、现代服务业为首的第三产业为主，新增的5 150户企业中，从事批发零售业的2 352户、现代服务业2 652户、工业102户，其他44户。其中批发零售业吸纳注册资金55.14亿元，占总吸纳注册资金的21.19%，现代服务业167.14亿元，占总吸纳注册资金的64.23%。　（陆晨昱）

【审核上报高新技术产业项目38个】 2009年受理审核上报交大泰阳、思源电器、尚德太阳能、微创软件、申龙客车等33家企业的38个高新技术产业化项目，涉及九大领域内的新材料、新能源汽车、新能源、先进重大装备、民用航空制造业、软件和信息服务业、电子信息制造业7个领域。　（陆晨昱）

【工商领域投资项目备案】 市政府投资体制改革以来，区内工商领域投资项目实行备案制度，2009年受理工商领域企业投资备案项目105项，招拍挂项目8个，技术改造项目45个，自有土地项目52个。　（陆晨昱）

【综合性产业评估】 为把握产业导向，促使优质项目尽早落地，闵行区严格按照产业标准进行产业评估。2009年在“建设项目经济社会效益及能耗评估”方面，进行22个自有土地改扩建工业项目、6个招拍挂备案项目的经济社会效益与能耗评估；在工业用地招拍挂工作方面，对25块工业地块进行产业意见的复函；在工业用地招拍挂项目备案咨询工作方面，对12家企业进行投标项目初审，并出具备案咨询意见书。　（陆晨昱）

【审核上报市级企业技术中心评价材料】 根据《上海市企业技术中心管理办法》的规定，完成每两年一次的上海市认定企业技术中心评价工作，年内审核上报思源电器、团结普瑞玛、杰事杰新材料、神开石油、爱登堡、加冷松芝6家上海市企业技术中心的评价材料。完成微创软件、南大集团、英硕聚合物、新闵重型锻造、东富龙、题桥纺织、锦湖日丽、紫江集团8家企业的申报工作。　（陆晨昱）

【申报企业技术改造项目】 2009年全区申报市重点技术改造项目27项，经专家评审后列入上海市重点技术改造项目专项资金计划项目11家，项目总投资40.29亿元。　（陆晨昱）

【煤炭、成品油经营企业年检】 2009年有10家煤炭经营企业参加年检，其中7家一次性通过年检，另外3家企业因经营规模、注册资金等原因未通过第一次年检；有76家成品油经营企业参加年检，其中中石化51家、中石油11家、社会加油站14家。全部顺利通过年检并取得新版经营许可证。　（陆晨昱）

【产业结构调整项目72项】 2009年闵行区确定产业结构调整项目72项，其中列入市重点推进项目11项、区推进项目60项，危化调整企业1项。以2008年项目耗能为基数来计算，72项产业结构调整项目可节约标准煤47 700吨，其中列入市重点推进的11个项目，可节约标准煤36 170吨。至年底，基本完成本年调整任务。　（陆晨昱）

【废旧资源综合利用】 2009年财政部、财税总局颁布资源综合利用产品可享受相关增值税优惠政策的新文件,闵行区有19家符合政策的企业经区经委初审后上报市经委,取得资源综合利用证书。 (陆晨昱)

(三)电气电站设备制造业

【概况】 上海电气电站集团(简称电站集团)产业分电站工程、电站设备和电站服务三大板块。集团主营业务为发电成套设备和单机制造、电站工程总承包、发电设备和电站工程建设相关的服务项目。2009年,在金融危机背景下,电站集团积极保增长、防风险,保持经济运行平稳发展。集团员工12 328人,工业总产值完成260亿元,工业增加值53.2亿元。销售收入326.5亿元,利润总额17亿元。主要产品量(以汽轮发电机口径)2 404.5万千瓦。 (秦晓贞)

【越南广宁1号机组并网发电】 由中共中央总书记胡锦涛见证的上海电气EPC工程越南广宁一期1号机,5月12日与越南国家北方电网联通。越南广宁4×300MW燃煤电站工程,是电站集团成立后承接的第一个真正意义上的国外EPC电站工程,也是上海电气电站集团第一个采用W火焰锅炉的30万千瓦等级机组。

(秦晓贞)

【建成电站集团首个CFB电站】 9月24日,电站集团在山西省第二个总承包项目——平朔煤矸石发电有限责任公司2×300MW循环流化床空冷供热发电机组投产仪式在平朔举行。该项目是电站集团首例成功采用总承包模式建设的大型循环流化床发电机组项目。 (秦晓贞)

【电站集团在佛山再获EPC总包合同】 12月7日,电站集团与佛山市三水恒益火力发电厂有限公司,在北京举行佛山市三水恒益电厂"上大压小"2×600MW超临界燃煤发电机组工程总承包合同签订仪式,这是电站集团在广东的第二个EPC工程总承包项目。 (秦晓贞)

【首个海外60万千瓦机组投运】 12月28日,由电站集团承建的印度海萨2×600MW燃煤电站工程项目1号机组并网发电一次成功,投入试运行。印度海萨2×600MW燃煤电站工程是电站集团在海外的首个600MW等级机组承包工程,也是中国发电设备制造业首次出口的600MW机组。 (秦晓贞)

【上海电气总承包博茨瓦纳玛玛布拉】 3月22日,电站集团与博茨瓦纳米庞能源有限公司签署协议,成为博茨瓦纳玛玛布拉火电项目发电设备和输电线路总承包商,标志着上海对外工程承包企业在开拓新兴市场、提升经营实力等方面取得新进展。 (秦晓贞)

【IGCC示范工程开工】 7月6日,华能绿色煤电天津IGCC电站示范工程在天津开工。该工程是国家"十一五"863计划重大课题依托工程,项目位于天津滨海新区的临港工业区,规划建设中国第一台250MW等级IGCC发电机组。工程配套的IGCC气化炉、E级燃气轮机、蒸汽轮机以及发电机等主要设备由电站集团制造提供。

(秦晓贞)

【首台660MW超超临界机组通过168小时满负荷试运行】 7月26日,电站集团首台660MW超超临界机组在望亭发电厂通过168小时满负荷试运行,标志着电站集团在超超临界技术领域再次获得重大突破。机组在试运行期间,日平均负荷率100.08%,轴瓦振动、真空严密性等主要参数、指标均达到优良标准。 (秦晓贞)

【风电公司获58台1.25MW风机订单】 9月8日,上海电气风电设备有限公司与神华国华能源投资有限公司在北京举行战略合作协议签字仪式。按照合同,风电公司将向黄花梁风电场提供58台1.25MW风力发电机组。这是上海电气风电公司成立以来签订的最大一笔1.25MW风机供货合同。 (秦晓贞)

【超临界60万千瓦机组获国家科技进步一等奖】 1月9日,由上海电气电站设备有限公司及上海锅炉厂、上海发电设备成套设计研究院等单位联合申报的"超临界60万千瓦火电机组成套设备研制与工程应用"项目,获得2008年度国家科技

进步一等奖。（秦晓贞）

【超超临界1000MW发电机组获上海市科技进步一等奖】 2月27日，上海市委、市政府在上海展览中心召开2008年度上海市科学技术奖励大会，表彰科学技术奖获得者，其中电站集团超超临界1000MW等级汽轮发电机组获科技进步一等奖。（秦晓贞）

【上海锅炉厂60万超临界锅炉获自主知识产权】 7月3日，上海市知识产权服务中心为上海锅炉厂颁发600MW超临界锅炉鉴定意见书，并就CFB锅炉自主知识产权鉴定项目签约。（秦晓贞）

【江泽民为上海电机厂60周年厂庆题词】 10月1日，江泽民为上海电机厂成立60周年亲笔题词："解放思想，发扬双水内冷电机的首创精神"，并致信上海电机厂主要领导，带领好全体员工"继续发扬创新精神，把上海电机厂搞得更好"。（秦晓贞）

【上海锅炉厂制成H2S浓缩塔填补低温钢容器制造空白】 11月23日，上海锅炉厂举行宁波万华低温钢H2S浓缩塔制成发运仪式，至此，由上海锅炉厂为宁波万华技改扩能工程项目研制的3台核心设备基本完成。这标志着上海锅炉厂在化工领域填补低温钢容器制造空白，产品质量达到国际先进水平。（秦晓贞）

【上海电机厂电动机拓展石化领域】 11月23日，国家天然气长输管道关键设备国产化研制启动暨签约仪式在北京钓鱼台国宾馆举行。上海电机厂与中国石油天然气集团公司西气东输管道分公司签订20MW级电驱压缩机组4 800转/分配套电机供货协议，此举标志上海电机厂电动机在石化领域取得重大突破。（秦晓贞）

【上海发电设备成套设计研究院】 创建于1959年，前身为一机部上海汽轮机锅炉研究所，2009年该院成功举办50周年院庆。至2009年底，该院资产总计4.45亿元，2009年总产值3.19亿元，工业增加值1.54亿元，主营业务收入4.04亿元，利润总额0.184亿元。承接合同额（包括下属公司）为6.61亿元，主营业务收入4.74亿元。（杨　玚）

【推进国家工程研究中心建设】 年内，上海发电设备成套设计研究院完成国家工程研究中心建设的选址、土地购置、环评及可研报告的申报和批复、资金申请报告编制并通过专家评审、招标代理机构的签约以及建设报建等一系列工作，同时实施以国家工程研究中心为主体的国家和上海重大科研项目的申报3项、招聘储备5名博士和硕士研究生人才。（杨　玚）

【国家、上海科技发展基金项目获立项和验收】 年内，"大型汽轮发电机组安全监控技术开发"、"IGCC E级系统集成"等6个项目分别获得市科委重大项目及市经委高新技术转化项目立项。"重型发电用燃气轮机辅助设备研制"获得上海市科委启明星计划立项。上海发电设备成套设计研究院承担的863计划《高压大功率变频调速装置》、国家科技支撑计划"电站锅炉长周期安全保障关键技术研究与工程示范"等课题通过验收。（杨　玚）

【为政府、行业、企业提供服务】 年内，上海发电设备成套设计研究院完成工程院的"能源装备制造业可持续发展战略研究"课题研究报告以及协助机械联合会编写完成"2009年核电装备国产化能力调查报告"2项课题；参与完成工程院"抗疲劳制造与关键基础构件研究发展"咨询项目；受企业委托组织召开"上海锅炉厂1000MW等级超超临界压力直流塔式锅炉"等6项鉴定会以及标准解答。（杨　玚）

【国际、国内学术、技术交流取得进展】 年内，上海发电设备成套设计研究院组织承办"第三次中美核电技术标准研讨会"和国际"先进电站用耐热钢与合金研讨会"；组织600—1000 MW超超临界火电机组研讨会，青年学术年会，材料、锅炉、汽轮机等专委会和总工程师会议等12次各种学术、技术交流会议。（杨　玚）

（四）化工产品制造业

【概况】 截至年底，全行业企业158家，职工年平均1.89万人。2009年,工业总产值232.36亿元,比上年减少4.77%,其中新产品产值27.24亿元。工业销售产值233.67亿元。全行业资产总计229.67亿元,负债合计119.89亿元,利润总额3.49亿元。(胡克群)

【上海焦化有限公司】 位于龙吴路4280号,是一个以煤为主要原料的综合大型化工企业,也是冶金、化工、医药等行业主要原料和清洁能源的供应基地。本部占地140公顷,职工人数3 140人。2009年实现工业总产值62.1亿元,销售收入56.6亿元,利润1.1亿元。"煤基合成气制羰基化专用一氧化碳新工艺技术"获市科技进步二等奖;"上海焦化有限公司煤化工过程综合自动化系统高技术产业化示范工程"降本增效5 000多万元,并通过上海市发改委项目验收。2009年度上海百强企业排名第51位,全国化工五百强排名第47位。

2009年大事:(1)4月21日,中共上海市委副书记、市长韩正在吴泾化工区调研时,肯定公司三年来实施产品结构和产业调整的巨大变化。(2)具有完全自主知识产权核心技术的年产2万吨醋酐产业化项目于7月27日打通全流程,并产出优级品。煤基多联产项目(即4号工程)被市政府列为本市"产业金融发展合作备忘录"项目。安徽华谊煤基多联产精细化工示范基地(即2号工程)于10月30日主体装置全面开工。(3)与美国卡博特公司携手斥资8 000万美元的卡博特(天津)有限公司二期扩产项目成功投产,年产30万吨,雄踞世界最大炭黑生产基地之首。(4)具有50年历史的南区炼焦制气装置7月29日顺利关停,近千名员工有序分流。(5)作为全国甲醇行业协会会长单位,发起进口甲醇反倾销,受到国家商务部重视,并立案调查。(6)与上海华普汽车公司共同研制的M100甲醇燃料汽车,11月3日在上海新国际展览中心举行的2009年上海工业博览会参展。(7)12月7日,苯酐二期项目提前三个月建成投产,成为公司新的经济增长点。(8)8月23日,由新华社、中国教育电视台、新浪网等联合举办的"青春万岁"特别节目中,在吴泾地区黄浦江边坚持多年打捞垃圾的退休员工张更大、张炉仙夫妇作为全国3个为环保事业作出特殊贡献的获奖者之一,荣获"明月卫士"奖。(管益明)

【上海氯碱化工股份有限公司】 位于龙吴路4747号闵行吴泾化学工业区内,注册资本11.56亿元,主要制造和销售碱、氯、塑和精细化工四大产品系列26类40余个品种,至年底企业总资产57.2亿元。2009年国际金融危机对氯碱行业带来巨大冲击,公司实现工业总产值94.65亿元,比上年下降29.5%;业务收入49.1亿元,比上年下降13.37%。主要产品烧碱产量72.98万吨,比上年增长4.1%,聚氯乙烯产量39.07万吨,比上年增长3.5%。

2009年大事:(1)2月26日,公司10万吨/年47型隔膜法电解装置停产,标志着隔膜法烧碱在公司结构调整中退出历史舞台。该装置是中国自主研发的第一套47型金属阳极电解装置,从1978年4月20日建成投产以来,累计生产烧碱205万吨。该装置的退役,将每年节约标准煤9.5万吨。(2)在10月21日召开的"上海市推进清洁生产工作会议"上,公司被评定为上海市首批107家清洁生产企业之一。(3)华胜厂年产15万吨烧碱装置(华胜二期项目)3月17日开车,项目总投资5.6亿元。该项目的投产,使氯碱公司确立了化工区最具竞争力的氯供应商地位,同时也一跃成为国内少数完全采用离子膜技术生产烧碱,且生产能力达到近百万吨级的氯碱企业。(4)5月,聚氯乙烯期货登陆大连商品交易所,公司SW1000牌号聚氯乙烯被确定为第一批交割品牌,并在名单中列首位。5月25日聚氯乙烯如期上市,公司竞到卖出第一单交易,确立了公司在期货市场上与行业内相匹配的地位。(5)7月24日,经上海质量体系审核中心验收审核,认定公司质量、环境、职业健康安全管理体系运行正常,公司获得ISO9001质量管理体系、ISO14001环境管理体系以及OHSAS职业健康安全管理体系认证。公司还完成质量管理体系ISO9001:2008版标准转版目标。(张杨海)

【上海吴泾化工有限公司】 位于龙吴路4600号,隶属于上海华谊(集团)公司。2009年底公司总资产25亿元,2009年本部工业总产值(不含合资企业)15.39亿元,人均劳动生产率128万元,销售收入16.84亿元,名列上海工业100强。

2009年大事:(1)4月21日,中共上海市委副书记、市长韩正视察公司,要求加快提升产业能级和整体竞争力,建设与上海举办世博会相适应的环境友好型企业。(2)公司依靠自主知识产权开展重大技术输出项目——河北建滔工程取得成功。(3)11月3日,公司"吴泾"牌冰乙酸、乙酸乙酯、硫酸等名牌产品参展2009年中国国际工业展览会。(4)8月19日,公司高端产品PMMA参展2009年上海国际汽车制造技术及装备与材料展览会。 (邬金木)

【上海三爱富新材料股份有限公司】 地处上海市西南郊的华谊(集团)公司吴泾化工区,是国内规模较大、品种最全、历史悠久的集科研、生产、经营一体化的有机氟化工企业。是专业从事氟聚合物、氟精细化学品、氟制冷剂等各类含氟化学品的研究、开发、生产和经营的高新技术企业,是中国氟化工重要的研究开发基地。2009年完成营业收入21.02亿元,实现利润总额7 681万元。至年末,公司总资产23.40亿元。

2009年大事:(1)公司入选2009年度中国化工企业500强、上海企业100强。(2)完成9项发明专利(有4项获得授权)及4项技术秘密的申请工作,发表各类文章及会议论文7篇。(3)在2009中国国际工业博览会上,公司耐高温耐腐蚀PVDF树脂获铜奖。 (张勤来)

(五) 航天产品制造业

【概况】 2009年上海航天局完成工业总产值55.2亿元,比上年增加7.44 %,营业总收入113亿元,比上年增加22.02%,工业产品产销率100.34%,新产品产值率27.8 %,出口创汇1.7亿美元,比上年减少25.0%。年内上海航天局完成各项研制生产和试验任务,完成长征二号丁、长征四号丙和遥感卫星六号、遥感卫星八号的发射,同时实现风云三号A、风云二号E星和实践六号03组A星、遥感卫星六号四星的在轨交付。在国庆60周年天安门广场盛大阅兵式中,上海航天局研制的3个型号武器装备——单兵肩射防空导弹(以弹炮结合形式)、空空导弹和舰空导弹入选,伴随着陆海空三军阅兵部队经过天安门广场,接受党和国家领导人的检阅。2009年,在闵行区政府与中国航天科技集团战略合作框架下,全面推进航天产业基地、航天博物馆、航天研发中心二期项目建设工作。 (顾 烨)

【天恒名都幼儿园开园】 2月9日,闵行航天城天恒名城配套工程——天恒名都幼儿园开园,闵行区区委书记孙潮、区长陈靖到场祝贺。该幼儿园占地7 900多平方米,园内装修以航天文化为背景,构建有利于幼儿互动探索人文的教育环境,并设有集野趣探索为主题的多种活动空间。该园采用乌南幼儿园的管理模式,师资力量接受乌南幼儿园浸入式跟岗培训。幼儿园的建设得到闵行区和徐汇区领导的直接支持和帮助,为航天职工子女的学前教育解决后顾之忧。 (顾 烨)

【新能源汽车动力锂离子电池项目投资签约】 中共中央政治局委员、上海市委书记俞正声3次到上海航天,调研太阳能光伏产业建设,以及新能源产业发展情况,并表示市委、市政府将全力支持上海航天做强做大新能源产业。11月26日,上海航天局举行新能源汽车动力锂离子电池项目投资签约仪式,上海市副市长艾宝俊,航天科技集团公司副总经理雷凡培、总会计师吴艳华,以及市经信委、市科委、闵行区领导和项目投资方近100人参加签约仪式。上海航天工业总公司、上海空间电源研究所、宁波杉杉股份有限公司、深圳大族激光科技股份有限公司四方股东签署首期9 000万元投资协议。闵行区政府与上海航天电源技术有限责任公司签署1 000万元产业化资金扶持协议。 (顾 烨)

【航天光伏点亮世博中心】 12月25日,上海世博会永久性建筑、"一轴四馆"中的重要场馆之一——世博中心竣工,其中上海航天局承建的世博中心屋顶太阳能光伏兆瓦级电站同期交付,市委副书记、市长韩正等市领导出席交付仪式。该电站项目总装机容量达1.004兆瓦,年发电量100千瓦时,年二氧化碳减排量910吨。 (顾 烨)

【绿色能源为世博添彩】 由上海航天局下属上海空间源研究所电化学研发中心研制的燃料电池/高功率锂离子电池动力系统通过40天的性

能测试,将服务于世博会 VIP 接待,并于 5 月 25 日获上海市“优秀创意贡献奖”。 (顾 烨)

【上海航天技术研究院第 805 研究所科研成果】 (1)4 月 22 日,遥感六号卫星发射成功。(2)12 月 9 日,CZ-2D Y10 运载火箭发射成功。(3)12 月 15 日,CZ-4C Y4 运载火箭发射成功。(4)年内申请 28 项专项申报。 (牛耕耕)

【航天产业基地引进新能源项目】 2009 年,航天产业基地内一批新材料、新能源和航天特种装备项目落地,引进新项目 3 个:清洁高效煤电成套设备国家工程研究中心项目、锂动力电池项目、中美合作锂电池隔膜项目。意向入园项目 2 个:总参测绘局国家卫星导航产业园、复合材料项目。基地年内出让土地 71.65 亩,引进内资注册资金 1.35 亿元人民币,引进外资注册资金 300 万美元,引进内资项目总投资 6.2 亿元人民币,引进外资项目总投资 2 300 万美元。 (邵映灵)

【推进航天博物馆建设】 6 月,上海闵航投资建设有限公司向闵行区政府申报成立上海航天博物馆筹备组,聘请博物馆行业专家担任筹备组顾问。9 月,开展航天博物馆建筑规划设计和国际招投标工作。11 家国内外知名建筑设计单位递交建筑设计方案标书,按程序完成评标工作。70 余位专家组成的编写团队,编制航天博物馆陈列大纲第二稿、第三稿。闵航公司先后组织考察参观北京航天一院、五院、航天员培训中心和上海航天技术研究院,进行文物征集考察调研。启动上海航天科技工业展示馆展品征集,落实 29 件航天文物展品收藏入库。航天博物馆项目 150 亩建设用地完成行政划拨手续,建设用地整体移交闵盛公司管理。 (邵映灵)

【航天研发中心】 二期工程建设项目可行性研究报告通过中国航天科技集团公司评审,工程设计、施工招投标等前期准备工作有序推进。

(邵映灵)

(六) 电力产品制造业

【概况】 截至年底,全行业企业 3 家,职工年平均 1 238 人。2009 年工业总产值 35.99 亿元,比上年减少 30.99%。全行业资产总计 45.47 亿元,负债合计 14.97 亿元,利润总额 3.06 亿元。

(胡克群)

【上海吴泾第二发电有限责任公司】 2009 年职工人数 327 人,年度完成发电量 62.03 亿千瓦时,净利润 1.917 亿元。机组负荷率完成 69.66%,比上年降低 8.35%,供电煤耗实际完成 331.18 g/kWh(含脱硫),若考虑负荷率及脱硫的影响,比上年降低约 7 g/kWh。生产厂用电率完成 5.27%(含脱硫),比上年增长 0.22%,不含脱硫系统的生产厂用电率完成 4.38%,比上年增长 0.12%,考虑到负荷率比上年下降 8.35%。截至 12 月 31 日,公司连续安全生产天数 3 188 天。

2009 年大事:(1)节能减排。年内,公司《高压变频器在 600MW 汽轮发电机组闭冷泵上的应用》项目参加上海市 2009 年第二批节能扶持资金项目的申报,两台闭冷泵改变频后年节约标煤量 1 175 吨。项目通过了市经信委组织的专家评审。申报国家发改委的《600MW 机组机、炉本体系统优化节能技术改造》项目通过相关专家的初审,项目总计节约标准煤 14 930 吨。获节能扶持资金 299 万元,国家验收组对公司申报的节能项目及验收的准备工作给予较高评价。2009 年节能工作计划制定的 45 项节能项目完成,降低生产成本,实现 1 000 多万元的经济效益。(2)环保运行。公司加强两台机组脱硫系统投运的动态监控,接受国家环保部、上海市环保局等各方面的检查、监督。同时公司完善污染物排放在线检测系统,确保环保设备正常运行。全年脱硫设备投运率 97.5%,脱硫效率 94.5%,实现减排二氧化硫 16 726 吨。 (谢 琳)

【上海电力股份有限公司吴泾热电厂】 南邻上海吴泾第二发电有限责任公司,北接吴泾化工区、上海硅酸盐制品厂。厂区占地面积 56.64 万平方米,是一座大型地区性燃煤热电厂。至 2009 年底,员工人数 1 247 人,长周期无事故安全日截至 12 月 31 日达到 1 237 天。厂燃料部电气班 QC 小组获得由中国电力质量管理协会授予的“2009 年度全国电力行业优秀 QC 小组一等奖”称号。

2009 年大事:(1)11、12 号机组脱硫设施年初投运,2台机组全年脱硫投运率、脱硫效率分别达到97.61%和97.33%,其中脱硫投运率在全市各电厂中名列前茅。(2)老厂改造工程是上海市重大工程之一,厂长何伟康获上海市重点工程实事立功竞赛建设功臣称号。吴泾热电厂改造筹建处工程部获上海市重点工程实事立功竞赛优秀集体称号。(3)1月14日,完成2×300 M级燃煤供热机组调试及性能试验招标工作。5月25日,举行8号、9号机组调试签字仪式。(4)6月27日,吴泾热电厂改造工程2号高备变倒送电试验一次成功。(5)12月16日,改造工程煤码头开港。　(戎　平)

【上海电力股份有限公司闵行发电厂】　位于上海西南郊黄浦江上游丽江路2号,占地面积32.09万平方米。截至年底,全厂总装机容量为81.5万千瓦。2009年发电量约37.23亿千瓦时,供电煤耗为365.97克/千瓦时。获得上海市"文明单位"和中国电力投资集团公司"文明单位"称号。为了响应、落实国家节能减排政策,闵行发电厂12.5万千瓦机组被列入"上大压小,节能减排"行列。

2009年,闵行发电厂燃气—蒸汽联合循环发电机组项目筹建工作开始实施。至年底,已委托华东电力设计院完成燃机项目规划论证;通过燃机项目初步可行性研究和可行性研究报告的审查;编制水土保持方案、环境影响报告书、地质灾害危险性评估报告、建设工程地震安全性评价报告等与燃机项目相关的主要专题报告;签订管道核准前期工作合同;市规划院已完成天然气专用管道选线规划研究;天然气管道消防技术课题研究正在进行之中。　(庄文华)

(七)通用设备制造业

【概况】　截至年底,全行业企业237家,职工年平均3.73万人。2009年工业总产值486.81亿元,比上年减少2.68%,其中新产品产值244.07亿元。工业销售产值484.21亿元。全行业资产总计608.42亿元,负债合计438.73亿元,利润总额42.35亿元。　(胡克群)

【上海三菱电梯有限公司】　位于上海闵行区江川路811号,占地面积24.18万平方米,员工1 800余人。是中国机械制造业和外商投资企业最大500企业家之一、中国机械工业核心竞争力十强企业、中国最大规模的电梯制造和销售企业,产品市场占有率连续多年在中国电梯市场保持领先地位,并连续5年成为世界上单个工厂年产销量最大企业。合资以来,公司累计制造和销售电梯23.76万台,并从1993年起连续17年实现主要经营效益指标在中国电梯行业中名列前茅,出口电梯遍及俄罗斯、西班牙、意大利、新加坡、韩国等56个国家。

历史沿革。公司前身是上海航空第一工人技术学校、上海市第一技工学校。1969年两校合并建厂,成立长城机械厂。1981年改名为上海长城电梯厂,成为国内生产电梯的骨干企业之一。1987年1月成立上海三菱电梯有限公司。合资公司由上海机电股份有限公司和日本三菱电机株式会社等四方组成,公司投资比为中方60%,外方40%,投资总额2亿美元。从1991年成立第一家北京分公司以来,至2009年底成立45家直属分公司,覆盖全国98%以上的大中城市。23年来,公司坚持引进与开发并重的技术发展战略,在不断引进日本三菱具有世界先进水平的电梯技术同时,也逐步形成技术力量雄厚的自主研发队伍,拥有自主知识产权的核心技术,形成以安全可靠为基础,具有节能、环保、高速、信息化四大特色的60个产品系列,自主知识产权产品的比重逐年提高,占年总销售量比例也不断上升,2009年达到70%以上。

2009年大事:(1)主要经营指标实现新突破。全年销售电梯33 387台,比上年增长4.3%,主营业务收入82.3亿元,比上年增长9.2%,实现工业总产值82.98亿元,比上年增加9.1%。(2)积极拓展海外市场。全年整机出口1 459台,比上年增长17.6%,出口销售收入5 167万美元,比上年增长7.2%,出口数量和出口销售收入创历史新高。出口方面还创造两个第一:一是签约安哥拉572台海外最大的单体项目;二是向中东地区出口首台"菱云"系列的中速电梯,填补中速电梯出口的空白。(3)开发新产品系列。根据政府产业政策的调整和用户需求的变化,开发出具有成本优势的适用于保障性住房的"菱杰"电梯和公共交通设施的"K型"自动

扶梯产品系列。 (吴 峥 王国方)

【大金空调(上海)有限公司】 位于上海市莘庄工业区申富路318号,占地面积13万多平方米,是一家由日本大金工业株式会社、大金(中国)投资有限公司和上海轻工业对外经济技术合作有限公司共同出资成立的、总投资额9 900万美元的大型现代化空调制造企业。至年底,员工2 900多人、销售收入62亿人民币。

公司专业从事家用空调、商用空调、家用中央空调、VRV智能化中央空调、特种工业空调及螺杆式水冷、风冷中央空调机组等系列空调及相关产品的生产。核心技术为6个部分:环保型的冷媒技术、高效率的压缩机、直流调速技术、可靠的多联技术、静音技术、风扇技术。公司大力推进有利于生态环境的商品开发和技术革新,致力于在经营生产过程中降低对环境的负荷,至2008年,公司生产的机型中90%的产品采用先进的高效节能直流变速技术,销售产品中82%产品使用对臭氧层无破坏的R410A等HFC新型制冷剂。公司至2006年3月底,结合集团公司的绿色采购方针,已实施全部机种的ROSH指令对应,自2007年9月开始对冷媒检漏方式进行改进,统一采取氦气机组检漏方式,进一步减少二氧化碳排放,并于2009年6月通过“清洁生产审核”,被认定为“上海市清洁生产示范企业”。

2009年大事:(1)6月,采用360°全方位送风的天花板嵌入式(环绕气流)室内机上市。(2)8月,推出采用节能高效舒适的热泵及直流变频技术的高效能采暖系统EEHS。(3)9月8日,推出采用晶莹光彩的水晶质感面板大金E-MAX新品柜机。(4)9月19日,举办约9 000人参加的大金中国地区第五届纳凉节。作为一个开放的工厂,每年秋季在厂区内举办由员工筹划的“大金纳凉节”,邀请社区居民、员工家属、供应商、代理店参加。(5)10月20日,大金家用空调新品H系列在全国范围内上市。(6)10月21日,被上海市经济和信息化委员会、上海市环保局认定为“上海市清洁生产示范企业”。(7)12月1日,采用流光能分解技术的大金流光能空气清洁器新品上市。

(郭晓玲)

(八)区属企业

【上海申信工业总公司】 2009年,所属改制企业实现工业总产值3.4亿元、工业销售产值3.41亿元、出口产品交货值2.07亿元,比上年分别下降32.5%、32.7%、30.3%;实现销售收入3.13亿元、利润1 975.6万元。其中销售收入比上年下降29%,利润比上年增长51.58%。盈利增长主要得益于结构调整、多元经营,包括物业租赁收入的增加。

年内,(1)所属改制企业投资695.2万元,自主创新开发X光可见异物检测仪、药物动态重量检测仪、片剂重量检测仪、胶囊重量检测仪、瓶口密封性检测机等8个新产品;对GYB系列高压均质机进行优化升级,开发GYB500—15S和GYB20—10S,2个大容量、超高压均质机。申请获得胶丸充填量检测仪、快速在线称量检测装置、刀具刃口锋利度测试仪、固体食品质地特性测试仪和塑料瓶自动整理输送装置5项发明授权专利。(2)上海申宇房地产开发有限公司参股合作的“上海保利广场”商务楼项目,被评为2009年上海建筑景观新地标奖。(3)推进职工住院互助医疗保障工作。全年总公司与所属企业2 720名在职职工和4 076名退休工人参加这项医疗保障,参保金额58.44万元,减轻职工住院医疗负担。 (魏 刚)

【上海闵鑫工业有限公司】 位于沪闵路158弄16号。2009年完成工业总产值12 447.7万元,工业销售产值12 176.5万元,外贸出口拨交值6 295.8万元,三产营业额4 648.4万元,工业增加值2 765.7万元,厂房出租收入607万元。

年内,(1)抓好投入、夯实基础。对佳益厂老厂房进行翻建,总投资1 500万元左右,分二期进行,一期工程基本结束。公司下属上海碧江精密铸件厂在外贸订单大幅减少的情况下,及时调整经营方针,更新炼钢炉和燃烧炉,翻建500平米厂房,腾出部分厂房出租;上海金曲钙塑包装材料有限公司新建厂房1 500平米,扩大招租;上海晖港工贸有限公司对危旧厂房、办公房进行翻建,建造600平米标准商业用房。(2)抓好市场、寻找客户。上海洋沪鞋业有限公司在世界金融危机的冲击和影响下，及时调整经济目标，争取美国市场，稳定日本市场，发展国内市场。全年完成工业总产值5 135.1万元，完成年度计划的135.1%，利润从上年亏损135万元，上升到2009年盈余30.9万元；上海闵行货物托运公司采取抓住大客户，不放走小客户，提高服务质量来促进企业发展，全年完成营业额632.5万元，完成了年度计划的105.4%。(3)抓好开发、增加内功。上海学泽光学机械有限公司开发生产的“平面反射式复眼冷光源曝光系统”获得国家实用新型的专利证书；上海闵捷汽车修配有限公司提高服务质量，昼夜24小时做好值班。(4)转变思路、调整经营。上海田都大酒店有限公司实行社会第三方承包经营，企业经济效益明显提高，利润从上年亏损100多万元到2009年实现上缴100万元。（陆　燕）

【上海市闵行资产投资经营有限公司】　1997年7月成立，注册资金8.8亿元，在册职工18人，主要从事对国资委授权范围内公有资产实施优化配置、重组和兼并；投资、控股、参股、资产经营等业务。2009年实现经营收入4 260万元，利润1 149万元；现金流入2.7亿元，流出1.93亿元，年末净流量2.11亿元；资产总额18.54亿元，其中所有者权益17.34亿元，比上年增8 159万元。

年内，(1)扶持镇村集体经济及街道国有经济持续发展。收购浦江工业园区1.78万平方米标准厂房5年内由浦江镇支配租金使用；出资6 950万元建设马桥、吴泾来沪人员居住点；划转公司1.94万平方米房屋资产支持江川街道发展社会事业等。(2)在投资、经营、管理等各领域取得新进展。加强对自有及委托管理的国有资产进行清理和监管，防范风险、提高收益；加紧清理原区属改制企业等的历史遗留问题；加强投、融资管理，切实履行对控股、参股企业的出资人职责，加大对优质投资项目的支持力度等。投资2亿多元，并委托银行贷款3.7亿元支持紫竹科学园区和紫竹创业投资公司发展；投资3 000多万元参与莘庄商务区动迁和开发建设；出资1 000万元收购莘庄工业区实业股份公司20%股权；增资2 858.9万元认购上海银行定向增发股，使总股权达2 230万股。（陈晓岚）

【上海闵商商贸有限公司】　2007年11月，经区委决定：原区供销合作总社、区物资总公司、区粮油总公司和闵商(集团)公司四个区属公司整合归并为上海闵商商贸有限公司。原四大区属公司的本部人员根据实际工作分别安置到各部门、科室，本部人员的工资性收入仍按原行政体制实行分灶吃饭。2009年，有下属改制企业51家、非改制企业13家，基层党支部(总支)43个，党员545名，在册职工4 273人，离休干部49人，退休人员8 092人。

年内，(1)鼓励企业持续开展改善民生工作，对在岗职工普遍增加工资，对困难职工开展帮困送温暖工作，慰问困难职工、困难党员和退休职工总人数9 378人次，帮困金额266.17万元。(2)做好以粮食储备、轮换为主的政府交办的政策性业务工作，常年储备粳谷6万吨、粳米0.15万吨、草包6万条、潜水泵30台。(3)针对系统内改制企业多的特点，从宏观上引导企业依法办事，以情待人。(4)对四大块本部和所属非改制企业做好经营预决算，确保资产保值增值。

（徐雪平）

【上海闵盛投资发展有限公司】　是2008年9月成立的区属国有独资公司。公司注册资金2亿元，主要负责区社会事业项目建设管理、投融资和资产管理；同时增挂“闵行区社会事业指挥部”牌子，负责协调社会事业项目建设和管理中与市、区有关部门及社会组织的关系。公司位于闵行区莘浜路600号，占地5 597平方米，设五部一室，分别是计划部、财务部、资产管理部、项目管理一部、项目管理二部和办公室，员工56人。

项目建设。2009年，闵行区社会事业项目涉及101个，总投资16.27亿元，至年底，竣工项目28个，启动项目71个。(1)教育设施建设项目。全年涉及28个，投资6.29亿元，其中暑期维修项目33个。年内全部启动，其中竣工16个。区教师进修学院8月开工。航华九年一贯制学校9月开工。向明中学(世博高中)7月竣工，9月投入使用。西南工程学校实训楼2月开工，11月竣工。暑期学校维修工程6月下旬启动，8月21日竣工。(2)卫生设施建设项目。全年涉及10个，投资4.37亿元，全部启动。区中心医院扩建急诊综合楼及地下停车库9月开工。龙柏社区卫生服务中心8月开工。莘庄社区美沙酮替代门诊部6月开工。区卫生局卫生监督所、区爱卫办、献血办、合管办等机构办公用房7月开工。(3)文体设施建设项目。全年涉及6个,投资3.11亿元,全部启动,其中竣工3个。区图书馆、青少年活动中心、档案馆“三馆合一”6月竣工。区体育场曲棍球队宿舍楼建设及训练房装修于年内开工。(4)公共设施建设项目。全年涉及57个,投资2.50亿元。年内启动55个,竣工9个。区城市综合管理及应急联动中心10月开工。区档案保管中心、区工人俱乐部装修改建、区招标投标中心8月竣工。华坪路派出所8月开工、12月竣工。警示教育展览厅3月开工、7月完工。

资产管理。2009年,闵盛公司以中谊路福利院和“四馆合一”项目的管理和经营作为试点。(1)中谊路福利院经营权转让项目于2008年9月启动,以公开招商方式吸引社会组织以转让经营权的方式经营。经过近9个月的工作,经营权转让的中标单位已成立管理公司,负责福利院的日常运作、经营、维护、管理,闵盛公司、民政局负责监督、考核。首次经营期三年,期满后需接受政府监管部门进行的考核,合格后可继续经营。中谊路福利院自2009年6月底开始试运营至年底,收置老人200多名,其中闵行籍80%,平均年龄86岁,护理等级以专护为主,大大缓解区域内养老机构及床位高度紧张的情况。中谊路福利院2009年11月18日正式开业。(2)“四馆合一”项目由闵盛公司及各场馆领导组成管理中心,作为日常运行管理机构,全面负责“四馆合一”的综合运行管理工作。通过网络向社会公开征集,“四馆合一”被命名为“春申文化广场”;场馆物业管理公司经公开招投标入驻;剧场也通过公开招商的形式委托东上海国际文化影视集团经营管理,并被命名为“上海城市剧院”。至2009年底成功举办政协“辉煌六十年”书画摄影联展等一系列展览,以及上海合唱节开幕式、陈佩斯经典喜剧《阳台》等文艺演出。(葛仁燕)

(本栏目编辑 胡克群)

十四、开发区·工业区

（一）综　述

2009年，全区园区工业生产逐步趋好。莘庄工业区实现工业总产值453.90亿元，实现税收收入50.77亿元，比上年增长20.0%；闵行经济技术开发区实现工业总产值364.0亿元，实现税收收入34.61亿元，比上年增长3.5%；漕河泾开发区浦江高科技园实现工业总产值968.51亿元，比上年增长8.56%，实现税收收入1.40亿元，比上年增长72.2%。以上三大工业园区规模以上工业产值占全区的比重为53.5%，比上年提高3.7%。紫竹科学园区规模以上企业实现工业总产值96.50亿元，比上年增长2.4%；实现税收收入18.40亿元，比上年增长1.1倍。（胡克群）

（二）上海闵行经济技术开发区

【概况】 至2009年底，上海闵行经济技术开发区（简称闵行开发区）累计引进项目171个，投资总额超过30亿美元，平均单项投资超过1 832万美元。累计销售收入3 922亿元，企业利润419亿元，上缴税收344亿元。闵行开发区已逐步形成以轨道交通、电站设备为代表的机电产业为主；以血制品、常用药品为代表的医药医疗产业和以食品、饮料为代表的轻工产业为辅的产业格局。世界500强企业投资的项目占园区企业总数的40%。2009年完成销售收入391.04亿元，比上年略有下降；实现利润43.77亿元，比上年增长8.95%；实缴税金38.26亿元，比上年增长3.81%。

2008—2009年闵行开发区经济指标数据情况表

单位：亿元

指标名称	2009年	2008年	增减（%）
销售收入	391.04	415.47	-5.88
利润	43.77	40.18	8.95
实缴税收	38.26	36.86	3.81

（武　鹏）

【优势项目增资扩建】 2009年，闵行开发区企业投资总额增加2 735万美元，合同外资增加3 560.55万美元，实到外资5 006万美元。规划、审批三菱、强生、博朗等11个建设项目方案及设计，工程总投资额超过1亿元，工程建筑面积3.6万平方米，优势企业得到进一步扩张发展。

（武　鹏）

【招商引资和资源储备有新进展】 2009年，闵行开发区7个招商项目完成阶段性工作，11万平方米场地得到启用。三菱自动扶梯、博朗扩张等优势项目开工建设。ABB电机厂房交接，ABB高压扩建、亨斯迈研发、ABB高压维修中心场地划分等定制厂房项目进展顺利。加强土地集约节约利用，回收土地和厂房7.2万平方米。至年底，闵行开发区回购厂房28.64万平方米，回购土地94.78万平方米，土地利用率139%。

（武　鹏）

【上海三菱自动扶梯新厂开工建设】 12月15日,上海三菱电梯有限公司举行自动扶梯新工厂奠基仪式。新工厂位于闵行开发区元阳路上,占地面积5.3万平方米,设计产能为年产5 000台各类自动扶梯和自动人行道,整个工程预计2010年9月竣工。 (武 鹏)

【推进节能降耗减排和环保】 年内完成21个建设项目的环境影响评价及审批,环保投资1 826万元。编制并向社会发布《2009年闵行开发区环境公报》。发展6家企业加入开发区环境共建组织,使总数达到63家,占闵行开发区企业总数的72%。通过ISO 14000认证企业新增2家,使通过ISO 14000认证的企业达到闵行开发区企业总数的50%。加强能源调查和宣传培训,推进企业节能技术改造,在全球经济危机的严峻形势下,保持年度产值能耗同比稳定,能耗总量有所下降。启动节水型园区创建工作,推进创建国家生态示范园工作,并于年内通过上海市级评审。 (武 鹏)

【加强综合管理和服务】 年内,推动35家企业申报取得"先进技术型企业",17家申报取得"产品出口企业"。落实市区有关政策,为园区企业争取重大技改项目、新增固定资产专项退税等财政扶持政策和专项资金补贴。完善园区基础设施建设,对因暴雨受灾企业进行资金补贴。开展对开发区数十家优势企业的重点走访,帮助企业解决实际困难,并在走访中落实企业专项扶持资金。 (武 鹏)

【开发区16家单位获得表彰】 5月7日,闵行开发区召开首届开发区文明单位命名表彰大会,闵行开发区16家单位获得表彰。其中上海三菱电梯有限公司、上海强生制药有限公司、中美上海施贵宝制药有限公司、上海闵行联合发展有限公司等10家单位还被上海市委、市政府同时命名为第十四届"上海市文明单位"。 (武 鹏)

(三)漕河泾开发区浦江高科技园·漕河泾出口加工区

【概况】 至年底,园区引进注册企业80家,其中出口加工区18家;总投资额12.02亿美元,其中出口加工区6.90亿美元;总注册资本5.15亿美元,其中出口加工区2.53亿美元;园区实现工业总产值968.51亿元,工业增加值27.8亿元,出口额122.59亿美元,利润5.33亿元,税收(海关、工商税收)19.13亿元。园区工业总产值比上年增长8.56%、工业增加值增长8.14%、出口额增长3.6%、利润总额增长54.98%、税收增长115.53%。为社会提供44 172个就业岗位。

2008—2009年浦江高科技园主要经济指标情况表

经济指标	2009年	2008年	增长率
工业增加值(千元)	2 780 012	2 570 651	8.14%
工业总产值(千元)	96 850 655	89 213 115	8.56%
工业销售收入(千元)	96 838 493	88 484 162	9.44%
利润总额(千元)	533 172	344 023	54.98%
税收收入(千元)	1 913 194	887 690	115.53%
其中:工商税收(千元)	308 047	305 179	0.94%
海关税收(千元)	1 605 147	582 511	175.56%
进出口总额(万美元)	1 511 364	1 480 069	2.11%
进口额(万美元)	285 412	296 673	-3.80%
出口额(万美元)	1 225 953	1 183 396	3.60%
从业人员数(人)	44 172	41 895	5.44%
招商指标			
新增项目数(个)	17		
其中:外资企业数(个)	11		
内资企业数(个)	6		
投资总额(万美元)	13,388		
其中:增资额(万美元)	3,732		
注册资本(万美元)	13,918		
其中:外资企业(万美元)	11,655		
内资企业(万元)	15,600		
合同利用外资(万美元)	11,537.07		
其中:增资额(万美元)	3,729.07		
实际利用外资(万美元)	3,979.50		

(刘元启)

【招商引资】 全年新签项目24个、园区新增合同外资约1亿美元、回笼资金3.3亿元,资金回笼超计划18.65%。F区标准厂房累计实现租售面积99 564.02平方米,签约率85%,其中2009年新增租售面积36 265平方米(其中出售23 156平方米、租赁13 109平方米),此外还实现预约转正式面积3 594平方米,续签面积6 347平方米。签订量身定制和土地出让项目合同各1个。华东光电量身定制项目占地2.62公顷,该项目建成后将迁入"国家特种显示工程技术中心"及相关专业的国家重点实验室及博士后工作站。嘉里物流土地项目占地5.52公顷,将投资建设华东区管理总部及仓储物流中心,成为长三角地区的管理中心。 (刘元启)

【项目建设】 (1)地铁广场项目在完成一期12万平方米扩初设计的基础上,8月21日举行开工典礼;11月底完成桩基工程验收。(2)总建筑面积41 773平方米的F地块工业厂房三期3标在9月1日开工,10月底完成桩基工程。(3)作为浦江高科技园的重要市政道路——召楼北路延伸段位于D地块西侧,新建工程规划红线宽30米,长789米。该项目10月底完成路基和粗沥青铺设施工,并在年底前建成。(4)D地块规划调整和样板段设计按时启动。D地块是浦江高科技园中重点规划区域之一,已完成前期定位策划、规划优化设计工作。(5)适时展开C地块规划调整。C地块是浦江园区的配套服务区,包括住宅、商业服务、酒店、办公楼等建筑。由全球著名设计单位美国RTKL公司对地块进行规划优化设计工作,已对产品、交通、景观、地块划分等方面进行深入研究,完成创意新、可操作性强的规划。(6)量身定制项目进展顺利。斯派沙克项目建筑面积1.7万平方米,于6月8日开工,年底完成结构封顶。海德项目建筑面积3.8万平方米,于11月完成规划许可证报批,并于12月开工。 (刘元启)

【土地开发】 至年底,由园区负责开发建设的606.67公顷土地中,已完成土地征用农转用和前期储备手续的土地面积446.67公顷,完成率75%。(1)完成C1、C2、C3地块126.67公顷土地的征地农转用手续,取得征地农转用批文。完成上述三个地块前期开发的集体财产清点补偿,签署《征地大包干协议》;完成劳动力安置手续、取得劳动力安置批文。(2)与浦江镇签订《C地块征地动迁协议》,对前期开发及今后出让收入综合平衡等作了明确。2009年动迁总量148.73公顷,涉及居民300户、商品房96户、企业47家;完成216户居民、10家企业动迁;实现交地16.73公顷,确保地铁广场、嘉里物流等项目的用地需求。(3)在获取土地储备方式上,探索用地招拍挂拿地的方式和途径,完成地铁广场(17.2公顷)和AREVA项目(5.47公顷)用地的招拍挂出让。落实地铁广场停车场用地(1公顷)协议出让的供地方式。 (刘元启)

【经营管理】 浦江高科技园成功融入张江高新区,张江高新区专项发展资金对创新孵化、创新创业环境、研发公共服务、国内外科技合作、二次创业等方面的政策扶持将覆盖园区。上海市新能源产业基地、国家生物医药产业基地、生产性服务业功能区、中国服务外包示范基地相继落户,为园区加快主导产业的集约化经营,推动现代服务业的发展奠定基础。年内启动ISO 9001和ISO 14001创建工作,11月通过业内知名的英国劳氏质量认证公司(LRQA)的审核,取得"双认证"证书。 (刘元启)

(四)上海紫竹科学园区

【概况】 2009年,园区获得挂牌或被授予为"海外高层次人才创新创业基地"、"国家科技兴贸创新基地(生物医药)","上海市知识产权试点园区"、"上海市知识产权质押融资试点园区"、"上海市软件出口(创新)园区"、"上海国家生物产业基地","闵行区青年创新创业园"、"闵行区新能源研发核心基地"。此举促进了国家及上海市重大科技创新资源在园区的聚集和整合。园区全年各项收入突破7.68亿元,比上年增长47.98%。2009年,研发基地从业人员10 435人,其中女性3 719人,研发人员2 209人,外国及中国港澳台籍人员307人(以上人数为实际注册并入驻园区企业)。至年底,园区完成土地批租201公顷,其中紫竹半岛完成土地批租70公顷,研发基地完成土地批租和划拨131公顷,完成土地批租的落户企业34家。

2002—2009年入驻企业建设情况表

项目	竣工企业	在建企业	待建企业	总计
个数	28	5	3	36
占地面积（平方米）	798 195	232 187	89 623	1 120 005
建设面积（平方米）	673 386	305 128	152 767	1 131 281

（王惠宏）

【招商引资】 园区招商定位以集成电路与软件、新能源、航空航天、数字内容、新材料、生命科学六大类产业作为主导产业，重点吸引区域总部、研发中心、风险投资公司及高科技制造企业入驻。2009年引进梅生(上海)医疗科技有限公司、上海坤硕光电科技有限公司两大项目；数字内容产业方面，包括酷银软件在内约15个项目落户，上海信息服务人才培训中心迁入园区；埃克森美孚、中广核开工建设；可口可乐、京滨电子举行开业典礼。全年完成外商投资项目总投资1.31亿美元，注册资本1.28亿美元。其中合同利用外资1.24亿美元，外资到位0.21亿美元。年内，入驻园区外资企业81家，投资性地区总部5家，研发中心15家。其中外资企业中欧美占30%，日本占15%，东南亚等国家和地区占55%。内资企业260家，注册资本28.01亿元(以上内、外资企业数不含已经注销或迁移企业)。

2002—2009年紫竹科学园区招商引资情况表(外资)

年度	2002	2003	2004	2005	2006	2007	2008	2009	小计
落户企业数(家)	2	13	16	13	10	5	20	6	85
投资总额(亿美元)	0.09	1.14	0.68	11.91	4.79	1.82	5.30	1.31	27.04
注册资本(亿美元)	0.05	0.44	0.44	4.82	3.59	1.22	2.98	1.28	14.82
合同外资(亿美元)	0.03	0.44	0.42	4.60	3.41	0.95	2.84	1.24	13.93
到位外资(亿美元)	0.03	0.31	0.24	0.39	1.10	1.35	2.02	0.21	5.65
世界500强(家)	1	0	4	1	2	1	4	0	13
千万美元以上(个)	0	2	2	4	4	0	7	0	19

注：不含分支机构。

（王惠宏）

【科技成果】 2009年，园区企业的科研项目开发数645个。专利申请数102件，专利授权数40件(以上数据不含两所大学)。（王惠宏）

【设立园区商会】 2009年，上海紫竹科学园区商会获闵行区经委、区民政局设立批复，编制《紫竹商会特刊》双语杂志，通过走访企业、组织企业参加研讨会、开展讲座、组织各种文体活动等方式，促进园区内会员企业的交流与合作，完善各项服务工作。同时深化“三区联动”，为上海交通大学与华东师范大学提供320个见习/实习岗位，组织园区企业与高校交流，促进园区“产、学、研”紧密结合，并积极开展国内国际交流合作，帮助企业寻契机促发展。（王惠宏）

【调整紫竹信息数码港公司架构】 形成6部1室(行政部、招商部、企业服务部、工程部、配套部、物业部、平台管理办公室)的管理新格局。通过开展完善客户档案、处理客户咨询与投诉、成立数码港俱乐部等工作，积极为入驻企业服务。2009年配合7家企业完成二次装修工程、6项代理工程；通过取消补贴，实行市场竞争改制，数码港两家员工餐厅各显服务优势；IP平台与测试平台引进入驻企业3家、注册型企业4家。

（王惠宏）

【紫竹创业投资公司被认定为“孵化器”】 2009年解答及接待创业咨询300次，对在孵企业定期日常辅导200多次，安排各类月度创业讲座10次；引进企业11家，因孵化期到期而毕业的创业企业8家。创业中心企业申请专利24项、软件著作权20项、软件产品登记6项、双软认证4项、高新科技成果转化项目2项，为创业企业申请各类政府扶持资金480万元，被认定为“上海市科技企业孵化器”。完成“YBC－上海紫竹创业专项基金”二期募集，总规模达到1 700万元，并成立“闵行区科技创业企业联合会”。

（王惠宏）

【重大活动】 2009年，接待政府、企事业单位、社会各界参观考察493批6 355人次，其中包括中央及18个省、自治区（地区）、直辖市相关政府部门领导及考察团、部队官兵、大中小学生、社区居民、社会团体及7个国家地区的政界、商界等来宾。（王惠宏）

（五）上海市莘庄工业区

【概况】 2009年，莘庄工业区完成工业总产值454.90亿元，税收50.77亿元，工业增加值104.2亿元。（徐 炜）

【招商引资】 全年引进合同外资1.11亿美元，实到外资1.12亿美元；引进新项目15个，增资项目20个，新引进或追加总投资1 000万美元以上项目5个，世界500强项目1个（摩根轧机上海有限公司）；新设生产企业4家，工贸企业3家，贸易企业3家，服务企业5家。新引进外资批租项目的平均投资密度（注册资本）205万美元/亩；租赁厂房项目的平均投资密度（注册资本）59万美元/亩。（徐 炜）

【区域联动】 充分利用莘庄工业区的品牌效应，使工业区的项目资源与各镇的土地资源有效结合，促进经济良性互动，实现合作共赢。年内工业区与颛桥镇、吴泾镇、莘庄镇签订合作协议，其中与颛桥镇完成3个项目的合作。（徐 炜）

【现代服务业发展迅速】 物流园全年实现税收3.5亿元，比上年增长54%，以150亩用地计算，每亩产出约240万元。其中雅诗兰黛和顺丰速运两家企业的税收分别达到3.2亿元和2 079万元，比上年分别增长51%和143%。在物流园区的带动下，工业区第三产业所占GDP比重由13%提高至17%。（徐 炜）

【天为经济城】 2009年新增企业161户，新增注册资金3.9亿元，实现税收4.12亿元。厂房出租率100%，租金收入3 645万元。（徐 炜）

【莘闵园区实现税收1.6亿元】 2009年，莘闵园区新增内资企业153家，新增注册资金3.04亿元；新增外资企业13家，新增注册资金254万美元。全年实现税收1.6亿元，申报立项各级政府科技项目50项；申报专利661件，其中发明专利219件；孵化器毕业企业5家。（徐 炜）

（本栏目编辑 胡克群）

十五、商业·现代服务业·旅游业

（一）综　述

2009年，闵行区商业布局与结构调整步伐加快，市场流通规模扩大。全年批发和零售业实现增加值82.57亿元，比上年增长15.5%。消费品市场供需两旺。全年实现社会消费品零售总额372.84亿元，比上年增长15.3%。区内12家大型连锁店实现社会消费品零售额36.09亿元，15家大卖场实现社会消费品零售额44.16亿元。特色商业街发展良好，吴中路商业街实现营业收入55.54亿元；上海友谊南方商城实现营业收入27.48亿元；七宝商城、七宝龙城购物中心和七宝老街分别实现营业收入10.28亿元、10.74亿元和1.25亿元；仲盛世界商城实现营业收入6.58亿元；梅陇尚乐坊实现营业收入1.78亿元。

现代服务业发展势头良好，对全区经济增长的贡献率达到74.5%。年内聚焦虹桥综合交通枢纽，研究枢纽周边地区功能定位和产业规划。莘庄商务区控制性详细规划完成修编，轨道交通莘庄站“上盖”开发出让方案已确定，10号线停车场“上盖”已完成基础工程，南方商务区动迁完毕。漕河泾开发区浦江生产性服务业功能区开工建设，莲花生产性服务业功能区获市认定。至年底，闵行区拥有市级现代服务业集聚区1家，市创意产业园区2家，市级生产性服务业功能区1家，列入区委、区政府重点工作的服务业集聚区项目6个。

旅游环境不断优化，服务水平继续提高。至年末，全区星级宾馆8家，其中三星级宾馆3家，全年接待超过9.2万人次，实现营业收入8 728万元。区内旅行社全年接待游客19.8万人次，组团人数18.5万人次，实现营业收入3.02亿元，比上年增长35%。区内主要旅游景点锦江乐园全年接待游客135万人次，实现营业收入1.17亿元；七宝古镇接待游客800万人次，实现营业收入300万元；热带风暴接待游客13.5万人次，实现营业收入2 000万元；银七星滑雪场接待游客17.6万人次，实现营业收入1 781万元。

（胡克群）

（二）商　业

【概况】　2009年，全区商品销售收入1 237.92亿元，比上年增长33%；社会消费品零售总额372.84亿元，比上年增长15.30%，发展速度由慢到快，社会消费品零售总额3月达到低点9.40%之后，4月持续回升，至12月连续9个月以超过两位数的速度增长。全年，消费呈加速增长的趋势，超过GDP增长5%，成为拉动全区GDP增长的重要力量。批发零售业全年税收33.64亿元，在整个第三产业创造的税收总额中排名第二，比上年增长18.3%。餐饮业完成社会零售总额32.40亿元，比上年增长36.40%，实现快速增长。外商及港、澳、台商业企业全年完成社会消费品零售总额42.51亿元，比上年增长76.10%，居各类性质的商业企业之首。

（李和杰）

【开展商业领域迎世博活动】　组织开展商业品

牌创建、移动营业厅优化服务、社区卫生服务综合改革、百姓戏台进社区等活动,确保重点区域无障碍设施、刷卡消费无障碍等建设有序推进,提升31个综合服务窗口行业的服务能级。同时,从城市综合服务功能入手,使莘庄地铁南北广场、七宝商城、南方购物广场等重点商圈的集聚能力得到加强,树立了闵行区窗口服务业知名品牌。 (李和杰)

【建立食品安全信息查询系统】 落实2009年市政府实事项目——标准化菜市场食品安全信息查询系统的建设任务,加强与工商、食药监、质监、财政等有关部门协调,会同镇、街道商业部门及市场投资企业,落实建设资金,在43家标准化菜市场中,安装43台一体化信息查询机(触摸屏),建立食品安全信息查询系统。 (李和杰)

【举办"IN闵行IN时尚"促销活动】 年初至2月21日,举办"IN闵行·IN时尚——闵行休闲购物季"活动,组织63个区内知名连锁、百货、汽车、餐饮企业开展系列营销活动,扩大闵行区中高端百货、汽车、大型超市、特色餐饮的销售业绩,提升七宝、百联南方商城、仲盛世界商城、江川置业广场等主要商圈及吴中路、十尚坊、虹梅休闲街、七宝老街等商业特色街的知名度。4月20日—6月6日,举办"IN闵行·IN时尚——金色五月闵行购物旅游季"活动,组织仲盛世界商城、友谊南方商城、百联南方、永乐江川店、浦江市民农园、太平洋虹桥店、太平洋申隆店、开隆奥迪、上海宝信站、汇宝百货等商业企业开展10项商业营销活动,在全区兴起购物、汽车、休闲、旅游、服务消费新高潮。 (李和杰)

【贯彻国家家电下乡和以旧换新政策】 年内做好家电下乡销售网点备案工作,受理83家商业企业的备案申请,赋予其中77家家电下乡产品的营销资格。组织企业开展家电、汽车摩托车下乡及以旧换新等工作,进一步拉动家电、汽摩消费,发挥家电下乡惠农利农、汽摩下乡带动生产、家电以旧换新促进节能减排和循环经济发展的作用。 (李和杰)

【推进社区商业建设】 年内,牵头设立华漕爱博市场、颛桥田园市场、颛桥君莲市场、颛桥银春市场、江川凤庆市场、吴泾塘湾市场6个菜市场,梅陇滨江龙吴家居市场、颛桥美惠园水果批发市场2个专业市场以及华漕都就百货市场、华漕华翟钢材市场变更经营场所;对相关社区配套商业项目提出商业布局意见,完善社区商业功能和配套设施。 (李和杰)

【组织企业参加"2009上海购物节"】 9月12日—10月12日组织莘庄百盛、七宝巴黎春天、嘉茂购物广场、汇宝购物广场、十尚坊餐饮街、七宝古镇等企业参加上海购物节活动,开展10项主题活动及2项重点活动。 (李和杰)

(三)现代服务业

【概况】 2009年,闵行区服务业实现增加值432.6亿元,比上年增长26.6%。全区生产总值增幅16.3个百分点,第三产业增加值高于第二产业增加值增幅23.3%。第三产业占全区生产总值35%,比上年提高4.5%,二、三产业共同支撑区域经济发展的格局逐步形成。2009年全区第三产业税收收入132.8亿元,比上年增长7.5%。第三产业各行业的格局不断优化,代表智力密集型服务业的信息、计算机和软件传输业税收增长2倍,占服务业税收3%;租赁和商务服务业税收增长32.5%,占服务业税收12.6%。至年底,闵行区建有闵北商务区、莘庄绿地蓝海和仲盛世界商城、莘庄龙之梦购物中心、浦江镇轨道交通8号线沿线站点、颛桥镇剑川路商务区、七宝商圈、吴中路汽车销售街、虹梅路休闲街、十尚坊休闲餐饮街、七宝老街、上海春申万科社区商业中心等服务业集聚区。 (黄毅峻)

【现代服务业园区建设有序推进】 从地域上分为北部、中部和南部分别推进。北部以虹桥综合交通枢纽为主,重点推进枢纽周边地区及闵北商务区发展空港物流、国际医疗中心、会展业等服务业。中部以七宝生态商务区、莘庄商务区、莘庄地铁站南北广场上盖、南方商务区等项目为主。南部以元江商务区和剑川路站点经济为主。至年底,闵行区拥有市级现代服务业集聚区1家,市创意产业园区2家,市级生产性服务业功

能区1家,列入区委、区政府重点工作的服务业集聚区项目6个。 (黄毅峻)

【开发生产性服务业功能区】 年内,结合工业园区二次开发,整合利用核销工业区和零星工业点等工业存量资源,通过产业转型、改造提升等方式,大力发展生产性服务业。梳理产业区块,摸清全区可供发展的存量资源,制定产业发展空间布局优化方案。综合考虑闵行产业发展现状、趋势、功能定位,公告园区和核销园区的实际情况,发展闵行区生产性服务业功能区。 (黄毅峻)

【梅陇莲花生产性服务业功能区】 东至高压走廊与虹梅南路,西至莲花南路,南至镇界,北至金都路。规划总面积284.6公顷。产业规划定位:以绿色健康食品、饮料为发展优势,形成食品产业链,显现强大的食品制造功能,打造绿色健康食品产业基地。 (黄毅峻)

【上海漕河泾开发区浦江生产性服务业功能区】 位于漕河泾开发区浦江高科技园西侧(A地块),毗邻轨道交通8号线浦江镇站,总面积约44.91万平方米。浦江高科技园生产性服务业功能区通过集聚一批跨国公司地区总部和研发、技术、管理、采购、销售、营运、结算中心等项目,以及提供科技中介、技术产品展示和交易、会计事务、律师事务、专利商标及知识产权事务等综合配套服务项目,打造总部经济平台、研发设计平台、创新孵化平台、综合服务平台,推动高新技术产业和高附加值服务业并举发展。 (黄毅峻)

【七宝中春路生产性服务业功能区】 位于漕宝路南、中春路两侧,规划总面积151.3公顷。产业规划定位:以创意研发、生产装配、物流展示为主体的产业链群体。园区从北向南,从功能上由三大板块组成,分别是沪松公路——联明路地块为高端商务办公区、联明路——中谊路地块为综合商务服务区、中谊路——七宝镇界为创意产业工坊,并设置功能区的配套设施。 (黄毅峻)

【西郊·鑫桥创意产业园】 位于虹许路631号,是上海市经委第四批授牌的上海创意集聚区,是闵行区第一家创意产业园。保留着工业厂房特征,穿插着现代元素,充满着艺术韵味,小巧精致,外感简洁典雅。 (黄毅峻)

【上海梅陇国际时尚编纺创意产业集聚区】 位于梅陇镇景联路439号,是总建筑面积8万平方米、首期商城面积3万平方米的产业园。创意产业园分布在两栋厂房式的建筑物和两栋办公楼式的建筑物内的一至四层,为市级创意产业园。将建成以时尚编织的创意设计为核心,加工、供应、展示、交易、发布为支撑,直接产生订单与消费的"创意设计+都市产业+营销订货+孵化服务"的时尚编织创意产业示范基地。 (黄毅峻)

(四)旅游业

【概况】 2009年,闵行区以发展农业旅游为重点,着力发挥旅游产业功能,全年接待国际、国内旅游者733.50万人次,其中景区(点)686万人次,星级饭店9.16万人次,旅行社19.81万人次,组团18.53万人次,实现旅游收入5.14亿元,其中景区(点)营业收入1.61亿元,星级饭店营业收入0.87亿元,旅行社营业收入2.66亿元。年内,设立闵行区旅游局,为闵行区人民政府工作部门,区经委主任兼旅游局长,设副局长1人,旅游科长1人,旅游咨询中心主任1人,编制6人。 (蒋懿国)

【旅行社管理】 年初完成区内26家旅行社年检工作;全年未发现区内旅行社存在重大事故或投诉、违反合同签订规范事件。年内新审批成立1家国内旅行社。全区旅行社责任保险投保率100%。下半年开始,陆续对区内26家旅行社进行换证。 (蒋懿国)

【饭店、旅馆管理】 年内,区旅游局对区内8家二、三星级饭店开展复核工作,其中三星级3家,二星级5家。3家通过评定性复核,4家通过复核性复核,1家暂缓复核。联合华东师大对闵行区旅馆业进行盘查和梳理,撰写《闵行区旅馆调研报告》。与市世博局协调,在区内4家星级饭店商场内设置"世博纪念品销售点",以填补闵行区无世博旅游纪念品销售点的空白。年内评定闵行饭店、金燕大厦为银叶级绿色饭店。12月上甸,会同区公安分局、消防支队、物价局、卫生局、民宗办等部门分三批,对区内500多家社会旅馆进行“迎世博、旅馆行业平安建设”培训,向全区各社会旅馆发放迎世博员工读本、迎世博培训音像教材600余套,旅馆安全管理示教片50余套。

2009年全区(县)旅行社与旅游饭店情况表

	旅行社		旅游饭店					
	国际	国内	五星	四星	三星	二星	一星	其他
数量		26			3	5		
与上年相比增减数		+1						

(蒋懿国)

【“银发游”系列活动】 4月8日,由闵行区人民政府主办,区旅游局、七宝镇政府、区老龄办等单位承办的“银发游”系列活动首发式在七宝镇九星村举行。该系列活动主题为“缤纷四季游,夕阳也青春”,整个活动结合季节变化的特色,策划设计四个系列的活动路线,分别为“银发踏春游”、“银发消夏游”、“银发赏秋游”、“银发暖冬游”。1 000多名九星村老人在首发式后进行银发踏春一日游活动。至年底,参与该活动的闵行区17家旅行社接待老年游客万余名。(蒋懿国)

【第二届“廊桥古韵”民俗风情旅游节】 9月20日—10月5日在七宝古镇、韩湘水博园、响水湾会员农庄举办。以“体验闵行、快乐闵行”为主题,旨在凸现闵行旅游资源特色,形成品牌。活动主要内容包括开幕式、激情欢乐颂、民俗休闲风、文明畅想曲、绿野乡土情等。(蒋懿国)

【闵行区旅游节开幕】 9月20日在闵行影剧院举行,上海歌舞团呈现了一场丰富多彩、热情、快乐的歌舞节目,千余名观众欣赏了演员的精彩演艺。同日晚在江川路街道举行花车大巡游,来自中外20辆各类彩车、演出方队在瑞丽路上大展恢宏气势,共同演绎旅游节“走进美好与欢乐”的主题和“人民大众节日”的定位。(蒋懿国)

【马桥古文化展】 9月20日—10月5日在闵行区博物馆举办。马桥古文化的发掘为推断上海的成陆过程提供珍贵史实,展览将5 000年的良渚文化、马桥文化和春秋战国至唐宋元三部分详尽阐述,同时陈列文物200多件。整个活动吸引数千名观众前往参观。(蒋懿国)

【乡下老照片及旅游摄影展】 9月20日—10月5日在韩湘水博园举办。乡下老照片定格农村的历史文化、乡村风貌、生活和生产,是广大游客和青少年了解旧时的农村、农田、农业的宝贵资料和生动档案。同时举办的摄影展,从各个角度展现农村自然生态、风土人情和乡村旅游的魅力。(蒋懿国)

【乡村休闲项目揭牌启动仪式】 4月26日分别在韩湘水博物园、响水湾会员农庄举行。构筑上海都市旅游后花园,是闵行区乡村休闲项目发展的广阔前景,闵行区将发展具有农业业态元素的乡村休闲旅游项目纳入农村经济和农业发展的战略目标之中。上述二个项目就是在这样的大背景下孕育产生的,对构建闵行区都市型农业旅游框架与接轨上海乡村休闲旅游起到示范作用。(蒋懿国)

【参加2009国内旅游交易会】 区旅游局组织区内15家旅游企业参加4月16—18日在辽宁省大连市举办的“2009中国国内旅游交易会”。交易会上,闵行区设立2个展台,推介七宝古镇民俗风情游、韩湘园生态游、科普教育探索游、体育健康体验游于一体的闵行旅游线路,并发放大量的宣传资料。(蒋懿国)

【参加2009中国国际旅游商品博览会】 11月12—15日,区旅游局组织区内企业赴浙江义乌参加2009中国国际旅游商品博览会。博览会上闵行区设立 2 个展台,展示上海秦艺服饰、上海民族乐器一厂的旅游商品。参展的《民族工艺小乐器》获得同期举办的 2009 中国旅游商品大赛的铜奖。同时区旅游局获得上海市旅游局颁发的“最佳组织奖”。（蒋懿国）

【区域合作与对口支援】 2009 年区旅游局与江苏南通、盐城,江西庐山,安徽徽州、歙县,浙江宁波、长兴等地区签订世博合作协议,加强联系与交流,互送客源,互利双赢,共同推动旅游经济持续、稳定、健康发展。（蒋懿国）

2009 年全区(县)旅行社、旅游饭店与旅游景区业务情况表

类别	旅行社				旅游饭店						旅游景区			
	接待数(万人次)			营业收入(亿元)	接待数(万人次)			客房数(间)	客房出租率(%)	营业收入(亿元)	接待数(万人次)		营业收入(亿元)	
	国际	国内	总计		国际	国内	总计				总计	其中A级	总计	其中A级
数量		20.36		2.96	0.31	9.16	9.47	607	48.9	0.87	786	1	1.61	1
与上年相比(%)		-8%		+13%	-19%	-13%	-13%		-12%	-13%	+4%		+7%	

（蒋懿国）

（本栏目编辑　胡克群）

十六、农 业

（一）综 述

2009年，闵行区农业围绕区委、区政府“破除城乡二元结构、率先实现城乡一体化”的总体目标，各项工作稳步推进。(1)完成各项重点工作和实事项目。完成浦江、华漕、马桥3镇8 757户农户的自然村庄改造，并在闵行区2009年民生指标第三方测评中排名第一，取得群众满意率近100%的好成绩。完成120公顷无公害农产品认证面积，新组建14家农民专业合作社；完成152.93公顷设施农田建设；马桥农耕文化园、响水湾农庄项目基础建设基本结束，响水湾农庄部分开放。制定《闵行区农家乐认定管理办法》，完成6个农家乐的认证发牌工作。组建成立航育领导小组、工作小组和顾问小组，完成19.47公顷航育基地框架性设计，启动一期工程建设。(2)农业生产持续稳定。全年实现农业总产值4.58亿元，比上年增长2.3%；其中种植业产值2.87亿元，比上年增长4.2%；畜牧业产值0.80亿元，比上年增长16.4%；渔业产值0.08亿元，比上年下降35.0%。全年粮食播种面积1 554.4公顷，比上年减少6.9%；粮食总产量1.21万吨，与上年持平。蔬菜上市量12.23万吨，比上年减少1.5 %。全年出栏商品猪4.28万头，比上年增加4.9%，出栏家禽30.86万羽，比上年增加48.2%，上市水产品515吨，鲜牛奶1 033吨，肉鸽2.69万羽，割锯鲜鹿茸376公斤。秋良稻米合作社的“秋良”牌“寒优湘晴”大米在“2009年上海市优质稻米评比活动”中获银奖，冯氏果蔬专业合作社“红耘”牌西瓜在全市21家西瓜生产企业参评中经专家组综合考评获银奖，区农科所曹月琴获2009年度全市唯一的“全国粮食生产先进个人”称号。(3)农民收入稳步提高。2009年，全区农村居民家庭人均可支配收入16 082元，实现连续6年增幅超过城镇居民，连续6年两位数增长，城乡居民收入比缩小为1.55:1。基本农田生态补偿标准由2008年的300元/亩提高到2009年的450元/亩，其中50%直接补贴给农民。2009年种田农民直补环比递增12%，每人每年756元。(4)都市农业扎实推进。新注册农产品商标15个，培育2个区级农业产业化龙头企业和2个市级示范农民专业合作社，5家农业企业通过质量管理体系认证。建立标准化农残速测室19个，建立档案、追溯、考核等检测制度。粮食农业机械化率达到82%；农机耕作服务基本做到全覆盖。全区农业规模种植面积1 457.33公顷。全区农民专业合作社销售总收入20 976.74万元，区级以上龙头产业化企业销售总收入11.414 2亿元；农业旅游1 102.19万人次、涉农旅游收入4 198.96万元。(5)围绕农资护农打假、农产品质量安全监管、重大动物疾病防控和农村资源保护的工作主线，文明执法、公正执法和规范执法取得显著成效，区农业委员会被国家农业部授予2009年度全市区县唯一的“农业综合执法先进集体”称号。(6)农村各项改革不断深化。启动完善农村土地二轮延包工作，出台《进一步稳定和完善农村土地承包关系的试行意见》；完成浦江镇联民村土地延包试点工作,为517个农户颁发土地承包经营权证;组建农村土地承包仲裁机构;建立浦江镇土地流转服务中心。深入推进村级集体经济组织产权制度改革,在莘庄工业区创建全市首家农村社区股份合作社,完成7个村的村级集体经济组织产权制度改革工作,完成22个村的改制工作,占全市的75.9%。梅陇镇陇西村被列入全市农村集体建设用地流转首批试点范围。浦江镇被列入第二批全国小城镇发展改革试点单位。 (张 维)

(二) 种植业

【概况】 全区水稻小麦粮食作物播种面积1 554.4公顷,比上年减少6.9%;粮食总产量1.21万吨,与上年持平;平均每公顷单产7.75吨,比上年增加6.7%。其中夏粮小麦播种面积478.7公顷,比上年减少17.9%;产量2 962吨,仅比上年减少5吨。秋粮单季晚稻播种面积1 075.7公顷,比上年增长1.6%;产量9 085.74吨,与上年基本持平;平均每公顷单产8.45吨。

2009年闵行区单季晚稻实产情况表

镇、工业区	收获面积(亩)	总产量(吨)	2009年单产(公斤/亩)	2008年单产(公斤/亩)	单产增减(公斤)	增、减(%)
总和或平均	16 135.251	9 085.74	563.1	559.9	3.2	0.57
浦江	8 353.251	4 661.11	558	556	2	0.36
马桥	3 548	2 040.81	575.2	571.4	3.8	0.67
颛桥	1 274.5	732.84	575	570	5	0.88
吴泾	1 625	942.5	580	569	11	1.93
华漕	615	341.33	555	518	37	7.14
梅陇	250	146.25	585	572	13	2.27
莘庄工业区	470	220.9	470	500	–30	0.06

(戴荣根)

【设施粮田建设】 全年新建设施粮田69.33公顷,主要分布于浦江、马桥两镇。设施粮田建设标准每公顷4.5万元,区财政预算安排建设资金312万元。从符合农业项目实际情况出发,经区政府批准,2009年设施粮田建设项目实行邀请招标。 (戴荣根)

【农产品质量安全检测】 年内完成定量分析检测蔬菜样本529只、水果样本50只,分析检测数据2万多项次,合格率98.6%;完成速测蔬菜药残样品12万只,合格率99.9%。完成主要作物种子质量检测,抽检水稻生产用种秋优金丰等3批次、60只样品,平均发芽率84.6%,其中秋优金丰发芽质量合格率100%;抽检小麦、蚕豆生产用种样品56只,合格率100%。完成土壤和地下水环境质量分析检测样品59只、土壤地力监测样品检测8只,掌握农业生态环境的安全动态,确保食用农产品生产安全。 (戴荣根)

【无公害粮食生产基地和产品认证】 2009年,经国家农业部农产品质量安全中心审核批准,区内上海亮苗稻米专业合作社等6家粮食生产合作社生产的稻米为无公害农产品,核准种植面积237.66公顷,稻米产量1 734吨。全区有无公害粮食生产基地10家,种植面积421.46公顷、稻米产量2 827.65吨。2009年,上海稻德粮食专业合作社等5家企业,注册稻米商标“米家、浦北、志河、汇河、沿浦”。 (戴荣根)

【农业科技入户】 年内,确定农业科技入户指导员6名、示范户22家,粮田种植面积252.93公顷。农业科技入户实行“农业科技直接到户、良种良法直接到田、技术要领直接到人”。农业科技示范户实现降低成本、增加产量、提高效益,小麦平均实产每亩317公斤，比全区平均亩产增加9.31%。2009年，农业科技入户主推技术是粮食生产全程机械化、种子杂优化、测土配方施肥、农业标准化等。（戴荣根）

【水稻高产创建】 2009年，全区设1个千亩方、15个百亩方，面积304.07公顷，分布在浦江等6个镇，占水稻面积28.5%。区镇两级科技人员定点定方、责任到人；积极开展技术指导服务和培训；对高产创建点的水稻机插秧质量、丰产方方容方貌、长势长相、肥料运筹、田间杂草、重大病虫防控等进行检查考评，促进高产创建。（戴荣根）

【水稻机械化育插秧877.6公顷】 水稻机械化育插秧和谷物烘干技术是推进粮食生产全程机械化的两个关键环节。2009年，全区新增插秧机15台、播种机4台、秧盘12.5万只、碎土机8台、麦霸7台，配套农机具72台套。完成机插秧面积877.6公顷，比上年增加42.4%，占全区水稻种植面积81.6%，台机效率达32.57公顷。（戴荣根）

【农业生态环境保护】 2009年，种植绿肥334.67公顷；推广使用精制有机肥1 200吨、533.33公顷，BB肥202.5吨、33.33余公顷；推广应用安打、锐劲特等新农药6.2吨、6 266.67公顷（次）；建立土壤投肥调查点15个，开展投肥调查和土地产能调查。全区秸秆机械化全量还田面积1 666.67多公顷，占种植面积98%以上，其中机场半径15公里范围内和国道、高速公路两侧2公里内，秸秆机械化还田率100%。全区农田种植面积3 033.69公顷，施用农药（折合有效量）21 758.5公斤、化肥1 231 565.3公斤（折合纯氮），平均每亩农田施用农药0.48公斤、化肥27.07公斤。（戴荣根）

【病虫害防治】 (1)农田春季灭鼠。在3 466.67公顷粮田、林地、菜地开展农田灭鼠，投放0.005%溴敌隆颗粒剂4 000公斤、设立鼠情监测点3个、培训咨询100余人次，印发资料200多份，取得较好的灭鼠效果，药前鼠密度0.77%，药后鼠密度0.25%，防效67.5%。(2)病虫测报防控。2009年，病虫草测报防治以赤霉病、灰飞虱、水稻条纹叶枯病、螟虫、纵卷叶虫、纹枯病为主。麦田化除566.67余公顷，防治赤霉病、麦蚜、灰飞虱600公顷（次）；水稻病虫平均防治7亩次，病虫害得到控制。定案考查纹枯病株率3.8%、纵卷叶虫白叶株率0.05%、水稻稻螟虫白穗率0.02%，均低于全市平均水平。(3)植物疫情监测。在浦江等6个镇对红火蚁、葡萄根瘤蚜、柑桔小实蝇等18种重点植物疫情，进行布点监测；对扶桑棉粉蚧在5种植物上进行普查，均未发现疫情。对颛桥、浦江两镇发生的12公顷柑桔小实蝇疫情，继续进行定点化学防控，取得良好效果。（戴荣根）

【农业科技服务】 (1)信息服务。2009年，收集各类信息400余条，图片250余幅，上传上海农业技术网211条、图片58幅，上传闵行农业网98条、图片29幅。全年出刊《农业信息交流》期刊12期、《苗情简报》16期、《农业病虫情报》12期。(2)行政许可服务。2009年，办理种子经营许可证3户；开具种子植物检疫证明57张；开具调运检疫证书9份，调运蔬菜种子555公斤。（戴荣根）

【西、甜瓜生产】 2009年，全区有种植西、甜瓜农户73家，分布在浦江等5个镇（工业区），种植面积60.2公顷，比上年减少30.3%。上海冯氏果蔬专业合作社注册西瓜商标“悦龙”。(1)西瓜。种植面积50.4公顷，比上年减少29.4%；品种以早佳(8424)为主，种植面积40.87公顷，占西瓜面积81.1%；西瓜总产量294.46万公斤，总产值752.28万元；平均每亩产量3 894公斤、产值9 950元。(2)甜瓜。种植面积9.8公顷，比上年减少34.7%；品种以玉菇为主，种植面积8.13公顷，占甜瓜面积83%；甜瓜总产量27.2万公斤，总产值119.68万元；平均每亩产量1 850公斤、产值8 141元。（戴荣根）

（三）蔬菜生产

【概况】 2009年，全区蔬菜种植面积1 623.3公顷，比上年增加3.4%；蔬菜总产量12.23万吨，比上年减少1.5%，平均每公顷产量75.31吨；全区蔬菜生产总产值2.17亿元,比上年增加8%。闵行区蔬菜冬播、春播、秋播实际种植面积5 573.4公顷,全年菜地复种指数3.4亩次。

2009年闵行区蔬菜产销情况表

镇名	种植面积(亩)	产量(吨)		产值(万元)	
		亩产量	总产量	亩产值	总产值
合计	24 349.5	50.2	122 254.8	0.891 3	21 703.1
华漕	4 662.7	42.4	19 783.8	1.003 2	4 677.5
梅陇	353.6	58.2	2 057.2	1.009 3	356.9
马桥	360.5	55.4	1 997.6	0.987 5	356
浦江	16 987.0	52.1	88 564.0	0.844 5	14 346
颛桥	542.7	53.8	2 919.2	0.903 8	490.5
吴泾	1 443.0	48.0	6 933.0	1.023	1 476.2

2009年闵行区重点园艺场产销经营情况表

单位	职工人数(个)	种植面积(亩)	总产量(吨)	总收入(万元)	总支出(万元)	净利润(万元)	劳均收入(万元)
合计	1 655	4 981	30 445.08	27 513.55	27 072.17	441.38	
正义园艺场	344	440	4 959.24	15 157.9	15 048.8	109.1	1.2
鲁汇园艺场	32	90	684.0	86.9	76	10.9	1.2
鲁汇永丰场	88	468	4 967.35	350	345	5.0	1.5
鲁汇种试场	38	125	611.88	110	102	8.0	1.4
育德园艺场	19	55	254.49	152.55	117.77	34.78	2.084 2
虹桥园艺场	80	185	1 118.0	1 167.4	1 139.7	27.7	2.0
城市园艺场	781	2 750	14 657.5	9 574	9 458	116.0	1.199
颛桥园艺场	16	60	450.0	84.8	73.9	10.9	3.9
三齐园艺场	38	152	492.02	92	78	14.0	0.725
春蔓地	50	306	759.6	269	254	15.0	2.0
恒孚园艺场	169	350	1 491	469	379	90.0	0.532 5

(戴荣根)

【设施菜地建设】 2009年,全区建设设施菜地83.6公顷,分布在浦江、马桥、吴泾和华漕四镇,建设总投资1 065.9万元,平均每亩投资8 500元,建设资金全部纳入区财政预算。设施菜地的建设项目内容主要是水泥明沟、水泥道路、喷排灌设备、菜农住房、农机具仓库及围墙等。

(戴荣根)

【安全用药与农药残留速测】 (1)区蔬菜技术服务中心为菜农发放安全用药宣传画5 000份、《农药安全使用简明手册》200本。(2)农药残留检测。2009年,完成蔬菜农药残毒定量分析检测农产品样本579只,其中蔬菜样本529只,合格率98.6%,比上年提高3%。完成农业部抽检3次,抽取蔬菜样本40只,合格率100%。完成市菜办抽检6次,抽检蔬菜样本380只,合格率

99.73%。培训20多名农药残留速测员，更新、配置农残检测仪10套。以镇农管中心、园艺场、菜农自检为主的三级联动农药残留速测网络，完成蔬菜农药残留速测12万只，合格率99.9%，其中浦江镇等6个镇农管中心完成农残速测6.8万只，合格率99.98%。（戴荣根）

【无公害蔬菜产地和产品“双认证”】 2009年，上海正义园艺场等9家蔬菜专业合作社，完成产地和产品“双认证”材料申报工作，上海市认证中心完成现场检查和产品抽样，合计认证面积99.7公顷、品种50只、蔬菜总产量11 795吨。全区11家重点园艺场已累计完成产地和产品“双认证”面积227.3公顷、77只品种。2009年，上海先进园艺场等4家园艺场，注册农产品商标“祝蜜、立民、迎福、申象”。（戴荣根）

【航育蔬菜】 2009年，闵行区组建由中国科学院、上海交通大学、市农科院等有关专家参加的航育团队，对成功搭载“神州七号”飞船归来的7大类17只蔬菜小品种进行试种选育，建设闵行区具有自主知识产权的航天种源农业。选育目标：选出变异品种，抗逆性强、品质优良、产量高，综合性状优异的株系进行留种。引试航育蔬菜6大类17只小品种，引试育种与对照种植面积0.86公顷。从引试育苗情况看尚未发现有明显变异的植株，与对照之间也无明显差异。(2)推进航天育种基地建设。2009年，完成落实项目用地和建设资金；委托上海现代建筑设计集团完成框架性设计；第一期工程建设项目启动政府采购程序，年内开工建设。（戴荣根）

【世博蔬菜供应基地】 2009年，闵行区确定8家蔬菜园艺场为“2010年上海世博”蔬菜供应基地，蔬菜种植面积289.07公顷。为推进蔬菜供应基地建设，区蔬菜技术服务中心统一制定《闵行区世博重点蔬菜生产基地规范化工作要求》，以确保“世博”特供蔬菜质量安全。（戴荣根）

【科技服务】 (1)科技入户。2009年，精选科技入户指导员7名、镇联络员6名，遴选科技示范户40家、菜地面积298.07公顷，辐射农户200家；重点推广5大类22只主导品种和7项主推技术。科技入户实现主推技术入户率100%、蔬菜亩产值增5%、科技示范户满意度95%。(2)科技服务。举办安全用药、病虫害防控技术等培训班16期(次)，培训有关人员696人次；发布《蔬菜服务指南》13期、发放《蔬菜绿色综合防控技术》100本。(3)课题研究。2009年，启动国际都市农业基金会、中科院地理所委托《从种子到餐桌》课题项目；完成《100公顷绿叶菜基地技术指导服务模式研究》、《园艺场设施蔬菜高效茬口安排技术研究》等4项课题；申报《克服土壤连作障碍问题》等4项研究课题。（戴荣根）

（四）养殖业

【概况】 2009年，全区贯彻执行“规范、安全、调整、稳定”的产业发展思路，扎实推进各项有效措施，克服疫病威胁、猪价下跌、料价上涨等不利因素，全年养殖业生产和产品质量安全，无重大动物疫病，渔业资源增殖，捕捞规范有序。（戴荣根）

【生猪生产】 饲养生猪7.52万头，比上年增长5.1%。出栏商品猪4.28万头，比上年增长4.9%；其中三元杂交瘦肉型优质猪3.79万头，占88.6%。年底合计存栏生猪3.25万头，比上年增长5.2%，其中能繁母猪存栏3 167头，比上年增长5.6%。（戴荣根）

【禽蛋生产】 合计存栏家禽11.49万羽，比上年增长27.2%；其中肉种鸡0.5万羽、肉禽9.14万羽、蛋禽1.93万羽。鲜蛋产量18.6万公斤，比上年增长73.8%，其中鸡蛋9.32万公斤、鸭蛋9.28万公斤；出栏家禽30.86万羽，比上年增长48.2%。（戴荣根）

【奶牛生产】 浦江镇根兴奶牛场存栏奶牛365头，其中成乳奶牛70头，占47%；生产鲜牛奶103.3万公斤、上市鲜牛奶96.23万公斤。（戴荣根）

【淡水养殖生产】 投产养殖面积101.03公顷，比上年减少8.17公顷；其中池塘面积85.7公顷，占85%。养殖特种水产品50.8公顷，占池塘面积59%。合计投放鱼类苗种88.84吨、各类虾苗5 566万尾。上市商品鱼虾515吨,比上年减少34.4%;其中虾类148吨,占28.7%。(戴荣根)

【特种养殖生产】 上海申汇鹿场存栏梅花鹿402头,其中种公鹿181头,占43.1%;累计繁殖仔鹿58头,割锯鲜鹿茸376公斤,销售仔鹿10头。华漕镇飞王鸽场等规模鸽场合计存栏鸽子1.69万羽,全年出售肉鸽2.69万羽。上海锦洋观赏鱼有限公司饲养纯种锦鲤鱼亲本240组,人工繁殖鱼苗15万尾;饲养本地鲤亲本510组,人工繁殖鱼苗900万尾,培育成夏花730万尾。

(戴荣根)

2009年闵行区主要畜牧水产品产值情况表

单位:万元

产　品	产　值	比上年增、减
合计	8 411.5	+532.8
生猪	6 330.7	+592.7
家禽	776.6	+295
鲜蛋	153.3	+66.5
牛奶	369.8	−1.5
淡水养殖	781.1	−419.9

(戴荣根)

【畜牧水产业生产和产品质量安全监管】 开展法律法规和动物疫病防控宣传培训。组织畜牧水产养殖场(户)、兽(渔)药生产和经营企业,开展宣传学习和技术培训班9期,参加人员521人次;签订生产和产品质量安全承诺书190份、各类告知书190份;发放各类学习宣传资料1 520余份。开展畜禽和水产产品质量安全专项整治。对畜牧水产养殖场(户)、兽(渔)药饲料生产和经营企业、批发市场进行畜禽和水产产品质量安全专项整治。重点检查假兽药、劣质饲料、违禁添加剂"瘦肉精"、"蛋白精"与"沙丁胺醇"等。出动行政执法人员932人次,动用车辆234辆次;检查畜禽水产养殖场(户)90家次、兽(渔)药生产和经营企业49家次、饲料生产许可证企业22家次、批发市场193家次;发放各种宣传资料466份;收缴过期和假劣兽药14.6公斤、劣质饲料500公斤,价值5 760元;没收非法所得2 760元,罚款9 320元。开展畜牧水产生产的投入品和产品质量安全检测。累计抽检养殖场、企业45家次,抽取样品109份,其中兽药20份、饲料54份、水产品30份,分别送市兽药饲料监督管理所、市水产品质量安全监督检验站检测,结果全部合格,均无违禁药物、重金属超标、农药检出。生猪检测违禁药物2 120场(户)次、6 587份尿样,其中"瘦肉精"967场(户)次、2 950份尿样,沙丁胺醇729场(户)次、2 325份尿样,莱克多巴胺338场(户)次、1 029份尿样,新增检测的奇帕特罗86场(户)次、282份尿样,均无阳性检出。进行养殖水环境监测。检测养殖水质3次、江河水质4次,抽检水样97份,获得分析数据873个。经检测分析,闵行区浦东和南片养殖水域的水质情况良好;北片养殖水域氨氮、亚硝酸盐指偏高,呈富营养化,有水华现象发生。(戴荣根)

【防控重大动物疫病】 2009年实现全区无重大动物疫病。严格按照免疫程序和操作规程,组织重大动物疫病免疫。全区猪牛牲畜免疫34.79万头、家禽免疫175.68万羽、狂犬病免疫9 928条。全区重大动物疫病免疫率100%。严格执行畜禽产地检疫申报制度,坚持现场规范检疫。全区产地检疫商品猪42 770头、牛45头、家禽30万羽、梅花鹿20头,检疫犬、兔等小动物514条(只)。加强重大动物疫病的预测、预警、预报,开展疫情监测和免疫抗体检测。全区监测重大动物疫病46场(户)次、畜禽血样1 865份,阳性检出数80份,阳性检出率4.3%。检测免疫抗体1 140场(户)次、各类畜禽血样4 798份,阳性合格数3 904份,阳性合格率81.37%。(戴荣根)

【禽流感疫病防控演练】 年内区农委在浦江镇正义村组织首次防控禽流感疫情应急演练。参加应急演练的有区重大动物疫病防治指挥部成员单位负责人、各镇农管中心领导和畜牧兽医站站长、街道(工业区)联络员、区农委及所属单位领导,并邀请市畜牧兽医办领导参加,参加人员82人。应急演练完成规范处置禽流感疫情的全过程,检验了全区应对突发动物疫情的快速反应、组织指挥、协调配合、高效处置的综合防控能力。

(戴荣根)

【无害化处置病死畜禽】 2009年，全区规范执行《闵行区病害（死）动物无害化处理操作规程》，送往浦南化制站作无害化处理的病害（死）猪2 386头、97 135公斤，家禽16 160羽、15 715公斤，其他畜禽52只、621公斤；出动专用车辆328车次。 （戴荣根）

【国家生猪生产固定监测点】 2009年，浦江镇国家农业部生猪生产固定监测点对该镇汇中、新风、正义等7个村、21家养猪场（户）的养猪生产情况进行监测。该监测点12月合计存栏生猪15 200头，出栏商品猪2 268头；合计销售收入289.85万元，生产支出281.03万元，平均每头商品猪获利38.9元。 （戴荣根）

【畜牧标准化生态养殖基地建设】 2009年，完成上海卫国牧业有限公司养猪场的建设项目。该项目于7月完成建设工程，8月通过区农委和区财政联合验收，投入生产使用，12月完成审价，申请市农委和市财政的联合验收。启动闵行区畜禽种场建设项目，11月通过政府采购项目招投标程序，12月上旬，完成签订施工合同，并开工建设。 （戴荣根）

【科普活动与科研课题】 区农委举办和参加“农资打假”、“食品安全进社区”、“闵行区迎世博200天食品安全宣传”等活动，就动物源性食品安全相关知识做现场咨询服务，发放宣传资料500余份。区动物疾病预防控制中心组织实施《闵行区农户散养生猪生态养殖技术的研究》和《闵行区流浪猫中重要宠物人畜共患病的流行病学调查》课题项目，为保护农村生态环境、保护公共卫生安全、提高重大动物疫病的综合防控能力，进行科学探索和研究。 （戴荣根）

（五）农业产业化

【概况】 2009年农民专业合作社新组建14家，全区累计52家，销售总收入20 976.74万元；区级以上龙头产业化企业8家（其中市级4家），新增培育2个区级农业产业化龙头企业，销售总收入11.414 2亿元；培育2个市级示范农民专业合作社；新增农产品认证面积420.315公顷，新增注册农产品商标15个；认定6个乡村旅游点，新建一批农业旅游项目；建设32个市、区二级农业产业化项目（85个子项目），市、区扶持资金779万元。 （吴晓宇）

【农业企业产业化扶持政策】 （1）农业产业化项目。2009年，通过区级财政落实扶持26家农业企业的产业化项目26个（75个子项目），涉及资金1 198万元，其中区财政补贴600万元。6家农民专业合作社获得市级财政产业化项目11个，涉及资金233万元，其中市级财政投入资金210万元。（2）贷款贴息。2009年度符合条件的农民专业合作社10家，贷款金额960万元。市、区两级财政各贴息16.09万元，共计32.18万元。（3）合作社开办扶持补贴。2009年全区农民专业合作社开办扶持补贴30家。其中一次性补贴扶持10万元的9家，按50%进行补贴扶持的21家（其中一家为农机服务合作社10万元，其余每家5万元），资金总额200万元。（4）新增合作社电脑奖励。2009年新增合作社电脑奖励18家。2005年至2009年合作社开办电脑奖励累计发放42台，农民专业合作社信息化建设覆盖率81%。（5）优质农产品认证奖励。按照粮食、水果100元/亩、蔬菜200元/亩、家禽1元/羽的标准和实际种、养规模情况，对秋良稻米专业合作社等21家优质农产品认证企业（农民专业合作社）给予奖励；2009年度奖励金额总计117.68万元。（6）农业企业注册农产品商标、通过农产品认证和ISO9001、ISO14000、HACCP质量管理体系认证的补贴。对城市食品配送有限公司等28家农产品认证及商标注册企业给予补贴，补贴金额总计17.702万元。（7）种田农民直接补贴。2009年，全区涉及浦江、华漕、马桥、吴泾、颛桥和梅陇6个镇，落实区镇两级补贴资金1 229.91万元，补贴人数18 432人次，其中区财政补贴572.53万元，镇财政配套补贴657.38万元。 （吴晓宇）

【农民专业合作社达52家】 2009年，全区在工商注册的农民专业合作社从2008年38家发展到52家，年内新增14家，比往年累计数增长37%。按产业种类，其中种植业40家，包括粮食19家、蔬果19家、花卉1家、果林1家；养殖业3

家;农机服务7家;农家乐型2家(新型合作社)。合作社生产经营面积:蔬菜5 548亩,占全区蔬菜规模生产总面积89.8%;粮食1 022.13公顷,占全区粮食规模生产总面积98.3%;花卉种植面积65.33公顷。农机服务耕作基本做到全覆盖。

(吴晓宇)

【认定农业产业化龙头企业8家、市级示范合作社5家】 2009年,全区经认定的区级农业产业化龙头企业8家,其中4家既是区级又是市级农业产业化龙头企业。分别是:上海城市食品配送有限公司、上海正义园艺有限公司、上海三明食品有限公司、上海福新面粉有限公司;另外4家分别是:上海振东园艺有限公司、上海虹鲁蔬菜专业合作社、上海市农业机械研究所实验厂、上海恒孚蔬菜种植专业合作社。全区有市级示范合作社5家,分别是:上海虹鲁蔬菜专业合作社、上海城市蔬菜产销专业合作社、上海申苗香石竹种苗专业合作社、上海秋良稻米专业合作社、上海振贤农机专业合作社。(吴晓宇)

【农产品认证及商标注册】 2009年,全区进行种植类农产品认证总面积731.685公顷,家禽50万羽,其中2009年新增种植类无公害认证面积420.315公顷,是历年总和的1.24倍。分类情况:蔬菜认证总面积210.3公顷,粮食421.46公顷,果品85.125公顷,家禽50万羽;产品认证覆盖率分别为蔬菜13%、粮食40%、果品38%。全区农产品认证的企业26个、138个产品,企业认证覆盖率50%,认证直接为企业增加效益100元/亩以上,农民增收比较明显。至年底,闵行区农产品注册商标达34个,2009年新增注册农产品商标15个。6个单位通过多种质量管理体系认证,26.67公顷水稻和4.8公顷蔬菜通过有机食品认证。

(吴晓宇)

【农业旅游】 2009年,全区有休闲观光农业旅游景点和“农家乐”29家,其中基本建设完成19家、规划拟建6家、在建项目4家。马桥农耕文化园、响水湾农庄项目基础建设基本结束,响水湾农庄已部分开放。黄浦江水文化博物园、浦江市民农园、上海城市农情园、申竹农家乐、上海响水湾生态园等主要休闲景点,旅游102万人次、涉农旅游营业收入4 353万元、从业人员599人、直接或间接带动农民就业人数2 737人、带动农户数1 015户、农副产品生产面积6 121亩、销售收入26 564万元(包括经营单位农产品整体生产销售额)。

(吴晓宇)

【培训农民2 188人】 2009年开展五大类农民培训2 188人,分别是职业技能培训437人、专业农民培训90人、转移农民培训101人、农村实用技术培训1 425人次、绿化上岗138人,培训总人数完成市农委下达计划的100.5%,完成区计划的199.7%。

(吴晓宇)

【为农综合服务站】 2009年,全区完成村级为农综合服务站建设3家,分别是浦江镇新风、汇北,闵行农业园区光继村级为农综合服务站。三个村级为农综合服务站占地面积2 700平方米,合计建房面积760平方米,投资84万元。

(吴晓宇)

(本栏目编辑　胡克群)

十七、民营经济

（一）综　述

2009年，全区吸纳私营注册资金157.88亿元，完成私营税收63.21亿元，比上年增长8.5%。截至年底，全区有私营企业50 397户，比上年增长7.18%，注册资本850.92亿元，比上年增长12.29%。

2009年度开业设立的个体工商户5 294户，从业人数9 606人，注册资金1.48亿元。至年底，闵行区个体工商户33 683户，从业人数47 433人，注册资金6.12亿元。

区个体、私营企业协会在年底前完成与党政机关人员、机构、财务、资产分离的政社分开改制工作。办公场所、财务、资产等也一并在12月底前清理完毕。　（胡克群）

（二）私营企业

【概况】　2009年，全区吸纳私营注册资金157.88亿元，完成私营税收63.21亿元，比上年增长8.5%。截至年底，全区有私营企业50 397户（其中母体45 294户，分支机构5 103户），比上年增长7.18%，注册资本850.92亿元，比上年增长12.29%。　（刘文娟）

【新设企业以第三产业为主】　2009年新设企业以批发零售业、现代服务业为首的第三产业为主，新增5 150户企业中，从事批发零售业2 352户、现代服务业2 652户、工业102户、其他44户。其中批发零售业吸纳注册资金55.14亿元，占总吸纳注册资金21.19%，现代服务业167.14亿元，占总吸纳注册资金64.23%。　（刘文娟）

【推进新能源产业发展】　区投资发展办公室配合闵行区产业导向，全面推进新能源产业发展。2009年，积极参与“SNEC第三届（2009）国际太阳能光伏大会暨（上海）展览会”，举行中欧国际光伏产业投资峰会暨投资闵行合作会议，为吸引天合、尚德等优质民营新能源企业和项目落户闵行奠定基础。　（刘文娟）

【建立外迁企业服务机制】　年内，区投发办、税务分局和工商分局联手建立闵行区服务流动企业工作机制，采取日报形式，对工商受理注册资金500万元以上和税务受理外迁企业，通过政务网将信息当日传递给有关经济园区，联手做好服务工作。在向园区反馈的21家工商外迁和68家税务外迁企业中，绝大部分为私营企业。　（刘文娟）

【组织学习交流平台】　年内，区投资发展办公室先后组织到常州、南通开发区及北京、天津滨海新区考察活动，通过对民营企业集中地区的交流考察，宣传闵行区投资环境，为更好地服务私营企业借鉴经验。　（刘文娟）

【闵行区获“中国民营经济最具活力县（市、区）”称号】　年初，闵行区参加由中国民（私）营经济研究会、中国城市经济学会和中国企业报社共同组织评审的第二届“中国民营经济活力调研”活动,经过评选,闵行区获得全国十大“中国民营经济最具活力县(市、区)”称号。(刘文娟)

【提升企业服务质量】 在配合实施市税务局就税务登记证办理、企业迁移注销税务登记证等方面新规定的同时,各经济园区从提供优质、高效的服务出发,最大限度地方便客户需求。各镇、街道和经济城相继建立健全管理服务制度,分工落实责任人员与企业定期沟通联系,并建立网络信息化档案管理模式,长效且人性化的服务赢得企业信赖。(刘文娟)

(三) 个体工商业

【概况】 至年底,闵行区个体工商户33 683户,从业人数47 433人,注册资金6.12亿元。其中第一产业35户,第二产业979户,第三产业32 669户。在第三产业中,批发零售业、居民服务业及住宿和餐饮业比重分占前三,其中批发零售业26 478户,占第三产业81.04%;居民服务业3 831户,占第三产业11.7%,住宿和餐饮业2009户,占第三产业6.15%。2009年度开业设立的个体工商户5 294户,从业人数9 606人,注册资金1.48亿元。(陈明洲)

【实施分类监管】 2009年闵行工商分局按照守法诚信度、动态警示度、行业风险度以及区域重要性对全区个体工商户实施分类监管。根据工商信用分类要求将全区个体工商户分为一、二、三、四4个类别,根据其注册登记情况及实际经营状况区分预警个体工商户、重热点行业个体工商户、重点区域个体工商户。同时,从维护正常市场经营秩序出发,注重风险防控,对不同类别个体工商户采取视情巡查和定期指导相结合的工作方法,以促进全区私营经济平稳和谐发展。(陈明洲)

(四) 个体、私营企业协会

【概况】 2009年免费向会员邮寄和赠送各类宣传资料29.8万份,价值62.4万元,夏天高温期间,为在室外经营和高温作业的3 200名会员企业送上价值近20万元的清凉防暑用品,全年协会出资35万元安排1 000多名个私协会的理事、常务理事、会员骨干进行健康体检。看望和慰问因病住院的会员78名,看望和慰问特困会员33户,送上慰问金35 500元。年内协会还组织会员扶贫帮困,向社会弱势群体、希望工程等捐款捐物,捐款人数58人次,金额50.85万元,捐献羊毛衫等物资价值1.5万元。(池明其)

【政社脱钩改制】 按照上海市委办公厅、市人民政府办公厅《关于推进本市企业协会政社分开工作的实施意见》的通知和市工商局《关于企业协会政社分开工作的实施方案》的具体要求,区个体、私营企业协会在2009年12月31日以前完成与党政机关实行人员分离、机构分离、财务分离、资产分离。协会在工商闵行分局的统一部署和领导下,先后召开个协、私协两个协会的常务理事会议,对政社分开脱钩改制工作进行通报,做细致周到的解释工作,得到广大会员的理解和支持。2009年12月17日分别召开闵行区个体劳动者协会第四届理事会第五次会议、闵行区私营企业协会第四届理事会第五次会议,会议增补选举唐金富为私协、个协第四届理事会理事、常务理事、协会会长,原来由公务员兼职的协会会长、秘书长不再在企业协会中任职,协会的办公场所、财务、资产等也一并在12月底前清理完毕,按时完成闵行区私营企业协会和闵行区个体劳动者协会的政社分开改制工作。(池明其)

【组织美容美发企业开展星级达标创建活动】 根据市个私协会的统一部署和市美容美发行业协会的要求,推荐美容美发企业开展星级达标创建活动,从8月初开始,经各工委会推荐,经上海市个私协会、上海市美容美发行业协会考核验收,闵行区航华名作美容美发有限公司被评为上海市四星级美容美发企业,上海淑俊美容美发有限公司、上海薛平美容美发店被评为三星级美容美发企业。(池明其)

【评选先进个体劳动者和先进私营企业】 在市个私协会系统开展的2007—2008年度上海市先进个体劳动者、先进私营企业评选活动中,区协会组织自下而上的推荐评选,经市协会审定,陈

帮国等29人被评为上海市先进个体劳动者，上海晶羽实业有限公司等23家会员企业被评为上海市先进私营企业。（池明其）

【关心支持希望工程】 5月25—29日，区协会副会长钱俭俭、张正华，秘书长杨秀雄，各工委会主任邢德荣、王伟、曹锦标、王顺弟、赵秋帆、陈正元、陈瑶等一行10人前往湖南省平江县革命老区看望稻田希望小学师生，送上价值5万多元的电脑15台。6月15—20日，在区协会副会长上海晶羽实业有限公司董事长钱俭俭带领下一行4人前往云南香格里拉县、宁蒗县、弥度县看望和慰问碧绿希望小学、秀清希望小学和闵思希望小学，徐大宏当场为秀清小学捐款2万元，购买教学设施；钱俭俭出资3万多元，由碧绿希望小学、闵思希望小学选派3名教师于8月30日到闵行区康城实验小学进行为期3个月的进修培训。在12月底老师们培训结束返回学校时，区个私协会给闵思希望小学赠送一套价值35 000多元的教学设备和电脑。钱俭俭还向云南省希望工程办公室捐款1.5万元对口援助碧绿、闵思二所小学的25名家庭经济困难的学生。（池明其）

【传统活动日献爱心】 3月5日是区个私协会的传统活动日，当天协会5个工委会组织会员免费为居民提供修家电、自行车、配钥匙、理发等8个项目的服务，50多名个协会员参加，服务697人（次），让利金额7 045元。颛桥工委会的私协骨干会员孙丽亚，为敬老院捐赠价值6 000多元的羊毛衫，私协会员吴雄辉捐赠价值9 000多元的服装。结合"三八妇女节"，颛桥镇8位私协骨干会员出资2.85万元，走访市"三八"红旗手和劳模22人，赠送羊毛毯和鲜花。又走访镇9家特困妇女家庭，每家送上800元慰问金和鲜花。（池明其）

【为困难会员送温暖】 春节前夕，协会组织慰问全区33户困难个私会员家庭，送上19 900元慰问金。经区协会核定，对遭受天灾人祸、长期患重病的生活特困个私会员，由干事上门慰问，落实到户，送上慰问金和节日问候。节前，秘书长杨秀雄等还专程看望慰问两位上海市老劳模——朱可安和李友明，并送上慰问金。（池明其）

【选送私企负责人赴中央社会主义学院学习】 10月9日，区私营企业协会选送上海英创投资管理有限公司董事长吴世尧、上海奥根管道机械设备有限公司总经理谢朝龙、上海东市建筑工程有限公司总经理王国英、上海凡扬电力器具有限公司总经理王惠莲、上海欧臣液压设备有限公司总经理徐丹、上海耀新橱具有限公司总经理徐黎晶、上海鸿厦商贸有限公司总经理郑乔辉、上海闵杰劳动服务有限公司副总经理沈艳8位企业负责人赴北京社会主义学院参加由国家工商总局行政学院、中国光彩服务中心共同举办的高级经济管理研修班的学习。（池明其）

（本栏目编辑　胡克群）

（一）综　述

2009年全区批准三资企业总投资17.50亿美元，吸收合同外资12.03亿美元，超额完成全年吸收外资9亿美元任务。其中新批三资企业388家，总投资8.50亿美元，合同外资5.19亿美元。同时，182家三资企业增资，增加合同外资6.84亿美元。全区新设1 000万美元以上大项目15家，总投资4.64亿美元，合同外资2.43亿美元，22家企业每家净增1 000万美元以上。全年投产企业2 924家、比上年增长28.10%，销售收入2 987.42亿元、比上年增长42.80%，利润124.30亿元、比上年增长1.10倍，外税收入170.80亿元、比上年增长9.40%，外资到位11.26亿美元、比上年增长11%。外贸出口175.65亿美元，比上年下降3.17%。

（孙　敏　杨慧颖）

（二）利用外资

【批准项目】 2009年，全区批准三资企业388家，其中合资企业37家，合同外资0.49亿美元；独资企业351家，合同外资4.69亿美元。在这388家企业中，第一产业无，第二产业77家，第三产业311家。其中1 000万美元以上15家，总投资4.64亿美元，合同外资2.54亿美元。从吸收合同外资数看，全区超过1亿美元以上的镇、工业园区7家，分别为：吴泾镇2.24亿美元，虹桥镇1.70亿美元，莘庄镇1.61亿美元，华漕镇1.30亿美元，浦江镇1.20亿美元，莘庄工业区1.11亿美元，梅陇镇1.01亿美元。（孙　敏）

【新批大项目】 2009年，全区新批1 000万美元以上企业15家，比上年增长15.4%；总投资4.63亿美元，比上年减少5.09亿美元；合同外资2.54亿美元，比上年减少1.91亿美元。有22家老企业每家净增1 000万美元以上，新增总投资6.95亿美元，新增合同外资4.81亿美元。（孙　敏）

【引进1家世界500强企业】 2009年，世界500强美国可口可乐公司在闵行区新投资成立可口可乐（中国）投资有限公司，合同外资3 000万美元。至年底，有57家世界500强企业在闵行区投资93个项目。（孙　敏）

【项目增资】 2009年，全区182家三资企业增资，增加合同外资6.84亿美元，占引进外资总数56.86%。（孙　敏）

【外资到位再创新高】 继2008年全区到位外资10.10亿美元，2009年实到外资11.25亿美元，再创历史新高。（孙　敏）

【行政审批制度改革】 8月1日，市商务委下放投资总额1亿美元以下鼓励类和允许类项目的审批权限，而且在闵行区率先试行外资网上审批系统，提高审批效率。12月1日下放外资商业零售、外资并购、外资经营性租赁业、外资职业介绍机构、外资人才中介、外资会展公司的审批管理权限,并在年底实行外资企业设立并联审批。
（孙　敏）

【依法审批】 全年新批外商投资企业388家,老企业办理增资、股权转让等各类变更647件。
（孙　敏）

【窗口服务】 全年区外经委证照中心窗口受理材料4 319件,接待咨询5 176人次,接听电话咨询1.29万人次。（孙　敏）

【联合年检】 2009年联合年检集中办公时间为4月13日至5月22日。参加网上年检企业3 137家,网上参检率100%。（孙　敏）

（三）外贸出口

【外贸进出口】 2009年,全区外贸总进出口236.82亿美元,比上年下降5.55%。全区外贸出口175.65亿美元,比上年下降3.17%,其中漕河泾出口加工区出口122.60亿美元,比上年增长3.60%。外贸进口61.17亿美元,比上年下降11.77%。（杨慧颖）

【出口流向】 对新兴市场出口保持增长,对传统市场出口稳步回暖。2009年,对东盟市场出口9.06亿美元,比上年增长11.73%;对拉美市场出口8.11亿美元,比上年增长15.59%;对非洲市场出口1.33亿美元,比上年增长25.82%。对于传统北美洲市场出口63.55亿美元,比上年增长18.39%,对中国香港、日本及欧盟市场出口环比均有所回升。（杨慧颖）

【出口方式】 区内加工贸易出口略有增长,增幅回落较大,一般贸易出口跌幅增大。2009年,加工贸易出口153.59亿美元,比上年增长0.45%。一般贸易出口21.43亿美元,比上年下降24.18%。（杨慧颖）

【出口企业】 区内外商投资企业出口跌幅收窄,内资企业出口明显回落。2009年,外商投资企业出口168.32亿美元,比上年下降2.40%,占全区外贸出口总额95.83%。内资企业出口7.33亿美元,比上年下降18.01%。（杨慧颖）

【出口结构】 出口大类商品比上年虽略有下降,但高新技术产品出口保持稳步增长。2009年机电产品出口157.4亿美元,比上年下降0.87%。高新技术产品出口133.98亿美元,比上年增长5.42%,其中计算机与通讯技术出口123.78亿美元,比上年增长6.23%。部分劳动密集型产品出口出现不同程度增减,其中纺织品出口6.35亿美元,比上年下降13.43%,鞋类出口比上年增长0.11%,其他如玩具、塑料制品类等出口均有小幅回升。（杨慧颖）

【加工贸易网上审批】 全年加工贸易网上审批13 050份,其中进料加工6 621份、进料变更3 060份、来料加工2 361份、来料变更1 008份。
（杨慧颖）

【加工贸易企业经营状况及生产能力证明审批】 全年审批通过企业532家,其中经营企业35家,有进出口经营权企业437家,无进出口经营权生产企业60家。（杨慧颖）

【中小企业开拓国际市场扶持资金】 全年通过中小企业开拓国际市场资金企业资质审查的企业316家,129家企业申报458个项目,申报资金945.20万元人民币。（杨慧颖）

【服务外包】 2009年度被认定具有服务外包资质企业3家。完成商务部下达的服务外包专项资金申报和初评工作。（杨慧颖）

【搭建金融服务平台】 充分利用出口信用保险政策,帮助企业控制出口收汇风险,增强企业出口信心;推动贸易融资便利化,切实缓解企业融资难;降低企业经营成本,提高出口综合竞争能力。组织承办中国出口信用保险公司上海分公司和闵行区人民政府签署全面战略合作协议仪式,搭建"闵行区出口企业集约承保金融服务平台"。（杨慧颖）

（本栏目编辑　胡克群）

（一）综 述

全年完成城市基础设施建设投资及前期费57.43亿元，比上年增长45.7%，占全社会固定资产投资总额19.4%。其中市政道路建设投资及前期费55.90亿元，比上年增长51.2%；污水处理（截污纳管）投资1.53亿元，比上年下降37.8%。

年内完成市重大工程建设项目虹桥综合交通枢纽及其配套工程、铁路货场、闵浦大桥、G60高速闵行段、S32闵行段、闵浦二桥、林海公路等前期腾地动迁工作，其中虹桥综合交通枢纽工程累计完成民房动迁4 285户，占动迁民房总数的96%。完成京沪高铁、沪杭客专铁路工程前期动迁工作。完成轨道交通10号线（一期、二期）、12号线拆迁腾地工作，基本完成13号线停车场拆迁腾地工作。完成轨道交通8号线江月路枢纽、航天公园枢纽站建设工程。完成区重大建设项目中春路（西四号河桥—北松公路）段、曲吴路、万芳路、闸航路、景洪路、合川路等道路工程建设。建设村级道路120条，里程50公里，改造农村危桥58座。全年区管城市道路综合完好率92.8%。

年内更新、新增环卫专用车辆64辆，更新废物箱4 065只。新建、改造29座环卫等级公厕，共计1 737平方米。改造垃圾压缩站2座，共计268平方米。完成50座农村公厕、50座农村垃圾箱房达标改造，全年餐厨垃圾规范处理单位617家，日均规范处置餐厨垃圾130吨，变废为宝生产饲料添加剂2 800吨。全区市容环境综合建设和管理项目获得国家建设部设立的“中国人居环境范例奖”。

全年自来水售水量约2.97亿立方米，比上年增长4.2%。全年售电量129.79亿千瓦时，比上年下降3.2%，年内最高用电负荷为315万千瓦。至年末，全区居民用电总户数108万户，比上年增长1.6%。全区有家庭燃气用户85.04万户，比上年增加0.69万户。其中天然气用户56.41万户，比上年增加3.94万户；人工煤气用户0.21万户，比上年减少0.31万户；液化石油气用户28.42万户，比上年减少2.94万户。

2009年，闵行区率先在全市推进建设交通系统行政审批制度改革，对行政许可事项、行政处罚和执法依据进行全面梳理，减少审批项目，缩短审批时间，简化审批程序。（1）统一入驻。5月18日区建交委审批科及行政审批工作人员进驻区证照中心，实行“前台收件，后台审批”、“一个窗口对外，一站式服务”的运作模式。（2）集中流转。将建设单位各自征询消防、绿化等部门意见的外部程序内部化，改为由建交委受理后直接内送流转，省去建设单位在不同政府部门间往返。（3）优化流程。初步设计征询意见部门由以往的13—15家调整为6家，依法取消审批事项6项，实行告知承诺1项。（4）深化改革。率先在全市开展建设工程行政审批管理程序改革试点，企业类工程建设项目初步设计由审批制改为备案制，为全市范围推广管理程序改革积累经验。

（胡克群　林英盈）

（二）城市规划

【概况】 年内，区规划管理部门对社会事业发展规划进行完善梳理，文化事业方面注重加强基础设施建设，形成若干文化集中区域，并选取核心区域，突出重点建设；教育事业方面重新布局、整合和修建，使教育资源均衡满足居民需求；体育方面大力倡导社区级设施，为居民提供便捷服务；医疗卫生方面引入有品牌、有规模、有特色的医疗机构，提升医疗卫生能级水平，完成《以人为本、科学规划闵行区社会事业—闵行区社会事业梳理规划》的编制工作；加快现代服务业和生产性服务业发展，服务上海国际贸易中心建设，莘庄商务区、七宝生态商务区、剑川路沿线开发、莘庄站上盖开发、吴中路停车场上盖开发、南方商务区、闵北商务区等控制性详细规划全部编制完成。（袁佩琴）

【“两规合一”编制】 年内，以市土地利用总体规划分解的基本农田保护面积和建设用地总量规模为目标，以严格保护耕地为前提，以严格控制建设用地为重点，以“保近期、保重点”为工作原则，对本规划期限内闵行区的区域实施方案和土地利用总体规划进行调整，确保“两规”（城乡总体规划和土地利用总体规划）在规模指标、布局和近远期实施上的衔接。闵行区的建设用地指标和基本农田指标分别为274平方公里和3 133.33公顷，并在“两规合一”的基础上基本确定闵行区产业园区的范围。（袁佩琴）

【市配套商品房和经济适用房规划编制】 根据市政府专题会的精神，在浦江镇原配套商品房选址的基础上拓展0.91平方公里作为市配套商品房基地，年内该基地控制性详细规划编制完成，并经市政府批复同意。为加快推进经济适用房规划建设，华漕镇206地块作为市经济适用房规划用地，年内控制性详细规划编制完成并经市政府批复同意。（袁佩琴）

【控制性详细规划编制】 年内，闵东工业地块、鲁汇工业地块控制性详细规划已编制完成，并经区政府批复同意。吴泾工业区环境综合整治绿化实施方案，区政府批复同意。编制上报华漕医学园区控制性详细规划、七宝文化公园修建性详细规划等54项。（袁佩琴）

【专项规划编制】 组织开展闵行区110KV和35KV电力规划、闵行区应急避难场所布局规划、闵行区产业园区专项规划、重要地下综合管线梳理规划等专业规划的编制工作，年内全部完成。（袁佩琴）

【建设工程审批】 全年核发建设项目选址意见书77件，建设用地规划许可证88件（约560万平方米），建设工程规划许可证257件（约558万平方米），规划设计要求68件，规划方案149件。（袁佩琴）

【市政项目审批】 全年核发道路桥梁工程许可证22件；各类管线执照152件；道口工程规划许可证33件；门面装修6件；核发市政用地建设项目选址意见书37件；核发市政用地建设规划许可证36件；红线审核756件。参与协调吴中路架空线落地、虹梅路快速路方案、嘉闵高架南段（A8－A15）方案、318国道改建、金山支线莘庄段线位调整、轨道交通17号线南延伸方案、8号线三期规划和线位走向方案、15号和16号线停车场选址方案、沪杭客专沿线闵行区境内七处下穿孔方案等。（袁佩琴）

【监督检查】 全年复验灰线232件，面积782万平方米；竣工验收212件，面积479万平方米；完成土地核验63件；处理违法建设28件，罚款1 065万元；完成违法建筑调查复函141件，查证认定违法建筑面积31万平方米。全年区重点挂牌整治项目增真服饰市场4 000平方米、梅陇镇爱国村6.5万平方米违章违法建筑已拆除，莲花路木材市场相关程序已完成。采用《上海市拆除违法建筑若干规定》立案21件，面积5.6万平方米，年内拆除违法建筑1.9万平方米。完成卫星遥感变化图斑斑点检查工作，总图幅80幅，总用地57宗地，涉及7个镇及莘庄工业区，总用地面积202.67公顷，耕地106.77公顷。配合市局执法总队查处违法用地案件33件，面积52.11公顷。消除违法用地15件，面积6.57公顷。（袁佩琴）

【城建档案管理】 全年编制竣工档案183项、6 386卷;编制“一书两证”等业务档案2 054项、2 401卷;编制文书档案2 211份;发放档案验收合格证70份,检查结论单145份,竣工验收项目148项;接待查阅档案321人次,利用档案1 208卷;完成部分建设工程规划许可证档案的电子化扫描工作。 (袁佩琴)

【地名管理】 全年审批居住区、建筑物名称19项,审批道路名称34条。协调沟通虹桥枢纽内的道路命名工作,完成23条道路的申报审批手续。做好居住区、建筑物名称梳理整治工作,并将全区105只非标准名称上报市地名办审批。开展公共绿地名称的调查梳理命名工作,共命名35项。完成2009版地图更新出版工作。

(袁佩琴)

【测绘管理】 为建设单位办理规划选址、用地、规划复函等建设项目定界进行登记、核定各类规划控制要素,确定用地范围,对测绘技术报告书进行管理、统计、审核及在各镇工作图上做好注记工作。全年办理完成《测绘技术报告书》218件,测量面积1 319公顷,为土地招拍挂征询规划设计要求的项目提供基础性资料40件。为建设单位打印各种比例的项目地形图3 300多份,协助市测绘院进行区内建设项目道路红线放样、建设工程各阶段检测测量,共计62件,并提供相关基础资料。对全区192个测量标志进行巡查护标。 (袁佩琴)

(三)市政工程管理

【概况】 至2009年末,区内城市道路总里程319.20公里,公路总里程661.74公里。城市道路综合管理水平和公路行业考评在全市保持领先地位。区管城市道路综合完好率保持在92.8%以上,区管公路技术状况综合评定指数(MQI)91.152%。制定完成《闵行区推进区域连接道路建设三年行动计划》。推进农村公路管理养护体制改革,完成全区农村公路道路、桥梁移交接管设施量的确认工作,接管镇级道路302条段,共计357.551公里,道路面积483.37万平方米,桥梁接管225座。2009年建设村级道路120条,里程50.23公里;改造农村危桥58座。

(林英盈)

【综合整治重点区域道路】 全区重点区域64条道路、共187公里综合整治列入区政府实事项目,其中涉及区建交委道路整治工程44条段,计划整治车行道23.8万平方米,人行道6.1万平方米。至9月,区建交委已完成44条道路整治任务,整治车行道27.2万平方米,人行道10.59万平方米,分别完成计划的114.3%和173%。所有整治项目一次验收合格。 (林英盈)

【完成市政设施大中修项目】 年内,完成航南路道路大修工程(航中路—外环)、莘浜路人行道翻修工程(沪闵路—西环路)、三鲁路整治工程(闸航路—丰南路、斯米克—沈杜路)、颛兴路整治工程(沪闵路—颛乐路)等18个大中修项目,其中整治车行道12.87万平方米,人行道3.80万平方米,总投资5 738.27万元。 (林英盈)

【大中修专项工程监管】 提前开展2009年大中修项目前期工作,加强与区发改委、财政、招标办等各有关职能部门的沟通,严格按流程操作,做好项目论证、设计及评审、资金确认、招投标、前期管线搬迁等工作。所有实施项目均进行文明工地申报和竣工后的质量评定申报,确保文明工地参建率100%,建成率80%以上;施工占路率严格控制在1.5‰以下。严格人行道标准化作业、按照养护维修安全技术规程、工程技术质量标准和管理办法进行施工。对所有在建工程项目合理安排好总体工期,对施工质量落实养护监理单位进行全过程监管,确保项目顺利开工、按时竣工。 (林英盈)

【加强道路养护】 城市道路综合管理水平和公路行业考评在全市保持领先地位。年终养护大检查获得第三名。为迎接国际网球大师杯赛、“东丽杯”国际马拉松赛等重大活动在闵行区顺利举办,年内加强对途经线路市政设施养护整治,为赛事举行提供完好保障。 (林英盈)

【城市道路人行道专项整治】 对涉及镇、街道的198条城市道路,通过“条块联手、部门联动、统筹考虑、各尽其责、行业监管、社会监督”的方式，年内完成整治点 1 196 个，其中八类设施整治 705 个，七类设施整治 100 个，其他设施整治 233 个，残留障碍物整治 81 个，广告设施整治 77 个。（林英盈）

【道路整治】 全年完成 28 个工程性道路整治项目和 26 条（段）非工程性整治任务，整治道路总长度 4 万米，整治车行道 27.22 万平方米，整治人行道 10.60 万平方米，排砌侧平石 14 790 米。（林英盈）

【新型路名牌安装】 按照《闵行区迎世博 600 天行动计划》规范城市道路、公路标志标线标牌管理的要求，5 月底前全面完成 1 898 块新型路名牌安装工作，7 月组织专人进行路名牌用语用字的自查、排摸、纠错工作，确保路名牌的名称、指向、门牌号、中英文文字等正确无误。（林英盈）

【加快无障碍设施建设】 全年改建 440 处无障碍设施，基本实现公共服务领域无障碍设施全覆盖。组织实施迎世博 600 天无障碍设施建设，严格监督工程质量、进度和文明施工管理，与各镇、街道和莘庄工业区加强配合，做好施工现场居民工作，顺利通过市无障碍推进办的检查验收，共计实施人行道盲道改造 13 800 平方米，缘石坡道 1 487 平方米，大理石进门坡道 8 775 平方米，二档不锈钢护栏 11 700 平方米，“三室一点”（卫生室、村委会、老年活动室，健身点）进社区 220 处，总投资 1 092.8 万元。（林英盈）

【通行费征收】 全年完成征收通行费 2.03 亿元，补缴征收 2008 年养路费 455.8 万元，发放外省市车辆环保标志 5 414 张。（林英盈）

（四）建筑行业管理

【概况】 2009 年，组织工程质量专项检查，把好建筑材料质量关，开展创优推优工作，重点加强虹桥综合交通枢纽华漕动迁房基地监管，监管在建工程 248 个，面积 920 万平方米；32 个动迁住宅项目全面启动，88.7 万平方米竣工动迁房全部实施“分户验收”；30 个在建工地获评市文明工地，80 个在建工地获评区文明工地，比上年同期分别增长 21 个和 47 个；对符合标准的 205 个工地颁发“环保便民工地”铭牌；加大建筑民工维权工作监管，拖欠民工工资解决率 100%；完成既有建筑节能改造 268 万平方米，完成太阳能热水系统技术利用试点项目 11 万平方米，“太阳能示范园区”成功创建科普示范区，碧林湾三期 A 块 5.22 万平方米全面执行节能 65% 标准，建成可再生能源与建筑一体化项目 9 个，面积 14.5 万平方米。（林英盈）

【动迁住宅工程“分户验收”】 推进“分户验收”深入开展，对所有动迁住宅全部实行“分户验收”。提高动迁住宅质量，在动迁住宅面积大幅提升的情况下，动迁住宅质量投诉明显下降。召开现场会，对参与“分户验收”的建设、施工、监理单位进行全面培训。至年底，有 32 个项目启动实施“分户验收”。（林英盈）

【建设工程安全监管】 聚焦重大危险源，多次开展以大型机械设备、建筑起重机械等为主要内容的重大危险源专项检查，全年建筑工地发生事故 3 起、死亡 3 人，比上年减少 2 人，区监管建筑工地无重特大安全事故发生。做好防台防汛各项工作，举行“上海市建设工程 2009 年度防台防汛应急演习”，提高防台防汛能力。对全区 80 余个建筑工地防台防汛工作及活动房等临时设施安全状况进行检查，责令 56 个项目 176 幢活动房在台风汛期前加固，其中对 2 个项目 10 幢临时活动房责令其实施强制性拆除。（林英盈）

【建设工程安全生产集中整治行动】 在“6·27 莲花河畔景苑楼房倒覆”事故发生后，区建交委以推进建筑工地安全生产“三项行动”和开展“安全生产月”活动为重点，在全区建设系统开展为期 4 个月的建设工程安全生产集中整治行动。6 月 30 日，针对基坑工程和土方工程开展突击专项检查，基本覆盖闵行区所有基坑工程，出动安全、质量监督员 40 余人，成立 13 个检查组检查 40 个工地。随后对开具安全隐患整改单的工地进行复查，并开展质量安全综合执法专项检查。同时牵头联合区安监局、水务局、消防支队以及各街镇，在全区范围内开展建筑工地安全（消

防)、防台防汛专项整治行动。（林英盈）

【文明施工管理】 年内加强迎世博文明施工管理。成立迎世博文明施工专项巡查小组,开展专项检查和迎世博宣传活动。在建工地有30个评为市文明工地,80个评为区文明工地,比上年分别增加21个和47个。（林英盈）

【农民工维权】 年内加强对区施工企业资质管理力度,对全区323家三级施工企业开展资质专项检查,对未达标企业实行限期整改。加大建筑民工维权工作监管,开展在建工程工程款和工资款支付情况专项检查,严格执行警示谈话、通报等制度,全年解决各类上访投诉251起,涉及外来建筑务工人员92 564人次,金额2 942.58万元,拖欠民工工资解决率100%。（林英盈）

（五）绿化市容环卫管理

【概况】 2009年,闵行区新建公共绿地50公顷,建设各类立体绿化17万多平方米,至年底,建成人均公共绿地17.2平方米,绿化覆盖率39.4%。完成3.3公顷生态公益林、20公顷经济果林规模化、标准化建设和66.67公顷幼林抚育工作。完成50座农村公厕和50座农村垃圾箱房达标改造,更新废物箱2 870多只,基本消除城市化道路废物箱设置盲点。全面完成《闵行区市容环卫装备建设三年行动计划》,更新采购环卫车辆、装备219辆,有效提高环卫作业机械化率。年内,完成延安西路、中环线、沪闵路(闵行段)高架沿线市容环境综合整治,实施景观灯光建设;完成外环以内58条中小道路174.1公里的市容环境综合整治,以及区域内铁路、轨道交通、国省道沿线以及莘庄地铁南北广场、6个公交枢纽站、4个黄浦江轮渡口等周边市容环境综合整治。开展乱设摊综合治理,完成4个固定疏导点、24个临时设摊疏导点设置工作。

2月,闵行区绿化和市容管理局组建成立,并挂闵行区城市管理行政执法局牌子,主要承担绿化林业、市容环卫、城管执法等三方面管理职能。局机关人员编制25人,设办公室、组织人保科、行政许可科、绿化林业科、市容环卫科、城管执法科、计划财务科7个科室。下属4个全额事业单位:闵行区绿化管理所、闵行区公园管理所、闵行区林业站(区野生动物保护站)、闵行区市容环卫管理所(区废弃物管理所、区生活垃圾处理收费中心),事业编制87人,实际在编82人。另有2家公司:西郊园艺公司、神洲绿化公司。（肖卫锋）

【绿化林业建设】 新建各类绿地97.85公顷,其中公共绿地50公顷、居住区绿地40.85公顷、其他绿地7公顷。同时,将S4、沪莘铁路等快速干道绿廊全线合龙,并为部分缺绿、少绿的中心城区市民增加6块休闲绿地,完善了500米绿地服务半径功能,截至年底,建成区绿化覆盖率39.4%,人均公共绿地面积17.2平方米。新建生态公益林3.3公顷、经济果林20公顷,完成66.67公顷幼林抚育工作;完成11万株四旁树种植和10万株苗木抽稀工作,有效缓解农民苗木积压问题,帮助村委和农民增加收入;在华漕镇、浦江镇、马桥镇28个城中村改造中,将苗木抽稀等区内优惠政策倾向于村宅改造。（余 淦）

【立体绿化建设】 全年建设屋顶绿化、阳台绿化、垂直绿化、悬挂绿化等各类立体绿化17万多平方米,2008年、2009年累计完成30万平方米立体绿化建设,形成一批以政府机关及卫生、教育系统等事业单位为代表的立体绿化示范点,以沪闵路、水清路、延安路高架、中环线为代表的立体绿化示范道路,以莘庄镇、虹桥镇、紫竹园区为代表的立体绿化示范区域,构成“点—线—面”结合的第五立面绿化景观,有效缓解城市建设与绿化用地矛盾,探索出闵行绿化发展新模式。（余 淦）

【迎世博绿地整治】 完成绿地调整改造42.45公顷、绿地整治274.3公顷,更新3 708株行道树辅助设施,补种5 674株行道树,摆放1 456组组合花卉。探索绿地内引入健身跑道等基础设施,新增1公里长生态步道,有效缓解自行车通行与市民行走之间的矛盾。新增和改造花坛(花境)1.45万平方米,种植美人蕉、籽播百花草籽等多年生宿根花卉3.5万平方米。布置3.13万平方米17处主题绿化景点,全面营造迎世博的环境氛围。（余 淦）

【全民义务植树活动】 3月19日，区四套班子领导、区绿委成员、区人武部官兵等2 000人在七宝大绿地内种植乔木3 000多株。13个街镇（莘庄工业区）先后建设16个植树点。在外环生态吴中路绿地开展上海市首个跨区千人植树活动，实现植树资源共享的目标。 （余 淦）

【绿化宣传】 以“3.12”植树节为契机，广泛开展绿化宣传活动，全区设置15个宣传点，参加人员5.13万人。3月15日，会同区文明办、区迎世博600天城市指挥部及七宝镇，在闵行体育公园举行“同迎世博盛会 美化闵行家园”主题宣传活动暨万盆花卉进社区启动仪式，10个居委会1万多户家庭、1 000名志愿者、100个五好家庭参加活动。5月，与区林业花卉协会组织举办大型花卉展，为企业、市民搭建一个交流、买卖花卉的平台。6月5日，会同江川路街道办事处在闵行公园举办“同迎世博盛会 同建美好家园”主题游园暨企业捐赠树木活动。7月18日，会同莘庄镇在新梅广场开展“绿化知识进社区，美化家园迎世博”活动。 （余 淦）

【绿化为民服务】 年内完成19座老公园人性化设施改造，新增厕所2座，新辟遛鸟角、避雨亭、园椅、儿童乐园等12种服务设施，并在公园里配备82套健身器。先后在莘庄公园、闵行体育公园、吴泾公园举办梅花展、木本花卉展、荷花展等主题展览活动；开展经常性群众文体活动，基本实现公园内每天有27支拳操、歌咏队伍在晨练；每周有6个文化角（戏曲、外语等）在活动；每季有8座综合性公园开展主题文体汇演。完成28个老居住区绿化调整工作，改造绿地面积15万平方米，补种树木2.9万株、迁移树木107株、修剪乔木1 167株，解决部分老居住区高大树木影响居民通风采光的问题。 （余 淦）

【绿化创建】 年内创建区园林式居住区7个，区花园单位9个，上海市绿化合格单位15个，市级文明公园2个。累计创建成绿化景观道路19条、优美景点17个、市级园林式居住区57个，区级园林式居住区218个，上海市花园单位92个，市级绿化合格单位160个，区花园单位234个，市星级公园8座。

2009年闵行区主要公园情况表

名 称	面积（平方米）	地 址	交通线路	特 色
闵行体育公园	53.17万	新镇路456号	753、763、莘华线	上海西南地区最大的综合性公园，以运动休闲为特色。上海市五星级公园
莘庄公园	5.87万	莘浜路421号	地铁1号线、徐闵线、沪莘线	以梅花为特色，尤以绿萼梅闻名。上海市五星级公园
闵行公园	6.06万	沪闵路249号	徐闵线、东闵线、闵吴线	以高大乔木、四季花木、绿篱、建筑休闲小品为特色。上海市三星级公园
上海红园	4.08万	江川路354号	闵东线、闵环线、闵马线	以水组景，山水结合，聚散相成。为上海市三星级公园
古藤园	0.49万	临沧路148号	闵东线、闵环线、轻轨5号线	以明代古紫藤为特色。上海市三星级公园
水生园	11.27万	东川路3366号	闵东线、闵环线、轻轨5号线	以水生态景观为特色。上海市二星级公园
吴泾公园	4.55万	剑川路2号	龙吴线、闵吴线、莘吴线	公园为自然式布局，小中见大，环湖置景。上海市二星级公园
航华公园	6.76万	航新路600号	莘江线、925B、519、91	园内按春夏秋冬各季典型植物进行组合成景

(续表)

名　称	面积(平方米)	地　址	交通线路	特　色
华漕公园	3.05 万	东华美路 5 号	莘江线、徐华线、翊华线、74	公园以中心广场、喷水池、欧式弧形柱廊为主景
西洋园	14 万	东川路 333 号	闵东线、闵环线、轻轨 5 号线	
诸翟公园	3.53 万	运乐路 188 号	莘纪线、74、803	
纪王公园	1.4 万	纪高路 598 号	莘纪线、74	
莘城中央公园	4.35 万	闵城路 180 号	地铁 1 号线、莘闵线、徐闵线	
旗忠公园	0.99 万	光华路 2450 号	闵马线	
陈行公园	3.63 万	浦星路西侧(镇政府对面)	莘鲁线、周鲁线、周陈线	
田园	2.35 万	梅州路 445 号	712、徐闵线	
梅陇休闲苑	0.8 万	镇西路 550 号	地铁 1 号线	
平阳双拥公园	1.1 万	龙茗路西、平阳路南	150、732、122	
黎安公园	9.9 万	水清路、秀文路东	763、莘华线	
梅陇公园	2.2 万	上中西路 788 号	152 路、703b 线、鲁莘线	

(余　淦)

【绿化林业养护管理】　年内配合"东丽杯"国际马拉松赛、网球大师杯赛等重大活动的绿化保障工作,在主要路段和区域设置绿化景点,确保活动期间沿线绿化环境优美。完成国家第七次森林资源普查工作,为及时、准确、客观了解闵行森林资源发展、消长、占用情况以及今后林地发展提供有效依据;配合国家林业局在颛桥小学举办"绿野寻踪"野生动物智力竞赛活动;会同古美路街道在双拥公园开展爱鸟周主题宣传活动;全区建立 8 个绿化林业有害生物测报点,其中国家级测报点 1 个,市级测报点 1 个,区级测报点 6 个,全年发布林木病虫情报 8 期,共计 320 余份,召开绿化林业有害生物防治专题会议,签订目标责任书,落实责任制,确保无大面积有害生物发生,建立城市生态安全第一道防线。

2009 年闵行区主要大型绿地情况表

名　称	面积(平方米)	地　址	交通状况	景观特色和设施
区中心绿地	28 922	莘建东路广贤路口(西北角)	徐闵线、712 路、91 路、莘荷线、753 路、莘江线	小型人工湖,亲水平台
莘建广场绿地	10 600	莘西南路莘建路口(东北角)	747 路、莘吴专线	健身场地和设施
新华园	7 824	瑞丽路西侧、宾川路北侧	莘荷线、闵马线、闵东线、闵红线、江川 1、2 线	

（续表）

名　称	面积（平方米）	地　址	交通状况	景观特色和设施
地铁南广场	10 000	莘庄地铁站南侧	闵莘线、莘南专线、759 路、莘海专线	下沉式广场，特色花境
地铁北广场	9 624	莘庄地铁站北侧	763 路、莘江线、莘纪线、莘荷线	
黄道婆绿地	7 825	沪闵路莘松路口	徐闵线、712 路、91 路、莘荷线	
馨园	3 535	莘沥路莘凌路口（西北角）	700 路、沪莘线	沿河景观
母亲林绿地	12 922	沪闵路广贤路口（西南角）	徐闵线、712 路	大型雕塑
莘松三村绿地	5 984	莘潭路莘西路口	莘纪线	
区政府前绿地	11 170	沪闵路水清路口（西北角）	徐闵线、712 路、150 路	草花、宿根花卉四季有景
莘建东路三角绿地	3 002	莘建东路莘朱路隧道（西南角）	徐闵线、712 路、91 路、莘荷线、753 路、莘江线	
七莘路紫江集团绿地	6 500	七莘路顾戴路口（东南角）	91 路、莘江线、莘纪线、莘北专线	季相变化明显
梅陇城广场	17 121	莲花路上中西路	729B、703 路	特色地坪、健身场地
虹梅休闲健身绿地	20 010	莲花路西侧、浦汇塘南侧	731 路、87 路、776 路	沿河景观
浦江共青园	6 667	叶家桥路	鲁莘线、莘鲁专线	健身场地和设施
黄桦路步行街	24 568	黄桦路西侧（青杉路—红松路）	753 路、72 路、57 路 721 路	
古美街心花园	10 000	古美西路平阳路口（西南角）	729B	
春申塘绿地	24 908	都市路以东、春申塘以北	莘南线、莘邵线、712 路、703 路、闵莘线	沿河景观、网球场
原鼎鲜楼绿地	4 335	春申塘以北、沪闵路以西	徐闵线	沿河景观

（余　淦）

【古树名木保护及后续资源管理】 年内应用新技术、新材料，分别对 9 株长势衰弱的古树接种“菌根菌”生物肥料，对 2 株古树进行病虫害跟踪防治，促进古树健康生长。开展 7 株建设时期古树的保护工作，建立和正式实施“建设时期古树每周巡视汇报制度”，并与建设单位签定保护协议。完成 62 株古树定位工作，实现古树专业网格化管理。加大宣传力度，发放“古树新韵”宣传册 1 500 多本，古树宣传资料 3 000 多份，张贴古树保护广告画 1 000 多张，有效提高市民古树名木保护意识。

（余　淦）

【迎世博市容环境综合整治】 年内完成延安西路高架、中环线、沪闵高架沿线市容环境综合整治，并实施景观灯光工程。完成外环线以内区域 58 条中小道路 174.1 公里的市容环境整治，区域内铁路、高速公路、轨道交通、国省道沿线 73.76 公里的市容环境面貌提升，完成公共交通枢纽、七宝古镇、锦江乐园区域市容环境改善以及黄浦江、苏州河水域市容环境保洁。（诸　炼）

【市容环境门前责任区达标创建】 年内,全区六个街镇创建市级市容环境卫生门前责任区达标,分别为莘庄镇、古美路街道、吴泾镇、七宝镇、江川路街道、虹桥镇。 (诸 炼)

【户外广告设施清理】 年内配合区城管大队,完成对全区户外广告设施的调查摸底工作,并拆除高立柱广告设施56座,屋顶广告设施5 545块,依附性广告设施7 379处,单位指路牌682块,并对重点区域、重点道路两侧的6 956块店招店牌进行改造和提升。 (诸 炼)

【规范设摊管理】 年内开展多次乱设摊专项整治行动,严禁、严控控制区域规范设摊管理;清理、修建、整治挪作他用的菜市场,恢复其功能;对未充分利用的菜市场,完善其功能,提高容纳量;因地制宜地设立24个设摊临时疏导点,并开设虹莘路等部分马路钟点市场。 (诸 炼)

【公厕改造和规范管理】 全年完成农村公厕达标改建50座,解决区域内农村群众"上厕难"问题。50座社会公厕实现免费对外开放,新建改造环卫等级公厕29座,更新198座环卫公厕的标志和导向标志,区环卫公厕标志、标牌规范设置率100%。 (诸 炼)

【生活垃圾"无害化、资源化、减量化"】 2009年闵行区生活垃圾无害化处理由2008年的96%提高到98%;完成180个居民小区生活垃圾新分类工作(全区总数已达300个);配置分类收集垃圾筒3 300只,张贴统一分类标识5 300张;餐厨垃圾规范处理产生单位617家,日均规范处置餐厨垃圾130吨,变废为宝生产饲料添加剂2 800吨。 (诸 炼)

【提升环卫机械化作业水平】 年内结合迎世博和环卫车辆更新计划,新增新型环卫车辆64辆;完成专用小型电瓶收集,冲洗车辆采购80辆,并全部投入使用,改善环卫作业条件,缓解作业扰民问题。 (诸 炼)

(六) 重大工程建设

【概况】 2009年世博工程陆续进入建设高潮,区重点市政项目建设加大投入,全年实施市、区重大工程项目69项,其中市重大工程25项,区重点项目44项。新启动工程29项,其中市重大工程13项,区重点项目16项。收到市级补贴资金49.81亿元,新增贷款35亿元,支付各类工程款98.84亿元。 (赵 青)

【虹桥枢纽及其配套工程】 年内基本完成动迁腾地工作,完成企业动迁1 803家、民房动迁4 280户,确保枢纽施工顺利推进。枢纽配套项目中,完成嘉闵高架、北翟路、崧泽高架、京沪高速铁路全部动迁腾地工作,漕宝路15家企业的动迁全部完成,完成漕宝路地面道路拓宽工程总量的80%。 (赵 青)

【高速公路与越江工程】 完成闵浦大桥、A8高速闵行段全部动迁腾地工作,基本完成A15闵行段、闵浦二桥、林海公路动迁工作。 (赵 青)

【铁路与轨道交通项目】 配合闵行铁路货场、沪杭客专工程前期动迁工作,完成企业动迁52家,民房动迁98户,闵行区境内桩基全面启动施工。年内完成轨道交通10号线(一期、二期)、12号线拆迁腾地工作;基本完成13号线停车场拆迁腾地工作;配合申通公司完善8号线三期方案优化工作,按市要求排定前期动迁计划。完成江月路枢纽、航天公园枢纽动迁,启动轨道交通8号线航天公园站综合交通枢纽工程,并完成工程总量的60%;完成轨道交通5号线北桥枢纽工程可行性方案研究,初步完成浦东公交停车场方案。 (赵 青)

【区级市政项目建设】 中春路(西四号河桥—北松公路)、曲吴路、万芳路一二期、闸航路、景洪路、合川路、万芳路三期、万芳路四期工程年内竣工通车;景东路、澄江路、中春路(剑川路—东川路)、江川西路、沈杜路开工建设,完成工作量的50%;紫虹路、规划一路项目动迁工作全部完成;剑川路西段、闵瑞路、鲁南路完成50%的动迁工作量;纪潭路完成工程方案研究。 (赵 青)

【水务项目建设】 完成春申塘、俞塘、三鲁河二期、北竹港河道整治工程;完成前期动迁,启动春

申塘三期、周浦塘、俞塘二期河道整治工程。（赵　青）

【工程荣誉】　中春路（西四号河桥—北松公路）、曲吴路、万芳路一二期、闸航路道路工程获评“闵行区市政工程文明工地”；合川路获评“上海市文明工地”。（赵　青）

（七）供　水

【概况】　2009 年闵行区自来水售水量约 2.97 亿立方米，比上年增长 4.2%。上海市自来水闵行有限公司（简称上水闵行公司）总供水能力 100 万吨/日，供水服务面积 265 平方公里，年供水量 2 亿吨，供水服务人口逾 140 万人，管线长度 2 000 公里，外装计量水表 47 万余只。（周军华）

【确保春节供水任务】　春节期间，上水闵行公司供水总量 351 万吨，出厂水平均浊度 0.11NTU，管网平均服务压力 0.235MPa。在 1 月 24—26 日的寒潮期间，公司客户服务热线受理来电 2 286 个，多为物业管理的水管冻结报修。节日期间抢修 936 次，参加抢修近千人次，节日加班值班 1 100 多人次。（周军华）

【源江水厂一期（常规处理）工程投产】　6 月 15 日上午 10:00，上水闵行源江水厂一期（常规处理）工程投产，每日可向供水区域内新增清水 30 万吨，整个制水系统稳定，水质、水量均达到设计要求。源江水厂工程是上水闵行公司依据上海市供水专业规划和公司区域供水规划而兴建的，规划规模 50 万吨/日，分二期实施，一期为 30 万吨/日常规处理系统。（周军华）

【确保莲花河畔景苑倒覆楼事故工地水设备安全】　6 月 27 日凌晨，莲花河畔景苑一幢在建的 13 层楼整体倒覆，上水闵行公司积极配合市、区有关部门，紧急派遣“亚军施工”、“金龙小修”队伍参与应急处置工作。27 日下午，以上海建筑科学院、上海市地质勘察研究院为主体的权威部门对事故周边小区、道路地下管线进行检查，上水闵行公司业务部、管线所接报后立即启动应急程序，安排人员与有关部门进行管线交底，对周边路段进行管线巡检，确认没有出现上水管道渗透、断裂问题。同时对应急处置过程中需使用的消火栓进行检查，确保有关部门使用之需。28 日 15 时，在区政府相关部门的协调下，120 户疏散居民分批安排回家。在此过程中，上水闵行公司组织 11 人应急抢修队伍，配合当地居委逐一到住户家中进行检查，确保住户用水设备安全。（周军华）

【为“未名苑”278 户居民消除用水隐患】　7 月，位于莲花南路 588 弄的“未名苑”小区内接连发生多起开关漏水报修情况。上水闵行公司“金龙小修”队发现导致漏水的主要原因是由于物业内管外丝丝口锈烂所致，小区内 17—23 号、25—31 号门幢内 278 户的阀门前、水表后丝口均已锈蚀严重，存在漏水安全隐患。小区物业委托上水闵行公司帮助调换这 278 户的阀前表后丝口及被锈坏阀门。7 月 22 日，“金龙小修”队冒雨进行维修和更换工作。（周军华）

【完成嘉闵高架—中春路 DN800 管移位工程】　7 月下旬，为配合市重点工程项目嘉闵高架的建设，保护好沿线地下管线，上水闵行公司对中春路 DN800 输水管进行移位搬迁。至 7 月 25 日凌晨，完成移位接拢工作。（周军华）

【开展夏令热线特别行动】　8 月 5 日，上水闵行公司在莘庄仲盛广场开展主题为“服务相伴满意相随，喜迎世博安享夏日”的大型便民服务活动。共设置小修服务、代收水费、业务咨询、水质咨询、节水宣传和服务咨询 6 项内容。在 2 个小时的活动中，用户咨询的问题集中在水质、二次供水改造和水价调整这几个方面，服务人员耐心专业的解答，让他们感到满意。（周军华）

【为颛桥南街集体 5 队 165 户居民用水解困】　9 月上旬，上水闵行公司完成颛桥南街集体 5 队自来水管网改造，为 165 户居民解决用水难问题。近年来，颛桥南街集体 5 队陆续有居民反映水小问题，由于该处水管是多年前由乡镇自排，管径偏细，管网老化严重，加上外来人员导入增多，造成用水困难。改造工程 7 月 13 日开工，由上水闵行公司“亚军施工”队施工,敷设 DN25、DN32、DN63PE 管 2 137.75 米,为居民们解决长期以来的用水难问题,整个工期提前 20 天完工。

(周军华)

【接管闵行地区首个二次供水改造后小区设施和管理】 10 月 13 日,闵行区颛溪十村二次供水设施管理移交仪式在莘庄工业区会场举行,意味着二次供水设施管理体制改革在闵行区迈出关键一步,工作重心将由改造转向接管。颛溪十村有 6 幢 6 层建筑 18 个单元、216 户居民,小区总建筑面积 1.71 万平方米。颛溪十村二次供水设施改造过程中更换了总阀及过路管、每个单元的立管,新装嵌墙式表箱 108 只,外移 216 只水表至公共部位,水表外移率 100%。签约后,小区业委会和物业在发言中对改造过程和结果表示满意,认为居民水质得到极大改善。上水闵行公司承诺对小区二次供水设施进行维护,并用专业化、规范化、市场化的运作不断完善二次供水设施管理制度。

(周军华)

(八) 供 气

【概况】 全区燃气主要有市属、区属和社会其他 3 个供气系统。上海大众燃气有限公司对闵行区浦西各镇、街道及工业区的新建、原建住宅及单位用户进行管道燃气配套,至年底,居民用户 541 047 户(其中天然气用户 538 964 户、人工煤气 2 083 户),单位用户 5 789 户(其中天然气用户 5 455 户、人工煤气 334 户)。上海燃气浦东销售有限公司对闵行区浦东浦江镇的新建、原建住宅及单位用户进行管道燃气配套,至年底,居民用户 25 153 户,单位用户 78 户(全部是天然气)。上海液化石油气经营公司、上海闵行燃气公司等液化石油气经营单位对不具备使用管道燃气条件的居民和单位用户供应液化石油气,至年底,居民用户 284 241 户,单位用户 2 504 户。全区燃气总用户 858 812 户(包括居民用户及单位用户)。

(朱新吉)

【燃气用户结构】 2009 年,全区居民燃气用户 850 441 户,比上年增加 0.82%,其中人工煤气用户 2 083 户,天然气用户 564 117 户,液化气用户 284 241 户。全区燃气管线长度 2 330.26 公里,燃气管网遍及全区各镇、街道及莘庄工业区。全年人工煤气能耗量 2 739.06 万立方米,比上年减少 19.38%,天然气能耗量 34 576.12 万立方米,比上年增长 17.81%,液化气能耗量 22 825.4 吨,比上年下降 25.6%。

2009 年度闵行区燃气居民、单位用户数及能耗量情况表

一、居民用户情况:

街道、镇	燃气用户数	其中						备注
		人工煤气		天然气		液化石油气		
	(户)	户数	耗气(万立方)	户数	耗气(万立方)	户数	耗气(吨)	
合 计	850 441	2 083	105	564 117	11 376.3	284 241	16 697.23	
江川路街道	100 790			64 749	976.3	36 041	1 516.52	
龙柏街道	48 962			48 962	1 150.81	0	0	液化石油气用户归华漕镇、七宝镇
古美路街道	51 715			51 715	1 138	0	0	液化石油气用户归梅陇镇
华漕镇	61 040			23 474	551.74	37 566	2 707.06	
虹桥镇	35 475			35 475	894.45	0	329.62	液化石油气用户归梅陇镇、七宝镇
梅陇镇	133 704			81 316	1 835.92	52 388	2 687.56	

（续表）

街道、镇	燃气用户数（户）	人工煤气户数	人工煤气耗气（万立方）	天然气户数	天然气耗气（万立方）	液化石油气户数	液化石油气耗气（吨）	备注
七宝镇	86 409	2 083	105	57 329	1 333	26 997	1 561.41	
莘庄镇	128 444			99 521	1 837.44	28 923	997.41	
颛桥镇	55 937			35 876	705.37	20 061	1 329.19	
马桥镇	31 428			9 758	104.5	21 670	1 617.8	
吴泾镇	34 878			19 614	264.91	15 264	1 401	
浦江镇	70 484			25 153	301.99	45 331	2 549.66	
莘庄工业区	11 175			11 175	281.87	0	0	液化石油气用户归颛桥镇、莘庄镇
二、单位用户情况：								
区内各工、营、事、团	8 371	334	2 634.06	5 533	23 199.82	2 504	6 128.17	（单位用户）
居民用户及单位用户总计	858 812	2 417	2 739.06	569 650	34 576.12	286 745	22 825.4	

（朱新吉）

【窗口服务】 全区燃气服务窗口28个，2009年全区燃气服务窗口及供应站点未发生任何燃气事故，确保燃气市场安全和稳定，保障全区燃气安全正常运行。（朱新吉）

【执法检查】 2009年全区燃气行业安全行政检查78次，燃气行政执法41次，处罚非法经营的液化石油气对象4个，收缴非法经营的液化石油气钢瓶1 259只，收缴非法倒灌液化石油气枪头6把，行政立案4件，结案4件，罚款总额2.8万元，未发生行政复议和诉讼案件。清除和整治违章占压燃气管道16处。（朱新吉）

（九）供　电

【概况】 闵行供电分公司位于莘北路268号，隶属于上海市电力公司市南供电公司，主要承担闵行区全境以及徐汇区四分之三区域的电网规划、建设和供电服务。供电面积412平方公里，供电人口220万人。设七宝、梅陇、杜行、华漕、颛桥、康健6个地区营业站。12月28日，原闵行供电分公司注销成立上海市电力公司市南供电公司，供电营业区为原闵行供电分公司范围，办公地址变更为徐汇区宜山路1651号。2009年，公司结合虹桥交通枢纽、沪杭高速、A15高速等市重大供电配套项目建设任务，积极开展重大工程立功竞赛活动。配合市政工程，圆满完成漕宝路、吴中路等路段架空线入地工程建设，确保世博和迎峰工程按期完成。加大对热点地区供电能力的基建建设和技术改进力度，有效缓解莘庄镇、莘庄工业区、浦江镇、古美路街道等传统热点地区用电供需矛盾，为减轻电网运行压力提供保障。全年新建投运110千伏变电站3座，35千伏变电站2座，新开工3座，新增容量283兆伏安，投资1.60亿元。（姚　红）

【电网规模】 至年底，公司有220千伏变电站1座、110千伏变电站8座、35千伏变电站80座，变电总容量550万千伏安。

2009 年闵行供电分公司变电站情况表

变电站电压等级	变电站数量(座)	变电容量(万千伏安)	变压器数量(台)
220 千伏变电站	1	54	3
110 千伏变电站	8	73	16
35 千伏变电站	80	423	170

2009 年闵行供电分公司线路长度情况表

电压等级	线路长度(千米)
35 千伏及以上	278
35 千伏以下	4 225

(姚　红)

【**经营业绩**】 2009 年底公司客户 108 万户。全年最高用电负荷 315 万千瓦,售电量 129.79 亿千瓦时,比上年减少 3.18%。2009 年新投运 5 座变电站(闵行地区 4 座)。

2009 年闵行供电分公司新投运变电站情况表

站　名	电压等级(千伏)	投运日期	站址区域
闵联站	35KV	2009.4.27	闵行区
高尔夫站(临时)	35KV	2009.5.27	徐汇区
陇南站	110KV	2009.12.25	闵行区
芒市站	110KV	2009.6.09	闵行区
召楼站	110KV	2009.11.04	闵行区

说明:电力数据含闵行区及徐汇区部分地区。

(姚　红)

【**电网建设**】 年内,公司编制虹桥交通枢纽电源方案,协调虹桥交通枢纽电力配套工作。完成漕宝路(外环线—中春路)、吴中路(古北路—虹井路),宜山路(内环线—莲花路)三条主要道路架空线入地工程的方案编制及前期协调工作。

(姚　红)

【**加大反窃电整治力度**】 全年开展 10 余次大规模反窃电集中整治行动,参加人员 1 700 余人次。检查用户 18.5 万余户,其中查实窃电 906 户,补收电量 166.8 万千瓦时,补收电费 105.1 万元,收取违约使用电费 317.9 万元;查实违约客户 5 193 户,处理 3 878 户,追补电量 682.9 万千瓦时,补收电费 413 万元,追补违约使用电费 1 537.3 万元,比上年增长 67%。(姚　红)

【**加强电价与电费管理**】 年内,公司做好新电价调整工作,准确及时执行电价,在正式书面告知的基础上还向所有大用户发送短信提醒电价调整的相关信息,并做好解释工作。此外,对重要用户的电价进行经常性用电勘查,加快对 100KW 以下非居民分时电表的改造。加强电费风险防范,成功收回上海广电 NEC 液晶显示器有限公司拖欠电费 2 700 万元。(姚　红)

(十)消　防

【**概况**】 全年全区发生火灾 579 起,死亡 6 人,受伤 4 人,直接财产损失 306.9 万元。比上年,火灾起数上升 66.5%,亡人数多 1 人,伤人数少 2 人,直接财产损失下降 12.4%,全区没有发生群死群伤和恶性火灾事故。

2009 年闵行区各镇、街道火灾分布情况表

	火灾概况				重大火灾	
	起数	死人	伤人	直接财产损失(元)	起数	直接财产损失(元)
小计	579	6	4	3 068 714	2	634 050
区重点单位	2			1 001		
江川路街道	14			8 531		
龙柏街道	28	1		36 880		
吴泾镇	32	1		33 222		

（续表）

	火灾概况				重大火灾	
	起数	死人	伤人	直接财产损失(元)	起数	直接财产损失(元)
马桥镇	15			112 352		
颛桥镇	29			90 916		
莘庄镇	60	1		300 152		
梅陇镇	88	1	1	322 333		
七宝镇	73	1	2	1 087 189	1	334 050
虹桥镇	25			89 236		
华漕镇	81			684 673	1	300 000
浦江镇	50	1	1	151 165		
古美路街道	24			13 491		
闵开发区	1			20 000		
工业园区	13			65 200		
其他	44			52 373		

（黄爱国）

【消防接处警】 全年接处警5 121起,出动车辆6 982辆,出动警力65 917人,抢救被困人员243人,疏散被困人员195人,抢救财产价值8 839万元。成功处置上海海天下食品仓储有限公司、九星批发市场商铺、吴宝路669号简易工棚等火灾及“莫拉克”台风等灾害事故。（黄爱国）

【加强烟花爆竹管理】 节假日期间与区安监局等部门联合打击非法烟花爆竹,普查370余家次,排查10个社区、42家出租仓库。查获收缴非法销售、运输及储存烟花爆竹2 450余箱,2人被治安拘留;对1家经营单位、3名个人罚款人民币2 900元。年内发放烟花爆竹经营(零售)许可证129张,大卖场临时许可证19张,印制发放全区《烟花爆竹燃放须知》2万余份。全年未发生因烟花爆竹引起的重大火灾和伤亡事故。

（黄爱国）

【防火监督执法严格】 全年消防检查单位3 673家次,其中重点单位检查2 134家次,一般单位检查1 539家次,发出《责令限期改正通知书》585份,《重大火灾隐患限期改正通知书》3份,《复查意见书》598份,处罚单位159家次,处罚个人14人,警告8次,共计罚款152.5万元,责令三停15家;办理行政许可610项,办理建审业务216项,验收业务196项,消防安全检查业务198项,受理人民来信来电197次。（黄爱国）

【开展消防专项整治】 年内,区政府办公室印发区域性火灾隐患整治工作紧急通知,举行阶段性工作推进会,各街镇和有关委办局制定区域性火灾隐患整治工作方案,排摸根除区域性火灾隐患30余处。会同平安保险公司和各街镇推进火灾公众责任保险工作,以街镇为单位举行火灾公众责任保险集中签约大会。在闵行公安分局各派出所启动“迎世博,保平安”消防专项工作,召开三级管理工作会议,全年指导派出所三级管理工作421次。加强重大火灾隐患督办,先后对耀坤玻璃、大通阳商厦、鼎艺装潢公司等单位发出重大火灾隐患整改通知书,督促在国庆前夕全部完成重大火灾隐患整改工作,确保区级重大火灾隐患挂牌督办单位顺利摘牌。（黄爱国）

【宣传贯彻《消防法》】 按新《中华人民共和国消防法》(2008年10月28日通过,2009年5月1日起施行)要求,年内区政府印发关于建立镇(街道)消防安全联席会议工作机制的意见,明确镇、街道消防安全联席会议的任务、人员组成、工作制度。依照消防工作纳入社会治安综合治理考核的原则,对年度各街镇的消防工作目标任务进行科学合理的细化。对全区各街镇安全办负责干部、各居村委负责人等480余人开展《消防法》知识专项培训。协调马桥镇政府,推进新农村消防试点工作,初步编制农村地区消防基础设施规划,实施村庄改造,完成消防车道5 738米,消防水源管道3 600米,设置消火栓34个,投入资金328万余元。 (黄爱国)

【完善消防基础设施】 年内虹桥枢纽特勤消防站开工建设,光华消防站筹建完成立项报批程序,七宝中队营房维修完工。为各消防中队采购价值280万元的装备器材,完成虹桥枢纽消防站临时办公和生活设施的配置及7个中队营具的更新增配,保障官兵生活和灭火作战的需求。加强消防水源维护保养,保持区域消火栓总数6 229只(市政消火栓4 659只,小区消火栓1 570只)完好率92.1%。完善灭火预案、地理信息数据采集、辖区调研熟悉等工作。全年制作预案数76个,维护数159个,更新61个,制作各类作战信息卡412张,完成20处重大危险源的数据录入评估工作,开展11幢商务楼的专项调研。

(黄爱国)

【建设消防铁军】 制定《闵行支队消防铁军建设实施意见》,明确"铁军建设"指导思想、工作目标和工作措施,选拔技战术过硬的队员进入灭火救援攻坚组并参加总队集训,强化吴泾化工专业队和莘庄高层专业队的专业救援训练,组织莘庄、吴泾等消防中队开展高层建筑、地铁救援、化工灾害事故、大型商场市场等10多起应急实战演练。开展"去冬今春"消防业务训练工作,成功举办第三届消防运动会,杜行、吴泾、七宝中队位列前三甲。推进执勤岗位练兵活动,抓好基本理论、基本技能、基本战术的学习训练,提高基层官兵灭火救援能力。经考核,官兵业务理论合格率90.32%,体能训练达标率92.28%,岗位资格合格率及急救资格合格率均为100%,集体、小组、个人项目达标率分别为91.5%、93.26%、91.38%。 (黄爱国)

(十一) 城管监察

【概况】 2009年,区城管大队围绕服务迎世博环境整治、虹桥交通枢纽建设、"三类区域"(市容环境示范区域、规范区域、达标区域)创建巩固、平安建设等,切实做好重大建设项目执法保障工作。全年参与各类重要执法保障136次,开展各类专项整治104次、联合执法111次,出动人员11.4万人次。查处市容、市政、规划、绿化等10个条线各类违章案件7 599件,其中一般程序案件996件,未发生行政复议败诉案件。(钟 瑾)

【迎世博600天行动】 到迎世博第四个100天,完成拆除违法建筑25.58万平方米,快速处置和遏制1 472起新增违法建筑,化解重点督办案件2起。拆除屋顶墙面广告1 479块、依附性公共设施广告1 017块、道路指示牌96块、高炮广告43个。全面落实7条路段31个渣土整治点执法保障工作,清除全区偷乱倒渣土2.5万吨。

(钟 瑾)

【组建"三位一体"信访投诉中心】 2月,区级机构改革后,城管大队整合资源,建立绿化、市容和城管执法统一受理汇总、统一分类转办、统一反馈回访的信访投诉中心,提高信访办理工作成效。截至12月底,受理城管执法类信访16 037起,处置率、反馈率100%,满意率91%。

(钟 瑾)

【依法行政建设】 完成市行政执法局2009年度城管执法队员岗位轮训379名。清理整顿非在编人员违规着装572人次,收回行政执法证214本。开展市级规范化分队创建。年内新创市级城管执法规范化分队2家,7家已创分队通过复查验收。

(钟 瑾)

【违法建筑整治】 围绕市区重大工程、迎世博、城中村改造等内容,建立动态巡查机制和区、街镇、村委三级发现机制,确保及时发现、及时查处,遏制新建违法建筑,全年违法建筑投诉率与上年相比下降50%。 (钟 瑾)

【渣土整治】 5月成立由区建交委、公安、环保、绿化市容、城管等部门以及各街镇组成的建筑渣土整治推进领导小组,并设立区渣土管理办公室负责具体工作。制定《闵行区建筑垃圾和工程渣土处置管理执法实施细则》、《开展建筑渣土车辆装运现场监管方案》等文件,规范渣土运输处置单位、规范价格、强化行业监管,增强行业自律,从源头遏制乱倒渣土现象。全年开展渣土联合整治20余次,查处暂扣违章渣土车辆约600辆次。 (钟 瑾)

【黑色广告等"三乱"治理】 以地铁站点等重要区域和七莘路等15条主干道路为重点管理区域,落实网格化和责任制管理模式,加强巡查。制定《"黑色广告"清理管理制度》,推行单位门前环境卫生责任制度,按规定落实门前责任制,督促责任人履行职责。 (钟 瑾)

【完成网格化管理二期拓展】 将迎世博600天行动专项整治重点区域、重点路段纳入网格化管理范围,网格化覆盖区域107.59平方公里,巡查面积61.22平方公里,莘庄、七宝、古美、莘庄工业区、龙柏、虹桥基本实现全覆盖,数字化城市管理快速处置机制基本形成。 (林英盈)

(本栏目编辑 胡克群)

二十、房地产业

（一）综　述

2009年，闵行区房地产市场经过调查摸底对全年各房地产企业商品房预售上市情况，从时间和空间上进行动态掌控，并结合可售房源的分布情况、预售房源类型比例和房价起伏原因等进行实时分析。上半年，在房市处于低迷状态下，研究制定《促进我区房产市场健康、稳定发展拟采取相应措施的方案》，极力促进房市复苏，并成功举办2009上海·闵行春季房地产（交易）展示会。全年各类商品房成交685.68万平方米，比上年增长54.46%；成交金额784.19亿元，比上年增长100.95%；成交均价11 437元/平方米，比上年增长30.1%。住房保障工作，坚持以廉租住房、经济适用房建设为重点，以来沪人员集中居住点、人才公寓建设为亮点，分层次、多渠道、系统化地构建住房保障体系。全年新增廉租住房配租326户，历年累计新增廉租住房配租976户，发放租金补贴374.58万元。上海市大型居住社区浦江鲁汇基地首期地块20万平方米住宅项目启动，大型经济适用房基地——“上海晶城”破土动工，闵行区经济适用住房翔泰苑小区供应试点工作启动。落实来沪人员集中居住点项目12个，共计25.56万平方米。通过区政府出资回购、园区自建、社会出资建造三种模式，筹措落实11.83万平方米，共计1 299套人才公寓房源。住宅建设方面，住宅及商务新开工计划有序，全年新开工建设310.66万平方米，其中住宅新开工236.78万平方米，商务新开工73.88万平方米。实现交付使用管理工作的标准化、规范化，保障配套设施与住宅交付的质优、同步，全年住宅交付使用面积294.5万平方米。产业化项目创建推进有力，创建4个“上海市节能省地型四高优秀小区”，总建筑面积104.7万平方米，4个小区通过验收评审，总建筑面积81.6万平方米。物业管理方面，全年完成物业企业资质审批2家，前期招投标项目数27个，招标面积402.78万平方米。建立住房管理台账，构建动态管理平台、诚信管理平台和物业服务平台。借助上海市物业服务公众满意度测评体系，对居民投诉量、违法搭建和群租制止情况等进行事后定性、定量评估；关注民生，抓物业服务呼叫中心建设，促物业行业管理不断规范。962121物业服务呼叫中心于6月15日运行，全年累计受理报修1 854件，信访投诉1 784件，完成率、回访率95%以上。加大群租整治和拆违执法力度，确定上海康城等8个小区为重点整治小区，协同相关部门，集中开展大规模的整治行动，整治“群租”1 573户；深入开展“迎世博、物业管理与文明同行”和“双优、双好”文明竞赛活动。加大物业管理共建力度，在全区112个小区开展物业管理共建试点活动，建筑面积500万平方米。动拆迁管理工作，加快动迁腾地，促进产业结构调整。城中村基地动迁获得新突破，全年集中城市化地区城中村动迁户数达到2 091户。全年完成居民动迁10 151户，拆除居住房屋220万平方米；完成动迁单位1 337家，拆除非居住房屋159.5万平方米。拆清动迁基地70块，包括市重大市政道路工程在内腾地近万亩。　（常　江）

（二）房地产管理

【房地产登记发证】 全年交易中心受理各类房地产登记16.71万件，其中抵押注销登记39 475件。核发产权证87 174本，比上年增长63.5%；抵押证56 481本，比上年下降102.7%。房地产信息查询104 187件，比上年增加15.04%。（李金标）

【网上房地产交易】 交易中心全年接受挂牌73套，帮助“手拉手”客户完成买卖合同签约、打印5 549件。办理一手房合同撤销969件，二手房合同撤销369件，二手房合同变更356件。（李金标）

【开发企业资质认定】 全区具备房地产开发的资质企业322家，其中：二级资质企业34家，三级资质企业29家，暂定资质企业259家。（张仁华）

【土地招拍挂】 为保证莘庄商务区、七宝生态商务区、南方商务区、剑川路沿线开发、轨道交通10号线吴中路停车场地块、莘庄镇222地块（莘庄地铁上盖地块）、大型居住社区等重点项目土地出让的顺利推出，区规土局积极拟定出让方案，年内开展招拍挂工作。（袁佩琴）

【闲置土地盘活清理】 2009年，作为清理闲置土地工作开展的第三年，余下项目推进工作难度较高，区规土局在仔细梳理地块最新情况的基础上，将18个地块（面积88.37公顷）列入2009年盘活计划，并对各个土地所实行分解目标责任制，确保各项工作落到实处。全年盘活11个地块，面积40.33公顷。（袁佩琴）

【征地包干】 年内推行网上征地系统的运行，完成拟征地公告案件数61件（含89个公告），征地包干69件，其中50个建设项目已结案，土地面积600公顷，总金额91 044万元。主动协调重大市政项目在区域内的带征地事项，积极争取用地指标。（袁佩琴）

【土地使用费及出让合同监管】 区规土局承担着外资企业使用集体土地的土地使用费收缴工作。全年调查、登记、核定应收取外资企业土地使用费的新成立外资企业220家，开具缴款通知书356份。收费总额1 069万元。（袁佩琴）

【建设用地审批】 全年农转用征地项目审批68件；建设用地审批242件（其中用地预审75件，国有土地划拨项目56件，储备土地项目41件，招拍挂用地审批56件，建设用地批文调整6件，农民建房用地审批8件）；区县招拍挂合同审批48件；办理存量补地价项目49件；核发建设用地批准书97件，换发建设用地批准书5件。（袁佩琴）

（三）房地产市场

【概况】 2009年，全区房地产市场在宏观经济形势整体回暖和房地产市场刚性需求释放的共同影响下逐渐复苏，交易日趋活跃，交易价格持续上升。房地产开发投资稳步回升，房地产建设规模逐步恢复，楼市呈现出稳步回暖特征。2009年全区各类商品房成交685.68万平方米，比上年增长54.46%；成交金额784.19亿元，比上年增长100.95%；成交均价11 437元/平方米，比上年增长30.1%。（黄洪亮　张仁华）

【房地产开发投资稳步回升】 2009年，闵行区房地产完成投资额145.96亿元，比上年增长10.6%。一季度受2008年房地产市场低迷的影响，投资额呈现出下降态势；二季度开始受调控政策等因素的影响，投资额触底反弹，开始稳步回升；三季度有所回调，四季度开始出现较大幅度的上升，全年呈现出“W”型的增长态势。（黄洪亮）

【商品房建设规模逐步恢复】 全区商品房施工面积和新开工面积稳步回升，市场供给低迷状态不断得到改善。截至12月底，全区商品房施工面积1 255.60万平方米，比上年增长3.3%。商品房新开工面积301.81万平方米，比上年增长0.3%。全区商品房竣工面积265.27万平方米，比上年下降9.1%。其中住宅竣工面积242.78万平方米，比上年下降6.0%。（黄洪亮）

【**商品房销售价格持续上涨**】 全年闵行区完成一手房交易310.52万平方米，比上年增长9.3%，交易主要集中在浦江、颛桥、七宝、古美等几个板块。商品房预售价格维持在高位运行，全年呈现出小幅上涨态势。截至12月底，闵行区商品房预售均价16 703元/平方米。全年房价基本呈现稳步上升态势。（黄洪亮）

【**存量房市场“量价齐升”**】 2009年，闵行区存量房交易面积375.20万平方米，比上年增长1.3倍。成交均价持续上涨，截至12月底，闵行区存量房交易均价11 090元/平方米。（黄洪亮）

2009年闵行区房产交易情况表

月份	预售				存量				现售			
	套数	面积（平方米）	金额（元）	均价（元）	套数	面积（平方米）	金额（元）	均价（元）	套数	面积（平方米）	金额（元）	均价（元）
合计	10 577	1 294 398	21 622 114 281	16 704	40 635	3 751 884	41 608 321 649	11 090	17 780	1 810 468	15 188 694 303	8 389
1月	401	44 965	585 551 767	13 022	1 268	111 449	1 062 858 882	9 537	866	74 306	380 230 655	5 117
2月	317	35 916	492 268 112	13 706	1 401	122 483	1 157 018 688	9 446	946	88 397	498 348 511	5 638
3月	1 045	107 136	1 166 321 088	10 886	2 396	210 923	2 108 253 528	9 995	1 010	95 943	595 670 280	6 209
4月	1 012	120 850	1 694 917 842	14 025	3 395	309 016	3 052 961 747	9 880	1 130	106 392	709 279 858	6 667
5月	1 603	186 173	2 710 695 185	14 560	3 324	298 606	2 944 379 859	9 860	1 405	120 461	907 312 475	7 532
6月	1 606	188 766	2 669 448 836	14 142	4 432	402 798	4 200 335 183	10 428	1 776	171 251	1 427 746 968	8 337
7月	795	116 334	2 084 240 827	17 916	4 365	405 560	4 337 402 513	10 695	1 880	202 874	1 826 638 631	9 004
8月	600	92 319	1 760 919 518	19 074	3 694	351 399	3 888 643 851	11 066	1 657	174 152	1 655 703 690	9 507
9月	532	75 712	1 566 979 900	20 697	4 736	459 755	5 376 295 626	11 694	2 269	221 085	1 817 404 563	8 220
10月	318	49 660	1 090 315 714	21 956	2 661	254 894	3 242 417 295	12 721	1 259	130 567	1 303 720 917	9 985
11月	1 067	135 452	3 237 897 969	23 904	3 824	350 658	4 250 708 264	12 122	1 468	152 752	1 426 946 389	9 342
12月	1 281	141 115	2 562 557 523	18 159	5 139	474 342	5 987 046 213	12 622	2 114	272 287	2 639 691 366	9 695

（李金标）

（四）住宅建设与保障

【**住宅及公建**】 全年住宅及商务新开工310.66万平方米，其中普通商品房184.31万平方米、配套商品房105.53万平方米、商务20.82万平方米。全年施工住宅面积765.4万平方米，办理公建施工面积150.99万平方米，竣工公建面积77.91平方米。全年安排市政工程29项，投资额1.71亿元，其中综合工程14项。安排公建38项，面积21.21万平方米，投资额16 484.403万元。其中市政道路3条竣工，教育公建5所竣工。配套费全年征收6.3亿元。（邹旭华）

【**住宅交付面积**】 全年住宅交付面积294.5万平方米，比上年下降11%。其中配套商品房交付面积140.6万平方米，占总交付面积的47.7%。“节能省地型四高小区”创建2个，验收4个，总建筑面积180万平方米。（周红玲）

【**落实10万平方米人才公寓**】 区财政回购翔泰苑439套约5.45万平方米的房源，计划收储君莲小区房源1.35万平方米；莘庄工业区自建的鑫泽阳光公寓370套、约2.23万平方米人才公寓，其中一期96套已入住，二期274套交付使用；社会出资建造的颛桥光华路人才公寓300套、约2.8万平方米结构封顶。全年落实1299套、11.83万平方米人才公寓房源可供使用。（姜莉蓉）

【**来沪人员居住点**】 全年新开工项目12个，新增建筑面积25.5万平方米，实际交付面积26.7万平方米。（姜莉蓉）

【经济适用住房】 12月18日经适房试点工作开展以来，全区各住房保障窗口发放宣传资料2万余份，政策咨询8 319人次；经初步预审后，领取申请表723户；正式受理587户。 （项建生）

【落实廉租住房】 全年新增廉租住房配租326户，发放租金补贴374.58万元。至年末，全区廉租住房配租979户，其中实物配租5户，发放租金补贴979.08万元。 （项建生）

【房屋拆迁】 全年核发《房屋拆迁许可证》28张，完成拆迁居民动迁10 151户，拆除房屋建筑面积220.55万平方米；完成拆迁单位1 337家，完成拆除非居住房屋159.49万平方米。受理房屋拆迁裁决申请132件，作出裁决105件；召开强迁申请听证会71次，实际强迁24户。（杨元发）

【旧区改造】 全年完成"平改坡"综合改造、旧住房综合整治工程量305万平方米，涉及52个小区，房屋1 060幢，受益居民户数42 474户。完成3.06万平方米的旧住房综合成套改造，326户居民回搬入住，全区完成旧住房成套改造5.53万平方米。 （牟　震）

（五）物业管理

【概况】 至2009年底，注册在闵行区的物业服务企业141家，其中一级资质的3家，二级资质的17家，三级资质的120家，三级暂定的1家。 （李　春）

【专项整治"群租"】 全年开展各类整治活动357次，出动整治人员3 251人次，整治"群租"1 573户。 （李　春）

【物业管理共建】 年内制定《闵行区公房、动迁房物业管理共建活动实施意见》，在全区112个小区开展物业管理共建试点活动，建筑面积500万平方米。通过物业管理共建活动的开展，有效解决部分小区物业无人管、小区不安全、物业服务不到位、居民意见大的问题，改善了部分小区的居住环境。 （李　春）

【文明竞赛评比】 全年评出区级住宅优秀小区20个，优秀小区经理20名，好当家10个，好管家10个。6个住宅小区被评为市优秀小区，4个非居住项目被评为市优秀大厦（工业区），11个小区经理获市优秀小区经理称号。 （李　春）

【加强物业管理】 开展国务院《物业管理条例》和《上海市住宅物业管理规定》以及物业服务分等定级收费标准的学习、宣传、贯彻。加强物业党建联建，促各方形成管理合力。开展迎世博相关工作，营造"世博文明进社区"的良好氛围，提高物业行业服务水平。加强对住宅小区安全防范工作的实施及监管力度，完善《闵行区房管系统2008年防汛防台应急预案》。完善物业服务行业监管机制，加强物业行风建设。加快住宅小区962121物业服务呼叫平台建设，并于6月15日正式运行。 （李　春）

（六）土地储备

【土地储备计划编制】 根据闵行区土地利用总体规划和城市总体规划，编制2009年闵行区土地储备计划，24幅地块293.67公顷，经市土地储备中心会签确认。 （蒋昌华）

【土地征收、储备】 2009年，闵行区有计划征收储备土地，合同征收马桥、华漕、吴泾、梅陇等21幅地块297.43公顷。完成对华漕、浦江、梅陇等23幅地块283.6公顷的实物储备。

2009年闵行区合同征收土地情况表

地块名称	四至范围	合同编号	签约时间	合计面积	
				公顷	亩
合计				297.43	4 461.40
马桥曙光路地块	东至曙光路，南至钢材厂，西至西芷泾河100米，北至劳家港延长线	闵土储收字(2009)第1号	2009.1.6	31.79	476.85

(续表)

地块名称	四至范围	合同编号	签约时间	合计面积	
				公顷	亩
华漕文体中心地块	东至纪翟路,南至华漕镇政府,西至诸新路,北至保乐路	闵土储收字(2009)第2号	2009.3.2	1.61	24.08
吴泾虹梅南路、曲吴路口地块	东至劳耐金属公司,南至曲吴路,西至虹梅南路,北至铁路	闵土储收字(2009)第3号	2009.3.31	1.76	26.42
梅陇209号地块(二期)	东至动迁基地,南至金都路,西至莲花南路,北至规划曙建路	闵土储收字(2009)第4号	2009.4.23	14.32	214.73
梅陇209号地块(三、四期)	东至高压控制线,南至规划曙建路,西至莲花南路,北至景联路	闵土储收字(2009)第5号	2009.4.23	17.04	255.65
梅陇5号地块	东至空地,南至厂房,西至厂房,北至双柏路	闵土储收字(2009)第6号	2009.5.12	0.90	13.52
马桥产业园区(光明乳业)	东至农田,南至铁路河,西至农田,北至企业	闵土储收字(2009)第7号	2009.7.6	18.33	275.00
北青路北A地块	东至规划路,南至北翟公路,西至横沥港,北至红线	闵土储收字(2009)第8号	2009.7.16	4.92	73.80
闵行看守所	东至宅基地,南至江川东路,西至横泾河,北至宅基地	闵土储收字(2009)第9号	2009.7.23	1.21	18.19
吴中路1388号地块	东至金汇路,南至吴中路,西至虹桥商贸城,北至先锋村	闵土储收字(2009)第10号	2009.9.7	3.22	48.30
华漕爱博家园三期	东至横沥港,南至北青公路,西至华翔路,北至红线	闵土储收字(2009)第11号	2009.9.29	47.09	706.33
浦江G4(A-08)	东至三鲁路,南至沈庄塘,西至规划红线,北至规划红线	闵土储收字(2009)第12号	2009.10.20	3.30	49.50
浦江G1-11	东至恒南路,南至规划红线,西至浦星公路,北至友谊河	闵土储收字(2009)第13号	2009.10.20	8.27	124.00
莲花路西地块(大飞机)	东至莲花路,南至铁路,西至规划红线,北至规划红线	闵土储收字(2009)第14号	2009.10.22	20.00	300.00
陇西水厂	东至万源路,南至淀浦河沪闵路,西至新泾港,北至古美西路	闵土储收字(2009)第15号	2009.11.10	29.66	444.89
吴泾环境整治A3地块	东至景东路,南至北吴路,西至虹梅南路,北至元江路	闵土储收字(2009)第16号	2009.11.13	24.28	364.13
浦锦路、张行路口地块	东至浦锦路,南至规划线,西至规划线,北至张行路	闵土储收字(2009)第17号	2009.12.1	1.03	15.50
马桥西蒲泾东地块	东至曙光路,南至马桥镇170、180地块,西至西蒲泾,北至规划线	闵土储收字(2009)第18号	2009.12.1	33.00	495.00
马桥镇沙溪河西地块	东至沙溪河,南至纬四路延长线,西至曙光路,北至水泥路	闵土储收字(2009)第19号	2009.12.1	32.33	485.00
梅陇金都路北莲花南路西地块	东至莲花南路,南至金都路,西至镇界,北至马西浜	闵土储收字(2009)第20号	2009.12.14	1.36	20.33
裕齐房产地块	东至规划线,南至金都路,西至规划线,北至马西浜	闵土储收字(2009)第21号	2009.12.15	2.01	30.18

2009 年闵行区实物储备土地情况表

地块名称	四至范围	批准号	批准时间	批准面积	
				公顷	亩
合计				283.6	4 254.2
华漕北青路北 A 地块	东至规划路,南至北翟公路,西至横沥港,北至红线	沪闵府土[2009]19	2009.1.15	4.9	73.5
恒星村东块	东至浦星公路,南至红线,西至红线,北至芦恒路	沪闵府土[2009]40	2009.2.20	2.7	40.5
陇西水厂	东至万源路,南至淀浦河沪闵路,西至新泾港,北至古美西路	沪闵府土[2009]50	2009.3.3	29.7	445.5
莘庄商务区西南地块 2-2,3-1	东至规划红线,南至淀浦河,西至中春路,北至红线	沪闵府土[2009]54	2009.3.10	2.5	37.5
七宝生态商务区 c 地块国有企业(永进精密机床)	东至新镇路,南至漕宝路,西至围墙,北至围墙	沪闵府土[2009]65	2009.3.23	0.6	9.0
马桥曙光路	东至曙光路,南至钢材厂,西至西芷泾河 100 米,北至劳家港延长线	沪闵府土[2009]77	2009.4.28	31.8	477.0
颛桥光明油脂厂	东至剑桥馨苑,南至颛兴路,西至都市路,北至六磊塘	沪闵府土[2009]78		5.8	87.0
蓝领公寓	东至三鲁路,南至昌林路,西至三达路,北至康华路	沪闵府土[2009]79	2009.4.29	4.0	60.0
梅陇镇 6 号	东至规划景东路,南至银都路,西至红线,北至红线	沪闵府土[2009]95	2009.5.25	2.6	39.0
莘庄商务区 1-7,1-8	东至横沥港,南至黎安路,西至七莘路,北至战斗河	沪闵府土[2009]96		2.4	36.0
颛桥 154 号引水工程-2	东至都庄路,南至六磊塘,西至红线,北至红线	沪闵府土[2009]97		2.6	39.0
莘庄地铁上盖	东至宝城路、水清路(东股)、5 号线用地边线,南至梅陇西路、莘朱路、江南苑用地界限,西至广贤路、水清路(西股),北至沪闵路、莘建东路	沪闵府土[2009]101	2009.6.4	11.8	177.0
颛桥镇剑川路一期	东至沪闵路,南至闵吴支线,西至中春路,北至剑川路	沪闵府土[2009]110	2009.6.17	22.5	337.5
莘庄商务区西南地块(国有、集体)	东至七莘路,南至淀浦河,西至中春路,北至黎安路	沪闵府土[2009]108	2009.6.25	32.6	489.0
漕浦商务 1 号	东至恒南路,南至联航路,西至浦星公路,北至友谊河	沪闵府土[2009]122	2009.7.2	22.1	330.9
吴泾综合整治梅陇地块	东至景洪路,南至红线,西至建设河,北至红线	沪闵府土[2009]134	2009.7.15	5.8	87.0
梅陇新中心 F 地块	东至西马屯泾,南至银都路,西至红线,北至春申塘	沪闵府土[2009]135	2009.8.21	10.0	149.3

(续表)

地块名称	四至范围	批准号	批准时间	批准面积	
				公顷	亩
梅陇镇209号动迁基地三、四期	东至高压控制线,南至曙建路,西至莲花南路,北至景联路	沪闵府土[2009]155	2009.8.21	17.3	259.5
梅陇镇209号动迁基地二期	东至动迁基地,南至金都路,西至莲花路,北至曙建路	沪闵府土[2009]89	2009.8.31	20.7	311.0
君莲居住区C地块(客车厂)	东至八尺沟,南至规划红线,西至都会路,北至红线	沪闵府土[2009]184	2009.9.30	4.8	72.4
虹桥交通枢纽配套商品房基地三期	东至华翔路,南至规划道路,西至横沥港,北至北青公路	沪闵府土[2009]234	2009.11.24	41.9	628.4
君莲居住区C地块(飞翼公司)	东至八尺沟,南至规划红线,西至都会路,北至老沪闵路	沪闵府土[2009]245	2009.12.2	3.4	51.1
闵行看守所	东至红线,南至江川东路,西至红线,北至德宏路	沪闵府土[2009]260	2009.12.15	1.1	17.1

(蒋昌华)

【储备土地农用地转用征用】 2009年,完成莘庄镇、梅陇镇和颛桥镇11幅地块农用地转用征用报批手续,批准农用地转用征用土地面积80.73公顷。

2009年闵行区储备地块农用地转用征用土地情况表

地块名称	所属镇	四至范围	面积				批文号
			地块总面积		农用地转用征用土地		
			公顷	亩	公顷	亩	
合计			99.36	1 490.38	80.73	1 210.95	
商务区西南地块	莘庄	东至七莘路,南至淀浦河,西至中春路,北至黎安路	32.60	489.00	16.75	251.25	沪府土[2009]121号
商务区1-7、1-8地块	莘庄	东至横沥港,南至黎安路,西至七莘路,北至战斗河	2.38	35.70	1.04	15.60	沪府土[2009]167号
梅陇6号	梅陇	东至景东路,南至银都路,西至宅基地,北至宅基地	2.60	39.00	2.58	38.70	沪府土[2009]249号
梅陇新中心F街坊	梅陇	东至西马屯泾,南至银都路,西至规划红线,北至春申塘	9.95	149.25	9.95	149.25	沪府土[2009]248号
吴泾综合整治梅陇地块	梅陇	东至建设河,南至规划红线,西至规划红线,北至双柏路	5.80	87.00	5.80	87.00	沪府土[2009]257号
颛桥镇剑川路	颛桥	东至沪闵路,南至剑川路,西至金平,北至吴闵支线	22.50	337.48	21.91	328.65	沪府土[2009]251号
商务区4-1地块	莘庄	东至七莘路,南至战斗河,西至意特尔(上海)有限公司,北至意特尔(上海)有限公司	3.90	58.50	3.89	58.35	沪府土[2009]465号
商务区1-6地块	莘庄	东至横沥港,南至仪华服饰有限公司,西至七莘路,北至黎安路	2.27	34.05	2.27	34.05	沪府土[2009]499号

（续表）

地块名称	所属镇	四至范围	面积				批文号
			地块总面积		农用地转用征用土地		
			公顷	亩	公顷	亩	
商务区 1－3 地块	莘庄	东至横沥港，南至市烟草专卖局闵行分局，西至七莘路，北至仪华服饰有限公司	1.80	27.00	1.80	27.00	沪府土[2009]500 号
梅陇新中心 A 街坊	梅陇	东至规划红线，南至银都路，西至莲花路，北至春申塘	12.96	194.40	12.96	194.40	沪府土[2009]563 号
颛桥 154 号引水工程－1	颛桥	东至莲花路，南至颛桥 154 号 G－2地块，西至都庄路，北至颛桥 154 号 D 地块	2.60	39.00	1.78	26.70	沪府土[2009]642 号

（蒋昌华）

【储备土地出让】 2009 年，出让华漕、虹桥、颛桥、浦江、梅陇、吴泾 10 幅储备地块 63.23 公顷，合同总收入 27.12 亿元。

2009 年闵行区储备地块出让情况表

分类	地块号	地块名称	四至范围	出让面积		合同总收入（万元）	出让方式	容积率	中标单位
				公顷	亩				
六类经营性	华漕北青公路北 A 地块	华漕北青公路北 A 地块	东至规划路，南至北翟公路，西至横沥港，北至红线	3.5	52.9	26 600.0	挂牌	2.5	上海东方国贸投资管理有限公司
	颛桥 220 地块	颛桥银桥花园菜场	东至规划红线，南至规划红线，西至都市路，北至伟都路	0.7	9.8	2 920.0	挂牌	1.0	上海长桥钢材市场经营管理有限公司
	轨道交通十号线吴中路停车场地块	轨道交通十号线吴中路停车场地块	东至虹莘路，南至虹泉路，西至外环线，北至吴中路	20.2	303.6	121 508.0	挂牌	2.3	上海申通地铁集团
	颛桥 223 地块	颛桥保龄球馆地块	东至都市路，南至金都路，西至红线，北至红线	4.0	59.6	28 010.0	挂牌	2.2	上海龙盛置业有限公司，上海宝燕投资有限公司
	浦江中心河南 5 号地块	浦江中心河南 5 号地块	东至浦秀路，南至江桦路，西至红线，北至红线	0.3	4.6	945.00	挂牌	0.6	中国石油化工股份有限公司上海石油分公司
	小计			28.7	430.5	179 983.00			
工业	浦江镇工-83 号	航天产业基地	东至三鲁河、南至友谊河、西至召楼路、北至江月路	4.8	71.6	3 344.00	挂牌	0.8—1.3	上海上发院发电成套设备工程有限公司
	小计			4.8	71.6	3 344.00			

(续表)

分类	地块号	地块名称	四至范围	出让面积		合同总收入(万元)	出让方式	容积率	中标单位
				公顷	亩				
配套商品房	梅陇陇西水厂配套商品房	梅陇陇西水厂配套商品房	东至用地红线,南至用地红线,西至新泾港,北至古美西路	5.0	74.60	28 365.2	项目招标		上海城开(集团)有限公司
	梅陇209号二期地块	梅陇209号二期地块	东至红线,南至红线,西至莲花南路,北至规划曙建路	6.5	96.80	17 385.9	项目招标		上海元宇置业有限公司
	梅陇209号三期地块	梅陇209号三期地块	东至高压控制线,南至规划曙建路,西至莲花南路,北至景联路	11.7	175.00	31 428.4	项目招标		上海中冶成工置业有限公司
	吴泾210-1、2地块	吴泾210-1、2地块	东至虹梅南路,南至塘泗泾,西至洪春泾,北至放鹤路	6.5	97.10	10 683.5	项目招标		上海星丽华置业有限公司
	小计			29.70	443.50	87 863.00			
总计				63.23	945.57	271 190.00			

(蒋昌华)

(七)建筑业

【概况】 2009年,全区实现建筑业总产值123.72亿元,比上年增长12.9%,其中实现建筑工程类总产值91.74亿元,比上年增长19.5%;实现安装工程类总产值18.21亿元,比上年下降6.2%;实现装修装饰类建筑业总产值14.75亿元,比上年增长91.8%。全区建筑业企业完成房屋建筑施工面积968万平方米,比上年增长20%;房屋建筑竣工面积408万平方米,比上年增长9.4%。 (黄洪亮)

【高资质建筑企业数量增加】 2009年,全区大型建筑业企业数量扩大,有资质的施工总承包和专业承包建筑企业158家,其中具有一级资质的9家,比上年增加3家,二级资质的38家,与上年基本持平,三级资质的111家,比上年增加10家。一级资质企业实现产值51.23亿元,占总产值41.4%。一级资质建筑企业对全区建筑业的拉动作用明显增强。 (黄洪亮)

【建筑队伍整体素质有待提高】 至年底,全区建筑业从业人员53 897人,其中中高级工程技术人才比重偏低,一级建造师363人,仅占从业人员的0.7%,工程技术人员5 916人,占从业人员的10.9%,低于全市平均水平。高级工程技术人才的不足直接导致闵行区建筑企业在承接高难度项目方面的能力不足,影响企业竞争力。

(黄洪亮)

(本栏目编辑 胡克群)

（一）综　述

至年底，闵行区域内公交线路55条。通往市中心线路72条，通往郊区线路38条，过境线路44条。年内公交新辟8条线路，调整10条线路。新辟闵行3路和13路，解决"森安苑"与"君莲小区"居民的公共交通出行难问题。新辟公交174路和调整公交浦江1路，解决浦江大型居住区公共交通问题。延长浦江1、3、5、8、9路等线路运营时间，配合地铁8号线延伸，进行站位或运营时间调整，使公交与轨道交通实现无缝衔接。改善乘客候车环境，建设公交终点站6座。新建122座候车亭。为方便社区居民出行，年内开设闵行社区巴士。

年内设立免费公共自行车1万辆，充分考虑社区与轨道交通站点、大型商业区、医院、学校等区域的衔接，以莘庄、梅陇、浦江、江川为试点区域，建成200个自行车网点，改善区内居民"最后一公里"出行难问题。同时积极拓展出行方式，开展电子轨道交通试验段建设前期工作。

轨道交通5号线全年运行11.96万列次，比上年增长0.2%；客流量3 729万人次，比上年增长2.4%；日均客流量10.21万人次。全年完成营运里程194.83万列公里，比上年增长0.1%。

全年机动车维修经营许可47件，完成三类约300家汽修企业整治、审核和换证工作，在"迎世博—上海汽车售后服务文明诚信百强企业创建评选活动"中，闵行区管辖的27户企业上榜，占全市"百强"的四分之一以上。

做好铁路道口安全监护和看守工作，完成监护员新老交替，10月中旬组织73名监护员分两批参加市道口办组织的全员业务培训并通过测试。2009年，区境轮渡客渡运量1 637.44万人次。　（林英盈）

（二）陆上运输管理

【运输经营许可】 全年许可总数334件（其中专业运输经营82件），新增营运车辆3 520辆；公共停车场（库）经营备案件30件；公共停车备案现场勘察30户，出动90人次。　（林英盈）

【新增机动车泊位】 全年新增机动车泊位1 766个，其中南方友谊商城地下停车库和莘庄地铁广场公共停车场扩容新增泊位1 506个，新增道路停车泊位260个，缓解停车难问题。　（林英盈）

【危险品运输安全监管】 对危险品运输企业着重检查安全管理制度执行、应急预案建立、安全防范保障和从业人员教育，年内召开企业例会4次，签订安全责任书29户，现场检查59户（次），大型消防抢险灭火演练和培训1次。　（林英盈）

【提升停车业态服务水平】 抓窗口服务形象和服务水平提升，年内现场检查70户，完成诚信考核70户，全部为AA级。　（林英盈）

【专业货运公司车容车貌治理】 年内监管30辆车以上企业30户，完成年审2 574户、车辆

13 562 辆。车辆技术管理二级维护 20 685 辆,等级评定 12 179 辆。 (林英盈)

(三)公交客运管理

【概况】 2009 年,区域内 11 条公交线路的调整优化列入区政府实事项目,实际新开公交线路 8 条,调整线路 10 条,新开区域性线路全部采用单一票价。公交营运管理信息化平台进入全面建设阶段,完成 2010 年公交政府财政补贴预算方案的编制工作,完成公交专用道规划、公交站点规划的编制工作。 (林英盈)

【行业监管】 年内组织区运管所、交通行政执法大队、区乘客管理协会进行检查。终止沪闵路原东坪线、徐闵线的承包经营模式,探索公交线路"民转公"的经营模式,市民对公交行风满意度评价有较大提高。 (林英盈)

【公交线网建设和调整审批】 全年办理手续总数 68 件。校车备案 64 户,车辆 212 辆,培训驾驶员 321 人。 (林英盈)

【公交场站建设和管理】 推进市、区重大工程(公交场站)建设,对已建成的轨道交通站点进行综合交通设施改造,辟建社会机动车辆和非机动车辆停放场、出租车候客点,增设公交线路终点站。加快推进候车亭建设,确立 3 年内闵行区公交站点候车亭设置全覆盖的目标。 (林英盈)

【完善闵客运管理机制】 年内引入市场化管理方式,创新国有公交公司管理机制,通过招投标方式委托具有资质的企业进行管理,区交通主管部门负责指导和监管。至年底闵客运公司承接 25 条区域性公交线路的营运任务,服务质量得到群众好评。 (林英盈)

(四)港航管理、海事执法

【迎世博相关水域专项整治】 年内,规范水上交通标志、船舶船名标志、船舶航行、停泊秩序、船舶防污染设备。对黄浦江 6.8 公里水域内的 40 艘浮吊船进行规范管理,设置围砂栏、统一台账、建立安全制度、检查锚泊及系缆设施、张贴统一安全生产标语等措施,以强化浮吊船作业人员的安全意识,减少浮吊船作业过程中安全事故的发生。加强辖区渣土及泥浆船舶的有效监管,对辖区内所有装运渣土及泥浆的船舶进行安检、注册备案,并实行"一船一档",发放专用船牌,要求经营单位建立安全管理制度,杜绝船舶乱排放行为和无证船舶参与营运。对 10 艘不符规范的运泥船舶进行停运整改,对 2 艘违章运泥船进行处罚。 (林英盈)

【加强迎世博安保】 年内新建和改建 3 个应急物资储备仓库,并完成消防、救生、防污 3 大类 27 种应急抢险物资的配置;落实世博安保检查点的设施设备和人员配备、专用临时停泊区的设置和租用,以及应急救助保障工作。抓好港口重点码头单位、渡口渡船及七宝旅游船的安全监管和服务工作,确保港口安全无事故。 (林英盈)

【辖区码头市容环境整治】 年内辖区内 95 家港口经营企业码头前沿生活垃圾回收桶统一设置,71 户有一定规模的港口经营企业码头设置船舶停泊标志牌以及阻车栏,码头船舶停泊秩序、水域和陆域环境卫生有了明显改善。 (林英盈)

【规范内河老码头经营许可】 完成辖区 31 家无证老码头临时经营许可的发证工作。加强对无证老码头规范经营的宣传力度,对辖区所有无证码头发放港口经营许可告知书。辖区经营企业持证率 75% 以上,港区码头经营秩序得到规范。 (林英盈)

【内河岸线许可证核(换)发】 年内对已取得《港口岸线使用证》或持有相关批文的港口经营企业组织开展港口岸线使用证核(换)发工作。全年完成对辖区 16 家企业的港口岸线使用证核(换)发。 (林英盈)

【港口码头安全检查】 根据市交通港口局工作要求,落实制订安全生产执法行动、治理行动、宣传教育行动实施方案,并开展相关宣传检查工作。在为期 5 个多月的行动中,开展宣教行动 6 次;检查辖区码头 260 户次、水运企业 6 户,排查治理安全隐患35处，整改率100%；没缴假适任证书18本，罚金17 000元；船舶配员不足13起，罚金13 700元；未携带营运证从事运输2起，罚金4 000元；未经许可，擅自过驳危险货物1起，罚金2 500元。9月中旬至11月中旬对辖区港口企业安全生产隐患，扬尘、噪声等扰民情况开展地毯式集中检查治理。检查港口经营企业、危品装卸及临时滩涂130多个，发出整改通知单55份，并落实跟踪和回查制度。（林英盈）

【内河航运建设】 年内投入资金37万元，完成对辖区大治河、淀浦河、北沙港主干航道交通标志的设置安装工作，安装提示、禁令标志14块，桥梁标志、桥名牌标志22套（组）；投入资金300万元，完成对辖区淀浦河长5 370米的航道疏浚工作；对辖区内沿跨航道桥梁进行总体排摸和隐患排查，排摸排查沿跨航道桥梁213座，向相关部门（单位）发出存在安全隐患的桥梁通知函12份。（林英盈）

（五）轮渡

【概况】 2009年，闵行区境轮渡客渡运量1 637.44万人次，营业收入1 193.53万元，均比上年略有下降。

2009年闵行区境轮渡航线（渡口）客流量及营收情况表

轮渡航线（渡口）	客流量（万人次）	营业收入（万元）
西闵线（闵行渡口）	1 155.50	779.24
杜吴线（吴泾渡口）	291.41	268.74
陈车线（车沟桥渡口）	190.53	145.55

（傅　斌）

【闵行渡口迁建选址核准】 12月24日，市规土局下发《关于核发闵行渡口迁建工程〈建设项目选址意见书〉的通知》，核准建设用地位置为闵行区浦江路兰坪路口。拟建设规模1 200平方米（以审定的设计方案为准），建筑高度、层数不超过10米。（傅　斌）

【“上海轮渡”网站试运行】 年内，市轮渡有限公司开通“上海轮渡”网站（www.shanghaiferry.com）并试运行。内容有车、客渡时间表、渡口地址、查询电话、首末航班时间，还有渡口周边的公交信息，以方便乘客换乘。如遇黄浦江高潮位、大风、迷雾等恶劣气候引起的轮渡停航，即在第一时间通过网站、轮渡站告示、电子显示屏、轮渡站广播等形式告知广大乘客。（傅　斌）

【乘客满意度指数提高】 全年乘客满意度指数平均为84.5分，比上年提高1.05分。区境轮渡航线得分情况：陈车线85.23分、杜吴线84.89分、西闵线82.67分。闵行轮渡站沪航客84号渡轮在“全国水运系统船舶班组安全竞赛”活动中获“安全优秀班组”称号。（傅　斌）

（本栏目编辑　胡克群）

二十二、信息化管理

（一）综　述

2009年，全区“无线城市”（二期）建设稳步推进。年内新增梅陇新都会、南方商城商圈、龙茗路十尚坊、上海交大农学院、新侨学校、上海电机学院、闵行区中心医院、闵行区科委等重点区域的无线网络覆盖。新建无线AP 588个、新建50幢商务楼室内分布系统。协调区内150条道路的信息管线集约化建设，信息管线建设230沟公里、1 080孔公里。

全区九个社区学校被指定为“千村万户”农村信息化培训点，全年完成1 364人培训和2.67万人宣传普及，分别完成年度指标的105%和111%，位居全市第二位。建立村级农村信息化带头人队伍，完成全区132个行政村网站信息采集、信息上传、网站建设工作，“一村一网”建设工作平均得分228分，名列全市第一。企业信用信息共享平台二期建设顺利推进，共收集11家政府部门掌握的7.73万家企业信用监管信息21.51万条。

“上海闵行”政府门户网站获2009年度“中国政府网站领先奖”。公务网文电传输系统发放红头文件、报告、请示等638件。区级人口信息库入库数据约200万人，其中户籍人口约94万人，外来流动人口约89万人。完成村“四本台账”项目区级平台的开发建设，实现查询、统计和分析等功能。全年受理市民社保卡申领6万张，发放社保卡5.9万张。受理临时居住证的申领新办20.6万张，发放正式居住证1.1万张。

（胡克群）

（二）信息基础设施建设

【概况】 年内，配合市建工集团完成浦江镇谈家港和鲁汇两个大型居住社区的信息基础设施规划编制工作。协调管理区内150条道路230.3沟公里、1 080孔公里的信息管线集约化建设。协调配合区市政道路改造和试点工程建设，做好吴中路架空线入地工程，做好包括前期现状摸底、需求汇总、委托设计、编制工程概算、商谈资金出资问题、新建通信管道及架空线搬迁实施方案等各环节的沟通协调工作。

（金淑蓉）

【信息窨井盖被盗补盖】 全年处理249起信息窨井盖被盗丢失补盖工作，及时处理率100%。

（金淑蓉）

【落实TD基站建设任务】 年内，落实拥有国家自主知识产权的TD业务建设推进工作，组织召开闵行区推进3G网络发展暨TD—SCDMA网络建设和应用工作会议，全面推进闵行区TD基站建设任务，全年完成57个新建基站的选址签约任务。

（金淑蓉）

（三）政务领域信息化

【概况】 2009年，根据区电子政务发展规划的部署，重点推进“一体化电子政务平台群”建设。完成《闵行区网上行政审批平台建设实施方案》，明确区网上行政审批平台的设计理念、总体架构和基本功能，并提交项目建议书初稿。启动闵行区城市综合管理及应急联动中心建设。

（金淑蓉）

【“一体化电子政务平台群”建设】 根据区电子政务发展规划的部署，年内重点推进“一体化电子政务平台群”建设，该平台具备邮件、会议通知、日程安排、公文等基础应用，提供统一用户和组织架构、统一消息、统一日志、搜索等众多应用支撑服务，增加人口数据分析展示平台，为协同办公、应用开发提供强有力的支撑服务。

（金淑蓉）

【推进网上行政审批平台建设】 年内成立由区发改委、科委、建交委、监察局、规土局、证照中心（审改办）及“上海闵行”网站等部门组成的“闵行区网上行政审批平台建设项目小组”，在走访调研的基础上，结合市级平台建设要求及闵行区现状，形成闵行区平台建设思路，完成《闵行区网上行政审批平台建设实施方案》，明确区网上行政审批平台的设计理念、总体架构和基本功能，确定项目建议书和可研报告的编制单位，并提交项目建议书初稿。（金淑蓉）

【建设闵行区城市综合管理及应急联动中心】 年内成立区城市管理及应急联动中心建设领导小组。通过整合区城市公共管理和应急指挥的资源，搭建共享平台，充分发挥公安系统、城管系统等的管理职能，实现社会服务大集中、管理力量大整合、矛盾隐患大排查、社会治安大联防、行政执法大联动、应急指挥大调度，建立集服务、管理、执法三位一体的城市综合管理工作新格局。经过调研排摸，明确需求，编写项目建议书、工程可行性报告和初步设计方案等材料，8月组织专家对项目建议书进行论证，并经区发改委批复。10月组织专家对工程可行性报告和初步设计方案进行评审，形成评审意见，即进行招标、审价、采购等工作。（金淑蓉）

（四）社会领域信息化

【概况】 全年受理市民社保卡申领6万张，发放社保卡5.9万张。“无线城市”（二期）建设大大提升商务人士在楼宇内使用移动通信和无线宽带的效率，为区域招商引资提供有力支持。年内建设闵行区企业信用信息共享平台（二期），初步实现区内企业部分信用监管信息共享和应用，为政府调控和监督经济运行提供依据。（金淑蓉）

【完成社保卡、居住证工作】 2009年，全区办理0—6岁儿童卡/学籍卡24 393张，发放敬老服务专用卡8 676张，发放临时居住证205 522张，正式居住证10 812张。（金淑蓉）

【企业信用信息平台（二期）建设】 年内建设闵行区企业信用信息共享平台（二期），将分散在政府部门中的企业信用记录进行整合和共享，涵盖区内11家政府部门77 317家企业的215 089条数据，初步实现区内企业部分信用监管信息共享和应用，为政府调控和监督经济运行提供依据。

（金淑蓉）

【“无线城市”（二期）建设】 在2008年实现区政府大院无线上网全覆盖和莘庄地铁南广场、紫竹科学园区内热点区域的无线上网覆盖的基础上，2009年新增包括梅陇新都会、南方商城商圈、龙茗路十尚坊、上海交大农学院、新侨学校、上海电机学院、闵行区中心医院、闵行区科委等重点区域的覆盖。同时，在2008年完成77幢商务楼宇室内分布系统建设的基础上，2009年又新建无线AP 588个、新建50幢商务楼的室内分布系统，为区域招商引资提供有力支持。（金淑蓉）

（五）信息化环境建设

【概况】 2009年，全区9个社区学校被指定为“千村万户”农村信息化培训点，完成社区学校教师岗前培训工作并将培训教材分发，培训宣传工作陆续在各镇开展。区政府年内与中国电信上海公司、上海移动、中国联通上海分公司三大通信运营商分别签署合作协议。（金淑蓉）

【开展“千村万户”信息化培训普及工程】 年内成立工作小组，并给各镇下发通知，明确培训和宣传普及指标。全年完成1 364人培训和2.67万人宣传普及，分别完成年度指标的105%和

111%,宣传普及率位居全市第二名。建立一支村级农村信息化带头人队伍,完成全区132个行政村网站信息采集、信息上传、网站建设工作,“一村一网”建设工作平均分228,名列全市第一。(金淑蓉)

【与三大通信运营商分别签订合作协议】 7月17日,区政府与中国电信上海公司签署《推动闵行区新一轮信息化建设合作协议》,进一步深化双方在信息化领域的战略合作关系。7月23日,区政府与上海移动签署《关于进一步推进闵行区信息化建设的合作备忘录》,就进一步深化信息化应用领域的合作内容,共同制定详细的合作计划。11月24日,区政府与中国联合网络通信有限公司上海市分公司签署《战略合作框架协议》,共同促进闵行产业结构调整,促进闵行信息产业和信息服务业的发展。区相关部门逐步落实协议有关内容,与三大通信运营商建立工作例会制度,推进全区信息化跨越式发展。(金淑蓉)

(本栏目编辑　孙慧娟)

二十三、邮政·电信

（一）综　述

2009年,全年邮政服务业实现业务收入4.55亿元,比上年增长19.7%。全年收寄各类国内、国际函件6 665万件,比上年增长2.3%;收寄国内、国际包件90万件,比上年下降11.9%;收寄邮政特快专递418万件,比上年增长40.3%;邮政储蓄余额65亿元,比上年增长10.2%;全年发送各种报刊杂志13 715万件,比上年下降18.0%。

全年电信业务收入14.12亿元,比上年增长11.6%。年末交换机总容量97.99万门,比上年增长5.8%,实装率84.6%;电话用户82.90万户,比上年减少1.95万户;其中,ISDN 1.07万户,增加500户,容量2.50万门,与上年基本持平。ADSL业务发展良好,至年末,全区ADSL用户数36.31万户,比上年增长11.2%。IPTV业务发展迅速,年末用户数10.51万户,比上年增长43.2%。

全年移动通信业务总收入14.99亿元,比上年增长1.1%。移动通信用户191.3万户,比上年增长7.4%。至年末,区内移动营业厅网点25家,移动专营店16家,单店77家。全区移动通信基站点683个,其中2G宏站352个,室内覆盖169个,小区覆盖141个。TD基站343个,其中独立基站21个。年内小区宽带等移动新业务个人用户月均12.13万户。　（胡克群）

（二）邮　政

【概况】　上海市邮政公司闵行区邮政局(以下简称区局),2009年下辖邮政支局22个、邮政所62个。年末全部职工及其他从业人员1 832人。服务面积435平方公里、人口300万人。全年邮政服务业实现业务收入4.55亿元,比上年增长19.7%。

2009年上海市邮政公司闵行区邮政局情况表

项　目		数　量
邮政支局	(个)	22
邮政所	(个)	60
其中:设在农村的邮政支局、所	(个)	8
提供邮政全功能服务	(个)	41
城镇投递路线(单程总长度)	(公里)	5 745
农村投递路线(单程总长度)	(公里)	4 930
城镇每日平均投递次数	(次)	3
农村每日平均投递次数	(次)	2
邮政业务总量	(万元)	58 435
邮政业务收入	(万元)	45 500

2009年上海市邮政公司闵行区邮政局业务收入情况表

主　要　业　务		业务量
邮政业务总量	(万元)	58 435
国内函件	(万件)	6 531

（续表）

主 要 业 务		业务量
国际函件	（万件）	125
国内包件	（万件）	103
国际包件	（万件）	3
汇票	（万张）	71
报纸累计份数	（万份）	13 425
杂志累计份数	（万份）	357
国内特快专递	（万件）	375
国际特快专递	（万件）	431
集邮枚数	（万枚）	660

（*唐登发*）

【开展迎世博和服务创建活动】 区局把迎世博工作与服务创建活动有机地结合起来，进一步突出"用心服务、优质服务、满意服务"的工作内涵，积极开展优质服务达标和服务明星评比活动。明确支局主要负责人为服务质量第一责任人，确保迎世博和服务创建活动组织落实、措施落实和责任落实；开展降低11185投诉活动。制定和下达投诉指标值，实施服务投诉责任连带考核机制，全年11185投诉8 230次，比上年减少1 070次，降低13%。年内，区局收到和市公司转来各类表扬信127件。（*唐登发*）

【改善用邮和工作环境】 全年区局投入600余万元，对各邮政网点进行程度不同的改造装修，使局所面貌和生产环境得到明显改善：新增和更新生产用空调51台；更新投递自行车424辆；78个营业网点安装世博门票销售机82台；更新45个储蓄网点105台操作终端；新增监控摄像头112只、红外监控器54只、数字监控录像机15台、110主机6台、110按钮47只、防卫器具120根、提解款箱15只；邮资机、信函过戳机和包裹捆扎机等生产设备完好率保持在99%以上；加强区局通信综合网系统设备维护，保持良好运行状态。（*唐登发*）

（三）电　信

【概况】 2009年，上海市电信有限公司莘闵电信局（以下简称莘闵局）全年完成经营业务收入14.56亿元，其中主营业务收入14.33亿元。宽带用户净增35 619户，总户数39.17万户；IPTV用户净增30 757户，总户数10.23万户；"我的E家"净增58 470户，完成全年指标的122.81%；"商务领航"净增31 036户，完成全年计划的283.43%；发展移动活跃用户86 724户，超额完成上级公司下达的C网任务。

2009年上海市电信有限公司莘闵电信局营业网点情况表

网点名称	地　址	营业时间
莲花南路营业厅	莲花南路1098号	周一至周日　8:30—17:00
平南路代办点	平南路29号	周一至周日　8:30—17:00
虹梅路代办点	虹梅南路688号	周一至周日　8:30—17:00
梅陇路代办点	梅陇路296号	周一至周日　9:30—17:30
沪闵路营业厅	沪闵路232号	周一至周日　8:30—17:00
剑川路营业厅	剑川路180弄20号	周一至周日　8:30—17:00
三鲁路营业厅	三鲁公路2401号	周一至周日　8:30—17:00
电信世界吴中路店	吴中路913号	周一至周日　8:30—20:00
姚虹路营业厅	姚虹路251弄1号	周一至周日　8:30—17:00
电信世界北翟路店	北翟路5108号	周一至周日　8:30—20:00
航新路营业厅	航新路218号	周一至周日　8:30—18:30
电信世界七莘路店	七莘路2321号	周一至周日　8:30—20:00
新镇路代办点	新镇路1285号	周一至周日　8:30—17:00
龙茗路营业厅	龙茗路951号	周一至周日　8:30—17:00

（续表）

网点名称	地　址	营业时间
莘东路营业厅	莘东路199号	周一至周日　8:30—20:30
水清路营业厅	水清路5号	周一至周日　8:30—17:00
电信世界腾冲路店	腾冲路55号	周一至周日　8:30—20:00
颛兴路代办点	颛兴路215号	周一至周日　8:30—17:00

（吕　斌）

【区域信息化建设成效显著】　7月17日，莘闵局与闵行区政府签订《推动闵行区新一轮信息化建设合作协议》与《闵行区城市管理及应急联动中心视频图像系统租用合同》。根据协议，双方将重点在“平安城市”领域展开合作。莘闵局将为闵行区建设和维护“城市管理及应急联动中心视频图像系统”，3年内实现安装摄像点10 000个，该项目不仅业务收入将创造年产5 000万元收益，还对“城市光网”战略起到重要而又积极的意义。该项目的建成使得光纤网络覆盖全区，基本是吸纳闵行全区各人口密集场所的安全管理覆盖，为电信信息应用业务拓展打下扎实基础。年内，在上海瑞金医院闵行分院打造3A化“无线数字医院”，探索如无线医嘱、远程心电图传送、无线电子病历查询等各项混合型医疗应用，创医疗信息化新模式。利用光网络开发“公安数字巡防”系统，不仅提高公安对车牌信息排查的效率，又首次将EVDO/VPDN技术运用到行业应用中，为处理交通违章提供依据。配合闵行区科委（信息委）、区妇联在区9个乡镇深入开展“千村万户”信息化宣传普及工程。至年末完成总计26 716人的信息化宣传普及工作；推进为闵行区党员远程教育项目的后续平台建设工作，全年建设完成198个站点，全区共计平台750个站点，基本覆盖全区九个镇、三个街道及一个工业区的基层单位，完成区委组织部的党员远程教育信息化覆盖任务。（吕　斌）

【移动业务发展实现规模增长】　年内制定“以E家为主线，行业解决方案为亮点”的发展战略，全面深化全业务经营品牌体系。在区域内各大商圈开展5场“天翼”189大型路演活动，同时关注校园特殊消费群体，紧抓校园营销商机，在各大高校先后开展校园天翼现场宣传活动。活动期间通过录取通知书夹寄电信UIM卡、设立天翼短信平台、进入校园论坛、建立校园套餐公网BBS等措施扩大品牌知名度与影响力。组织政企中心联合区局前后端各部门与机关组成“专业市场扫荡团队”，通过在各大专业市场上门推销旺铺通套餐，E家融合套餐完成率位列全市区局前列。（吕　斌）

【推进多元化销售渠道建设】　2009年新增业务代办点8处。电子渠道方面，制定《莘闵电子渠道和实体渠道建设方案》，同时建成拥有10人座席的10 000号外呼平台，年内完成133、153客户维系、手机彩铃电话营销、欠费催缴、终端质量回访等专题项目9项，涉及目标用户11万余户。实体渠道方面，建成移动终端销售专营店2家，待开张1家，另设终端销售专柜12家。（吕　斌）

【网络建设与优化】　面向网络质量，通过加快基站建设、推进“城市光网”战略，全年新建宏站58个和2个骨头站；楼宇无线覆盖75幢；WLAN热点与热区放装建设完成108个，建设开通69个PON验收；完成重型厂、皇都花园等软交换割接工作。至年末实现区域内用户2M带宽升速完成率97.31%，4M覆盖90.99%，8M带宽74.15%；商务楼PON覆盖47幢，闵行地区内整个网络能力得到显著提升。（吕　斌）

（四）移动通信

【概况】　2009年，闵行区内移动通信用户191.31万户，较上年增长7.35%。至年末，区内移动营业厅网点25家，移动专营店16家，单店77家，起到方便客户缴费、填补营业网点缝隙的作用。全年有移动通信基站点683个，其中2G

宏站352个,室内覆盖169个,小区覆盖141个;TD基站343个,其中独立基站21个。

2009年中国移动通信集团上海有限公司闵行分公司所属营业厅情况表

营业厅	营业时间	地　址	营业厅性质
南方营业厅	9:00—19:00	古方路18号南方商务大厦	自营
东川路动感地带品牌店	9:00—21:00	东川路821号、825号、829号	自营
七宝营业厅	8:30—22:00	闵行七宝镇七莘路3017号	合作
莘庄营业厅	8:00—18:00	闵行区莘凌路261号	自营
都市营业厅	8:30—18:30	都市路5042号	自营
吴中营业厅	9:00—19:00	闵行吴中路1100号	自营
七莘营业厅	9:00—19:00	七莘路2916号	自营
莘松营业厅	7:30—22:30	闵行区莘松路195号	合作
兰坪营业厅	9:00—18:00	闵行区兰坪路186号	自营
龙柏营业厅	8:30—17:30	闵行区龙柏街道航东路528弄60—66号	自营
吴泾营业厅	8:30—17:30	闵行区吴泾镇龙吴路5540号乙、丙	自营
颛桥营业厅	8:30—17:30	颛兴路100弄1号101室	自营
诸翟营业厅	8:30—17:30	华漕镇北翟路5088弄23—24号	自营
漕宝路营业厅	9:00—19:00	闵行区漕宝路1070—1072号	自营
浦江营业厅	8:30—17:30	闵行区北江燕路236—240号	自营
锦梅路营业厅	8:30—17:30	闵行区锦梅路621—623号	自营
马桥营业厅	8:30—17:30	马桥镇富岩路321—323号	自营
鲁汇营业厅	8:30—17:30	闵行区闸航路2718号	外包
春光营业厅	9:00—18:00	闵行区颛桥镇春光路695—697号	外包
紫竹营业厅	周一到周五9:00—18:00(周末不营业)	闵行区东川路555号	自营
纪王营业厅	8:30—17:30	闵行区纪王镇纪高路158号	外包
北广场营业厅	9:00—19:00	闵行区莘建东路232号	外包
杜行营业厅	8:30—17:30	闵行区淡中路69—73号	自营
静安新城营业厅	8:30—18:30	闵行区龙茗路1818号	外包
曹行营业厅	8:30—17:30	虹梅南路3063号	外包

(孙文斐)

【加速推进闵行区信息化建设】 7月23日,上海移动与闵行区人民政府共同签署《关于进一步推进闵行区信息化建设的合作备忘录》,首个社区政务信息服务平台"社信通"在古美路街道启动运行。11月19日,闵行移动与浦江镇人民政府签署信息化建设合作协议,实现以信息化带动工业、教育、医疗等多方面产业链发展。通过加快信息基础设施建设,有效推进闵行区基础性信息平台的发展。(孙文斐)

【提升迎世博服务质量】 积极开展迎世博、讲文明、树新风"三五"集中行动,在每月5日的"窗口服务日"集中行动计划中陆续开展客户意见征集、世博标准服务示范展示、便民服务设施人性化投放等利民措施。开展“阳光设摊”行动,在学校、商业圈、地铁站等区域开展针对不同目标人群的差异化活动,实行服务前置。闵行移动“绿色沟通”志愿者团队亮相闵行区世博倒计时200天主题集会,为广大消费者提供绿箱子环保计划、G3产品体验、信息化产品展示等服务。优化网络质量,建立闵行分公司内部TD投诉客户服务虚拟团队,确保信息沟通顺畅,提升处理效率。

(孙文斐)

【建立网格化服务体系】 闵行移动围绕“一区域、一镇、一街道、一村”的重点发展策略,建立区域网格化的服务体系。虹桥枢纽以小区宽带、楼宇专线接入为发展侧重点,借助基础建设配套契机,加快传输在该地区的布局。九星村以中小企业产品推荐为主,主推商信通、企信通、彩铃、总机等产品。古美路街道以社区通、短信类业务发展为重点,加强政企联动,协助政府建立与群众间的信息互动,提升社区综合管理品质。浦江镇围绕漕河泾开发区浦江高科技园区、航天产业基地等新兴园区基地,积极挖掘客户全业务需求,以专线、行业应用等综合解决方案为主导,快速打开浦江镇集团业务发展局面。聚焦无线城市数据应用,探索在政府支持下的无线数据应用项目,先后与浦江镇政府、闵行区应急联动中心等企事业单位展开移动业务项目合作,开辟以政府促信息化建设的一条新路。

(孙文斐)

(五)联　通

【概况】 1月1日,中国联通上海闵行分公司成立。公司位于报春路229号3楼,经营闵行区域联通网络规划与维护、业务经营与拓展、客户服务和维系等全方位服务。

2009年中国联通上海市闵行分公司所属营业厅情况表

营业厅	地　址	营业时间
疏影路营业厅	疏影路709号	8:30—18:30
莘庄营业厅	莘建路166号(近莘中路)	8:30—18:30
闵行营业厅	沪闵路131号(近新闵路)	8:30—18:30
莘朱路营业厅	莘朱路379号(近地铁南广场)	9:00—19:00
吴泾营业厅	龙吴路5542号(近剑川路)	8:30—18:30
七宝营业厅	富强街88号(近七莘路)	8:30—18:30
浦驰路营业厅	浦驰路318号	8:30—17:00
航中路营业厅	航中路374号	9:00—19:00

(严蓓蕾)

【276个WCDMA基站落户闵行】 10月1日,中国联通在上海等全国55个城市宣布WCDMA正式商用,与国际主流的3G标准接轨。WCDMA制式的3G在全世界多个国家和地区得到广泛应用,通过3G精品网络,用户可以享受到高品质、高速率、高可靠性的3G业务。包括无线上网卡、可视电话、手机上网、手机搜索、手机音乐、手机电视、手机报、手机邮箱等,最高传输速率可达7.2兆。在闵行有276个WCDMA基站,全区覆盖率85%。

(严蓓蕾)

【闵行区与上海联通开展战略合作】 11月24日,闵行区政府与上海联通正式签署战略合作框架协议。双方重点加强5个方面合作:(1)加大基础建设力度,进一步提升闵行城区信息化功能。(2)努力服务民生,惠及闵行百姓。(3)服务精彩世博,做好通信保障。(4)推动信息技术应用,提升企业信息化水平。(5)提高服务质量,促进行风文明建设。

(严蓓蕾)

(本栏目编辑　孙慧娟)

二十四、环境保护

（一）综　述

2009年，闵行环保工作探索“以环境保护优化经济发展”的有效途径，在“保增长”的同时促进经济转型、实现主要污染物排放的大幅削减，着力化解重大建设项目以及居民房前屋后的环境矛盾，改善环境民生，维护社会和谐与稳定。在密集的市政重大工程建设的同时维持良好的城区环境质量，保障环境安全，为迎接世博会的召开奠定坚实基础。谋划生态文明建设蓝图和“十二五”环境保护对策，为进一步推动“资源节约型、环境友好型”城区建设明确目标和路径。

（叶子瑞）

（二）环境综合整治

【概况】 2009年是第四轮环保三年行动计划的开局年，至年底，55项任务全部启动，有6项提前完成。推进污染减排，全区二氧化硫累计削减1 502吨，污水收集处理率超过82%，提前完成“十一五”减排任务。环境质量稳定改善，主要河道水质总体趋好；环境空气质量优良率91.2%，连续两年稳定在90%以上。　（叶子瑞）

【河道整治】 2009年，全区污水收集管网及农村地区污水处理设施进一步完善，全区新增污水收集管网7.81公里；完成8个老小区雨污水管网改造；完善浦江、马桥、颛桥等镇8 000多户农民宅基地生活污水处理，新建污水处理设施403套；整治新开河、金彭河等黑臭河道12公里。

（叶子瑞）

【环保投入43.93亿元】 全年环境保护投资总额43.93亿元，占增加值3.55 %，其中污染源控制159 692.03万元，生态建设4 985.48万元，污水收集、处理69 788.19万元，清洁能源替代、集中供热16 535.79万元，园林绿化54 163.41万元，河道整治30 251.80万元，垃圾处理28 035.40万元，环境管理能力建设1 971.00万元，环保设施运行费37 358.58万元，其他36 524.19万元。　（叶子瑞）

【工业污染治理】 全年安排工业污染治理项目22个（其中工业废水6个、废气15个、其他1个），完成污染治理投资5 609.2万元。在工业废水污染治理方面，投资972万元完成5个项目。至年底，全区工业废水治理设施174套，处理能力达到21.83万吨/日，工业用水重复利用率42.33 %，工业废水排放达标率100 %；在工业废气污染治理方面，投资4624.2万元完成13个大气污染物治理项目，其中治理燃料燃烧废气项目10个，治理工艺废气项目3个，新增废气处理能力18.75万标立方米/时。　（叶子瑞）

【吴泾工业区综合整治】 至2009年底，闵行区累计完成居民动迁2 380户，占计划动迁2 587户的92%。通过持续4年多的污染企业和生产线关停、产业和产品结构调整、节能减排、清洁生产等一揽子措施，治理工作取得很大成效：至年底,关停重点污染企业(生产线)37 家,完成 31 项污染治理项目,完成率 85%。通过综合整治削减主要污染物工业废水 513.2 万吨/年、工业废气 341 399 万标立方米/年、二氧化硫排放量 2 740 吨/年、苯并(a)芘 1.472 吨/年。经市环境监测中心分析,2009 年,吴泾工业区环境空气质量稳定达标在二级,苯并(a)芘大幅下降,地表水环境质量好转趋势明显。(叶子瑞)

【燃煤炉窑灶清洁能源改造】 通过加大宣传和执法力度、有效运用补贴激励等多种举措,全年推动 13 家企业完成清洁能源替代工作,可实现年燃煤量削减 17 250 吨、减少二氧化硫排放 353 吨、减少烟尘排放 172.5 吨。(叶子瑞)

【扬尘污染综合整治】 结合文明工地创建,进一步加强建筑工地扬尘污染控制,全年 31 个工地被评为市级文明工地,80 个工地被评为区级文明工地;加强道路扬尘污染控制,新增机扫车 12 辆、清洗车 7 辆,进一步提高道路机械化洒水清扫率,避免道路二次扬尘污染发生。此外,闵行区还积极推进莘庄、七宝、虹桥、古美路、龙柏等相关镇、街道开展扬尘污染复验工作。(叶子瑞)

(三)环境质量监测

【概况】 全年各类环境监测数据 154 559 个,其中污染源数据 18 435 个,环境质量数据 123 325 个,“三同时”和污染纠纷数据 12 799 个。污染源数据方面,获得废水 14 853 个,废气 3 528 个,噪声 54 个;环境质量数据方面,获得水环境 5 790 个,空气环境 112 465 个,声环境 5 070 个。(周雪娟)

【空气环境质量提升】 2009 年,闵行区大气环境质量自动监测系统实施有效监测 365 天,空气污染指数(API)小于 100 的天数 333 天,其中 107 天空气质量为优,226 天空气质量为良,优良率 91.2%,比上年增加 0.2%。空气中二氧化硫、可吸入颗粒物指标分别改善 13.6%、2.4%。

2009 年闵行区环境空气质量情况表

监测项目	莘庄镇		江川路街道		吴泾镇		华漕镇		全区平均值	
	年均值	评价	年均值	评价	年均值	评价	年均值	评价	年均值	评价
空气污染指数(API)	—	二级	—	二级	—	二级			—	二级
总悬浮颗粒物(毫克/立方米)	0.167	二级	0.179	二级	—	—			0.173	二级
可吸入颗粒物(毫克/立方米)	0.084	二级	0.078	二级	0.079	二级			0.081	二级
二氧化硫(毫克/立方米)	0.038	三级	0.040	二级	0.036	二级			0.038	二级
二氧化氮(毫克/立方米)	0.061	二级	0.060	二级	0.059	二级			0.060	二级
铅(微克/立方米)	0.137	—	0.096	—	—	—	—	—	0.116	—
氟化物(微克/平方分米·日)	1.952	—	1.798	—	2.507	—	3.304	—	2.547	—
降尘(吨/平方公里·月)	6.03	—	27.28	—	27.36		16.77		14.42	—
酸雨频率(%)	95.1	—	90.2	—	—	—	—	—	92.5	
降水最低值(PH 值)	4.08	—	4.01	—	—	—	—	—	—	—

说明:受虹桥交通枢纽建设影响,2009 年华漕自动子站数据不参与全市空气质量数据统计。

(周雪娟)

【地表水环境质量】 2009年,全区37个地表水考核断面中,各断面综合水质标识指数在3.7—6.5,环境功能区水质达标率比上年上升16.2%。其中BOD5改善17.3%,高锰酸盐指数改善8.5%,总磷改善11.9%,溶解氧改善20.7%。以镇、街道为单位,各镇考核断面综合水质指数在1.12—3.12之间,各镇重点整治河道相比上年水质改善率8.9%。与2007年、2008年均值相比,各镇、街道、莘庄工业区均有所改善。

2009年闵行区主要河流地表水环境质量(有机污染指标)情况表

河道名称	监测断面	溶解氧			高锰酸盐指数		
		考核标准(mg/l)	平均值(mg/l)	达标率(%)	考核标准(mg/l)	平均值(mg/l)	达标率(%)
淀浦河	七莘路	3	2.28	33.3	10	7.5	100
蒲汇塘	漕宝路	2	1.49	25.0	15	7.0	100
庙泾港	莘凌路	3	1.88	16.7	10	7.7	100
盐仓浦	纪鹤路	2	3.15	66.7	15	7.2	100
蟠龙港	纪翟路	2	1.80	33.3	15	10.0	91.7
大横泾	航中路	2	3.43	58.3	15	10.6	91.7
潮港泾	虹井路	2	1.25	25.0	15	8.3	100
新泾港	吴中路	2	0.80	8.3	15	7.7	100
新泾港	平阳路	2	1.72	41.7	15	7.4	100
竹港	江川路	5	4.40	50.0	6	5.61	66.7
沙港	江川路	5	2.86	16.7	6	6.34	50.0

(周雪娟)

【声环境质量】 2009年闵行区声环境质量总体与2008年相近。

2009年闵行区声环境质量情况表 等效声级 Leq:dB(A)

时段	区域噪声		交通干道噪声	
	指标值[dB(A)/]	评价(类)	指标值[dB(A)/]	评价(类)
昼间	56.0	二类	72.5	超过四类
夜间	48.1	二类	68.5	超过四类

(周雪娟)

(四)环境执法和管理

【概况】 全年出动现场监察3 634人次、1 447批次,实施日常监察工业污染源4 287户次,排污费开征2 049户次,开征排污费561.27万元,实收金额567.66万元(废水5.49万元、废气220.47万元、噪声340.88万元),"三小块"(即提高征收、加倍征收、滞纳金)0.82万元,实收二氧化硫排污费134.78万元。(叶子瑞)

【环境执法】 2009年立案查处121起违法行为,处罚金额318.3万元。全年开展12次专项整治:(1)化工、准水源保护区环境安全大检查。

(2) 医疗废物专项检查。(3) 冒黑烟专项巡查。(4) 行政处罚案件后督察。(5) 环境安全大检查。(6)码头、堆场扬尘污染专项检查。(7) 固定噪声专项检查。(8) 废气抽查专项检查。(9) 整治违法排污企业专项检查。(10) 危险废物产生及处置单位专项检查。(11) “三废”企业后督察。(12) 开展重点污染源夜间突击抽查专项检查。 (叶子瑞)

【环境安全】 加强饮用水源地环境风险控制:对饮用水源保护区内281家风险企业进行专项排查和执法行动,建立饮用水源地风险源名录,并对风险企业按高、中、低、无4个风险等级实施分级管理,全年实现关停16家,搬迁4家,纳管13家。制订水源地环境安全保障方案,初步建立起饮用水源环境安全防控体系和长效管理机制;开展专项检查督促企业加强管理:联合市辐射环境监督站和区公安分局,对全区31家放射源单位进行系统排查,并对区内31家化工重点企业,43家危废重点企业以及26家重点医疗单位进行专项监察,督促各企业加强环境安全管理、落实安全措施和装备、深化和完善应急预案;强化应急防范体系建设:充实和完善环境突发事件应急预案,与上海染料厂联合有针对性地开展应急监测和监察演习。进一步装备应急监测设施,将应急监测特种车辆采购到位,新增有机类监测能力扩项47个。同时,依托国家863示范项目,启动应急管理和指挥平台软件建设,开始建设环境风险视频监控系统。

(叶子瑞)

【建设项目环保管理】 2009年,进一步优化环保审批服务:结合市、区审批制度改革要求,进一步优化和完善环保审批程序和服务机制,把产业升级、清洁生产、循环经济项目作为实施环评审批“绿色通道”重点支持项目,并积极扶持中小企业上市项目。同时,试行建设项目环保备案制,简化审批程序,积极支持优质新企业注册、优质老企业上市。全年对77个符合要求的项目实施“绿色通道”审批,占到项目审批总数的10%以上,平均审批时间缩短至7个工作日,不到法定时间的四分之一。环保源头控制和全过程监管进一步强化:严把环评准入关,全年对不符合产业发展导向与区域产业定位、高污染、高消耗以及可能引起严重扰民的56个项目予以坚决否定。全年新批工业项目均位于基础设施健全的工业园区,进一步提升全区的产业集聚度和清洁度。批准环境影响评价报告(书、表、登记表)752个,环保竣工验收545个;批准夜间施工559起。建设项目环境影响评价执行率100%,“三同时”验收合格率100%。 (叶子瑞)

【环保信访】 全年调处人民来电来信来访1 391件,比上年下降22.6%。其中反映废气、噪声、餐饮污染的占前三位,分别为607、398和242件,分占总数43.6%、28.6%和17.4%。环保信访当年办结率92%。镇(街道)调处环保信访555件,占总数40.0%。调处有关环保的人大代表意见、政协委员提案20件,办复率、满意率100%。

(叶子瑞)

【绿色社区(小区)和环境优美镇(村)】 莘庄、七宝、浦江通过“全国环境优美镇”复查。全年有18个小区、4个村获得“绿色小区”、“环境优美村”称号,11户家庭、13名个人被评为“绿色家庭”和“环保卫士”;4个小区获得“环境友好小区”。 (叶子瑞)

【环境宣传】 围绕“6·5”世界环境日,开展“生态文明,从我做起”环境宣传周活动;制作生态文明宣传片,编印《生态文明从我做起》宣传读本、闵行生态地图等,将生态文明的理念,通过各种渠道渗透到社区、企业、机关和学校,融入公众的生产、生活和消费领域,使公众的生态文明意识得到提升。 (叶子瑞)

【环保教育培训】 年内先后组织开展“生态文明校园行”、“百场生态文明宣讲”等系列生态文明共建活动,深入社区、学校,向居民、中小学生宣传绿色消费、绿色出行等生态理念。针对全体执法人员,开展两期共计200人次的培训活动,就依法行政和环保行政复议案例等方面进行深入探讨和分析,提高执法人员的执法水平。

(叶子瑞)

(五) 生态文明建设

【概况】 在巩固和提升“国家生态区”建设的基础上,通过规划先行、宣传发动,为生态文明建设的全面推进和全民参与奠定扎实基础。2009 年 6 月,国家环境保护部正式批准闵行区为“全国生态文明建设试点区”(全国 18 家试点单位之一),并依托联合国环境署与上海市的合作框架协议组织开展环境友好型城区示范项目建设。

(叶子瑞)

【全面推进生态文明建设试点工作】 由中科院生态研究中心和上海市环境科学研究院共同编制的《闵行区生态文明建设规划》已基本完成,确定闵行区“1246”的生态文明建设框架体系,即以“建设生态文明”为一个总体目标,以“可持续发展观、生态伦理观”为二个基本观点,以“环境友好、社会和谐、体制合理、公众觉悟”为四个基本目标,以“低碳发展与循环经济、环境改善与生态建设、城乡统筹与民生保障、文化传承与宣传教育、公众参与与生态意识、能力建设与管理机制”为六大建设领域,全面推动闵行区生态文明建设。

(叶子瑞)

【循环经济建设】 2009 年,按照《闵行区循环经济发展规划》及《闵行区循环经济建设三年行动计划(2008—2010 年)》的任务要求,全区循环经济工作得到深入开展。(1) 循环经济试点示范面:2009 年重点培育和扶持民营企业的循环经济发展,新增区级循环经济试点单位 24 家,累计 58 家。(2) 工业园区生态化改造:莘庄工业区创建“国家生态工业示范园区”通过上海市市级评审;闵行经济技术开发区编制完成生态工业园区规划,正式启动“国家生态工业示范园区”创建工作,成为继莘庄工业区后闵行区第二家创建“国家生态工业示范园区”的工业区。(3) 企业清洁化生产:全年新增通过清洁生产审核企业 10 家、ISO 14001 环境管理体系认证企业 19 家,并有 8 家企业被选定为 2009 年度上海市清洁生产示范单位,数量名列全市首位。(4) 规划跟踪评估机制:引入第三方专业机构对区循环经济发展规划实施两年来的指标达标情况和实施效果跟踪评估,完成《闵行区循环经济发展规划跟踪评估报告》,为闵行区循环经济建设的深入推进提供指导。

(叶子瑞)

(本栏目编辑　孙慧娟)

二十五、水务·气象

(一)水　务

【概况】 2009年闵行区水务工作以水环境建设为重点,围绕大局,服务发展。(1)全面完成区实事项目、重点工程,超额完成二次供水设施改造任务,推进234条段村宅河道整治工程,实际整治河道260条段、长110.33公里,整治后村宅河道独特的农村风貌和别样的江南水乡美景得到周边居民一致好评。市人大常委会领导视察闵行区三鲁河和部分村宅河道,对整治效果给予"生态园林式环境,令人耳目一新"的高度评价。(2)全力实施迎世博水务建设,先后完成市定72条段河道环境整治工程、27座区管水闸闸容闸貌改观工程,按计划完成中环、沪闵高架、A20、A4和浦星公路沿线河道整治任务,并大力推进A15、318国道、虹桥枢纽周边河道水环境整治。(3)完成新农村生活污水收集处理及水利基础设施建设,切实改善农村地区的生产条件与生活环境。(4)加大水环境长效管理力度,确保面清、岸洁、有绿。（张　莉）

【水文】 2009年淀浦河东闸和黄浦江大治河西闸水位站最高潮位分别为4.52米(8月10日3:20测得)、4.32米(8月10日4:05测得)。（张　莉）

【水资源开发利用与保护】 2009年,闵行区年总取水量(包括市管取水单位)164 734.16万立方米,其中地表水取水量164 684.35万立方米,地下水取水量49.82万立方米。地表水取水量按使用类别分类:电力工业用水量134 998万立方米,一般工业用水量3 926.89万立方米,农业用水量3 771.84万立方米,生活用水量21 987.62万立方米。闵行区地下水回灌量8.82万立方米。（张　莉）

【骨干河道水质评价】 根据《地表水环境质量标准》(GB3838—2002),选取溶解氧、氨氮、化学需氧量、高锰酸盐指数、总磷、五日生化需氧量等为评价参数,2009年,全区评价骨干河道20条,水质代表断面29个,各河道水质综合评价类别为Ⅳ~劣Ⅴ类,其中Ⅳ类河道占30%,Ⅴ类河道占25%,劣Ⅴ类河道占45%,主要超标项目为溶解氧、总磷和氨氮。从水质综合污染指数看,55%的河道水质较上年有不同程度的好转,东盐铁塘和盐仓浦水质与上午基本持平,新泾港、蟠龙港受虹桥枢纽建设影响水质略有变差。（张　莉）

【创模黑臭河道整治工程】 完成浦江、华漕等镇12条段创模黑臭河道整治工程,全长8.44公里,疏浚土方10.72万立方米,种植绿化9.97万平方米。（张　莉）

【居民小区污水纳管工程】 完成梅陇等镇8个居住小区雨污水分流改造工程,铺设排水管道7.98公里,全区污水收集处理率82%。（张　莉）

【新农村水务建设】 开展农村生活污水收集处

理,采取因地制宜、分类收集处理的方法,在浦江、华漕、马桥等镇铺设污水收集管道95.4公里,新建土壤渗滤式污水处理系统218套,涉及农户约8 901户。加快农村水利基础设施建设,新建和改造灌溉泵站9座,翻建地下渠道4.9公里,衬砌明沟1.5公里,改造防汛泵站5座,提高防汛除涝能力。 (张 莉)

【二次供水设施改造工程】 2009年,对华漕、七宝、虹桥、莘庄、梅陇、龙柏、古美路和江川路等12个镇、街道80个小区实施二次供水设施改造工程,改造面积335万平方米,超额完成150万平方米的计划任务。 (张 莉)

【防汛防台储备】 防汛期间,区、镇二级储备防汛抢险物资草包13.2万只、编织袋2万只、阻水袋7 500只,潜水泵155台、汽油泵185台,铁铲2 950把,大型抽水车2辆、各类抢险车辆100辆、人员转移客车70辆,水上巡逻救援艇6艘。全区落实各类抢险队伍8 036人,人员转移安置点127处,可安置人员111 437人。 (张 莉)

【8月2日特大暴雨】 强降雨主要集中在闵行区中南部和东部地区,约有34条段道路发生积水,31个小区和村宅积水较严重,主要集中在江川、马桥、梅陇、颛桥、浦江等地区。上午8时30分,区防汛指挥部组织开展抗灾抢险工作,水务局分5个巡视小组分别赶赴华漕、颛桥、梅陇、江川、马桥、吴泾等积水严重的区域察看灾情,组织区消防支队、区排水管理所安排人员,落实抢险设备,支援积水严重道路抢排积水。至晚上12时,出动抢险队伍3 181人,动用大小抽水泵320台,消防车6辆,除颛桥、江川等地区积水仍在加紧强排外,其他区域积水基本排除。 (张 莉)

【8月4日浦江镇特大暴雨】 至当天21时,浦江镇浦江二小地区降雨121.4毫米,浦江镇降雨64.3毫米,浦江镇东片10余条道路积水,19户居民、49户农户家中进水。全区组织100余名抢险人员,动用22台汽油水泵,至23点30分,浦江镇紧急抢排水工作结束,积水基本排除。

(张 莉)

【行政处罚】 全年查处各类案件253件,立案48件,行政罚款42.28万元,排水户检测780次,清除河道管理范围内的堆物、垃圾665吨,取缔违法排污口25只,恢复填堵河道水面积1 940平方米。回访50家执法对象,满意率100%。

(张 莉)

【行政许可】 全年受理行政许可事项242件,其中水利类100件,取水(地表水)类7件,排水类135件。 (张 莉)

【信访处理】 全年处理市、区长信箱、民生热线、水务热线和区水务局来电来信来访359件,办结率100%,答复满意率98%以上。处理市排水热线和区网格化管理事项1 728件,其中属于管理范围外的投诉773件。 (张 莉)

【大众公司隔油池外溢污染河道】 上海大众公共交通有限公司因暴雨隔油池机油外溢造成河道污染,8月1日上午5时,区水务局会同梅陇镇、莘庄镇政府有关领导现场指挥处置事宜,一路由水务局负责,落实春申塘水闸现场指挥油污清捞工作;另一路由区水务局、莘庄镇、梅陇镇等领导组成事故源头处置小组,协调指挥油污源头封堵及管道油污清理工作。梅陇水务站采取措施在春申塘虹梅南路桥附近设置两道围油栏。莘庄水务站在沁春路雨水总排口和大富浜春申塘交汇处分别设置围油栏,并在大富浜河道内用吸油毡清理油污。排水管理所组织力量对管线进行清理,清除管道内残留油污。水务稽查支队会同区环保有关部门责成上海大众公共交通有限公司采取措施清除场区内部隔油池及市政管道内残留废油。截至中午12时,基本控制油污源头。至下午14时,油污清理结束,河面恢复如常。据不完全统计,水务部门共计出动人员133人,船只12条,管道养护车3辆,消耗吸油毡73包,围油栏220米。 (张 莉)

【世界水日宣传活动】 3月21日,区水务局和颛桥镇政府在颛桥镇文化活动中心广场举办以“坚持科学发展,促进人水和谐”为主题的世界水日宣传活动。副区长连正华,市水务局宣传处、水利管理处,区委宣传部、区水务局、颛桥镇领导和水务系统干部职工、水环境保护志愿者、保洁员及社区居民400余人参加。3月21—28日,以中国水周为契机,各直属事业单位和水务站组织开展形式多样、内容丰富的水环境保护知识进机关、进社区、进村镇、进校园、进单位、进工地系列宣传教育活动。 (张　莉)

(二)气　象

【概况】 2009年,年平均气温偏高,1月现寒冬,夏季多酷暑;年降水量正常偏多,尤其夏季多暴雨,并出现历史罕见的夏季连阴雨,使汛期降水明显偏多;年内仅8月10日受“莫拉克”台风外围影响;年日照正常略偏多。 (柏　桦)

【气温】 年平均气温17.6℃,比常年15.7℃偏高1.9℃;年极端最高气温39.5℃(7月20日);年极端最低零下6.9℃(1月25日)。年内各月平均气温除11月比常年偏低外,其余各月均比常年同期偏高,尤以2月、10月偏高明显,这两个月的平均气温分别比常年同期偏高4.5℃、3.4℃。年内大于等于35℃的高温日数16天,小于等于-5℃的严寒天气4天(出现在1月)。 (黄　英)

【降水】 全年总降水量1 454.8毫米,比常年1 123.3毫米多331.5毫米,约多30%;年总降水日数129天(常年132天)。年内降水分布不均,月降水量比常年同期偏少达40%以上的有5月(少46%)、10月(少66%);比常年同期偏多90%以上的有2月(多151%)、7月(多110%)、8月(多178%)、11月(多133%)。全年出现5次暴雨,一日最大降水量150.1毫米(8月2日)。年内6—9月汛期总降水量864.4毫米,比常年同期(578.5毫米)偏多49%,降水主要集中在7月和8月,两个月总降水量达655.0毫米,超过常年整个汛期的降水量。入梅6月20日(常年6月17日),出梅7月8日(常年7月6日),梅雨量169.0毫米。 (黄　英)

【日照】 年总日照时数1 909.4小时,比常年平均1 940.6小时偏少31.2小时。年内日照分布不均匀,月日照比常年同期偏少40%以上的有2月(少52%)、8月(少44%);比常年同期偏多30%以上的有4月(多43%)、5月(多45%)、10月(多35%)。 (柏　桦)

【极端气象事件】 1月11、14、24、25日出现严寒天气,对农业生产、供电供水带来一些不利。2月14日至3月5日阴雨寡照,造成农田积水严重,肥料流失,蔬菜生长受抑,菜价上涨。7月8—21日晴热无雨,气温异常偏高,给供水、供电和居民生活带来一定影响。7月27日至8月15日持续阴雨,并伴有强降水,对工农业生产、交通和居民生活均带来不利。影响严重的有:7月30日区气象站降水量93.2毫米,其中13—14时1小时雨量71.0毫米,短时强降水造成全区约12条段道路积水和35户居民家中进水;8月2日闵行区普降暴雨到大暴雨,区气象站该日降水量150.1毫米,造成全区约14条段道路积水,其中积水最严重的40公分。强降水也造成部分小区和居民家中进水。 (柏　桦)

【气象影响评价】 2009年,除了受2月24日到3月5日连阴雨、夏季前期高温和7月27日至8月15日夏季罕见的持续阴雨和短时强降水、11月13—23日持续11天平均气温在10℃以下(降温如此之早,为历史罕见)低温天气影响外,其余时段天气条件对工农业生产和人民生活总的来说比较有利,尤其是5月、10月温高光足少雨,对夏熟作物和单季晚稻灌浆成熟收藏非常有利。

2009年闵行区基本气象资料情况表

要素(年) \ 月份		1	2	3	4	5	6	7	8	9	10	11	12	全年
平均气温(℃)	2009	4.1	9.2	10.7	16.5	22.1	26.2	29.0	28.3	25.5	21.3	12.1	6.6	17.6
	2008	4.3	4.0	11.5	15.9	21.5	24.1	30.3	28.7	26.0	20.9	13.1	7.6	17.3
	常年	3.6	4.7	8.5	14.2	19.3	23.5	27.7	27.5	23.3	17.9	12.2	6.0	15.7

（续表）

要素年份	月份	1	2	3	4	5	6	7	8	9	10	11	12	全年
降水量（毫米）	2009	41.7	142.3	66.1	88.2	58.6	108.3	280.6	374.4	101.1	20.3	114.0	59.2	1 454.8
	2008	88.3	31.2	28.0	62.4	136.6	346.4	85.4	156.3	116.2	67.9	107.9	25.7	1 252.3
	常年	48.7	56.6	94.8	92.7	107.8	168.5	133.4	134.6	142.0	59.4	49.0	36.0	1 123.3
降水日数（天）	2009	8	17	11	8	10	13	12	17	9	4	12	8	129
	2008	16	3	7	15	10	22	11	15	16	13	13	6	147
	常年	9.4	10.0	14.0	13.3	13.0	14.2	11.6	11.4	11.3	9.0	7.9	7.2	132.0
日照（小时）	2009	128.3	57.9	133.8	216.0	249.5	168.2	219.0	132.3	135.5	218.3	107.6	143.0	1 909.4
	2008	66.7	164.8	187.4	130.7	225.6	74.4	264.9	186.8	139.1	127.9	119.6	172.0	1 859.9
	常年	130.0	119.8	131.4	151.4	171.6	153.6	227.5	235.4	167.5	162.3	146.0	144.2	1 940.6

说明：本文及表中所涉及的常年、历年资料均为1961—2000年闵行地区40年气象资料。

（柏　桦）

（本栏目编辑　孙慧娟）

二十六、科技·科普

（一）综　述

2009年，闵行区第四次获“全国科技进步先进区”称号，并被评为“全国科技进步示范区”，是上海市首个获此称号的区县之一。同时，闵行区成功申报成为国家海外高层次人才创新创业基地。7月，全国县级科协科普工作测评结果揭晓，在中国科协2008年对全国2 754个县级科协开展的测评中，闵行区在科普工作条件和科普工作绩效2项测评中分居全国第三名和第六名。2009年，在中国地震局对全国市（地）、县防震减灾工作综合评比中，闵行区地震办公室获二等奖。　（盛酉红）

（二）科学技术

【概况】 2009年，闵行区共有2 046家科技型企业通过年检，比上年增加43家。共有6家企业被评定为上海市科技小巨人企业，所占比重为全市区县第一，另有7家企业被评定为上海市科技培育小巨人企业。年内，闵行区共申请专利13 624件，名列区县前茅。其中发明专利2 992件，占申请总量22%，发明专利数量比上年有所提高。2009年，闵行区企业共争取到市级以上项目497项，其中国家级项目89项，获得市级以上资助12 637万元，其中国家资助4 305万元。　（盛酉红）

【科技创新和高新技术产业化推进大会】 于3月10日召开，下发《闵行区人民政府关于贯彻落实科学发展观　进一步推进科技创新和成果产业化的实施意见》、《闵行区人民政府关于贯彻落实科学发展观　进一步推进科技创新和成果产业化实施意见的操作办法》等文件，进一步明确完善科教兴区专项资金和推进科技创新及成果产业化的有关事项，并对国家级企业技术中心、国家工程研究中心、2008年上海市科技“小巨人”企业、上海市专利示范企业、上海市知识产权示范企业等当场兑现政策。大会明确全区将建立总资金超过5.5亿元的科教兴区专项资金作为科技创新扶持资金和高新技术产业发展基金，对区域科技合作、科技研发、人才奖励、科技小巨人、高端制造业、智力密集型服务业等方面进行全面资助，并大力鼓励发展研发机构，鼓励企业进行技术创新、科技成果转化，鼓励高新技术产业发展，在区域内营造良好的创新创业环境，推动区域自主创新能力。　（盛酉红）

【金融服务和政府采购推进大会】 4月28日，区政府组织区金融办、区财政局、区科委、区招投标中心、区质监局、区工商分局、区税务分局等部门联合举办闵行区金融服务和政府采购推进大会。主要是通过政府搭建平台，在全市率先设立闵行高新技术企业金融顾问团，在区金融服务办牵头下，由来自区内22家银行推荐的62名执业经验丰富的金融专家组成。通过金融顾问团和区内的205家高新技术企业的对接合作，共聘任金融顾问303户次，通过金融专业服务帮助企业理财，为高新技术企业度身定做具有个性化的融资方案,同时向被市认定的高新技术企业退税1.16亿元,帮助企业解决资金困难问题。会上公布第一批高新技术企业优质品牌产品目录,这是区科委、区招管办、区财政局、区质监局等部门根据闵行区《关于贯彻落实科学发展观进一步推进科技创新和成果产业化的实施意见》47条科技政策相关规定深化细化,梳理符合6个条件的332项企业产品入选,以鼓励区内政府采购预算单位、政府投资项目单位积极采购这些高新技术产品,从而进一步体现政府采购的导向作用,加快企业自主创新,推进科技成果产业化和产业结构调整,帮助企业开拓市场、扩大销售、加大生产,增强应对金融危机的信心和实力。 (盛酉红)

【国家知识产权强县工程】 2009年,国家知识产权局下发《关于确定首批实施国家知识产权强县工程区县(市、区)名单的通知》,确定全国124个区县(市、区)首批实施国家知识产权强县工程,闵行区名列其中。通知要求,实施强县工程的区县(市、区)要迅速行动,围绕《国家知识产权强县工程实施方案(试行)》的工作部署,结合本区县(市、区)强县工程工作方案,加大投入,推进各项工作顺利落实,确保取得实效。

(盛酉红)

【2家企业获"上海市专利工作示范企业"称号】 市知识产权局下发《关于下发2009年度上海市专利工作示范企业名单的通知》,闵行区的上海神开科技工程有限公司、上海日之升新技术发展有限公司被评为"上海市专利工作示范企业"。

(盛酉红)

【15家企业列为"2009年度上海市专利工作培育企业"】 市知识产权局下发《关于下发2009年度上海市专利工作培育企业名单的通知》,闵行区的上海上房园艺有限公司、上海团结普瑞玛激光设备有限公司、上海贝诺装饰新材料有限公司、上海富亿德塑胶有限公司、上海维凯化学品有限公司、上海沃施园艺股份有限公司、上海荣盛生物药业有限公司、上海三爱富新材料股份有限公司、上海锦湖日丽塑料有限公司、上海天伟生物制药有限公司、上海加冷松芝汽车空调股份有限公司、上海航空电器有限公司、思源电气股份有限公司、上海徕木电子股份有限公司、上海慧高精密电子工业有限公司15家企业被批准为上海市专利工作培育企业。 (盛酉红)

【市知识产权试点园区】 2009年,上海紫竹科学园区被认定为"第二批上海市知识产权试点园区",试点期限为3年(2009年12月24日至2012年12月24日)。根据有关政策,紫竹科学园区的试点园区建设将获得市知识产权局的专项扶持资金10万元,闵行区给予1:1配套,支持园区开展知识产权试点工作。 (盛酉红)

【最具活力科技企业】 2009年,上海维凯化学品有限公司、上海居知园生物技术有限公司、上海锐选自动化科技有限公司、上海高埃曲网络软件有限公司、上海顶竹通讯技术有限公司5家企业被评为上海市最具活力科技企业,上海三盟软件有限公司被评为上海市最佳社会责任奖。

(盛酉红)

【上海市科技"小巨人"企业】 2009年,上海微创软件有限公司、上海天伟生物制药有限公司、上海杰事杰新材料股份有限公司、上海锦湖日丽塑料有限公司、上海思源电力电容器有限公司、上海纳杰电气成套有限公司6家企业被批准为上海市科技小巨人企业,占批准总数17.65%,位居区县之首。市级财政将对每家企业资助150万元,区财政将1:1同步匹配。另外,上海徕木电子股份有限公司、上海其胜生物制剂有限公司、上海维凯化学品有限公司、上海埃德电子股份有限公司、上海正帆超净技术有限公司、上海广为电器工具有限公司、上海紫光机械有限公司7家企业被批准为2009年上海市科技小巨人培育企业,占批准总数的6.19%,市级财政将对每家企业资助100万元,区财政也将1:1同步匹配。

(盛酉红)

【生物医药产业推进大会】 于9月30日召开,下发《闵行区生物医药产业发展行动计划(2009—2012年)》。会议指出,闵行区将把生物医药产业作为重点发展的新兴产业,以加快发展生物医药制造为基础,重点发展生物医药研发、医疗器械制造、国际医疗服务三大特色领域，加快形成以紫竹科学园区生物医药研发中心、莘庄工业区向阳园生物医药制造基地、漕河泾浦江高科技园区生物医药产业基地、华漕国际医学园区医疗服务中心为主体的空间布局，力争把闵行区建成上海生物医药产业发展的重要基地。根据生物医药产业的自身规律和在闵行区的发展趋势，闵行区生物医药产业的发展目标是：行业年均增长20%以上，2010年实现销售收入100亿元以上、利润13亿元以上；2012年实现销售收入150亿元以上、利润30亿元以上。（盛酉红）

（三）科学普及

【概况】 2008年，中国科协对全国2 754个县级科协开展科普工作条件和科普工作绩效测评工作，2009年，市科协下发《关于全国科协科普工作测评结果的通知》，公布上海市区县科协在2项测评中进入前10位的情况，其中闵行区科协在2项测评中进入前10位，分别是：在全国县级科协科普工作条件测评中，区科协名列第三；在全国县级科协科普工作绩效测评中，区科协名列第六。（盛酉红）

【沪港科技合作研讨会】 以“聚科技智慧，与世博同行”为主题的2009沪港科技合作研讨会于10月29日在沪开幕。来自两地的200多名政府官员、专家学者和企业界人士出席会议，并围绕主题就“交通、信息技术与世博”、“金融危机形势下的基建发展”和“科技创新与企业发展”三个子议题展开交流讨论。研讨会由上海市科学技术协会、香港工程师学会和闵行区政府共同主办，会期2天。研讨会特辟“科技创新与企业发展”专题，作为融会贯通学术交流与企业交流的有效探索，组织闵行区近40位企业家代表与香港代表、市级学会专家进行面对面交流。沪港科技合作研讨会自1997年首次举办以来，每两年轮流在上海和香港举行，研讨会对增进两地科技工作者之间的沟通与交流，拓宽两地合作的渠道与领域，促进科技和经济的持续发展发挥了重要作用。（盛酉红）

【2009长三角青少年科技创新月活动】 于10月17日在上海市七宝中学举行。活动由上海市科协、浙江省科协、江苏省科协和闵行区政府共同主办，来自上海、江苏、浙江等地的1 000多名中小学生和科技教师参加系列活动。学生们共同探讨科技创新的热点难点问题，教师们共同探讨青少年科技教育工作的方法、经验、设想。青少年科技创新月活动创立于2002年，每年10月中旬举行。为推进区域性合作，加强青少年科技教育方面的交流，共享青少年科技教育资源，2007年，苏浙沪三省科协首次联手，共同将创新月活动打造成一个长三角青少年科技教育的合作平台，并将通过该平台，推动更多区域性青少年科技活动的开展。（盛酉红）

【2009闵行科技节】 于5月16—22日举行，主题为“携手建设创新型国家——引进 消化 再创新”。2009年科技节由主题活动、展览展示、学生创新、科普论坛、评选表彰、社区活动、国际交流、网络宣传八大板块组成。活动期间全区共组织1 281项科普活动，其中国际和市级项目6个，有20多万人次参加。在科技节上，成立闵行区首个专业科普工作机构——“王世杰科普工作室”。该工作室的两大特色是为盲人讲科普电影和趣味科普秀。为盲人讲电影是运用讲解的方式帮助广大盲人朋友更真切地感受电影，享受电影带来的乐趣；趣味科普秀则用时尚、有趣的表演方式解说群众身边的科学，使人们理解科学，爱上科学。（盛酉红）

【创建市科普示范社区】 2009年，浦江镇和江川路街道成功创建成上海市科普示范社区，上海上房园林植物研究所、上海城市蔬菜产销专业合作社和闵行污水处理厂3家单位成功创建成为2009年度上海市科普教育基地。（盛酉红）

（本栏目编辑　陈　敏）

二十七、教育

（一）综　述

2009年，闵行区共有各级各类学校、教育机构269所，教职工16 698人，学生162 393人。其中公办中小学91所，民办中小学26所，公办幼儿园48所，集体办幼儿园2所，民办幼儿园76所，全日制中等职业学校3所（国家级重点职业技术学校：群益职校，国家级重点中专：西南工程学校，民办中专：燎原中等专业学校），成教中心2所，社区学校13所，直属单位8家。有社会力量办学的非学历教育机构99所，教师3 126人，学生约130 000人次；境外学校10所（外国人学校9所，台商子女学校1所），教师1 083人，学生8 447人。区内有市实验性示范性高中（七宝中学、闵行中学）2所；市示范性幼儿园（莘庄镇幼儿园）1所。2009年新建九年一贯制学校1所（上外附属实验学校）；新建、改建幼儿园10所。全区义务教育入学率100%，高中阶段入学率96.85%。（1）学前教育。建立优质幼儿园争创机制，开展区示范幼儿园评估工作，优质园所创建取得新成效。强化师资队伍建设，开展千名非学前教育专业幼教教师培训，与卢湾、宝山、奉贤、南汇区联合举办幼儿园园长"提升课程领导力"培训。成功举办全国民办学前教育管理研讨会。全面落实学前教育三年行动计划各项工作，在市教委专项督导检查中得到较高评价。（2）义务教育。落实"三个增长"要求，进一步增加义务教育经费投入。加强优质教育资源的对口支援，全年安排区内75名教师参与骨干教师柔性流动项目，区内8所学校开展校际结对合作，引进市优质教育管理团队开展委托管理，提升农村学校的管理水平。推进对农村特困生的"帮困助学"项目。特殊教育也得到进一步重视和加强。（3）高中教育。召开高中教育工作研讨会，推动高中学校的特色发展与内涵建设。引进和扩大优质高中教育资源取得阶段性成果。引进华东师大附中的建设工作顺利推进，与上海师范大学、上海外国语大学正式签订教育合作协议。向明中学浦江校区于9月开学。区内优质高中资源继续扩大，七宝、闵行2所市实验性示范性高中的积聚辐射规模效应进一步增强。（4）职业教育。搭建平台，整合资源，成立闵行职业教育联盟（集团），50多个单位成为闵行职业教育联盟首批成员单位，初步建立起联盟的工作机制及运行模式，启动联盟成员间的首批合作项目，大大提升职业教育服务区域社会与经济发展能力。（5）特殊教育。完善"教育、康复、医疗"三位一体的教育模式，建立随班就读支持运作体系，基本形成以2个康复指导中心为核心，随班就读、附设特教班、送教上门为辅的特殊教育新格局。继续开展特教学生职业教育的招生和培训工作，进一步完善幼儿—义务教育—职业技能培训的特殊教育体系。（6）社区教育。开发社区教育课程，采取送教材、送师资、送培训进社区，全面推进世博培训工作。经国家教育部批准，闵行区成为全国社区教育实验区，7个镇、街道被批准为市第二轮社区教育实验街镇，11个项目被批准为市社区教育实验项目，闵行成教一中心被评为全国示范性基层电大，闵行老年大学再次被评为全国先进老年大学，七宝、颛桥老年学校获市示范老年学校称号。(7)民办教育。出台《闵行区人民政府关于进一步促进民办教育健康发展的若干意见》，建立健全民办学校教师的统一管理机制、民办学校扶持和奖励机制以及民办学校办学成本的补贴机制的相关实施方案，促进民办学校的优质发展、特色发展。（许 凌）

（二）教育管理

【概况】 2009 年，区教育局坚持教育服务于人、服务于区域经济社会发展的战略定位，深入落实区教育工作会议精神，全面实施素质教育，坚持教育均衡发展，注重学校内涵建设，推动体制机制创新，闵行教育事业取得新发展。全面实施素质教育，坚持教育优先发展战略，将教育发展摆在闵行城市化进程中的突出位置；坚持均衡发展、特色发展，遵循教育规律，不断提高教育质量，形成与区域经济社会发展相适应，能够满足人民群众多元需求的高质量教育。着力构建符合区域经济发展特点的现代教育体系。积极推进教育均衡发展，体现教育公平。进一步完善以区统筹为主的教育管理体制，努力破除城乡二元结构。创新体制机制，形成多元办学格局。扩大优质教育资源，提升教育整体水平。促进教育内涵发展，形成区域教育特色。整体提升队伍素质，建设教育人才高地。切实转变政府职能，形成管、办、评分离的教育管理机制。加大教育多元投入，增强教育发展的生机与活力。建立全社会支持教育、服务教育发展的平台和机制，营造促进教育发展的良好氛围。（许 凌）

【教师】 至12 月，全区在编在册教职工 11 503 人，包括 9 961 名教师和 1 542 名职工。其中幼儿园教职工 1 979 人，含教师 1 759 人；小学教职工 3 205 人，含教师 2 906 人；初中教职工 2 494 人，含教师 2 143 人；九年一贯制（含特殊）教育教职工 1 334 人，含教师 1 186 人；高中教职工 1 519 人，含教师 1 282 人；中专、职校教职工 350 人，含教师 271 人；其他直属单位教职工 622 人，含教师 414 人。教师学历基本达标，其中本科学历以上的占 79.2%。幼儿园教师中，中级以上职称教师占教师总数的 47.5%；小学教师中，中级以上职称教师占教师总数 66%；中学教师中，中级职称教师占教师总数 51.7%，高级职称教师占教师总数 18.9%。全区有在职特级校长 8 人，特级教师 28 人。（汪 炜）

【深入开展学习实践科学发展观活动】 根据区委统一部署，局机关和基层学校分 2 批开展深入学习实践科学发展观活动。各级党组织结合实际开展学实活动，努力提升领导科学发展的能力和水平。该活动得到国家教育部、市委和区委学实活动领导小组的肯定，《人民日报》、《新华每日电讯》、《中国教育报》、上海电视台、闵行电视台等媒体专题报道区教育系统学实活动。（许 凌）

【区教育工作会议】 于 5 月 8 日召开。市教委副主任李骏修，区四套班子领导出席，部分党代表、人大代表、政协委员及有关高校、科研机构、合作办学单位以及区内外部分教育专家、学者等应邀参加。会上举行闵行职业教育联盟揭牌，并与上海外国语大学、上海师范大学签订教育合作协议。会议出台《闵行区人民政府关于进一步深化教育改革发展教育事业的意见》及《闵行区人民政府关于进一步促进民办教育健康发展的若干意见》、《关于加强闵行区教育系统人才队伍建设的若干意见》、《关于组建闵行区职业教育联盟的方案》、《关于构建社区教育督导评估体系和课程建设的若干意见》4 个相关配套文件，进一步明确区教育改革发展的指导思想，确立坚持均衡发展、特色发展的基本原则，制订闵行教育改革与发展的目标任务、重大战略和政策措施。（许 凌）

【实施人才强教战略】 建立区校长发展中心和区教育发展指导团，启动 2 个校长培训基地，开办首批共61 位学员的校级后备干部培训班，选拔 41 名校长到上师大培训，15 名校长赴英国布莱顿大学语言学院培训。区内特级校长增至 8 人。加强教师队伍建设，启动“百千名骨干教师培养工程”，设立 11 个区级骨干教师培养基地、8 个区级名师工作室；开展区级骨干教师评选和市选拔培养优秀青年校长和教师评选工作；全面启动新农村教师专业发展培训；首次成立骨干班主任培训基地;开展第三届“希望之星”评选和区第二届骨干教师培养基地主持人选拔工作。区特级教师增至28人,进入市名师名校长后备人选共119人,初步形成教育人才高地。（许　凌）

【首届“现代学校文化建设”校长论坛】 开展区级层面学校文化建设的理论和实践研究,举办区首届“现代学校文化建设”校长论坛,召开项目实验学校校长座谈会、子课题开题论证及科研室主任培训会,建立项目片组活动机制,成功举办区域学校文化建设国家级、市级和区级课题展示活动。（许　凌）

【启动教育规划纲要制订工作】 启动《闵行区“十二五”教育发展规划》暨《闵行区中长期教育改革和发展规划纲要》制订工作。2个文件初稿成型。两大规划进一步明确区教育改革发展的重大战略与目标任务,将为闵行区进一步突破教育发展的瓶颈问题、推动教育事业新一轮大发展提供科学纲领和行动指南。（许　凌）

【“新基础教育”继续推广和深化】 5月,举办“新基础教育”成型性研究成果发布及现场研讨活动,总结研究经验与成效,制定区域推广“新基础教育”研究新三年发展规划;11月10日,召开区“新基础教育”研究总结表彰暨后续推进大会。1999—2009年,“新基础教育”研究在闵行经过10年探索,走出一条区域行政、高校力量与基层学校之间深度合作、推进教育改革的路径。在区域层面上促进教育生态的良性优化,在学校层面上促进学校的转型以及校长、教师的整体发展。会上对后续区域性推进“新基础教育”做安排部署,为10年来投身“新基础教育”研究与实践并作出突出贡献的45位领导和教师颁发“特别奖”、“卓越奖”、“荣誉奖”、“风采奖”。年内开展各类培训和研修活动,“新基础教育”在区域层面稳步推进。（韩金环）

【完成数字实验学校督导评估】 11月,区教育督导室会同教育信息中心完成对70所数字实验学校发展性项目的督导评估工作。评估组按照《闵行区教育信息化发展规划(2008—2010)》和《闵行区数字实验学校建设方案》要求,采用网上检测形式,通过研读学校的自评报告、查阅学校的相关文本资料和建设应用情况,并利用网上检测评估,最终形成报告和评估结果:优秀8所,良好8所,合格50所,不合格4所。（何曙光）

（三）学前教育

【概况】 全区共有托幼园所126所,在园婴幼儿43 187人。其中公办幼儿园48所,教师1 759人,婴幼儿23 321人;集体办园2所,教师44人,婴幼儿1 331人;民办幼儿园76所,教师1 601人,婴幼儿18 535人。市示范幼儿园1所,一级幼儿园20所,二级一类幼儿园70所。3—6岁幼儿入园率99.10%。（黄　悦）

【学前教育三年行动计划全面达标】 通过新建、改建、撤并、置换及缩小规模、减少班额等措施,调整教育资源,扩大生均面积,全区89.15%的园舍达到“88标准”或“05标准”;通过出台《关于以创建优质幼儿园促学前内涵发展的若干意见》文件,建立优质幼儿园创建激励机制,有效提高优质幼儿园比例,80分及以上幼儿园达80%;通过加强培训,完成师资队伍学历达标工程,幼儿园教职工6 084人,其中教师3 449人,大专及以上达标率90.9%。（黄　悦）

【开展区示范幼儿园评估】 3月起,在已被评定为市一级幼儿园,并经区政府教育督导室认定为办园水平A级一等的幼儿园中,开展区示范幼儿园评估。在自评和申报的基础上,区教育局主管部门委托市教育评估所成立专家评审小组,按照《闵行区示范幼儿园评估指标》,对申报的幼儿园进行全面分析评估。经过评估组审阅资料、实地勘察、综合分析,虹鹿幼儿园成为第一所区示范幼儿园。全区形成市示范幼儿园、区示范幼儿园、市一级幼儿园、市二级幼儿园的发展格局。（黄　悦）

【学前教育信息化工作获全国、市级奖项】 在中国教育技术协作会中小学专业委员会和中国教育技术协作会中小学专业委员会幼儿教育协作研究会联合举办的第三届全国幼儿园信息技术应用作品评比大赛中,获各类奖项35个,其中一等奖5个、二等奖8个、三等奖22个。七宝中心幼儿园、佳佳中心幼儿园、闵行第四幼儿园、华漕爱博幼儿园分获课件、论文等项目一等奖。在上海学前教育信息化10周年建设评奖中，七宝中心幼儿园、启英幼儿园、闵行第一幼儿园获市学前教育信息化先进集体，4名教师获先进个人。（黄　悦）

【千名非学前教育专业教师培训】 作为2009年区政府实事项目，4月，启动千名非学前教育专业教师培训工作，开设6个“形体与舞蹈”课程培训班、4个“乐理、识谱、声乐”课程培训班，通过专业技能培训，提升非学前教育专业教师的专业能力。第一轮培训将在2—3年内完成。以后，新进入教育系统的非学前教育幼儿园教师将纳入常规师资培训渠道。（黄　悦）

【启英幼儿园规范办学展示活动】 4月，召开市5A级社会组织——启英幼儿园展示活动，全区民办幼儿园董事长、部分园长参加活动。通过活动，宣传启英幼儿园依法办园、以德立园的良好办学思路和办学方法，引导全区民办幼儿园进一步增强诚信观念，向规范化、制度化、优质化方向发展。为表彰启英幼儿园，区教育局奖励15万元内涵建设经费。（黄　悦）

【市幼儿园中青年教师教学评优活动】 年内，组织参加市幼儿园中青年教师教学评优活动，通过区内层层评选，有2名青年教师获市一等奖，1人获市二等奖，1人获市三等奖，创历史最好成绩。（黄　悦）

【全国民办学前教育管理研讨会】 于10月25—26日在闵行召开。该研讨会由中国学前教育研究会学前教育管理研究专业委员会主办，区教育局、上海幼儿教育研究专业委员会承办。参会代表围绕民办学前教育管理的政策和举措进行交流，就新形势下政府在民办学前教育管理中的责任开展专题研讨，为正在推进的学前教育立法工作，以及国家在学前教育方面的决策提供经验和案例。区教育局局长竺建伟在会上作《政府主导，社会参与，推进学前教育事业科学发展》专题报告。民办学前教育机制创新成为闵行教育的一大亮点。（黄　悦）

【交大闵行幼儿园属地化管理】 签约仪式于11月4日举行，上海交大副校长吴旦、副区长张辰出席。上海交通大学闵行幼儿园（简称“交大闵行幼儿园”）开办于1985年3月，位于闵行区沧源路880弄交大新村内。幼儿园由上海交大主办，为二级一类幼儿园。为进一步理顺管理体制，改善办园条件，双方签署协议，从2010年开始，对幼儿园实行属地化管理，管理主体由上海交大移交区教育局。按照协议内容，属地化管理之后，交大闵行幼儿园为区教育局下属的全日制公办幼儿园，园名保持不变，园史沿袭原有发展进程。在充分尊重个人意愿和选择的基础上，现有工作人员原则上整建制转移，幼儿园的人事、党务等归区教育局管理。（许　凌）

（四）基础教育

【概况】 全区有公、民办中小学校114所，其中小学55所，初级中学26所，高级中学10所，完全中学8所，九年一贯制学校15所，十二年一贯制1所，特殊教育学校3所，少体校1所，其中公办学校91所。学生113 163人，其中小学70 986人，初中30 465人，高中11 712人，学生总数中享受公办学校教育的学生98 016人，占中小学生总数86.28%（以上数据含纳入民办管理的农民工子女小学13所，学生22 138人，全部享受公办学校学生待遇）。（彭美华）

【闵行区高中教育研讨会】 于12月15—16日举行。区教育局局长竺建伟提出全区高中教育改革与发展的主要思路：科学规划区域普通高中学校的建设；科学定位区域普通高中教育的发展；注重学校课程建设，形成学校办学特色；注重培养学生自主发展能力，为培养各类人才奠定基础；注重提升区域普通高中教育可持续发展的能力。（彭美华）

【以“委托管理”项目引进优质教育资源】 11月17日，“以教育内涵建设推进郊区义务教育均衡发展项目”闵行区第二轮委托管理签约仪式举行。该项目由闵行区委托黄浦区尚文中学和市

八初级中学,管理闵行区浦江一中和罗阳中学,此轮委托管理期限为2年。(彭美华)

【骨干教师柔性流动和校际合作交流】 第二期骨干教师柔性流动,40所学校75名教师参加,包括输出学校18所,输出教师33人。项目以输出学校的骨干教师流动到输入学校(全日制),并承担相应课时与带教项目的形式展开。通过此项目,带动全区各个学校教师的发展,增强校际合作交流。制定项目《管理手册》进行管理,对参加项目的个人和学校进行考核与奖励。(汪 炜)

【与卢湾区合办向明中学(浦江校区)】 2月26日,卢湾区教育局、闵行区教育局合作举办向明中学(浦江校区)签约揭牌仪式在浦江镇向明世博中学举行。两区合作举办向明中学(浦江校区),采取"一校两区"管理模式,发挥中心城区教育资源优势,使更多人享受到优质公共教育产品,推进上海基础教育均衡发展。向明中学(浦江校区)于9月正式开学,闵行地区96名高一新生入学。(彭美华)

【新建上海外国语大学闵行实验学校】 上海外国语大学闵行实验学校揭牌仪式于8月31日举行,上外党委书记吴友富、副区长张辰揭牌。学校位于虹桥交通枢纽闵行区华漕镇爱博家园,是区政府和上外合作创办的一所九年一贯制公办学校,9月1日正式开学,华漕地区213名学生入学。(彭美华)

【教师进修学院附属梅陇实验学校揭牌】 于2月9日举行,标志着市高兴实验学校由区教师进修学院接管承办。校长由教师进修学院副院长王永和兼任,学校更名为"闵行区教师进修学院附属梅陇实验学校",将用6年时间,通过实施"人口集中导入地区创建优质教育学校"实验项目,把该校打造成区优质教育品牌学校。这是闵行区注入优质教育资源、改造薄弱学校、实现教育均衡发展的一项新尝试。(李 群)

【推进教师职务制度改革】 对教师职称评审工作进行改革,建立与职务聘任相结合、与教师职务结构相结合的评聘制度,制定"学校考核,强化学校的把关意识;控制人员,逐步达到队伍结构比例平衡;关口前移,提升教师专业水准;设立机制,提高优秀人才从教积极性"的评审要求,对各学校中高级教师的结构比进行控制,并且不再进行与岗位聘任相脱离的评聘制度。经评审,区内105名教师获中学高级教师任职资格,227名教师获中级教师职务。(汪 炜)

【赴四川、云南、新疆学校支教】 区交大二附中孙强、群益职校张宝健、交大附小马国彦、梅陇实验学校于亮4人赴四川省都江堰市蒲阳中学和蒲阳小学参加支教工作;七宝二中李维、少体校吴魁英、闵行三中梁庐安、龙柏中学汤锦飞、梅陇中学尤天华5人赴云南省临沧市双江县沙河中学参加支教工作;张红平赴新疆阿克苏市参加支教。此批赴四川、云南、新疆支教老师于8月出发,为期1年。(汪 炜)

【湖北、四川教师到区内学校挂职】 10月,湖北省宜昌市夷陵区的易斌、李超、周宇等10位校长在闵行中学、交大二附中、闵行五中、莘庄镇小学4所中小学进行为期2个月的挂职锻炼;10月,四川省都江堰市的赵静、曾晓倩等10位老师在区康城实验学校、基地附中、新梅小学接受为期1个月的骨干教师培训;12月,都江堰市苟敏、邹金寿等4名教育管理干部在康城实验学校接受1个月的教育管理干部培训。(汪 炜)

【6人获评"市特级教师"】 教育系统各单位在领导和群众相结合进行提名推荐的基础上,经过学术答辩和个人述职,推荐9人参加市特级教师评审。最终,刘树田、何美龙、张蕊、金中、杨敏毅、赵双成6人获"上海市特级教师"称号。(汪 炜)

【实施义务教育学校绩效工资】 2009年起,各义务教育学校开始实施绩效工资制度。10月底,下发区绩效工资实施指导意见。各学校制定相关方案并对全年工资进行清算。年底前,全区84个义务教育学校近7 000名教职工的绩效工资全部发放到位。(汪 炜)

【增加农村教师津贴】 根据区2009年教育工作

会议精神，对在区内农村学校任教的教师建立津贴制度。年内，对18所农村学校的1 311名农村教师，每人增加3 000元农村教师津贴，总投入393.3万元。通过设立农村教师津贴制度，鼓励教师到农村地区任教，促进农村地区教育事业的发展。（汪　炜）

【建立民办学校教师统一代理制度】　根据教育类型，按照公办学校编制标准的一定比例给予民办学校一定的事业单位编制，并逐步完善民办学校教育人力资源管理平台，对民办学校的聘任关系、档案管理等进行代理，统一缴纳社会保障金。（汪　炜）

【区和谐校园建设推进大会】　于5月15日召开，会议回顾闵行区2007—2008年精神文明（和谐校园）建设情况，并表彰市、区精神文明（和谐校园）建设先进单位。七宝中学、闵行中学等15家单位成功创建“上海市文明单位（和谐校园）”，七宝中学同时获“全国精神文明建设先进单位”称号；莘光学校、浦江一小获“上海市教卫党委系统委级文明单位”称号；浦江一小、浦江三中等95家单位成功创建“闵行区文明单位（和谐校园）”。同时，七宝中学“感恩教育”、实验小学“师德文化建设”、浦江三中“校务公开”、七宝二中“环境教育”、虹鹿幼儿园“学校—社区—家庭教育共建”5个案例入选《2007—2008年上海市教育系统和谐校园创建案例集》。会上，七宝中学、莘光学校、实验小学、依霖幼儿园结合学校创建和谐校园的特色工作，分别从校园文化对教师成长的影响、如何让农民工子女与学校学生融合、推进和谐校园建设中如何有效地关注教师团队文化的形成、民办教育对和谐校园建设的关注等方面做交流发言。局党委书记朱雪平指出，要从加强师德建设、加强民主建设、加强文化建设、加强内涵建设、加强实践锻炼、加强督促指导6个方面入手，提升学校各项工作的水平，推进和谐校园建设工作再上新台阶。（许　凌）

【编辑出版区廉洁教育教学用参考书】　9月，《入耳　动情　见行——闵行区学校廉洁教育教案选编》、《传承廉洁文化　养成廉洁品行——闵行区学校廉洁教育教材选编》编辑出版。在各中小学开展“廉政文化进校园”活动3年来，全区把廉洁教育作为青少年思想道德教育的重要内容，以年度项目推进的形式，将学生廉洁品质的培育纳入“两纲”教育实施全过程，把廉洁教育作为学校德育工作、教师师德建设的重要内容加以落实，形成立体的廉洁教育实施体系，构建不同年段的廉洁教育内容序列。书的出版，将为学校开展廉洁教育提供学习和参考。（郑菊兰）

【区心理健康教育优秀校表彰会】　于12月30日召开，来自全区35所心理健康教育优秀校的校长、德育主任参加会议。会上，区教育局命名1所心理健康教育实验校：罗阳中学；表彰10所心理健康优秀校，分别是：七宝二中、上虹中学、北桥中学、纪王学校、马桥强恕学校、康城实验学校、启智学校、启音学校、华坪小学、浦江一中。近年来，闵行区心理健康教育工作根据素质教育、二期课改以及“两纲”教育落实的要求，以课堂为重点、加强培训、注重心理辅导、倡导课题引领，不断提升心理健康教育教师的专业素养，发挥实验校和优秀校的示范作用，促进温馨教室的创建工作，促进各校心理健康教育的均衡发展，收到良好的教育效益和社会效益。（郑菊兰）

【瞿新忠获“上海市中小学班主任带头人”】
12月1日，在2009年上海市中小学班主任论坛暨优秀班主任先进事迹巡回报告会上，市教委授予区浦江三中瞿新忠首批“上海市中小学班主任带头人”称号，并颁发“上海市中小学班主任带头人工作室”铜牌。（郑菊兰）

【区教育局获全国群众体育先进单位】　7月，经区体育局推荐，区教育局被国家体育总局命名为“全国群众体育先进单位”。（周小龙）

【明强小学获全国教育系统先进集体】　9月9日，在“庆祝教师节暨全国教育系统先进集体和先进个人表彰大会”上，闵行区明强小学被教育部授予“全国教育系统先进集体”荣誉称号。（许　凌）

【学校传染病防控】　教育、卫生部门联合行动，全覆盖检查和重点督查、随机抽查相结合，发现问题及时整改,确保每一所学校防控工作落实到位。学校家庭密切配合,加大晨检和宣传力度,不断完善零报告制度,确保发热学生及时治疗和居家观察,避免校内聚集性发热病例的暴发流行。11 月 2 日,全面铺开甲型 H1N1 流感疫苗接种工作,累计向 291 所中小幼学校、11 所国际学校、4 所位于闵行的中专学校共 146 511人发放知情同意书。完成学生 81 571 人、教师 6 642 人接种和补种甲型 H1N1 流感疫苗,接种率 60%,有效建立防止甲流传播的屏障。(吴国斓)

【参加市第 24 届青少年科技创新大赛获奖】 3 月22 日,主题为“体验　创新　成长”的第 24 届英特尔上海市青少年科技创新大赛颁奖大会举行。闵行区各学校在科技创新成果(科学论文和创造发明)、创意机器人、科技实践活动、少年儿童科学幻想绘画、教师科教创新、优秀科技辅导员、优秀组织工作等项目比赛中,共获一等奖 13 项,二等奖 22 项,三等奖 40 项;优秀科技辅导员 1 名,优秀科技教育方案奖 2 人;优秀科技教育方案提名奖 1 人;各类国际、市级专项奖 15 项;获比赛优秀组织奖。(郑菊兰)

【区第八届青少年科技节】 于 5 月 17 日举行,主题为“科技·人·城市——与世博同行”,表彰奖励年度科技创新教育的获奖单位和个人,就“整合各方资源,为青少年科技教育服务,促进科技教育的内涵发展”的议题进行深入探讨。启动实施闵行区学校“科技辅导员岗位技能培训与测评活动”,组建成立“闵行区科技教育志愿者指导团”,挂牌成立“闵行区学生科普教育实践基地”,首批基地包括:上海交通大学工程训练中心、上海思源电器有限公司、上海航天科技工业展示馆、江川健康生活馆、上海市群益职校汽车博物馆、上海市七宝中学科学探索馆等。(郑菊兰)

【区首届学生合唱节】 于 5 月 9—24 日举行,由区教育局主办,区青少年活动中心承办。全区中、小学的百余支合唱队报名参赛,日新实验学校等 11 所学校获一等奖。(郑菊兰)

(五) 终身教育

【概况】 初步建成以区社区学院为龙头,以 13 所镇、街道、工业区社区学校和区老年大学等成人教育办学机构为骨干,以 473 个村(居委)办学点为基础的终身教育三级网络。社区学校成为闵行区精神文明建设和社区教育的辐射源和集散地,村(居委)教学点也成为集教育、文化、娱乐、体育功能于一体的市民精神乐园,为建设“人人皆学、时时能学、处处可学”的区域性、学习型社会的框架打下基础。(谢凯丽)

【全国社区教育实验区】 区委、区政府按照十六大建设学习型社会的要求,认真落实市委、市政府《关于推进学习型社会建设的指导意见》精神,通过整合资源,完善终身教育体系,积极开展社区教育,基本形成集理论研究、服务指导、队伍建设、课程开发、信息集散等功能于一体的终身教育与终身学习平台,有效促进区域社会与经济的发展。12 月,闵行区被教育部批准成为“全国社区教育实验区”。(谢凯丽)

【全国社区教育特色课程】 按照全国社区教育特色课程申报要求,全区各镇、街道、工业区社区学校积极投入申报工作。区社区学院对各社区学校的课程建设进行全面指导服务,在框架制定、章节内容设计、内容编排、申报材料撰写等环节开展全方位指导。闵行区选送的区社区学院《生态文明系列丛书》、马桥镇社区学校《手狮舞》、颛桥镇社区学校《剪纸》、七宝镇社区学校《皮影戏》、梅陇镇社区学校《海派红木雕刻家具的鉴赏》5 部课程被评为“全国社区教育特色课程”。(谢凯丽)

【上海电视大学闵行一分校评为全国示范性基层电大】 上海电视大学闵行一分校始终以“立足闵行,服务闵行”为宗旨,锐意创新,积极进取,为闵行经济建设和社会发展培养大量人才,受到社会各企事业单位的一致好评。经中央电大实地考察、巡视、核实以及网上公示、专家评审,学校被中央广播电视大学评为“首批全国示范性基层电大”。(谢凯丽)

【区老年大学评为全国先进老年大学】 2009年,区老年大学开设班级85个,招收学员1 905人。学校充分发挥"示范、指导、辐射"作用,继2007年被评为"上海市老年教育先进集体"、2008年被评为"上海示范性老年大学"后,2009年被评为"全国先进老年大学"。七宝镇老年学校、颛桥镇老年学校被评为上海市示范性老年学校,颛桥镇老年学校顾士良被评为全国老年教育先进个人。区老年教育工作小组办公室连续5年因工作成绩显著获市表彰。 (谢凯丽)

【7个街镇被批准为市社区教育实验街道(乡镇)】 随着社区教育实验工作的开展,全区各镇、街道、工业区社区教育在学校建设、师资队伍建设、课程教材建设、经费投入、学习型组织创建与社区单位共建等方面取得阶段性成果,有效促进街镇社区教育长效体制机制的探索和创新。2009年,颛桥镇、七宝镇、梅陇镇、华漕镇、浦江镇、虹桥镇、江川路街道7个街镇被批准为"上海市社区教育实验街道(乡镇)"。 (谢凯丽)

【市社区教育实验项目】 区社区教育实验项目从实际出发,整合优化社区教育资源,在上年开展的基础上重点突出实验成果的实效性,注重遵循社区教育的客观规律。2009年,闵行区申报市社区教育实验项目总计12个,其中市招标项目2个,重点项目1个,一般项目9个。上海市社区教育实验项目的确立为全区终身教育快速发展提供经验。 (谢凯丽)

【市镇(乡)成校(社区学校)标准化建设】 2009年,颛桥镇成人学校、七宝镇成人学校、华漕镇成人学校被评为"上海市镇(乡)成人中等文化技术学校标准化建设达标学校"。 (谢凯丽)

【建立闵行区社区教育评估体系】 5月,下发《关于构建社区教育督导评估体系和课程建设的若干意见》。根据文件精神,全区社区教育建立以自我评价、社区居民评价、社会组织评价相结合的多维社区教育评估指标体系和适应闵行社区居民需要的社区教育课程体系。先后完成《闵行区社区学校社区教育水平与发展评估指标体系》、《闵行区镇、街道社区教育评估指标体系》、《闵行区社区学校教学点社区教育评估指标体系》、《闵行区社区教育课程评价指标体系》。评估体系的建立,推进社区教育不断发展,完善区域性终身教育的服务体系,促进区内学习型社会建设。 (谢凯丽)

【完成闵行老年教育民生指标】 闵行老年教育以老年教育普及率考核为抓手,不断提高老年教育覆盖面,不断推进老年教育发展。2009年,参加老年学校学习的老年人数达到中低龄老年人总数的9.8%,参与多种形式老年教育的老年人数达到老年人总数的29.8%,顺利完成区政府下达的老年教育普及率民生指标。 (谢凯丽)

【2009年"全民终身学习活动周"暨区社区教育工作总结表彰大会】 于12月25日举行,表彰一系列先进集体和个人、优秀项目和课程,挂牌成立"闵行区青年教师社区教育志愿者联盟"和"闵行区退休教师社区教育志愿者工作总站"。 (谢凯丽)

(六)职业教育

【概况】 全区有全日制中等职业学校3所。西南工程学校为国家级重点中专,群益职校为国家级重点职高,燎原中等专业学校为民办中专。教职员工406人,专任教师322人,其中高级教师57人,中级教师169人,中高级教师占专任教师70.2%。双师型教师73人,占专任教师总数22.7%。在校学生169个班级5 701人。 (马秀明)

【闵行成教中心】 闵行成教一、二中心总计有教职工115人,专任教师总数85人,其中高级教师14人,中级教师48人,中高级教师占专任教师72.9%。双师型教师37人,占专任教师总数43.5%。在校班级数258个,在校学生总数12 523人。 (马秀明)

【闵行职业教育联盟(集团)】 于5月8日揭牌,6月18日,闵行职业教育联盟(集团)第一届理事会成立大会在群益职业教育园区举行,讨论通过《闵行职业教育联盟(集团)章程》(试行),推选出联盟第一届理事会成员。通过组建闵行职业教育联盟(集团),集聚社会各方资源,激发社会组织参与职业教育的动力,改进职业教育的人才培养模式,提升职业教育服务区域社会与经济发展的能力。群益职校、西南工程学校、社区学院等50多个单位在自愿、征询、协议的基础上加入职业教育联盟,初步形成联盟(集团)的运作机制及运行模式。（马秀明）

【民办非学历教育】 有99所民办非学历教育(院)校,专职教师370人,兼职老师2 756人,专职教师占师资总量11.84%,培训课程涵盖职技、外语、艺术、文化、社会生活5个大类。(许长路)

(七)特殊教育

【概况】 区内有特殊教育学校3所,其中听障学校1所(启音学校),智障学校1所(启智学校)以及民办启英幼儿园康复部(承担学前幼儿听障康复工作)1所,有特殊学生342人。有60所普通学校接纳特殊少年儿童随班就读,其中2所设有特教辅读班,总计有学生213人,其中智障188人。（周旻琪）

【医教结合、送教上门】 启音学校设有"闵行区特殊教育听障康复指导中心"、启智学校设有"闵行区特殊教育智障康复指导中心",依托两"中心"开展医教结合、随班就读指导和送教上门工作。整合特殊教育康复指导中心、特教学生职业教育培训学校,拓展特殊教育功能,形成特殊学校教育、随班就读、职业培训三者相结合的特殊教育体系,形成全社会共同关注残疾人事业和特殊教育事业的良好氛围。（周旻琪）

【完善随班就读管理体系】 建立以特殊教育康复指导中心为核心、普通学校、特教学校共同参与的随班就读区域网络化管理体系。为进一步规范学校行为,区教育局制定《关于加强随班就读工作管理的实施意见》、《闵行区特殊教育三年行动计划》和《特殊教育教职工岗位补贴的操作方案》,建立"审批制度、学籍管理制度、教师业务指导与考核制度、学校随班就读学生档案管理制度"等多项特殊教育随班就读工作管理制度,制定"普通学校随班就读工作职责、特教康复指导中心工作职责、随班就读教师工作职责、巡回指导教师工作职责"等。区教育局研训部针对业务需要制定《闵行区随班就读分管领导工作手册》和《闵行区随班就读学生工作手册》,健全随班就读工作管理模式。（周旻琪）

【首届"特殊教育"先进集体、个人评选】 为扩大特殊教育的社会影响面,创建支持特教事业的良好氛围,推进特殊教育健康持续发展,开展首届"特殊教育(随班就读)工作先进集体、先进个人"评选活动,评出6个先进集体和20名先进个人,于3月19日进行表彰。（周旻琪）

(八)教育科研

【概况】 2009年,切实发挥教育政策咨询和研究作用,完成《区域学校文化建设调研报告》、《区域中小学生命教育校本课程资源的开发与实践》、《课程研究现状调查报告》、《闵行区骨干教师选拔培养调研报告》、《闵行区校长职级制调研报告》、《闵行区在校学生预防犯罪调研报告》、《闵行区教师心理测试调查报告》7项调研报告;完成《学校民主管理机制建立的工作方案》、《学校办学绩效评估指标、考核方案和操作手册》、《学校民主管理项目方案的设计与管理报告》3项专题报告。深化"现代学校制度背景下区域学校文化建设"项目研究,建立实验校片组活动机制,开展片内协作研究,编辑出版7期项目研究《通讯》,依托"现代学校制度网"、《现代学校》杂志建立项目研究资源库,出版《现代学校文化建设——校长论坛》及《现代学校文化建设——创意与设计》论文集。继续贯彻《闵行区整体推进"新基础教育"研究实施意见》文件精神,积极促进基地学校和区域推进两个层面的改革研究体系。积极、多向、高质量互动,整体深化区域"新基础教育"研究工作,编写《十年变革路——闵行区域性推进"新基础教育"研究回望》;基于闵行区"新基础教育"10年研究取得的卓越成就,闵行区教育改革实验区获2004—2009年度中国教育学会系统先进单位,新基础教育研究所程丽芳获2004—2009年度中国教育学会系统先进工作者,龙一芝被中国青年教师协会、中国素质教育报告编委会授予“中国素质教育先进工作者”称号。以加强科研管理、提升科研水平和质量为重点，指导学校进行国家级、市级、区级课题申报，获准立项国家级项目2项，市级项目17项，区级重点项目16项，区级一般重点项目28项，区级一般项目622项。开展教科研成果评选与推广，有639项成果参加区第十七届教育科研成果评选，获奖385项。（韩金环）

【教育科研成果】 （1）4月，参加《上海教育科研》与《闵行教育》编辑部联合举办的第六届教育科研优秀论文评选活动，2 040篇论文参评，获奖1 186篇，其中一等奖40篇，二等奖207篇，三等奖939篇，出版教育论文集《耕耘的浪花》。（2）10月，参加“黄浦杯”长三角“我与新课程改革”征文评选活动，有10篇论文分获二、三等奖，4篇案例分获一、二、三等奖。（3）11月，闵行区举行第四届现代学校发展创意设计优秀案例评选，有178项成果参评，其中一等奖19项，二等奖48项，三等奖64项，出版《现代学校文化建设——创意与设计》优秀案例集。（4）12月，市教育科学研究院第三届学校教育科研成果评选，区教育局竺建伟《转型与创生：基础教育内涵发展的区域性探索》、闵行中学项政《教育为学生终身幸福奠基》、上海交通大学第二附属中学仲丽娟《教师职业生涯中期专业发展的叙事研究》获二等奖，区教育教学研究所龙一芝《区域中小学生命教育校本课程资源的开发与实践研究》、启德学校薛妙忠《创建工读学校和谐教育环境，促进问题学生健康发展的实践研究》、华漕镇中心幼儿园韩惠英《新农村幼儿“主题式”科学启蒙教育的实践研究》、闵行第三中学葛新《初中语文写作内容、技法、能力三维体系构建实践研究》、梅陇中心小学吴敏《开发民族文化教育资源，提升师生学校生活品质》、新基础教育实验学校孙联荣《校本视导理论与实践初探》、启英幼儿园沈巧珠《2—6岁幼儿行为习惯养成方案的设计与实践》、教科院实验中学吴炳煌《适应学生差异的教育对策研究》、金汇高级中学蒋云鹏《建立“数学学习实验室”，优化高中数学学习方式的实践研究》获三等奖。（5）12月，闵行区举行第十七届教育科研成果评选，有639项成果参评，获奖385项。其中一等奖34项，二等奖108项，三等奖242项。（韩金环）

【ESD项目学校代表参加“中国可持续发展教育”第四届国际论坛】 10月22—24日，区ESD项目学校及部分非项目学校校长、分管领导一行19人参加会议。《区域推进可持续发展教育总结报告》入选教育部副部长陈小娅主编的《中国可持续发展教育创新》；闵行中学、虹桥中心小学获“中国可持续发展教育项目2009年示范学校”称号；新梅小学、梅陇中心小学获全国“节能减排与可持续发展学校——社会行动项目2009年示范学校”称号；在“中国可持续发展教育优秀教学案例”、“中国可持续发展教育优秀活动案例奖”评选中，闵行区共获37个奖项，其中一等奖5项，二等奖16项，三等奖18项。（韩金环）

【获2004—2009年度中国教育学会系统先进单位】 在中国教育学会成立30周年之际，中国教育学会表彰一批中国教育学会系统的先进单位和先进工作者。闵行区教育改革实验区获2004—2009年度中国教育学会系统先进单位，新基础教育研究所程丽芳获2004—2009年度中国教育学会系统先进工作者。（韩金环）

【获市中小学青年教师教学评选活动6项一等奖】 在2009年上海市中小学青年教师教学评选活动中，闵行区获学前教育、小学英语、小学体育、拓展型课程6个一等奖，8个二等奖，2个三等奖。（李　群）

【“研究（探究）型课程十年总结”系列活动】 12月8—9日，“凝聚智慧·创建特色·发展课程——闵行区中小学研究（探究）型课程十年总结”系列活动，分“中学专场”、“小学专场”，分别在文来中学和莘庄镇小学举行，活动通过主题发言、教学展示、专题研讨、展板交流等形式，全面回顾区10年研究（探究）型课程建设历程，并对研究（探究）型课程建设现状进行分析。（李　群）

【区教师进修学院获“全国教研工作先进单位”】 8月18日，由中国教师发展基金会举办的“2008年度全国教研工作先进单位与先进个人评选活动”

中,区教师进修学院获“全国教研工作先进单位”。 (李 群)

【闵行区校长发展中心】 由区教育局和市教委教研室合作成立,5月19日在教师进修学院举行揭牌仪式,双方签署合作协议书。“闵行区校长发展中心”为非法人机构,隶属区教师进修学院。中心设专家组,由市教委教研室委派,工作模式为专家组指导下的中心主任管理制度。功能和任务主要有:参与闵行区校(园)长队伍建设规划,承担市、区相关课题研究,开发中小幼校(园)长、教育干部培训课程,对闵行区校(园)长、教育干部实施培训,组织专家对区内中小学、幼儿园发展提供专业指导。中心集聚全市资源,聘请一批资深专家组成指导组,构筑校长队伍建设高地,打造一支具有现代教育思想、教育领导力的高素质校(园)长队伍。 (李 群)

(本栏目编辑 陈 敏)

（一）上海交通大学

【概况】 2009年，高层次人才引进取得重大突破，共引进冠名讲席教授6人、特聘教授26人、学科带头人8人、特别研究员30人。入选中组部“千人计划”21人，新增长江特聘（讲座）教授12人（其中文科首次入选特聘教授2人）、国家杰出青年科学基金获得者8人，位居全国高校前列。入选市优秀学科带头人计划11人，入选市曙光学者11人，入选市东方学者9人，位居上海高校首位。21人入选“千人计划”；人才培养理念实现重大转变，构建“三位一体”的人才培养模式；基础研究能力进一步提高，SCI论文数首次跃居全国高校第二。

教育教学质量稳步提升，获国家级教学成果一等奖1项、二等奖7项，获上海教学成果特等奖1项、一等奖14项，获奖数居上海高校第一。新增国家级精品课程6门、上海市精品课程9门、国家级双语教学示范课程2门、上海高校示范性全英语教学立项课程4门；新增国家级教学团队2个、市级教学团队4个、国家特色专业建设点4个、国家级实验示范中心1个、市级实验教学示范中心2个；新增国家理科基础科学研究和教学人才培养基地（生物学），实现基础科学研究和教学人才培养基地零的突破。

在教育部学位与研究生教育发展中心2009年全国一级学科排名中，机械工程、临床医学、船舶与海洋工程3个学科排名第一，13个学科排名前5名，23个学科排名前10名。其中科技史、管理科学与工程、工商管理、法学4个文科学科进入前10名，8个文科学科进入前20名，学科整体水平位居全国前列。

对接上海建设国际金融中心国家战略的要求，争取3.2亿元专项经费，高起点建设上海高级金融学院，抢占金融学科新的战略制高点。筹建自然科学研究院，搭建进行前沿性交叉基础研究和原创性基础研究的平台。成立马克思主义学院，加强马克思主义理论学科建设和大学生思想政治教育。成立凯原法学院海洋法律与政策研究中心，提高学科覆盖面和社会影响力。

（陈鑫木）

【林忠钦获2008年度“长江学者成就奖”】 2008年度“长江学者成就奖”人选名单公布，全国高校共有5人入选，林忠钦名列其中，成为交大继院士陈竺1999年获奖后的第二位获奖者。

（陈鑫木）

【季卫东等入选2008年度长江学者特聘教授和讲座教授】 9月，教育部发布《关于公布2008年度长江学者特聘教授、讲座教授和长江学者成就奖获奖者名单的通知》，全国高校135人入选长江学者特聘教授，109人入选长江学者讲座教授。交大共有11人入选，其中特聘教授6名，讲座教授5名，特聘教授总数与北京大学并列第三。特聘教授有法学院季卫东、数学系蔡申瓯、国际公共与事务学院陈捷、系统生物研究院敖平、医学院宁光、电子信息与电气工程学院汪小帆等教授，讲座教授有来自美国西北大学的曹简、宾州

州立大学的董澄、加州大学洛杉矶分校医学院的王义斌、芝加哥大学商学院的奚恺元、台湾新竹交通大学的谢汉萍。 (陈鑫木)

【王如竹等分获全国、市模范教师】 9月,经教育部、人力资源和社会保障部批准,授予机械与动力工程学院教授王如竹"全国模范教师"荣誉称号,医学院教授郭晓奎"全国优秀教师"荣誉称号;经市人力资源和社会保障局、市教育委员会、市公务员局批准,授予船舶海洋与建筑工程学院"上海市教育系统先进集体"荣誉称号,授予电子信息与电气工程学院俞勇、数学系乐经良、物理系马红孺、化学化工学院颜德岳、生命科学技术学院林志新、体育系孙麒麟6位教授和环境科学与工程学院思政教师侯士兵"上海市模范教师"荣誉称号;经市教育委员会批准,授予环境科学与工程学院侯士兵"市高校优秀辅导员"、医学院陈挥"市高校优秀思想政治理论课教师"、医学院俞立巍"市高校优秀思想政治教育工作者";经市教育委员会同意,市教育发展基金会批准,授予邹早建等27人"上海市育才奖"。 (朱晓岚)

【3名教授获"上海市十大科技精英"称号】 9月16日,第十一届上海市十大科技精英颁奖大会在上海科学会堂举行,交大许迅、李建华、房静远3名教授获"上海市十大科技精英"称号。 (陈鑫木)

【科技创新能力进一步提升】 2009年,重点和重大项目数量持续上升,新增"973计划"4项,居全国高校第一;新增重大科学研究计划2项,对国家原始创新的贡献度不断提高。积极介入国家16个重大专项,立项89项,成为支撑国家战略需求的重要科技力量。获批自然科学基金项目445项,比上年增长10.89%,面上项目数居全国第三,其中青年基金立项数居全国第一。获批3个教育部科技创新团队,创历史新高,列全国第二。全年科研到款经费总量达14.96亿元,比上年增长11.1%。 (陈鑫木)

【科研成果取得新突破】 原始创新能力持续增强,交大科研发展在全国高校中的领先地位得到进一步巩固。院士贺林领衔的科研团队成功揭示"A-1型短指(趾)症致病机理",最新成果在Nature发表。教授吴际对成年哺乳动物雌性生殖干细胞的发现及其生物特性的研究成果在Nature Cell Biology上发表,并入围"2009中国高等学校十大科技进展"。教授曾凡一关于iPS细胞的研究成果在Nature杂志在线发表,并入选"2009中国十大科技进展新闻"。赵立平实验室、院士陈竺、院士陈赛娟团队等撰写的3篇文章入选"中国百篇最具影响优秀国际学术论文"。交大以第一完成单位共获国家三大奖6项,居全国高校第四;获省部级一等奖18项。2008发明专利授权578项。2008年SCI收录论文数达2 736篇,首次跃居全国高校第二,其中医学学科SCI论文总数居全国高校第一,国内期刊收录论文数居全国高校第一,"超过所在学科论文被引次数世界均值"的论文数跃居全国高校第三。 (陈鑫木)

【获工博会高校参展奖总数第一】 交大13项自主创新科研成果参展11月举行的第11届中国国际工业博览会,其中张文军领衔的《国标HD系列地面数字电视解调总片及解决方案》和胡德金团队的《项目高硬材料球面数控精密度磨削技术与装备》分获铜奖。此外,获创新奖、高校展区优秀展品二等奖、三等奖、优秀组织奖、先进个人奖各1项,居57所参展高校之首。教育部副部长陈希、市教委主任薛明扬在副校长林忠钦、科研院副院长曹兆敏的陪同下参观交大展台。 (华黎明)

【国际化办学不断推进】 交大和美国加州理工学院、佐治亚理工学院、瑞士苏黎世联邦科技大学、英国伦敦帝国学院、新加坡南洋理工大学、印度孟买印度理工学院7所世界一流科技大学发起组成的GlobalTech于4月成立。GlobalTech致力于"七赢"合作,以工程科技为人类谋幸福为宗旨,开展教学、研究、师生交流,促进工程科技教育,并以跨领域的研究来共同解决人类面临的气候变化、水资源、能源、城市化等问题。在GlobalTech成员中,交大和佐治亚理工学院、新加坡南洋理工大学建立密切的合作交流关系,同时积极拓展和加州理工学院、瑞士苏黎世联邦科技大学、英国伦敦帝国学院的合作关系。交大迄今与140多所世界名校建立合作关系,与30多所著名大学开展学生交流,共有82个国际合作项目,本科生海外游学比例不断提高。2009年学校派出1 078名本科生,海外游学比例达22.8%。

（陈鑫木）

【学生就业工作受教育部表彰】 2009年,受全球金融危机影响,学生就业形势异常严峻。交大坚持以国家战略需求为牵引,加强引导和指导,就业质量稳中有升。截至9月1日,博士生就业率98.68%,硕士生就业率98.19%;本科生就业率96.26%,研究生与本科生就业率均居上海市高校第一。到国家重要行业和关键领域就业的毕业生占总派遣人数41%,比上年增长12%。就业工作受到教育部表彰,获“全国高校毕业生就业工作先进集体”。 （陈鑫木）

【获全国大学生结构设计竞赛一等奖】 11月25—28日,第三届全国大学生结构设计竞赛在同济大学举行,来自同济大学、清华大学、浙江大学、上海交通大学、香港大学、澳门大学等58所高校的59支代表队参赛。交大船舶海洋与建筑工程学院派出由土木工程系本科生李宝龙、冷予冰和赖华辉3名同学组成的代表队参赛,他们在副教授宋晓冰的指导下,通过近2个月的努力,不断改进、尝试、创新,最终顺利完成比赛,并以巧妙的设计、较轻的质量和突出的发电功率取得总分第四的优异成绩,获大赛一等奖。上海交通大学也因此成为全国大学生结构设计竞赛自举办以来唯一每届均获得一等奖的高校。校代表队共参加6届华东地区高校结构设计邀请赛、3届全国大学生结构设计竞赛、1届亚洲地区结构设计邀请赛,累计获4个一等奖、5个二等奖。

（黄振宝）

（二）华东师范大学

【概况】 华东师范大学是教育部直属全国重点大学,是国家“985工程”、“211工程”重点建设高校。现有闵行校区和中山北路校区,校园占地总面积3 100余亩。设置19个全日制学院,2个管理型学院,4个高等研究院,含56个系,70个本科专业,其中中文、历史、数学、地理、心理和物理6个专业是国家文理科基础科学人才培养和科学研究基地。拥有14个一级学科博士点,122个二级学科博士点,8个一级学科硕士点,178个二级学科硕士学位授权点,1个专业博士学位授权点,7个专业硕士学位授权点,18个博士后科研流动站。拥有教育学、地理学2个一级学科国家重点学科(涵盖教育学原理、自然地理学等13个二级学科),5个二级学科国家重点学科、5个国家重点培育学科和12个上海市重点学科;拥有2个国家重点实验室,1个国家野外科学观测研究站,6个教育部重点实验室和工程中心,6个教育部人文社会科学重点研究基地及6个市重点实验室和工程中心。2009年录取本专科生3 732人,比上年增加32人;录取全日制研究生3 441人,其中硕士研究生2 076人,博士研究生577人,专业学位硕士研究生788人;来自“985”高校的生源35%以上;招收博士后研究人员58人,出站38人。现有在校全日制学生23 979人,其中本科生13 829人,专科生696人,硕士生7 347人,博士生2 107人。

2009年,闵行校区9—11号本科生公寓建成交付使用;资环生化楼群结构封顶,开始专业单项安装及粉刷工作;传播艺术楼结构封顶,预计2010年6月交付使用;完成闵行校区动物房建设,即将验收移交;完成交付生物系玻璃温室工程376平方米建设等。 （汤 涛 李 芸）

【深入学习实践科学发展观】 3月18日,华东师大举行学习实践科学发展观动员大会。校党委书记张济顺对学习实践活动进行总体部署。动员大会后,校党政领导班子、各机关职能部门和院系都积极行动,投入到学习实践活动中。经过学习调研阶段、分析检查阶段和整改落实阶段,学习实践活动取得明显效果。

（汤 涛 李 芸）

【保加利亚副总理来访】 3月24日,保加利亚共和国副总理兼外交部长伊瓦伊洛·卡尔芬来校访问,受聘担任学校顾问教授并做题为《黑海区域的地位以及保加利亚对该地区稳定与发展的贡献》的演讲。 （汤 涛 李 芸）

【获世博会城市足迹馆总设计单位资格】 年内,

设计学院《世博会城市足迹馆》设计方案中标,获得该馆的总设计单位资格。世博会城市足迹馆是2010年上海世博会五大主题馆中最大的场馆,建筑面积达2万平方米,主要展示世界城市和城市文明发展的历史足迹。(汤 涛 李 芸)

【获“全国五四红旗团委”称号】 学前教育与特殊教育学院团委作为上海市唯一高校系统团委获2008年度“全国五四红旗团委”称号。该团委“以党建带团建为原则、以思想教育为主线、以组织建设为依托、以服务青年为根本,以专业化志愿服务为品牌”,在班子建设、主题活动、支部建设、阵地建设等方面成绩显著。

(汤 涛 李 芸)

【召开“新基础教育”成果发布会】 5月16日,“新基础教育”成型性研究成果发布暨现场研讨会在校举行。教育部副部长陈小娅、副市长沈晓明等出席会议并讲话。叶澜领衔的“新基础教育”研究,推动中国基础教育学校的转型性变革与发展,培养一批中青年学者,催生中国第一个本土教育学学派——“生命·实践”教育学派的面世。(汤 涛 李 芸)

【共建国际关系与地区发展研究院】 “国家开发银行——华东师范大学国际关系与地区发展研究院”与“国家开发银行——华东师范大学上海合作组织研究院”于6月1日在校揭牌成立。这是经济界联手高校共同推进中国高等教育事业发展的一次新尝试,旨在将其建设成以俄罗斯与大国关系问题研究为核心,在国际关系与地区发展研究领域具有与国家发展目标和国际学术前沿水准相匹配的研究机构。上海合作组织首任秘书长、中国前驻俄大使、中国国际问题基金会理事长张德广受聘为上海合作组织研究院名誉院长。(汤 涛 李 芸)

【完成崇明生态岛建设前瞻性研究】 城市与区域规划研究院院长曾刚教授带领课题组完成《崇明生态岛建设指标体系研究总报告》,构建一套由社会和谐、经济发展、环境友好、生态文明、管理科学5大专题、15项评价主题、24个核心指标构成的崇明生态岛建设指标体系,完成事关崇明生态建设的前瞻性研究。(汤 涛 李 芸)

【癌症研究突破】 由生命科学学院生命医学研究所所长刘明耀教授领衔的团队,在国际权威杂志《癌症研究》、《Development》上发表一系列关于中草药单体化合物抑制癌症生长的文章,揭示出植物药单体化合物在抑制肿瘤生长方面的巨大潜力,该发现还直接影响心血管疾病、糖尿病等重大疾病的攻克。(汤 涛 李 芸)

【开展中长期规划纲要编制工作】 9月14日,华东师大成立起草工作领导小组,着手开展《规划纲要》编制工作。各院系(所)均成立编制领导小组,召开教授会议或青年教师会议,讨论、起草分规划草案;学校职能部门成立专项编制领导小组,研究、起草专项规划草案。《规划纲要》编制工作秘书组在深入调研的基础上,制定“学校总体发展战略专项”,并在院系分规划草案和专项规划草案的基础上起草《规划纲要》总文本。《规划纲要》(初稿)通过十一次党委会第四次会议审议,并提交校第六届教职工代表大会第三次会议审议。(汤 涛 李 芸)

【“挑战杯”竞赛中名列全国第三】 在第十一届“挑战杯”全国大学生课外学术科技作品竞赛中,华东师大参赛队获一个特等奖、三个一等奖、一个二等奖、一个三等奖,以总分370分的成绩名列全国第三、上海第一,再次捧得“优胜杯”,并获“优秀组织奖”。(汤 涛 李 芸)

(三)上海电机学院

【概况】 上海电机学院是一所以工学为主,经、管、文等学科协调发展的全日制普通本科院校。坚持“技术立校,应用为本”的办学指导方针,贯彻落实市政府对行业所属院校“明确定位、办出特色、强化内涵、服务行业”的办学要求,努力打造特色鲜明的高等院校。下设电气学院、机械学院、电子信息学院、经济管理学院、外国语学院、人文社科学院(马克思主义学院)、汽车学院、国际教育学院、高等职业技术学院、数理教学部等二级教学单位,工业技术中心、体育教学中心分别负责实验实训及体育教学工作,继续教育学院、李斌技师学院承担成人学历教育和非学历教育培训工作。2009 届 3 268 名毕业生就业率达 97.89%，毕业生就业率连续第 17 年保持在 95% 以上，继续位于上海市高校毕业生就业率排行前列。学校连续第 7 轮通过文明单位验收，并获 2009 年度上海电气(集团)总公司安全生产先进集体、市教委 2008—2009 年度安全文明校园和区治安保卫工作先进集体。首次成功承办第三届全国职工职业技能大赛“李斌杯”数控机床装调维修工决赛并获优秀贡献奖；首次获全国 CAD 应用培训先进单位。

(1) 教学工作取得新进展。①全面贯彻落实教育部本科教育教学“质量工程”，加强教学管理和检查，逐步实现教学管理的规范化，提高教学质量。加强校际间合作，加入“上海市西南片高校联合办学管理委员会”，成为会员单位，实现优质资源共享。②进一步优化本科专业结构。2009 年共有本科专业 23 个，“机械设计制造及其自动化”等 3 个专业增列为学士学位授予专业，“机械电子工程”等 6 个专业顺利通过市教委组织的新专业检查。③积极开展教研教改、课程建设、专业建设和教学团队建设。“技术本科院校人才培养模式的探索与实践”等 3 项教学成果获上海市教学成果二等奖，另有 3 项教学成果获三等奖；首次获得 1 个国家级特色专业建设点；新增 3 个市级特色专业、1 门市级精品课程、5 门市级本科重点课程、1 门市级全英语课程、2 个市级教学团队。④通过技术本科人才培养模式创新实验区建设探索提高学生培养质量，全年共获市教委 30 个大学生创新项目，投入 30 万元配套资金设立专项基金，并举办首届大学生创新论坛，营造良好的科创氛围。

(2) 人才队伍建设逐步完善。①深入了解上海市人才政策和不同类型、层次高校综合改革情况，并结合学校岗位、分配、考核现状寻找人事改革的重点和突破口。2009 年学校第二轮人事综合改革有条不紊，全面完成。机构设置、岗位配置、分配制度和考核体系得到进一步完善，形成有效的人才竞争机制和激励机制。②2009 年，学校首次获市东方学者 1 名，市宝钢优秀教师 1 名，获市模范教师 1 名，市育才奖 5 名，国家留学基金委资助项目 1 名，市优秀青年教师基金 21 名。同时，学校注重对青年教师的培养，2009 年完成青年教师企业挂职锻炼 14 名，新赴企业挂职锻炼 15 名。

(3) 科研水平进一步提高。①2009 年科研经费突破 4 000 万元，共有 55 项纵向科研项目获准立项，其中包括教育部人文社科项目 3 项、全国教育科学十一五规划 2009 年度教育部青年专项课题 1 项、市科委国际合作项目 1 项、市自然科学基金项目 2 项、市哲学社会科学规划项目 1 项、市教育科学研究项目 2 项、市教育基金委员会“晨光计划”项目 1 项。②组织参加 2009 年中国国际工业博览会，参展作品 9 项，学校参与的家庭生活多机器人系统项目获创新奖；“电力线网络抄表系统”获 2009 年高校展区优秀展品三等奖。③《上海电机学院学报》获年度“全国高校科技期刊优秀编辑质量奖”。2009 年全校共完成专利申报 207 件，比上年增长 95%，2009 年获授权专利 67 件，被区知识产权局授予“2008 年度闵行区专利申请优胜奖单位”。

(4) 大学生科创获得新突破。①学生接连获全国第十一届“挑战杯”大学生课外科技作品大赛二、三等奖、全国数学建模二等奖、第四届“毕昇杯”全国电子创新设计竞赛三等奖、全国大学生英语竞赛一、二等奖、全国三维数字化创新设计大奖赛一等奖、第十届“广茂达杯”中国智能机器人大奖赛一、二、三等奖。②积极申报并成功设立全市第 8 家上海市大学生科普志愿者服务社(科学商店)。科学商店已在 4 个区县开设志愿者服务门店 5 个，确定科学商店研究课题 25 项。科学商店已成功申报二期建设项目，并与江川路街道共建机器人科创展示室。上海科技周期间，科学商店参加在科技馆举办的集中展示活动，并加入“迎世博百个大学生志愿服务社进社区科普文化活动”，获上海市科普志愿者先进集体和个人称号。

(5) 临港校区建设稳步推进。学校通过临港校区建设一期项目修建性详细规划和总体规划方案审批，并被列为 2009 年度上海市重大工程建设项目。全年共完成 45 项公开招标任务，完成 43 项重要合同的洽谈、签署，一期建设工程于 1 月 22 日顺利奠基，至年底所有单体建筑全面开工并完成桩基工程，进入结构施工阶段，部分单体实现结构封顶，全面完成“市重大工程建设办公室”下达的年度建设目标。全年未发生廉政问题及重大责任事故。

(6) 校庆活动丰富多彩。2009 年是建校 56 周年和升本 5 周年,系列纪念活动有:举办升本 5 周年答谢会,以加强与社会各界的联系;召开纪念大会,以全面展示学校精神风貌;召开严雪怡教育思想研讨会暨九十华诞祝寿活动,以传承技术教育思想;成立上海电机学院校友会上海三菱公司校友分会和 79 级校友分会,以进一步加强与校友联络。系列活动的举办取得"弘扬传统,彰显特色,凝聚人气,共谋发展"的良好效果,有力推动学校各项事业的发展。

(王　遥)

【临港校区奠基】 1 月 22 日,电机学院在临港校区建设基地举行奠基仪式。市人大常委会主任刘云耕参加奠基仪式并发表重要讲话。市政协华夏文化经济促进会会长宋仪侨、市教委主任薛明扬以及上海电气(集团)总公司、临港新城管委会相关领导参加仪式并为临港校区奠基。

(王　遥)

【田程程参加 2007—2008 学年度国家奖学金颁奖大会】 电机学院 BG056 班学生田程程参加 2月22 日在人民大会堂召开的 2007—2008 学年度国家奖学金颁奖大会,受到国家领导人亲切接见,并登台领奖。田程程是作为上海市唯一的国家奖学金获奖学生代表赴京参加大会的。

(王　遥)

【"科学商店"开张】 沪上高校第 8 家"科学商店"——上海电机学院科普志愿者服务社于 3 月 10 日开张。新亮相的"科学商店"位于闵行江川社区,"店员"均由大学生志愿者担任,并推出特色服务:家用电器安全免费检测、家用电器辐射度检测、室内装潢有害气体检测、皮肤含水量检测免费体验等,吸引许多社区居民积极参与。

(王　遥)

【首批四年制本科生毕业】 6 月 26 日,举行 2009 届本、专科生毕业典礼。2009 年是电机学院升格为本科院校 5 周年,首批机械设计制造及其自动化、材料成型及控制工程、电子信息工程、计算机科学与技术、国际经济与贸易、电气工程及其自动化 6 个专业的四年制本科生顺利毕业,就业率 97.74%。

(王　遥)

【举办新疆阿克苏职业技术学院教师暑期研修班】 8 月 2—17 日,新疆阿克苏职业技术学院部分教师来校参加教师暑期研修班。此次活动由上海高等技术教育发展研究中心、上海电机学院师资培训中心主办,华东师范大学职业教育与成人教育研究所协办,旨在进一步加强学校与新疆阿克苏职业技术学院之间的交流,为阿克苏职业技术学院的发展和建设提供更多的经验。活动期间,学校邀请相关专家就高职教育、招生就业、师资队伍建设与管理、课程和实验室建设等问题开展专题讲座。

(王　遥)

【2009 年上海电气"李斌杯"数控机床装调维修工决赛】 于 8 月 22 日在学校杨浦校区举行,由上海电气(集团)总公司和上海市机电工会组织开展。共有来自 73 个单位的 1 572 名职工报名参赛,参赛人数再次刷新纪录。

(王　遥)

【升本 5 周年纪念活动】 9 月 27 日,举行建校 56 周年暨升本 5 周年答谢会,市教委副主任王奇、上海电气(集团)总公司副总裁徐子瑛、张素心、上海机电工会主席左山虎以及支持关心学校发展的各界人士应邀出席会议。9 月 29 日,举行建校 56 周年暨升本 5 周年纪念大会。10 月 5 日,举行严雪怡教育思想研讨会暨严雪怡 90 华诞纪念活动,对严雪怡多年来对职业教育事业的思想进行较为系统的整理和研究。严雪怡是上海电机学院原校长,对学校的建设和发展倾注毕生心血。

(王　遥)

【首届大学生创新论坛】 于 11 月 24 日开幕,共展出 50 项学生科创项目作品,其中既有 2009 届"挑战杯"竞赛的获奖项目展品,也有"工博会"的参展项目。论坛既展示学校学生创新活动的成果,弘扬科学精神,也是对广大师生的鞭策。

(王　遥)

(四) 上海东海职业技术学院

【概况】 在校学生 5 017 人,职工 340 人。占地

126 589 平方米。学院有任课教师 371 人,其中正高级职称 15 人,副高级职称 122 人。学院建有 10 个教学系,2 个教学部,共有 31 个专业。校内建有 9 个实训中心、2 个实训基地、80 间实验实训室。图书馆有纸质藏书 29.88 万册,电子图书 400 GB。2009 年是学院计划招生人数最多的一年,共录取新生 1 685 人,全日制学生总数达 4 907 人,加上夜大学计划招收的学生,学校在校生规模首次超过 5 000 人。上半年,学院开展学习实践科学发展观活动。在三个阶段活动中,学院董事会、行政和党委步调一致,齐心合力,实践活动取得良好成效,受到上级领导部门表扬。由于工作成效显著,被评为市教委精神文明单位、市民办高校先进集体,还通过规范收费、消防安全、财务工作、平安校园等一系列检查,学校的规范办学受到上级领导和社会的肯定。

2009 年,学院按照教委关于专业结构布局调整的部署开展有效工作,专业结构进一步调整、整合,不断优化。经各方努力,教委、卫生局批准学院建立护理专业,2010 年开始招生。经教委批准,把法律事务和新闻传播调整为文秘专业,应用艺术系 3 个设计专业归并为艺术设计专业。2009 年,与澳大利亚查理斯杜大学签署合作意向协议,就会计、报关与国际货运 2 个专业进行课程论证,同意互相承认学分,2009 年暑假有 3 名学生去该校参观并表示留学意愿,计划于2010 年开展 2 +2 合作教育。与日本金泽科学技术学院签署协议,就汽车维修专业的教学和实训达成意向,计划于 2010 年开始 2 +1 或 1 +2 合作教育。2009 年,首次举办成人高等教育,市教委批准学院开设会计、物流管理、报关与国际货代 3 个成人教育专业。

2009 年,重新聘任系部主任 11 人,基本做到专人专职,稳定各系部的教学工作。引进 24 名新教师,其中 1 名博士,8 名硕士,17 名党员,提高教师总体素质。2009 年有 4 名教师分别到美国和澳大利亚、新加坡进修,有 5 名教师在国内进修、培训,发展 7 名教师入党。

结合学习实践活动,改造网络光缆系统、建设学生宿舍网络系统、更新学校消防控制系统,为所有教工、学生宿舍安装空调 1 200 余台,改造部分电缆系统,食堂改造电路和排风系统等,为可持续发展奠定基础。在经费不很宽裕的情况下,更新部分教室的课桌椅,新建 10 个多媒体教室和 1 个语音室,更新近百台计算机和一批教学设备。充实艺术设计、动漫制作、文秘、数控等实验室,新建金融实训室,筹建护理实训室,改造老食堂,为影视传媒的动画、影视表演专业和机电系的数控、汽车实验室的改建创造条件。教学和校园生活的基础设施进一步完善。

学院在年底进行人事分配制度改革,根据发展需求、教学和管理的实际情况制定教学、管理编制,确定管理系列和教师系列的职级工资级别。同时,开始试行校内副高职称的聘任办法。

学生在专业比赛上屡传捷报。在第六届"全国高职高专实用英语口语大赛"上海赛区复赛中,商英 071 班顾维娜、物流 081 班曹凌君分获英语专业组和非专业组三等奖。在市第二届高职高专实用英语(阅读)比赛中,报关 071 班陈瑶获二等奖、报关 071 班熊春晓、商英 071 班胡婧钰涵获三等奖。在市高等职业院校"远恒杯"首届国际商务单证职业技能竞赛上,学院获市团体第二名,詹异麟等 10 位学生分获一、二、三等奖。空乘专业孙玉乐、曹芸进入"中国亚运空姐招募大汇"南京选区五强,并代表南京参加全国总决赛。学生乔杰、朱蓓蓓作为"三支一扶"的第一批志愿者前往云南、四川支教。2009 年在校大学生当兵人数超过往年,共有 22 名大学生应征入伍,其中包括 17 位女生,前所未有。学生于暑假赴井冈山举办主题为"行红色之旅,继革命传统"的大学生暑期社会实践活动,是学院办学以来的第一次,该活动被评为 2009 年上海市大学生暑期社会实践活动"优秀项日奖"。06 级学生就业情况良好,毕业生 1 512 人,截至 12 月 21 日,全校就业率 94.05%,超过全市大学生平均就业率,毕业生离校工作开展顺利。

2009 年,新成立后勤服务中心,该中心独立核算,经费包干,提高后勤职工的积极性和工作效率。 (邹培庆)

【成立第三届董事会】 经市教育委员会批准,学院第三届董事会正式成立。新一届董事会由曹助我、陶钧、李重华、杜鉴坤、项家祥、赵佩琪、李小刚、白芸 8 人组成。除出资人以外,院长、书记、社会贤达人士、教师代表都进入该届董事会,体现学院法人的治理结构进一步完善。3 月

5日,召开第三届董事会第一次会议。教授曹助我为第三届董事会董事长。（邹培庆）

【立夏征农铜像】 5月4日,为东海学院老院长夏征农铜像揭幕。夏征农子女、学院董事、党政领导参加落成仪式。学院希望能将他坚定信仰、淡泊名利、一心为公的精神一代代传递下去,激励后人继传统、弘新风,创造更辉煌的业绩。

（邹培庆）

【与吴泾镇合作共建】 9月11日,吴泾镇政府与东海职校举行合作签约仪式。吴泾镇党委书记朱国兰、镇长王书根、东海学院院长项家祥、党委书记赵佩琪等领导出席签约仪式。王书根与项家祥签署共建协议书。根据协议,吴泾镇将与东海学院开展人才、技术与产业、资源等方面的合作。（邹培庆）

【国庆60周年文艺汇演】 9月29日,为庆祝新中国成立60周年,东海学院在报告厅举行以“行红色之旅　承革命传统　颂祖国成就”为主题的文艺汇演。整台演出由学院师生自编、自导、自演,通过“井冈山红色之旅”和“歌颂祖国60年成就”2个篇章,抒发学院师生对祖国60年辉煌历程的礼赞和对美丽青春的讴歌。（邹培庆）

【建立“模拟银行”实训中心】 10月20日,举行“模拟银行”实训中心落成仪式。在“东海银行”里,不仅有商业银行的现金业务、非现金业务、VIP业务、中间业务,而且有完全仿真的银行环境,从排号叫号开始,学生可到不同窗口办理对公业务、对私业务,存单、存折、贷记卡一应俱全,客户、营业员、柜台组长全由学生担任。学生在此可以熟悉商业银行的全部业务,毕业后进入银行即可上岗,唯一要改的是把存单或存折上的“东海银行”改为“××银行”即可。（邹培庆）

【包起帆聘为学院客座教授】 为大力弘扬创新精神,鼓励大学生立志成才,12月1日,聘“抓斗大王”、全国劳模、上海国际港务(集团)股份有限公司副总裁包起帆为东海学院客座教授。包起帆在学院报告厅为全院师生代表作题为“创新铸就事业,发明改变人生”的第一堂讲座。

（邹培庆）

（本栏目编辑　陈　敏）

二十九、文化·广播·电视·报纸

（一）综　述

2009年，区文广局以迎世博为契机，把“文化暖冬、文化践行、文化民生”作为全年文化工作的发展方向、发展目的和发展思路，立足提升闵行城区软实力。区文广局加强文化基础设施建设，公共文化服务硬件更趋完善；开展群文活动，市民文化生活质量逐步提高；推进基层文化建设，市民文化权益有了更好的保障；实施文化遗产保护工程，文化凝聚力不断增强；围绕中心，精心组织重大宣传活动；把握规律，加大节目栏目创新力度；以安全传输为前提，稳步推进广电事业发展；依法行政，强化文化市场审批监管；整合各方资源，积极创建文化市场管理新格局；大力发展文化产业，努力增强文化“软实力”。

2009年，区文广局获第十一届中国上海国际艺术节群文活动“优秀组织奖”、上海市国庆60周年广播电视安全播出保障工作先进集体，“金秋闵行”第二届上海合唱节获第十一届中国上海国际艺术节群文活动“优秀项目奖”，区非遗保护中心办公室获市非遗工作先进集体，区电影管理站获上海农村电影放映工程先进集体以及“2009年全国科技周上海科技数字电影下乡放映”、“2009年上海迎世博——禁毒法制数字电影进农村放映月”优秀组织奖。（陆丽敏）

（二）群众文化

【概况】 2009年，区文广局致力于公共文化服务机制的建立完善，通过开展多种形式文化活动，提供优质文化服务，让广大人民群众共享文化发展成果。全年共组织各类文化活动19 546场次，参与人数达1 000 026人次。其中重大活动109场次143 192人次参与，各类文艺活动775场次340 890人次参与，图书馆读者活动507场次32 403人次参与，业余文艺团队活动18 155场次483 541人次参与，举办讲座500场次25 000人次参与。（陆丽敏）

【第四届闵行区艺术节、运动会】 9月26日在区体育馆举行以“我们的城市、我们的未来”为主题的第四届闵行区艺术节、运动会开幕式。在体育馆外，由20余支民间文艺表演队伍和近2 000人组成的群众体育健身队伍表演扁鼓、花鼓、秧歌、球操、街舞，进行互动演出。开幕式中心演出场主要设“活力新城”、“魅力都市”、“和谐家园”3个章节。节目内容以展示闵行经济和文化、体育等社会各项事业的发展为主线，通过大型多媒体歌舞、合唱、踢踏舞、体育健美操、球操等表演，运用100平方米超大LED屏幕穿插各类文体赛事获奖实况及区内群众迎世博场景，与舞台表演交相呼应。艺术节期间全区共举办各类文化活动2 800多场次，参与群众达100万人。（陆丽敏）

【“金秋闵行”第二届上海合唱节】 于10月17日在新落成的上海城市剧院上演，以“欢歌笑语世博情”为主题。美国哈莱姆青春合唱团、南犹他州传统合唱团、意大利卡利亚合唱团等国外专业合唱团与来自少数民族地区的四川羌风艺术团合唱团、西藏日喀则珠峰歌舞团合唱队、贵州侗族大歌九姐妹合唱团及上海本土的中国福利会少年宫东方小伙伴艺术团合唱团、区教师合唱团、华东师大合唱团、市警官合唱团等同台献艺。（陆丽敏）

【江川、龙柏等踢踏舞队参加央视踢踏舞比赛】 由闵行区选送的江川文化馆、闵行小学小燕子踢踏舞队的踢踏舞《炫》,龙柏街道文化站的踢踏舞《夕阳红》于3月16日应邀赴京,代表上海参加央视举办的全国踢踏舞大赛——《踢踏舞风云榜》。在竞赛中,《炫》晋级八强;《夕阳红》获2009中央电视台《舞蹈世界》踢踏舞风云榜“优秀节目奖”。（陆丽敏）

【2009“上海之春”新人新作暨迎世博文艺百场巡演】 5月9—13日,由市文广局主办的2009“上海之春”群文新人新作评选暨上海市迎世博文艺百场巡演(特别场)在上海邮电俱乐部影剧院举行。闵行区选送10个作品,本土歌舞剧《花开灿烂》、小品《半夜来客》、男声四重唱《上海,也是我们的家》获得优秀作品奖暨一等奖;鼓乐《盛世鼓乐》、群舞《城市,让生活更美好》、女声独唱《感受世博》获得新人新作奖暨二等奖。闵行区由此获该届“上海之春”新人新作评选优秀组织奖。（陆丽敏）

【2009年闵行区创作节目汇演】 由区文广局主办、区群艺馆承办的2009年闵行区创作节目汇演于4月25—26日在上海戏剧学院莲花路校区剧场举行。汇演得到各镇、街道、莘庄工业区的大力支持,近60个不同门类的艺术作品分声乐(器乐)专场、舞蹈专场、戏剧(曲艺)专场进行角逐,并于26日晚举行的汇演暨2008年文广成果奖励表彰颁奖晚会上进行优秀节目颁奖。其中声乐《上海,也是我们的家》、器乐《盛世鼓乐》、舞蹈《Better City, Better Life》、小品《半夜来客》等作品获优秀节目奖。（陆丽敏）

(三) 文化馆站

【概况】 至年底,闵行区形成较为完善的区、镇(街道)、村(居委)三级公共文化服务设施网络体系。新建的区图书馆(面积约1.5万平方米)于2010年春节前夕投入运行,区群艺馆新馆正在建设中,区博物馆选址落地,正在设计中。协调指导和推动1个街镇完成标准化社区文化活动中心、34个村居委标准化文化活动室以及112个“农家书屋”建设。区县图书馆顺利通过评估定级工作,并对街镇图书馆评估定级复评进行业务指导。继续推进“百千万”文化资源配送工程,全年共配送“高雅艺术进社区”演出105场次;组织文化培训讲座520场次,由区群艺馆、图书馆、博物馆业务干部联合组团下社区巡讲近140场次;配送各类文化产品4 000余份;“书香闵行”图书漂流共4 833种29 088册,流动电影放映2 330场次,观众100万人次;每周在每个村、居委会文化活动室放映一场高清晰的数字电影,全年数字电影放映22 074场次,观众67万人次。（陆丽敏）

【市新闻出版局视察区农家书屋建设】 12月18日,市新闻出版局一行20多人来到闵行区马桥镇星星村实地考察“农家书屋”工程建设。农家书屋工程建设是一项民生实事工程。2008年起,在市新闻出版局的统一部署下,闵行区在全区所有行政村全面实施农家书屋工程建设,共建成112个并投入使用。每个农家书屋配置1 500册新书、100种电子音像制品、30份期刊杂志、6个书架、2个报刊杂志架及其他设施设备。配备1名文化服务员,专职提供图书管理和服务。（陆丽敏）

【“城市魂·群英谱”主题展】 6月29日,由市委宣传部主办、区委宣传部承办、区博物馆协办的“城市魂·群英谱”纪念上海解放60周年主题展续展在区博物馆开幕。该展览集中展示解放60年来,为上海建设和发展做出重大贡献的60位典型人物和2个先进群体,分4个主题:“爱国奉献　服务人民”、“爱岗敬业　追求卓越”、“攻坚克难　勇攀高峰”、“城市丰碑　风范长存”。（陆丽敏）

【“至尊国礼”国际礼品展】 为纪念新中国成立60华诞,由区博物馆和北京国际友谊博物馆主办的《至尊国礼——中华人民共和国国际礼品展》于9月21日在区博物馆开幕。作为第十一届中国上海国际艺术节活动之一，该展览共分亚洲、欧洲、非洲、大洋洲、美洲5个部分，展出的120余件礼品，涵盖陶瓷器、玻璃器、金属器、漆器等，是世界各国历史文化艺术的缩影。其中有1972年美国总统尼克松访华时赠送给毛泽东的瓷塑天鹅。（陆丽敏）

【张充仁艺术人生邀请展】 为弘扬中国现代雕塑艺术奠基人刘开渠、张充仁的艺术成就，应刘开渠纪念馆邀请，张充仁纪念馆于5月16—30日赴安徽省淮北市刘开渠纪念馆举办“塑人塑己 塑春秋——张充仁艺术人生邀请展”。展览将张充仁的艺术人生浓缩成24块版面进行展示，同时展出的还有张充仁的12件雕塑、水彩画、油画代表作品。（陆丽敏）

【闵行区电影工作连获表彰】 在2009年全国科技周上海“科技数字电影下乡放映”活动中，区电影发行放映管理站获上海组委会办公室颁发的“优秀组织奖”，莘庄镇叶慧斌等13人获“优秀放映员”称号。在市农委、禁毒办组织的“2009年上海迎世博——禁毒法制数字电影进农村放映月”活动中，区电影管理站获“优秀组织奖”，吴泾镇李荣等13人获“优秀放映员”称号。（陆丽敏）

【“聆听大家”——文化名人话闵行文化发展研讨会】 为实现区级文化品牌创新，提升闵行城市软实力，在区委宣传部的支持下，由区文广局主办、区群艺馆承办的“聆听大家”——文化名人话闵行文化发展研讨会于10月26日举行。研讨会旨在探讨在全民共建和谐社会的语境下进行文化艺术交流的有益实践经验，以及以创意为核心，发展区域文化产业的模式与方向。与会专家、艺术家对闵行区以后五年文化发展的设想和建议、区域性文化应该整合的资源，以及国际化思考、本土文化的价值和意义，有效培植的可能、地域文化的保护、遗产资源的发掘与研究以及居住在闵行区的作家、艺术家的责任和使命等方面进行探讨和研究。（陆丽敏）

（四）民间文化保护

【概况】 全年文物普查完成对浦江镇陈行老街历史建筑专题调查，涉及被调查的历史建筑有16处，建筑面积7 570平方米。新发现上海汽轮机厂等工业遗产12处，不可移动文物普查点18处（其中古建筑6处、近现代重要史迹及代表性建筑12处），使闵行区新发现文物普查点增至125处。复查不可移动文物14处。公布秦伯未故居宅院12处为文物保护单位。切实做好普查信息、普查资料的汇总整理工作。非遗项目保护有力，非物质文化遗产普查工作正式通过市级验收。2009年分别申报市级项目（苏家桥宣卷、华漕小锣鼓、颛桥剪纸、民族乐器制作技艺）和国家级项目（马桥手狮舞、七宝皮影戏、沪谚、民族乐器制作技艺）各4项，评定、公布民族乐器制作技艺等第三批区级项目名录10项。开展闵行区手工技艺项目及人才的专题普查，新建立马桥手狮舞艺堂、莘庄钩针编结坊、浦江东乡文化阁等传承保护基地。策划举办“梅闹莘庄”、“龙跃浦江”、“九九颛桥”、“月满虹桥”四大民俗节庆活动。推动民间文化表演队参加国内外文化交流活动。马桥手狮舞队获由中国非物质文化遗产保护中心和浙江省文化厅举办的全国传统舞蹈汇演银奖。编辑出版《上海闵行非物质文化遗产图典》、《上海闵行本土文化研究·春申潮》，编印“闵行区非物质文化遗产丛书”——《马桥手狮灯舞》、《东乡记忆·浦江镇历史文化图志》、《走进紫隄·华漕镇历史文化图志》、《老莘庄记忆》等。（陆丽敏）

【“月满虹桥”——中外家庭中秋赏月游园会暨庆祝建国60周年文艺晚会】 于10月1日在虹梅休闲街举行。晚会旨在让中外家庭彼此了解各国风土人情、民族特色，展示不同的民族魅力，增进友谊，促进国际文化交融，进一步提升国际社区和谐程度。活动分为文化游园会、虹梅路广场迎宾文艺团队汇演、中心广场文艺晚会3个板块。虹桥地区的外籍友人、港澳台同胞及社区居民共计500余人参与。（陆丽敏）

【“艺海拾贝”长三角江南丝竹、海派皮影研讨会】 于10月28—29日在浦江镇、七宝镇举行，由区文广局主办、区群艺馆承办。来自市非遗保护中心、市非遗办、市丝竹协会、木偶剧团及闵行区的江南丝竹队代表和皮影戏代表等20余位专家出席会议。 (陆丽敏)

【区非物质文化遗产普查工作完成】 在国家文化部统一部署下，闵行区自2005年1月起在全区范围内开展非物质文化遗产普查、立项和申报名录的专项工作，至2009年6月普查工作顺利完成，保护工作机制基本形成。9月2日，市文广局、市非遗保护中心对闵行区的普查工作进行验收。通过历时4年的普查工作，闵行区基本摸清区境内非物质文化遗产资源的种类、数量、分布状况、生存环境、保护现状及存在问题，建立98个项目的资料档案，列入市级名录的有马桥手狮舞、七宝皮影戏等9个项目，列入区级名录的共有28个项目。形成保护工作机制，正式命名传承保护基地6个，命名项目代表性传承人和主要传承人14名。建立专题数据库，并编印非遗丛书12种。 (陆丽敏)

【闵行区民乐团赴韩音乐会】 受韩国首尔市松坡区邀请，闵行区民族乐团于2009年8月14—16日赴韩访问、演出。区民族乐团为松坡区市民呈现一场集独奏、重奏、合奏等多样演出形式的民族音乐专场音乐会，演出曲目涉及江南丝竹、现代风格等体裁，带给观众耳目一新的视听感受和音乐空间。通过此次演出，不仅让松坡区市民进一步了解中国传统音乐，同时也为两区作为友好城区的交流、发展起到积极推动作用。

(陆丽敏)

(五)文化市场管理

【概况】 2009年，区文广局按照“一手抓管理，一手抓繁荣”的文化市场管理工作方针，以日常巡查和专项治理为手段，大力整顿和规范文化市场秩序，严厉打击各种违法违规经营活动。强化依法行政理念，创新管理机制，加强服务引导，促进文化市场健康有序，文化产业繁荣发展。全年共接待咨询6 143人次，依法受理行政许可申请4 427件，其中娱乐项目新办28家和变更场所名称、地址、法人46家，棋牌新办6家变更10家，出版物零售新办16家和变更6家，音像制品零售出租新办19家变更2家，网吧变更17家，印刷新办14家变更13家，卫星许可新办3家变更1家，演出新办3家。完成749家经营单位年检。新设文化场所开业指导，受理87家。完善受理、勘验、听证、审批分离制度，理顺文化领域34项审批事项。

整合各方资源，积极创建文化市场管理新格局。加强与镇、街道有效沟通，发挥行业协会作用，完善文化市场信息员队伍和信息反馈、举报机制，提高对市场情况的掌控能力。积极推进“兰坪路音像示范街”创建，共同营造文化市场发展的良好环境。依托“扫黄打非办”，坚持“条块结合”的工作方针，建立与工商、公安、城管等部门的协调配合机制，形成工作合力。先后开展“两节”、“两会”期间加强出版物市场监管、“扫黄打非”集中行动、无证无照文化娱乐场所整治行动、游戏(艺)机及网吧市场专项整治、文化市场专项执法行动等专项整治工作。协调开展龙柏街道明大市场音像制品市场集中整治行动，取得良好效果。全年大队共组织检查353次，出动检查人员2 789人次，检查各类经营场所5 519家(次)，查获音像制品大案要案11件，受理举报290起，立案处罚99件，查处无证经营场所(摊点)51个，罚没款202 350元，收缴非法图书报刊1 884本(张)、音像制品524 167张，全年未发生行政复议或诉讼。

大力发展文化产业，努力增强文化“软实力”。在调研形成《闵行区加快文化产业发展的指导意见》的基础上，按照市委宣传部、市文广局、市新闻出版局的指示精神，加快区文化产业发展的步伐。从维护市场秩序、壮大文化产业出发，采取“扶、挤、压”的办法，加强对市场发展的引导。进一步梳理全区文化市场，有66家无证场所被取缔关闭。重点推进闵行文化公园建设工作，主要包括闵行区博物馆新馆设计、七星岛文化创意园规划设计，基本形成初稿。推动闵行区与东上海集团签署上海城市剧院委托经营管理的协议。启动确定上海法拉利俱乐部“文化中心”项目，协助紫竹科学园区动漫基地引进项目。成功引进上影CGV莘庄影城和新都会大地影院、上海左岸风电影院,与上海世纪友谊影城一起初步构成区现代化电影院布局。积极扶持民营剧团发展,涉及到魔术、沪剧、打击乐、交响乐等艺术门类,形成上海虹影魔幻艺术团、上海东绛州鼓乐团、上海志勤沪剧团、上海奥生乐团、上海闵珠沪剧演艺管理有限公司等民营剧团快速发展的局面。 (陆丽敏)

【游戏(艺)机市场专项整治工作会议】 于2月20日召开,全面部署区内游戏(艺)机市场专项整治工作,要求至4月上旬在全区开展游戏(艺)机市场专项整治工作,着力解决诸如设置使用赌博机具以及无证无照经营场等问题,使游戏(艺)机市场经营秩序和治安风气得到明显好转。 (陆丽敏)

【明大市场音像制品市场专项整治工作协调会】 龙柏街道明大市场销售、批发盗版音像制品的非法经营行为被全国"扫黄办"列为督办案件。根据上级部门要求,9月2日,由区"文管办"组织,区公安分局治安支队、工商分局、文广局、区文化执法大队及街道相关部门在龙柏街道召开明大市场音像制品市场专项整治协调会。会议通报明大市场音像制品市场现状,并指出文化执法部门多次对7家从事盗版音像制品批发的商铺进行整治,但屡禁不止,导致周边文化市场的稳定和发展受到严重影响,需要各相关部门高度重视、通力合作。会议进一步统一思想,明确下一步专项整治的工作职责,将通过变更明大市场的经营权,逐步清理小业主,彻底杜绝销售、批发盗版音像制品现象。 (陆丽敏)

【文化公园规划建设】 闵行区文化产业推进重点项目为文化公园,公园内规划建设的文化产业项目主要为两大部分:公园中部的七星岛文化创意园区(暂名)、公园北部的世博馆园区。其中七星岛位于文化公园中部,总建筑面积约为1万平方米,主要由七星岛、龙凤玉船、古乐楼3个项目组成。计划在文化公园的北部,预留1.5万平方米(建筑面积)作为世博馆园区。在确定入驻单位之前,先由文化公园建设指挥部安排植树造林。 (陆丽敏)

(六)广播、电视

【概况】 全年共采制播出新闻2 000多条,专题片80多部,播出电视剧1 800多集,纪录片、系列片等800集,动画片362集。向上级台送播50条新闻和8部专题片。专题片《朱老的皮影梦》获中国电视纪录片彩桥奖一等奖,《路在脚下》获上海广播电视奖"电视社教二等奖",广播专题《我们永远在一起》获市广播电视奖"广播社教二等奖"。公益广告《关爱老人》获市"十大公益广告"称号。广播节目由《高峰时刻》、《温馨四点》两档直播栏目领衔,共播出新闻300多期,社教类专题150期,广播综艺、音乐、文学类节目3 800期。建立健全广播电视安全播出管理工作机制。完成国庆60周年等重要安全保障期内的安全播出,继续保持全年无事故,受到市文广局表彰。

对全区的有线电视数字化整体转换工作进行可行性前期调研,并多次向区委区政府作专题汇报。加强有线电视网络建设,打好事业发展基础。有线电视用户增长至56万户,居区县首位。全年申请配套小区22个,面积127万平方米,户数1.29万户;进行施工建设小区24个,面积166万平方米,户数1.8万户;干线管道工程完成42公里(126孔公里);改建机房3个(中心、古美、七宝),虹桥交通枢纽有线电视干线迁移、入地工程的2 100万资金得到落实。总投资3 000万元的"村村通光纤信息网"建设工程全面完成,为闵行区建成高速城域网奠定重要基础。"农村旧网改造一期工程"全面完成,涉及36个村10 562用户。与上海电信达成合作意向,协助建设和维护"闵行区城市管理及应急联动中心视频监控系统项目"。 (陆丽敏)

【闵行广播电视台获央视庆祝新中国成立60周年特别节目奖】 12月23日,由中央电视台《中国财经报道》、中广协会《神州瞭望》等主办的庆祝新中国成立60周年《我是建国我叫国庆》特别节目研讨表彰会暨电视外宣节目合作论坛召开,共有50多家全国各地的城市电视台参与新中国成立60周年特别节目摄制,闵行区广播电视台制作的《喂,您好》获三等奖和单项剪辑奖、节目

制作优秀奖。（陆丽敏）

【FM102.7 雏鹰世博播客行动】 10月16日，300多名少先队员在仲盛世界商城“星期八小镇”启动“FM102.7 雏鹰世博播客行动”。从主持人主持、小镇镇长、频率总监致辞，到世博建设者启动，一切都由孩子们完成。活动由上海教育报刊总社和少年报社等几家单位担任指导，闵行区迎世博600天行动社会动员指挥部主办，广播FM102.7和少先队闵行区工作委员会承办。节目以广播媒体为平台，由闵行区90余所中小学校学生共同参与，分享迎世博期间的新鲜事、有趣事、快乐事，进一步激发他们关注世博、参与世博、融入世博。整个活动将持续到世博会结束，用孩子们的视界诠释“城市，让生活更美好”的世博会主题。节目内容丰富新颖，分“小小海宝话世博”、“世博知识乐淘淘”、“校园万花筒”、“红领巾广播”4个板块。小朋友们全程参与节目的采访、编辑、制作和主持。（陆丽敏）

（七）闵行报

【概况】 全年出版53期4开12版全彩色报纸，每期发行7万份，加上随《新民晚报》发行8万份，每期总发行量达15万份；出版4开4版铜版纸印刷彩色《闵行报》英文版12期，每期发行6千份，加上随《上海日报》发行3万份，每期总发行量3.6万份。（杨惠康）

【“温暖2009年”系列报道】 2008年底的全球金融危机使闵行区的经济发展也遇到前所未有的困难，面对严峻的形势，报社把目光聚焦在全区上下“保增长、促开工”等方面，率先报道区总工会提倡的“抱团取暖”宗旨、做法及基层响应的情况，在国内引来众多关注的目光。2009年春节前，推出“温暖2009年”系列，以普通百姓的生活内容为主题，报道老百姓面对困难时的执着与奋进。栏目名称设置温暖，版面处理温馨，文字动人，角度选取巧妙。该专题在11月的记者节区县报好新闻评选中获一等奖。2009年春节过后，进一步推出“温暖2009”书记访谈，对区内的街、镇和工业区的书记进行访谈，引出各方应对金融危机的做法和对于民生的考虑等，受到读者欢迎。（杨惠康）

【“见证·述说”栏目】 在喜迎国庆60周年的日子里，报纸推出“见证·述说”栏目，以每期2个版面选取重要时段里人们的生活行为，进行深入采访。既有抗美援朝的战士，又有中国原子弹建造的功臣；既有赤脚医生的代表，又有记录普通百姓生活的摄影师；既有土地承包时的种粮大户，又有教坛改革的先行者；还有出国打工的淘金者等。年轻记者在这些报道活动中，不仅发挥生力军作用，而且还经受锻炼，使记者队伍在新闻实践中不断成长壮大。（杨惠康）

【“迎世博　啄木鸟在行动”栏目】 为配合迎世博工作，加强舆论监督，在头版位置不间断地推出“迎世博　啄木鸟在行动”栏目，重点聚焦城市建设和管理中的薄弱环节。为使批评报道取得更好效果，还做好与被曝光单位的沟通工作，使大多数被曝光的单位、部门积极整改，在较短的时间里取得明显的整改效果。（杨惠康）

【坚持关注民生】 围绕总体办报方针，坚持“关注现实、关注民生、关注社会”，以“主流视角、百姓情怀、时代印记、区域特色”为采编宗旨，在努力凸现区委、区政府为民办实事，适应读者阅读需要，打造新闻和文化品牌等方面，有了不断的进步。《百姓生活》版坚持从服务读者的角度策划版面，内容涉及生活、职场、交通、投资、健康等领域。编辑和作者还在“紧贴生活、服务百姓”上动脑筋，为拓展服务外延和深化服务内涵，编撰人员深入社区居民和各职能部门，搭起一座需求与服务的桥梁，为读者提供衣食住行和就业、创业诸方面的服务信息，受到读者好评。《一周聚焦》版坚持围绕区域重大事件、重大节日和百姓故事，以民间立场、百姓视角的姿态挖掘深度新闻，采写历史事件和感人故事。编撰人员深入一线，奔波于新城旧巷，钩沉历史档案，访问历史见证人、事件讲述者、故事当事人，以图文并茂的形式，为读者提供真实感人、可读性强的专题文章。《周末指南》版发布吃喝玩乐信息，以文化和商业的新理念、新业态、新潮流、新生活、新消费作为切入口。编辑足迹遍布各旅游景点、休闲街区、时尚店铺等，挖掘新元素，每周1期，为读者提供周末及假日休闲消费的指南。《春申风》副刊以贴近社区、进入家庭、人文关怀、区域色彩为编辑特色。社区报纸,首先需要有本地作者参与。为挖掘和培养本地作者,编辑下社区组稿,帮助作者将生活中的素材提炼成文,并通过精心修改以提高作者的写作水平。区内形成一支新作者队伍,既有经常为市级媒体写稿的资深作者,又有刚起步的新手。 (杨惠康)

【“心手相连,点亮希望”献爱心活动】 报社全体党员、干部职工,捐款2.385万元,为云南省楚雄彝族自治州双柏县安龙堡乡他宜龙小学捐建1个标准篮球场,在签订捐赠协议后,将第一笔捐款汇给对方,使篮球场的建设进展顺利。5月29日,报社还将对方情况以《大山里的孩子拥有美好的童年——本报发起“心手相连 点亮希望”活动》为题,在第十版整版刊出长篇通讯,得到良好的社会反响。9月,派代表前往学校,在新落成的篮球场上与孩子们互动,开展一系列活动。 (杨惠康)

(本栏目编辑 陈 敏)

（一）综　述

2009年是“迎世博”全民健身重要一年，是全国第十一届运动会举办之年，也是备战第十四届市运会的关键一年。闵行区体育工作坚持贯彻“党委领导、政府负责、社会协同、公众参与”的工作方针，以增强人民体质为根本任务，以推动全民健身工作发展和培养体育后备人才为工作重点，转变观念，创新思路，突出重点，抓好落实，在全区体育工作者的共同努力下，圆满完成各项工作任务。　（曲　蕾）

（二）全民健身

【概况】　闵行区第四届运动会成功举办。以区四运会为契机，进一步推动全区群众性体育活动的深入开展，掀起全民健身活动的新高潮。区体育局被国家体育总局授予“2009年全民健身活动优秀组织奖”。　（曲　蕾）

【区第四届运动会】　于4月25日开赛，9月26日在区体育馆举行开幕式，11月20日闭幕，历时近7个月。全区各镇、街道、工业区，机关、企事业单位、大型企业、高校和中小学校组成156个代表团参赛，分为社区组、机关组、企业和高校组、学生组4大组别参加22个大项的比赛。数万人次参加各代表团选拔赛或预赛，8 877名运动员参加正式比赛。　（曲　蕾）

【全民健身活动】　2010年上海世博会将近，全区市民参与体育运动、健康迎世博的热情更加高涨。以迎世博为契机，开展元宵拔河比赛、中老年场地高尔夫球比赛、桥牌等级赛、全民健身日羽毛球擂台赛、职工象棋赛、第十五届党政工领导干部乒乓球邀请赛、世界著名在华企业健身大赛网球比赛等一系列有规模、有影响、群众喜闻乐见的全民健身活动。全年共举办区级比赛17项次，近万人次参加。区体育局在组织品牌赛事过程中贡献突出，被市体育局颁发“2009年度‘一区一品’赛事优秀组织奖”。　（曲　蕾）

【首个“全民健身日”活动】　8月8日是全国首个“全民健身日”，作为北京“鸟巢”体育场4万人太极拳展示活动的上海分会场，全市各区县近万名健身爱好者在闵行体育馆内共同演示万人同打太极拳，向市民倡导“城市，让生活更美好”、“体育，让生活更精彩”、“运动，让身体更健康”的体育生活理念，让市民充分享受体育发展的成果。　（曲　蕾）

【闵行公众健身网】　上海市第一个基层体育信息网络——闵行公众健身网（http://gzjsw.shmh.gov.cn）于8月8日“全民健身日”正式开通，网站分为新闻追踪、赛事直通车、体育沙龙、健身百事通4大栏目18个子栏目，充分利用互联网的方便、快捷、普及性，宣传健身知识、发布健身信息，通过搭建政府、市民与社会组织的统一平台，开创网络健身全新生活方式。（曲　蕾）

【体育项目社会化运作】 共有11家社团组织举办13项赛事,共有252支队伍2 815名选手参与,受益人群达万人。同时,做好委托社会组织开展体育培训,太极拳、桥牌、羽毛球、门球、社会体育指导员培训5类体育培训项目委托中介组织承办,近2千人次受益。 (曲　蕾)

【体育社会组织创建】 新建羽毛球、曲棍球协会和3家体育俱乐部。全区现有体育协会13家、体育俱乐部15家。 (曲　蕾)

【社会体育指导员培训】13个镇、街道、工业区都建立社会体育指导员社区指导站,逐渐形成网络化管理体系,使全区社会体育指导员在保证质量的基础上不断发展,成为各类健身队伍的骨干。培训三级社会体育指导员398名,被市体育局授予"2009年度上海市社会体育指导员培训工作优秀组织奖"。至年底,全区国家级3人、一级17人、二级193人、三级2 535人。 (曲　蕾)

【体质监测】 开展市民体质监测,邀请上海医学名家就老年人保健问题进行辅导讲课,普及科学健身知识,参与监测的近300名老年人参加听课。 (曲　蕾)

(三)体育设施

【概况】 做好已建体育场地设施的维护工作。广泛推进体育资源共建共享,加大具备开放条件的学校体育场地向社区居民开放力度,注重新建体育场地设施合理规划布局。年内共更新健身器材280件,现有健身器材9 507件。(曲　蕾)

【公共体育设施】 2009年,区体育局规划和指导各街镇(工业区)启动3个社区体育活动中心、完成7个社区公共运动场和5个农民健身家园建设。全区共有社区公共运动场20个,新农村家园56片,健身苑13个,健身点907个,全区体育场地总面积达3 908 937平方米,获"2009年度社区公共体育设施建设优胜奖"。 (曲　蕾)

【学校体育场地开放】 年内新增开放学校18家,至年底,全区共85家学校体育场馆免费或优惠向周边社区居民开放。 (曲　蕾)

【场馆免费开放】 5月5日起,推出每月5日及8月8日"全民健身日"当天,所有项目免费向市民开放的惠民措施。自推出之日起,免费开放日前来健身的群众达14 956人次。 (曲　蕾)

(四)青少年体育

【概况】 强化基层学校的项目布局,努力培养和构建体育业余训练的人才梯队,积极备战上海市十四届运动会。以有效提高学生身体素质为目标,广泛开展学生阳光体育活动。 (曲　蕾)

【青少年竞赛】 闵行区运动员参加国际、国内、上海市青少年体育竞赛取得良好成绩,在市青少年比赛中,区运动员共获得103项第一名,78项第二名,60项第三名,显示出闵行区竞技体育发展的实力。

2009年闵行区运动员参加各级青少年比赛运动成绩情况表

序号	项目	姓　名	性别	比赛名称	比赛地点	比赛名次
1	田径	孟　鑫	女	全国青少年田径锦标赛	江西—宜春	四/800米
2	田径	储　红	女	全国青少年田径锦标赛	江西—宜春	三/接力 六/400米
3	田径	姜　砲	男	全国青少年田径锦标赛	江西—宜春	七/撑竿跳高 八/全能
4	田径	孔凡吉	男	全国青少年田径锦标赛	江西—宜春	三/1 500米 四/3 000米
5	田径	柳慧子	女	全国青少年田径锦标赛	江西—宜春	八/100米 八/100米栏

(续表)

序号	项目	姓　名	性别	比赛名称	比赛地点	比赛名次
6	田径	顾　雨	女	世界少年田径比赛	新加坡	一/铁饼
7	田径	柳慧子	女	国际少年田径比赛	韩国	二/100米;二/4×100米;三/200米
8	柔道	邱业鑫	男	全国少年柔道锦标赛	黑龙江—鹤岗	五/100公斤级
9	射击	张　彬	女	全国少年射击锦标赛	浙江—杭州 江苏—无锡	四/少年气步枪40发;三/青年组60发卧射;六/3×20个人
10	曲棍球队/11人		女	全国青少年锦标赛	河南—郑州	五/11人制、素质测试第二名
11	举重	余先辉	男	全国青少年锦标赛	河南—开封	一/94+公斤
12	举重	沈　徐	男	全国青少年锦标赛	河南—开封	五/85公斤
13	飞碟	李　莉	女	全国射击青少年团体锦标赛飞碟/移动靶	山东—济南	一/团体;四/个人
14	飞碟	朱　蔚	女	全国射击青少年团体锦标赛飞碟/移动靶	山东—济南	一/团体;八/个人
15	飞碟	周豪杰	男	全国射击青少年团体锦标赛飞碟/移动靶	山东—济南	一/团体;二/个人
16	飞碟	朱叶畦	女	全国射击青少年团体锦标赛飞碟/双向个人	山东—济南	五/个人
17	飞碟	俞黎涛	男	全国射击青少年团体锦标赛飞碟/双向个人	山东—济南	一/个人
18	水上	赛、划艇	男/女	上海市锦标赛	市水上中心	8枚金牌、11枚银牌、2枚铜牌
19	羽毛球	单双团	男/女	上海市锦标赛	市一少体	4枚金牌、3枚银牌、1枚铜牌

(曲　蕾)

【培养输送后备人才】　闵行区把培养输送优秀体育后备人才作为重要工作来抓,经过努力,区办训单位全年向国家队输送运动员4名,向国少队输送运动员2名,向市一线输送运动员2名,向市二线输送运动员21名,获“2009年度体育后备人才输送奖”。(曲　蕾)

【业余训练管理】　加强体教结合训练的常规管理。对67所体育项目布局学校进行年终评估和考核,其中区体育传统项目学校优秀7所、良好6所、合格5所;阳光体育推广校优秀19所、合格20所。(曲　蕾)

(五)竞技体育

【概况】　2009年是全运会年,闵行籍运动员在国际、国内各级比赛中取得优异成绩。(曲　蕾)

【参加全国第十一届全运会】　第十一届全运会的闵行运动员为49人,区运动员张辉以62分的好成绩夺得男子自行车场地记分赛冠军。区运动员还为上海代表团摘得3枚银牌和2枚铜牌。进入全运会前8、为上海赢得积分的选手共有15人次,奖牌数和名列前8的选手数均创历史最高记录。上海闵行女曲运动员取得全运会女子曲棍球项目第五名。

2009 年闵行区运动员参加第十一届全运会成绩情况表

序号	运动员	参加项目	获得名次
1	张　辉	自行车场地记分赛	冠军
2	张　辉	自行车场地团体追逐赛	第五名
3	潘阿美	田径 400 米栏	亚军
4	潘阿美	4×400 米接力	季军
5	李菊菊	赛艇八人艇 2 000 米赛	亚军
6	李菊菊	赛艇四人艇 2 000 米赛	季军
7	齐玉红	射箭奥林匹克团体赛	亚军
8	郭志鹏	男 10 米气手枪团体赛	第四名
9	黄东祎	男子铁饼比赛	第四名
10	谢文骏	男子 110 米栏	第四名
11	康依婷	艺术体操大团体赛	第四名
12	/	女子曲棍球比赛	第五名
13	高淑英	田径撑杆跳高	第六名
14	谢孚琰	武术南拳南棍比赛	第七名
15	郘　艺	羽毛球团体赛	第八名

（曲　蕾）

【闵行女曲夺全国冠军】　在市体育局、区政府的支持、关心下，闵行女子曲棍球队从无到有，逐渐发展成为一支敢打敢拼、有着顽强意志与永不服输精神的球队，在各大赛事中捷报频传。2009 年，闵行女子曲棍球队在全国女子曲棍球冠军杯赛中勇夺冠军。同时，由于在女曲各项赛事的组织和服务保障过程中表现突出，区体育局被国家体育总局授予“体育竞赛优秀赛区”。（曲　蕾）

（六）体育产业

【概况】　2009 年，通过进一步调整体育产业发展的组织机构，强化人员组织，开拓体育产业发展思路，依托区内现有体育设施资源，努力培育和发展形成有闵行特色和在国际国内具有一定影响力的品牌赛事，逐步构建以体育服务业为重点，结构合理的体育产业体系和规范有序、繁荣发展的体育市场。（曲　蕾）

【上海 ATP1000 大师赛】　2005—2008 年，闵行区连续四年成功举办网球大师杯赛，作为男子职业网球赛事中级别最高的赛事，带给上海观众近距离观赏顶级国际赛事的体验，赢得 ATP 的赞誉和信赖。2007 年，上海与 ATP 签约，自 2009 年开始举办 ATP1000 大师赛。ATP1000 大师赛正式落户上海并有望永久性在沪扎根，这是中国网球运动的一次重大突破，打破该项赛事长期以来由欧美国家垄断举办的局面。上海成为亚洲拥有举办资格的首座城市，这对于进一步提升中国、上海的国际形象，推动本土网球运动的普及和提高具有重要意义。为保证上海站的比赛质量，ATP 于 2009 赛季重新调整比赛日程安排，以上海 ATP1000 大师赛为坐标，前期安排泰国曼谷、中国北京、日本东京三站赛事作为热身，共同构成男子职业网球的“亚洲赛季”。10 月 10—18 日，作为亚洲最高等级的赛事，上海 ATP1000 大师赛为整个亚洲赛季演奏出华丽篇章。（曲　蕾）

【“东丽杯”国际马拉松赛】　11 月 29 日 7 时 30 分，以“跑出城市活力、奔向美好世博”为主题的 2009“东丽杯”上海国际马拉松赛在南京东路世纪广场鸣枪发令，来自世界 51 个国家和地区的2万余名选手起跑。马拉松全程、半程比赛线路经过区内古美、梅陇、颛桥、莘庄工业区、莘庄、七宝等路段,终点设在闵行体育馆。中国选手赵冉和日本选手伊藤舞分获男女半程马拉松赛冠军,副市长赵雯为获奖选手颁奖。 (曲 蕾)

【“迎世博”世界乒乓球群英会】 于7月16日在闵行体育馆举行。应邀前来的乒坛名宿包括奥运史上首位男单冠军刘南奎、日本弧圈球专家木村兴治、瑞典名将瓦尔德内尔,以及松崎君代、玄静和、佩尔森、盖尔盖伊等。来自中国的世界冠军阵容,有第一代国球明星徐寅生、李富荣、张燮林、郑敏之,有梁戈亮、郭跃华、陈新华、张德英、曹燕华、丁松,还有活跃在当今乒坛的王励勤、许昕等,涵盖中国乒乓球各个时代的杰出代表。体育明星们还走进申城校园、社区,与师生、居民互动,切磋球艺。 (曲 蕾)

【亚洲U18女子曲棍球比赛】 7月20日,亚洲U18女子曲棍球锦标赛暨2010年青年奥运会资格赛在闵行区曲棍球场开赛。共有来自印度、斯里兰卡、泰国、日本、韩国、巴基斯坦和中国7支队伍、220余名运动员参赛,是闵行区历年承办的最高级别曲棍球赛事。期间,包括亚曲联主席、马来西亚前国王苏丹阿兹兰沙,亚曲联秘书长Tan Sri P. Alagendra,以及韩国曲棍球协会主席Hong Moon-Pyo,马来西亚驻上海总领事阿兹米尔,斯里兰卡驻上海总领事马金达,韩国驻上海总领事金扬,中国国家体育总局手曲棒垒球运动管理中心主任雷军,曲棍球部部长杨超、副部长赵晓宇,上海市体育局相关领导等到会观摩指导。同时,前中国女曲主教练金昶伯、现中国女曲主教练金相烈以及各省市曲棍球项目分管领导到会观摩比赛。 (曲 蕾)

【亚洲曲棍球联合会执委会会议】 亚洲曲棍球联合会执委会会议第52届执委会会议在上海召开,讨论亚洲曲棍球发展、2010年亚运会等相关事宜。闵行区体育局协助中国曲棍球协会做好会议的接待和服务保障工作。该会议是亚曲联首次将会议地点设在中国,表明中国曲棍球项目受到更多世界关注,影响力进一步提升。 (曲 蕾)

【体育彩票】 新增22个电脑体育彩票销售网点,并加强业务培训,提高服务质量。结合迎世博工作,完成48台体彩亭整治工作,规范体彩销售。全年全区体育彩票销售额达1.20亿元,比上年增长20%。区体育局被市体育局授予“2009年度彩票销售贡献奖”。 (曲 蕾)

(七)内部建设

【概况】 调整内部机构设置,进一步规范场馆管理相关制度。加强体育科研,强化教练员教育培养和教练员队伍建设。 (曲 蕾)

【区体育产业发展中心】 9月,经区编委同意,在全市率先成立体育产业发展中心,全面负责全区体育产业政策研究、体育彩票销售管理、重大体育赛事组织运作、培育发展体育健身休闲产业等工作,努力探索闵行区体育产业发展的新途径。 (曲 蕾)

【规范场馆运作】 为进一步规范管理使用,提请区政府常委会讨论通过出台《闵行区体育馆主馆租借使用管理办法》,明确场馆管理使用的具体实施细则。 (曲 蕾)

【体育科研】 完成区科委《温肾阳中药在少年女子中长跑运动员睾酮皮质层影响的研究》、区党校《2008年奥运会后上海市青少年业余体校体制变革的思路——兼论闵行区少体校办训经验的总结》以及《对闵行少体校业余训练中科技含量比重的研究》、《青少年自行车运动员备战大赛的技能诊断与监控》4个课题研究。 (曲 蕾)

【教练员队伍建设】 强化教练员培训,教练员队伍的业务能力和整体素质有较大提高。组织教练员参加岗位培训、继续教育培训率达76%;参加中心组织培训17次,邀请专家讲课3次,校内培训4次。在编在岗教练员中,专业技术中级以上职称教练员约占教练员总数的71%,本科以上学历约占教练员总数的73%。21名教练员通过学习,积极撰写论文,参加上海市优秀论文交流和评选。 (曲 蕾)

(本栏目编辑 陈 敏)

三十一、医疗卫生

（一）综 述

2009年，以学习实践科学发展观为契机，大力推进医疗卫生体制改革，坚持政府主导与市场机制并举，硬件建设和内涵提升并举，以完善区域卫生规划、强化公立医疗卫生机构体制机制改革、深化社区卫生服务综合改革、加快农村合作医疗制度建设、开展迎世博600天行动为重点，全面促进区卫生事业健康发展。区卫生局获“全国精神文明先进集体”，浦江社区医生夏玉琴被卫生部授予“全国优秀乡村医生”称号。有二级综合性医疗机构3所、社区卫生服务中心12所，卫生专业技术机构8所，开放床位4 691张、医生2 066人、护士1 783人。全年完成门急诊989.87万人次，比上年增长16.41%；出院病人8.49万人次，比上年增长3.60%；手术2.45万人次，比上年增长5.72%；业务总收入19.22亿元，比上年增长17.34%。人均期望寿命82.31岁，婴儿死亡率1.49‰，孕产妇死亡率0/10万，传染病发病率165.33/10万，控制在较低水平。 （蒋小华）

（二）医政管理

【概况】 年内，新设置21家医疗机构，其中民办医疗机构6家（其中门诊部3家、个体诊所3家），内部医疗机构6家，社区卫生服务分中心1家，社区卫生服务站8家。注销22家。全区共有各级各类医疗机构448家，其中公立医疗机构93家（三级5家、二级13家、一级22家、社区卫生服务站53家），民办医疗机构62家，合资合作1家，个体诊所70家，村卫生室109家，内部医疗机构111家，其他医疗机构2家。 （黄 铮）

【医疗机构监督】 （1）开展医疗机构不良执业行为记分工作，年内对42家医疗机构实施不良执业行为记分，共计分60户次，分值127分。（2）完成病原微生物实验室备案25家（其中BSL－1实验室10家、BSL－2实验室15家）。（3）对各级各类医疗机构实施卫生监督2 016户次，监督覆盖率100%，其中三级医疗机构27户次，二级医疗机构127户次，一级医疗机构301户次，民办医疗机构433户次，个体诊所293户次，合资合作14户次，内设医疗机构342户次，村卫生室276户次，社区卫生服务站190户次，其他医疗机构13户次。对医疗机构和医务人员实施行政处罚59户次（其中医疗机构处罚55户次，医务人员处罚4户次），罚款7.75万元（其中医疗机构罚款7.65万元，医务人员罚款0.1万元），没收违法所得4 650元。 （黄 铮）

【加强医院管理】 继续推进“医院管理年”和“医疗质量万里行”活动，不断完善医疗质量管理督查、临床质控管理和依法执业等医院管理机制，组建18个专业质控组。以科主任风险基金为抓手，继续强化《抗菌药物临床应用指导原则》、《闵行区医疗机构有创操作及手术分级与分类管理的指导意见》、《闵行区医务人员执业行为记分管理》和医疗安全实时监控制度，加强药品费用控制、抗生素及高值耗材的使用管理,建立健全医院管理机制。对各级医疗机构实施督查共计400余次,对3名医务人员实施不良执业行为记分。全年医疗质量督查出动900人次,检查出院病史3 716份、运行病史938份、门诊病史624份、处方3 798张,下发医疗质量简报12期,各项质量、安全调查报告8份。对76名主任实行科主任风险管理考核扣分,刊发医疗安全预警4期。继续加强临床质控工作,组织完成21次专业质控检查,区中心医院等医院在2009年“医院管理年”和“医疗质量万里行”活动督查考评中,取得优异成绩。 (黄 铮)

【完成局机关“三定”方案】 根据“大部制”改革要求,对区卫生局职能进行调整,医保职能整体划转区人保局。对机关内设机构进行调整,设置办公室、组织人保科、纪检监察室(内部审计)、财务科、医政科、疾病控制科(卫生监督科)、基建总务科7个职能科室,进一步精简优化局机关工作职能。 (胡慧静)

【启动区中医医院建设】 闵行区委托上海西红柿投资控股有限公司全额投资兴办区中医医院,该医院是由政府主导、社会参与、高校支持,体现公益性、非营利性的二级综合性中医医院(属于区卫生系统建制的事业单位),履行医疗机构公益性政府职能。闵行区将区中医医院纳入区域卫生规划,给予50名人员编制,纳入上海市医疗保险定点单位,并在社区卫生、公共卫生、医疗保险等方面实行政府购买服务。按照“投资与运行相分离”的原则,医院设立理事会与监事,实行理事会领导下的院长负责制。理事会成员由上海西红柿投资控股有限公司推选,闵行区委派监事,监事具有特别否决权。医院规划面积3万多平方米,床位400张,集医疗、教学、科研与健康管理为一体,以中医及中西医结合为特色,中医妇科、中医消化、中医肿瘤、中医骨伤病为重点学科的区域性中医医院。 (蒋小华)

【启动新一轮药品管理改革】 在第一轮药品管理改革的基础上,利用现代信息和物流技术,构建药品供应链系统,实施药品存货托管和供应商自动补货。建立银行信用结算制度,坚持收支分离。通过优化药品供应链,合理分摊药品供应链成本,有效降低药品管理成本,减轻医院负担。年内,供应链在全区大多数公立医疗机构上线运行。 (蒋小华)

【启动区医疗急救站改革】 整合区域医疗中心急救资源,建立院前院中一体化运作的急救服务体系和运行机制,提升急救能力。同时,将急救和病人转运工作分离,合理调配急救资源,确保急救满足市民应急,转运满足市场需求。年内,正在试运行。 (蒋小华)

【政府实事项目通过验收】 (1)全区设立12个居民自助健康小屋,开展居民健康检查81 355人次,253 351项次;(2)为退休和困难妇女、60岁以上农村居民及重残无业人员提供免费健康体检,完成37 876名退休和生活困难妇女、19 493名60岁以上农民和801名重残无业人员的免费体检工作,并同步建立电子健康档案,对患病人群进行追踪随访。 (蒋小华)

【民生指标全部达标】 (1)农村合作医疗保障水平(大病补偿)达60%以上;(2)全区户籍居民签约建档达82.67万人(建档率90.31%),流动人口签约建档31.59万人(建档率33.95%);(3)落实孕产妇保健管理措施,流动孕产妇入院分娩率99.90%。 (蒋小华)

【社区卫生服务综合改革】 (1)继续推进社区卫生服务中心收支两条线管理、医保预付制、公共卫生经费项目管理、社区卫生服务中心绩效考核和院长职级绩效工资制等管理机制。(2)健全社区卫生服务人才激励机制,进一步加强全科医师规范化培养,推进全科医生星级评审制度,根据能力和绩效实行全科医师评级,建立等级绩效分配加权系数,健全社区卫生服务人才激励机制。继续深化“中荷合作社区卫生培训项目”,加快社区卫生培训基地建设,完善社区卫生人才梯队。区编办重新核定社区卫生服务机构编制2 573名,增加编制662名,初步达到上海市社区卫生服务配置标准。(3)加强社区卫生服务内涵建设。推进居民健康责任制,积极开展社区健康维护,社区管理高血压患者15.35万人,管理率接近100%;开展随访86.76万人次,血压控制率达68.24%;管理糖尿病患者4.25万人、管理率82.79%;开展随访27.66万人次,血糖控制率达到68.11%。管理人数比上年增长25.10%和25.87%。深化社区肺癌、肝癌、胃癌、大肠癌、乳腺癌和宫颈癌“六癌”早发现和高危人群管理工作,开展全程健康监测干预,提高肿瘤早发现。社区开展“六癌”健康教育37.49万人次,完成健康问卷36.64万份,开展“六癌”筛查24.20万人次,建立高危人群1.11万人,完成高危人群蛋白芯片检测4 052例,其中阳性371例,阳性率9.16%。全区发现肿瘤269例,早期102例,早发现率30%以上。开展残疾人康复服务工作,为残疾人送康复服务上门3 623人次,370名残疾人到康复站进行康复训练。(4)强化社区卫生居民互动模式。推进社区卫生服务网站建设,启动网上预约、网上咨询、网上健康教育和网上测评等“居民互动”健康服务。开展免疫接种网上预约10 070人次、网上支付904人次,交易金额达19.80万元,尝试在社区卫生服务中引入电子商务。(5)继续加快社区信息化建设。推进数据中心建设,推进与申康“医联网”诊疗信息的互联互通。加快信息网络建设,利用“村村通”工程,完成115个社区卫生服务站点和村卫生室光纤改造,提升社区网络信息传输速度。启动Muse诊断中心、B超诊断中心、PACS诊断中心和综合会诊中心,推进社区卫生服务与区域医疗中心双向卫生服务,社区与区域医疗中心双向转诊1 983人次,实施Muse会诊9 633人次、PACS会诊15 899人次,实现区域卫生资源集约化,提升区域整体卫生服务能级。 (蒋小华)

【都江堰对口支援】 完成第三~第六批对口援建工作。莘庄社区卫生服务中心与都江堰蒲阳镇卫生院建立对口合作关系,1名蒲阳镇社区医务人员到江川社区卫生服务中心进修。

(蒋小华)

【为流动人口提供基本医疗服务】 2009年,继续贯彻《闵行区流动人口基本医疗服务工作实施方案(试行)》,为流动人口提供质优、价廉的医疗服务360 066人次,减免费用54.01万元。

(黄 铮)

【完善区域卫生规划】 (1)作为市政府“5+3+1”项目,上海交通大学医学院附属仁济医院南院建设项目率先启动,2009年完成设计招标,取得市环保局审批意见并同意项目建设,启动仁济南院临时门诊部;(2)市第五人民医院继续加强以“脑垂体瘤综合诊治”为特色的上海市华山神经外科(集团)医院建设,垂体瘤病人手术量居全市第2位;(3)区中心医院通过上海医药高等专科学校附属医院复评工作;(4)市五医院、区中心医院均申报上海市三级综合性医院等级评审,自评分达90分以上。 (黄 铮)

【区妇幼保健院开展产科服务】 2009年,继续推进区妇幼保健院与复旦大学附属儿科医院合作建设“围产儿医学中心”和“儿童保健中心”;加快区妇幼保健院与区中心医院合作,开展产科分娩1 470人次。 (黄 铮)

【上海道培医院造血干细胞移植成功率84%】 2009年,上海道培医院开展造血干细胞移植52例(均为异体移植),成功率84%,居于全市前列。 (黄 铮)

【科教工作和人才培养得到发展】 2009年,继续推进“科教兴医”和“人才强区”战略,不断加强特色专科建设和科研工作,努力强化后备学科人才培养。市五医院泌尿外科(市特色专科)及血液科的“血液肿瘤诊治新技术的研究与应用”、神经外科的“垂体瘤的临床治疗研究”和区中心医院心内科的“心血管内科和心脏介入”等14个区特色专科(项目)按计划开展建设工作,27位学科带头人培养对象的培养工作也顺利开展,并于9月通过专家评审,完成为期3年的特色专科(项目)建设和学科带头人培养工作。年底,新一轮的建设和培养工作顺利启动。与荷兰政府合作开展的“中荷合作上海社区卫生项目”顺利完成为期2年的第一期合作协议,建立集教学、实训、研究为一体的初级医疗培训中心和培训基地。 (黄 铮)

【科研成果丰硕】 共申报市级课题15项,立项8项;申报区科委106项,立项43项;完成课题验收48项,其中区级课题30项;获区科技成果奖9

项,论文撰写335篇,其中国家级期刊发表72篇,省级期刊108篇。（黄 铮）

【药品采购管理】 全年共采购药品7.88亿元,比上年增长17.50%。2009年进一步深化药品管理改革。(1)联合遴选。在市中标品种目录范围内集中遴选药品目录,实行"一药一品一规一配送"。(2)统一配送。依据药品经营企业的服务、品牌、信誉、规范等综合评价指标,由10家具备实施现代物流和供应链管理能力的供应企业统一配送。(3)收支分离。医疗机构实行药品收支两条线管理,医疗机构的药品收入全额上缴财政专户,区卫生局、财政局、监察委根据拨付办法,以合理用药为重点,对医疗机构的医疗服务和采购供应活动进行考核评估,由"多收多得"转变为"优劳优得"。(4)严格监管。利用现代信息技术对医务人员的处方用药定期进行回溯检查。区卫生局每月按药品分类进行汇总分析,从源头上遏制回扣促销造成的大处方、乱用药。通过上述做法,降低患者医疗费用,药品收入增长幅度明显低于业务量增长幅度,药品均次费用明显下降,药品构成比明显下降,药品购销行为趋于规范。（黄 铮）

【发展中医事业】 闵行区将社区中医药服务纳入《区域卫生规划》和《社区卫生发展规划》,着力推进社区中医药服务达标建设项目,为社区居民提供基本、适宜的中医卫生保健服务。吴泾、虹桥社区卫生服务中心创建为社区中医药服务示范点;江川、梅陇、七宝和莘庄社区卫生服务中心通过社区中医药服务达标建设验收评估;浦江、华漕、颛桥、马桥和古美社区卫生服务中心积极开展达标建设工作。（黄 铮）

【医疗救援保障】 开展甲型H1N1流感转运等各类重大及突发性事件的医疗救援工作,完成"110"联动任务6 073次。先后承担曲棍球、网球、东丽杯马拉松、乒乓球等重大国际国内赛事活动的医疗保障工作共计33次,保障时间285小时35分钟,传染病(H1N1)转运79次,保障时间215小时14分钟,其他社会保障任务19次,保障时间119小时,投入保障人员267人次。（黄 铮）

（三）医疗急救

【概况】 区医疗急救站下设颛桥分站、莘庄分站、江川分站、吴泾分站、浦江分站、华漕分站6个急救分站和龙柏急救点、世博家园急救点、闵中心急救点3个急救点。配置急救车35辆、指挥车1辆、体外起搏器13台、除颤监护仪22台、心电图机28台、800兆数字车载对讲机25台、手携式对讲机8台、基地固定台2台、车载GPRS终端23台,急救调度指挥中心还配置有CTI、GIS、GPS等设备。有急救人员101人(其中卫生技术人员31人)。（黄 铮）

【急救效率居全市郊区前列】 2009年,闵行区急救车行驶646 439公里,急救车次32 514次,急救人次29 033人次,业务收入542.63万元,出车率100%,回车率降至0.29%左右。急救病人29 033人次,其中危重病人2 792例、车祸2 082例、中毒569例、骨科疾病3 315例、心血管疾病5 415例、神经系统疾病2 369例、呼吸系统4 003例、消化系统2 078例、血液系统120例、内分泌代谢567例、泌尿系统2 060例、普外科1 501例、烧伤40例、恶性肿瘤1 532例、精神科174例、传染性73例、儿科1 502例、妇产科1 328例、五官科37例、电击2例、淹溺5例、中暑2例,其他89例。（黄 铮）

（四）疾病控制

【概况】 闵行区疾病控制工作取得较好成效,传染病发病率控制在较低水平。完成全区甲型H1N1流感防控工作,完成扩大免疫规划工作,结核病全球基金工作顺利展开,全面加强外来流动人口的疾病预防控制和管理工作。（王 跃）

【公共卫生体系建设】 (1)完成新一轮公共卫生体系建设三年行动计划2009年的各项任务。3月28日,区疾病预防控中心(区卫生检验所)搬迁至中谊路965号,总面积10 420平方米,投资4 626.97万元。启动区卫生监督所迁建项目(莘东路520号),总建筑面积5 404平方米,投资1 264.03万元。(2)建立卫生信息系统。构建社区卫生服务信息化系统平台，建设社区卫生服务中心管理信息系统（HIS）、全科团队服务信息系统、社区居民健康档案信息系统和社区业务管理系统。建立基本医疗、糖尿病防治、高血压防治、妇幼保健、计划免疫、肿瘤防治等社区卫生服务管理信息系统。（3）区卫生局深化与复旦大学公共卫生学院合作共建区疾控中心，依托高校人才与技术优势，建立中心科研管理长效机制，不断推进区疾控中心科研建设与人才培养。区疾控中心共承担国家级、市级等课题41项，申报国家自然科学基金项目3项。（4）区妇幼保健院与复旦大学附属儿科医院在儿童康复、儿童心理、人才培养、科研课题等方面开展合作。启动GMs筛查工作。（5）为探索肿瘤"早发现、早诊断、早治疗"社区防控体系，全区组建由12家社区医院、3家二级综合性医院专业技术人员组成的三级网络队伍，以健康教育为先导，利用信息技术，通过问卷调查、社区就诊、健康体检等途径开展大肠癌、肝癌、胃癌、肺癌肿瘤早发现筛查工作，发现早期病例102例。（6）加强公共卫生人才队伍建设，区疾控中心专业技术人员大专及以上学历达86%以上、本科及以上学历达61%。区卫生监督所专业技术人员大专及以上学历达94%、本科及以上学历达87%。社区全科医生大专及以上学历达77%。（7）肺结核病人实施费用减免，区财政投入44万元，市结核病专项经费86.5万元，全球基金经费3.52万元。办理贫困精神病人免费服药医疗证674张；开设6个免费服药门诊点，分别是区精卫中心、区精卫中心莘庄门诊点以及华漕、龙柏、江川和颛桥社区卫生服务中心。（8）建立艾滋病美沙酮维持治疗门诊，减少艾滋病传播相关危险因素，恢复成瘾者的社会功能，进一步减少违法犯罪。（王　跃）

【传染病防制】 全区无甲类传染病报告，乙类传染病报告19种3 353例，比上年增长9.15%。报告病例数较多的病种依次是梅毒、肺结核、淋病、急肝和麻疹，艾滋病发病比上年增长266.67%。未发生肠道传染病和流脑、禽流感等呼吸道传染病暴发流行。（王　跃）

【全面开展甲型H1N1流感防控工作】 4月30日，卫生部将甲型H1N1流感列为乙类传染病，实施甲类管理。同日，闵行区启动《防控工作预案》，全面启动甲型H1N1流感防控工作，发布《闵行区预防和控制甲型H1N1流感工作方案（暂行）》、《闵行区控制甲型H1N1流感技术方案》和《闵行区预防和控制流感（甲型H1N1流感）社区传播、暴发和流行工作方案》，组建一支由69人组成的应急处置队伍，成立专家组，规范防控流程，实施常态管理。各医疗卫生单位规范发热门诊的开设各项制度，严格执行门诊预检分诊制度，强化院内消毒隔离工作，落实应急物资准备；广泛开展流感防控知识的社区健康教育宣传，组织防控宣传培训30余场次，7 000余人次参加，制作发放宣传资料27类、53万余份。配合全市防控工作，6月13日，紧急启用莫泰168旅店（闵行区畹町路479号）作为上海市甲型H1N1流感集中隔离医学观察留验点，共有97批次840名密切接触者接受医学观察，包括24个国家的412名外籍人士。全区发热门诊就诊6.98万人次，确诊甲型H1N1流感病例170例，重症5例，开展流感样本监测487例，实施社区居家医学观察287人次。开展以学校为重点的晨检督导工作，出动1 075人次，督查中小学校911户次、托幼机构498户次，有效督促学校、托幼机构落实各项防控工作。抽调48名医护人员组成8支疫苗接种小组，为重点人群集中接种甲型H1N1流感疫苗14.99万人次、季节性流感疫苗接种8.17万人次，有效控制流感发生。（蒋小华）

【手足口病防治】 手足口病发病4 005例，比上年增长40.97%，其中复旦大学附属儿科医院报告手足口病重症203人，死亡5例。全区48例重症病例或有集聚性发病托幼机构全部进行调查处置。全区全园停课的幼托机构有5家，涉及50个班级，1 364名儿童。区疾控中心、区卫生监督所、区妇幼保健院和社区卫生服务中心对全区157家幼托机构开展全覆盖督导检查。

（王　跃）

【免疫预防及相对应传染病预防控制】 免疫预防工作实施契约化管理。全区接种疫苗1 357 548针次，比上年增长31.49%，上海市户籍和外来人口分别占接种总针次的32.13%和67.87%。一类疫苗接种948 247针次，二类疫苗接种409 301针次,分别占接种总针次的 69.85% 和 30.14%。免疫预防实施信息化管理,开展网上预约和网上付费。闵行区儿童“五苗”接种率 99.51%、及时率 94.19%;外来儿童“五苗”接种率 97.74%、及时率 85.94%。全面完成扩大疫苗接种工作,开展重点人群甲型 H1N1 流感疫苗和季节性流感疫苗接种工作。（王 跃）

【性病、艾滋病防制】 完成中盖项目及中加项目工作。对闵行区 2 000 名领导干部开展艾滋病防治政策宣讲。干预娱乐场所 2 278 家,干预从业人员 28 281 人次。开展 HIV 抗体检测90 876 例,初筛阳性 35 例,确诊阳性 34 例。为 56 299 名婚检人群、孕产妇、娱乐场所人员、羁押人员及出入境人员等重点人群提供免费 HIV 检测。艾滋病自愿咨询检测 2 601 例,初筛 HIV 阳性 24 例,确认阳性 23 例。（王 跃）

【结核病防制】 继续开展第五轮全球基金项目。参与国家科技重大专项“艾滋病和病毒性肝炎等重大传染病防治科技重大专项”课题。全区医疗机构门诊发现疑似肺结核1 154 例,转诊到位率 94.89%。体检发现疑似肺结核 89 例,转诊到位率 97.75%。上海市病人化疗管理覆盖率 100%,外来病人化疗管理覆盖率 93.61%。完成社区 60 岁以上老人及外来人口等重点人群的肺结核病筛查 72 194 人次,发现肺部异常阴影 1 392 例,复查1 392 例,确诊肺结核病人 5 例。门诊肺结核病人减免 592 人次,金额 63.87 万元。吴泾医院住院减免 78 人次,金额 18.76 万元。定点医院开展肺结核可疑症状者免费筛查,减免 12.30 万元。（王 跃）

【慢性病防制】 (1)完成华漕、江川社区 366 名 5~70 岁居民及 20 名孕妇、20 名乳母的碘盐调查问卷调查、血液样本的采集和甲状腺 B 超检查。虹桥社区完成中央转移支付高血压综合干预项目。(2)肿瘤防治:全区开展健康教育 37.49 万人次,完成健康问卷 36.64 万份,问卷完成率 97.71%,规范筛查 24.20 万人,规范筛查率 98.27%,发现高危人群 1.11 万人。高危人群开展蛋白芯片检测 4 052 人,阳性 371 人,阳性率 9.16%,复查 276 人,复查阳性 136 人,阳性率 3.36%,转诊 59 人,确诊恶性肿瘤 4 人,发现早期肺癌 1 例。(3)高血压管理:新建卡 2.92 万人,累计建卡管理 15.35 万人,建卡管理率接近 100%,开展随访 86.76 万人次,血压控制率 68.24%。糖尿病管理:新建卡 6 554 人,累计建卡管理 4.25 万人,建卡管理率 82.79%,开展随访 27.66 万人次,规范管理率 82.79%,血糖控制率 68.11%。(4)碘盐监测:采集居民用盐 384 份,检测 384 份,合格 366 份,碘盐合格率 98.65%,非碘盐 13 份,非碘盐率 3.39%,碘盐覆盖率 96.61%,合格碘盐食用率 95.31%。(5)眼病防制:完成 7 366 名 70 岁以上老人视力普查工作,实施白内障手术 359 例,中小学视力检查 78 200 人,视力不良 40 792 人,视力不良率 52.16%,新发病率 7.24%。（王 跃）

【寄生虫病防制】 对 9 个镇及莘庄工业区的 26 个村的 267 816 平方米河道,开展春季查螺工作,未发现钉螺。各镇自查 70 个村共 1 927 389 平方米,未发现钉螺。清理和整治环境 1 748 平方米。闵行区共有晚期血吸虫病患者 16 例,报销费用 33 人次,金额 48 609.57 元。疟疾新发病例 13 例,其中 1 例为闵行区病人,12 例为输入性病例(安徽 7 例、福建 1 例、河南 1 例、非洲 3 例),均及时进行全程治疗和居住人群调查、疫点处理等工作。“三病”检疫标本 9 488 件次、滴度大于 1 : 5 的阳性疟疾标本 26 件次、血吸虫标本 15 件次,并进行追踪调查。“三热”门诊监测标本 5 627 件次,其中上海市 2 580 件次、外省市 2 802 件次,阳性 11 件次。（王 跃）

【学校卫生】 (1)学生营养监测:监测小学生 3 488 人,营养不良患病率 15.5%,超重患病率 12.4%,肥胖患病率 16.5%;监测中学生 1 881 人,营养不良患病率 21.7%,超重患病率 10.6%,肥胖患病率 19.8%。(2)学生贫血监测:监测小学生 1 335 人,贫血患病率 0.45%;监测中学生 1 333 人,贫血患病率 0。全区小学体检学生 10 815 人,贫血患病率 3.62%;中学体检学生 11 962 人,贫血患病率 2.94%。(3)学生视力不良监测:监测小学生 1 366 人,视力不良率 44.95%;监测初中学生 1 916 人,视力不良率 67.58%,监测高中学生 1 065 人,视力不良率

85.82%。全区小学体检学生26 912人,视力不良率36.02%;中学体检学生43 069人,视力不良率65.71%。(4)学生蛔虫感染:全区小学生监测105人,粪检阳性率0;初中学生监测559人,粪检阳性率为1.1%;监测民工子弟学校学生116人,粪检阳性率12.9%。(5)学生意外伤害监测:监测小学生45 415人,发生伤害123起,伤害发生率0.58%;监测初中学生29 833人,发生伤害85起,伤害发生率0.54%;监测高中学生12 828人,发生伤害31起,伤害发生率0.66%。

(王　跃)

【伤害防制】 社区卫生服务中心开展伤害监测24 586例,二级综合性医院门急诊伤害监测6 537例,其中住院3 446例,重大伤害580例。

(王　跃)

【流动人口卫生防病管理】 (1)加强流动人口传染病防治工作。以外来人员集中居住的莘庄、颛桥、浦江为重点,开展冬春季呼吸道传染病和夏秋季肠道传染病防治为主题的宣传活动137次,受教育人数35 000人。开展健康教育讲座155次,受教育人数12 425人。发放健康教育宣传资料63 148份。开展手足口病、甲型H1N1和季节性流感防控的一系列健康教育活动。手足口病全区发病2 800例,比上年增长9%,外来儿童占68.89%。流动人口发现乙类传染病12种1 324例,发病率147.71/10万,比上年增长22.42%,未发生传染病暴发和流行。发病率较高的病种依次为梅毒、肺结核、淋病、麻疹和急肝,占发病数的84.77%。(2)做好流动儿童计划免疫工作。外来儿童接种602 116针次。以社区为单位开展0~6岁儿童接种率评估工作,在册管理的外来儿童五苗接种率97.74%,五苗及时接种率85.94%;二类疫苗中水痘、甲肝、麻风腮疫苗的接种率均达到保护水平,外来儿童补种率分别为90.82%、86.31%和88.34%。(3)加强外来孕产妇的管理。管理孕产妇18 390人,保健覆盖率97.73%,系统管理率89.50%。实施孕产妇抢救17例,抢救成功率100%。发放流动孕产妇管理宣传册50 000余份。流动孕产妇特约分娩点开展分娩7 021人。流动儿童听力筛查率94.88%,流动儿童甲低和PKU筛查率94.85%。3岁以下流动儿童保健管理率94.67%,5岁以下流动儿童死亡29例。(4)做好外来精神病管理。收治外省市易肇事肇祸病人57人,其中34人联系落实原籍地和家属领回,区救助站救助返原籍21人。(5)加强流动人口艾滋病防治。开展娱乐场所宣传干预,对娱乐场所KTV、足浴房、发廊每月开展宣传和干预,覆盖率100%。干预2 277家娱乐场所,干预17 817人次。为300家宾馆和旅店的12 000个客房提供宣传资料,设置免费安全套宣传架。完成"中盖项目"和"中加项目"的400例高危人群检测和125名高危人群问卷调查和血液检测,发现HSV-2阳性3名,RPR阳性4名,TPPA阳性18名。开展HIV抗体检测74 429例,HIV阳性30例。3家二级综合性医院开展扩大VCT监测工作,咨询检测1 866例,HIV阳性15例。区疾控中心接待咨询380人次,提供免费检测338人次,HIV阳性6例。(6)流动人口减免服务工作。外来结核病病人减免518例次,减免60.96万元。其中门诊结核病病人减免449例,减免46.21万元。住院病人减免69人,减免14.75万元。贫困流动孕妇早孕建卡减免4 942人,减免24.71万元。

(王　跃)

(五)卫生监督

【概况】 全区有公共场所、职业卫生、医疗机构、学校、供水单位等管理对象5 951家,其中公共场所3 003家,学校、幼托331家,建筑工地82家,水厂、二次供水等414家,消毒产品、涉水产品生产企业43家,医疗机构448家,涉及职业危害的相关企业1 504家。全面加强监督执法检查,卫生监督18 730户次,依法处罚案件1 437件,罚款275.73万元。加强对甲型流感和手足口病防控的专项监督检查,对313家托幼机构、36家民工子弟学校和各类医疗机构全面开展监督检查。

(王　跃)

【环境卫生监督】 全区有公共场所卫生许可证的经营单位3 003户,其中理发美容店1 523户、公共浴室168户、宾馆旅店418户、足浴146户、棋牌室60户、游泳场馆49户、歌舞厅237户、酒吧74户、影剧院12户、其他场所316户。开展监督检查 10 268 户次,行政处罚 980 户次,罚款 32.3 万元。对经营面积在 350 平方米以上的住宿场所开展量化分级管理工作,评定 A 级单位 10 户、B 级单位 239 户、C 级单位 25 户、不合格单位 12 户。对 286 家单位开展监督检查 480 户次,对 40 户存有违法行为的单位实施行政处罚,罚款 7 300 元。开展对 80 家使用集中空调通风系统的 2 000 m^2 以上的大型公共场所的监督抽检工作,对不合格单位开具监督意见书并进行追踪复查。对 63 家游泳场所开展专项执法检查,并将监督检查信息公示。对 105 家沐浴场所进行量化分级管理,评定 A 级单位 7 家、B 级单位 49 家、C 级单位 32 家、不合格单位 17 家。

(王　跃)

【水厂、水箱、水井卫生监督】　有卫生许可证的集中式供水单位 6 家,其中市政水厂 2 家,单位自建水厂 4 家。对集中式供水单位开展每月1 次的监督检查和水质抽检。出厂水检测 44 户次,合格 43 户次;管网水检测 69 户次,合格 64 户次。全区有共用二次供水水箱 7 710 只、蓄水池 827 只,分布在 410 个小区。检查二次供水小区 903 户次,水箱水池卫生管理率 88.6%,清洗消毒合格率 92.7%;水箱和蓄水池符合防护要求的 96.5%;水箱清洗消毒人员健康合格证持有率 97.9%。二次供水余氯现场检测合格率 91.3%。加强对提供分质供水 23 个小区的监督检查,合格率 100%。对 250 台自动售水机进行水质抽检,合格率 89.13%。对 16 家涉水产品生产企业(其中输配水设备 12 家、水处理材料 3 家、水质处理器 1 家)进行监督检查,合格率 100%。

(王　跃)

【职业卫生监督】　(1)加强监管力度。对用人单位监督检查 2 429 户次,实施行政处罚 138 家次,罚款 42.6 万元。开展放射诊疗机构监督检查 356 户次。开展工业探伤等用人单位监督检查 114 户次。对 2 家未取得放射诊疗许可证的医疗机构实施行政处罚,罚款 2 000 元。对 2 家职业卫生技术服务机构及 5 家职业健康体检机构进行全覆盖监督检查。(2)职业病危害申报 1 405 家,新增 300 家,变更申报 84 家,注销申报 117 家。开展《职业病防治法》颁布七周年宣传活动,举办职业卫生企业管理培训 11 期,培训 1 100 余人次,对 245 家未参加培训的单位,采取上门指导培训方式进行补课。(3)完成 1 405 家的职业危害企业量化分级评定,其中 A 级企业 376 家、B 级企业 829 家、C 级企业 200 家。(4)开展专项抽检粉尘(电焊烟尘、其他粉尘等)、毒物(苯、甲苯、二甲苯)、物理因素(噪声)等共 688 件次,合格率 79.26%。对 19 例慢性职业中毒病人进行个案调查和追踪,对用人单位给予相应行政处罚。

(王　跃)

【卫生许可审核发证】　受理各类卫生许可申请 3 299 件次,经审核符合发证条件的核准发证 3 284 件。其中公共场所许可证 1 796 件、医疗机构 490 件、建筑项目施工审核 391 户件、其他 607 件。

(王　跃)

【打击非法行医专项活动】　进一步加强非法行医打击力度,全年共出动 3 820 人次,车辆 736 辆次,取缔无证行医点 687 处,对 211 名无证行医者实施行政处罚,罚款 166.6 万元、没收药品 1 316 箱、医疗器械 7 227 件,司法移送案件 13 件次。

(黄　铮)

(六)预防保健

【概况】　2009 年,闵行区预防保健工作取得较好成绩,区疾病预防控制中心、区妇幼保健院和区牙防所获市级站所考核优秀。区妇幼保健院与复旦大学附属儿科医院合作共建儿童保健工作成效显著,未发生孕产妇死亡。未发生精神病人肇事肇祸事件,开展贫困精神病人免费服药项目。健康教育、健康促进工作不断加强,居民自我保健意识不断提高。

(王　跃)

【健康教育】　(1)开展冬春呼吸道传染病和夏秋季肠道传染病防治等主题宣传活动 16 次,受益 42 168 人次。编印及发放健康教育宣传资料 50 种 1 412 519 份。社区健康教育讲师团每月到居委讲座覆盖率达 80% 以上,社区开展各类形式的健康教育讲座 3 460 次,131 314 人次参与,群众满意度 96.96%。加强健康促进志愿者队伍建设,完成志愿者登记注册 979 人,讲师团成员达到268人。开展健康促进志愿者网络业务和技能培训31次,3 140人次参加。(2)完成“居民健康危险因素监测、中国公民健康素养监测和干预及上海市全民健康生活方式行动——派发控盐勺”项目。开展上海市“健康大讲堂”活动。(3)继续推进“农民健康促进”行动,开展业务培训4次,123人次参加。抽查14个村委,农民健康知识知晓率90.8%。(4)开展“第二十二个世界无烟日”系列宣传活动。对照“上海市无烟学校评估标准”,对区内55所“上海市无烟学校”进行复核评估,无烟学校符合率93%。开展“拒吸第一支烟,做不吸烟的新一代”签名活动,共有69所中小学校的1 586个班级,共计53 446名中小学生参与。（王　跃）

【村卫生室建设和乡村医生管理】 开展乡村医生绩效考核工作,根据工作数量和质量确定乡村医生绩效考核工资。村卫生室开展高血压访视189 702人次、糖尿病访视53 381人次、肿瘤访视2 834人次、精神病访视6 418人次、残疾人康复服务22 828人次、孕产妇访视13 319人次、80岁以上老人上门服务25 101人次。推进村卫生室信息化工作,村卫生室全部使用闵行区社区卫生服务信息系统,使用电子发票、电子处方和电子病史。加强流动人口村卫生室就诊工作,村卫生室提供流动人口基本医疗服务14 593人次,减免费用29 186元。继续做好村卫生室基本药品零差率工作,为391 064人次提供基本药品,减免费用1 206 295.51元。（王　跃）

（七）血液管理

【概况】 2009年是闵行区实施第二轮建设志愿无偿献血区“三年行动方案”的最后一年,也是检验实施“‘共建共享’社会互助用血制度”成果的最后一年。全年血募集34 296人份,超过市下达募集量的28.45%,单采血小板募集1 410袋,自愿无偿献血率100%。组建132人的“闵行区迎世博无偿献血应急志愿队”。5月、8月分两批向社会公布7个社区和9个企事业单位纳入享有“‘共建共享’社会互助用血制度”范围,共有73人次免缴个人互助用血金,金额21.7万元。对11家准予临床用血的医疗机构开展医疗质量和血液安全督导检查。全区各医疗机构用血12 944单位,受理审证用血4 235人次,办理用血互助金退款手续907人次、138.05万元。发放“爱心传递卡”23 461张,医疗费用减免5 406人次、5.47万元。办理无偿献血保险24 641份,理赔6.11万元。成立“闵行区献血促进会专家讲师团”。举办各类活动20余次、志愿服务累计2 500余人次、12 800余工时,相当于1 600个工作日。区血液管理办公室分别被共青团上海市委员会及上海市人力资源和社会保障局授予“上海市新长征突击队”称号、被市血液管理办公室评为“迎世博应急演练工作优秀单位”,并获全市血液管理系统“迎世博”知识竞赛亚军和最佳团队奖。（宋　琪）

【签订院间用血协议】 4月15日,为加强临床用血管理、合理使用卫生资源,由区血液管理办公室牵头,闵行区吴泾医院、上海华泰医院、上海一美整形外科医院、闵行区中医医院4家单位签订《2009年院间用血协议》。（宋　琪）

【11家单位率先实施共建共享社会互助用血制度】 5月13日,“共建共享”社会互助用血制度迈出实质性一步,七宝镇、华漕镇、莘庄镇、梅陇镇、古美路街道、区农委、区卫生局和上海氯碱化工股份有限公司、英顺达(上海)科技有限公司、上海米其林回力轮胎股份有限公司、衣恋时装(上海)有限公司11家单位,率先享受建设无偿献血示范型单位带来的成果。（宋　琪）

【首位志愿者捐献造血干细胞】 8月13日,闵行区献血志愿者、“祝您健康”闵行志愿献血者俱乐部会员刘晓薇在复旦大学附属华山医院捐献造血干细胞,成功移植到上海道培医院的1名5岁急性淋巴细胞白血病的患儿体内,成为俱乐部首例造血干细胞捐献者。（宋　琪）

【志愿者持证上岗】 12月15日,55名考核合格的梅陇社区献血服务志愿者换领闵行志愿献血者俱乐部“上岗服务证”,这些受过系统培训的志愿者将持证上岗服务,此举在全市献血志愿服务系统尚属首创。（宋　琪）

(八)农村合作医疗

【概况】 2009年,闵行区农村合作医疗共涉及9个镇和莘庄工业区的152个行政村,覆盖率100%。全区共有农业人口9.75万人,参合农民8.93万人,参合率91.59%。其中1.18万名农民免缴个人合作医疗资金,免缴金额260.41万元;五保、低保、重残无业等特困农民参合应保尽保率100%。合作医疗加大统筹力度,实现"区级统筹",全区合作医疗统一政策、统一筹资、统一补偿、统一结付,缩小城乡、区域、人群之间的医疗保障差距。区中医医院纳入合作医疗定点医疗机构。 (卢顺华)

【实施加强农村合作医疗保险制度改革的实施方案】 《闵行区深化新型农村合作医疗制度改革的实施意见》经区政府批转,于1月1日正式实施。继续以政府为主导,利用社会保险机制,通过第三方资金管理,引入国际先进的DRGs支付及临床路径管理方法,提高合作医疗管理水平和农民医疗保障水平。2009年,门诊补偿比例从不低于35%提高到50%,封顶线从2 500元提高至5 000元。 (卢顺华)

【合作医疗资金筹集】 2009年,合作医疗共筹集统筹金7 622.92万元,其中个人缴纳1 706.06万元;区财政补贴3 502.32万元,镇财政补贴2 382.40万元,区镇二级财政合计5 884.72万元;利息收入32.14万元。 (卢顺华)

【合作医疗资金支出】 2009年,合作医疗基金总支出7 026.48万元,补偿115.83万人次,人均补偿60.66元。其中一般门急诊(包括三项门诊检查)支出4 866.83万元,占总支出的68.56%;住院(包括单病种给付住院)支出1 977.35万元,占总支出的27.86%;门诊大病支出101.85万元,占总支出的1.43%;大病特困医疗救助支出44.95万元,占总支出的0.63%;非定点医疗机构适度补偿16.83万元,占总支出的0.24%;镇保补差18.66万元,占总支出的0.26%。合作医疗基金使用率为92.18%。 (卢顺华)

【大病减贫补助】 闵行区合作医疗设立大病减贫救助金,参合农民享受住院或门诊大病统筹、社会医疗救助后,在合作医疗可报销范围内,一次性自负医疗费用占家庭年可支配收入50%以上的部分,按照70%的比例给予大病减贫医疗费用补助。区民政部门确认的农村低保户、五保户、残疾人家庭可在此基础上再提高20%。全年共计医疗救助农民174人次,发放救助款44.95万元,人均2 583.40元。 (卢顺华)

【全区医疗机构联网实现即时结算】 2009年,区合作医疗开展区内医疗机构(包括村卫生室)即时刷卡结算系统建设,实现区内定点医疗机构合作医疗门诊、住院联网即时刷卡结算。全年通过医疗机构即时结算支付的门诊补偿支出3 539.43万元,占门诊总支出72.73%;住院补偿支出1 294.4万元,占住院总支出65.46%。方便参合人员就医结算,提高合作医疗资金运行的安全性和管理效能。 (卢顺华)

(九)健康城区建设

【概况】 2009年,闵行区以实施新一轮建设健康城区三年行动计划为契机,以"迎世博600天行动"为动力,大力组织开展"五个人人"、全民健康生活方式行动等各项健康市民行动,不断拓展社区居民健康(高血压)自我管理小组工作,广泛宣传健康理念、倡导健康生活方式,推进建设健康城区各项重点工作。 (嵇小萍)

【规划实施新一轮建设健康城区行动计划】 根据第二轮建设健康城区三年行动计划总结评估结果和新一轮建设健康城市工作任务要求,结合区域实际,区爱卫办在充分调研基础上,制定《闵行区建设健康城区三年行动计划(2009—2011年)》,由区政府转发,于4月16日召开2009年闵行区健康城区建设工作推进会,部署实施新一轮建设健康城区三年行动计划。 (嵇小萍)

【全民健康生活方式行动】 2009年,以控油控盐为重点继续大力推进全民健康生活方式行动,区爱卫办设计定制13套全民健康生活方式宣传版面、编印《全民健康生活方式行动核心信息》1.3万册，发放至各地区供宣传使用。组织开展“人人知道胆固醇”版面巡展，组织七宝、虹桥、莘庄和梅陇镇为1 050名市民进行胆固醇免费检测和“人人知道胆固醇”问卷调查，以及控油瓶发放前后的问卷调查。开展“全民健身日”、“9月1日全民健康生活方式日”、“百万市民同走健康路”、“关注胆固醇，同走健康路”等活动。期间，以组织集中步行健身活动、健康宣传咨询活动、电子屏幕播放、展出宣传版面、发放宣传资料等形式，宣传健康生活方式。组织开展全民健康生活方式行动示范单位创建活动的督导和阶段性总结评估工作，以进一步推进全民健康生活方式行动。 （嵇小萍）

【健康场所建设】 全区继续深入开展健康社区、健康村、健康单位、健康家庭建设工作，不断扩大健康场所覆盖面。同时，加强工作督导和典型培育，发挥健康社区、健康单位先进的引领作用。经镇、区、市推荐和审核，七宝镇、虹桥镇和古美路街道被授予“上海市健康社区先进”称号；区检察院、上海自来水闵行公司第二水厂等14家单位被授予“上海市健康单位先进”称号；七宝镇九星村等35个村被授予“2009年度上海市健康村”称号；浦江镇鲁汇快乐健康自我管理小组等8个小组被授予“上海市市民健康自我管理小组先进”称号；顾星波等40人被授予“2009年度建设健康城市先进工作者”称号。 （嵇小萍）

【七宝镇全国健康镇（试点）工作】 七宝镇在开展全国健康镇（试点）工作中，注重在深度和广度上下功夫，结合实际探索开展诸多特色工作。在上年健康自我管理小组覆盖全镇居村委基础上，2009年每个居、村委均新建2个健康自我管理小组。镇政府下拨专项经费，为健康自我管理知识的培训、小组活动的考核奖励予以保障。七宝镇健康小屋（自助式健康检测室）建成后，优先向自我管理小组成员发放免费自检预约券，引导市民参与健康自我管理。七宝镇在闵行体育公园率先建成闵行区首条“科学健身路”——健康驿道，在各居、村委建成小型科学健身路25条，为倡导社区居民积极参与“人人坚持日行万步”等健康市民行动起到推进作用。七宝镇不断推进“大肠癌、乳房癌筛查”等实事项目，使群众健康意识进一步增强，主动关注健康的行为更加普遍；每两月一次的“健康大讲堂”系列健康知识讲座，深受社区单位和居民以及机关干部的欢迎。七宝镇全国健康镇（试点）工作成效和经验，在全区起到引领示范作用。 （嵇小萍）

（十）爱国卫生

【概况】 2009年，以迎世博为契机，巩固提高国家卫生区创建成果，深入推进全民健康生活方式行动，积极探索健康镇（试点）建设工作。以不断改善生活环境为目标，加强病媒生物防制工作，积极组织开展防病工作和宣传活动。 （李建慰）

【巩固提高国家卫生区创建水平】 （1）继续完善和实施积分制管理。由区爱卫办具体负责，政府各部门和市民巡访团组成督查组，每月对各地区主干道、背街小巷、居民区、农村和城乡结合部、河道、集贸市场、小型食品餐饮店、小型公共场所、工地、公交站点的卫生状况进行暗查和满意度测评。每月汇总评分，将存在问题的文字和照片资料及其积分情况以书面形式反馈至各地区、有关委办局，通报区委、区政府主要领导，并以文明创建专报形式将每次检查情况公布于区政务网、《闵行报》，突出问题还在《闵视新闻》上曝光。区爱卫办参与区“迎世博600天行动”社会动员指挥部和城市管理指挥部每季一次的环境文明指数测评，测评结果将列入当月积分制考核。（2）推进建立完善长效管理机制。积极开展地区市容环境管理中突出问题的协调，督促、指导建立长效管理机制，加强常态管理。各地区注重探索管理机制创新，建立健全乱倒渣土社会共管机制、门前责任区等管理制度，并逐步引入市场化管理机制，强化乱设摊、跨门营业等顽症的有效治理。（3）组织开展迎世博专项行动。围绕迎世博600天行动目标，区、镇二级积极组织各项重点整治行动，广泛发动社区单位和群众参与环境卫生清洁整治和健康知识宣传，市民参与的积极性不断提高。区爱卫办被市文明委、市迎世博600天行动社会动员指挥部、城市管理指挥部、窗口服务指挥部评为“上海市迎世博公共管理贡献奖”。（4）开展单位卫生检查评比工作。

在全区开展“迎世博爱国卫生合格单位”评比，组织各地区爱国卫生监督员每季度对沿街单位进行卫生检查评分，对卫生达标单位授予“迎世博爱国卫生合格单位”。（李建慰）

【加强病媒生物防制工作】 区爱卫办通过组织开展突击性和经常性的除害活动及效果考评、监督检查，加强有害生物防制工作：持续开展病媒生物消杀活动；强化防制工作检查督导；加强队伍和服务站建设；广泛宣传，提高市民参与度；圆满完成重大活动有害生物控制保障任务。（李建慰）

【积极组织开展防病工作和宣传活动】 根据《闵行区预防控制血吸虫病中长期规划(2005—2015年)》，4月上旬，组织完成春季查螺工作，开展区级质控，并通过上海市质控检查。全区未发现钉螺。组织开展血吸虫病防治知识和查灭螺业务知识培训、宣传教育活动，组织召开“三病”检疫访谈工作等。结合防病形势，组织各地区开展防控“手足口病”、“甲型H1N1流感”宣传活动。（李建慰）

（本栏目编辑　陈　敏）

三十二、食品药品监督管理

(一)综 述

2009年,全区食品药品监管工作有:(1)发挥食品药品安全监管联席会议作用。依托食品药品安全监管联席会议平台,牵头组织、协调全区食品安全工作。(2)严格食品市场准入。全年受理各类食品卫生许可证1 529户,新发放卫生许可证1 633户,其中新发证1 000户、变更284户、临时证349户;注销卫生许可证212户,至年底全区持有《餐饮服务许可证》企业5 393户。(3)全面推进食品安全监管。全年应监督5 394户次,实监督覆盖16 990户次,监督覆盖频次3.15。行政处罚535户次,案件数328件,处罚率9.92%。没收违法所得1.02万元;罚款81.28万元;取缔非法经营88户次,无行政诉讼案件。全年发生食物中毒4起,发病率1.58/10万,起数发生率0.30‰,事故查明率100%,事故处罚率100%。全年组织开展以"元旦春节食品安全"、"春(秋)季学生集体用餐安全"、"五一国际劳动节、国庆黄金周食品安全专项检查"、"生猪产品安全监管"、"保化产品专项监管"、"打非添"、"世博食安一号、世博食安二号、世博食安三号、世博食安四号"行动及"餐饮服务和保健食品安全整顿"为主题的食品安全专项行动共14次。期间,共取缔无证食品加工经营287户,销毁不洁食品3 127公斤,收缴工用具635件。抽检各类食品2 309件,合格率92.85%。其中抽检粮食、蔬菜、肉品、水产品、乳品、豆制品、蛋类、食用油、盒饭、熟食等重点食品合格率95.35%。年内对全区2 526户餐饮单位以及1 069家学校、企事业食堂实施量化分级管理。加强盒饭(桶饭)企业、超市农贸市场以及肉品、食品添加剂、保健食品、化妆品等高风险领域的监管,并在盒饭(桶饭)企业、超市农贸市场建立电子监管平台,实施全程监控。年内各街镇投入92万元资金创建6条食品安全示范街,100%实施量化分级和监督结果公示,年底前通过市局评估验收。全区12个街镇、1个工业区创建13条食品安全示范路段,并全部通过区食安办检查验收。七宝镇创建成市食品安全宣传示范镇,食品安全知识宣传覆盖率100%,群众对食品安全满意率80%。年内承担第二届亚洲U18女子曲棍球锦标赛、2009年上海ATP1000网球大师赛、旅游节开幕式、闵行世博论坛以及甲型H1N1流感集中留验场所以及区"两会"等10项重大活动期间食品安全保障工作,确保活动期间无食物中毒事件发生。根据《食品安全法》6月1日正式实施,顺利完成与工商、质监部门有关职责的交接工作。(4)严格药品市场准入。全年药品零售企业经营许可255户,医疗器械经营许可275户。至年底,全区持《药品经营许可证》的药品零售企业398户,持《医疗器械经营企业许可证》企业501户。(5)加强药品医疗器械监管。年内对852家药品、医疗器械生产、经营、批发企业实施证后监管。对血制品生产企业实施驻厂监督员检查制。共监督销毁没收、回收的假劣、过期药品及医疗器械4.2吨。全年34家药品经营企业通过GSP(药品经营质量管理规范)重新认证;对68家医疗器械生产企业实施信用等级评定;对全区102家农村卫生室实施全覆盖检查,加强农村医疗机构用药的监管,确保农民用药安全。加强药品不良反应(ADR)监测,共上报ADR报告1 126份,无群体不良反应。全年共立案43件,其中药品38件,医疗器械5件,罚没款总额60万元,取缔无证经营药品6家;捣毁无证生产、经营药品、医疗器械黑窝点4个;开展非药品冒充药品、中药饮片、儿童用药和降压药、化学原料药、计划生育药械、体外诊断试剂、"野山人参"、冬虫夏草等43次专项整治行动,对违法单位给予行政处罚。全年抽检各类药品960件,抽验不合格20件,不合格率2.1%。(6)食品药品安全突发事件应急处置能力进一步加强。紧急启动"食品药品突发事件处置预案",查控香丹注射液、贺普丁药品、人用狂犬疫苗等11次。(7)开展食品药品安全知识宣传培训。结合《食品安全法》出台、"迎世博食品安全法宣传周"、"迎世博倒计时200天食品安全专题宣传活动"、"清理家庭小药箱活动"以及"迎接政风行风测评",深入到镇街道、社区、居委和机关、学校、工厂等开展食品药品安全知识讲座、设摊咨询以及文艺汇演等多种形式的宣传活动。加强干部队伍建设,年内举办业务人员培训班12期,参加人员580人次。举办食品药品法律法规、业务知识等各类培训1 039次,共168 173名食品药品从业人员参加培训。(8)选派2人赴震后灾区四川省都江堰浦阳镇,支援灾区建设。分局《一举查办三起制售药械窝点案》以及《查处上海松力生物技术有限公司未取得〈药品生产许可证〉生产药品案》分别获市局药品稽查"打假治劣"典型案例一等奖、三等奖。顾凯等5人获荣誉称号。(9)全年共受理食品、药品、医疗器械信访624件,办结率100%。

2009年全区食品药品市场秩序总体良好。但还存在以下主要问题:因社会需求复杂,食品无证加工仍有市场。地下窝点生产的假冒伪劣食品形成完整的产、供、销"产业链",虽然各方投入大量人力物力财力进行整顿,但因供需市场的存在,无证加工屡禁不绝,成为食品安全事故的隐患。

8月17日,根据食品安全地方政府负总责的工作原则,结合闵行区食品安全监管的形势和任务,在区食品药品监督所已有7个分所的基础上,增设颛桥、马桥、古美、龙柏、吴泾5个分所。

2009年闵行区新增食品药品监督分所情况表

名　称	办公地址	联系电话
吴泾分所	北吴路508号	34306972
古美分所	古美路225号3楼	64802381
马桥分所	北松路1526号	64091288
颛桥分所	颛盛路508号	64420291
龙柏分所	青杉路388号1楼	64024772

(金莉萍　安　瑜)

(二)食品安全监管

【概况】2009年食品安全监管主要工作有:食品安全监管职能调整;召开食品药品安全联席会议6次;市、区领导、人大代表、政协委员视察食品安全工作9次;开发食品安全实时监控信息平台建设项目;6月1日起全年监督检查16 990户次,监督覆盖频次3.15;开展14次食品专项整治;查处食品安全事件4起,中毒人数32人,其中3起为细菌性食物中毒,1起为有毒植物食物中毒;实施行政处罚535户次,案件数328件,处罚率9.92%。其中警告78户次;没收违法所得16户次,金额10 157.5元;责令销毁25户次,销毁食品127.8公斤;罚款328户次,罚款金额812 778.47元;取缔非法经营活动88户次;开展重点食品抽验,合格率95.35%,优于预期目标(93%);开展食品安全示范路段、示范街、宣传示范镇创建;做好10项重大活动食品安全保障工作;落实援川建设中食品安全保障;推进“大联动”机制,强化无证食品监管;监督抽检各类食品2 309件,合格2 144件,合格率92.85%;实行夏季食品安全错时监督巡查制;接受质监部门的企业标准备案工作;实施对超市农贸市场(上半年)、学校、企事业食堂、餐饮企业、盒饭(桶饭)企业、肉品的监管;开展对保健食品、食品添加剂、化妆品监管和专项整治工作,加大案件查处力度。(孙家友)

【食品安全监管职能调整】 根据2009年6月1日正式实施的《中华人民共和国食品安全法》,原由食药监分局负责的食品流通安全监管职能划归工商分局;原由质监局负责的食品生产企业标准备案工作职责划归食药监分局承担,各部门通过沟通协商,达到无缝衔接、平稳过渡的目标。(郑　芸)

【食品安全实时监控信息平台建设】 年内开发“食品安全实时监控信息平台”建设项目,在全区20家大型超市卖场、35家盒(桶)饭企业推进食品安全实时监控平台,并进行网上监控和在线评估。(孙家友)

【创建食品安全示范街】 年内目标创建6条食品安全示范街。按照创建标准和要求,对街上的食品经营单位进行全面培训指导,并组织外出观摩学习。在创建中投入大量人力财力,各街镇,物业等部门也予以支持配合,在环境、设施上投资92万元。街内的餐饮单位100%实施量化分级和监督结果公示,建立“二项制度”和落实“六个统一”,实施“八项操作规范”,推进6T实务管理,年底前全部通过评估验收。(孙家友)

【创建食品安全示范路段】 区食安办在区内主要购物街区、商业中心、小吃广场、食品消费重点场所创建13条食品安全示范路段,11月下旬全部通过检查验收。在13条示范路段内有餐饮单位282户,流通139户。(孙家友　黄　琴)

【创建食品安全宣传示范镇】 4月,区食安办制定食品安全宣传示范镇创建工作方案,确定七宝镇为创建单位,定期组织指导培训。至10月底,实现七宝镇食品安全知识宣传覆盖率100%,人人掌握食品安全知识、群众对食品知识知晓率90%以上,群众对食品安全满意率80%以上,于11月2日顺利通过市食药监局验收。(黄　琴)

【重大活动食品安全保障】 完成2009年区“两会”、闵行春季房地产(展示)交易会、甲型H1N1流感集中留验场所食品安全保障及第二届亚洲U18女子曲棍球锦标赛、闵行世博论坛、旅游节开幕式、2009年上海ATP1000网球大师赛等10项重大活动食品安全保障任务。期间出动监督员629人次,检测样品1 287件,保障160餐次、93 051人次的用餐安全。(孙家友)

【援川建设中食品安全保障】 根据《上海市医疗卫生系统对口支援都江堰灾后重建工作方案》的总体要求和部署,分局选派2名监督员参加第四批对口援建工作。(李栋梁)

【食品安全事件查处】 年内全区发生食物中毒事件4起,中毒人数32人。发病率1.58/10万,起数发生率0.30‰,事故查明率和事故处罚率100%。其中1起为10人以上的集体性中毒事故,3起为10人以下的散发性中毒事故。中毒的责任单位,其中2起为餐饮单位,1起为社会桶饭,1起为无证加工。致病因素,3起为副溶血性弧菌,1起为芸豆中的皂素。(孙家友)

【无证食品监管】 食药监分局加强与工商等部门配合,开展联合执法,加大对无证照经营活动的查处,年内取缔无证食品加工经营287户,没收销毁不洁食品3 127公斤,收缴工用具635件。同时推进城市综合管理“大联动”机制,采集无证照经营信息,实行信息共享、条块联动、有效处置。(孙家友)

【实行夏季食品安全错时监督巡查制】 根据辖区内餐饮业和集体供餐单位的经营特点和现状,7—9月实行错时监督巡查制,对区内餐饮单位、超市卖场、集贸市场、盒饭生产企业巡查296户次,对存在严重违法行为的单位依法查处41户。(孙家友)

【企业标准备案工作】 根据《中华人民共和国食品安全法》规定,从6月1日起,原质量技术监督局承担的食品安全企业标准备案职能划归食品药品监管局承担。截至年底,对1 000余家企业标准进行梳理,对30余家企业报送的企标备案资料进行受理、审核,全区共完成11家食品生产企业、13份企业标准的备案工作。 (乔文美)

【餐饮企业监管、量化分级管理】 年内对全区2 526户餐饮单位实施量化分级评分检查,其中87户A级,2 380户B级,59户C级。对2 568户餐饮单位实施监督结果公示。 (孙家友)

【3起化妆品案件查处】 (1)上海永琪美容美发经营管理有限公司,因向顾客销售未经卫生部批准的进口化妆品,被罚款3 300元。(2)七宝华香农滋园香薰店被查实向上海华香农滋香草园贸易有限公司旗下的3家加盟店销售未取得批准文号的特殊用途化妆品,罚款6 000元。(3)上海歌诗玛化妆品有限公司经营未经国家商检部门检验的"婵真"银杏天然洁面霜等7种进口化妆品及经营未取得批准文号的特殊用途化妆品被立案查处,罚款3 270元。 (孙家友)

【建立保、化产品一户一档制】 按照"一户一档"的管理要求,为全区食品重点企业统一建立管理档案,探索"保、化"产品科学监管新方式。从7月1日起,59家重点食品企业包括保健食品生产企业、盒饭桶饭生产企业及化妆品生产企业,在区食药监分局都拥有各自的档案。生产企业从成立起的所有重要信息都能在该企业档案中找到。同时还运用电子化管理优势,与专业网络公司合作开发"保健食品、化妆品生产企业监管信息平台"软件,通过电子化监管,掌控企业的原辅料、生产加工、产品检验、市场销售等关键环节的安全状况,达到远程监控、即时监管。

(程伟华)

(三)药品安全监管

【概况】 2009年药品(医疗器械)安全监管工作主要有:证后监管;医疗器械生产企业信用等级评定;医疗器械生产企业网上信息登记;药品经营企业GSP认证;特药审批及现场核查;驻厂监督及血制品批签发;药品不良反应监测;监督销毁不合格药品;农村卫生室监管。 (梅 玲)

【证后监管】 年内对852家药品经营企业、药品生产企业、药品批发企业、医疗器械生产企业、医疗器械经营企业、药品包装材料、农村卫生室、成人性用品商店等企业实施证后监管。其中药品经营企业685家/次;GSP认证36家/次;药品批发企业5家/次、医疗器械生产企业80家/次,医疗器械经营企业171家、药品包装材料企业4家、农村卫生室102家、成人性用品商店63家。

(梅 玲)

【医疗器械生产企业信用等级评定】 年内对68家有资格参加医疗器械生产企业信用等级进行评定,评出A级30家,B级20家,C级3家,另有15家因未生产或停产未参加评定。(杨小明)

【医疗器械生产企业网上信息登记】 为加大监管力度,掌握辖区医疗器械生产企业的产品生产和经营运行情况,追踪生产企业动态。根据市食药监局工作要求,区食药监局对区内70家医疗器械生产企业进行2009年度信息登记工作。

(杨小明)

【药品经营企业GSP认证】 根据《药品管理法》及《药品经营质量管理办法》有关规定,药品经营企业在取得GSP认证资格5年有效期届满后应当重新申请GSP认证。区食药监分局成立以分管局长为组长、行政审批科及药品监管稽查科科长为副组长及所有参加过培训并取得GSP认证资格人员为组员的认证小组,实施小组长负责制。全年有34家药品企业提出申请并通过GSP重新认证。 (梅 玲)

【特药审批及现场核查】 年内,对区内9家使用特殊药品单位实施20家次的特药申请现场核查工作。对2家麻黄碱药品生产使用单位(上海强生制药有限公司、中美上海施贵宝制药有限公司)分别实施麻黄碱申请现场核查各3次。

(梅 玲)

【驻厂监督及血制品批签发】 根据市食药监局监管工作要求，年内对辖区内上海莱士血液制品股份有限公司及上海输血技术有限公司2家企业实施驻厂监督6次；对上海莱士血液制品股份有限公司生产的血制品实施37次、104批次产品的签发。（梅 玲）

【药品不良反应监测】 年内，全区共上报ADR（药品不良反应）报告1 126份，其中药品不良反应1 124份，医疗器械不良事件报告2份。三级医院上报90份，占总数的8.0%；二级综合性医院上报524份，占总数46.6%；一级医院上报271份，占总数24.1%；民办医院上报15份，占总数1.3%，药品生产企业上报224份，占总数19.9%；医疗器械生产企业上报2份。特殊ADR报告数299份，占总报告数26.6%。无群体不良反应。（周 磊）

【监督销毁不合格药品】 全年监督销毁没收、回收的假劣、过期药品及医疗器械共4.2吨。（周 磊）

【农村卫生室监管】 4月，联合区卫生行政部门及行业协会，开展并完成辖区102家农村卫生室监管、培训工作。另外，在21个农村中心卫生室放置不合格药品回收箱，制定和发放回收不合格药品管理规定、回收登记表以及面对广大农村居民的清理药箱告知书和注意事项。（梅 玲）

（四）药品、医疗器械稽查

【概况】 全年立案43件，其中药品38件、医疗器械5件；行刑衔接1件，罚没款总额60万元。捣毁无证生产、经营药品、医疗器械黑窝点4个，实施各项大规模专项检查43次，处理举报投诉83件，案件协查34件，药械抽样960件，11次启动"突发事件紧急预案"处置突发事件。（梅 玲）

【行刑衔接】 8月10日，区食药监分局根据举报线索，查获上海欧派生物技术有限公司以非药品冒充药品，生产假药"新爱伴侣凝胶"，宣传有避孕功效，冒充避孕药品。该公司涉嫌触犯《中华人民共和国刑法》第141条的规定，构成生产、销售假药罪。依据《中华人民共和国药品管理法》第74条"构成犯罪的，依法追究刑事责任"的规定，将此案移交公安。（周 磊）

【中药饮片专项抽验】 2月26日—4月3日，区食药监分局出动检查人员36人次，对辖区内2家中药饮片生产企业、1家药品批发企业、4家社会独立药房、2家民办综合性医院和3家民办中医门诊部进行突击性中药饮片专项抽样，共抽取32批中药饮片、9批中药材，在生产企业抽取的2批中药饮片经检验不合格，立案查处1起，罚没款15 368.30元。（秦炜枫）

【上海市医疗器械监督抽验】 4月13—17日和10月27—30日，根据市食药监局《2009年上海市医疗器械监督抽验方案》，区食药监分局出动检查人员18人次对区内3所医疗机构、2家药品经营单位、1家医疗器械经营企业共6家单位进行现场抽样，抽取4个产品6个批次样品送市医疗器械监测所检验，其中1个产品判定为不合格。经调查后，发放行政建议书要求限期整改，企业整改完毕后，递交整改报告。（秦炜枫）

【计划生育药械市场专项整治】 根据市人口和计生委等8个单位联合下发的《关于印发上海市计划生育药械市场专项整治行动实施方案的通知》，为整治计划生育药械生产、流通、使用环节中存在的突出问题，规范区计划生育药械市场，区食药监分局于6—7月，配合区政府各相关部门，开展辖区计划生育药械市场专项整治行动。通过排查摸底、检查整治，63家无证经营成人性用品商店被责令停业整顿。（梅 玲）

【营利性医疗机构和单体零售药店专项检查】 11月10日—12月底，在全区范围内开展"营利性医疗机构和单体零售药店"专项检查行动。重点检查营利性医疗机构进货渠道是否合法，产品储存是否符合质量标准，人员情况是否符合要求；单体零售药店主要检查进货渠道，销售药品是否提供销售凭证，是否凭处方销售处方药，药师是否在岗，是否销售非药品冒充药品的产品。检查期间出动检查人员124人次，检查营利性医疗机构27家,单体零售药店35家。检查发现2家医疗机构药品储存不符合要求,1家单体零售药店从外省市进货,但未与市食药监局药品实时监控系统对接,要求其整改。(朱璟刚)

【"野山人参"、冬虫夏草专项检查】 12月在全区范围内开展"野山人参"、冬虫夏草专项检查,出动检查人员69人次,对区内3镇1街道涉及的19家单位(其中保健品店8家,药店12家,超市卖场3家)的20个产品进行现场检查,对现场检查有嫌疑的3支野山参,1批冬虫夏草进行抽样送检,其中1支野山参判定为不合格,按照专项检查方案规定,此项目不合格的不予立案查处。(秦炜枫)

【药械抽验】 年内完成药品抽样任务960件,其中计划内抽样418件,药厂抽样356件,专项抽样105件,涉案抽样34件,非计划监督抽样47件。抽验不合格20件,不合格率2.1%,其中中药饮片不合格17件,中成药1件,化学药2件。医疗器械抽样11件,不合格4件,药包材抽样2件均合格。(秦炜枫)

(五)行政审批、市场准入

【概况】 2009年食品、药品、医疗器械行政许可全部实行网上申报和审批,审批发放各类食品卫生许可证1 633户,发放《药品经营企业许可证》255户,发放《医疗器械经营企业许可证》275户,药师挂牌249人次,药品零售企业专项检查12次,启用和发放《餐饮服务许可证》,配合培训区工商局做好《食品流通许可证》的发放和管理工作,推进并联审批。(朱艳华)

【食品、药品、医疗器械网上审批全面实施】 根据市食药监局统一要求,自1月1日起,食品、药品、医疗器械行政许可全部实行"网上申报和网上审批"。各相关企业许可申请需先通过网上申报提交成功后,再到区食药监分局综合业务受理窗口递交纸质申请材料,区食药监分局根据网上递交的资料和纸质申请材料,先对材料进行审批,科室行政人员再按原有分工继续实行分块、分步原则,各负其责进行行政许可。(朱艳华)

【食品行政许可审核发证】 年内受理食品许可申请1 529户;发放各类食品卫生许可证1 633户,其中新发证1 000户、变更284户、临时证349户;注销212户。至年底,全区持《餐饮服务许可证》企业5 393户,其中食品生产加工企业31户(包括盒饭11户、桶饭生产企业20户)、餐饮业4 043户、集体食堂1 300户、餐饮半成品配送19户。(朱艳华)

【药品行政许可审核发证】 年内受理药品经营许可申请255户,发放药品经营许可证新证5户、变更156户、换证94户;现场勘址30户;药师挂牌249人次;药品经营企业《药品经营质量规范》(简称GSP)认证受理审查32户,药品零售企业注销1户。至年底,全区持《药品经营许可证》的药品零售企业398户,其中仅经营乙类非处方药的企业76户。(朱艳华)

【医疗器械行政许可审核发证】 年内受理许可申请281户;发放《医疗器械经营企业许可证》275户,其中新发证80户、变更173户、换证22户;注销6户。至年底,全区持《医疗器械经营企业许可证》企业501户。(朱艳华)

【食品流通监管职能平稳移交工商】 根据6月1日起正式实施的《食品安全法》,将原由食药监部门负责的流通环节监管职责改由工商部门负责,原由食药监部门核发的流通环节《食品卫生许可证》改由工商部门核发《食品流通许可证》。为做好职能移交和平稳过渡工作:(1)对工商局人员进行食品流通安全监管工作系统理论知识培训;(2)做好现场带教,在现场边检查、边实践,使其尽快熟悉和掌握食品流通监管工作;(3)派员到工商局协助开展工作,并于7月23日将流通领域8 022户及相关业务资料进行移交,移交的主要内容为:食品卫生许可工作信息,食品安全示范街创建资料,卖场超市实时监控信息平台(指导手册),食品市场标准化检测室名单。达到无缝衔接、平稳过渡的目标。

(孙家友 朱艳华)

【药品零售企业专项检查】 4月起,启动对药品换证及GSP重新认证的药品零售企业进行专项检查,通过对企业经营场所、经营规模和经营范围等变化实施现场检查,规范药品许可程序,制约企业随意变更许可内容的行为,年内完成12家药品零售企业的专项检查。 (朱艳华)

【药品零售企业药师挂牌实行网上申报】 6月1日起,药品零售企业药师挂牌实行网上申报。至年底,共受理药师挂牌249人次,发证249人次。

(朱艳华)

(本栏目编辑 陈 敏)

三十三、劳动就业·社会保障

（一）综 述

2009年新增本地劳动力就业岗位33 798个，其中农村富余劳动力非农就业岗位9 936个。全区城镇登记失业人数为14 350人，控制在市政府下达的14 700人指标数以内。组织全区43 381名本地劳动力、来沪人员参加培训。全区户籍劳动者参加城保、镇保、农保、征地养老等各类基本社会保障覆盖率达97.8%。外来从业人员全年参加综合保险人数45万人。（陈铁民）

（二）就业安置

【概况】 2009年，闵行区全面实施以“帮企业、促发展、保民生、促和谐”为主题的“暖冬行动”，制定“就业援助”、“职业培训”、“市场监管”3项特别计划、15项具体措施，全力稳定就业形势。（陈铁民）

【深化充分就业社区创建工作】 开展社会第三方评估，将新增就业岗位、“暖冬行动”政策作为创建充分就业社区的主要考核指标。全区80%的镇、街道创建成功。发放社会保险补贴券695本，认定和安置“双困人员”1 003人，解决168户“零就业家庭”至少实现一人就业。（陈铁民）

【实施岗位稳定计划】 对受国际金融危机冲击较大，符合区内产业结构调整和节能环保要求，吸纳就业岗位较多且税基在区内的企业，实施岗位稳定计划，支持困难企业实行岗位共享。共有38家单位被认定为特殊困难企业，3 056人享受到市区两级补贴647万元。（陈铁民）

【落实企业社会保险费补贴】 一次性兑现2007年、2008年企业社会保险补贴2.85亿元，2009年度共受理4 040家企业社会保险费补贴申请。（陈铁民）

【促进大学毕业生就业】 组织开展高校毕业生就业服务系列活动。全年新增青年见习基地96家，吸纳见习学员3 544名。举办大学生专场招聘会9场，实现就业3 000余人。（陈铁民）

【推动创业带动就业】 制订《关于进一步扶持创业带动就业若干意见》，打造“闵行区青年创业服务链”，聚焦“融资难、场地缺、能力差、服务弱”等瓶颈问题，推进落实各项扶持政策。全年帮助成功创业925家，带动就业1 367人。（陈铁民）

【举办区职业技能竞赛活动】 共设置7个竞赛项目，参赛人数比上年增长81%。其中71人获国家职业资格高级证书，9人直接晋升国家职业资格技师等级；电焊工专业、插花员专业获“上海市职业技能竞赛活动市级一类竞赛”团体金奖，3名选手获得个人二等奖。（陈铁民）

【征地镇保人员就业援助】 研究出台关于加强征地镇保人员就业援助实施意见。对于实现市场就业并办理用工登记,且领取两年生活费期满的征地镇保人员,给予各镇(街道、莘庄工业区)每人每月200元促进就业补贴。（陈铁民）

【建设人力资源中介园区】 12月,颛桥人力资源中介园区正式对外运作。初步形成1个中心、3个中介园区、13个就业服务工作站农民工就业服务网络。全年园区内共有57家中介机构,受理求职登记人数77 841人次,成功推荐录用30 297人。（陈铁民）

（三）劳动力市场监管

【概况】 2009年,闵行区劳动力市场监管以建立企业用工动态监控机制、完善突发事件处置机制、提高农民工管理服务能力为重点,强化劳动保障执法服务意识,推进劳动关系和谐企业创建活动,完善农民工就业服务,有效维护劳动力市场动态平稳。全区各类用人单位劳动合同签订率达97%,比上年增长2%。（陈铁民）

【闵行区劳动关系协调联席会议】 于10月21日召开,标志着三方(政府、企业、劳动者)多部门共同参与、共创和谐劳动关系格局初步形成。（陈铁民）

【开展劳动关系和谐企业创建活动】 通过前期宣传、主动排摸、指导服务,全区共有383家企业申报"劳动关系和谐企业"。（陈铁民）

【完善预防化解劳资矛盾信息上报制度】 上报市指导办重大劳资纠纷案件40起,涉及人员4 164人、金额2 329万元。（陈铁民）

【维护劳动者合法权益】 (1)全年主动监察和根据举报、投诉实施监察共1 815件,监察率100%。追缴拖欠工资、社会保险费4 658万元。(2)组织开展清理整顿人力资源市场秩序专项行动、整治非法用工、打击违法犯罪专项行动以及用人单位遵守劳动合同法专项检查等活动。（陈铁民）

【开展"消积案突击行动"】 全年共受理劳动争议仲裁案件6 488件,其中突击行动期间结案4 454件。（陈铁民）

【推进基层劳动争议调解组织建设】 在组建工会的规模企业中建立劳动争议调解委员会110余个,累计建立472个;受理劳动争议案件2 061件,结案率99.6%。为劳动者挽回劳动报酬1 915.6万元。（陈铁民）

【完善工伤鉴定"绿色通道"】 推行"上门鉴定"、"因果关系鉴定",缩短办案时间,提高办案效率。全年受理工伤认定4 800件,受理劳动能力鉴定3 063件。（陈铁民）

【建立信访联动工作机制】 实行"大信访"、"大调解"机制,形成工作合力,推动解决民生问题。共处理来信来访来电17 184人次,比上年减少2.2%。（陈铁民）

【完善对口支援工作】 组织企业赴对口支援地区都江堰市蒲阳镇开设招聘专场;委托外省市完成5 000名农民工的技能培训任务;做好汶川大地震综合保险政府补贴款的发放工作,涉及金额253万元、用人单位700余家。（陈铁民）

（四）社会保障

【概况】 2009年,闵行区社会保障工作以加强农保基金规范管理、落实征地人员保障待遇、提高征地养老人员服务水平、化解历史遗留问题为重点,不断扩大全区社会保障覆盖面,提高各类保障水平。全区农保缴费人数12 102人,当年享受保险人数16 407人,享受保险金额9 005万元。全区集中管理征地养老人员34 132人,发放养老费用3.72亿元,其中养老生活费支出2.58亿元。综保参保人数45万人,当年享受保险人数27万人,享受保险金额4.67亿元。

（陈铁民）

【化解历史遗留问题】 (1)落实第二批市级水源涵养林、浦江片林4 810名征地人员的保障待遇,投入资金6.67亿元。(2)为26名"农来农去”外配人员进行身份确认,累计为1 587名“农来农去”人员办理“镇保”转“城保”手续。

(陈铁民)

【**提高征地养老人员保障待遇**】 (1)建立生活费正常增长机制,由每人每月608元提高至688元。(2)启动征地养老人员参加“居民医保”工作。(3)继续实施高龄征地养老人员生活费补助政策,开展征地养老人员医疗费减负工作。

(陈铁民)

【**规范农保基金运作管理**】 按照“三个统一、两级投入、一个集中”原则,制定《农保基金管理办法》、农保资金流程操作办法及业务操作流程,从制度上规范农保基金运作,增强抵御风险能力。全区农民基础养老金从上年270元/月提高至330元/月。(陈铁民)

【**提高医保业务管理水平**】 (1)结合区域卫生规划和医疗机构改扩建等实际情况,以2008年各定点医疗机构合理增长工作量为依据,做好2009年医保费用分配工作。(2)在现有21家医保结算联网服务站基础上,新增3家服务站。

(陈铁民)

(五)社会保险

【**概况**】 闵行区社会保险事业管理中心位于莘庄镇莘松路385号,是闵行区城镇社会保险及小城镇社会保险的经办机构。主要工作职责是:(1)负责全区城镇社会保险(基本养老保险、医疗保险、失业保险、生育保险、工伤保险)、小城镇社会保险以及政府规定的其他社会保险的结算、征收及相关险种的支付工作。(2)负责全区城镇养老保险个人账户管理。(3)负责全区退休人员的养老金核定及支付工作。(4)负责协办社会保险监察、稽核等业务工作。 (郭茵婕)

【**提高“城保”、“镇保”参保率**】 截至年底,区社保中心的城保参保户达18 054户(其中年内新增1 878户),缴费人数为28万人,个体户及自由职业缴费人数达0.88万人,城保退休人数达13.28万人(其中年内新增9 954人);镇保参保户达4 466户,镇保参保人员4.17万人,征地人员新进11 637人。完成外来从业人员参加城镇社会保险6 184人,涉及1 840户单位。

(郭茵婕)

【**征收各类社会保险费**】 按月征收城镇保险及小城镇保险费,每月底平均征缴率达99.95%。另外,完成征收小企业欠薪保障金和征收残疾人就业保障金工作。 (郭茵婕)

【**实现清欠大于新欠**】 2009年清欠历史欠缴117万元,实现清欠大于新欠的目标。(郭茵婕)

【**完成年度缴费基数申报**】 截至3月底,完成2009年度缴费基数申报工作,涉及在职人员262 953人,已转出人员42 560人。 (郭茵婕)

【**办理生育、工伤保险待遇支付**】 截至年底,共为7 263名生育妇女办理享受生育保险待遇手续,共计支付生育生活费津贴及生育医疗费补贴14 005.74万元,另为享受工伤保险待遇的工伤人员办理支付一次性伤残补助金及工伤保险待遇手续。

(郭茵婕)

【**完成大厅咨询接待、受理变更业务**】 截至年底,大厅完成变更量49万多条,比上年增加2万余条。总服务台发放叫号人次110 067号,完善咨询接待窗口的相关职责,咨询接待来访24 311人次,接听12 333转接电话4 107人次。

(郭茵婕)

(本栏目编辑 陈 敏)

三十四、民　政

（一）综　述

2009年，区民政局如期完成区政府实事项目、重点工作：新增养老床位1 005张，新增居家养老服务对象2 500名，为60岁以上农村居民及重残无业人员提供免费健康检查，培育扶持社会组织发展，推进和谐社区建设。

进一步完善社会救助帮困体系，保障困难群众基本生活，开展"暖冬行动"，元旦春节帮困送温暖活动中，全区各级财政和社会投入资金2 930多万元，帮扶覆盖对象8.94多万人次，救助资金及帮困人数相比往年都有较大幅度增长；推出项目化慈善捐助，募集社会资金300余万元；加大实事拥军力度，对于进驻闵行的世博安保部队，积极开展"千册图书进基地"、"百台电脑"、"百万资金"进基地等活动，帮助解决基地建设需求，全力做好世博安保部队保障工作；加强基层自治组织建设，依法开展换届选举，推进基层民主自治；创新管理与服务社会方式，培育发展社会组织，依靠社会力量和社会资源，调动社会组织参与社会建设的积极性；进一步加强文明行业创建和政风行风建设，专项社会行政事务管理进一步规范，发挥民政部门在建设和谐社会中的重要基础作用。　（顾奕栋）

（二）社会救助

【概况】　截至年底，全区共有城镇社会救助保障对象18 332人（包括传统民政救济对象49人、城镇低保对象9 089户16 955人、城镇重残无业补助对象1 328人），全年对21.15万人次发放城镇救助保障金6 505万元。农村救助保障对象2427人（包括农村低保对象873户2 003人，农村重残无业生活补助对象424人），对2.86万人次发放农村救助保障金392万元，实现城乡居民低保政策全员覆盖和应保确保。　（顾奕栋）

【低保调标】　经市政府批准，从4月1日起，上海市城镇居民最低生活保障标准由原来的每人每月400元，提高为每人每月425元，增幅6.25%；农村居民最低生活保障标准，由原来的每人每年3 200元，调整为每人每年3 400元，增幅6.25%；对民政传统救济对象的补助标准分别调整，增幅6.25%～7.02%。　（顾奕栋）

【医疗救助】　共对2 599人次的大病重病患者发放643.87万元市级医疗救助金。同时，对2 466人次的困难对象发放386.38万元区级特困家庭医疗救助金。对2 748名可享受少儿住院基金个人缴费减免待遇的低保家庭子女补助16.49万元，对4 514名参加城镇居民医疗保险的低保对象发放77.84万元补助金，对3 875人次的困难精神病患者给予免费门诊补贴46.90万元，有效减轻困难群众的就医负担。　（顾奕栋）

【支内退休回沪定居人员帮困补助】　截至年底，区内享受支援内地建设退休（职）回沪定居人员帮困补助待遇的对象有30 341人（补助人数居全市第三），比上年增长17.67%。全年共发放支内

帮困补助资金 6 032.28 万元,比上年增长 20.78%。(顾奕栋)

【项目化慈善捐助】 区 10 个职能部门和募捐机构推出 18 个捐助项目,主要涉及助残、助困、助老、助学、助医等内容,此项创新举措得到区内热心公益事业的企业和爱心人士的积极响应,共募集资金 300 余万元。(顾奕栋)

【暖冬行动】 元旦春节帮困送温暖活动中,全区各级财政和社会投入资金 2 930 多万元,包括政策性帮扶和临时性帮扶两大类:临时性帮扶覆盖对象 7.43 多万人次,救助资金及帮困人数相比往年都有较大幅度增长;政策性帮扶的对象主要是受国际金融危机影响的特定困难群众,共对 2 778 人次的失业人员、682 人次尚未就业的应届毕业生和 11 663 人次农村低保对象等三类人员发放临时补贴资金 100.33 万元。(顾奕栋)

【经常性和集中式社会捐助活动】 全区 71 个经常性捐赠接收点接收捐款 136 万元,各类衣被 32 万件,245 家单位和 29 978 人次参与捐赠,各镇、街道用于区域助困 1 001 件,慈善超市义卖领用 6 512 件。12 月 15 日,发送 7 个车皮的救灾物资至铁路上海西站,由市民政局统一调配发往上海市对口支援的云南、四川灾区和贫困地区,帮助困难群众度过寒冬。(顾奕栋)

【社区市民综合帮扶】 全年对 243 人次实施个案帮扶,补助资金 107.49 万元;实施项目帮扶,投入补助资金 61.01 万余元,受益对象 869 人。(顾奕栋)

(三)社会福利和慈善事业

【概况】 全面完成市(区)政府实事项目,新增养老床位 1 005 张。全区有各类养老机构 39 家,设置床位 7 379 张,其中区级政府办养老机构 2 家,床位 690 张,占全区养老床位总数的 9.35%;镇(街道)级政府办养老机构 17 家,床位 3 241 张,占总数的 43.92%,社会办养老机构 20 家,床位 3 448 张,占总数的 46.73%,养老床位占户籍老人的比例为 3.63%。探索养老机构公建民营的运作机制,引进优质养老服务资源。全区有古美敬老院、平阳敬老院、虹梅敬老院、中谊福利院 4 家公办养老机构实现运作模式转型,促进了民办养老机构的建设与管理,提升了区域养老服务的专业化水准,让有限的财政资金和养老资源发挥最大的效应。(顾奕栋)

【居家养老服务】 完成政府实事项目,新增居家养老服务对象 2 500 名,完成指标 125%。全区居家养老服务对象累计达 9 300 名,其中上门服务 8 671 名,日间照料服务 168 名,带入养老机构 461 名,对 996 名申请补贴对象上门进行需求评估。全区有助老服务人员 1 035 名,管理人员 38 名,资质评估员 41 名,注册社工师 1 名。(顾奕栋)

【日托机构建设】 新建老年日托机构 6 家,主要依托养老机构、标准化老年活动室结合而建。全区老年人日托机构达 19 家。(顾奕栋)

【为老助餐服务】 完成区政府实事项目,助餐服务老人 4 357 名,完成率 108.9%,其中独生子女家庭困难老人 679 名,低保、低收入困难老人 659 名,自费服务老人 3 019 名。新设立助餐服务点 7 个,其中综合型助餐服务示范点 3 个,综合型助餐服务点 3 个,单一型助餐服务点 1 个。全区各种类型的助餐服务点达 40 个,覆盖各镇、街道和莘庄工业区,为进一步扩大助餐服务提供保证。全年支出经费 149.15 万元,其中助餐点建设补贴 106.5 万元,运作补贴 25 万元,困难老人助餐补贴(不含独生子女家庭困难老人)17.65 万元。(顾奕栋)

【救助管理工作】 全年共救助流浪乞讨人员 852 人次,比上年减少 4%。其中智障(含低能、弱智、痴呆)50 人、患病(含精神和危重病人)43 人、残疾人 46 人。按性别分,男性 638 人,女性 214 人。按救助原因分,有乞讨行为的 83 人,露宿街头的 267 人,生活无着的 493 人,迷路走失的 6 人,其他 3 人。安置弃婴、弃儿 132 名。国庆期间,区救助服务队结合世博救助管理工作要求,开展"三合一"集中救助专项活动,对流浪乞讨人员中的老年人、残疾人、未成年人开展针对性的教育疏导工作，提高劝导服务的有效性。

（顾奕栋）

【福利彩票销售】　全年新增彩票销售网点31个，福利彩票销售网点总数达291个。全年销售福利彩票2.45亿元，比上年增长25%。募集福利资金1 417.3万余元，比上年增长36.3%。

（顾奕栋）

（四）老龄工作

【概况】　新建标准化老年活动室40个，共投入资金2 942.87万元，全区现有标准化老年活动室453个。投入资金134万元，对2004—2005年创建的134个标准化老年活动室进行维护。

（顾奕栋）

【高龄老人营养补贴】　向12 568人次的高龄老人发放营养补贴197.69万元。其中为90—99周岁的3 097名高龄老人（12 374人次）发放营养补贴180.99万元（每月50元），为48名百岁老人（194人次）发放营养补贴16.7万元（每月300元）。（顾奕栋）

【为老服务】　全年完成“银发无忧”保险61 532份，投保总金额123万元。其中老年人自己购买（60至80周岁）25 708份，市民爱心赠送6 400份、上海市老年基金会闵行区分会赠送29 424份。全区共为8 389人次的老人提供优质的沐浴服务，对于高龄、行动不便的老人，服务到位，责任到人，安排专人上门服务。（顾奕栋）

【老年人维权】　全年接待受理老年人各类来访、来信、来电共3 014件次，调处率97%，其中涉及赡养权、住房权、财产权、婚姻权、人身权共计1 174件，有效维护老年人的合法权益。

（顾奕栋）

【敬老日活动】　10月26日是上海市第22个敬老日。全区各镇、街道、莘庄工业区在节日期间组织召开各类联欢会、茶话会、座谈会、团拜会、祝寿会等活动，烘托节日氛围。区、镇、街道领导，社区老龄干部共1 960人对辖区内的高龄老人、独居老人、困难老人走访慰问58 339人次，送出慰问金、慰问品675.68万元。（顾奕栋）

（五）双拥优抚安置

【概况】　落实驻区部队战士伙食补助93.48万元、驻区部队官兵特困救助3万元、爱国拥军、爱军精武奖励金33.88万元；投入120万元，为驻区部队安装太阳能沐浴设备，解决部队官兵洗澡难问题；整合军地优势资源，为94 969部队汽车连安装太阳能路灯、电子探头，消除营区安全隐患；举办第四届拥军厨师培训班，43名战士获得初级厨师证书；开展科技文化书籍进军营活动，为驻区部队培养高学历知识型军人和军地两用人才。11月，武警世博会安保女兵训练管理基地进驻浦江镇后，区四套班子领导多次前往走访调研和看望慰问，了解基地官兵训练生活情况，要求有关委办局和各街镇，积极筹划支持女兵基地建设系列活动，开展“千册图书进基地”、“百台电脑”、“百万资金”进基地等活动，帮助解决基地建设需求，全力以赴做好服务基地的保障工作。

（顾奕栋）

【新经济组织双拥活动】　区内新经济组织拥军优属协会积极发掘民营企业拥军资源，以情、以理、以利引导新经济组织积极参与双拥工作，鼓励他们在人力、物力、财力上支持部队建设，推动拥军优属活动的开展。5月，协会组织民营企业家专程前往四川都江堰，走访慰问当地受灾的重点优抚对象；11月，协会会长、民营企业家吴桂明被民政部授予“全国优秀复员退伍军人”，出席全国优秀复员退伍军人表彰大会，受到胡锦涛、温家宝等领导的亲切接见；新东苑国际集团长期以来关心支持部队建设，年内向武警文工团资助20万元。双拥办组织部分民营企业家开展“故乡指导员”活动，让企业家特别是退伍军人企业家现身说法对闵籍战士进行思想教育，勉励他们安心部队，戍边守关；对退役士兵进行思想引导，鼓励他们发扬部队传统，在新的岗位上建功立业。（顾奕栋）

【军民共建】　探索军民结合、军民融合发展的路子，开展形式多样、内容丰富的军民共建活动，坚持军民共建共享,拓展军民共建和谐社会的途径和领域。2009 年,江川路街道办事处、上海警备区装备部 90 分队,古美路街道办事处、95 958 部队学兵三大队等 12 对军地单位被评为“上海市军民共建社会主义精神文明先进集体”。新东苑国际集团、武警上海市总队政治部文工团,区教师进修学院、预备役高射炮兵师第三团,闵行区七宝镇九星村、武警上海市消防总队闵行支队七宝中队等 26 对军地单位被评为“闵行区军民共建社会主义精神文明先进集体”。（顾奕栋）

【优待抚恤】 全年共发放各类抚恤补助优待金 2 950 多万元。继续对全区 231 名烈属和因公牺牲军属每月增发 1 000 元或 500 元生活补助,对 53 名病故军属每月增发 300 元生活补助。组织开展春节期间和上海解放 60 周年功臣的走访慰问活动,组织 100 名烈军属、残疾军人等重点优抚对象开展体检、疗休养活动。（顾奕栋）

【双退安置】 全年共接收 2008 年度冬季退役士兵 236 名,安置率 100%(城镇士兵 192 名、农村士兵 44 名)。城镇退役士兵中有 181 名选择自谋职业,自谋职业率为 94.3%,位居全市第二位。修订退役士兵安置实施细则,实行安置属地化管理,加大鼓励自谋职业力度,创建退役士兵安置基地和就业指导服务窗口,实施退役士兵安置“暖冬计划”,在全市率先提前完成 2008 年度退役士兵安置任务。接收安置 21 名军休干部和 9 名军队无军籍退休职工,全面落实军休干部的“两个待遇”。（顾奕栋）

（六）基层政权建设

【概况】 2009 年全区共有 327 个居委会和 122 个村委会依法开展换届选举工作,共选出居(村)委会成员 2 218 人、居(村)民小组长 15 921 人、居(村)民代表 31 906 人、村务监督小组成员 710 人。该次选举加大直选力度,共有 246 个居委会进行直接选举,占换届居委会总数的 75%,比上届提高 30%。村委会在 100% 直选基础上,有 48 个村采用没有候选人的“一步法”选举,比上届增加 43 个村。（顾奕栋）

【社区守望相助活动】 闵行区与都江堰市蒲阳镇进行社区守望相助结对启动仪式,签订社区守望相助活动协议书,慰问各居(村)委会和贫困户代表,捐赠 22.8 万元。区 19 个居(村)委会与蒲阳镇居(村)委会进行工作对接,并开展春节帮扶慰问活动,推动两地基层组织的工作交流,增进两地人民的情谊,帮助灾区人民重塑社会关系、战胜困难重建社区新家园。（顾奕栋）

【和谐社区示范单位创建】 全年新创市和谐社区建设示范居委会 44 个,复评 55 个;新创市社区建设模范居委会 48 个,复评 62 个;新创市社区建设示范居委会 21 个,复评 87 个;新创市和谐社区建设示范街镇 1 个,复评 3 个;新创市村务公开示范村 11 个,复评 111 个;复评市村务公开示范镇 5 个。（顾奕栋）

【社区综合保险】 区民政局、区地区办、区财政局专题研究建立社区综合保险工作,调研分析建立社区综合保险可行性,形成《关于建立健全社区综合保险的报告》,起草《关于“建立社会综合保险,完善社区保障机制”的工作意见》,报请区政府转发。召开工作会议,对建立社区综合保险工作进行布置,提出工作要求。全区 13 街镇(含莘庄工业区)都建立以 4 个基本险种为主要内容的社区综合保险,进一步完善社区保障制度。（顾奕栋）

（七）社会组织登记管理

【概况】 新增社会组织 39 家,其中社会团体 12 家,民办非企业单位 27 家。至年底,经区民政部门核准登记的社会组织有 519 家,其中社会团体 139 家,民办非企业单位 380 家,社团分支机构 39 家。（顾奕栋）

【社会组织年度检查】 对全区 399 家社会组织实施年度检查。参加年检的 114 家社会团体均年检合格,合格率 100%;参加年检的 285 家民办非企业单位中,年检合格的 261 家,基本合格的 22 家,不合格的 2 家,合格率 99.2%。对 2 家年检不合格的社会组织和应参检而未参检的 47 家社会组织限期整改。（顾奕栋）

【社会组织工资基金管理】 对全区462家社会组织实施工资基金管理审核(其中社会团体120家,民办非企业单位308家),发放工资基金手册355家,零申报75家,申报受理率与工资基金资料录入率均达100%。（顾奕栋）

【社会组织经济普查】 完成全区454家社会组织经济普查数据库录入工作,区民政局被评为"闵行区经济普查工作先进集体"。（顾奕栋）

【"真情回报社会"活动】 10月30日,组织教育、劳动、卫生、计生、民政、司法、工商、税务8家系统的社会组织在百联南方购物中心广场开展"真情回报社会"大型公益活动。重点开展社会组织政策法规、社会组织成立登记、医疗卫生与健康、就业培训、婚姻与收养、社会力量办学、养老机构、计划生育、工商、税务政策法规等咨询服务,共接待各类咨询467人次,发放各类宣传资料737份。（顾奕栋）

（八）婚姻收养管理

【概况】 共办理结婚登记9 072对,比上年增长2.56%。一方为外省市户籍的两地婚姻3 917对,占结婚登记量的43.1%。复婚登记413对,比上年增长10.72%。离婚登记2 540对,比上年增长12.39%。补领结婚登记证书1 248份,比上年增长22.83%,补领离婚登记证书111份,比上年增长42.31%。出具无婚姻登记记录证明3 856份,比上年增长96.63%。9月9日,办理结婚登记531对,离婚登记6对,创历史新高,登记工作做到平安、顺利、有序。2009年,区婚姻(收养)登记中心被评为"全国婚姻登记规范化建设单位"、"全国女职工建功立业标兵岗",并在迎世博600天城市服务文明指数测评中,连续四次获得全市婚姻窗口服务行业第一名。全年共办理收养登记68件,比上年增长30.77%,解除收养登记2件。（顾奕栋）

【设立婚姻法律服务窗口】 1月4日,区婚姻(收养)登记中心举行"婚姻法律服务—律师工作团"进驻仪式,通过设立婚姻法律服务窗口,律师进驻为婚姻当事人提供婚姻法律咨询、调处离婚财产分割纠纷、调解婚姻家庭矛盾与离婚劝和等服务,进一步规范婚姻登记行为,提升服务水平。婚姻法律服务窗口全年共接待法律服务、法律咨询552人次,其中接受离婚劝和85对,成功51对。（顾奕栋）

（九）社会福利企业管理

【概况】 全区共有社会福利企业98家,其中镇、街道办企业25家,村委(实业公司)办企业73家。实现销售收入17.78亿元,利润总额6 805万元,分别比上年减少43.36%、16.81%。职工总人数6 238人,其中健全职工4 232人,残疾职工2 006人(视力残疾200人,听力残疾236人,肢体残疾965人,智力残疾542人,精神残疾43人,其他20人),残疾职工占职工总数32.2%。（顾奕栋）

【福利企业职工收入】 全区社会福利企业职工收入总额1.24亿元,其中健全职工收入总额9 668万元,残疾职工收入总额2 732万元,年人均报酬分别达到19 800元和13 600元,分别比上年增长4.45%和6.56%。全部职工(包括残疾职工)都参加各类社会保险,保险金累计1 594万元,其中城保784万元,镇保666万元,农保144万元。（顾奕栋）

【经营生产】 受到金融危机影响,区内福利企业的生存发展受到不同程度的影响,残疾职工的就业保障遇到非常大的困难。区福利企业管理机构加大工作力度,新办福利企业7家,安置残疾职工189人。（顾奕栋）

（十）殡葬管理

【概况】 区殡仪馆全年共火化遗体4 570具。4家经营性公墓全年销售4 854穴、落葬3 258穴。销售骨灰壁葬373格位,骨灰寄存330只。全区经营性公墓占地共559.75亩,墓穴167 525穴,骨灰存放格位64 000只。镇级公益性埋葬地8处,占地共389.4亩。区殡仪馆占地26.52亩。（顾奕栋）

【二万五工程】 贯彻落实市殡葬管理处《关于“二万五工程”实施意见》文件精神，加大殡葬行业参与社会公益的力度，提高闵行区殡葬行业的公益水平，积极配合实施上海市经营性公墓配置2.5万平方米规模的公益用地目标（简称“二万五工程”），为上海市户籍的困难群体、社会特殊对象（低保家庭人员、支出性贫困人员、烈士遗属、因公牺牲军人遗属、病故军人遗属、伤残抚恤对象和老复员军人）骨灰安葬与安放减免费用。全区4家公墓向社会提供666平方米墓葬，1 150格位的壁葬和骨灰寄存，占全市19%。

（顾奕栋）

【清明、冬至祭扫】 2009年，闵行区清明、冬至祭扫接待量再创历史新高。在2次大人流量的祭扫活动中，4个经营性公墓和8个公益性墓区共接待109万人次，车流13.7万辆，做到“文明落葬、平安祭扫”。

（顾奕栋）

（本栏目编辑　陈　敏）

（一）社区管理与服务

【概况】 2009年社区工作以“群众得实惠、管理出成效、基层有活力”为衡量标准，从体制机制入手，整合社区管理力量，建立条块“大联动”机制，提高社区综合管理能力；着力保障和改善民生，增强社区公共服务的能力，进一步强化社区三个中心的服务功能，新增公共服务设施网点，提升居民群众的社区归属感；强化镇管社区工作，丰富基层社区工作内容，理顺小区管理关系，建立适应小区综合管理的模式，提高社区公共事务管理能力；推进和谐社区创建，建设基层民主自治，建立民意表达机制，加强公民素质教育，营造社区建设人人参与、人人享有的社会氛围。2009年进一步巩固完善区、街（镇）、社区（居委）三级信息网络的平台建设，加强全区社区服务网络运营管理，方便群众办事，畅通社情民意渠道。截至年底，受理居民服务及咨询需求5 271件；通过网络发布政策法规、社区新闻、生活常识及服务信息6 785条。 （吴伯才　钱慧卿　蔡　政）

【建立整合联动新机制】 按照《闵行区关于加强条块协作实现条块联动的实施意见（试行）》的要求，在总结提炼古美路街道、莘庄镇试点工作成功经验的基础上，起草制定《关于城市综合管理“大联动”机制联合执法的工作意见（试行）》。通过建立联席会议、申请和预案、考核评价、经费保障4项制度，最大限度地加强条块结合和协作，实现条块联动，整合管理力量，提高依法行使权力、依法管理城市的能力和水平。

（吴伯才　钱慧卿）

【完成区政府实事项目】 按照“合作共赢，服务群众”的要求，制定《关于推进2009年区政府实事项目实施方案》，加强同区国资委、资产经营公司以及房产开发商等单位协调沟通，就网点布局、选址，为区内各银行、邮政、电话、医保等单位提供菜单式服务，并建立联席会议制度、推进反馈制度和监督评议制度，强化督查，节点推进。全年共完成网点服务设施建设43处，其中银行网点12处，邮政服务点14处，公用电话亭6处，医保结算点（包括药店、社区卫生点）11处，群众感受度、认可度、总体满意度100%。

（吴伯才　钱慧卿）

【推进社区卫生服务中心建设】 （1）管理机制创新。探索首席全科医师制、团队长风险责任制等管理机制，推进社区卫生服务签约，落实居民健康责任制，年内覆盖80%的户籍居民和20%的流动人口。（2）加快服务内涵建设。开展健康普查工作和网上健康教育等“居民互动”式健康管理服务，建设健康自助服务小屋，深化居民健康NCR自助服务；探索建立双休日门诊、夜门诊、儿科门诊以及中医药门诊等服务项目。（3）推进资源纵向整合。以信息化建设为抓手，以妇幼保健为突破口，实现妇幼保健、医疗服务等业务互动，加快区域医疗中心与社区卫生服务中心的双向卫生服务，实现卫生资源的集约化，提升社区卫生服务能级。

（吴伯才　钱慧卿）

【完善社区配套服务】 根据市政府《关于加强社区公共服务设施规划和管理意见的通知》和《闵行区社区公共服务设施规划(2006—2020年)》的要求,制定推进方案。按照“因地制宜,差别配置”的原则,从“建设、服务、管理”三要素入手,通过新建、改建、扩建和调整、共享、租赁、收购等多种形式,有计划推进社区公共服务设施建设。以改善民生、服务群众为切入点,优先配置与居民群众生活密切相关的社区公共服务设施。马桥镇元吉社区活动中心交付使用;元祥集贸市场及垃圾压缩站、元祥幼儿园等结构封顶;江川路街道新创建5个“15分钟服务圈”。

(吴伯才 钱慧卿)

【深化“四位一体”社区管理模式】 按照区委常委会原则审议通过的《闵行区统筹城乡发展行动计划》的要求,重点推进和完善镇管社区“四位一体”的管理和服务机制,建立镇管社区管理体制、运行机制和服务体系;各镇、街道根据现行法规和政策及有关文件的规定,加强统筹协调,理顺相互关系,进一步明确居民区党组织、居委会、物业管理公司以及业委会的工作职责;区房地部门加强对业委会产生过程的指导和引导,加强对物业管理公司、业委会的行业管理,减少和杜绝社区管理中的扯皮和矛盾;以社区物业党建联建为突破口,不断丰富“四位一体”社区管理的组织载体和活动载体建设,为社区居民提供优质高效服务的工作格局。

(吴伯才 钱慧卿)

【社区事务受理服务中心标准化建设】 (1)做实机构。各镇、街道统一建立管理机构,落实专职管理人员,统筹协调受理中心的日常管理,特别是对从业人员的招聘录用、考核奖惩等方面强化管理。(2)条块联动。建立联席会议制度,健全条块协调机制,提高受理中心办事效率。区相关职能部门加强业务指导和经费支持,各镇、街道也相应安排一定的资金作为考核奖励费。(3)加强培训。通过规范化培训,逐步推进持证上岗。(4)深化改革。按照行政审批制度改革的要求,以后凡是审批范围广、涉及相对人多,且规则性强、自由裁量权较小的社会管理和公共服务类的审批事项,都要下沉到各镇、街道社区事务受理服务中心办理,方便群众办事。

(吴伯才 钱慧卿)

【开展和谐社区创建工作】 按照上海市关于和谐社区创建示范的指导标准,有计划、有步骤、有组织地开展“和谐社区建设示范”创建活动,巩固和新创“和谐社区示范单位”5个,巩固和新创“和谐社区示范居委会”109个、“模范居委会”128个、“示范居委会”159个。

(吴伯才 钱慧卿)

【发放《社区生活服务地图》】 在七宝、龙柏、虹桥、古美、莘庄、梅陇6个街(镇)发放2009版《社区生活服务地图》宣传资料10万份。《社区生活服务地图》从4个方面采编贴近居民日常生活需求的信息,发放到户,方便居民查阅,让更多居民了解周边服务资源信息。

(蔡 政)

【搭建社区志愿者服务平台】 2009年,区社区服务中心积极探索搭建社区志愿者服务平台的途径和方法,将江川路街道作为试点,加强社区志愿者队伍建设,广泛开展志愿服务,登记注册社区志愿者512人。同时,区中心及时与有关部门联系沟通,开展公益招投标试点工作,完成试点招投标单位2家。

(蔡 政)

(二)人口与计划生育

【概况】 2009年,全区户籍人口94.2万人,其中非农业人口86.5万人,男性人口47.8万人,女性人口46.4万人,人口自然增长率2.65‰。户籍人口出生9 061人,户籍人口计划生育率99.78%。外来流动人口89.09万人,流动人口计划生育率90.58%。全年区财政投入人口与计划生育事业经费1 539万元,各镇、街道、莘庄工业区财政投入3 767万元,全区合计投入5 306万元,比上年增长26.19%。2009年,闵行区受理、审批再生育子女材料633件,出具征收社会抚养费决定书66份,征收决定书金额225.06万元。办理独生子女父母光荣证8 500份,其中办证6 544份,补证1 373份,换证340份。同时,审核并发放计划生育家庭特别扶助金285.588万元,独生子女父母一次性奖励金389.39万元,农村部分计划生育家庭奖励扶助金272.24万元。

(许芸冰)

【人口研究课题】 2009年,重点推进《区域人口发展规划与优化社会资源配置》年度考核项目(2009—2010年),先后启动并完成《促进闵行区人口与社会事业协调发展的研究》、《闵行区实有人口管理模式探讨》、《闵行区常住人口出生性别比调查与研究》、《闵行区出生缺陷一级干预现状及其改善对策》4项课题研究。同时,发挥人口问题权威部门作用,会同区人口办、政研室共同开展"十二五"规划前期思路的研究,启动并完成《闵行区人口发展战略与规划研究》,为制定《闵行区"十二五"人口发展规划》以及《闵行区"十二五"人口和计划生育事业发展规划》奠定扎实基础。 (许芸冰)

【构建闵行人口计生"暖心工程"】 (1)2009年,全区户籍计划生育特殊家庭免费助餐和家政服务工作纳入区政府重点工作。年内,项目绩效经第三方评估公司测评,目标人群受益率100%、群众满意度96%;(2)率先出台《闵行区计划生育后遗症患者特别扶助实施意见》,对全区计划生育后遗症患者每人每月提供400元的政府补助;(3)2009年有6 792户家庭办理"独生子女保险计划",其中政府出资约11.9万元,为1983户独生子女低保家庭购买独生子女保险。 (许芸冰)

【流动人口服务与管理】 制定《闵行区流动人口计划生育工作"一盘棋"、"三年三步走"实施方案》,并切实加强领导,稳步推进。(1)先后组织各镇(街道、莘庄工业区)人口计生办主任赴江西上饶、安徽合肥等地,就新《流动人口计划生育工作条例》明确的各项工作进行上门对接;(2)会同区司法局通过聘请资深律师组成《条例》宣讲团、组织主题宣传、发放《条例》知识小折页等,开展多渠道、多形式的宣传;(3)启动浦江镇蓝领公寓、华漕镇中镁科技两大流动人口服务管理点规范化示范创建工作,向全区新建改建的20家流动人口集中居住点辐射延伸;(4)年内与周边省市10个县(市)人口计生委完善《双向管理协议》,互通流动人口计生管理信息,并与安徽省流动人口工作平台无缝对接,实行"三、五、七"信息互通模式;(5)在全区社区事务受理服务中心、来沪人员管理服务站、集中居住点等场所均设立流动人口服务窗口,让更多的流动人口不出小区就能享受到便民维权、政策咨询、生殖健康等多项免费服务;(6)会同区公安分局、卫生局、工商分局、质监局、食药监分局等6家部门组成专项整治行动领导小组,联合下发《闵行区计划生育药械市场专项整治行动实施方案》。 (许芸冰)

【扩大婚育新风效应】 结合地区实际,在"宣传方式"上做文章,在"活动载体"上下功夫,从"群众感受"中求实效,不断将婚育新风进万家活动引向深入。(1)年初,先后与各镇(街道、莘庄工业区)分别签订2009年"一镇一品项目书",明确各地区品牌创建项目及细则;(2)结合"7·11"、"9·25"、"10·28"、"12·1"等重要宣传节点的大型宣传咨询活动,全力促进婚育新风进机关、进社区、进企业、进校园、进军营、进工地、进家庭;(3)积极协调区社区学院,成立区人口计生宣传教育基地;协调总工会,融入3·15宣传活动;协调科委,将"婚育新风"纳入"三下乡"宣传月活动;协调人保局和安监局,将人口计生知识培训纳入流动人口职业安全教育和技能培训。 (许芸冰)

【0—3岁科学育儿指导】 2009年,初步确立人口早教"三最"工作理念,即实现人的发展环境最佳、物的使用效益最高、钱的投入绩效最优。围绕人口早教能否关注百姓的多元需求,以能否提供优质的教育服务为落脚点,着力推进以下具体工作:(1)构建以"闵行区三优中心"为示范,9个镇、3个街道、1个市级工业区13个早教中心指导站为骨干,78所幼儿园早教点为普及的早教指导网络,基本做到全覆盖。(2)在江川路街道引进民营机构参与早教项目的试点运作,建立全日制民办早教机构。(3)华漕镇完成国家级社区人口早教示范单位验收,浦江镇、马桥镇、颛桥镇、莘庄镇、梅陇镇和虹桥镇通过市级社区人口早教示范单位验收。(4)区人口计生系统有18名人口计生工作者参加育婴师执业资格培训和考试。全区共培训0—3岁婴幼儿家长及看护人员69 534人次,其中户籍人口62 946人次,流动人口6 588人次。 (许芸冰)

【出生缺陷一级预防】 通过推动和促进人口计生、卫生、民政等多部门融合,实行婚姻登记、新婚指导、孕前检测等“一站式”服务，并将出生缺陷一级预防工作纳入社区卫生服务中心“六位一体”中，基本形成以人口计生服务网络为基础、以卫生专业服务机构为依托的工作格局。

(许芸冰)

【完善人口计生公共服务机构】 2009年，以新一轮人口和计划生育公共服务机构标准化创建工作为着力点，努力完善全区人口计生公共服务机构软硬件建设，有效提升服务和管理水平。(1)明确以新一轮标准化建设为抓手，全面提升优质服务水平。(2)编制形象规范手册。(3)分别对各镇(街道、莘庄工业区)的创建工作开展现场指导，莘庄工业区鑫泽阳光公寓成功创建为“对外宣传窗口示范点”。年内，浦江镇、吴泾镇、华漕镇、古美路街道、莘庄工业区5家单位完成社区人口和计划生育综合服务站标准化建设示范单位创建。马桥镇、颛桥镇、七宝镇、虹桥镇和江川路街道5家单位完成社区人口和计划生育综合服务站标准化建设达标单位创建。(4)全区有147家免费药具发放点完成第三批规范化达标创建。免费避孕药具发放共计82.6万元，比上年增长23%，完成年度计划指标100%。各类免费药具发放网点共1 520个，其中新增和调整免费计生药具发放点130个。(5)与区旅游局联合制定下发《闵行区关于推进计划生育药具进旅馆工作的实施意见》，探索全区药具社会营销产品进宾馆和旅店的新模式，全区新增药具营销点37家，并在古美路街道区域内试点实施，实现安全套进宾馆、旅店的全覆盖。(许芸冰)

【融入“暖冬计划”】 2009年，区人口计生委积极响应、迅速融入区政府开展的“暖冬计划”，开展“人口计生暖冬行动”。(1)深入企业和家庭，做好生育政策、优生优育知识、家庭生育计划指导等宣传指导工作，积极避免“金融危机宝宝”等盲目生育现象及由其附带引发的劳资纠纷问题。(2)深入企业，了解企业面临的困难及需要政府部门解决的问题等，并将信息及时传达给相关部门。(3)在融入区劳动保障局流动人口技能培训，培训人口计生政策的同时，主动增加心理疏导内容；将未就业和下岗职工积极纳入人口计生生殖健康咨询员、家庭计划指导员、育婴师、保育员等新职业队伍培训计划。(4)春节前后，为计划生育手术后遗症困难家庭、独生子女困难家庭、独生子女特殊困难家庭等家庭帮困送温暖，并重点走访受金融危机影响较大、生活较困难的计划生育家庭；对全区已有的45个流动人口集中居住点进一步加大服务力度的同时，第一时间介入年内新建的9个集中居住点，为广大流动人口提供生殖健康知识、优生优育、免费药具等多项服务。(许芸冰)

【开展迎世博计生药具服务窗口形象建设】 区人口和计划生育指导中心结合实际，抓住迎世博计生药具服务窗口形象建设的契机，提升优质服务能力，满足群众多元化需求，营造和谐、健康、文明的计生药具服务窗口形象，分阶段开展工作：(1)制定“开展迎世博计生药具服务窗口形象建设”实施计划，成立工作领导小组，指导各镇、街道层层落实责任，充分发挥人口计生网络优势，制定与地区工作相适应的阶段性工作计划。(2)对全区775台免费药具自取箱发放点和24台安全套自动售套机进行全面检查。(3)对全区45个来沪人员集聚点和17个在建来沪人员集聚点开展摸底排查，完成发放点选址和准备工作。(4)加强对基层免费药具发放点创建达标的指导，力争全区免费药具发放点100%达到规范化水平。4月，对镇级药具管理人员进行业务知识的培训。(5)对区、镇各级药具仓库进行1次清理检查，确保避孕药具仓储质量安全有效。(6)充分利用媒体宣传，推进迎世博计生药具服务窗口形象建设宣传进社区、进来沪人口集聚地、进公共场所。(许芸冰)

【区人口计生宣传教育基地落户区社区学院】 5月6日，区人口计生宣传教育基地正式落户区社区学院，区人口计生委党组书记、主任李永珍、区社区学院常务副院长徐志瑛参加挂牌仪式。基地建立后，区人口计生委和区社区学院将以项目化形式进行深度协作，区社区学院提供教学场地等硬件支持，区人口计生委提供人口理论教育师资及教材，将人口理论、生殖健康和心理学等相关课程纳入社区学院全年教学讲座计划，逐步建立人口理论普及教育长效机制。

(许芸冰)

【举办纪念"7·11"世界人口日主题宣传活动】7月11日,区人口计生委、区司法局、区法宣办、莘庄工业区管委会联合在流动人口集中居住点——鑫泽阳光公寓,举办纪念"7·11"世界人口日暨《流动人口计划生育工作条例》主题宣传活动。该活动是闵行区围绕2009年联合国人口基金会确定的"应对经济危机:投资于妇女是一个明智的选择"主题,配合即将实施的《流动人口计划生育工作条例》,组织开展的主题活动。仪式上启动闵行区《流动人口计划生育工作条例》巡回宣讲活动,向区宣讲团成员颁发聘书;向流动人口代表赠送《流动人口计划生育工作条例》读本及大礼包;同时,莘庄工业区《流动人口计划生育工作条例》宣传咨询服务点揭牌成立,向流动人口困难家庭女孩165人赠送助学金。

(许芸冰)

【专题研讨0—3岁人口早教社会化运作】12月17日,闵行区召开0—3岁人口早教社会优质资源整合专题考察研讨会。副区长张辰强调:闵行区0—3岁人口早教在教育理念、办学模式上要着力做好三方面工作:(1)制定明确的规划。要结合闵行实际,转变工作思路,探索引进社会化运作的人口早期教育优质品牌机构,让社会组织真正走入市场,让政府真正回归本位,有效促进人口早期教育的可持续发展。(2)注重服务社会、满足百姓多元需求。基础教育要向0—3岁早教延伸,全面构筑"从摇篮到拐杖"的教育工程。(3)不断完善早教网络。各相关部门要在现有基础上,进一步搭建基础教育向0—3岁延伸的平台,让孩子不出社区就能就近、便捷地接受专业机构的早教服务。

(许芸冰)

(三)消费者权益保护

【概况】2009年,区消保委共接待消费者来访、接受咨询1 109人次,受理消费投诉8 336件,比上年增长15.36%。其中自行处理4 977件,转联网单位处理3 359件,投诉量列全市第三位。投诉居前六位的商品和服务类别为:销售1 341件、交通工具523件(其中汽车353件)、社会快递379件、食品320件、通讯工具253件、家用电器245件。区消保委直接处理的投诉中,调解办结4 789件,办结率96.22%,其中调解成功4 612件,成功率96.30%,为消费者挽回经济损失258.54万元。通过人民调解程序调解投诉118件,挽回经济损失41.73万元。区消保委成功处理6起群体投诉,避免矛盾进一步激化,得到上级部门和消费者的肯定。收到消费者表扬信8封。通过消保委手机短信宣传平台,定期向2 835名消费者发送食品、家电维修、暑期培训班、网络购物等有关维权宣传短信29条。每季度通过区政务网分别向区内的13个镇、街道、工业区的各维权联络点远程发送《中华人民共和国消费者权益保护法》、《上海市消费者权益保护条例》、《部分商品修理更换退货责任规定》等法律法规及各类消费维权知识,收到良好的社会反响。

(周　夏)

2009年闵行区消费者投诉性质变化表

投诉性质	2008年	2009年	变化幅度
质量	2 282	2 420	↑6.05%
安全	45	33	↓26.67%
价格	157	192	↑22.29%
计量	4	7	↑75.00%
广告	48	200	↑316.67%
假冒	59	84	↑42.37%
虚假品质表示	52	51	↓1.92%
合同	1 167	1 481	↑26.91%
人身权利	4	5	↑25.00%

2009 年闵行区消费者投诉类别变化表

投诉类别	2008 年	2009 年	变化增幅
服务	2 537	3 003	↑18.37%
商品	2 497	1 974	↓20.95%

2009 年闵行区消费者投诉下降居前 10 位的商品和服务表

类 别	2008 年	2009 年	下降比例
文体用品	15	8	46.67%
互联网	171	110	35.67%
交通运输	107	78	27.10%
家用电器	335	245	26.87%
通讯及计算机产品	410	303	26.10%
美容美发洗浴	104	80	23.08%
家具	251	197	21.51%
快递	475	375	21.05%
日用杂品	89	72	19.10%
交通工具	619	523	15.51%

2009 年闵行区消费者投诉增长居前 10 位的商品和服务表

类 别	2007 年	2008 年	增长比例
咨询和中介服务	50	106	112.00%
教育培训	24	49	104.17%
医疗及医疗辅助用品	13	24	84.62%
五金交电	20	31	55.00%
儿童用品	23	35	52.17%
房屋	103	154	49.51%
销售	904	1 341	48.34%
物业管理	30	43	43.33%
金融保险	17	24	41.18%
食品	240	321	33.75%

（周　夏）

【举办3·15大型宣传咨询活动】 3月15日，区消保委会同工商闵行分局、区质监局、区食药监局等15家行政单位，莘闵电信、闵行移动等4家公用事业单位，光明乳业等4家投诉联网单位，在南方商城广场开展闵行区3·15大型宣传咨询活动。同时，在永乐东川路店、七宝店以及漕宝路店进行“消费维权进商场”活动；在罗阳新村、上海康城2个社区开展“消费维权进社区”活动；在莘松中学、上海交通大学开展“消费教育进校园”活动。印制2 000份“3·15”宣传海报，发放到13个镇(街道)、工业区的409个维权联络点和部分商场、企业进行张贴，收到较好的社会

反响。“3·15”期间共接待咨询840人次，受理各类投诉共计32件，发放各类宣传资料共计28 920余份。（周　夏）

【开展酱油商品比较试验】 区消保委工作人员模拟普通消费者的身份，从全区的11家大型超市卖场购买38种酱油（涉及6省市38家生产企业生产的产品），委托市质量监督检验技术研究院对大肠菌群、苯甲酸、氨基酸态氮等13项指标进行检测并出具权威检测报告。该次比较试验、送检的所有样品均符合标准要求，结果通报各受检单位。（周　夏）

【网络对话】 为充分发挥区消保委3·15网站的对外宣传作用，方便消费者投诉、咨询，区消保委在“3·15”期间，通过3·15网站与网民消费者进行网上交流对话，答疑解惑，宣传消费知识，更大程度地拉近消保委和网民的距离，进一步拓展消费维权渠道。（周　夏）

【开展超市（卖场）规范服务达标活动】 围绕全市迎世博工作，为促进企业规范经营、诚信经营，营造和谐安全的消费环境，区消保委会同区精神文明办、工商局、质监局、食药监局、物价局、经委在全区范围内开展活动，对区内21家大型超市卖场进行规范服务达标情况检查，并邀请志愿者对全区大型超市卖场进行满意度问卷调查，检查结果向企业通报、表彰。（周　夏）

【开展企业培训】 为进一步促进联网单位做好投诉调解工作，区消保委组织区内联网单位、部分超市卖场和公用事业单位等23家企业进行售后服务业务培训，由市消保委投诉部负责人作专题讲课。通过培训，进一步提高企业的责任意识和业务水平。（周　夏）

【开展旅游消费体验活动】 根据年度工作安排，区消保委于10月中旬组织部分委员开展旅游消费体验调查，了解闵行区旅游行业的服务诚信质量情况，督促企业规范自律，营造放心、安全的旅游消费环境。（周　夏）

（本栏目编辑　陈　敏）

三十六、镇·街道·莘庄工业区管委会

（一）浦江镇

【概况】 浦江镇位于闵行区东南部。东部和北部与浦东新区接壤，西濒黄浦江，南毗奉贤区，距人民广场17.5公里。面积102.08平方公里。有26个居委会，56个行政村。总户数35 017户，户籍人口105 032人，来沪人口152 578人，人口密度2 525人/平方公里。浦星公路、机场高速公路与林海公路（在建）3条主干道贯穿全境，三鲁路、陈行路、沈杜路、闸航路、立跃路、江月路、联航路、浦锦路等19条干道，与大量支道构筑起浦江镇道路网络系统。镇域内共有公交线路28条，其中跨区线路16条，分别是鲁莘线、莘鲁专线、175R、川浦线、978路、986路、177R、周鲁线、174R、世博家园线、163路、南华专线、芦杜专线、江平专线、沪燎专线、沪海专线；“村村通公交”线路12条，分别是浦江1—11路和城乡巴士（世博家园专线）。轨道交通8号线二期工程正式开通运营，镇域内共设有5个站点。镇域内有1条市级河道、6条区级河道和48条镇级河道，市、区、镇三级河道水面积共425.14万平方米，村级河道2 047段、长523.26公里。镇政府所在地：联航路1515号，邮政编码：201112。

经济状况。2009年，全镇实现社会总产值1 110亿元，比上年增长6.5%；增加值916 322万元，比上年增长9%；实现财政总收入206 423万元（含免抵调增值税）。全镇农业总产值26 183万元，工业总产值10 957 661万元。社会消费品零售总额15 707万元。第一产业增加值9 145万元，第二产业增加值621 835万元，第三产业增加值285 342万元。完成内资招商注册资本15亿元；合同吸收外资11 185万美元，实际到位外资10 001万美元。漕开发“地铁广场”项目一期工程正式启动，阿海珐、神开石油、斯米克电气、爱登堡扩建等项目实现开工，3M、双立人扩建、杏花楼扩建等项目正式投产。尚德太阳能正式投产，行者集团正式签约。春芝堂一期电话销售平台启用，洋帆户外运动休闲基地特卖场正式营业。芦恒路商务地块、G4与G1商务地块等相关手续办理有序推进。服务企业持续深化，走访企业千余次，有效解决企业各类诉求，协调神开公司成功上市，协调帮助题桥、洋帆等企业获得银行贷款。年内实现23个项目开工，12个项目竣工，5个项目投产。全面开展镇级单位清产核资。全面梳理镇级租赁资产，加强资产台账的管理。关停福盈公司高能耗车间，完成6家企业的节能减排任务和3家企业的能源审计。

城镇建设与管理。全年完成动迁2 507户，腾地400余公顷，其中新启动动迁2 591户，完成签约2 297户，签约率89%，完成历年遗留基地签约210户。全面启动林海公路、沈杜公路建设。启动120西块、芦恒路北块、景江苑北块3个新动迁房安置选址地块的各项前期工作，开展120－O块等6个动迁房遗留建设地块的协调交接工作，实现部分基地的开工。启动120－E等5个地块配套商品房的回购工作，完成5个小区1 284户动迁户的安置入住。全年新开工商品房58.7万平方米，销售49.5万平方米。市属保障性住房建设前期工作全面开展，新选址一号基地

3号地块实现开工。中心镇区建设稳步推进，水系建设全面铺开，绿坡建设速度加快，陈行公园雏形初显。完成轨道交通8号线绿化建设工程与浦星公路、世博家园绿化调整改造工作，基本完成浦星公路路肩硬化和立杆移位工程。加大浦星公路、世博家园、杜吴线、澄车线渡口、轨道交通8号线站点等重点项目与重点区域的综合整治力度。有效整合各类管理资源，"大联动"机制试点取得良好效果。巩固市级文明镇创建成果，制定市容环境卫生长效管理与考核机制，拓展与完善城市管理市场化运作机制，城市网格化管理进一步深化。坚持联防共治，加大渣土管理和处置力度。拆除各类违法建筑2 404处，近40万平方米。

社会管理。年内集中取缔非法行医行动51次。设立村(居)委信访接待室72个，建立"老舅妈"维权工作网。加强治安防控体系建设，完成安装实时图像监控128只。实现外来人员服务中心建设一期工程竣工，完成镇"两个实有"全覆盖工作。做好归正人员的帮教安置和社区矫正工作，深入开展反邪教警示教育活动和预防青少年违法犯罪活动。全年刑案立案673件，比上年下降5.1%。全镇信访化解率98.31%，办结率99.53%。

社会事业。启用向明中学(浦江校区)，上师大附中签约落地。新浦江二中校舍竣工，全面启动浦江社区文体中心谈家港分中心建设，开工建设浦江社区卫生服务中心。完成仁济医院(南院)奠基和临时门诊部的开设，开展复旦大学附属五官科医院(浦江镇)落地的协调。基本完成召楼古镇文化保护修复改造一期工程，投入资金2.55亿元，修复建筑3.6万平方米。成功举办"龙跃浦江"端午龙文化节和浦江镇第二届艺术节。完成谈家港地区8个老式小区的天然气进社区工程。探索开展世博家园整建制移交工作，做好"四高小区"等一批新建小区的接收、筹备和管理工作，成功组建4个小区的业主委员会。完善社区物业管理工作考核机制，物业管理补贴机制落实到位。加强社区管理队伍建设，完成社区工作人员的招聘工作和村(居)委换届选举工作。成功举办浦江镇第一届社区邻里节。

社会民生。开展创建"充分就业社区"活动，举办各类就业讲座、培训、招聘会，制定使用当地大中专毕业生优惠奖励政策，规范政府出资就业岗位招退工流程，促进农村富余劳动力非农就业，新增劳动力就业岗位3 227个。实现农民转性8 310人，涉及资金13.3亿元。农民养老金和大病报销额度分别到330元/月和10万元。全面实现合作医疗即时报销，为所有合作医疗参保人员购买合作医疗补充商业保险。发放各类救助款1 723万元。

农村生活。"三农"资金投入6 331万元，比上年增长17%。落实惠农补贴5 706万元。实现农村居民人均年收入12 927元，比上年增长10%。完成47.6公顷设施粮田建设，启动航天蔬菜选育基地建设，落实190公顷新增粮田改造项目。新增各类农民合作社9家，规模经营单位扩展到64家。完成6 800户村庄改造任务，完成15座公厕、15座危桥、22条村道及16座村道桥梁的改造。优化公交线路5条，新开通镇域内公交2条、跨镇域公交3条，开通首条社区巴士，设立免费自行车租赁点16个，成立首支浦江镇出租车队。盘活村级闲置资金1.7亿元，化解村级债务841万元。推进薄弱村结对帮扶机制，落实帮扶资金585万元。完成经营性物业回购1.9万平方米，增强村级经济造血能力。　　(张　军)

【仁济医院(南院)落户浦江并试开业】 2月28日，上海交通大学医学院附属仁济医院(南院)奠基仪式在浦江镇举行。仁济医院(南院)位于江月路、浦锦路路口，占地面积7.07公顷，规划建设7万多平方米，设置有600多张床位，投资约4.4亿元，由市区两级政府财政共同承担。仁济医院(南院)作为上海市"5+3+1"项目之一。7月1日，位于联航路2627号的临时门诊部正式开业，先期开设内、外、妇、儿等多个临床科室的普通门诊和专家门诊，备有40多名主任医师和副主任医师作为预约专家队伍，并配有药剂科、检验科、超声科、心电图室等相关医技科室。同时实行仁济南院与仁济东院重症病人转诊制。

(张　军)

【上海世博会形象大使MV首发暨"世博进社区"闵行区主题活动】 于4月30日在浦江镇举行。活动正式首发世博会倒计时1周年纪念歌曲《城市》，上海世博会形象大使成龙亲临现场演绎歌曲,并发表作为上海世博会形象大使的感受;来自闵行区的多支艺术团队为大家展现各种文艺创作和表演,由100位浦江居民带来的海宝舞表演为“世博进社区”主题活动营造热烈的氛围,海宝游园会、世博宣传车、文明礼仪讲台等丰富多彩的活动吸引近万名市民积极参与。（张　军）

【轨道交通8号线二期开通试运营】 7月5日,首列车于8:00从联航路站准时发出,300多名来自世博家园的动迁居民成为首批乘客。8号线二期工程全长约14.2公里。线路起自8号线一期终点站耀华路站,由北向南延伸,其中途经浦江镇5站,依次为芦恒路、浦江镇、江月路、联航路、航天博物馆站。8号线二期开通后,缓解世博会核心区域的交通压力,方便浦东三林居住区、闵行浦江镇及世博动迁基地等沿线居民快速进入城市中心区域。（张　军）

【联民村整村制土地流转试点】 7—12月开展。试点工作进一步完善二轮延包工作,采取确地到组、确利到户的原则,应纳入完善二轮延包的土地面积60.36公顷,涉及户数517户、995人,应签订承包合同数517份,实际签约517份,签约率100%;农民应签土地流转委托书517份,实际签订委托书515份,占应签委托书的99.61%,占应流转面积的99.87%。（张　军）

【漕河泾开发区生产性服务业功能区(一期)奠基】 8月21日,位于轨道交通8号线浦江镇站东侧的漕河泾开发区生产性服务业功能区(一期)正式奠基。占地17万平方米、总建筑面积40万平方米、项目总投资25亿元。功能区主要运用地源热泵、太阳能、雨水收集等多项绿色节能环保技术,绿化覆盖率45%;区内将建设一个9 000平方米的集中交通站点,供园区班车、社会公交、出租车停靠;同时万余平方米的配套商业设施和可以同时容纳2 000余辆车的大型车库也将陆续建成。（张　军）

【上海市大型居住社区浦江基地正式启动】 8月26日,启动仪式在浦江镇举行。浦江基地由位于杜行地区的谈家港基地和位于鲁汇地区的鲁汇基地组成。规划总占地面积232公顷,总建筑面积218万平方米,其中住宅面积约174万平方米,公建配套44万平方米,规划总人口7.32万人,规划户数2.71万户。通过大比例的公建配套、教育设施和浦江基地得天独厚的天然河流景观,努力将其打造成布局紧凑化、住宅多样化、环境生态化、交通方式多元化、公共空间场所化的绿色住宅社区。（张　军）

【小城镇发展改革试点逐步推进】 10月,区委、区政府组建以副区长阎祖强任组长的浦江镇小城镇发展改革试点镇领导小组,具体负责推进浦江镇的小城镇发展改革试点,并正式开展前期的摸底调查及规划方案的编制工作。12月4日,国家发展改革委小城镇发展中心课题组在浦江镇进行为期5天的实地调查。开展小城镇试点工作的核心内容是土地增减挂钩。浦江镇设想在尊重农民意愿、确保农民利益的前提下,利用小城镇试点和农村宅基地置换政策,按照一次规划分阶段实施的原则,通过建新、拆旧和土地复垦,用6—8年时间分3期将城市规划区域以外的农民宅基地等农村建设用地进行归并,动迁并集中安置农民,并设法解决农民保障问题。在保证建设用地总量不增加、耕地面积不减少、质量不降低、资金总体平衡的前提下,使用地布局更合理,促进土地集约、节约利用,增加城镇建设用地指标,改善农民生活水平和居住环境,从根本上破解城乡二元结构。（张　军）

2009年浦江镇基本情况表

项　　目	数　量	项　　目	数　量
区域面积(平方公里)	102.08	人口	
行政区划		户籍人口(人)	105 032
村民委员会(个)	56	总户数(户)	35 017
居民委员会(个)	26	非农业人口(人)	62 538

（续表）

项　　目	数　量	项　　目	数　量
国民经济主要指标		财政总收入(万元)	206 423
		新建商品房房屋施工面积(万平方米)	452.46
农业总产值(万元)	26 183	新建商品房现房销售面积(万平方米)	40.2
工业总产值(万元)	10 957 661	外商投资企业利润总额(万元)	40 420
工业销售产值(万元)	10 971 893	引进利用外资合同总金额(万美元)	11 185
增加值(万元)	916 322	规模以上私营工业企业利润总额(万元)	26 260
第一产业(万元)	9 145	流动资产(万元)	2 317 476
第二产业(万元)	621 835	固定资产(万元)	769 591
第三产业(万元)	285 342	所有者权益(万元)	858 428
规模以上工业企业数(个)	369	主营业务收入(万元)	10 754 514
社会消费品零售总额(万元)	15707	营业利润(万元)	99 401

（区统计局）

（二）吴泾镇

【概况】 吴泾镇位于闵行区东南部，黄浦江东流北折处。东、南两面濒临黄浦江，分别与浦江镇、奉贤区相望，西与颛桥镇、江川路街道接壤，北临梅陇镇，东北与徐汇区华泾镇相邻。面积37.64平方公里，耕地9 000亩。有12个居民委员会，8个村民委员会。总户数17 655户，户籍人口55 264人，来沪人口43 961人。市政道路总长70.5公里，其中市级道路1条，9.3公里；区级道路17条，41.4公里；镇级道路13条，11.5公里；园区道路5条，7.9公里。镇级道路桥梁14座。公交线路20条（其中跨区线路8条），分别为178路、178路大站车、龙吴夜宵线、闵吴线、958路、徐吴专线、上奉专线、180路、上沧线（区间）、莘车线、江川3路、江川3路（区间）、江川5路、729、729B、闵行5路、闵行7路、闵行15路、闵行16路、梅陇1路。区域内河道271条，总长110.9公里（不含黄浦江），其中区级河道3条，镇级河道21条，村级河道247条。镇政府所在地：宝秀路555号，邮编：200241。

经济状况。2009年，全镇实现增加值661 008万元，财政总收入342 498万元。税收33.5亿元，其中吴泾镇完成税收11.6亿元，比上年增长13%；紫竹园区税收16.2亿元，比上年增长89.4%。合同吸收外资22 440万美元，完成区下达指标的187.0%；实际到位外资27 487万美元，比上年增长83.2%；内资注册资金32.2亿元，比上年增长117.1%。第一产业增加值1 053万元，总产值1 949万元。第二产业增加值327 437万元，总产值344.6亿元，销售收入333.3亿元，利润21.7亿元。第三产业增加值332 518万元。社会消费品零售总额16 371万元。商业网点数量972个。年内引进上海斯图华纳等255家企业。中航商用飞机发动机有限责任公司、安悦先锋汽车信息技术有限公司、森马集团3家企业总部注册落地吴泾镇。上海阿荣实业公司等6个项目已竣工，收购商业用房2.5万平方米，产业用房开工86万平方米，竣工25万平方米。森马集团一期5万平方米仓库投入使用，衣恋总部于11月开工。年内完成嘉新港辉水泥研磨流水线、富利化工等6户企业的关、停、并、转工作。2009年万元产值能耗降幅为54.4%。

城市建设与管理。年内在建总建筑面积52万平方米、总投资36亿元的动迁配套商品房建设。开工建设9个民生项目，总投资1.4亿元，总建筑面积7.1万平方米，分别为吴泾派出所、吴泾社区文化活动中心、外来人口管理服务中心一期和二期、吴泾镇来沪人员管理服务中心人口二期、粮管所动迁居住房、小商品市场、景东幼儿园、剑川路菜场,其中景东幼儿园、吴泾派出所、吴泾社区文化活动中心3个工程已竣工。区教师进修学院已开工建设。曲吴路竣工通车。建立城市管理“大联动”试点工作机制,制定信息采集、工作职责、考核管理等各项制度。村(居)委设立大联动工作站,整合城管监察、治安巡逻、综治协管、物业保安等12支基层队伍,开展对无证经营、房屋群租、违章建筑等各类信息的采集和处置。在市级文明镇创建和迎世博600天行动计划中,每月15日“环境清洁日活动”,组织区域内各单位集中开展16次“人人动手清洁家园”等整治活动,出动1.29万人次,清理垃圾1 054吨。开展中小道路整治,拆除各类不规范广告1 000多平方米,粉刷立面2.29万平方米,清运渣土645吨。改造永德路中段沿街景观灯,完成龙吴路、剑川路、宝秀路、景东路路口隔离栏工程,改造宝秀路人行道板及灯光5 268米。在龙吴路、永德路、景东路补种道路绿化1.54万平方米。

社会事业。全年结合“迎世博”、“高雅艺术进社区”等主题活动,举办25场大型文艺演出。播放露天电影129场,参加活动5万余人次。参与区第四届运动会,圆满承办“吴泾衣恋杯”残疾人田径赛等。精心培育特色文体团队,吴泾镇踢踏舞队连续五届在区踢踏舞比赛中获最高荣誉。各类基本社会保险覆盖率100%,外来人员“综保覆盖率”68%,农村养老补助金最低标准400元/月。全年支付6.2亿元解决历史遗留问题,发放各类社会救助款1 012万元、农村养老金867万元、农村合作医疗金452万元。新增廉租房用户32户。建立“三区联动”促进就业合作机制、主动深入企业挖掘岗位,帮助41户“零就业家庭”、79名就业困难人员、211名失业人员实现就业,“零就业家庭”动态为零,“双困人员”全部得到安置,劳动合同签订率99.82%。完成永南、永北、通海3个居民小区22.9万平方米二次供水改造。

平安建设。完成平安建设10件实事。创建市级平安小区达到60%以上,区级平安小区达到80%以上。建立世博安保群防群治领导小组,与下辖8个村、11个居委、79家企事业单位签订世博安保工作责任书。招募3 022名平安志愿者参与平安建设和世博安保工作。全年受理信访事项825件、4 566人次,在重要时间节点未发生进京非正常上访及去区、市集访事件,市下达的6件重信重访案件化解5件。受理调解纠纷373起,调解成功率100%。以“星期六法律服务早市”为特色的法宣工作进一步拓展,全年接待法律咨询666人次。建立外来人员集中居住地的法宣基地和维权点,开展24次法制宣传活动。完善“以证管人”的工作机制,来沪人员居住证办证率明显提高,登记率、注销率达到95%。开展“两个实有”全覆盖工作,实有人口,实有房屋信息采集率95%,准确率100%。年内打击刑事案件181起,比上年下降9.05%。（钱伟宏）

【加强镇校合作共建】 9月11日,吴泾镇人民政府与上海东海职业技术学院签署合作共建协议,标志着双方将在以下方面建立长效共建机制:(1)人才合作。吴泾镇将积极推荐东海学院毕业生到区域内企业工作,为优秀学生提供寒暑假期间及其他时间在吴泾镇企业、学校、政府机关部门、村、居委会等单位挂职锻炼或实习的机会。(2)技术与产业合作。东海学院将发挥信息与工程、影视动漫等专业优势,为吴泾镇提供技术支持。吴泾镇将以吴泾科技园为平台,为东海学院师生创业提供必要的硬件环境。并促进镇域内企业与东海学院进行信息交流,实现东海学院与区域经济发展的有效对接。(3)资源合作。东海学院将学校图书馆、实验室、报告厅、体育设施等资源向吴泾镇开放,与此同时,吴泾镇不仅为大学生提供社会调查实践基地,在公共服务、副食品供应等方面也提供尽可能多的便利和保障。（钱伟宏）

【吴泾工业区环境综合整治初见成效】 年内投入6.3亿元,补贴关停生产线分流人员和居民动迁。加强污染源治理,督促辖区内燃煤锅炉脱硫治理改造,关停上海焦化2号、3号焦炉和污染严重的生产线。完成上海氯碱化工公司、吴泾第二发电公司等6家重点废水直排企业污水接管工作,每年纳管污水1 000万吨。完成曲吴路、景东路道路整治工程。吴泾工业区环境质量已出现逐步改善迹象。环境空气中地区特征污染物之一的苯并(a)芘浓度超标现象有所缓解,常规污染物年平均浓度均满足《环境空气质量标准》二级浓度标准限值的要求。（钱伟宏）

【张更大夫妇荣获 2009 年度全国环保“明月卫士”奖】 8 月,新华社、新浪网、明月基金会、中国教育电视台联合举行《青春万岁》特别节目,吴泾镇第三代环保志愿者张更大夫妇获得 2009 年度全国环保“明月卫士”奖。张更大是上海焦化公司退休工人、吴泾镇氯碱小区居民。从2004 年起,夫妇俩带领吴泾镇第三代环保志愿者坚持在黄浦江边打捞垃圾,培育一支奉献母亲河的志愿者团队,曾经获得“上海市 2008 年度社会主义精神文明十佳好人好事”称号。 (钱伟宏)

【建成全区首家标准化计划生育综合服务站】 11 月 10 日,吴泾镇投入 12 万元进行规范化改造建设的计划生育综合服务站通过上海市人口计生委专家组验收,成为闵行区首家标准化计划生育综合服务站。服务站面积近 100 平方米,设有悄悄话室、视听室、药具库房等。服务站建立特殊育龄妇女生殖健康个人档案。通过“一人一档”的形式,对社区弱势群体在服务的层次和内容上进一步细化、优化和人性化。根据“一人一档”的管理制度,服务站提供咨询的医生、基层计划生育干部定期上门与他们交流沟通,向她们宣传计划生育政策法规、生殖保健知识,并为家庭经济特别困难的育龄妇女免费进行妇科检查。服务站为 4 524 名育龄群众提供咨询和指导等服务,提供计划生育书籍杂志和 VCD 宣传片195 人次。 (钱伟宏)

【拆违工作卓有成效】 2009 年吴泾镇进一步健全完善拆违工作机制,每周一次例会,每月一次总结,对拆违工作中遇到的情况和问题进行分析,制定相应对策。在拆违队伍的建设上,实行定期考核、轮岗换防的工作制度,有效地进行队伍整合管理。成立拆违、城管、网格监督、市容协管四位一体的联动处置机制,遇到难题时四个部门联合行动、攻坚克难,真正体现工作合力。以“遏制新建、减少存量、配合动迁”的工作方式开展整违工作,向单位发放整改告知单 16 张,向个人发放整改告知单 14 张,拆除 14 处单位违法建筑,面积 20 863 平方米,拆除个人违法建筑 57 处,面积 70 396 平方米,全年共计拆违 91 259 平方米。 (钱伟宏)

【吴泾社区文化活动中心改扩建工程完成】 2008 年 9 月开工,2009 年 11 月竣工。总建筑面积 4 478 平方米,其中扩建工程建筑面积为 1 428 平方米,改建工程建筑面积 3 050 平方米,用地面积约 3 982 平方米,工程概算总投资 1 280 万元。该中心位于龙吴路 5533 号,融群众文化、社区教育为一体,设有文化音乐室、绘画室、手工艺室、多媒体教室、东方信息苑、自检小屋、团队活动室、志愿者工作室、家庭文明指导中心、市民巡访团、多功能排练厅、舞厅、电影院等室内活动设施,还设有单独的图书馆和社区学校分体设施。 (钱伟宏)

2009 年吴泾镇基本情况表

项　　目	数 量	项　　目	数 量
区域面积(平方公里)	37.64	第二产业(万元)	327 437
行政区划		第三产业(万元)	332 518
村民委员会(个)	8	规模以上工业企业数(个)	114
居民委员会(个)	12	社会消费品零售总额(万元)	16 371
人口		财政总收入(万元)	342 498
户籍人口(人)	55 264	新建商品房房屋施工面积(万平方米)	48.21
总户数(户)	17 655	新建商品房现房销售面积(万平方米)	0.5
非农业人口(人)	49 731	外商投资企业利润总额(万元)	197 922
国民经济主要指标		引进利用外资合同总金额(万美元)	22 440
		规模以上私营工业企业利润总额(万元)	6 081

(续表)

项　　目	数　量	项　　目	数　量
农业总产值(万元)	2 016	流动资产(万元)	1 764 409
工业总产值(万元)	3 537 878	固定资产(万元)	1 557 964
工业销售产值(万元)	3 443 800	所有者权益(万元)	1 976 711
增加值(万元)	661 008	主营业务收入(万元)	3 273 802
第一产业(万元)	1 053	营业利润(万元)	184 726

(区统计局)

(三)马桥镇

【概况】 马桥镇位于闵行区西南部。东濒临竹港河,东川路以北部分与颛桥镇相连,以南部分与江川路街道相连;西至茜浦泾,与松江区相邻;南隔黄浦江与奉贤区相望;北临沙港河,以东部分与莘庄工业区相连,以西部分与松江区相连。面积33.2平方公里。有5个居委会,16个村委会。大型社区(集镇)3个,其中华银坊、飞碟苑社区主要为动迁商品房社区;元吉、元祥社区主要为动迁易地建房社区;马桥集镇为原有的老集镇。有集市贸易市场4个。总户数11 633户,户籍人口35 430人,来沪人口49 109人,人口密度为2 514人/平方公里。镇域内区级以上道路15条,其中北松公路为国道,镇级道路19条。10条公交线路在镇域内始发,另有过境线路6条,主要集中在江川路、银春路、北松公路和曙光路。镇域内线网长度为40.65公里,线网密度为0.8公里/平方公里,镇域内线网重复系数为3.00。2009年新辟1条公交线路:闵行19路从华银坊至轨道交通5号线东川路站。调整1条公交线路:闵行2路终点站由六磊塘延伸至华普电缆公司。轨道交通5号线华宁路站设立在友好行政村内。区级河道5条,镇级、村级以及宅河分别为30条、42条和20条,四级河道长度总计11.71万米。镇政府所在地:北松公路2188号,邮政编码:201111。

经济状况。2009年,全镇实现增加值505 665万元,财政总收入467 650万元。第一产业充分利用市、区各项支农惠农政策,发展现代农业,促使生产规模化与合作社规范化,实现增加值1 520万元。第二产业狠抓传统企业的置换改造、成熟型企业的挖潜提升、现代服务业项目的引进和扶持,产业结构在调整中逐步优化,实现增加值276 605万元,销售收入333.3亿元,利润21.7亿元。第三产业发展较快,对经济增长的拉动作用日益增强,实现增加值227 540万元,三产增加值占全镇增加值总额的45%。社会消费品零售总额11 366万元。房产企业实现销售额增幅超过90%。受理312户企业社会保险补贴申请,涉及8 274人,发放社保补贴资金2 721万元。为18家中小企业提供政府性信用担保,帮助企业融资5 450万元。内资共吸引注册企业851户,其中注册资金1亿元以上的3家,全年注册资金41.7亿元;外资共吸引注册企业54户,总投资8 515万美元,合同吸引外资4 556万美元,实际到位外资2 028万美元。

城镇建设与管理。编制完成铁路货场周边产业规划及道路交通规划。来沪人员管理服务中心正式破土动工建设。完成富砾路、文化路的拓宽改造;完成甸丽苑、旗忠村、西街小区二次供水改造;完成集镇近4 000户居民及企事业单位天然气转换工程。完成农村道路建设及大修工程4.8公里。整治河道14条段,总长度为7 706米,疏挖土方6.2万立方米。新增绿地面积128亩,全镇绿化覆盖率41.4%,人均公共绿地23.6平方米。改造危桥10座。快速处置城市管理网格化案件1 185起,处理率、及时率、满意率均100%。城市综合管理"大联动"试点工作(马桥集镇、金星村)正式启动。完成镇第四轮环保三年行动计划的编制并正式实施;完成市级"噪声达标镇"复验工作;第三期截污纳管工程涉及的35家污染源单位有33家已完成纳管,纳管率为94.3%。主要污染物工业COD排放总量削减1.8吨,工业二氧化硫削减12.8吨,环境空气质量优良率90%。

社会管理。年内打击劳教以上对象118名,各类刑案比上年下降1%。加强迎世博社会治安群防群治工作,招募志愿者2 553名。全镇19个村(居)委参与创建市、区两级平安小区工作(其中市级16个,区级3个),马桥镇连续3年被评为上海市平安社区。各级调解组织调解矛盾350起,调解率为100%,调解成功率98.9%。以动拆迁信访积案为重点,加强信访突出矛盾化解工作。初信初访办结率保持100%。全年接到来信、来访、电话、电子邮件422件(起)。深入开展安全生产执法、治理和宣传“三项行动”,消除事故隐患,累计检查各类单位和场所466家,查出安全隐患527条并督促抓好整改。扎实开展“人口和房屋”两个实有全覆盖工作,使人口管理不断规范化,来沪人员居住证登记率、注销率均达到95%。

社会事业。获批市科技小巨人企业1家,市科技小巨人培育企业1家,获批市重点新产品项目3项,企业获得市、区科技扶持资金300余万元。建立少数民族学生成长基金,对马桥中心幼儿园分园进行大修,对强恕学校数字化教学设备进行改造。制定《2009—2011年马桥镇0—3岁婴幼儿早期教养工作发展规划》。关闭2所备案制农民工子女学校,成立民办马桥小学。加强甲型H1N1流感防控,推进社区卫生服务网站建设。开展“婚育新风进万家”和“健康花蕾”活动,户籍人口和流动人口计划生育率分别达100%和93.7%。举办镇第七届艺术节、第十一届运动会。全年组织各类演出82场,观众8万人次。镇手狮舞表演队、花鼓队、鼓乐队被命名为“闵行区特色文化团队”。《马桥镇文物普查成果汇编》正式出版。《三冈水》文化副刊正式发刊。镇体育场及学校体育资源全部向社会开放,全年公众参与健身5.4万人次。加强迎世博宣传,制作并发放各类宣传品14万份,市民世博知识培训1.1万人次。创建市、区级文明村8个,市、区级文明小区4个,创建工作覆盖率100%。

社会民生。年内,结合重大工程、涵养林农民保障、俞塘村历史遗留问题等办理征地农转非2 718人;享受失地农民最低生活保障政策总人数4 856人,支出2 294.7万元;农保扩覆463人,完成区下达指标的289.4%;参加合作医疗8 611人,基金收缴率100%;合作医疗保险在区级统筹基础上实行补差,提高10%—20%的报销比例,同时对大病重病人员年自负医疗费累计超过4 124元实行90%的综合减负;为2 208位老年人投保“银发无忧”为老服务项目;对全镇各村农村基础养老金发放给予财政补贴,1 061人受益;完成元吉、夏朵小区标准化老年活动室创建。对停工企业职工、失业人员、应届毕业生发放就业补贴金;对已建立的双困、青年见习、残疾人等公益性岗位,发放社会保险、技能培训等补贴,鼓励企业帮助困难群体的就业,确保零就业家庭动态为零,双困人员就业安置率100%。外劳综合保险完成12 016人。提高“应保确保”水平,全年累计发放各类优待金、补助金、抚恤金375万元,受助对象9 350人次;完成居家养老上门服务369名,敬老院机构养老服务107名,为60名老人提供送餐服务。完成村(居)委会换届选举工作,并进行任职前业务培训。开展村务公开民主管理示范单位和社区建设示范(模范)创建活动,启动村民民主评议村干部和民主评定村干部报酬工作。

(陈震强)

【完成6项实事工程】 (1)新增就业岗位1 445人,完成区下达指标的103.2%。(2)星星动迁基地公建配套建设有序推进,元吉社区活动中心已竣工并交付使用,元祥幼儿园和元祥集贸市场及垃圾压缩站结构封顶,社区围墙及门卫室项目完成土建,元祥公共体育场全面开工建设,元祥社区活动中心进入扩初设计审批阶段。(3)继续推进农耕文化园建设,4个农庄的业态规划已经成形,正在编制控规,荷巷桥老街的修建性概念规划和产业布局规划正在抓紧编制。(4)集镇平改坡工程全面完成,涉及面积11万平方米,受惠居民1 250户。(5)为5 568名60岁以上马桥户籍老人进行免费体检。(6)增加镇属退休人员养老金每人每月100元,受益人数457人。

(陈震强)

【组建元吉新村、元祥新村居委会】 元吉新村小区于9月8日成立党支部。11月28日选举成立第一届居民委员会,选举产生居委会主任、委员,同时产生21名居民小组长、58名居民代表。小区占地约1.2平方公里,为农民动迁易地建房基地。小区于2004年起开始建造,设有10个弄1 127户居民。居民来自动迁的8个村,常住人口3 501人,外来流动人口约6 900人。元祥新村小区于9月8日成立党支部。12月26日选举成立第一届居民委员会,选举产生居委会副主任、委员,同时产生16名居民小组长,50名居民代表。小区占地约0.7平方公里,为农民动迁易地建房基地。小区于2004年起开始建造(其中,星星苑老区建造于1996年)。居民来自动迁的8个村,常住人口4 031人,登记在册的外来流动人口1 932人。（陈震强）

【清理和整治违法用地、违法建筑】 年内出台《关于进一步加强清理和整治违法用地、违法建筑的实施意见》,组建由专职人员组成的拆违巡查机动队,建立日常巡查发现机制、快速处置机制、联合整治机制、责任追究制度、考核奖惩机制等一系列长效管理机制,《马桥镇违法用地和违法建筑巡查日志》每周汇总上报。拆违工作坚持统一领导、分工负责、社会协同、群众参与的原则,以"村庄改造、农民动迁易地建房基地、来沪人员违法占地"等为重点,分类开展违法建筑整治行动。拆除违法建筑48 813平方米,完成年度拆违任务的132.2%。（陈震强）

【举办镇第七届艺术节、第十一届运动会】 艺术节于9月19日在旗忠国际网球中心二号馆隆重开幕,11月10举行闭幕式。艺术节期间还开展村村巡回演出、庆祝建国60周年歌会、新马桥人才艺展示、广场交谊舞展示、《三冈印象》摄影展、优秀电影巡展等8大类活动,观众24 252人次。运动会于5月9日开赛,全镇32个代表队共组建248支队伍、3 412人次参与镇运动会12个系列竞赛活动。此项赛事首次采取企业冠名的社会化运作方式进行,有10家单位赞助镇运动会全程赛事。整个赛事项目设置涉及各年龄段和层次,并首次将学生和残疾人竞赛项目列入镇运动会。（陈震强）

【保护传承非物质文化遗产马桥手狮舞】 3月26日,马桥手狮舞艺堂正式开馆,至此马桥手狮舞有了一个传承、展示的平台,一个培训、交流的基地。开馆以后,艺堂接待各界参观者近千人次。5月28日至6月3日,手狮舞表演队应邀赴韩国参加"韩国庆尚南道晋州市第12届面具舞会",马桥手狮舞首次走出国门交流演出。为加强传承和发展,10月完成《马桥手狮舞》教材的编写工作,参加"上海市社区教育特色课程建设评比"获得一等奖。（陈震强）

【评选出第一届"诚信马桥人"】 4—8月开展评选活动,目的是进一步营造迎世博宣传氛围,倡导文明道德、共铸诚信社会。活动背景是随着近年来全镇经济社会各项事业的稳步发展和精神文明创建水平的不断提升,在各单位、各行业、各领域中,分别涌现出一批在践行社会主义道德规范方面做出表率的优秀个人。活动共收到推荐材料21份,经过评审委员会评审,形成拟提名人选12名,并予以公示。8月31日,经镇文明委全体会议投票表决,产生第一届"诚信马桥人"共6名,分别为:何六妹、顾福根、金彩莲、黄成、刘宏、王良斌。（陈震强）

【原创科普话剧《生命的春天》在全市公演】 为保持科普优势,打造科普话剧特色品牌,在2007年创作演出科普剧《生命的呼唤》的基础上,又创作一部科普话剧《生命的春天》,该剧讲述的是普通百姓在日常生活中所发生的有关节能减排的小故事。该剧在上海科学会堂进行全市公演,科技节期间在全区进行巡演,观众1万余人。全国科普日开幕式上,该剧获上海市科协系统2009科技活动周暨上海科技节优秀项目奖。（陈震强）

2009年马桥镇基本情况表

项　　目	数量	项　　目	数量
区域面积(平方公里)	33.20	第二产业(万元)	276 605
行政区划		第三产业(万元)	227 540

（续表）

项　　目	数　量	项　　目	数　量
村民委员会(个)	16	规模以上工业企业数(个)	144
居民委员会(个)	5	社会消费品零售总额(万元)	11 366
人口		财政总收入(万元)	467 650
户籍人口(人)	35 430	新建商品房房屋施工面积(万平方米)	31. 1
总户数(户)	11 633	新建商品房现房销售面积(万平方米)	9. 21
非农业人口(人)	29 997	外商投资企业利润总额(万元)	30 272
国民经济主要指标		引进利用外资合同总金额(万美元)	4 556
		规模以上私营工业企业利润总额(万元)	10 265
农业总产值(万元)	5 063	流动资产(万元)	71 276
工业总产值(万元)	1 207 482	固定资产(万元)	253 539
工业销售产值(万元)	1 206 118	所有者权益(万元)	493 821
增加值(万元)	505 655	主营业务收入(万元)	1 154 847
第一产业(万元)	1 520	营业利润(万元)	87 618

（区统计局）

（四）颛桥镇

【概况】 颛桥镇位处闵行区中部偏南。东临梅陇镇、吴泾镇，西接马桥镇，南与江川路街道相邻，北壤莘庄镇，近邻莘庄工业区、紫竹科学园区、闵行经济技术开发区。面积20.97平方公里。有18个居委会，14个村委会。总户数23 089户，户籍人口56 261人，来沪人口90 897人，人口密度4 557人/平方公里。南北向道路有莲花路、莘奉金公路、沪闵路、中春路、都市路等，东西向道路有东川路、剑川路、放鹤路、北松路、元江路、颛兴路、金都路、银都路等。途经的公交线路有徐闵线、816路、莘吴线、莘荷线、闵莘线、宝钱专线、莘海专线、闵行14路等，另有703路、闵行2路、闵行7路、闵行9路等公交客运终点站设在颛桥集镇。轨道交通5号线纵贯全境，镇区内沿线长13.2公里，设有6个站点。有跨线桥（颛兴路跨莘奉金公路）1座。流经的河流有横径港、淡水河、北竹港、六磊塘、春申塘、俞塘河6条区级河道，邱泾河、横沙河、新港河等镇级河道20条和村宅河道154条。镇政府所在地：颛盛路18号，邮政编码：201108。

经济状况。2009年全年实现社会总产值186.80亿元，比上年下降8.45%；增加值590 442万元，比上年增长6.58%；财政总收入189 034万元，比上年增长12.49%。社会消费品零售总额105 847万元。5个综合集贸市场完成贸易成交额1.30亿元。第一产业大力发展苗木、果蔬等生态型，逐步形成农业生态型发展格局，实现农业总产值4 287万元，比上年增长1.48%。第二产业实现工业总产值1 598 637万元，比上年下降12.33%。规模以上工业企业198户，其中25户企业产值超亿元。坚持优先发展先进制造业、高新技术产业，以IT通讯、机械设备制造为主体的制造业集聚度不断提高，制造业产业和增加值分别占全镇工业指标的25%、27%。第三产业实现增加值266 528万元，比上年增长15.87%，逐步形成房地产业、现代服务业和商业共同发展的格局。其中房地产业完成增加值14.49亿元，占第三产业增加值的54.38%，房产施工面积113万平方米、新开工面积31万平方米、竣工面积16万平方米。抓好腾地招商，全年新增外资项目30个，合同吸收外资4 275万美元，实际到位外资6 818万美元，新增内资项目156个。共有15个项目开工建设，总投资3.23亿元，其中，

8个项目竣工。

城镇建设与管理。年内完成8万平方米动迁房建设。拔点12个动迁基地,签约动迁812户,腾地91.53公顷。按计划推进凤庆居住区市政项目,景谷路、安宁路、凤庆路建设竣工通车。完成银春居住区市政配套工程灯辉路道路排水工程。做好大鑫都居住区市政配套收尾工作。推进截污纳管工程,全镇污水收集处理率88%。新增绿化建设项目面积8万平方米,调整绿化建设项目面积7.7万平方米,整治环境绿化面积40.2万平方米,人均公共绿地面积17.4平方米。推进A4公路、沪闵路、轨道交通5号线、320国道等道路沿线综合整治工作,种植绿化或调整绿地48.5万平方米,粉刷墙面67.71万平方米,整治河道87条段,清除户外广告设施510块。设置中春路中心村段、都会路向阳村段、丰顺路西段、田园路北段共4个临时设摊疏导点。拆除各类违法建筑9.71万平方米,完成区下达指标数的129.1%。初步形成城市数字化管理快速处置机制,开展"示范村宅"创建工作,并探索长效管理。全面启动颛桥镇第四轮环保三年行动计划项目。全年环保投入2.067亿元,占全镇GDP的3.502%。

社会管理。新建监控探头31只,建成社区警务室4个,新建交通岗亭2个,平安岗亭1个,安装小区铁门226扇,平安小区创建率95%。试行城市综合管理"大联动",对颛桥镇区试点街面巡管,同时在田园的君莲地区以及星河湾地块等多个建筑工地试行工地联防联动机制,做到管理、防范、处置联动。组建由老党员、老干部组成的专职信访志愿者队伍,开展"村、居委与律师构建和谐社区、维护社会稳定结对共建"、"百名律师参与百家企业结对服务"活动。有效化解重信重访案件9件,办结率100%。有效制止"群租"行为30次,自拆、助拆"群租"房300户。以颛建路为重点对非法劳务中介开展专项整治,规范劳动力市场秩序。推进"绿色蔬菜进社区"试点工作,缓解部分偏远小区和配套不足小区居民买菜难的问题。建立镇层面的物业管理联席会议制度,8个小区的业委会组建和换届工作顺利推进,"四位一体"社区治理模式取得新进展。17个居委会创建成为上海市和谐示范居委会和社区建设模范(示范)居委会。

社会事业。全年科技经费投入占年度财政总支出的3.57%。申报高新技术企业11家,申请专利720件,全镇有市科技小巨人企业1家,市科技小巨人(培育)企业4家,区科技小巨人(培育)企业3家,高新技术企业19家。全年开展科普"三下乡"活动3次,参与人数3 000人次,发放科普宣传资料8 000余份。秀龙居委、上海陈立实业有限公司分别创建成区级创新型科普示范社区、区级创新型科普示范企业。增加教育经常性经费和基本设施改造支出,投入184万元开办君莲幼儿园,沪光路上田园二小动工建设。关闭5所备案制民工学校,整合公办、民办学校资源,满足农民工子女教育需求。组织开展《加强来沪务工人员多元一体化教育培训的实践研究》社区教育实验项目,成功创建为上海市社区教育实验镇。户籍人口计划生育率99.7%,流动人口计划生育率91.1%,0—3岁婴幼儿家长及看护人员免费培训率100%、满意率95%。全镇户籍人员健康卡签约率达到98%,17个居委和5个村委建立健康自我管理小组。成功创建为上海市红十字示范社区。"颛桥剪纸"成功申报上海市第二批非物质文化遗产项目。举办镇第四届艺术节、"喜迎世博盛会、共建文明家园"、"绿色与世博同行"、"世界水日"等各类主题活动。自创节目腰鼓舞《海宝鼓娃迎世博》获上海市迎世博"海宝"广场舞大赛一等奖,伞灯舞《盛世和风》获上海市"舞动精彩"社区舞蹈大赛优秀演出奖。全镇已建成标准化健身苑点54个,4所公办学校的体育场地向社区开放。

社会民生。年内回购经营性物业2.32万平方米,作为持续的民生和经济保障。政府财政总支出用于农村合作医疗190万元,农村居民家庭人均可支配收入达到13 970元,比上年增长10.5%,使用农民土地经济补偿率达到100%,发放种田农民直接补贴788 067元,受益1 130人。建设农村等级公厕,村宅河道整治率由上年93%提高到100%,新开通5条公交线路。创建充分就业社区,落实200万元专项创建资金,制作宣传海报6 000份,悬挂宣传横幅160条。在全镇17个居委和部分商业公共场所同时设摊举行"多一人就业,多一家幸福"颛桥镇创建充分就业社区政策送万家活动。举办各类招聘会4场,提供就业岗位786个,460余人当场达成就业意向。

安置78名双困人员就业,零就业家庭动态为零。全年对423名本地劳动力、1 329名农民工开展职业技能培训,“颛桥人力资源中介区”建成营业。新建华银苑、卫春苑、君莲新城第一居委3个老年活动室和君莲新城第九居委1家老年日托所,全镇现有标准化老年活动室28家(区级25家、镇级3家)。农村退休养老金平均每人每月由上年450元增加到709元,低收入征地退休人员养老金增加至每人每月838元。全年为90岁、100岁以上高龄老人发放牛奶费10万元、营养补贴9.5万元。为685名困难老人落实居家养老服务,140名老人享受送餐上门服务。举办“携手六十载,相爱到永远”钻石婚庆活动,79对老年夫妇参加。对全镇1 081名残疾人进行康复需求调查,建立残疾人康复服务档案。加大社会救助力度,发放各类补助金1 069.21万元。城镇低保对象覆盖人数达1 420人,受理医疗救助对象209人次,2 048人享受支内帮困补助。 (龚佩莉)

【完成6项实事工程】 (1)全年新增就业岗位2 787人,完成年初指标的107.2%。(2)镇属企事业单位退休农民职工养老金为每人每月538元,比上年增加100元。(3)基本建成居民自助健康管理小屋,2010年前投入使用。(4)对全镇自愿参加家庭财产保险的家庭每户补贴50元,全年有5 477户投保,补贴27.39万元。(5)完成兴银花园、北桥老街旧小区“平改坡”综合改造10.5万平方米,受惠居民1 323户,投入金额1 680万元。(6)对原北桥集市老街、金塔二村6.2万平方米居民住宅二次供水设施进行改造,投入金额186万元。 (龚佩莉)

【编制完成颛桥镇第四轮环保三年行动计划】 在新编制的《第四轮环保三年行动计划》中,颛桥镇以围绕“建设生态文明”的中心目标,以“提高服务经济社会发展全局的能力”、“提高解决环境民生问题的能力”为基本出发点,全面推进颛桥环境保护和生态建设工作。坚持“以人为本、环境优先”原则,以污染减排和改善环境质量为核心,注重以环境保护优化发展,强化主动保护环境和污染源头预防;注重城市环境安全和保障人民健康,全面推进环境基础设施建设和污染综合防治;注重体制机制和政策创新,强化综合运用法律、经济、技术和必要的行政手段解决环境问题;注重服务大局意识,加快建设资源节约型和环境友好型城区,全力打造“生态文明建设试点区”,坚定走人与自然和谐发展之路。 (龚佩莉)

【建成“日月欣筑”来沪人员集中居住点】 2009年底,颛桥镇以“政府搭台,企业投资,市场运作”为模式建设的来沪人员集中居住点“日月欣筑”完工,占地面积1.11万平方米,建筑面积3.87万平方米,924间标准居住房可供3 000—3 500人入住。该居住点主要面向向阳工业园区和镇区内的大型企业中单身、家庭来沪人员提供基本住房,并配备超市、餐饮、图书阅览等商业、生活设施。 (龚佩莉)

【成立首个来沪人员生活集居区党支部】 6月26日,颛桥镇首个来沪人员集居区党支部——瓶山苑党支部成立暨揭牌仪式在颛桥镇北桥村举行。镇党委副书记、综合党委书记邵嘉敏和北桥村党总支书记朱忠林共同为党支部成立揭牌。支部有中共党员3人,书记谢军华。 (龚佩莉)

【颛桥镇城市综合管理“大联动”迈出第一步】 12月7日,颛桥城市综合管理大联动街面巡管“大联动”正式启动,镇城管中心16名队员和颛桥派出所8名辅警,开始对试点区域——颛桥镇区进行联合巡管。白天以城管中心力量为主,治安力量为辅,主要是对城市综合管理的“部件”和“事件”进行巡查管理,兼顾收集报告违法犯罪活动线索和治安巡逻。晚上以治安力量为主,城管力量为辅,主要职责是治安巡查,兼顾乱设摊、乱倒渣土、乱张贴等城市综合管理方面内容。 (龚佩莉)

【颛桥人力资源中介园区对外试营业】 12月28日,筹备近半年的颛桥人力资源中介园区开始对外试营业,截至年底已有28家中介机构进驻该中介园区。颛桥人力资源中介园区是继华漕、浦江两个人力资源中介园区后闵行区第三个人力资源中介示范区,是在人力资源中介市场“一个中心、二个园区、三级联动”工作模式后的又一探索,进一步规范了闵行区中部地区特别是颛桥地区劳动力市场秩序。 (龚佩莉)

2009 年颛桥镇基本情况表

项　　目	数　量	项　　目	数　量
区域面积(平方公里)	20.97	第二产业(万元)	322 274
行政区划		第三产业(万元)	266 528
村民委员会(个)	14	规模以上工业企业数(个)	202
居民委员会(个)	18	社会消费品零售总额(万元)	105 847
人口		财政总收入(万元)	189 034
户籍人口(人)	56 261	新建商品房房屋施工面积(万平方米)	118.98
总户数(户)	23 089	新建商品房现房销售面积(万平方米)	10.49
非农业人口(人)	53 938	外商投资企业利润总额(万元)	22 841
国民经济主要指标		引进利用外资合同总金额(万美元)	4 275
		规模以上私营工业企业利润总额(万元)	18 131
农业总产值(万元)	4 287	流动资产(万元)	938 531
工业总产值(万元)	1 598 637	固定资产(万元)	290 345
工业销售产值(万元)	1 584 611	所有者权益(万元)	597 154
增加值(万元)	590 442	主营业务收入(万元)	1 500 859
第一产业(万元)	1 640	营业利润(万元)	45 630

(区统计局)

(五)莘庄镇

【概况】 莘庄镇位于闵行区中西部,为闵行区政府所在地。东临梅陇镇,西接松江区,南与颛桥镇交界,北与七宝镇接壤。面积 19.12 平方公里。有 50 个居委会(1 个在筹),3 个行政村(6 个改制村)。全镇总人口 230 185 人,其中户籍人口 119 657 人,非农业人口 119 360 人,人口密度为 12 039 人/平方公里。全镇交通便捷,沪昆高速(G60)、沪昆铁路穿越镇域东西,外环线跨越莘庄立交贯通镇域南北,镇域内区级以上道路 80 条,其中沪闵公路为 320 国道,沪金高速(S4)、外环高速(S20)、沪昆高速(G60)为高速公路。镇级道路 4 条段,镇域内公交线路 54 条,其中辖区内始发站 42 条,过境线路 12 条。地铁 1 号线、轻轨 5 号线起始站衔接于此。共有市、区、镇、村宅四级河道(包括小区河道)41 条段。镇政府所在地:七莘路 889 号,邮政编码:201100。

经济状况。全年社会总产值实现 205.3 亿元,比上年增长 12.4%;增加值实现 735 012 万元,比上年增长 17.3%;税收完成 31.98 亿元,比上年增长 6.9%,其中区级地方财政收入 11.66 亿元;企业利润实现 13.3 亿元,比上年增长 15.8%。全面贯彻"优先发展三产"战略方针,构建现代服务业发展基本框架,着力发展生产性服务业和生活性服务业,第三产业增加值 360 156 万元,比上年增长 19.7%,占全镇比重 49%,比上年提高 1%。莘庄商务区的修建性详细规划已获区政府常务会议原则通过,轨道交通 12 号线七莘路站与商务区规划设计实现无缝衔接,完成腾地近 46.67 公顷。莘庄地铁上盖开发控制性详细规划已基本完成,建立新鸿基、上海城开、闵行城投和莘庄镇的四方开发联合体,土地出让的各项准备工作已经就绪。全年竣工项目 9 个,建筑面积 30 万平方米,在建项目 11 个,建筑面积 47 万平方米。全年合同吸收外资 16 103 万美元、实际到位外资 16 280 万美元,吸纳社会资本 31 亿元。拨付 1 000 余万元扶持紫藤包装、紫江彩印包装等高新科技企业开展自主创新,对 7 家镇、村传统企业进行置换改造。

城镇建设和管理。推进城中村改造和旧区改造，完成城中村动迁129户，旧区移地安置96户。做好A8拓宽改造、沪杭客专、报春路延伸等重大市政工程的协调配合工作，完成企业动迁29户，涉及建筑面积6.3万平方米。落实迎世博600天行动计划，全面完成莘庄地铁广场护栏和道板翻新、主要建筑立面清洁粉饰、广告和亭棚拆除调整等综合整治；拆除铁路轨交沿线违法建筑3.5万平方米、清理脏乱区域10.9万平方米、清洗建筑立面4万平方米、粉饰立面4.6万平方米、清运垃圾1 700吨；完成中小道路、公交枢纽环境整治及其他各类设施、建筑立面整治任务。编印2009版莘庄镇市容环境卫生管理指导手册，规范环卫作业流程和标准。建立黎安新村、虹莘路淀浦河桥畔等便民服务点，疏导厨卫清洗、非机动车维修等从业行为；改善停车环境，完善停车标志，进行非机动车乱停放专项治理；在莘谭路、秀文路等街面启动沿街商铺统揽式承租经营，推进业态调整，进行商铺环境源头督管，着力化解市容管理顽症。进行市容环境管理责任区达标创建，探索城市管理的多元式服务、创造性服务、人性化服务，提高市容管理实效性。启动新一轮环保三年行动计划，严格实施污染物总量控制，继续控制扬尘污染，加强噪声源治理与监控。新建莘东南路等公共绿地6万平方米，建设屋顶绿化1.2万平方米，完成莘城公园等公共绿地整治48万平方米，绿化覆盖率达44.8%，人均公共绿地26平方米。加强黑臭河道综合整治，完成72条段支河整治工作。加强社区资源整合和利用，对19个居委进行撤并调整。加强硬件设施建设，完成5个居委用房的装修工程，进行10个标准化老年活动室的装修和创建工作。加强居委会规范化建设，申报创建16家和谐社区示范居委会、16家模范居委会、17家示范居委会。完成居、村委会换届选举工作，加强社区干部培训，推进“三会”制度和居务公开，提高基层民主自治水平。

社会管理。启动城市综合管理和应急联动工作，在强化治安防控、加强城市管理、组织开展基层平安建设方面发挥积极作用。与84家基层单位签订社会治安综合治理工作责任书，落实平安建设保障措施，累计发放派出所、社区物业绩效考核奖励及抓现行奖励经费65万元。开展“两个实有”全覆盖工作，加强房屋租赁管理和来沪人员权益维护保障。全年整治“群租”384户，整治非法行医点136户次，发生刑事案件573起，比上年下降7.4%，治安案件1 044起，比上年下降72.6%。做好平安世博志愿者队伍建设，共招募平安志愿者6 249人。妥善处置动迁村民集访和沪杭客专施工等信访问题，全年信访总量1 455件，比上年上升22.9%。组建成“五横七纵”（横向建立镇人民调解委员会、安置帮教领导小组、帮教工作领导小组、法制宣传教育领导小组和社会矛盾预防和调处工作领导小组，纵向建立居村委社区调解室、社会矛盾信息员、普法联络员、帮教工作小区、帮教工作志愿者、社区帮教志愿者和社区法律服务工作者队伍大调解工作网络），坚持矛盾预防排查制度，建立“老舅妈工作站”，开展以稳定为主题的和谐莘庄宣传活动，促进地区和谐稳定，全年共受理各类社会矛盾222件，调处成功率94%，调处各类民间纠纷1 111件，纠纷调处率100%。在册社区矫正对象48人，安置帮教对象184人。开展安全生产“三项行动”，开展消防安全、建筑施工领域、特种设备安全专项整治，全面治理安全隐患，全年未发生重大安全生产责任事故。

社会事业。大力推动科技、科普工作，完成专利近700项，其中实用新型和发明专利300余项，获批1家市级科技小巨人培育企业、1家区级小巨人培育企业、26家新发展科技企业，争取市区科技扶持资金1 200余万元，巩固科普示范社区特色品牌，创建成首届上海市科学生活社区。镇区内各类学校57所，其中中小学校20所、幼托园所36所、镇成校1所，学生总数26 126人。开展“爱祖国、爱家乡”系列主题活动，推进民族精神教育和生命教育。依托社会机构，开展“快乐港湾·社区暑托班”公益性活动。构建社区终身教育体系，建设全民学习、终身学习的学习型社区，创建成全国社区教育示范镇。举办“梅闹莘庄”等群众文体活动56场次，参与居民12万人次，参与各级比赛展演活动41场次，获得各类奖项35个，建成非物质文化遗产（钩针编结）展示馆，莘庄钩针编结经上海市经济和信息化委员会认定为上海市传统工艺美术技艺。加大健身场所建设和投入，将上海翼立体育健身俱乐部作为镇公益性体育健身中心，向全镇发放100万元公益性体育健身卡,全镇健身苑点达到 143 个,健身器材设施 1 420 件,面积 77 700 平方米,各类健身团队 176 个,全民健身率为 74%。建立“双检双教服务链”,探索优生优育新机制,推进出生缺陷一级预防工作,拓展 0—3 岁科学育儿指导,2 556 名婴幼儿参加早教培训,全镇户籍人口计划生育率 100%,流动人口计划生育率 97%,人均计生事业经费 23 元。推进健康社区建设,开展甲型 H1N1 流感防治和疫苗接种工作,加强村宅、集贸市场和居民区的环境卫生督查,在居民区全面推广高血压自我管理,实现每个居委成立 2 支以上的自我管理小组,实施“红十字救护技能普及”实事项目,完成 190 人救护员培训和 1 600 人普及培训,全年无偿献血 3 657 人次。

社会民生。年内组织本地劳动力培训271 人次、外地劳动力培训 752 人次,为创业者提供开业指导、项目开发、小额担保贷款、跟踪扶持“一条龙服务”,创办非正规劳动组织 65 家,自主创业带动就业 471 人,策划发行《莘庄社保》刊物,推出“就业应聘阳光指导室”,落实就业援助和新增就业岗位奖励政策,举办再就业专题招聘会 27 场次,新增就业岗位 4 475 个,完成区指标的 154.3%。2009 年度 24 人应征入伍,退役士兵 22 名,开设退役士兵就业指导服务窗口,除 2 名留部队外,20 名退役士兵全部签订自谋职业协议书。全镇持证残疾人 1 233 人,完成第二代残疾人证的换发工作,组织 377 名残疾人参加免费健康体检活动,为 30 名重残无业人员提供居家养护服务,为残疾人、特困家庭发放补贴 967 人次 496 786 元。全年 3 651 人参加城镇居民医疗保险,新增支内支疆参保人员 475 人,互助帮困人员报销医药费 185 374 元,社会救助 34 110 人次,发放救助金 817.4 万元,支内知青帮困补助累计 20 630 人次,发放补助金 1 034.4 万元。开辟镇门户网站专栏,对 29 户特困家庭开展网络慈善认购帮困。制定《平安莘庄农村发展成果奖实施意见》,根据征地养老人员养老年龄,分别享受 1 200 元和 1 800 元“平安莘庄农村发展成果奖”,落实征地养老人员医疗保险政策,参保率达 91%。 (王飞飞)

【完成 4 项、调整 1 项实事工程】 (1)平改坡综合改造工程。总投资 8 796 万元,镇负担 55%,实施 8 个小区、48.8 万平方米平改坡综合改造。(2)二次供水设施改造。总投资约 1 300 万元,镇分担 50%,实施 15 个小区 100.27 万平方米居民住宅二次供水设施改造任务,惠及居民 12 610 户。(3)建成西环社区老年人助餐服务点和莘城社区老年人助餐服务点。(4)规范莘谭路经营秩序建成文明示范路段。通过建立健全市容环境管理责任制、疏导治理市容“顽症”、改造公共设施、加强环卫作业和市容管理、开展经营业态调整等措施,将莘谭路建成文明示范路段。(5)调整对老城区部分居住小区实施封闭式管理的实事项目。因小区居民在长效管理费用问题上意见不统一,决定暂缓实施该项目。(王飞飞)

【莘庄镇与莘庄工业区建立联动发展机制】 10 月22 日,莘庄镇与莘庄工业区管委会在工业区举行联动发展签约仪式。双方地域相邻,形成睦邻友好、合作共赢的联动发展机制,主要内容:(1)成立联动发展领导小组,下设联动发展办公室,具体负责组织协调联动发展的日常工作。(2)形成联动发展合作机制。莘庄镇为主引进的项目入驻工业区,或工业区为主引进的项目入驻莘庄镇,税收、统计及考核指标按照属地原则进行计算。莘庄镇与工业区共同投资的新项目,税收、统计及考核指标双方另议。(3)积极开展联动发展活动。通过定期碰头、信息互通,在项目评价、项目推进等环节,双方在人力、物力、财力和时间上加强保障,真诚配合。 (王飞飞)

【推进社会事业综合试点】 主要做法是:(1)找准需求,重实效。将试点工作有针对性地放在农民、外来人口、孕产妇、独生子女、慢性病人以及残疾人、文体爱好者等特殊群体,解决关系到其基本生存生活最迫切、最重要、最困难的问题。(2)整合资源,创融合。在原有工作基础上,更加注重争取资源。社区学校依靠各条线部门力量,充分发挥职能部门作用,使“三化教育”处处开花;计生办利用网格管理优势,做到全面覆盖、长期跟踪;教委、文化中心在坚持公益性的基础上,依靠社会机构资源,进一步扩大服务面和提升服务质量。(3)优化机制,重推进。初步建立社会事业项目化工作流程,通过试点项目的推进,探索社会事业项目化运行、评估和考核的工作体系。积极探索社会资源的整合利用,探索社会设施开放补贴和社会品牌整合机制。尝试社会组织参与公共服务,培育和鼓励各类社会组织参与民生工程的推进,并尝试建立社会组织的奖励机制及其进入和退出机制。 (王飞飞)

【推进城市综合管理与应急联动工作试点】 主要做法:(1)立足原有基础,实现网格覆盖。在原有城市管理市场化运作和网格化管理的基础上,将全镇划分为7个大巡管网格责任块,并细分为若干小网格。(2)明确责任范围,加强职责对接。每个网格由市容城管力量、治安巡逻力量及其他职能部门予以综合管理与应急联动,白天以城管力量为主、综治力量为辅,夜间以综治力量为主、城管力量为辅。(3)工作无缝衔接,问题即时联治。城管力量主要工作时间为6:00—22:30,治安巡逻力量主要工作时间为22:00至次日6:30,实现24小时无缝衔接。巡管人员对于街面出现的刑事、治安案件、群体性事件以及其他疑难事件,除采取措施阻止事态严重化,还要在第一时间汇报镇联动工作中心,由联动工作中心调度力量迅速处置。 (王飞飞)

【以服务促管理实现市容与和谐"双赢"】 主要做法:(1)多元式服务除陋习。优化垃圾综合收集,力求使服务更趋多元化。免费为沿街商铺配置带盖的专用环卫垃圾筒,提供垃圾上门收集服务。(2)创造性服务解顽症。针对水果店等日产垃圾较多的商铺,设计抽屉式固定垃圾存储箱,有效解决果皮、包装纸等垃圾的临时存放难题;针对水果店经营面积紧张问题,设计立体式货架,指导商家合理规划调整,最大限度利用好现有场地。(3)开展人性化服务。城管主动为市民和沿街商铺提供环卫保洁服务,将捡垃圾、扫街面变为城管队员的主要工作。对跨门经营者,向店家宣传门责管理要求,并帮助经营者将货品搬到店内。 (王飞飞)

2009年莘庄镇基本情况表

项　　目	数　量	项　　目	数　量
区域面积(平方公里)	19.12	第二产业(万元)	374 856
行政区划		第三产业(万元)	360 156
村民委员会(个)	3	规模以上工业企业数(个)	145
居民委员会(个)	50	社会消费品零售总额(万元)	241 944
人口		财政总收入(万元)	319 768
户籍人口(人)	119 657	新建商品房房屋施工面积(万平方米)	103.78
总户数(户)	51 146	新建商品房现房销售面积(万平方米)	4.23
非农业人口(人)	119 360	外商投资企业利润总额(万元)	76 474
国民经济主要指标		引进利用外资合同总金额(万美元)	16 103
		规模以上私营工业企业利润总额(万元)	7 541
农业总产值(万元)		流动资产(万元)	832 164
工业总产值(万元)	1 261 750	固定资产(万元)	334 800
工业销售产值(万元)	1 229 527	所有者权益(万元)	711 039
增加值(万元)	735 012	主营业务收入(万元)	1 130 943
第一产业(万元)		营业利润(万元)	74 255

(区统计局)

(六)七宝镇

【概况】 七宝镇位于闵行区中部偏北。东连古美路街道、虹桥镇,西接松江区九亭镇,南临莘庄、梅陇镇,北与龙柏街道、华漕镇相邻。面积18.10平方公里。有39个居委会,9个村委会。总户数35 607户,户籍人口89 857人,非农业人口87 828人。南北主要道路从东至西走向有外环线、七莘路、中春路,东西主要道路从南向北走向有顾戴路、漕宝路、吴中路、沪青平高速公路,是联接江浙两省的重要交通枢纽。有市级高架2条5.7公里,区级公路6条20.5公里、桥梁10座,区级城市道路16条15.2公里、桥梁15座,镇级道路17条17.3公里、桥梁10座。起迄经过的公交线路有30多条。轨道交通9号线已于2007年9月通车;10号线、12号线和5号线延伸段也都已经确定规划或动工,4条轨道交通线在七宝镇设置12个站点。镇政府所在地:吴宝路8号,邮政编码:201101。

经济状况。年内,增加值实现536 216万元,比上年增长10.26%;农方收益8.6亿元,比上年增长10.81%;实现财政总收入205 555万元,比上年增长9.74%;新增内资注册资金18.57亿元,合同吸收外资4 854万美元,实际到位外资6 078万美元。第二产业不断调整结构,工业总产值967 346万元,工业销售产值967 217万元。有10户工业企业税收超千万元。第三产业增加值259 530万元,占全镇经济比重48.4%。商品销售收入117.2亿元,社会消费品零售总额446 455万元。华商时代广场、永达汽车广场一期、欧迪芬、私营经济城改建一期交付使用。新建楼宇40多万平方米,各类商业商务面积180万平方米。落实"抱团过冬"各项措施,帮扶企业共渡难关。64个重大项目中已竣工投产16个,开工20个。

城市建设与管理。年内完成涞亭北路(七宝段)、南莘铁路人行地道和佳宝路等改造,协助完成漕宝路拓宽工程,优化学校周边交通环境。涞亭北路区域设1.9公里污水管道。全面完成南莘铁路、七莘路、中春路沿线88万平方米的居民小区、村宅和厂房建筑物外立面、围墙等的清洗和粉刷及浴堂街、横沥路、三八路仿古改造等。推出春莘花园、枫荷兰庭、万科城花新园等一批优质房产,推进西郊英园、碧林湾新苑、天安豪园、七韵美地园等动迁安置房建设。创建成市级安全社区。顺利通过"全国环境优美镇"、"环境噪声达标镇"、"扬尘污染控制镇"的国家复验。老街区域被市地名办正式命名为"七宝老街"。全年动迁民宅903户,企业356家。拆除各类违章建筑33.1万平方米。建立城管综治联管大队,推进城管综治大联动试点工作。进行政府购买服务的有益尝试。完成七宝老街浴堂街、供销社地块修复改造。

社会管理。完成涉及39个居委会和9个村委会的换届选举工作,居委会全部实行直选的办法,部分村委会尝试了一步法的选举办法。村民居民自治制度不断健全,政务、厂务、村务公开工作取得新成果。居民区"四位一体"管理机制,听证会、评议会、协调会"三会"制度不断完善。"五五"普法等宣传教育深入开展。老街钟楼广场警务站正式挂牌"和谐家园"法制宣传站七宝宣传点,来沪人员集中居住点"七个一"法宣项目全面落实。民主法治建设深入开展,20家单位申报市级"民主法治村"、"民主法治小区"创建。镇社工站成立"静怡女性工作室",为女性社区服刑人员开展矫正帮教工作提供平台。全年信访总量1 958件,累计办结率99%,从严落实安全生产责任制,完善应急预案,提高灾害应急处置能力。加强来沪人员综合服务管理,实现总量持续下降的调控目标,累计办理居住证96 276张,办证率97.4%。开展"实有房屋、实有人口"全覆盖管理工作。联明村来沪人员集中居住点进入装修阶段。

社会事业。举办以"节能减排、你我共参与"为主题的科普下乡活动。民营科技企业121家。七宝二中成为"上海市科技教育特色示范学校"。稳步推进教育综合改革,落实各项教育经费,成为第二轮上海市社区教育实验镇。市西实验中学更名为七宝实验中学,纳入七宝中学教育集团。2所民工子弟学校关闭1所、转制1所。七宝皮影荣获上海市传统工艺美术技艺称号,并申报国家级"非物质文化遗产"项目。成功举办社区文化节,各单位开展123场丰富多彩的群众文化活动。参加闵行区第四届运动会,获团体总分第一,获全国群众体育先进单位及闵行区群众体育先进集体称号。文体事业发展中心荣获“上海市巾帼文明岗”光荣称号。推进全国健康试点镇工作。创建成“上海市健康社区先进镇”、“上海市食品安全宣传示范镇”，获全区卫生积分考核第一名。连续两届获全国无偿献血促进奖，2009年献血量达到14 607人份。积极开展“婚育新风进万家及婚育新风古镇行”等活动，落实各类计划生育奖励扶助政策。强化社区“五方联席会议”作用，小区各类组织关系进一步理顺，居委在小区建设中的主导地位进一步显现，各种工作机制进一步健全，物业联席会议的协调作用得到发挥，创建成“上海市和谐社区建设示范镇”。

社会民生。建立“政企联动促就业”工作机制。新增3家“双困”就业基地、4家“职业见习”基地和32家非正规就业劳动组织，带动各类就业594人。10个征地项目的1 459人全部进入镇保。提高各村农民和征地农转非人员生活费。创建7个达标老年活动室。老年人午餐配送中心于4月10日开张营业。对2 012名60岁以上老人进行眼科疾患检查。为2 901位80岁以上老年人赠送保险。继续为户籍在七宝镇的80岁以上老人发放牛奶卡。第二代残疾人证换发工作取得预期进展。开展“慈善在我心、和谐在七宝”慈善募捐活动，共募集捐款410万元。经济适用房试点工作顺利开展。农村居民家庭人均可支配收入21 783元，比上年增长8%。（毛家兴）

【完成6项实事项目】 （1）新增本地劳动力就业岗位2 600个。截至12月底，新增就业岗位2 748个。其中城镇失业人员就业1 779人，老征地人员就业624人，新征地人员就业144人，农村富余劳动力就业201人。（2）社区综合保险。居民住宅及公共设施火灾责任综合保险、社区公共责任险、低保特困家庭“居家无忧”组合保险3个险种全年共受理10起、结案9起，居民共获理赔款17.879 38万元。（3）旧小区平改坡综合整治建筑面积约21.68万平方米，总投资3 468.8万元。主要包括万泰公寓、金泰公寓、宝南新村等小区。（4）二次供水设施改造共计面积约33.26万平方米，总投资968.53万元。主要包括欣源公寓、富丽东区、红明一村等小区。（5）社区肿瘤关爱项目。对35—74岁社区妇女乳腺癌初筛8 559人次，确诊乳腺癌25例，其中早期20例；45—74岁社区人群大肠癌初筛12 225人次。（6）老街深度开发改造。完成浴堂街地块1 785.63平方米、北固弄地块1 053.59平方米及横沥路徐家弄地块2 205.24平方米的修复改造工作。（毛家兴）

【创建“上海七宝科技园”】 规划总用地面积为225.6公顷，东至华莘港、南至七宝镇界、西至南新铁路、北至沪松公路。7月，经上海市科学技术委员会同意，授予园区“上海市科技产业化基地”称号，并同意创建“上海七宝科技园”。作为园区重点项目之一的“明谷8621”投入使用。

（毛家兴）

【健康自检室投入使用】 6月8日，市爱卫办主任李忠阳、副区长张辰、区卫生局局长许速及七宝镇有关领导出席健康自检室启动仪式。自检室在新镇路465号，使用面积100平方米，设有身高、体重、血压、血糖、肺功能、骨密度、脂肪分析等自检项目，居民凭健康卡就能进行自助式健康检测。截至12月31日，5 234人次到自检室进行健康自检。（毛家兴）

【搬迁上海七宝商城农副产品综合交易市场】 根据上海市总体规划布局要求，市场所在地段被规划为生态商务区。经过各方的协调和努力，5月6日起，该市场分批从漕宝路八号桥搬迁至涞亭路888号，至10月底顺利完成搬迁。

（毛家兴）

2009年七宝镇基本情况表

项　目	数 量	项　目	数 量
区域面积（平方公里）	18.10	第二产业（万元）	276 686
行政区划		第三产业（万元）	259 530
村民委员会（个）	9	规模以上工业企业数（个）	121

(续表)

项　　目	数　量	项　　目	数　量
居民委员会(个)	39	社会消费品零售总额(万元)	446 455
人口		财政总收入(万元)	205 555
户籍人口(人)	89 857	新建商品房房屋施工面积(万平方米)	155.40
总户数(户)	35 607	新建商品房现房销售面积(万平方米)	10.16
非农业人口(人)	87 828	外商投资企业利润总额(万元)	22 144
国民经济主要指标		引进利用外资合同总金额(万美元)	4 854
		规模以上私营工业企业利润总额(万元)	3 386
农业总产值(万元)	0	流动资产(万元)	662 960
工业总产值(万元)	967 346	固定资产(万元)	185 477
工业销售产值(万元)	967 217	所有者权益(万元)	570 151
增加值(万元)	536 216	主营业务收入(万元)	845 262
第一产业(万元)	0	营业利润(万元)	122 249

(区统计局)

(七)梅陇镇

【概况】 梅陇镇位于闵行区南北向的中部。东与徐汇区华泾镇、凌云街道、康健街道相接,西与莘庄镇、颛桥镇相连,南临吴泾镇,北邻古美路街道,与虹桥镇和漕河泾开发区接壤。面积25.71平方公里。有52个居委会,16个村委会。大型社区(集镇)、集市25个。总户数47 214户,户籍人口111 481人,非农业人口105 213人,人口密度10 528人/平方公里。市级道路2条,区级道路17条,镇级道路68条,其中:外环线、漕宝路、顾戴路、沪闵路、春申路、银都路、金都路等横贯东西;虹梅路、虹梅南路、中环线、莲花路、莲花南路纵贯南北。镇域内有60条公交线路经过,其中始发和终点25条。另有轨道交通1号线穿越。市级河道3条、区级河道2条、镇级河道17条、村级河道107条,总长度62.34公里。镇政府所在地:银都路1618号,邮政编码:201108。

经济状况。2009年,全镇实现社会总产值301.1亿元,比上年下降6.9%;增加值952 883万元,比上年增长11.0%;实现财政总收入296 823万元,比上年增长1.5%。产业结构进一步优化,第一产业、第二产业、第三产业在国内生产总值中的比重为0.1∶55.3∶44.6。农业总产值2 820万元。其中粮食种植面积35.4公顷,粮食总产值2 245吨,蔬菜上市1 616吨,种植小麦280亩,单产280公斤;种植水稻250亩,单产583公斤。第二产业主导产业有电子、机电、新型建材、精细化工等,工业总产值2 101 662万元,销售收入207.2亿元,工业增加值48.5亿元,利润12亿元。商业饮食业产值48.9亿元、运输仓储业产值9.0亿元,建筑业产值33.9亿元。商品销售额95.0亿元,社会消费品零售额533 670万元,市场成交额88.4亿元。招商引资方面,批准企业数52个,合同吸引外资10 145万美元,实际到位外资7 855万美元。

城镇建设与管理。批准基建立项37件,用地56公顷,总建筑面积46.9万平方米,计划投资7.5亿。报土地储备中心土地储备5个地块,13.6公顷,均为商业用地。投入资金417万元对沪杭铁路沿线和镇内18条中小道路进行专项整修。投资3 318.46万元新建罗锦路(虹梅南路至龙里路)。投资1 280万元开展截污纳管工作。投入养护资金29.98万元维修白色路面以及其它零星市政设施等的修复工程。环保投入2.8亿元,环保指数大于3.5%。二氧化硫排放量控制在2 000吨/年以内,上海澳联玻璃有限公司清洁能源改造、上海威德纺织品有限公司等企业关迁,削减二氧化硫排放量406.6吨。历时近10

个月顺利完成全国第一次污染源普查工作，完成1 094家生活源、1 077家工业源、1家集中式污染源的清查工作和464家生活源、772家工业源、1家集中式污染源的填报、审核、录入、数据上报以及档案整理和存档工作。年内投资绿化资金1 800余万元，新建绿化面积20.98万平方米，调整改造、整治绿化面积35.1万平方米，补种行道树370棵，修复树穴盖板319只。拔点地块6块，动迁732户。处理各类违法建筑投诉单629件，实际拆除违法建筑54.44万平方米。

社会管理。年内开展的平安建设包括继续推进矛盾纠纷排查和预防调处工作。投入资金1 500万元用于百门工程、技防工程、"零发案"小区和平安小区工程、规范停车管理工程、整治"群租房"工程等。安装电子防盗门281扇、道路图像监控54个、自行车规范停车点6处、整治群租房246户、创建平安小区63个。打击处理各类违法犯罪对象1 391名。发生刑案737起，刑案发案率比上年下降2.1%，破获刑案297起。全年组织集中整治行动27次，出动3 455余人次，查处违法外来人员297名，取缔违规发廊112家、网吧31家、劳务中介87家、无证行医69家、无证饮食店125家、夜排档411个、拆除违法建筑53.9万平方米。"创平安、保稳定、迎世博"为主题的社会治安综合治理宣传月活动于4月在全镇各村、居委、公司、企事业单位全面开展。加强外来人口管理，有5个来沪人员居住小区，共居住1 816人。全镇有100家调委会，受理各类民间纠纷1236起，调处率100%，调处成功率99.6%，防止矛盾激化17起，避免人身伤害事故5起，防止群体性激化纠纷10起，防止民转刑案件15起。制作调解协议书560份，协议书履行率达到100%。

社会事业。申报高新技术成果转化等各类项目20多项，新认定高新技术企业17户。快鹿电线电缆、伊诺尔印务、伊文数据3家企业被评为闵行区科技小巨人培育企业，其中埃德电子被新认定上海市科技小巨人企业。上述3家企业的研发中心被认定为闵行区研发机构。全年完成专利400余件，其中发明专利近300件。新开办中梅苑幼儿园，完成4所民工子女学校转制和托管工作。社区学校利用东方讲坛及其他社会资源等举办各类讲座69场，内容涉及社区矫正、心理辅导、法律、礼仪、青年就业辅导等。围绕世博等主题开展相关培训，培训75 436人次。年内有7 580人参与无偿献血活动，献血9 303份，献血小板1 410份，获"闵行区无偿献血示范社区"称号。户籍人口计划生育率达到99.9%，流动人口计划生育率94%。年内共组织开展广场文体活动83场。现有镇级文艺团队12支，人数450余人。各村(居)委文艺团队共180余支，7 000余人。

社会民生。今年完成新增就业岗位3 206个，完成全年指标的106.87%。城镇登记失业人数2 606人，控制在全年指标2 650人之内。完成本地劳动力职业技能培训362人，完成全年指标的100.6%；外来农民工职业技能培训1 283人，为全年指标的100.2%。完成外来人员综保参保数47 705人，为全年指标的101.5%。镇保发放就业奖励费4 882人次，发放金额142.6万元。发放发展成果奖7 068人，发放总金额713.03万元。全镇享受城镇居民最低生活保障金有1 307户，覆盖人数为2 403人，发放低保金792万元。发放支内回沪生活困难补助款1 026万元，受益人达5 171人。征地小城镇失业人员528人，发放补助金185万元。有641个单位和16 481人参加镇扶贫帮困基金募捐，募得5 807 626.24元。全镇有60周岁以上老年人24 922人，占总人口19.71%。将"为老助餐"服务工作列入镇实事工程项目，加大推进力度，延伸服务半径，助餐网点覆盖50个居委、3个村委，对低保低收入和高龄困难老人实行助餐补贴，助餐152 150客，补贴餐费227 539元。（陈荫峰）

【完成10项实事项目】 (1)旧小区"平改坡"综合改造25万平方米，投资1.12亿元，惠及4 250户居民；(2)实施南方商城区域"排堵保畅"综合工程；(3)5处积水点改造和梅陇港南岸护堤加固工程；(4)对梅陇镇户籍且居住在梅陇镇区域内的人口实行家庭财产综合保险政策性补贴；(5)完成梅陇文化体育科普活动中心建设；(6)完成4所中小学校校舍加固工程；(7)为500户困难老人提供送餐服务；(8)向阳路、景中路段，虹梅南路、曹行路段部分自来水干管改造；(9)曹行老集镇给水总管改造工程；(10)罗锦路东段辟筑工程。（陈荫峰）

【推进镇域范围内的吴泾化工区环境综合治理】 吴泾化工区环境综合整治区域总面积11.94平方公里,西起虹梅南路,东至黄浦江,北起双柏路,南至放鹤路。涉及梅陇镇面积2.8平方公里,包括双溪、车沟、爱国、曹行4个村,农民私户动迁户1 291户。梅陇镇着力进行第三轮环保行动计划,对区域内受污染居民户实施搬迁安置工作,4月份协议搬迁工作全面展开。至年底,吴泾化工区环境综合整治私户签约1 104户,市政道路签约127户,合计1 231户,占镇计划搬迁总户数1 291的95.35%。整个动迁工作透明、公开、公平、公正,在梅陇历史上创下纪录:(1)双溪村单日签约176户;(2)车沟村基地单日签约80%。

(陈荫峰)

【市容环境管理市场化运作成效显著】 以整合资源、综合管理为基础,理顺关系、专业管理为主体工作思路,决定划出部分区域的市容管理工作,由市场化运作,聘用专业公司进行市容环境综合管理。自7月1日开始实施以后,该区域市容环境管理工作成效显著:(1)比较突出的跨门营业、乱堆物现象得到缓解,晾晒得到规范,黑色、非法广告消失,非机动车停放整齐。(2)市容环境投诉数量明显减少。全年受理市容投诉1 672件,比上年下降49%,其中乱设摊、跨门营业、乱堆物由2008年的2 833件下降到2009年的757件,特别是市容管理公司所管理的外环线以北区域,从7月以后,发生投诉案件仅56件。

(陈荫峰)

【成功完成陇西水厂基地动迁工作】 从4月起,经过80天努力工作,成功完成梅陇镇南方商务区陇西水厂基地动迁工作。该基地内私房动迁户300户,面积约69 000平方米,常住人口1 200人,外来流动人口18 000多人,集体非居住房屋15万平方米。整个动迁过程中没有出现一个村民上访、没有一户居民实施强迁、没有发生一起伤亡事故、没有一户居民突破政策底线。(陈荫峰)

【加快旧小区综合改造】 在原计划对罗阳东三村、罗阳西三村、古美西路420弄、莘朱路1760弄、虹梅南苑、高兴一街坊等组织实施“平改坡”综合改造的基础上,扩大位于梅陇老镇的梅陇一村1—87号,梅陇二村的01—185号、3—23号、25—81号、82—97号,益文路79弄,紫藤一村1—27号、52—70号的“平改坡”综合改造工程,计8个居委14个小区。“平改坡”综合改造的建筑面积54.75万平方米,投入总资金约8 700万元,改造房屋193栋,惠及8 355户居民,近2万人。(陈荫峰)

2009年梅陇镇基本情况表

项　目	数　量	项　目	数　量
区域面积(平方公里)	25.71	第二产业(万元)	526 637
行政区划		第三产业(万元)	425 273
村民委员会(个)	16	规模以上工业企业数(个)	427
居民委员会(个)	52	社会消费品零售总额(万元)	533 670
人口		财政总收入(万元)	296 823
户籍人口(人)	11 481	新建商品房房屋施工面积(万平方米)	90.40
总户数(户)	47 214	新建商品房现房销售面积(万平方米)	3.85
非农业人口(人)	105 213	外商投资企业利润总额(万元)	38 393
国民经济主要指标		引进利用外资合同总金额(万美元)	10 145
		规模以上私营工业企业利润总额(万元)	19 548
农业总产值(万元)	2 820	流动资产(万元)	123 658
工业总产值(万元)	2 101 662	固定资产(万元)	433 327

（续表）

项　　目	数　量	项　　目	数　量
工业销售产值(万元)	2 098 549	所有者权益(万元)	886 768
增加值(万元)	952 883	主营业务收入(万元)	1 877 530
第一产业(万元)	973	营业利润(万元)	125 273

（区统计局）

（八）虹桥镇

【**概况**】 虹桥镇位于闵行区东部，东临徐汇区，西接龙柏街道，南靠漕河泾新兴技术开发区，北与长宁区古北新区接壤。面积8.98平方公里。有20个居委会，6个村委会。全镇总人口78 267人，其中户籍人口37 290人，来沪人口40 977人，人口密度8 716人/平方公里。镇域内东西走向的吴中路、宜山路、延安路贯穿全镇，与南北走向的中环路、莲花路、虹梅路在镇域内形成三纵三横道路网。境内有公交站点46个，其中终点站3个，主要线路有548、931、87、69、89等16条。轨道交通9号线穿越贯通全镇，设有地铁站点1座。河流有蒲汇塘、新泾港。镇政府所在地：吴中路1136号，邮政编码：201103。

经济状况。2009年，实现社会总产值131.3亿元，比上年增长13.9%；增加值523 030万元，比上年增长10.6%，完成全年计划的100.5%；实现财政总收入209 573万元，比上年增长14.4%，完成全年计划的106%；完成全镇收益8.4亿元，比上年下降0.8%。其中，财政总收入提前完成“十一五”规划的目标任务。实现工业总产值1 095 375万元，比上年下降7.4%，实现工业利润6.8亿元，比上年增长64.4%。重点行业健康发展。汽车业复苏较快，销售额比上年增长34%。批发零售业和商务服务业保持良好发展态势，分别实现税收比上年增长45%和49%。第三产业实现增加值35.09亿元，占全镇增加值的比重达到67%，比上年上升4%。服务业对全镇经济增长的贡献率达到30%。第一产业在城市化的进程中，已经消亡。全年合同吸收外资17 004万美元，实际到位外资9 200万美元。全年新增内资注册资本21.6亿元，完成年计划的180%。总部企业推动经济发展作用进一步显现，形成漕河泾开发区西区、利丰集团等一批税收亿元经济集聚区。至2009年底全镇在建产业楼宇面积8.6万平方米，竣工产业楼宇面积9.8万平方米。紫晶科技、上虹产业园、虹欣商务园区等产业楼宇基本建成，云峰总部大楼等项目开工建设，地铁10号线“上盖”经济、顶新国际商务中心、“科技绿洲”三期等重点项目的前期工作稳步推进。

城镇建设与管理。新建3.5万伏临时变电站和22万伏吴中变电站，启动11万伏合川变电站的开工建设。合川路、古北南路工程竣工通车。轨道交通10号线停车场工程竣工，实施相关配套设施建设。吴中路架空线入地工程电力、通信排管和道路修复全部完成。虹南雨水泵站工程和环镇南路西延伸段建设工程全面展开。虹梅路等11条市政道路的整修工程按期完成。落实“迎世博600天”行动计划各项工作任务，对延安西路南侧、中环线两侧等重点区域进行市容环境综合整治，完成外立面整治、店招店牌整治、绿地改造及整治任务，拆除各类违法建筑31.6万平方米。严格实施污染物总量控制，二氧化硫保持零排放；全年调整高能耗企业8家，全镇单位产值能耗比上年下降10.4%。年内组建4个撤队工作组和400余人的动迁工作队伍，依法、有序地推动全镇“城中村”改造工作。完成井亭村高家塘队、新桥村5个队和虹六村曹家角、蔡家木桥队的撤队工作；基本完成井亭村高家塘队基地的动迁腾地工作；新桥村8个队的动迁工作已进入扫尾阶段，签约率94%。全年累计完成居民动迁800余户、企业动迁400余户、腾地80公顷，新桥基地万源三期动迁安置房已开工建设。

社会管理。年内在楼宇建立警务站试点，将综合治理工作向楼宇延伸。依据实有人口和实有房屋全覆盖管理要求，将来沪人员总数控制在4.2万人左右，居住证办证率100%。做好安置帮教和社区矫正工作。各类刑案数比上年下降4.8%,被上海市综合治理委员会评为“上海市平安社区”。年内基本形成“依托基层、各方参与、条块结合、上下联动”的社会矛盾预防和调处格局。年内试点推行“村居共建”联动,整合村委会与居委会的人力、物力资源,在丰富村民、居民业余生活和维护小区稳定方面发挥作用。巩固上海市“和谐社区”示范镇创建成果,示范居委会创建率100%。被国务院授予“全国民族团结进步模范集体”称号。

社会事业。加大教育投入,预算内教育经费比上年增长12.2%。投入163万元,支持古北虹苑幼儿园扩班工作。虹鹿幼儿园被评为“闵行区示范园”。完成育苗小学的拆迁及三所民工子弟学校学生的分流安置工作。加强社区教育,被评为“上海市社区教育实验镇”。完成闵行中医医院转制。举办虹桥镇第四届艺术节,安排23项系列活动、28场文艺演出、72场流动电影进社区,吸引群众7.6万人次参与。年内新建4片门球场及1片网球场。有两个队先后获得上海市门球锦标赛和木兰拳比赛2个冠军。年内创建市、区级文明村100%,市、区级文明小区85.3%,市、区级文明单位18家。

社会民生。年内巩固“充分就业社区”创建成果。全年新增就业岗位1 755个,完成年指标任务的110%;建立6个来沪人员集中求职登记窗口;对909名劳动者开展职业技能培训。全镇各类社会保险覆盖率达到100%。协调市、区有关部门,妥善解决镇里“老居民”养老金问题。调高养老人员生活费和待岗人员最低生活费标准,分别达到每人每月688元和960元。落实原征地养老人员选择“居民医保”以及原井亭村西杨更队、高家塘队征地人员“镇保”转“城保”工作。全年救助各类对象10 031人次,发放各类救助金额760余万元。全镇劳均收入和人均纯收入分别为27 992元和22 256元,比上年增长分别为13%和8%。 (李建敏)

【完成8项实事项目】 (1)24个老居住小区的综合改造工程,包括平改坡综合改造、二次供水改造、雨污水管网改造、道路改造及无障碍设施工程等,改造面积13.8万平方米,受益居民达5 729户。(2)文体中心图书馆及一楼功能活动室设施改造的硬件施工。(3)社区公共活动场所规范化建设工程。(4)33个老居住小区安装电子围栏工程。(5)少年儿童免费进行龋齿防治工程。(6)开展“助残”系列活动,使全镇残疾人都能享受到2年1次的免费健康体检。(7)落实“居家养老”服务500人及“为老助餐”服务150人。(8)理顺敬老院的管理体制,增加“自助式健康检测室”特色服务项目。 (李建敏)

【制定集体资产信息化台账管理制度】 根据《闵行区农村集体资产信息化台账管理指导意见》、《虹桥镇“四本台账”管理办法(暂行)》、《虹桥镇集体资产管理办法(试行)》的相关规定,建立“镇级集体资产信息化台账”,并出台相关配套制度,规定凡占用虹桥镇集体资产的单位均应纳入资产台账管理范围,包括镇属集体企业及其控股子企业、镇属事业单位、村民委员会(包括村级公司及其控股子企业)、村民小组及下属集体企业。各单位以独立法人为单位,分别录入资产台账数据。 (李建敏)

【开展青年工作卓有成效】 年内,开展2次“粉色记忆,玫瑰相约”交友活动,参与青年120人,为虹桥镇楼宇白领单身青年拓宽社交圈,创造更多的交友机会。组织实施与来沪青年教育、工作、生活密切相关的“万名来沪从业人员第二代综合服务计划”实事项目,在虹桥镇多所民工学校集中授课20余次。联合镇劳动保障服务中心,成立青年就业创业服务中心,为青年成才、成长铺路搭桥和提供舞台。 (李建敏)

2009年虹桥镇基本情况表

项　　目	数　量	项　　目	数　量
区域面积(平方公里)	8.98	第二产业(万元)	172 112
行政区划		第三产业(万元)	350 918

（续表）

项　　目	数　量	项　　目	数　量
村民委员会(个)	6	规模以上工业企业数(个)	154
居民委员会(个)	20	社会消费品零售总额(万元)	772 091
人口		财政总收入(万元)	209 573
户籍人口(人)	37 267	新建商品房房屋施工面积(万平方米)	16.92
总户数(户)	15 100	新建商品房现房销售面积(万平方米)	0.79
非农业人口(人)	34 970	外商投资企业利润总额(万元)	19 624
国民经济主要指标		引进利用外资合同总金额(万美元)	17 004
		规模以上私营工业企业利润总额(万元)	1 237
农业总产值(万元)	0	流动资产(万元)	638 715
工业总产值(万元)	1 095 375	固定资产(万元)	130 348
工业销售产值(万元)	1 079 680	所有者权益(万元)	435 088
增加值(万元)	523 030	主营业务收入(万元)	1 188 386
第一产业(万元)	0	营业利润(万元)	25 763

（区统计局）

（九）华漕镇

【概况】 华漕镇位于闵行区北部。东与长宁区和龙柏街道相接，西与青浦区相连，南与七宝镇相邻，北以吴淞江与嘉定区为界。面积46.28平方公里。有16个居委会，26个村委会。总户数22 678户，户籍人口66 996人，来沪人口139 487人。贯穿全镇南北向交通干道有华翔路、纪翟路、联友路，东西向交通干道有沪青平公路、北翟路、北青公路、纪鹤路。A20（外环线）、A9（沪青平高速）、A5（嘉金高速）、A11（沪宁高速）环绕周边。全镇有区级河道盐仓浦、蟠龙港、北横泾3条段，镇级河道32条段，村宅河道166条段，河道总长度98.452公里。有公交线路7条，分别是74路、803路、836路、莘纪线、古华线、华漕1路、华漕2路，纪王集镇、诸翟集镇各设有一个公交枢纽站。镇政府所在地：纪翟路228号，邮编：201107。

经济状况。2009年，实现增加值551 364万元，比上年增长9%。财政总收入156 800万元（不含免抵调），其中区级财政收入5.7亿元，比上年增长19.5%。第一产业、第二产业、第三产业在增加值中的比重为0.2∶58.3∶41.5。招商引资方面，新增内资注册资本20.6亿元，合同吸收外资13 710万美元，实现到位外资6 090万美元。年内做好松芝、国利等项目的土地招拍挂工作。新虹桥国际医疗中心项目规划获批准，与华山、肿瘤等医院合作并成功签约。启动建设闵华商务广场、旭华商务中心、华漕时尚生活中心、良华置业广场4块近36.9万平方米商务及商业项目。

城镇建设与管理。年内对3 232.42平方米损坏道路进行日常养护，完成北青公路、纪翟路等公路护栏维修补缺工作，实施纪宏路西界河桥桥梁改建工程，疏通14 839米镇区道路雨水管道，完成4处道路泊位交通设施工作，增设158只停车泊位。新建、调整改造公共绿地64.9万平方米，完成美邻苑小区等3 359平方米特色绿化栽种。完成雄伟河、北小泾河道“创模”河道整治及周泾港结构工程，开展南新铁路沿线11条河道整治工作。加强市容环境14平方公里“达标区域”创建力度。建立大联动处置中心，开展诸翟集镇城市管理大联动机制的试点，划分3大网格，逐渐建立“发现及时、处置快速、解决有效、监督有力”的城市管理新模式，有效提高镇区城市管理和治安防控水平。

社会管理。组织力量排查和整治重点区域内无证照网吧、娱乐场所、地下食品加工点和非法行医窝点,取缔无证网吧220户,取缔无证无照"六小"场所、地下食品加工点、非法行医点253处。全年刑事案件和八类案件发案率分别比上年下降2.7%和23.9%。全年开展专项整治检查16次,整改安全隐患3 650条。成功承办市、区禁毒法制电影进农村放映月活动开幕式。全年受理各类纠纷352件,调解成功率100%。华漕镇陈家角村被评为"全国民主法治示范村"。

社会事业。全年新认定科技、高新技术企业58家、科技小巨人4家,举办讲座95场次,发放科普宣传资料、书籍12 500份。华漕镇朱大明、艾冬红家庭荣获首届上海科学家庭第二名。开办上海外国语大学闵行实验学校和爱博幼儿园。成功举办第二届诸翟羊肉文化节。组建巡演文艺团队,组织各类文艺演出40场次,播放电影1 618场,吸引观众10万人次,开展图书送工地的"书香工地"服务项目。逐步加强和改善基层文化体育设施,改造社区卫生服务中心门诊部,完善公共卫生应急预案,完成1 350人次急救培训。全年无偿献血2 515份。推进"农家书屋"、新农村家园运动场和健身苑建设和验收工作,实现基层健身苑点全覆盖。

社会民生。2009年合作医疗参加人数23 160人,其中征地镇保参加人数12 644人,参保率和资金到位率均100%。为老助老和助残工作有新的进展,分别为家庭困难的60岁以上老人和70周岁老年人实施免费白内障手术和办理市社会尊老服务卡。落实社会救助、扶贫帮困、拥军优属等各项工作,全年发放各类救助资金1 300万余元。落实虹桥综合交通枢纽238户动迁困难家庭帮困救助工作,发放补助款256.7万元。"阳光之家"和助残工作顺利推进,被评为上海市特奥示范镇。在机关、企事业单位开展"工资一日捐"、"慈善暖人心,至爱显真情"宣传及义卖活动,共接受衣被4 200件,义卖款7 823元。

(张爱凤)

【完成7项实事工程】 (1)投资1 625.3万元开展诸新三村等三个小区共24.3万平方米的住宅二次供水改造工程。(2)金丰路121弄金丰小区和友谊新村10.5万平方米"平改坡"综合改造及旧小区综合整治。(3)纪东村等4个村21个自然村宅综合改造,新建8条农村道路和10座农村公厕,自然村宅面貌进一步改善。(4)全年新增本地劳动力就业岗位2 424个,其中征地劳动力854人。(5)全年发放扶贫帮困和敬老专项资金109.7万元。(6)诸翟等三座镇级公园的公共设施改造。(7)开展纪王地区退休和生活困难妇女免费健康检查。

(张爱凤)

【推进重大工程动迁和爱博家园回搬服务工作】

截至年末,累计动迁民房4 791户、企业2 084家。继续稳妥做好爱博家园建设和回搬服务工作。顺利完成四批次一期2 871户动迁群众回搬,回搬率达96.9%,占整个枢纽应回搬户数的59%。加大协调力度,强化社区管理,落实居委干部岗位责任和考核制度,不断提高服务社区能力,全面完成58个生产队撤队分配工作。

(张爱凤)

【搭建人力资源中介园区平台促就业】 成立镇促进就业服务站——爱博家园促进就业服务站。与大润发超市、市保安公司、海烟物流等用工大户紧密配合,达成长期劳务输出合作协议。年内,这3家企业录用本地劳动力448人,其中征地劳动力158人;与爱博家园用工单位协调,挖掘就业岗位潜力,要求爱博家园内用工单位录用枢纽就业人员比例不得低于单位上岗总人数的60%;与周边区域(如青浦区华新镇、嘉定安亭大众汽车公司)进行沟通,抢抓新的就业增长点。

(张爱凤)

【加强行政效能建设与基层民主建设】 年内申报村务公开民主管理示范村3个,复评村务公开民主管理示范村13个,不断完善村务、组务公开。加快"一门式"服务建设,新增5个服务窗口及1个便民服务点,全年共受理各类事项81 135件,接待咨询50 056人次,当场办结率和群众满意率分别为90.5%和100%。积极开展社情民意信息沟通,公务网、政务网等建设不断完善和发展,完成"千村万户"信息化培训和一村一网工作,增强政府工作透明度。全年发布网上信息1 069条,受理民生热线342件,办理网上信访邮件233件。 (张爱凤)

【开展节能降耗活动】 全年综合能耗65 403万吨标准煤，比上年下降22.81%，2006—2009年累计下降41.24%；产值能耗比为0.082吨标煤/万元，比上年下降19.80%，2006—2009年累计下降28.99%。在14个居委、21个村中推广节能灯6.2万支。淘汰高能耗工艺、技术、设备和产品，实施"裕亿纸业"等6家企业的产业结构调整，组织11家500吨以上用能单位参加"节能工程师"培训，有效控制企业能源消耗。组织13家500吨以上标煤企业及部分服装企业，参加区经委节能科与相关节能企业共同组织的"国家财政补贴高效照明产品"企业推介会。 （张爱凤）

2009年华漕镇基本情况表

项　目	数　量	项　目	数　量
区域面积(平方公里)	46.28	第二产业(万元)	321 467
行政区划		第三产业(万元)	228 809
村民委员会(个)	26	规模以上工业企业数(个)	240
居民委员会(个)	16	社会消费品零售总额(万元)	6 965
人口		财政总收入(万元)	156 800
户籍人口(人)	66 996	新建商品房房屋施工面积(万平方米)	97.90
总户数(户)	22 678	新建商品房现房销售面积(万平方米)	2.56
非农业人口(人)	56 290	外商投资企业利润总额(万元)	-517
国民经济主要指标		引进利用外资合同总金额(万美元)	13 710
		规模以上私营工业企业利润总额(万元)	24 367
农业总产值(万元)	5 266	流动资产(万元)	409 040
工业总产值(万元)	1 239 888	固定资产(万元)	184 698
工业销售产值(万元)	1 226 397	所有者权益(万元)	255 302
增加值(万元)	551 364	主营业务收入(万元)	677 408
第一产业(万元)	1 88	营业利润(万元)	63 162

（区统计局）

（十）江川路街道

【概况】 江川路街道位于闵行区西南部。东起淡水河与吴泾镇、紫竹科学园区相邻，西至西河泾与马桥镇和松江区接壤，南濒黄浦江与奉贤区隔江相望，北抵新闵铁路支线与颛桥镇相接。面积30.27平方公里。有居民委员会40个。大型集贸市场10个。总户数43 474户，总人口154 806人，其中户籍人口129 121人，来沪人口25 685人，人口密度5 114人/平方公里。市、区、社区道路42条，包括沪闵路、江川路等主干道，总长50.5公里。有区级河道3条：竹港河4 200米，横泾河4 000米，沙港河4 700米；镇级河道4条：东一河400米，东二河400米，金彭河1 050米，工农河2 700米；村宅河道1条：望海港106米。有12条公交线路在境内始发，另有过境线路9条，主要集中在沪闵路上；有4条区域性公交线路：江川1路、2路、3路、4路。有轨道交通5号线经过，沿途站点设剑川路站、东川路站、金平路站、华宁路站、文井路站、闵行开发区站。街道办事处所在地：鹤庆路258号，邮政编码：200240。

经济状况。2009年，实现社会总产值215.7亿元，财政总收入182 933万元，工业总产值6 662 846万元，社会消费品零售总额54 000万元。第二产业增加值151.1亿元，第三产业增加值64.6亿元。引进内资企业366户、注册资金

10.09 亿元。合同吸收外资 3 092 万美元,实际到位外资 5 300 万美元。全年共引进新办企业 336 家,其中注册资金 1 000 万元以上大企业 17 家,5 000 万元以上 5 家。

城市建设与管理。重点区域推行社会化管理模式取得初步成效,以“政府购买服务”的形式,委托管理公司实施市容环境综合管理与服务,提高城区管理机制有效运作水平。马路设摊疏堵工作机制有序推进,碧江路临时钟点市场疏导工作初显成效,乱设摊现象明显减少。逐步建立长效管理机制,开展市容环境责任区管理达标创建工作,围绕门前有序、立面规范、道路整洁、垃圾分类的标准,完善各项机制建设,已通过市级机制考核,实效考核进入第二个周期,整改问题 200 多处。生活垃圾分类工作在 31 个小区进行宣传推广,改造小区生活垃圾箱房 49 间,投放垃圾分类收集箱 192 个,其中 23 个小区纳入生活垃圾分类收集试点单位,辖区内垃圾清理得到有效管理。

社会管理。年内加大对街面“两抢一盗” 的打击力度,加强整治“四小场所”,进一步疏导办照和立案查处违法经营,使无证照经营总量下降 39%。通过政府托底、物业负责的方式,为各居民区的物业公司提供 75 650 元的维护补贴费,解决铁门超过免费保养期无人管理的问题。全年信访 1 515 件次,比上年上升 29.38%。成功办结和化解 2 件重信重访事项,妥善处置因社会化运作、疏导点设置过程中的群访事件。充实“公安司法联合调解室”力量,4 名专职人民调解员派驻到华坪、碧江派出所开展工作。预调中心、各基层人民调解委员会、夜间接待室受理各类民间纠纷 1 172 起,调解解决 1 171 起。社区矫正、安置帮教工作稳步推进,社区服刑人员安置率 100%,五年内刑释解教人员落实帮教措施率 99.4%,无重犯小区创建率 79.5%。基本完成“两个实有”普查登记工作,摸清底数,掌握动态,落实“以证管人”、“以房管人”机制,实现地区房屋和人口信息的“全覆盖、动态化、信息化”基础。上海重型机器厂集体宿舍、上海电机厂集体宿舍、新安市场三个外来人口集中居住点通过区级验收。

社会事业。社区教育坚持为居民终身学习提供支撑,教学内容不断丰富,运行机制进一步完善,街道被列为上海市社区教育实验街道。社区早教实现新的突破,跃进幼托所转制为江川金婴早期教养指导中心,成为全市第一家街道级民营早教机构。成功举办“三区联动”千人广场歌咏会,承办上海汽轮机厂和上海电机厂大型文艺演出;文艺原创水平进一步提高,小品、舞蹈、声乐获区文艺创作节目汇演一等奖。江川图书馆顺利实现上图“一卡通”,并通过特级馆复评工作。街道获“上海市无偿献血先进集体”和“共建共享、互助用血”示范社区荣誉称号。公共体育设施资源向社区开放工作继续深化,新增 8 所中小学校签订开放协议书,至此社区内 15 所具备开放条件的公办中小学校已全部向社区开放体育场地。围绕“八大合作项目”,充分动员开展共建结对活动,实现资源共享、互动共赢,深化 39 个居委与社区单位、区级机关党组织结对共建的 136 个项目,推动社区共建结对工作上一个新台阶。大力推进“三五”志愿者集中行动,组织地区内在校学生、企业员工、社区居民,成立百支志愿者服务队,定期开展“文明在手中”环境清洁日整治活动、“文明在脚下”公共秩序日集中行动,共同清洁美化家园、维护公共秩序。以中秋、重阳等传统节庆为节点组织系列活动,大力弘扬传统文化。以国庆 60 周年为契机,组织 150 多场次“迎国庆、爱国歌曲大家唱”群众歌咏活动,激发爱国情怀。扎实推进道德实践“五个大家”系列活动,进一步弘扬先进向上的社会风尚。

社会民生。构筑“双困人员”“三段式”就业服务网络,开展就业前调查排摸、录用后的跟踪随访,建立一人一册的“求职档案”,推出就业补贴券,努力解决“双困人员”就业问题。针对社区青年就业问题,申办青年见习基地,拓展机关科室、居委会及物业公司作为社区青年见习场所,吸收 30 多名青年从事社区工作,其中有 2 名学员转为正式员工。年中 39 个居民委员会进行换届选举,直选比例 71.8%,选民直选和代表选举的参选率分别达到 90.2% 和 93.17%,居委会干部的属地化率 81.6%。解决金铭福地四期、中铁十二局系统房、好第坊小区等长时间未移交问题,新成立好第坊居委会,填补管理空白。成功创建成上海市和谐社区示范街道。坚持“一口上下”,实行分类救助,对低保家庭中的“三无”对象、患大病重病者、严重残疾者、单亲家庭、因火

灾和突发意外事故的受害者给予更多的关爱，在政策执行中予以倾斜。（王　蕾）

【完成11项实事工程】（1）新增就业岗位3 152个，帮助残疾人就业24人，完成外劳综保25 635人，城镇登记失业控制数3 397人，帮助成功创业153人。（2）发放救助款2 438.9万元，惠及75 690人次（其中低保40 463人次、1 296.2万元）。（3）新建紫藤居委标准化老年活动室，创建星级老年活动室6个；建立东风、红四2个为老助餐服务点。（4）为26位重残人员落实居家养护上门服务，为58户残疾居民安装无障碍设施。（5）创建区级文明小区48个，市级文明单位2家、区级文明单位4家、文明市场6个，上海示范标志区域1个，上海市文明餐厅1家。（6）老街二期改造工程动迁28户；实施闵浦二桥沿线小区28万平方米旧住房综合改造；实施宾川路200弄系统房非成套改造；金平、鹤庆小区平改坡整治10.8万平方米。（7）建筑物外立面整治112.61万平方米。拆除违章建筑1.2万平方米；整治17条道路店招店牌8 500平方米。（8）15个小区96万平方米的二次供水改造工程。（9）区政府自行车免费租赁实事工程布点56个，投放自行车1 600余辆，办卡1万余张。（10）新建公交候车亭22座。建立非机动车停放管理制度，13条道路选定非机动车停放点189个。（11）小区内安装防盗铁门316扇，整治群租87户。

（王　蕾）

【市领导走访慰问江川困难家庭】 1月7日，中共上海市委常委、常务副市长杨雄在闵行区区委副书记、区长陈靖，区委副书记张路加，江川路街道办事处主任刘琼的陪同下，到江川地区看望血友病患者朱文磊小朋友和患有重大疾病的郭山明夫妇。走访中，杨雄亲切问候2户困难家庭的日常生活情况。（王　蕾）

【区政府推进“两会”意见提案办理江川现场办公会】 5月12日，区长陈靖及副区长阎祖强、金士华、张辰、程向民、蔡小庆、连正华，以及区相关职能部门行政主要领导一行到江川地区就“两会”意见提案办理工作与江川代表交流探讨，会议明确“政府主导，社会参与”的机制体制，以解决江川历史遗留的突出问题，进一步推动江川社会事业发展。（王　蕾）

【2009年“廊桥古韵”闵行区旅游节在江川拉开帷幕】 9月20日晚，由区旅游节组委会主办、江川路街道承办的2009年“廊桥古韵”闵行区旅游节开幕式在闵行剧院举行。市、区、街道各级领导与市民共同观看文艺演出和花车巡游。开幕式上，上海市旅游局纪委书记黄国忠致辞，闵行区副区长蔡小庆宣布闵行区旅游节开幕，并点亮象征着仪式启动的球灯。上海歌舞团等文艺团体在设计新颖，意蕴着“廊桥古韵”古朴、靓丽的舞台上演出歌舞、声乐、戏曲、独角戏等精彩节目，随后来自各地的22辆花车开始巡游，世博吉祥物海宝、世博场馆、世博游欢迎语是这次旅游节花车的主题元素。旅游节为国庆增添喜庆，让市民享受到旅游之乐，让游客体验到闵行之美。

（王　蕾）

【举办社区、厂区、校区千人广场歌咏大会】 10月15日，街道在江川体育场举办“祝福祖国、奔向世博”——江川社区、厂区、校区千人广场歌咏大会。区委书记孙潮及区四套班子有关领导与江川地区企业、高校、部队领导，街道党政两套班子领导、机关干部，企业职工代表，社区居委干部约2千余人参加歌咏大会。大会集中展现近年来江川社区在三区联动工作中取得的成果及独具特色的江川群众性合唱风采和水平。

（王　蕾）

【成立江川路街道经济社会发展顾问团】 12月12日，成立江川路街道经济社会发展顾问团，目的是为推动区域经济联动发展，不断壮大经济规模、合理调整产业结构、大力提升服务水平。顾问团聘请江川地区上海发电设备成套设计研究院、上海重型机器厂有限公司、上海电机厂有限公司、上海汽轮机厂有限公司、上海航天设备制造总厂、上海第一生化药业有限公司、上海索广电子有限公司等单位主要领导及上海交通大学和上海电机学院等高校领导，致力于解决区域经济发展的瓶颈问题，以拓宽区域经济互动内涵，建立健全企校产业化合作新模式。（王　蕾）

2009 年江川路街道基本情况表

项　　目	数　量	项　　目	数　量
区域面积(平方公里)	30.27	规模以上工业企业数(个)	150
行政区划		社会消费品零售总额(万元)	54 000
村民委员会(个)	0	财政总收入(万元)	182 933
居民委员会(个)	40	新建商品房房屋施工面积(万平方米)	53.70
人口		新建商品房现房销售面积(万平方米)	0.05
户籍人口(人)	129 121	规模以上私营工业企业利润总额(万元)	18 219
总户数(户)	43 474	流动资产(万元)	5 452 328
非农业人口(人)	129 121	固定资产(万元)	1 339 404
国民经济主要指标		所有者权益(万元)	2 650 205
		主营业务收入(万元)	7 010 732
工业总产值(万元)	6 662 846	营业利润(万元)	560 575

(区统计局)

(十一)龙柏街道

【概况】 龙柏街道位于闵行区东北部。东与虹桥经济技术开发区相邻,西至横沥泾,南到吴中路,北邻虹桥机场。面积 5.02 平方公里。有 31 个居委会,1 个村委会。有航华新村、龙柏新村2 个住宅小区,集贸市场 3 个。总户数 27 556 户,户籍人口 65 097 人,外来人口 22 415 人。境内沪青平公路、A9、A20 穿越,重要公交客运线设起迄站 10 条,有 709 路(航新路—凯旋路)、809 路(黄桦路—龙华机场)、925 路 B 线(航华新村—人民广场)、519 路(航华新村—安化路)等。途径交通路线 3 条,有中卫线、莘江线、739 路。过境轨道交通地铁 10 号线在建。域内主要河道 3 条,分别为大横泾全长 1 500 米、邵高泾全长 690 米、长浜全长 500 米。街道办事处所在地:航南路 378 号,邮编:201105。

经济状况。全年实现工业总产值 19 678 万元。财政总收入 23 934 万元,完成区下达指标数的 108.18%。社会消费品零售总额 486 304 万元。内资企业注册资本 4.32 亿元,完成区下达指标数的 108%。合同吸收外资 2 307.25 万美元,实际到位外资 2 245 万美元。完成第二次全国经济普查工作。街道重点经济发展项目有序进行:金汇小区配套商业综合楼、世贸虹桥购物中心工程项目竣工开业。启动航华公园商务楼项目建设,龙柏井亭公寓工程项目结构封顶,金汇小区配套商业综合楼基本土建竣工。

城镇建设与管理。年内完成北横泾桥、龙柏各河道绿化、护栏、通道整治。启动第四轮环保三年行动计划,准备“环境噪声达标街道”及“扬尘污染控制达标街道”复验工作,推进循环经济试点单位及创建绿色小区工作。通过政府购买服务和加强监管,探索市容环境管理市场化运作和社会化管理机制,实现城市工作长效管理机制目标:聘用管理公司实施街面市容环境整治,基本消除跨门营业、乱堆物等“六乱”现象。完善机非动车看管非正规就业服务社,有效控制车辆乱停放现象。加强“三乱”清除专业队伍管理,及时清除城市“牛皮癣”顽疾。扩建红松路、航西路小商品疏导点,增加摊位,疏导设摊居民引摊入场,解决乱设摊矛盾。创新城市管理体制机制,实施“整合社会资源,强化条块联动”工作项目,投诉案件比上年下降 18.5%,总投诉量比上年下降 34%,跨门营业比上年下降 79%,乱设摊比上年下降 84%,夜排档比上年下降 68%。整治查处破墙开店 15 家,查处沪青平公路土方车乱倒渣土现象 2 起,取缔辖区街面无证洗车店 6 个。拆除各类违章建筑 15 491 平方米。

社会管理。推进小区“红袖章”队伍建设试点工作,协助加强小区治安防范。组建平安志愿者队伍,从事世博安保、防范邪教等安全防护志愿工作。继续普及小区防盗铁门安装工程,增强小区治安防范硬件基础,新装防盗铁门455扇。加强虹光村"城中村"综合整治,使得小区治安环境明显改善。举办"创平安、保稳定、迎世博"为主题的综治宣传月大型广场宣传活动。发生治安案件2005起,比上年下降23.3%,刑案发案总数391起,比上年下降6.5%,盗窃案件262起,比上年下降7.4%。打击各类犯罪嫌疑人员劳教以上165名,比上年上升44.7%。推进"大联动"试点工作,加大航中路、航南路周边场所的整治,取缔无证行医20户次。取缔租售盗版光盘和淫秽音像制品的销售点12家,收缴光盘10.5万余张。打击查处违法运营车辆38辆次。对社区矫正人员开展集中教育7次,个别教育254人次,心理健康教育讲座5次,组织参加公益劳动48人次。在册刑释解教人员137名,建档率100%。开展"两个实有"全覆盖工作,核实实有房屋50 750间,实有人口91 034人。做好重大活动的维持稳定工作,确保社区秩序的稳定和谐。编制完成《龙柏街道净空突发事件应急预案》,有效保障途径本地区民航飞行安全和处置净空突发事件的快速反应能力。开展"让校园远离灾害,让学生安全成长"的民众防护演练主题活动,使社区整体应急防护能力得到提升。

社会事业。完成市级项目"基于高光效大功率LED的社区公共节能照明应用示范工程"。开展"3·14绿手帕在传递"节能减排进家庭社区启动仪式。举行市科协国际项目"小魔术、大科学"等系列活动。扎实开展双拥工作,创建双拥文化广场,设置街道拥军优属基金70余万元。踢踏舞《盼世博》获中央电视台《舞蹈世界》栏目优秀表演奖,时装《大唐贵妃》获第七届中国上海"金玉兰花最高奖",京剧队获上海市园林戏曲大奖赛一等奖等。举办龙柏社区国庆民族文化风情节。会同区文明办、生活时尚频道联合开展"迎世博社区厨艺大赛"。开展"迎世博、迎国庆、讲文明、树新风——爱国歌曲大家唱"艺术节群众歌咏活动。组队参加上海市第十四届全民健身节"南西杯"太极拳比赛并获一等奖,分别获市网球邀请赛女子45岁以上组冠、亚军。举办第二届社区运动会。龙柏街道被评为闵行区体育工作先进集体。户籍人口计划生育率99.72%,流动人口计划生育率94.5%,孕产妇建卡率99.6%。巩固创建上海市文明社区成果。申报新一轮文明小区54个,文明市场1个。以环境文明、服务文明、秩序文明为重点,抓好迎世博倒计时城市百日文明指数的测评迎检工作。以"三五"集中行动为契机,深化志愿服务,在社区开展集中行动,活动总人次超过1万人。

社会民生。新增就业岗位2 200个,城镇登记失业人数1 130人,来沪人员综合保险参保数6 700人,双困人员认定42人,安置率100%。新增非正规就业劳动组织16家,新增就业基地3家,提供420个就业岗位。与上海师范大学合作,建立大学生就业实习基地。完善社区7个为老服务助餐点,为268名老年人提供送餐上门和社区助餐点集中用餐的服务。深入开展爱心特色助老基地创建,龙柏社区卫生服务中心和龙柏家电维修部被评为"上海市爱心特色助老基地"。发放救助金约1 500万元,比上年增长15%,受助人数达5 329人次。合理布局社区慈善超市捐助网点,方便居民就近捐赠衣物,募集到衣被新品4 568件,旧品32 358件,募集善款169 085.7元。开展重残无业人员居家养护工作,为社区53个重残无业"老养残"家庭提供每天1小时的上门服务。为12位符合条件的残疾学生和贫困残疾人家庭的子女申办助学金。举办残疾人康复培训,为98名重残无业人员进行健康体检。发放重残无业人员救助金23.39万元,残疾车补助金54 000元。 (曹斌秀)

【完成6项实事工程】 (1)11个居民区76万平方米建筑面积的二次供水设施改造工程。(2)航华一村一街坊、航华二村一街坊、信利小区及天一小区33万平方米的旧小区综合改造。(3)协助做好轨道交通10号线龙柏段建设。(4)配合虹桥综合交通枢纽建设,正式启动康德别墅、荣德公寓动迁工作,至年底签约103户,签约率56%。(5)航华九年一贯制学校动迁工作。(6)龙柏六村一居委、航华四村四居委2个标准化老年活动室及航华四村三居委等2个非标准化老年活动室的创建,维修航华一村一居委等3个居委标准化老年活动室。 (曹斌秀)

【推进"迎世博"工程】 全面推进"迎世博600

天行动计划”。规范店招店牌和清理户外广告，基本做到市政设施无商业广告。整治11条中小道路，修复围墙1 325米，立面粉刷6 860平方米，整治搬迁亭棚21只。将虹井路、黄桦路及红松路作为垃圾上门收集试点路段，使垃圾分类收集。整治延安路高架(闵行段)及纵深500米、A9高速(北横泾—外环)两侧、A20(沪青平立交—吴中路)、航华新村公交枢纽站市容环境卫生。对延安路高架及沪青平公路两侧64万平方米建筑物立面进行清洗、粉刷与保洁。完成市定12个点共计1 282个非机动车道路停车架的安装，30处非机动车停放点划线停放。整治绿地88 000平方米，调整改造绿地6 966平方米，补种行道树244株，更换树穴盖板280块。(曹斌秀)

【社区老干部工作卓有成效】 积极探索老干部工作社会化机制，组织开展“关爱离休干部五个一”活动，建立社区离休干部志愿者服务队伍，通过“心灵沟通、学习互动、生活照料、法律咨询”等方面工作，使老干部在社区真正安享晚年。在党员服务中心开辟“法律咨询室”，为老干部提供免费法律咨询服务。龙柏街道创建成上海市“社区离休干部工作示范点”。航华四村第二居民区获上海市“社区老干部工作示范点”，龙柏二村第五居民区、金汇花园第一居民区、航华一村第四居民区获闵行区“社区老干部工作示范点”。

(曹斌秀)

【举办“龙柏社区民族文化风情节”】 年内举办“迎世博，庆国庆”龙柏社区民族文化风情节，将少数民族地区的农特产品、风味小吃进行展示，社区民族之家舞蹈队将一年来排练的新节目进行汇报表演。社区内的少数民族同胞悉数参加，回族、朝鲜族、彝族等少数民族同胞与汉族同胞、外国友人用动听的歌曲和优美的舞姿，表达他们对民族团结、社区和谐的深切向往。 (曹斌秀)

2009年龙柏街道基本情况表

项目	数量	项目	数量
区域面积(平方公里)	5.02	规模以上工业企业数(个)	8
行政区划		社会消费品零售总额(万元)	486 304
村民委员会(个)	1	财政总收入(万元)	23 934
居民委员会(个)	31	新建商品房房屋施工面积(万平方米)	4.22
人口		新建商品房现房销售面积(万平方米)	0
户籍人口(人)	65 097	规模以上私营工业企业利润总额(万元)	74
总户数(户)	27 556	流动资产(万元)	20 333
非农业人口(人)	65 094	固定资产(万元)	3 177
国民经济主要指标		所有者权益(万元)	7 694
		主营业务收入(万元)	36 676
工业总产值(万元)	19 678	营业利润(万元)	851

(区统计局)

(十二)古美路街道

【概况】 古美路街道位于闵行区东部，东起虹梅路、西至虹莘路、北依漕宝路、南接沪闵路，与梅陇镇、七宝镇、莘庄镇和徐汇区的虹梅街道、康健街道接壤，面积6.51平方公里。有居委会36个，划分古美、古龙、平阳、平南、平吉、东兰6个片。总户数23 509户，户籍人口52 428人。街道办事处所在地：平南路890号，邮政编码：201102。

经济状况。全年实现财政总收入57 414万元，与上年基本持平。其中本级财政收入2.43亿元，比上年增长16.9%。实现工业总产值

6 076 万元，工业销售产值 6 069 万元，实现社会消费品零售总额 43 992 万元。完成招商项目 255 个，吸收内资注册资金 5.99 亿元，外资注册资金 1 125.9 万美元，主要经济指标均好于预期。

社会管理。安装电子防盗门 610 扇、天井围墙防翻爬铁栏（防盗刺）10 500 米、电子围栏 2 500 米、道路图像实时监控探头 25 个，拆除违法建筑 1 920 平方米。开展实有人口和实有房屋全覆盖管理试点工作。推进大调解机制，调处化解矛盾纠纷 629 件，受理来信、来访、来电和邮件 599 件，保持信访总量逐年下降的态势。刑事案件立案数为 235 起，比上年下降 2.9%，千户盗窃率和万人发案率均明显低于全区平均水平。

社会事业。成功举办“一街粽情”、“月圆古美”、“怡然古美”、青年运动会等古美市民文化节系列活动、“东方剧场”系列演出、“唱响世博”全国艺术人才文艺电视展评、“颂 60 华章，扬古美风采——庆祝建国 60 周年”大型合唱交流暨第四届艺术节开幕式等各类文体活动 123 场，8 万余人次参与。精心组织 22 场“风从古美来”迎世博和谐之声百姓舞台大巡演活动，参与观众 2 万人。培育发展志愿者协会、老年协会等社会组织，搭建项目合作平台，推进社会事业的社会化运作；完善为老服务体系，为社区困难、独居残疾、无子女老人实行午餐补贴，举办“九九关爱”、“璀璨夕阳”等慰老文艺演出，举办助老为老一条龙服务活动；开展甲型 H1N1 流感防控工作，组织社区重点人群开展疫苗接种工作；推进残疾人工作，建成精神残疾人日间照料康复站，营造助残扶残的社会氛围。深入推进文明社区创建工作，83.6% 的小区创建成为市、区两级文明小区。充分利用公共场所、居民小区、窗口单位等场所资源，对世博会进行大力宣传；以“三五行动日”为平台，广泛开展群众性迎世博活动；通过与社区 1 963 家单位签订“门责”，健全社区集贸市场文明创建机制，开展从居民到在职干部的迎世博知识、礼仪等培训，创作居民喜闻乐见的文艺作品等一系列工作，广泛动员社区企业、单位和居民群众参与文明迎博。 （翟惠明）

【完成 10 项实事工程】 （1）实施旧小区综合改造和二次供水改造。（2）为全社区 12 万居民购买总保额为 2.1 亿元的社区综合保险，共包括社区居民住宅及公用设施火灾责任综合保险、社区公众责任保险、街道固定财产保险和社工团体人身意外伤害综合保险 4 个基本险种，提升社区公共安全的保障功能。（3）实施安装小区电子防盗门、防盗刺，为平阳四村、平南一村、平南二村等 5 个小区安装无障碍设施。（4）改扩建标准化老年活动室 33 个，创建星级老年活动室 19 个。（5）新建 6 座公交候车亭，具体分布在古美路 3 座，平阳路 2 座，顾戴路 1 座。（6）实施小区垃圾箱房改造。（7）新增就业岗位 1 188 个，失业控制率为 4.3%。（8）建成古龙医疗服务点和成亿健康自检小屋，已投入使用。（9）完成 1 500 名红十字救护员、普及员培训，启动出生缺陷一级预防，发放预防宣传手册 1 300 份。（10）为 1 322 名老人提供电脑培训服务。 （翟惠明）

【社区商业业态调整取得实效】 对龙茗路、古美路等 7 条重点路段的商业业态进行调整，全年共计调整商铺 171 户，调整商业面积 2.5 万平方米。在调整过程中，整治和取缔居民投诉集中的铝合金加工点、小发廊等扰民业态，通过“腾笼换鸟”，积极引入银行、书店、眼镜店、便利店等民生服务项目；经过多方协调，成功引入沪上知名品牌维修公司——“中央商场”落户龙茗路，解决居民的维修需求，为居民日常生活提供方便；引入“司机餐厅”配合道路交通整治，通过疏堵结合的方式，对商业布局进行有序引导。此外，还主动加强对古美生活购物广场、宝廷置业、万源城等新建商业设施的招商服务，推动社区商业品质不断提升。古美生活购物广场世纪联华已开张营业。 （翟惠明）

【探索建立城市综合管理“大联动”机制】 通过队伍整合、职能融合、信息互通、资源共享，积极探索和实践集服务、管理、执法为一体的城市综合管理“大联动”工作机制，推进街面大联动和小区大联动，初步实现街面与小区管理空间上的无缝衔接、白天和夜晚管理时间上的无缝衔接、城管和治安队伍责任上的无缝衔接，市容环境面貌发生显著变化。实施大联动机制以来，乱设摊、跨门营业、乱晾晒和“三乱”现象基本消除。实行区域分类管理，划分出严禁区域、严控区域和控制区域，建立差别化管理的工作机制，在整治市

容环境的同时维护群众的生计需求。（翟惠明）

【古美社区事务联动处置中心】 6月8日建成并投入试运行。整个系统在硬件上包括一个处置中心,与公安派出所共享的77个路面实时监控探头,7个视频会议系统和1个短信群呼系统。在软件上,建立与之配套的9项工作预案和115项工作流程。中心整合来自以下方面信息:市迎世博600天文明在线网站、区城市网格化管理监督平台、街道“大联动”工作机制、社区居民的相关信息。联动中心积极发挥信息集散、协调处置、应急指挥、服务咨询4大功能。至年末,受理各类事务2 017件,其中社区事务类1 783件,社区服务类234件,共处理完成1 886件,完成率93.5%。（翟惠明）

2009年古美路街道基本情况表

项　　目	数　量	项　　目	数　量
区域面积(平方公里)	6.51	规模以上工业企业数(个)	2
行政区划		社会消费品零售总额(万元)	43 992
村民委员会(个)	0	财政总收入(万元)	57 414
居民委员会(个)	36	新建商品房房屋施工面积(万平方米)	54.50
人口		新建商品房现房销售面积(万平方米)	2.09
户籍人口(人)	52 428	规模以上私营工业企业利润总额(万元)	0
总户数(户)	23 509	流动资产(万元)	2 160
非农业人口(人)	52 428	固定资产(万元)	394
国民经济主要指标		所有者权益(万元)	1 151
		主营业务收入(万元)	3 160
工业总产值(万元)	6 076	营业利润(万元)	-74

（区统计局）

（十三）莘庄工业区管委会

【概况】 莘庄工业区位于闵行区中部,东至横泾港,西至沙港,南至北松公路,北至莘庄镇。总面积17.88平方公里。有9个居委会,1个村委会。总户数7 733户,户籍人口18 903人,来沪人口29 187人。工业区内道路纵横34条,形成“两纵两横”主干道和“四横一纵”次干道组合的基本格局。途经工业区的主要公交线路有闵行2路、闵行6路、闵行9路、闵行14路、颛元线、马莘线、徐闵线、747路。轨道交通5号线穿越工业区东部。有5条区级河道、8条镇级河道和10条村级河道,总长度分别为16.89公里、11.68公里和5.71公里。管委会所在地:金都路3688号,邮政编码:201108。

经济状况。全年实现社会总产值485.86亿元,比上年减少11%;财政总收入507 721万元,比上年增长20%;工业总产值4 680 107万元,比上年减少12%;增加值1 276 403万元,比上年上升6%;第二产业增加值1 061 387万元;第三产业增加值215016万元。社会消费品零售总额22 606万元。合同吸收外资11 470万美元,实际到位外资11 161万美元;引进新项目15个,增资项目20个,新引进或追加总投资1 000万美元以上项目5个,世界500强项目1个;新设生产企业4家,工贸企业3家,贸易企业3家,服务企业5家。新引进外资批租项目的平均投资密度(注册资本)205万美元/亩;租赁厂房项目的平均投资密度(注册资本)59万美元/亩。

城镇建设与管理。年内完成新生村7、8、9队动迁工作。成功动迁294户。同时,按照“堵而有效、疏而有道、遏制蔓延、减少存量”的工作要求,结合新生村7、8、9队的城中村改造,拆除违章建筑32 917平方米。在拆违的同时，工业区拆违办专门成立一支巡视队伍，定时巡视，一旦发现新建违章建筑，第一时间予以阻止。另外还设立举报电话，加大群众对违法建筑的举报、监督力度，形成“防违、控违、拆违”的长效管理机制。全年环保投入资金1.38亿元。积极指导企业和居民小区开展创建区循环经济示范单位和绿色小区工作，已有2个小区和2家企业分别通过专家评审，得到专家和区相关部门领导的肯定与好评。

社会管理。近年来，随着改革的深入推进和利益格局的调整，社会矛盾与纠纷日益增多。工业区高度重视社会稳定工作，以化解矛盾、纠纷为主线，将排查处理不安定因素作为综合治理与平安建设的重要组成部分。为尽早消除重大事项决策过程中可能对社会带来的一些负面影响，及化解可能出现的信访和社会稳定问题，建立重大事项实施过程中的信访评估机制，组成信访评估小组，分析评估某些项目可能对社会、群体、百姓生活带来的负面影响，以及可能出现的信访和社会稳定问题，对消除该项目的社会风险和预防信访提出具体建议。做到项目实施前有风险分析预测，实施中有跟踪监控管理，实施后有责任追究。

社会事业。年内，新增知识产权试点企业1家，有11家企业被认定为高新技术企业。举办专利工作者培训班、知识产权和企业专利工作研讨会等活动，有效推动知识产权试点园区的创建工作。举办“上海2009节能减排国际论坛”，邀请相关领导、国内外专家、节能产品生产企业及重点用能单位共商金融危机下的企业节能减排对策。全年社区学校开设各类培训班72次，培训人数5 482人。做好《义务教育法》等法律法规的宣传工作，开展“青少年保护法规宣传周”活动，密切关注社区内适龄青少年接受义务教育的情况，切实依法保障适龄儿童、少年接受义务教育的权利。结合迎世博行动，开展校园周边环境专项检查工作，联合整治，有力保障学校外部环境安全有序。全年共举办6场高雅艺术进社区专场演出和3场“迎世博”综艺专场。协同区文广局举办的“激情闵行”和“闵行区第四届艺术节”大型文艺演出和摄影成果展示活动，现场观众近千人。年内工业区在各类演出和比赛中成绩突出，获得12个奖项。开展市民爱国卫生义务劳动和义务监督活动，发动每个村(居)委组建一支“迎世博爱国卫生义务监督员”队伍，发挥群众参与环境管理的积极性，带动广大居民自觉维护环境卫生。工业区组织“五个人人”健康市民行动和食品安全专题讲座，并组建健康促进志愿者队伍。同时与辖区内50多家大中型企事业单位签署《食品卫生安全工作责任书》，以提高社会食品安全意识和食品安全保障水平。积极做好手足口病、甲型HINI流感联防联控工作，开展预防两病的宣传工作和甲流疫苗接种工作。全年参加由上海市和闵行区组织的各类活动、赛事32次，获得13个奖项。工业区被授予“闵行区群众体育先进集体”荣誉称号。

社会民生。全年新增就业岗位1 717个。全年共对低保对象2 492人次，发放低保救助金58.3万元；对31名大重病患者进行医疗救助，发放救助金2.6万元；对450名支援外地建设退休回沪定居人员发放补助金83.7万元；发放扶贫帮困基金63万元，补助对象131人次；发放临时性补助3.7万元。积极开展慈善义卖活动、“慈善捐赠月”活动和送温暖活动。全年共募集物品4 227件，实际义卖444件；募集善款1.1万元。共对低收入家庭子女72人次开展助学行动，助学金额14.5万元。 (徐　炜)

【完成4项实事工程】 (1)闵行区中心医院鑫泽阳光公寓体检站正式开业，方便工业区南片居民区居民的日常医疗问题，实现工业区卫生资源的合理配置。(2)新建申北路文化体育中心，基本满足申北路地区居民的文体活动需求。(3)工业区新建敬老院项目开工建设。敬老院位于联农路，规划总建筑面积8 097平方米。(4)老旧小区完成综合改造。完成申莘三村、春辉新村的综合维修工程。 (徐　炜)

【改革村级集体经济产权制度】 6月，上海莘庄工业区社区股份合作社成立，标志着莘庄工业区村级集体经济产权改革工作已基本结束。该项改革工作从2007年5月开始准备，2008年2月正式启动，历时2年完成。自愿入社的村民7 057人，社员入社资金1.12亿元。成功完成集体经济产权改革工作，为集体经济的发展带来新

的机遇,也为失地农民分享改革开放成果建立长期稳定的机制。　（徐　炜）

【建立投融资体系】　年内,工业区相继与国家开发银行上海市分行、交通银行闵行支行签署中小企业融资业务合作协议书,搭建银企合作平台。同时,对莘庄工业区实业股份有限公司的股本结构进行调整,由区城投公司等四家区属公司受让49%的股权。此外,还牵头若干民营企业筹建投资公司,主要从事战略投资、经营租赁和贷款担保工作。上述举措的目的是为更好地打造工业区的金融服务功能,通过金融服务扶持工业区科技型中小企业发展,最终促进工业区高新技术产业的发展,加快工业区的经济结构调整,实现产业优化升级。　（徐　炜）

【创建成国家生态工业示范园区】　年内制定具体的行动方案,抓好重点用能企业的节能减排工作,推进国家生态工业示范园区创建工作。确定46家企业作为节能降耗工作的重点对象,35家企业与工业区签订《2009年节能减排责任书》,这些企业能耗水平的下降对实现整个工业区全年节能减排工作目标起决定性的作用。工业区创建的国家生态工业示范园区顺利通过市级验收,达到国家《综合类生态工业园标准》。　（徐　炜）

【建成鑫泽阳光公寓】　作为工业区唯一的外来务工人员集中居住点,规划总建筑面积9万平方米左右,由16幢经济型公寓、4幢小康型公寓、1幢综合楼组成。一期3万平方米已建成,入住3 000人,入住率100%。公寓二期建成,可满足约5 000人的居住需求。同时,在一期成功的管理经验基础上,党、团组织继续向二期居民延伸和覆盖,并增设各类培训班,丰富文体活动,使公寓管理水平再上新台阶。　（徐　炜）

2009年莘庄工业区管委会基本情况表

项　目	数　量	项　目	数　量
区域面积(平方公里)	17.88	第二产业(万元)	1 061 387
行政区划		第三产业(万元)	215 016
村民委员会(个)	1	规模以上工业企业数(个)	255
居民委员会(个)	9	社会消费品零售总额(万元)	22 606
人口		财政总收入(万元)	507 721
户籍人口(人)	18 903	新建商品房房屋施工面积(万平方米)	28.03
总户数(户)	7 733	新建商品房现房销售面积(万平方米)	16.18
非农业人口(人)	18 893	外商投资企业利润总额(万元)	153 051
国民经济主要指标		引进利用外资合同总金额(万美元)	11 470
		规模以上私营工业企业利润总额(万元)	16 540
农业总产值(万元)	14	流动资产(万元)	3 591 264
工业总产值(万元)	4 680 107	固定资产(万元)	1 650 816
工业销售产值(万元)	4 674 347	所有者权益(万元)	2 091 460
增加值(万元)	1 276 403	主营业务收入(万元)	4 636 914
第一产业(万元)	0	营业利润(万元)	267 418

（区统计局）

（本栏目编辑　李志英）

三十七、先进集体·先进人物

为树立榜样,弘扬正气,表彰在闵行经济社会建设中作出突出贡献的先进个人和集体,经单位推荐、民主评选,区政府决定:授予上海立强机械有限公司综合办公室等114个集体“2007—2009年度闵行区先进集体”荣誉称号,授予于爱英等390位同志“2007—2009年度闵行区先进生产(工作)者”荣誉称号。

(一)先进集体

闵行区2007—2009年度先进集体名录
(114个)

浦江镇(10个)

上海立强机械有限公司综合办公室、闵行区浦江镇联星村老龄委员会、上海申盈纺织装饰织造有限公司倒纱车间、闵行区浦江镇社区中心杜行居民委员会、上海浦江镇投资发展有限公司前期部、闵行区浦江镇经济发展总公司、闵行区浦江镇陈行村村民二组、闵行区浦江镇社会治安综合治理办公室、闵行区浦江镇城市综合管理事务中心市政交通科、闵行区浦江镇农村综合管理事务中心林业养护服务社

吴泾镇(4个)

闵行区吴泾镇人民政府经济发展办公室统计室、闵行区吴泾镇城市综合管理事务中心吴泾城管监察分队、上海吴泾环卫综合服务有限公司道路公厕保洁班、衣恋时装(上海)有限公司缝制组

马桥镇(5个)

上海马桥镇同心村农场皋阳稻米专业组、闵行区马桥镇农村综合管理事务中心马桥林业养护社中心组、上海华普电缆有限公司客户服务中心、上海南华兰陵电气有限公司钣金车间铜排组、上海维凯化学品有限公司生产部

颛桥镇(5个)

上海翰桦塑料包装制品有限公司二工段、上海颛桥环卫综合服务有限公司清道保洁班组、上海新月工具有限公司国际贸易部、上海颛艺园林工程有限公司养护科、颛桥镇樱缘花园小区物业保洁部

莘庄镇(5个)

上海黎安实业公司招商部、闵行区莘庄镇社保中心、闵行区莘庄镇青春村浦家塘外来人口小区管理组、上海兴苑绿化园艺有限公司绿化养护组、上海莘城环卫服务有限公司清运班

梅陇镇(7个)

闵行区梅陇镇社会保障事务中心资源管理班组、闵行区梅陇镇农村综合管理事务中心林业养护班组、闵行区梅陇镇南方新村第二居委会、上海港隆市政建筑工程有限公司工程部、上海梅南环卫综合服务有限公司机修组、闵行区梅陇镇行西村梅逸仓库班组、上海立新液压有限公司五车间

七宝镇(7个)

上海国利汽车真皮饰件有限公司综合保障部加工基建科、闵行区七宝镇九星市场高家湾管理区、七宝古镇实业有限公司修复办公室、上海七

宝经济发展有限公司工程部、闵行区七宝镇社区管理办公室、闵行区七宝镇社保中心社保卡窗口、闵行区七宝二中数学教研组

虹桥镇(5个)

上海美声服饰辅料有限公司数位印刷部门、上海虹金塑料厂物业班组、闵行区虹桥镇井亭村创建办、闵行区虹桥镇动拆迁办公室、闵行区虹桥镇井亭苑居委会

华漕镇(8个)

闵行区华漕镇陈家角村陆家桥村民小组、上海锦湖日丽塑料有限公司研发部、上海华漕经济城招商部、闵行区华漕镇社会保障事务中心、闵行区华漕镇人民政府动迁办公室、上海樽轩实业有限公司招商拓展部、闵行区华漕环卫综合服务有限公司诸翟保洁组、上海龙上农副产品批发市场经营管理有限公司保安部

江川路社区(街道)(4个)

上海凯源电站设备运输有限公司客运一组、闵行区昆阳幼托所、上海市沧源科技园、闵行区江川路街道劳动保障事务中心劳动监察协管队

古美路社区(街道)(2个)

闵行区古美路社区(街道)党员服务中心、上海古美资产经营管理有限公司招商部

新虹社区(街道)(1个)

上海龙柏环卫综合服务有限公司清运班

莘庄工业区(4个)

上海市莘庄工业区管理委员会商会、上海市莘庄工业区管理委员会社会治安综合治理办公室、上海闵行国际物流中心有限公司行政综合班组、保力马科技(上海)有限公司组装车间

区级机关(5个)

闵行区安全生产监察大队、中共闵行区委政法委维稳室、上海市地方税务局闵行区分局第13税务所、闵行区人民检察院公诉科、闵行区质量技术监督局食品生产监督管理科

综合工会(4个)

上海市天宸股份有限公司管理部、上海紫日包装有限公司设备维修组、上海莘奉金高速公路建设发展有限公司莘奉金高速公路颛桥收费站、上海仲源物业有限公司莘城公寓管理处

区经委(3个)

上海市烟草专卖局闵行分局稽查支队、闵行区经济委员会节能科、闵行区经济委员会审批科

区科委(3个)

上海徕木电子股份有限公司研发中心四部、闵行区信息服务中心办公室、闵行区科学技术委员会综合管理科

区建设交通委(3个)

上海闵工市政建设养护有限公司工程事业部、闵行区城市交通运输管理所客运管理科、闵行区建设工程安全质量监督站质量监督组

区农委(1个)

闵行区农业综合执法队一中队

区国资委(2个)

上海衡仪器厂有限公司仪表部、上海闵鑫工业有限公司促进就业管理办公室

区公安分局(2个)

上海市公安局闵行分局指挥处、上海市公安局闵行分局华漕派出所

区司法局(1个)

上海市闵行公证处接待中心

区人力资源社会保障局(1个)

闵行区医疗保险事务中心医保服务窗口

区民政局(1个)

闵行区第二社会福利院护理组

区教育局(8个)

闵行区七宝第二中学初二年级组、闵行区蔷薇小学英语教研组、上海市莘格高级中学物理教研组、闵行区田园第一小学英语组、上海市莘光学校科学教研组、闵行区启英幼儿园大班组、闵行区教师进修学院研训部、闵行区第一成人教育为训中心学历教育部

区卫生局(4个)

闵行区浦江社区卫生服务中心妇产科、闵行区中心医院急诊科、闵行区颛桥社区卫生服务中心预防保健科、上海市第五人民医院急诊科

区文广影视局(1个)

闵行区电影发行放映管理站放映业务组

区规划土地局(1个)

闵行区规划和土地管理局建设项目审批科

区住房保障房屋管理局(1个)

上海闵行闵三房屋拆迁有限公司项目管理部

区绿化市容局(1个)

闵行区公园管理所社会公园管理办

区水务局(2个)

闵行区水闸管理所调水协调小组、闵行污水处理

厂机修车间

区机管局(1 个)

闵行区机关事务管理局后勤保障中心

区工商分局(1 个)

上海市工商行政管理局闵行分局注册科

闵交公司(1 个)

上海大光储运合作公司物业管理班

(二)先进人物

闵行区 2007—2009 年度先进生产(工作)者(390 人,以姓氏笔画为序)

浦江镇(45 人)

于爱英(女)、计跃军、任志萍(女)、刘正龙、刘锦荣、孙安珍(女)、孙逸平、李秀芳(女)、杨　俊、肖育芳(女)、吴炯懿(女)、何菊芬(女)、何惠铭(女)、沙溪湃、张　瑜(女)、陆建明、陈　燕(女)、陈广伟、陈金成、陈晓春、陈智勇、陈耀中、郁卫军、金巧荣(女)、金国安、金祖杰、姚文元、秦旭初、夏国海、夏继红(女)、顾　红(女)、顾林安、徐　龙、凌宗明、桑钧晟、黄子军、黄军熙、黄燕炯、龚　刚、康　琼、梁成林、楼正东、蔡正国、蔡容茂、潘金平

吴泾镇(10 人)

洪金华、石　超、何振东(女)、陆明强、徐　明、黄德华、曹国芳(女)、章兼文、傅林军、潘方余

马桥镇(19 人)

王浙苏(女)、牛志宇、刘　宏、李　峰、吴志刚、邹凤山、沈克明、张　伟、张木龙、张法政、周月华(女)、顾锦文、钱保连、高银芳(女)、高鹤岗、龚春龙、蒋惠芳(女)、戴士明、戴金明

颛桥镇(17 人)

王凤祥、王兴中、朱　旻(女)、朱林法、李　滇、李国强、吴月芳(女)、何雅仙(女)、张春燕(女)、张新其、陆先根、陆菊仙(女)、范伟兰(女)、范明哲、钱鸣文(女)、、黄月明(女)、谢正华

莘庄镇(19 人)

毛向荣、李卫华、杨　叶(女)、张军萍(女)、张荣福、陆明轩、陈永明、陈丽丽(女)、陈宝华、陈晓群、季洪涛、周明坤、赵　军、赵顺其、姜　玲(女)、彭引芳(女)、蒋军芳(女)、蒋勇平、谢永流

梅陇镇(44 人)

王　丽(女)、王三弟、王石康、石　岭、石三弟、卢晓宏、叶正雄、叶国兴、刘云强、许任忠、许惠高、孙永花(女)、孙纪良、孙国兴、孙嘉文、杜金鑫、杨忠明、杨继岗、吴龙荪、沈　威、沈爱平、沈跃平、张华(女)、张　徐、张　铨、张月其、张建平、张鸿其、张新华、张德宏、陈秀华(女)、金　飚、金明华、赵瑞华、夏爱华(女)、顾良君、徐龙彪、高天红、高杏珍(女)、康顺龙、蒋凤渊、蔡爱芳(女)、缪鹤鸣、潘建华

七宝镇(21 人)

王志萍(女)、尤水莲(女)、孔曼美(女)、龙海涛(女)、吕　莹(女)、朱镇明、刘文琪(女)、李龙生、李连荣、杨志荣、吴国丽(女)、吴恩福、沈建云、张　孝、陆文静(女)、陈利敏、金培芬(女)、赵美红(女)、徐玉琳(女)、董仕敏(女)、管国兴

虹桥镇(25 人)

王志强、王利晨、王建明、王美芳(女)、朱林国、闫新杰、李龙元、张卫中、张龙宝、张亚江、张谊忠、陈　燕(女)、金毅华、周金峰、侯顺发、俞　萍(女)、姚关林、姚福余、顾凤宝(女)、高卫忠、诸伟忠、陶惠国、龚顺兴、惠云恋(女)、蔡卡璐

华漕镇(35 人)

王志平、冯晓燕(女)、朱清军、朱雅琴(女)、汤桂明、苏　勇、李秀梅(女)、杨　海、杨伟军、杨兴华、吴云英(女)、汪　激(女)、沈纪荣、张　伟、张元清、张伟德、张关明、张秀芳(女)、张轶磊、陆伟秋(女)、陈庆雄、陈海华、金　龙、金丽华(女)、赵春红(女)、俞根林、施建玉(女)、钱仁荣、郭　杰、诸　强、陶杏娟(女)、曹菊芳(女)、董开梅(女)、蒋丽霞(女)、翟鸣华

江川路社区(街道)(13 人)

王建国、叶锦映、李克勤、李德新、张国梅(女)、金雪萍(女)、姜德林、顾守忠、徐惠斌、翁金龙、蒋仲德、蒋宝明、潘　涛

古美路社区(街道)(4 人)

王文军、庄慧珠(女)、邹蕴珠(女)、周雅萍(女)

新虹社区(街道)(5 人)

王夏平、王静松、邵丽芳(女)、金建荣、周士林(女)

莘庄工业区(20 人)

马惠林、王治勤(女)、王重安、王焕余、叶勤芳(女)、朱光权、朱兴才、朱铭岳、刘　进、刘江波、

张仁良、张其炎、张晓丽(女)、陆广荣、陆忠明、陈海翔、岳为民、金慧明、夏咏梅(女)、钱佩璐(女)

区级机关(26人)

王　炜、王　涛、王欢平(女)、王建萍(女)、王爱红(女)、朱水清、苏　勇、李　华(女)、李永新、杨伟民、吴闵弟、张建新、陈志强、周玉英(女)、周慧敏、郑　强、项上桢、赵　艳(女)、赵美勤(女)、俞龙祥、施　瑜(女)、钱慧卿(女)、唐缨红(女)、黄　英(女)、梅　玲(女)、董国荣

综合工会(4人)

石　芸(女)、华允弟、刘铁峰、严金妹(女)

区发展改革委(1人)

俞熙铭

区经委(5人)

卫政文、宋世雄、郎国清、赵遂维、唐为群

区科委(5人)

朱长明、陈　红(女)、赵月红(女)、顾志亮、曹国栋

区建设交通委(10人)

王　静(女)、朱　滨、刘建强、祁林凤(女)、杨丽娜(女)、张凤珍(女)、周雄斌、徐惠琴(女)、唐月萍(女)、曹伟明

区农委(3人)

张曹民、陆文玉、曹月琴(女)

区国资委(7人)

丁根云、王非凡、孙建民、张伯林、陈福光、褚明强、薛伟基

区公安分局(6人)

卫　清、朱剑秋、忻　卫、陆　山、陆伟东、彭正锋

区司法局(1人)

郭文华(女)

区人力资源社会保障局(1人)

姚正兴

区民政局(1人)

陈　嵘

区教育局(19人)

杨维敏、蔡　伟、张金芳(女)、丁　蓓(女)、刘芸(女)、汪　湜(女)、沈　燕(女)、周　云(女)、秦志方、张卫华(女)、张小娟(女)、倪志英(女)、沈凤娟(女)、苏莉俊(女)、瞿新忠、蒋云鹏、王全忠、龚　勤(女)、张晓芳(女)

区卫生局(11人)

冯　莉(女)、肖丽萍(女)、何胜利、沈爱悦(女)、张延荃(女)、张金伟、朋立超、赵燕萍(女)、夏玉琴(女)、储继志、翟连芳(女)

区文广影视局(1人)

黄　威

区规划土地局(1人)

陈福明

区住房保障房屋管理局(1人)

李玉华

区绿化市容局(1人)

杨其景

区水务局(1人)

李　丽(女)

区机管局(4人)

陆林平、吴忆多、张宇华、杨永其

区工商分局(1人)

王阳阳

闵交公司(1人)

汤松华

施达公司(1人)

孙金国

(本栏目编辑　李志英)

（一）中共闵行区委常委会 2009 年工作总结

（2010 年 1 月 15 日中共闵行区委四届十二次全会通过）

2009 年，区委常委会团结带领全区干部群众，坚持以邓小平理论和“三个代表”重要思想为指导，深入学习实践科学发展观，解放思想、克难奋进，努力应对金融危机的严峻挑战和社会转型的重大考验，保持了全区经济的平稳健康发展和社会的和谐稳定，全年各项工作任务顺利完成。

一、扎实推进学习实践活动，增强了科学发展意识和能力

按照中央统一部署和市委工作要求，认真组织开展深入学习实践科学发展观活动，努力使党员干部受教育、科学发展上水平、人民群众得实惠。研究确定了“保增长、迎世博、促和谐，推动闵行科学发展”的实践载体，紧密结合闵行实际，坚持突出实践特色，统筹安排学习实践活动各批次、各阶段和各环节的工作，确保活动取得实效。

常委会在学习实践活动中发挥带头作用。坚持把深化理论学习贯穿始终，在新的思想高度上形成了新的共识，进一步增强了科学发展、促进和谐的自觉性和坚定性。坚持把确保经济平稳较快发展作为首要课题，提出了“保有质量的经济增长、保有优势产能的企业、保群众能得实惠的民生、保符合发展需要的人才、保法理情有机结合的稳定”的工作目标，出台了一系列政策措施。坚持把群众满意作为主要衡量标准，通过充分发扬民主、广泛征求意见，制定了切实管用、各方认同的整改落实方案并认真抓好实施，群众对常委会学习实践活动的满意度达到 100%。

全区学习实践活动有序推进。第一批学实活动取得圆满成功，共涉及党员 9 691 人、处以上党员领导干部 658 人，74 个参加单位突出完善政策举措、突出解决民生问题、突出抓好制度落实，共组织党委（党组）中心组集中学习 497 次，举办各类培训、研讨班 380 期，培训党员干部 30 516 人次，梳理整改项目 1 483 个，已完成整改 1 089 个，群众满意度达 99.8%。第二批学实活动取得阶段成果，共涉及党委（党工委）16 个、两级党委 40 个、党（总）支部 2 579 个、党员 63 286 人、处以上党员领导干部 259 人，各学实单位认真落实“五个更加注重”的要求，组织中心组集中学习 107 次，举办辅导报告 1 041 次、学习班 120 期，通过广泛征求意见建议，梳理出即知即改问题 1 105 个、近期整改问题 1 371 个、需上级协调解决问题 552 个。

二、着力推动保增长调结构,保持了经济平稳健康发展

面对严峻的经济形势,强调特殊时期要采取特殊政策、作出特殊努力,在全力确保当前经济增长的同时,化危为机加快转变经济发展方式。

全面实施“暖冬行动”。在广泛深入基层、企业调研走访的基础上,推动以区政府为主导的一系列服务企业发展的政策措施出台,帮助企业降成本、强管理、提效益、度危机。创新企业融资服务模式,搭建融资平台,推进银企合作,缓解了企业融资难题。采取政策引导、完善服务、加强宣传等措施,促进房产市场健康发展。不断完善社区商业,努力扩大居民消费,社区商业网络服务体系基本建成。

加快调整产业结构。树立“腾地为王”理念,加大动拆迁工作力度,为未来发展争得了宝贵的时间和空间优势。坚持产业项目和政府项目双轮驱动,提升项目审批效率和跟踪服务质量,保持了投资适度增长,一批重大优质项目落地、开工、竣工和投产。加大对科技创新成果产业化的资金、政策扶持,推动了新能源、民用航天航空、先进重大装备、电子信息制造、生物医药五大高新技术产业和新材料产业的发展。举办“虹桥综合交通枢纽与长三角联动发展”世博论坛,主动对接虹桥商务区的功能开发,服务业集聚区建设加快推进。大力建设生态休闲农业项目,探索农民专业合作,加强航天育种科研,推进了现代都市农业发展。建立产业园区与街镇联动发展、合作共赢机制,加大与市属集团的合作力度,促进了区域经济融合发展。与紫竹科学园区、上海交大和华东师大开展新一轮全方位多层次的合作,深化了“三区联动”。大力实施循环经济发展规划,启动第四轮环保三年行动,加大节能减排工作力度,全区万元产值综合能耗下降和二氧化硫排放总量削减均提前完成“十一五”规划目标。

主要经济指标运行平稳。全区预计完成生产总值 1 234 亿元,比上年增长 10%;实现财政总收入 342 亿元,比上年增长 7%,其中,区级财政收入 109 亿元,比上年增长 13%;完成工业总产值 3 420 亿元;实现社会消费品零售总额 372. 2 亿元,比上年增长 15. 1%;合同吸收外资 12 亿美元,实际到位 11 亿美元,比上年增长 8. 4%;新增内资注册资本 260 亿元,比上年增长 28. 4%。主要经济指标的增长幅度和综合实力继续保持在全市前列。

三、积极推进迎世博工作,提升了城市建设和管理水平

以迎世博为契机,继续大力推进城市基础设施建设,探索城市管理新的有效机制,进一步完善城市功能,提升城市形象。

全面实施迎世博 600 天行动计划。明确了区域市容环境、窗口服务、城市管理、城市文明程度、市民素质和精神面貌等各项目标任务和行动方案。加大社会宣传动员力度,围绕世博开展文明创建工作,积极组建“平安世博”志愿者服务队,培育和动员各级各类志愿服务组织开展社会公益活动、城市援助活动、特色服务活动,使世博深入社区、深入家庭、深入人心。

全力推进重点工程建设。京沪高铁(闵行段)等一批重大工程的动迁工作基本完成,嘉闵高架、闵浦二桥等项目的施工全面展开,铁路闵行货运站正式启用,轨道交通 8 号线(二期)投入试运营。城中村改造工作继续克难攻坚积极推进,违法建筑整治三年行动取得显著成效。

城市管理突出以人为本。采取新辟公交线路、推行穿梭巴士、打通“断头路”、自行车免费租赁服务等措施,努力满足群众的出行需求。加强市容市貌管理,组织开展集中整治,延安路高架等重点区域市容环境面貌发生显著变化。继续扩大城市网格化管理覆盖面。迎世博城市建设和管理市定项目综合考核、窗口服务行业文明指数测评位居全市前列。

四、坚持保民生、促和谐,加大了社会建设的力度

坚持发展依靠人民、为了人民,强调越是经济困难越要关注民生,并高度重视、有效应对和治理社会转型期的各类突出矛盾。

切实加强民生和社会保障工作。完善了民生指标体系,扎实推进各项指标的落实和后评估工作。

通过鼓励自主创业、实施困难人员就业补贴、加强就业技能培训等一系列措施积极促进就业。加强劳资纠纷的动态监控,推进工资集体协商,积极构建和谐劳动关系。加大对农民的保障力度,重点解决了涵养林、片林失地人员的社保历史遗留问题,提高了农保缴费基数和农保基础养老金标准,实施了经营性物业回购。继续实施村庄改造、村宅河道整治和农村生活污水收集处理工程,进一步改善了农村基础设施。建立和完善住房保障体系,积极推进廉租房、经济适用房和农民工集居点建设,大力实施旧小区综合改造。继续完善社会保障制度和社会救助体系,加大对困难群体的救助力度,积极组织开展各种形式的帮困送温暖活动。农村、城镇居民家庭人均可支配收入分别增长10.9%和9.5%。

注重社会事业的内涵发展和均衡发展。建立了社会事业发展统筹机制,坚持项目化推进设施建设,确保项目、资金、规划落实到位。进一步深化教育改革,扶持奖励民办学校健康发展,推进职业教育联盟化,落实对农民工子女的免费义务教育,加强与高等院校的教育合作。大力推进卫生综合改革,加快引入仁济医院南院等优质医疗卫生资源,积极推进区中心医院等改扩建项目。完善文化、体育设施的布点规划,实现了社区文化中心全覆盖,"四馆合一"等重点项目建成投入使用,成功举办了一系列重大文化、体育活动。

全力维护社会稳定。强化对社会矛盾的源头防控,建立了社会稳定风险评估机制,全面实施了重大决策事项信访评估制度。以市委主要领导来我区调研化解以动拆迁积案为主的突出矛盾为契机,加强信访突出矛盾化解处置工作,重信重访专项治理办结率达到100%,初信初访办结率升至99.8%。加强对舆论的正面引导,积极开展突发事件的新闻应对。进一步动员社会力量参与社会矛盾调处,深化社会矛盾大调解工作机制,引入律师参与化解社会矛盾,及时妥善处置了"6·27"在建楼房倒覆事故,积极应对城管执法和交通执法案件。扎实推进平安实事项目建设,开展实有人口和实有房屋全覆盖管理,加大技防投入,构建城市社会治安防控体系。加强基层维稳力量的整合,试点探索了城市综合管理大联动新机制。坚持依法严厉打击严重刑事犯罪,深化预防和减少犯罪工作体系,确保了重要时期和敏感节点的社会稳定,群众安全感进一步提升。强化对重大工程项目安全生产的全过程监管,扎实开展了涉及民生重要领域的专项安全整治。

五、坚持依法治区,民主政治建设有序推进

切实体现党委总揽全局、协调各方的领导核心作用,努力营造更加民主、健康、有序的政治秩序和氛围,充分激发全社会参与闵行发展的活力。

加强区委常委会自身建设。全年共召开22次常委会议,部署落实全委会决策,研究决定区委经常工作中的重大问题和重要事项,其中研究决定57项,听取专题汇报52项。健全和完善常委联系街镇和接访下访制度,每位常委分别联系各街镇,每月到联系点至少一次,同时落实"接访制度"和"包案制度",面对面听取群众意见,了解掌握基层实际情况,督促重点工作推进落实。

加强和改善对人大工作的领导。指导区人大及其常委会明确工作思路,充分发挥职能作用。支持人大着力加强了公共财政预算监督,通过听取和审议专项工作报告督促重点工作的开展和落实,依法行使人事任免权,推动实现代表联系选民工作的常态化和规范化。

支持政协积极履行职能。出台了加强政治协商工作和完善民主监督机制的两项制度。支持政协积极推进重大问题的"事前协商",全力抓好"建立闵行区科学发展指标体系"等重点课题调研,着力做好提案和反映社情民意工作,引导各界委员为成功举办世博会献计出力。

加快推进政府职能转变。推动政府认真做好人大代表书面意见和政协提案办理工作,接受人大代表和政协委员监督。稳妥推进并顺利完成了政府机构改革,进一步规范了财政预算的编制、执行和监督,落实了行政执法责任制、行政过错责任追究等规章制度,扎实推进行政审批管理制度改革,进一步提高了政府各部门的服务管理水平和窗口服务质量。

充分发挥爱国统一战线的作用。积极拓展多党合作事业领域和内涵,持续推进"多党合作,区校联动"。全面推进社区统战工作社会化,不断提高民族、宗教、台侨工作水平,维护区域和谐稳定的良好局面。大力助推非公经济发展和新阶层人士成长,引导他们积极承担责任、更好奉献社会。

切实发挥工、青、妇、科等群众团体的桥梁纽带作用。通过“党工共建”强化工会组织建设,积极探索村级工会组织体制和运行机制,建立来沪人员集中居住点工会服务站。切实加强对青少年的思想引导,开展“青春世博”志愿行动,扶持青年创业就业,积极开展新兴领域团建工作。推进妇女工作社会化,实施各类关爱妇女儿童项目,成立“闵行老舅妈”工作站。

党管武装工作有新的突破。全民国防意识进一步强化,国防后备力量建设扎实推进,双拥创建工作成效明显。

顺利完成了村委会、居委会换届选举,基层民主自治进一步推进。

六、不断深化制度和工作创新,党的建设进一步加强

着力推进全区党建创新,为各项事业的持续发展提供坚强的组织保障。

加强理论武装和思想引导。抓好两级中心组学习,以十七大和十七届四中全会精神、科学发展观为主要内容,切实加强理论学习,提高领导干部理论水平。认真落实大规模培训干部工作,加大了干部培训的改革力度,探索行动学习法和包案研究法,进一步综合运用了案例式、体验式、探讨式的教学方式,切实提高培训的针对性和有效性。积极开展建党 88 周年系列活动,有效组织学习吴大观、徐素珍同志先进事迹等主题活动。

加强领导班子和干部队伍建设。继续深化“科学规范和有效监督选人用人”试点工作,建立健全了各项相关制度,有效提高了选人用人公信度。认真做好区委全委会成员提名推荐工作,进一步规范了干部初始提名模式,对区政府组成部门党政正职的拟任人选和推荐人选进行了区委全委会投票表决。着力做好干部考核及领导班子调整配备工作,对本区 83 个单位党政领导班子和 503 名领导干部进行了届中和定期考核,扎实推进了正处级领导干部年度考核,全年处级领导班子调整配备共涉及 337 名干部。继续规范领导班子和领导干部管理,深化“高兴、放心”活动长效机制,全面开展党政机关科级以上领导干部的企业兼职清理工作和领导班子自行任命助理情况专项检查,并向社会公开本区干部工作相关政策制度及人事任免情况。扎实做好后备干部培养工作,完善后备干部规模结构和选拔培养途径,以区委全委会差额投票推荐的形式确定了 8 名正处级领导干部预备缺额人选,加强了理论培训和实践锻炼。强化领导干部任前监督,继续开展巡察、巡察回头看以及领导干部经济责任审计等工作。

加强基层党组织和党员队伍建设。创新党的组织体制,区域党建联建形成了互联、互动、互补的工作格局,在居民区推进了以社区群众性团队为单位的党组织设置模式创新,在农村基层形成了“党总支—条块党支部—功能党小组”的组织设置模式。健全激励关怀机制,建立了党员全景式教育基地和党员干部现代远程教育网络,推进了村(居)班长工程,整合了村(居)后备干部、储备人才、到村任职大学生和“三支一扶”大学生等队伍建设。加快“两新”党建转型,加强新社会领域党建工作,建立了登记管理机关和业务主管部门牵头的枢纽式管理模式,深化了有效性建设试点。

积极推进党内民主。继续探索全委会改革,成立提案、财经、人事专门委员会,完善全委会组织架构。成立区党代表联络工作办公室,全面推进党代表任期制,扩大了基层党员代表大会常任制试点。深化党务公开工作,探索从单向型的结果公开到互动型的过程公开,在村(居民区)党组织全面推进了党务公开阵地建设,有效运作了以“三联四会”为主要内容的党的群众工作机制,畅通了下情上传渠道,保障了党员的知情权和参与权。举办了深化党内基层民主实践创新研讨会,促进了各地区基层党建工作经验的交流。

扎实有序地推进惩防体系建设。加强廉政教育,实施了处级干部选拔任用考廉审廉制度,印发了廉政风险防范手册,建立了党员干部警示教育基地,开展了廉政文化示范区建设。加强案件查办,认真抓好信访转立案调查,健全反腐查案的协调配合机制,坚决查办了一批领导干部违纪违法案件。加强源头防范,进一步管好用好村务管理“四本台账”,推行了公务卡制度改革和村级公务接待改革,试点

开展了权力运行中重点环节的廉政风险防控工作。加强日常监督,对"三重一大"的监督检查延伸到各街镇并基本涵盖区内"三公"部门,对区委常委会年度重要议题决策和执行情况的监督检查进一步完善和深化。加强政风行风建设,深入开展了工程建设领域突出问题等的专项治理、区级财政性资金使用情况等的专项检查和区级机关效能满意度测评。

在看到成绩的同时,我们也应该清醒地看到当前工作所面临的困难和问题。经济发展的不确定性因素仍然不少,转变发展方式的任务依然紧迫,城乡、区域和经济社会发展还不够平衡,城市管理和社会稳定的压力进一步加大。与此同时,我们的工作与科学发展观的要求、人民的期望还有很大的差距,主要表现为部分干部在解放思想、开拓创新、破解难题、依法办事等方面的意识不强、办法不多,条块结合的体制机制还没有完全形成,一些单位和领导干部对党建改革创新工作的紧迫感不足、自觉性不强等。对于这些困难和问题,我们要高度重视并认真研究解决。

(二)上海市闵行区人民法院工作报告

——2010 年 1 月 21 日在上海市闵行区第四届
人民代表大会第五次会议上

闵行区人民法院院长　郭　俭

各位代表:

现在,我向大会报告区人民法院工作,请予审议,并请区政协委员和列席人员提出意见。

2009 年,我院在区委的领导下,在上级法院的工作指导和区人大及其常委会的监督下,继续贯彻党的十七大精神,深入开展学习实践科学发展观活动,坚持"党的事业至上、人民利益至上、宪法法律至上"的指导思想,结合经济社会发展的新形势、新任务、新要求,为大局服务,为人民司法,将实现公平正义与时代特征、社会需要相融合,切实履行宪法和法律赋予的职责,各项工作取得新进展。2009 年,全院收案 34 600 件,同比上升 8.48%;审结 34 634 件,同比上升 9.28%;正在审理和执行的案件 3 377 件,同比下降 1%。

一、坚持服务大局,为经济社会发展提供坚实的司法保障

一年来,我院准确把握国内外经济社会发展趋势,切实维护人民群众合法权益,依法惩治刑事犯罪,统筹协调利益关系,及时化解矛盾纠纷,为经济有序发展、社会和谐稳定营造良好的法治环境。

(一)顺应经济发展,服务宏观决策

切实增强服务经济发展的大局意识、政治意识、责任意识和忧患意识。年初,我院研究出台《关于金融危机环境下服务经济发展的九项措施》,在加强矛盾梳理、畅通诉讼渠道、扶持企业发展、保障重点工程等方面提出了明确的处理意见,发挥审判工作为宏观调控政策服务的作用。正式挂牌成立劳动争议人民调解工作室,组建金融案件专项审理合议庭,审结、执结案件标的总额近 48 亿元。大力推进司法建议工作,向行政机关、保监会、银行等部门发出司法建议书 9 份,得到积极回应,行政机关的回复率达　100%。全国"两会"期间,中央电视台《中国法治报道》栏目就我院在金融危机背景下,建立劳动纠纷案件审理和执行绿色通道的做法进行了报道。下半年,我院结合经济起暖回升态势,及时调整工作重心,加大对疑难复杂案件、金融债权案件、制裁经济犯罪案件的处理力度,在服务经济发展方面

取得实效。

(二) 打击刑事犯罪,维护社会稳定

切实贯彻宽严相济的刑事司法政策,维护安全有序的社会环境。依法惩治暴力犯罪、毒品犯罪、多发性侵财犯罪等犯罪行为,不断增强人民群众的社会安全感。依法对情节轻微的初犯、偶犯、未成年犯和过失犯罪从轻、减轻或免除处罚,发挥惩治与教育、预防相结合的功能。共受理刑事案件1 954件,同比下降0.76%;审结刑事案件1 965件,同比下降0.35%。判处被告人2 912人,同比下降6%。审结的案件中,杀人、绑架、强奸等严重危害社会治安的犯罪案件692件1 110人;假冒注册商标、非法经营、金融诈骗等破坏经济秩序的犯罪案件114件138人;贪污、受贿、挪用公款等国家工作人员职务犯罪案件13件,涉及处级领导干部4人。

(三) 发挥调解优势,疏导各类纠纷

切实遵循"调解优先、调判结合"的原则,整体提升调解工作实力。全面开展"诉讼调解能力轮训",继续拓展民商事案件调解渠道、进一步加大刑事附带民事案件调解力度,不断完善道路交通事故损害赔偿案件巡回审判法庭基层调解工作模式,纠纷调处能力得到显著提高。调解息诉案件14 522件,调解息诉率达65%,在全市法院名列前茅。发挥行业协会、专业部门等社会力量化解矛盾纠纷的作用,加强对人民调解组织的工作指导,创新诉调对接工作模式,进一步健全多元纠纷解决机制。2009年11月,我院与区司法局共同建立的诉调对接中心挂牌成立。在我院召开的"全市诉调对接工作推进会"上,重点推介了我区"诉调接待分流"、"诉执程序启动"、"诉执事务服务"、"诉后释疑解惑"等多位一体的工作机制。

(四) 支持监督并重,促进依法行政

切实保护公民、法人和其他组织的合法权益,维护和监督行政机关依法行使行政职权。共受理行政案件105件,同比下降26.57%;审结行政案件106件,同比下降25.87%。切实保障行政相对人诉权,妥善审理了在全国有较大影响的张晖诉区城市交通行政执法大队不服行政处罚案。发挥行政案件协调机制的作用,积极化解行政争议,支持行政机关依法行政。继续推进行政首长出庭应诉工作,行政机关负责人出庭应诉案件数量同比增长23%。定期梳理执法相关问题,通报司法审查情况,提出行政执法建议,促进行政机关规范执法行为、提高执法水平。

(五) 开展法制宣传,推进综合治理

切实开展形式多样的宣传活动,扩大审判工作的社会效果。充分利用法院现有资源,通过公告显示屏、查询触摸屏、法制宣传栏、社区普法课和诉讼事务手册等载体,介绍法律知识,普及诉讼常识。借助新闻宣传媒介,发表各类报道1 800余篇,进行网络庭审直播15次,剖析典型案例,展示工作亮点,并首次通过有线数字频道向全国观众直播庭审实况。丰富青少年法制教育形式,共对5 000余名学生进行了法制宣讲和安全教育。启动"中小学生走进法院"系列活动,组织4批在校学生来院参观学习。我院被市高院、市教委命名为"上海市青少年法制教育活动基地"。

二、坚持以人为本,积极回应人民群众的新要求和新期待

始终把维护人民权益作为人民法院工作的出发点和落脚点,以人为本,关注民生,将为民司法的理念体现在行动中,落实在细微处。

(一) 协调利益关系,切实保障民生

着力化解涉及群众切身利益的疑难问题,努力满足人民群众日益增长的司法需求。共受理传统民

事案件 19 635 件,同比上升 13.65%;审结 19 500 件,同比上升 12.75%。审结的案件中,劳动就业、社会保障纠纷案件 1 844 件,同比上升 10%;房屋买卖纠纷案件 875 件,同比上升 59%。围绕虹桥综合交通枢纽建设,稳妥处理了一批动迁范围内发生的商铺租赁、厂房租赁类纠纷案件。受理一审商事案件 2 762 件,同比下降 18.02%;审结 2 983 件,同比下降 9.93%,涉案金额 13.86 亿元,其中,金融纠纷案件 456 件,同比上升 10.67%。切实维护妇女儿童合法权益,不断创新审判工作思路,"积极、优先、亲和、关怀"的涉少民事审判工作理念获得了最高人民法院"具有理论创新价值"的评价。进一步加大对困难群体的司法救助,办理减免缓交诉讼费 651 件,并对 166 件案件的特困当事人及一名见义勇为者发放了司法救助金。

(二)健全执行网络,维护裁判权威

着力推进社会管控资源的整合运用,努力实现债权人的合法权益。与公安、工商、税务、银行等部门实行工作联动,确立了资产信息协查、限制出境协办、拒执线索移送等多项协助执行长效工作机制,理顺了协助执行工作环节。开展清理执行积案专项活动,加强法院间区域协作,完善委托执行、异地执行、失信记录共享等措施,形成共同行动、互相支援的执行工作格局。共执结案件 9 917 件,执行到位金额 11.57 亿元。其中,百人以上的群体性执行案件执行到位金额共 4 200 余万元,维护了 1 091 名申请执行人的合法权益。

(三)发挥基层作用,方便群众诉讼

着力提升人民法庭功能,发挥基层人民法庭的基础性作用。在就近立案、就地调解、及时裁判上下工夫,在提高队伍素质和业务能力上下功夫,努力把人民法庭建设成为人民群众信得过、靠得住的司法前沿阵地。2009 年,我院三个派出人民法庭严守"公正、廉洁、为民"的人民法庭庭训,共审结各类案件 10 319 件,指导设立在法庭的人民调解工作室成功调处纠纷 1 923 件。同时,人民法庭还建立了"法官定时定点进社区"、"人民调解员业务培训"等工作制度,受到各方好评。

(四)推行审务公开,树立司法公信

着力推行立案公开、庭审公开、裁判公开和执行公开,保障当事人的诉讼权益。增设立案审查互联网申请功能,提供办案进度网上查询服务,开放电子诉讼档案公众查阅平台,实行裁判文书后附法律条文,推行裁判文书网上公开。共处理网上立案申请 60 余件,提供办案进度查询服务 2 700 余件,电子化诉讼档案 30 余万册,判决书法律条文附录率达 98.45%,生效判决书上网率达 32.85%。实行财产保全和执行异议公开听证,公开查封、扣押、拍卖过程,确保执行程序公开透明。扩大司法民主,落实人民陪审员工作制度,人民陪审员参审率达 95.75%,居全市首位。

(五)抓住关键环节,化解信访矛盾

着力深化信访工作责任制,狠抓涉法涉诉信访化解工作。按照"原则不放、亲情不忘、依法化解、和谐为上"的十六字方针,初信初访抓源头,在预防减少上下功夫;重信重访促化解,在息诉罢访上见实效。继续坚持院、庭领导接待等"四接访"工作制度,不断完善社会矛盾联动化解机制,努力改进涉法涉诉信访交办件化解工作。涉法涉诉信访交办件化解率达 93%,上访人数同比减少 25%。我院被中共上海市委政法委评为"上海政法系统信访矛盾化解工作先进集体"。

三、坚持加强自身建设,切实提高司法的能力与水平

重视思想政治、司法能力、纪律作风和防腐倡廉建设,进一步固本强基,不断提升队伍整体素质。2009 年,我院荣立市法院系统集体一等功,再次获得"上海市文明单位"荣誉称号。院监察室被评为

“全国法院纪检监察工作先进集体”,执行法官李永新被评为“全国优秀执行法官”。有6个部门荣立上海法院集体二、三等功,多人被评为上海法院各类业务标兵。

(一)开展学实活动,夯实思想基础

全面开展学习实践科学发展观活动,用科学发展观统领法院工作,将学实活动与“人民法官为人民”主题实践活动、学习党的十七届四中全会精神等各项教育活动有机结合起来。制定学习型法院建设实施意见,组织“重拾眼前事,再现身边彩”征文活动,为实现法院自身科学发展和服务科学发展建言献策。继续加强社会主义法治理念教育,充分发挥思想政治工作的引领、服务和保障作用,确保法院干警忠于党、忠于人民、忠于法律。

(二)注重能力建设,提升司法水平

全面推进法官队伍司法能力建设,深入挖掘审判工作潜力。依托审判质量效率评估体系,进一步规范法官裁量权,提高审判效率。健全法官联系群众制度,主动了解社情民意,增强为民服务意识。开展“审判业务传帮带”活动,加强青年法官培养。组织岗位轮训、专题培训,有效应对审判工作新情况、新问题。举办经济学、社会学、心理学等领域的专题讲座,拓展干警获取知识的途径。全院有650余人次参与各类培训,已经获得和正在攻读硕士学位的人员比例达23%。

(三)加强司法管理,保障高效运作

全面加强司法审判管理,确保审判、执行工作顺利开展。完善审判流程管理机制、案件繁简分流机制,促使立、审、执各环节有效衔接。借助我院法官沙龙调研优势,召开“科学发展视野下的审判管理”研讨会,邀请学界专家、外省市法院领导交流探讨,解决审判管理难题。落实法官业绩档案制度和法官实绩考评制度,增加管理的科技含量。优化资源配置,理顺工作关系,激发工作热情,提升工作绩效。2009年,我院在收案增长的情况下,存案下降,人均结案数达119.46件,是全市法院人均结案数的1.75倍,继续居全市首位。

四、坚持内外监督并举,树立公正司法形象

增强接受监督意识,拓宽监督渠道。将内部监督与外部监督相结合,审判监督与执行监督相结合,保障廉洁办案、公正司法。

(一)畅通联络渠道,主动接受监督

有效贯彻实施监督法,切实增强接受监督的自觉性。建立了人大代表和政协委员意见、建议的督查督办制度,以分管院领导为责任人,积极落实、反馈代表和委员的意见、建议。完善人大代表、政协委员联络机制,定期寄送庭审排期表,便于代表、委员随时监督。主动邀请350余人次的人大代表和政协委员来院视察,参与庭审旁听、集中执行和院庭领导接访。建立与区人大的执行信访信息互通机制,对执行工作情况进行专题汇报,进一步畅通人大对执行工作的监督渠道。认真贯彻落实市人大常委会《关于加强人民检察院法律监督工作的决议》,继续完善检察长列席审判委员会制度,高度重视检察机关提出的意见和建议,增进法院和检察机关在履行各自职能上的协调与配合。

(二)转变审监职能,强化监督制约

有效转变审判监督庭的管理职能,从质量监督管理向审判效率监督管理、审判效果监督管理延伸。以审监庭为主导,开展庭审观摩检查,对法官的庭审形象、应急处断和释明权运用等能力进行全面评查。常规检查与专项检查相结合,对普遍性、同类性问题及时通报讲评。注意发挥典型案例的指导作

用，进一步提高法官审理疑难、复杂案件的能力。2009年，我院生效裁判的改判、发回重审率继续低于全市法院平均水平。

（三）开展自查自纠，改进司法作风

有效落实司法作风自查自纠措施，善于发现问题，及时整改。向社会公布具有24小时自动接听功能的举报录音电话，增设投诉电子邮箱，并以审判场所录音录像标准化建设为契机，推动司法作风建设。为落实最高院"五个严禁"和市高院"十条纪律"，分级签订廉政责任书，组建庭室廉政监察员队伍，开展离职法官及法官家属从业情况自查，切实加强对领导干部和具有审判权、执行权的重点部门、关键岗位的管理、监督和制约。

在过去的一年中，各位人大代表和政协委员为促进法院工作提出了许多很好的意见和建议，帮助我们解决了许多困难和问题。在此，我代表闵行法院全体干警向各位人大代表、政协委员表示衷心的感谢！

各位代表，虽然我院各项工作取得了一定的成绩，但我们也清醒地看到，上海面临着加快转变经济发展方式、调整经济结构的艰巨任务，面临着维护社会和谐稳定、协调各种利益关系的重大考验，面临着举办一届成功、精彩、难忘世博会的光荣使命。然而，我们的工作与新形势、新任务的要求还存在一定的差距：一是有的法官对社会主义法治理念认识不够深入，在服务大局、保障科学发展上的自觉性还不够高；二是有的法官适应新情况、解决新问题的能力还不强，案件审判程序不够规范、适用法律不够准确的现象仍有发生；三是现有的工作机制还不能完全适应人民群众日益增长的司法需求，涉诉信访和执行难等问题还需要花大气力予以解决；四是对突发事件，尤其是影响重大、广受舆论关注的案件，应对处理能力还有待提高。

2010年，我院将继续以邓小平理论和"三个代表"重要思想为指导，深入贯彻落实科学发展观，坚持正确的工作导向，充分考虑和把握我国法律文化传统和经济社会发展需要，体认人民群众的真实想法和切身感受，紧紧抓住影响社会和谐稳定的源头性、根本性、基础性问题，促进社会矛盾化解，推进社会管理创新，确保公正廉洁司法，将审判工作与党的事业、人民利益、国家大政方针结合起来，在困难估计、司法应对、案结事了方面继续攻坚克难，为经济社会又好又快发展和举办一届成功、精彩、难忘世博会提供更好的司法服务和保障。

一是要以党建促队建，在审判工作中体现司法能动性。深入贯彻党的十七大、十七届四中全会、中央经济工作会议、市委九届九次全会精神，全面加强党建工作，充分发挥基层党组织的领导核心、战斗堡垒作用和党员干部的先锋模范作用。大力推进法院文化建设，扎实开展"人民法官为人民"主题实践活动，积极建设学习型党组、学习型法院，自觉践行"三个至上"工作指导思想，解决好"为谁司法、靠谁司法"的重大司法理念问题，把审判工作同党和国家的工作大局紧密结合起来，延伸和拓展工作阵地，不断提升办案的社会效果。

二是要充分发挥审判职能，促进经济发展，服务保障世博。要把保障平安世博作为头等大事，依法打击严重暴力犯罪、毒品犯罪、贪污贿赂犯罪、金融犯罪等犯罪行为，严厉惩处影响世博安全与稳定的犯罪行为。审慎处理因金融危机和经济发展方式转变引发的各类纠纷，公正高效地审理好民商事案件。妥善审理行政案件，有效促进行政机关依法行政。充分运用限制出境、网络公示等措施，继续推进协助执行网络建设。加大司法服务世博宣传力度，扩大司法服务世博效果，落实矛盾化解联动服务世博举措。将执法办案与各项建设工作结合起来，在稳增长、调结构、促改革、惠民生等工作中发挥好人民法院的作用。

三是要进一步改进审判作风，保持与人民群众的血肉联系。坚持深入村镇社区、深入群众，畅通诉讼渠道，加强民意沟通，改进信访工作，完善便民措施，落实司法救助。发扬司法民主，充分发挥人民陪审员的作用。自觉遵守司法文明礼仪，努力树立亲民形象。弘扬职业精神，树立司法公信，切实保障当事人的诉讼权利。以诉调对接中心的全面启用为契机，进一步完善诉调对接工作，力争将更多的矛盾纠纷化解在基层。

四是要抓好基层基础工作,进一步提高司法能力和水平。创新案件监督指导和评查机制、评先创优机制,进一步提升审判质量意识、效率意识和效果意识。完善法官选任制度,重视法官培训,关心干警生活,提高队伍素质。加强司法装备设施建设,启动审判用房二期建设工程,加快信息化建设步伐,为审判工作提供坚实的物质保障。

五是要继续开展廉政自律教育,深入推进惩防体系建设。进一步加强对院庭领导、重点岗位、关键环节的约束和监督。利用违纪违法典型案例开展警示教育,利用身边先进模范的感人事迹开展示范教育,做到关口前移,防范在先。努力形成结构合理、配置科学、程序严密、制约有效的权力运行机制,保障司法廉洁,促进司法公正。

各位代表,面对国内外形势的新变化,面对服务科学发展的新要求,面对自身建设的新任务,我们深感使命光荣、责任重大。我院将继续高举中国特色社会主义伟大旗帜,深入贯彻科学发展观,认真落实本次大会决议,更加自觉地履行宪法和法律赋予的职责,更加自觉地接受人大和社会各界的监督,勤于学习,精于落实,开拓前进,为保世博,保稳定做出新的贡献!

(三)上海市闵行区人民检察院工作报告

——2010年1月21日在上海市闵行区第四届
人民代表大会第五次会议上

闵行区人民检察院检察长　潘祖全

各位代表:

现在,我向大会报告区检察院的工作,请予审议,并请区政协委员和列席人员提出意见。

2009年,我院在区委和市检察院的领导下,在区人大及其常委会的监督下,坚持以邓小平理论和“三个代表”重要思想为指导,全面贯彻落实科学发展观,认真学习贯彻党的十七大、十七届三中、四中全会精神,依法履行检察职能,积极为闵行实现“五个保”的总体目标提供坚强的司法保障,各项工作取得了新的进展。

2009年工作回顾

一、依法打击刑事犯罪,维护社会和谐稳定

坚持把维护社会和谐稳定放在工作首位,认真履行批捕、起诉等刑事检察职能,依法保持对各类刑事犯罪的打击力度。2009年,共受理提请批准逮捕犯罪嫌疑人2 374人,同比上升1.71%;受理移送审查起诉1 764件2 710人,同比分别上升1.32%和1.08%。经审查,批准逮捕2 238人,同比上升1.91%;提起公诉1 710件2 524人,同比分别上升10.18%和4.86%。

(一)严厉打击严重刑事犯罪。始终把打击的重点对准黑恶势力犯罪、严重暴力犯罪和多发性犯罪,共批准逮捕故意杀人等“八类”案件犯罪嫌疑人527人,提起公诉376件545人。严厉打击了丁和平故意杀害陈某夫妇、李玉光为首的“东川帮”恶势力团伙等210余件严重危害民生、影响社会治安稳定的犯罪案件。依法加大对破坏应对金融危机犯罪的打击力度,共批准逮捕危害社会主义市场经济秩

序犯罪嫌疑人136人，提起公诉120件151人，依法办理了公安部督办的刘建设等18人特大出售假发票犯罪团伙案。加强与公安、法院的协作配合，积极开展专项行动，分5批次对暴力侵财、毒品犯罪等案件进行集中公诉。办案中注重法律效果、政治效果和社会效果的统一，认真并稳妥办理了莲花河畔景苑倒楼事件中秦永林等7人重大责任事故等敏感、热点案件。不断提高办案的质量和效率，加大简易程序和普通程序简化审的适用力度，共适用简易审933件，简化审561件。

（二）认真落实宽严相济刑事司法政策。坚持该严则严、当宽则宽、区别对待、注重效果，在严厉打击严重刑事犯罪的同时，依法对初犯、偶犯、过失犯、未成年人犯罪、民间纠纷引发的轻微刑事案件犯罪嫌疑人相对不批准逮捕29人，决定相对不起诉6人。在办理未成年人刑事案件时，继续深化社会观护体系工作，对137人进行非羁押措施可行性评估，对10人实行刑事和解，对不批准逮捕的5人实行帮教，通过教育、感化、挽救，帮助罪错未成年人改过自新，回归社会。

（三）努力化解社会矛盾纠纷。受理并审查处理来信来访案件447件，积极参与区社会矛盾大调解机制建设，协同区相关职能部门化解矛盾纠纷，促进社会和谐。认真落实检察长接待日和领导包案制度，一年来，院领导接待群众来访111件189人，包案的5起群众反映强烈的涉检重信重访案件得到妥善处理。结合市检察院部署的“四进四服务”主题实践活动，深入开展下访巡访、法律服务站工作，共现场接待群众89人次，努力把矛盾解决在基层。认真落实首办息诉责任制，坚持谁主管、谁负责、谁息诉，确保息诉维稳工作落到实处。推出上门接待、预约接待、联合接访等便民措施，探索信访听证会制度和运用心理咨询化解疑难信访机制，针对当事人的疑问，加强释法说理和教育疏导。

（四）积极参与社会治安综合治理工作。对近几年办理的刑事案件进行统计分析，并研究提出相应的对策措施。结合办案中发现的问题，发出检察建议57份，帮助有关单位和部门堵漏建制，努力预防和减少犯罪。积极参与打防结合、预防为主的社会治安防控体系建设，制作95块法治宣传版面，到各镇、街道以及外来人员集聚地开展法治巡展。在建国60周年前夕，院领导到部分情绪激动、扬言上访市政府的人员家中做安抚思想工作。按照区委部署，两次组织80余名干警深入高铁建设沿线、虹桥交通枢纽建设工地附近的居民家中做好释法化解工作，维护地区稳定。

二、严肃查办和积极预防职务犯罪，促进反腐倡廉建设

认真贯彻中央《建立健全惩治和预防腐败体系2008—2012年工作规划》，按照区委、市检察院关于查办和预防职务犯罪的工作部署，以向区人大常委会专题报告查办职务犯罪工作为契机，主动加强与区纪委等职能部门的配合，不断加大惩治和预防职务犯罪工作力度，努力为区域经济建设发展营造廉洁健康的政务环境。

（一）依法查办贪污贿赂、渎职侵权等职务犯罪。立案侦查国家工作人员职务犯罪案件24件28人，与去年基本持平。其中，贪污4件6人，贿赂18件20人，渎职侵权2件2人。查处的案件中大案、要案21件，占查案总数的87.5%；通过办案追缴赃款赃物折合人民币4 500余万元。今年查办的案件，有5件5人已被法院作有罪判决，　19件23人在审理之中。积极查办社会影响大的职务犯罪案件，依法查办了原区文广局党委书记、局长王洪受贿案，严肃查处了上海梅都房地产开发有限公司原总经理阙敬德和原副总经理张志琴涉嫌共同侵吞集体资产和张志琴涉嫌挪用资金的重大职务犯罪案件。切实查办涉农职务犯罪，为新农村建设服务，查处了3起农村基层组织负责人受贿案。继续深挖职务犯罪窝案、串案，在税务系统和动迁部门查办了5起受贿案件。工作中，坚持“一要坚决、二要慎重、务必搞准”的原则，结合职务犯罪案件审查逮捕决定权上提一级的机制改革，通过加强初查分级把关、结案专人复审等机制，保证办案质量。

（二）结合区域特点，加大职务犯罪预防力度。积极参与区职务犯罪惩防体系建设，结合办案，选择6件典型的职务犯罪案件开展个案预防。在中化三建公司召开深化系统预防工作推进会，在虹桥交通枢纽、轨道交通10号线、沪杭高速等大型工程建设中开展争创“工程优质、干部优秀”活动，构建优

政廉洁保障机制。加强对农村基层干部职务犯罪情况的调研,探索建立职务犯罪预测、预警机制,提高对职务犯罪动态跟踪、趋势研判能力。积极开展警示教育,在区有关单位开展廉政教育宣讲16次,为促进全区党风廉政建设发挥作用。

三、强化对诉讼活动的法律监督,维护公平正义

围绕“强化法律监督,维护公平正义”的检察工作主题,认真履行法律监督职责,维护和促进司法公正。

(一)切实履行立案监督、侦查监督和审判监督职能。发出《要求说明不立案理由通知书》15份,公安机关已对21名犯罪嫌疑人立案侦查。结合办案追捕、追诉犯罪嫌疑人35人和22人。对侦查活动中的不当行为发出《纠正违法通知书》4份。对不够法定条件的150人和7人依法不批准逮捕和不提起公诉。深化行政执法与刑事司法相衔接工作机制,向行政执法机关发出《检察建议书》12份,《建议移送犯罪案件线索函》1份,公安机关已立案13件。根据最高人民检察院的部署,认真开展“加强刑事审判监督”专项活动,按第二审程序提出抗诉2件,按审判监督程序提请抗诉或建议提请抗诉5件,上级检察院支持抗诉4件,法院已改判1件。注重加强对执法中一类问题的法律监督,对附加刑未适用、数罪并罚和累犯未认定的案件提出抗诉意见。

(二)切实履行民事审判和行政诉讼监督职能。共受理民事行政申诉案件98件,审查处理90件,建议上级院提请抗诉2件,向上级院提请抗诉1件。对不服法院正确裁判处理的申诉案件全力做好服判息诉工作,努力维护司法权威和促进社会和谐。

(三)切实履行刑罚执行监督职能。坚持检察监督和保护人权并重,按照全国“看守所监管执法专项检查”活动的部署和要求,与区看守所、北新泾监狱建立和完善监区巡视、约见谈话、送医检查等制度,维护监管安全。发现并纠正5起律师违规为犯罪嫌疑人传递信函事件。维护和保障被监管人员合法权益,纠正监管活动中的不规范行为11起。加强对提请减刑、假释和暂予监外执行实行同步监督,对534件提请减刑、假释等案件进行监督,提出检察建议9件。加强对监外执行罪犯的法律监督,对2名有严重违法违规行为的监外执行人员依法建议收监执行。

(四)切实加强对自身办案的监督制约。强化检委会业务决策功能,落实检委会委员旁听公诉开庭制度,完善案件督查督导机制,加强案件流程监管和案件质量评议工作。认真听取特约检察员、廉政监督员对检察工作的意见和建议,并不断加以改进提高。对执法行为、办案作风、维护当事人合法权益等实行检务效能监察,建立与律师工作委员会规范联系、自侦办案与案发单位“三沟通”等制度,实行自侦办案讯问全程同步录音录像,开展对直接立案侦查案件扣押冻结款物专项检查及“百日办案安全检查”等活动,保障依法、文明、规范、安全办案。

四、不断加强检察队伍建设,努力提高干警素质

坚持“围绕业务抓队伍,围绕队伍抓素质”的工作思路,加强检察队伍建设,着力提高干警的政治素质和法律监督能力。

(一)扎实开展深入学习实践科学发展观活动。把深入学习实践科学发展观活动与深化社会主义法治理念教育相结合,认真学习党的十七大、十七届三中、四中全会精神,进一步坚定做中国特色社会主义事业的建设者和捍卫者。通过征集社会各界的意见和建议,狠抓存在问题的整改落实,使深入学习实践科学发展观活动成为推动检察工作发展的新动力。不断强化政治意识、大局意识和服务意识,牢固树立“三个至上”观念,切实把区委“五个保”的要求落实到检察工作中,努力做到执法想到稳定,办案服务发展,监督促进和谐,积极为应对国际金融危机、筹备世博会活动和区域经济平稳较快发展提供法律服务和司法保障。

（二）不断推进队伍专业化建设。以“百日岗位竞赛”、“法律文书评比”为载体，积极推进“岗位练兵、岗位成才”活动，着力提升干警法律监督能力。建立健全青年人才培养机制，坚持择优招录和在职培养并重，对优秀青年干警实行业务培训、学术交流、提拔使用“三优先”措施，不断加大青年人才培养力度，有7名青年干警被任命为主诉或代理主诉检察官，独立带组办案。开展第四届“身边人、身边事”评选活动，树立在各项检察业务工作中做出实绩的身边典型，在全院营造刻苦学习、钻研业务的良好氛围。

（三）不断加强纪律作风建设。继续抓好“讲党性、重品行、作表率”主题教育活动，坚持发挥领导干部廉洁自律模范带头作用，认真落实“一岗双职”、“责任追究”制度，切实抓好禁令条规的执行。注意发挥廉政监督员和兼职纪检监察员作用，开展经常性廉政勤政教育和讲评，抓好自醒、警醒、提醒。组织开展“廉政文化进机关”、“文化倡廉论辩赛”活动，陶冶情操，增强干警廉洁从检的自觉性，全年队伍中没有发生违纪违法情况。

五、不断拓宽渠道，自觉接受人大及其常委会的监督

坚持重大工作部署和重大事项向区人大常委会和区政协作报告。今年就职务犯罪查处工作、信访工作分别向区人大常委会和区人大主任会议作专项报告，并按照审议意见进行认真研究和落实整改。邀请部分区人大代表到区看守所视察驻所检察工作、参与听庭评议等，拓展接受监督渠道。组织中层以上干部认真听取“两会”审议检察工作报告的意见和建议，并将代表和委员提出的意见建议落实改进情况书面报告区人大常委会和区政协，诚恳接受监督。建立院领导联系街道、镇人大代表组制度，通报检察工作和检察队伍建设情况，经常性地主动接受监督。

2009年，经过全体干警的努力，我院被评为“全国先进基层检察院”，11个内设机构被市检察院记功嘉奖，5名干警分别被市检察院荣记个人“二等功”和“三等功”。这些成绩的取得，离不开区人大、区政协和社会各界的监督、支持和关心。在此，我代表区检察院表示衷心的感谢。

回顾一年来的工作，我们也清醒地认识到，检察工作对照贯彻落实科学发展观的要求，对照党和人民的新期望还有一定的差距，主要是：法律监督职能作用发挥还不够充分，监督的广度和深度有待拓展，需要进一步在拓宽思路、健全和完善法律监督工作机制上下功夫；队伍的专业化程度与形势发展要求仍不相适应，需要进一步在提高业务素质和综合能力上下功夫；在办案任务重、压力大的情况下，办案质量和效率面临挑战，需要进一步在改进工作作风、创新工作机制、整合资源配置上下功夫。

2010年主要任务

2010年，是确保世博会在上海成功举办的关键一年，也是我区在金融危机影响下继续保持经济平稳较快发展的重要一年，我院检察工作的总体思路是：以科学发展观为统领，全面贯彻落实党的十七大、十七届四中全会和全国、全市政法工作会议精神，紧紧围绕平安世博，着力提高服务大局保障力、执法办案公信力、法律监督影响力、检察队伍战斗力，以推进社会矛盾化解、社会管理创新和公正廉洁执法为载体，努力为推进上海“四个中心”建设和实现闵行总体工作目标营造良好的社会环境和法治环境。

一、强化稳定意识，努力为世博会成功举办提供保障

要围绕平安世博，严厉打击影响世博会成功举办以及危害国家安全、公共安全、社会秩序、公共利益的案件，严厉打击严重暴力犯罪、黑恶势力犯罪，多发性犯罪、涉众型经济犯罪，切实保护人民群众利益。加强对社会治安形势分析，及时提前介入重大刑事案件，依法妥善办理各类敏感案件，认真落实宽

严相济刑事司法政策和有效开展社会治安综合治理,促进社会和谐。要积极参与区社会矛盾大调解机制和重大事项社会稳定评估机制建设,认真排查和妥善处置涉检信访,全力维护社会稳定。

二、强化大局意识,努力为上海“四个中心”建设提供保障

要加强对办理金融、航运、侵犯知识产权类案件的研究,组建专门办案组,加大对此类案件的办理力度。充分发挥查办和预防职务犯罪案件的职能作用,集中精力查办群众反映大、社会影响大的职务犯罪大要案,严肃查办重大工程建设以及专项治理领域中的职务犯罪。立足检察职能,积极开展个案预防、系统预防,围绕闵行经济发展,突出抓好市政重大工程建设“创双优”工作,从源头上预防腐败。

三、强化监督意识,努力为促进社会公平正义提供保障

要落实市人大常委会《关于加强人民检察院法律监督工作的决议》,积极开展法律监督专项工作,注意法律监督的数量、质量和效果,突出法律监督重点,扩大法律监督影响。加强与区法院等联系沟通,会签有关加强法律监督的文件,建立健全法律监督工作机制,对执法、司法中带有倾向性的一类问题,统一执法认识,探索对民事执行活动等法律监督的方式,将集中专项行动监督与经常性监督相结合。紧密围绕人民群众反映的突出问题加强刑事诉讼监督和宽严相济刑事司法政策执行监督。深入推进行政执法与刑事司法相衔接工作机制,探索对建设交通、重大工程建设、动拆迁等领域行政执法程序的监督,充分发挥检察建议的作用,促进依法行政、规范行政。认真开展监外执行工作专项检查活动,确保刑罚执行公正。探索对公安派出所执法活动法律监督的途径和方法。加强对自身执法的监督制约,建立案件管理中心,对案件实行集中管理控制,严格执行办案责任制和执法过错责任追究制,提高执法公信力。

四、强化宗旨意识,努力为保障和改善民生提供保障

要深化“四进四服务”主题实践活动,落实院领导联系镇、街道人大代表组制度,健全在镇、街道和社区设立法律服务站等,推进法律服务、为民排忧工作。深化对未成年犯罪嫌疑人的观护帮教工作,不断扩大成效,使更多的未成年犯罪嫌疑人得到挽救。深入推进检务公开,自觉接受人大、政协及社会各界的监督。邀请人大代表、政协委员旁听检委会和庭审,主动向人大报告工作情况,不断增强接受监督的自觉性。加大检察宣传力度,主动与新闻媒体联系,增强检察工作透明度,让群众更多地了解、支持和监督检察工作。

五、强化党建意识,努力为检察工作科学发展提供保障

要贯彻落实党的十七届四中全会精神,加强和改进新形势下机关党建工作,结合学习实践科学发展观活动整改落实和回头看工作,不断加强领导班子建设。坚持院领导述职、重大决策票决等方式,增强院领导工作责任感和使命感,发挥领导干部在促进严格执法、公正司法中的引领表率作用。扎实推进“岗位练兵、岗位成才”活动,采取院领导带教、深化职业生涯导航体系等措施,加快培养青年干警和检察专门人才。以贯彻落实《检察官职业道德基本准则》为契机,切实加强党风廉政建设和职业道德教育,进一步增强干警廉洁自律意识,规范廉洁从检行为。

各位代表,面对新的形势和任务,我们将在区委和市检察院的领导下,在区人大及其常委会的监督下,进一步解放思想,开拓奋进,为上海成功举办世博会和促进闵行经济社会全面协调可持续发展作出新的贡献!

（四）2009年上海市闵行区国民经济和社会发展统计公报

闵行区统计局 2010年2月28日

2009年，在区委、区政府的正确领导下，全区人民坚持以邓小平理论和“三个代表”重要思想为指导，深入学习实践科学发展观，坚定信心，振奋精神，攻坚克难，积极应对国际金融危机的严峻挑战和自身发展转型的重大考验，全力做好“保增长、促和谐、迎世博”各项工作，国民经济平稳较快发展，社会保持和谐稳定，迎世博工作成效明显，人民生活持续改善，精神文明建设和各项社会事业发展有新的进展，圆满完成年初确定的国民经济和社会发展各项任务，达到预期目标。

一、综　　合

2009年，闵行区国民经济继续保持了平稳较快发展的良好势头。初步核算，全区实现地区生产总值1 236.35亿元，比上年增长10.3%。其中，第二产业增加值802.05亿元，比上年增长3.3%；第三产业增加值432.63亿元，比上年增长26.6%。第一产业、第二产业和第三产业增加值占地区生产总值的比重分别为0.1%、64.9%和35.0%。

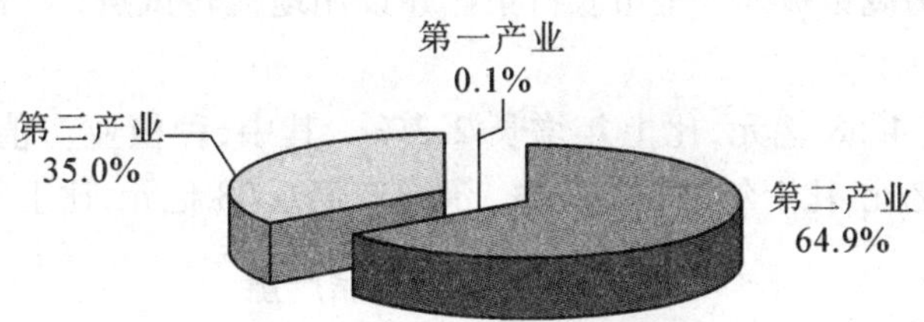

图1　2009年地区生产总值结构图

2009年，第三产业的快速增长成为全区经济实现平稳较快增长的主要推动力，全年第三产业增加值增幅高于全区生产总值增幅16.3个百分点，高于第二产业增加值增幅23.3个百分点。在全区经济增长的10.3个百分点中，第三产业贡献了8.1个百分点，对全区经济增长的贡献率达78.6%。从主要行业来看，对拉动全区经济增长作用较大的服务业行业主要有房地产业、金融业和批发零售业，分别拉动全区生产总值增长3.0、1.1和1.0个百分点。

财政收入稳步增长。全年实现财政总收入342.79亿元，比上年增长7.4%，其中区级财政收入110.35亿元，增长14.3%。全年完成税收收入319.85亿元，比上年增长5.1%。在税收收入中，增值税完成142.68亿元，增长13.9%；营业税完成53.01亿元，增长18.0%；企业所得税和个人所得税完成101.88亿元，下降11.2%。私营企业完成税收63.21亿元，增长8.5%。全年地方财政支出138.49亿元，比上年增长14.6%。其中，一般支出12.76亿元，下降0.4%；科学技术支出7.28亿元，增长17.3%；社会保障和就业支出19.84亿元，增长5.6%；城乡社区事务支出27.36亿元，增长14.8%。

固定资产投资总量略有增长。全年完成全社会固定资产投资额295.88亿元，比上年增长0.1%。其中社会事业投资14.5亿元，增长1.0倍；基础设施投资57.4亿元，增长45.7%；房地产开发投资145.96亿元，增长10.6%。从产业投向看，第二产业完成投资额56.55亿元，比上年下降45.5%，占全部完成投资的比重为19.1%；第三产业完成投资额239.33亿元，比上年增长24.8%，占80.9%。全年投资项目538个，其中工业投资项目258个，完成投资55.44亿元；房地产投资项目124个，完成投资145.96亿元。年内新开工项目130个，完成投资59.67亿元；亿元以上新开工项目36个，完成投资

49.24亿元。

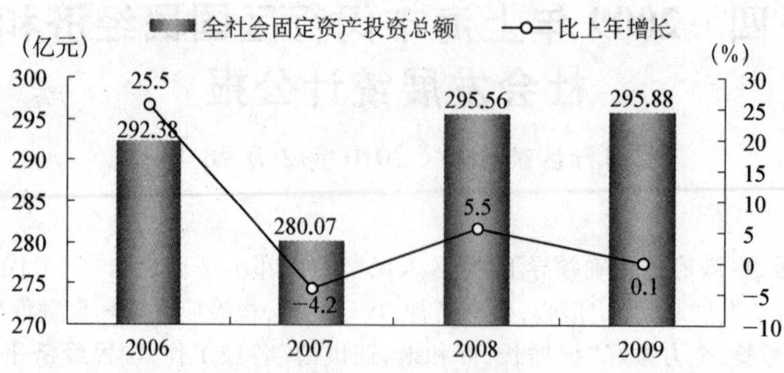

图2 全社会固定资产投资总额与增长

二、农 业

统筹城乡发展取得新进展。制定统筹城乡发展三年(2008—2010年)行动计划,确定2009年区统筹城乡发展3大类58项重点工作和配套资金19.76亿元。城乡居民家庭收入比缩小到1.55:1,继续保持率先形成城乡一体化新格局的先行先试优势。年内完成村庄改造1 629个。进一步稳定完善农村土地承包关系,启动"土地延包、土地流转、土地仲裁"联动工作机制建设。浦江镇被列入国家第二批小城镇发展改革试点,梅陇镇被列入全市农村集体建设用地流转试点,莘庄工业区成立全市第一家社区股份合作社。

全年实现农业总产值4.58亿元,比上年增长2.3%。其中,种植业产值2.87亿元,比上年增长4.2%;畜牧业产值0.80亿元,比上年增长16.4%;渔业产值0.08亿元,比上年下降35.0%。

表1 主要农副产品产量

产品名称	单 位	产 量	比上年增长(%)
粮食	万吨	1.21	持平
上市蔬菜	万吨	12.23	-1.6
生猪出栏	万头	4.28	5.2
牛奶	吨	1 033	-2.6
水果	吨	4 025	2.8
鲜蛋	吨	186	73.8
鲜鹿茸	公斤	376	24.5
水产品	吨	515	-34.4

现代都市农业稳步推进。全年新建设施农田2 294亩,其中设施粮田1 040亩,设施菜田1 254亩。年末全区设施农田总面积达到17 481亩,占全区农业生产总面积的44%。农业休闲观光项目加快发展,马桥农耕文化园、浦江市民农园、响水湾会员农庄均已建成开放。

农业产业化加快推进。全年落实产业化扶持资金600万元,扶持23家企业产业化项目75个。年内新建农民专业合作社14家,全区农民专业合作社总数达到52家。区内两家市级农业产业化龙头企业全年销售收入达6.50亿元,农民合作社销售收入1.88亿元,有效促进了农民增收。

不断加强蔬菜、肉类等农产品的日常检测、监管工作和农业执法工作力度,确保全区无重大农产品安全事故发生。全区蔬菜质量安全检测抽检合格率99.97%。种养殖户安全监管覆盖率100%。全区共有23家企业通过无公害、绿色、有机农产品认证和GAP认证(良好农业规范),138个农产品通过无公害农产品认证。

三、工业和建筑业

2009年,全区工业生产小幅增长。全年实现工业增加值766.20亿元,比上年增长3.0%。完成工业总产值3 533.64亿元,可比增长1.1%。其中,规模以上工业产值3 337.94亿元,可比增长2.1%。

规模以上重点行业发展平稳。电子信息产品制造业、通用设备制造业、电气机械及器材制造业、化学原料及化学制品制造业等四大重点发展工业行业完成工业总产值2 077.48亿元,可比增长5.4%,占全区规模以上工业总产值的比重为62.2%(见图2)。工业生产产销衔接良好,全年规模以上工业企业产品销售率为99.3%。

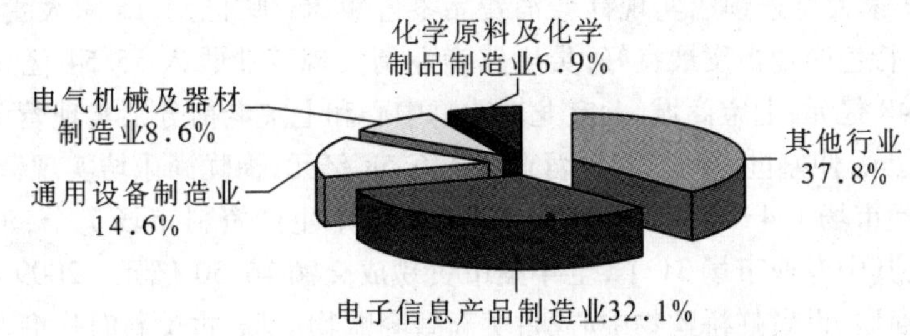

图3　四大重点发展工业行业工业总产值的比重

园区工业生产逐步趋好。莘庄工业区全年完成工业总产值453.90亿元,实现税收收入50.77亿元,比上年增长20.0%;闵行经济技术开发区全年实现工业总产值364.0亿元,实现税收收入34.61亿元,比上年增长3.5%;漕河泾开发区浦江高科技园全年实现工业总产值967.77亿元,比上年增长8.7%,实现税收收入1.40亿元,比上年增长72.2%。以上三大工业园区规模以上工业产值占全区的比重为53.5%,比上年提高3.7个百分点。紫竹科学园区规模以上企业实现工业总产值96.50亿元,比上年增长2.4%;实现税收收入18.40亿元,比上年增长1.1倍。

工业企业经济效益明显好转。全年规模以上工业企业实现利润总额174.46亿元,比上年增长23.9%。其中,外商及港澳台商工业企业实现利润128.37亿元,增长28.5%,占全区工业利润总额的73.6%。全区盈利工业企业盈利额225.80亿元,比上年增长16.8%;亏损工业企业亏损额51.33亿元,比上年下降2.2%。规模以上工业企业百元产值利润为5.23元,比上年提高1.18元。

建筑业保持稳定增长。全年完成建筑业总产值123.72亿元,比上年增长12.9%。其中建筑工程产值91.74亿元,比上年增长19.5%;安装工程产值18.21亿元,比上年下降6.2%。全年实现建安税15.26亿元,比上年增长8.9%。全年共监管在建工程248个,面积920万平方米。全年申报"白玉兰"创优工程7个,市优质结构38个,区优质结构142个,"闵行杯"优质工程56个。申报市文明工地31个,区文明工地75个。对符合标准的205个工地颁发了"环保便民工地"铭牌。全年完成既有建筑节能改造268万平方米,完成太阳能热水系统技术利用试点项目11万平方米,"太阳能示范园区"成功创建区科普示范区。万兆房产的碧林湾三期A块创建市低能耗示范区,5.2万平方米全面执行节能65%标准。建成可再生能源与建筑一体化项目9个,面积14.5万平方米。

四、批发和零售业

商业布局与结构调整步伐加快,市场流通规模继续扩大。全年批发和零售业实现增加值82.57亿元,比上年增长15.5%。消费品市场供需两旺。全年实现社会消费品零售总额372.84亿元,比上年增长15.3%。其中,批发和零售业零售总额340.44亿元,比上年增长13.6%;餐饮业零售总额32.40亿元,比上年增长36.4%。汽车类实现零售总额136.70亿元,比上年增长36.6%。

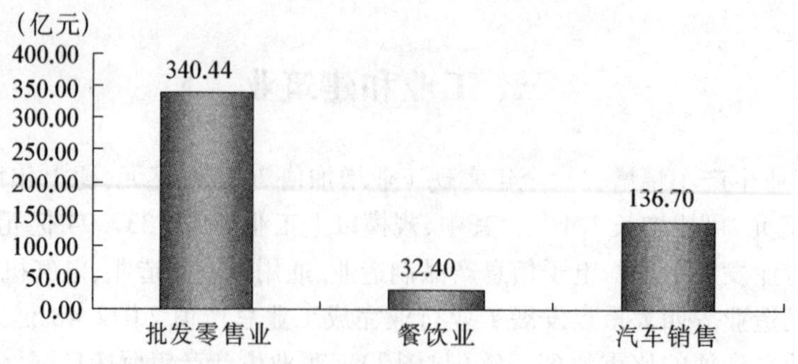

图4　2009年批零、餐饮及汽车销售社零额

2009年,区内12家大型连锁店实现社会消费品零售额36.09亿元,15家大卖场实现社会消费品零售额44.16亿元。特色商业街发展良好,吴中路商业街实现营业收入55.54亿元;上海友谊南方商城实现营业收入27.48亿元;七宝商城、七宝龙城购物中心和七宝老街分别实现营业收入10.28亿元、10.74亿元和1.25亿元;仲盛世界商城实现营业收入6.58亿元;梅陇尚乐坊实现营业收入1.78亿元。至年末,全区共有各类市场134个,比上年增长5.5%。其中生产资料市场7个,消费品市场127个。共有集贸市场98个,其中专业市场31个,全年集市贸易成交额16.50亿元。2009年建成并开业的主要项目有:仲盛世界商城、世贸虹桥购物中心、古美新智驿购物广场、古美新时代商业广场等;在建的大型项目主要有龙之梦商业中心、南方商务广场等。

五、交通、邮电和旅游

2009年,交通运输、仓储和邮政业取得新发展。公交优先战略加快实施,城市交通运营能力不断提高。至年末,闵行区域内共有公交线路55条。通往市中心线路72条,通往郊区线路38条,过境线路44条。新辟和调整18条公交线路,其中,新辟8条线路,调整10条线路。新辟闵行3路和13路,解决了“森安苑”与“君莲小区”居民的公共交通出行难问题。新辟公交174路和调整公交浦江1路,解决了浦江大型居住区公共交通的问题。延长浦江1、3、5、8、9路等线路的运营时间,配合M8线延伸,进行站位或运营时间调整,使公交与轨道交通实现无缝衔接。改善乘客候车环境,建设公交终点站6座。新建122座候车亭。为方便社区居民出行,年内开设了闵行社区巴士。设立免费公共自行车1万辆,改善区内居民“最后一公里”出行难问题。

轨道交通五号线全年共运行11.96万列次,比上年增长0.2%;客流量达3 729万人次,比上年增长2.4%;日均客流量为10.21万人次。全年完成营运里程194.83万列公里,比上年增长0.1%。

邮政业务发展较快。全年邮政服务业实现业务收入4.55亿元,比上年增长19.7%。全年收寄各类国内、国际函件6 665万件,比上年增长2.3%;收寄国内、国际包件90万件,比上年下降11.9%;收寄邮政特快专递418万件,比上年增长40.3%;邮政储蓄余额达到65亿元,比上年增长10.2%;全年发送各种报刊杂志13715万件,比上年下降18.0%。

全年电信业务收入14.12亿元,比上年增长11.6%。年末交换机总容量达97.99万门,比上年增长5.8%,实装率为84.6%;电话用户82.90万户,比上年减少1.95万户;其中,ISDN 1.07万户,增加500户,容量达2.50万门,与上年基本持平。ADSL业务发展良好,至年末,全区ADSL用户数达36.31万户,比上年增长11.2%。IPTV业务发展迅速,年末用户数达10.51万户,比上年增长43.2%。

全年移动通信业务总收入14.99亿元,比上年增长1.1%。移动通信用户达191.3万户,比上年增长7.4%。至年末,区内移动营业厅网点达25家,移动专营店16家,单店77家。全区共有移动通信基站点683个,其中2G宏站352个,室内覆盖169个,小区覆盖141个。TD基站343个,其中独立基站21个。年内小区宽带等移动新业务个人用户月均达12.13万户。

旅游环境不断优化,服务水平继续提高。至年末,全区共有星级宾馆8家,其中,三星级宾馆3家,全年接待超过9.2万人次,实现营业收入8 728万元。区内旅行社全年接待游客19.8万人次,组团人数18.5万人次,实现营业收入3.02亿元,比上年增长35%。区内主要旅游景点锦江乐园全年接待游客135万人次,实现营业收入1.17亿元;七宝古镇接待游客800万人次,实现营业收入300万元;热带风暴接待游客13.5万人次,实现营业收入2 000万元;银七星滑雪场接待游客17.6万人次,实现营业收入1781万元。

六、金融和保险

金融业加快服务创新,积极拓宽各类消费贷款项目,不断提高市场竞争能力。至年末,全区有各类金融机构51家,其中,银行23家,保险公司20家,证券交易所8家。年内新增异地银行支行4家,台资银行1家,韩资银行1家。

全区各项存款余额2 015亿元,比年初增长26.9%。其中,企业存款余额1 024亿元,比年初增长32.3%。金融机构贷款余额782亿元,比年初增长31.9%。其中,短期贷款268亿元,比年初增长36.7%;个人消费贷款249亿元,比年初增长15.8%,其中,住房按揭贷款234亿元,比年初增长15.3%。此外,年内新增的3家小额贷款公司积极服务"三农"和小企业,年末贷款金额3.05亿元。

表2 金融机构存贷款

指 标	余额(亿元)	比年初增长%
各项存款	2 015	26.9
#企业存款	1 024	32.3
居民储蓄存款	991	21.7
各项贷款	782	31.9
#短期贷款	268	36.7
个人消费贷款	249	15.8
#个人住房贷款	234	15.3

七、房地产业

2009年,在国家金融、信贷和促进住房消费等政策的支持下,房产市场逐步回暖。全年房屋施工面积1 255.6万平方米,比上年增长3.3%;其中,新开工面积301.8万平方米,比上年增长0.3%。房屋竣工面积265.3万平方米,比上年下降9.1%;其中,商品房竣工面积242.8万平方米,比上年下降6.0%。

商品房销售面积较快增长。全年商品房销售面积310.5万平方米,比上年增长9.3%;商品房销售金额368.11亿元,比上年增长56.0%。存量房交易成倍增长。全年存量房交易面积375.2万平方米,比上年增长1.3倍;存量房成交金额416.08亿元,比上年增长1.7倍。

八、对外贸易和招商引资

加快转变外贸发展方式,深入实施市场多元化战略,努力促进对外贸易的稳步回升。2009年,全区进出口商品总额为236.82亿美元,比上年下降5.6%。其中出口商品总额175.65亿美元,比上年下降3.2%;进口商品总额61.17亿美元,比上年下降11.8%。

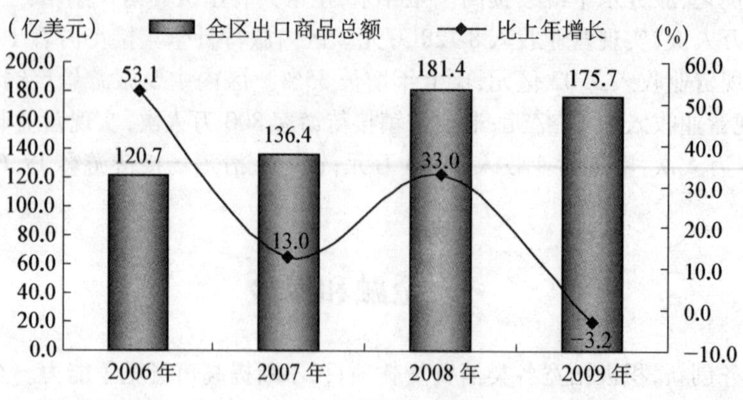

图5 全区出口商品总额与增长

从企业类型来看,三资企业出口168.32亿美元,比上年下降2.4%;内资企业出口7.33亿美元,比上年下降18.0%。从贸易方式来看,一般贸易出口21.44亿美元,比上年下降24.2%;加工贸易出口153.59亿美元,比上年增长0.5%。

外贸产品主要出口地为北美洲63.55亿美元,欧洲53.62亿美元,亚洲45.36亿美元,拉丁美洲8.12亿美元,大洋洲3.67亿美元,非洲1.33亿美元。主要出口产品为机电类157.39亿美元,比上年下降0.9%;纺织品6.36亿美元,比上年下降13.4%;光学、医学等仪器类2.38亿美元,比上年下降62.1%。

表3 外贸出口市场结构

类　别	绝对值(亿美元)	比上年增长(%)
外贸出口商品总额	175.65	-3.2
#北美洲	63.55	-7.0
欧洲	53.62	-0.1
亚洲	45.36	-2.2
拉丁美洲	8.12	15.8
大洋洲	3.67	-26.0
非洲	1.33	25.5

招商引资额在全市名列前茅。2009年,全区新批准三资企业387个,合同外资12.02亿美元,实际到位外资11.26亿美元,比上年增长11.0%。新增内资注册资金260.20亿元,比上年增长27.4%。全年新批及增资1 000万美元以上的大项目37个,吸引合同外资7.35亿美元,占全区总数61.1%。年末,全球500强企业已在区内投资了93个项目,其中2009年新增投资项目1个。

九、城市基础设施和公用事业

枢纽型、功能性、网络化的城市基础设施建设加快推进。全年完成城市基础设施建设投资及前期费57.43亿元,比上年增长45.7%,占全社会固定资产投资总额的比重为19.4%。其中,市政道路建设投资及前期费55.90亿元,比上年增长51.2%;污水处理(截污纳管)投资1.53亿元,比上年下降37.8%。

表4　城市基础设施建设投资

指　标	绝对值(亿元)	比上年增长(%)
城市基础设施建设投资	57.43	45.7
#市政道路建设投资	55.90	51.2
污水处理投资	1.53	-37.8

年内完成市重大工程建设项目虹桥综合交通枢纽及其配套工程、铁路货场、闵浦大桥、G60高速闵行段、S32闵行段、闵浦二桥、林海公路等前期腾地动迁工作,其中虹桥综合交通枢纽工程累计完成民房动迁4 285户,占动迁民房总数的96%。完成京沪高铁、沪杭客专铁路工程前期动迁工作。完成轨道交通10号线(一期、二期)、12号线拆迁腾地工作,基本完成13号线停车场拆迁腾地工作。完成轨道交通8号线江月路枢纽、航天公园枢纽站动迁工作。完成区重大建设项目中春路(西四号河桥—北松公路)段、曲吴路、万芳路、闸航路、景洪路、合川路等道路工程建设。完成春申塘二期、俞塘二期、三鲁河二期、北竹港等河道整治工程。建设村级道路120条,里程50公里,改造农村危桥58座。全年区管城市道路综合完好率达92.8%,区管公路技术状况综合评定指数(MQI)为91.2%。

市容环卫工作扎实推进。年内更新、新增环卫专用车辆64辆,更新废物箱4 065只。新建、改造29座环卫等级公厕,共计1 737平方米。改造垃圾压缩站2座,共计268平方米。完成50座农村公厕、50座农村垃圾箱房达标改造,全年餐厨垃圾规范处理单位617家,日均规范处置餐厨垃圾130吨,变废为宝生产饲料添加剂2 800吨。全区市容环境综合建设和管理项目获得国家建设部设立的“中国人居环境范例奖”。

公用事业综合服务水平继续提高。全年自来水售水量约2.97亿立方米,比上年增长4.2%。全年售电量129.79亿千瓦时,比上年下降3.2%,年内最高用电负荷为315万千瓦。积极配合市政工程,圆满完成漕宝路、吴中路等路段架空线入地工程建设。继续加大对热点地区供电能力的基建建设和技改力度,年内新投运110 KV变电站3座,35 KV变电站2座。年末全区110 KV线路12.08公里;35 KV及以下架空线路长度4 491公里,35 KV变电站80座。

至年末,全区居民用电总户数108万户,比上年增长1.6%。全区共有家庭燃气用户85.04万户,比上年增加0.69万户。其中,天然气用户56.41万户,比上年增加3.94万户;人工煤气用户0.21万户,比上年减少0.31万户;液化石油气用户28.42万户,比上年减少2.94万户。全区居民家庭气化率为100%。

表5　公用事业

指　标	单　位	绝对值	比上年增长(%)
全年自来水售水量	亿立方米	2.97	4.2
全年售电量	亿千瓦时	129.79	-3.2
天然气销售总量	万立方米	34 576	17.8
#居民用	万立方米	16 697	49.6
人工煤气销售总量	万立方米	2 739	-19.4
#居民用	万立方米	105	-74.3
液化气销售总量	吨	22 825	-25.6
#居民用	吨	16 697	-37.4

十、信息化建设

全区“无线城市”(二期)建设稳步推进。年内新增梅陇新都会、南方商城商圈、龙茗路十尚坊、闵行交大农学院、新侨学校、电机学院、闵行区中心医院、闵行区科委等重点区域的无线网络覆盖。新建无线AP588个、新建50幢商务楼室内分布系统。共协调区内150条道路的信息管线集约化建设,信息管线建设达230沟公里、1 080孔公里。

全区九个社区学校被指定为“千村万户”农村信息化培训点,全年共完成1 364人的培训和2.67万人的宣传普及,分别完成年度指标的105%和111%,位居全市第二位。建立村级农村信息化带头人队伍,完成全区132个行政村网站信息采集、信息上传、网站建设工作,“一村一网”建设工作平均得分228分,名列全市第一。企业信用信息共享平台二期建设顺利推进,共收集11家政府部门掌握的7.73万家企业信用监管信息21.51万条。

“上海闵行”政府门户网站荣获2009年度“中国政府网站领先奖”。公务网文电传输系统共发放红头文件、报告、请示等638件。区级人口信息库入库数据约200万人,其中户籍人口约94万人,外来流动人口约89万。完成村“四本台账”项目区级平台的开发建设,实现了查询、统计和分析等功能。全年共受理市民社保卡申领6.0万张,发放社保卡5.9万张。受理临时居住证的申领新办20.6万张,发放正式居住证1.1万张。

十一、教育、人才和科学技术

教育事业取得新发展。至年末,全区共有中学、小学、幼儿园、中职校、工读、特殊教育学校242所,在校学生16.17万人,全区教职工1.63万人、专任教师1.17万人。全区3~6岁幼儿入园率为99.1%,义务教育入学率达100%,高中阶段入学率达98%。实行全区教育经费统筹,全年地方财政用于教育事业费19.62亿元,比上年增长16.0%。此外,全区另有成人教育培训中心2所,社区学院1所,社区学校13所,区老年大学1所,进修学院1所。

表6 各类学校及学生情况

类 别	学校数(所)	在校学生数(人)	比上年增长(%)
中学	59	42 177	1.0
小学	55	70 986	38.3
幼儿园	123	42 703	10.4
中职学校	2	5 224	0.5
工读学校	1	120	平
特殊教育学校	2	463	5.9

以体制机制创新为重点,通过引进和扩大优质教育资源、委托管理、校际合作和骨干教师柔性流动等举措,推动教育均衡发展与内涵提升。组建闵行区职业教育联盟,提升职业教育服务区域经济社会发展的能力。推进社区教育内涵建设,闵行区被评为全国社区教育先进实验区。建立健全促进民办教育健康发展的各项机制,民办教育实现优质发展与特色发展。妥善解决农民工子女教育问题,新开办7所以政府购买服务方式的民办学校。

聚焦本区高新技术产业、支柱产业、重点项目和社会事业领域的人才需求,为企事业单位引进急需人才。全年新办人才居住证3 353份,户籍引进人才36人,“居转户”12人。开展事业单位公开招聘,全年招录137人。组织实施“高校优秀应届毕业生储备计划”、“三支一扶”大学生招募,共招录21名储备人才、32名"三支一扶"大学生。成功创建国家"海外高层次人才创新创业基地"。

加强科技创新工作,加大政府科技投入,培育发展高新技术企业,推动科技成果产业化,大力实施知识产权战略,大力普及科学知识,提高公众科学素养,支撑经济社会协调发展。2009年,全区专利申请量1.36万件,其中发明专利2 992件,占申请总量的22.0%。年内有6家企业被批准为上海市科技小巨人企业,占全市批准总数的17.7%,位居全市各区县首位;有7家企业被批准为上海市科技小巨人培育企业,占全市批准总数的6.2%。有2 046家科技型企业通过年检,比上年增加43家。有5家企业被评为上海市最具活力科技企业,1家企业被评为上海市最佳社会责任奖。共认定"四技服务"合同299件,技术交易额达12亿元。共有国家重点新产品10个,上海市火炬计划项目2个,上海市重点新产品45个,上海市高新技术成果转化项目96个。

2009年,闵行区被国家科技部确定为"第三批国家科技进步示范县(市)",连续第四次获得"全国科技进步先进区"殊荣,成为首批"国家知识产权强区工程"区。荣获"中国青年创业国际计划'2009年度特别支持奖'"。

十二、文化、卫生和体育

文化、新闻、广播、电视事业发展取得新成就。全年共采制播出新闻300期,4 000条。共播出社教类专题150期,广播、综艺、音乐、文学类节目3 800期。采制播出《生命的守望》等专题片80部。32部广播、电视作品获得市级以上奖项。公益广告《关爱老人》获得上海市"十大公益广告"称号。全年广电台共向上级台送播95条新闻和8部专题片。

至年末,全区共有有线电视用户56.10万户。公共图书馆13个,文化馆(站)12个,电影院11个,书场8个。年内,在"国际合唱节"和"第四届闵行区艺术节"期间全区共举办各类文艺活动2 800场次,参与群众达100万人次。全年共组织文化培训讲座520场次。由群艺馆、图书馆、博物馆业务干部联合组团下社区巡讲近140场次。书香闵行图书漂流活动共流动图书4 833种29 088册。上海城市剧院落成投入使用。全年流动电影放映2 330场次,观众达100万人次;数字电影放映22 074场次,观众达67万人次。全年影院票房收入3 272万元,比上年增长2.1倍。

坚持政府主导与市场机制并举,硬件建设和内涵提升并举,大力推进医疗卫生体制改革,全面促进卫生事业健康发展。至年末,全区共有公立医疗卫生机构25个,其中医院19个(二级甲等2个、二级乙等1个、二级专科4个、一级甲等12个),专业卫生技术人员4782人,核定病床3534张(见表7)。2009年,全区医疗机构共完成诊疗总次数989.87万人次,比上年增长16.4%。

积极开展社区健康维护,提高社区卫生服务可及性。全区户籍居民签约建档82.67万人,建档率90.3%,流动人口签约建档31.59万人,建档率34.0%。继续深化社区肺癌、肝癌、胃癌、大肠癌、乳腺癌和宫颈癌等"六类癌症"早发现和高危人群管理工作,开展筛查24.20万人次。

表7　卫生机构情况

指　标	单位	绝对值	比上年增长(%)
医疗卫生机构数	所	25	持平
#医院	所	19	持平
专业防治站(所)	个	4	持平
辅助医疗机构	所	2	持平
医务人员	人	6 051	15.7
#专业卫生技术人员	人	4 782	14.8
#执业医师	人	1 817	18.5

(续表)

指　标	单位	绝对值	比上年增长(%)
执业助理医师	人	249	31.1
注册护士	人	1 783	17.1
核定病床	张	3 534	17.4
实际开放床位	张	4 691	11.9

强化社区卫生居民互动模式。完成12个居民自助健康小屋,居民健康检查8.14万人次,25.34万项次,提高居民主动参与自我健康管理的意识。在社区卫生服务中尝试引入电子信息服务,开展免疫接种网上预约1.01万人次,网上支付904人次,交易金额达19.80万元。利用"村村通"工程,完成115个社区卫生服务站点和村卫生室光纤改造,提升社区网络信息传输速度。启动心电图管理系统(MUSE)诊断中心、B超诊断中心、影像会诊系统(PACS)诊断中心和综合会诊中心,推进社区卫生服务与区域医疗中心双向卫生服务,社区与区域医疗中心双向转诊1 983人次。

积极开展"全民健身与世博同行"活动。全年共组织各类社区体育比赛154次,举办区级比赛17项次,组织学校体育竞赛22次,社团组织比赛13项次,参与人数3万余人。在"全民健身日",组织近万名健身爱好者云集闵行区体育馆内参与万人同打太极拳展示活动,开通闵行公众健身网,宣传健身知识、发布健身信息,搭建政府、市民与社会组织的统一平台,开创网络健身全新方式。

成功举办闵行区第四届运动会。全区13个镇(街道、工业区),52个机关,300多家事业单位,24家市属大型企业、高校和96所中小学校,共156个代表团、8 877名运动员参加了信鸽、象棋、拔河、秧歌、跳踢、柔力球、桥牌、门球、游泳、太极拳、乒乓球、健美操等22个大项的角逐。

不断加大公共体育设施建设与开放力度。启动3个社区体育活动中心,完成7个社区公共运动场和15个农民健身家园建设,目前全区共有社区公共运动场20个,健身点907个,体育场地总面积达391万平方米,其中年内新增13万平方米。指导85所中小学校体育场地挂牌向社区居民免费开放,组织60余万人次进入各类体育场地健身。实施每月5日体育场馆"迎世博"免费开放活动,健身市民达1.65万人次。开办各类培训班485期共8 858余人,61家游泳场所共开放2 337场次,接待市民70.75万人次。

竞技体育水平稳步提高。在第十一届全运会上,闵行区有49名运动员参赛,为上海代表团摘得1金3银2铜的好成绩。市队区办的上海女曲获全国女曲冠军杯赛第一名,获全运会女曲比赛第五名。在上海市青少年比赛中,闵行区运动员共获103项第一名,78项第二名和60项第三名。

创新体育产业发展模式,成立体育产业发展中心,开展体育产业政策研究,体育彩票销售管理,重大体育赛事组织运作和培育发展体育健身休闲产业等工作。承办或协办了ATP1000大师赛、"迎世博"世界乒乓球群英会、第二届亚洲U18女子曲棍球比赛暨2010年首届青年奥运会资格赛、"东丽杯"国际马拉松赛等重大赛事和活动,吸引观众17万人次。全年体育彩票销售额达1.20亿元,比上年增长20.0%,位列全市各区县第二名。

十三、人口、人民生活和社会保障

2009年末,全区常住人口181.43万人,其中外来常住人口74.61万人。户籍人口94.28万人,比上年增长3.0%。其中非农业人口86.54万人,比上年增长5.9%。出生人口9 066人,出生率9.8‰,比上年下降0.5个千分点;死亡人口6 597人,死亡率7.1‰,与上年持平。人口自然增长率为2.7‰。户籍人口计划生育率为99.8%。平均期望寿命81.89岁,其中男性79.60岁,女性84.25岁。外来流动人口89.09万人,外来流动人口计划生育率为91.0%。

加强就业援助,落实促进就业的各项政策,实施"就业援助"、"职业培训"、"市场监管"三项特别计划。全年新增本地劳动力就业岗位 3.38 万个,完成全年目标的 112.7%,其中农村富余劳动力非农就业 9 936 个,完成全年目标的 198.7%。认定和安置"双困人员"1 003 人,累计解决 168 户"零就业家庭"至少一人就业的困难。全区新增青年见习基地 96 家,吸纳见习学员 3 544 名。帮助成功创业 925 家,带动就业人数 1 367 人。举办大学生专场招聘会 9 场,实现就业 3 000 余人。加强就业援助,全年共有 38 家特殊困难企业有 3 056 人享受到市区两级补贴 647 万元。一次性兑现 2007 年、2008 年企业社会保险补贴 2.85 亿元,2009 年度共受理 4 040 家企业社会保险费补贴申请。城镇登记失业人数为 14 350 人,控制在市政府下达的 14 700 人指标数以内。

城乡居民收入持续提高。据抽样调查,2009 年,全区城镇居民家庭人均可支配收入 24 969 元,比上年增长 9.5%;农村居民家庭人均可支配收入 16 082 元,比上年增长 10.9%。城乡居民储蓄继续增加。年末城乡居民储蓄存款余额 991 亿元,比年初增长 21.7%。

居民居住水平和环境不断提高,住宅设施质量稳步提升。新创建"上海市节能省地型四高小区"2 个,总建筑面积约 98.4 万平方米。4 个小区通过"上海市节能省地型四高小区"的验收评审,总建筑面积 81.6 万平方米。全年完成公建配套项目 8 个,建设面积 5.6 万平方米,公建配套计划投资 1.01 亿元。全年实际完成动迁居民 1.02 万户,完成拆迁房屋建筑面积 220 万平方米;完成动迁单位 1337 家,完成拆除房屋建筑面积 159 万平方米。全年完成旧小区综合改造项目 52 个,总建筑面积约 305 万平方米。其中平改坡项目 44 个,总建筑面积 255 万平方米;综合整治项目 8 个,总建筑面积 50 万平方米。廉租住房受益面不断扩大,全年新增廉租住房配租家庭 326 户,发放租金补贴 375 万元。

不断完善社会保障体系,扩大社会保障覆盖面。至年末,全区"城保"参保人数达 41.28 万人,其中缴费人数 28.0 万人。全年"城保"基金征缴额达 50.38 亿元,比上年增长 14.0%。其中,养老保险基金征缴 31.63 亿元,医疗保险基金征缴 14.67 亿元,失业保险基金征缴 3.03 亿元,生育保险基金征缴 0.51 亿元,工伤保险基金征缴 0.54 亿元。年末城镇社会保险退休人员 13.28 万人,月平均养老金约 1 692 元,比上年增长 10.2%。

至年末,全区"镇保"缴费人数 4.17 万人,其中征地人员新进 1.16 万人,单位"镇保"累计缴费 10.90 亿元。"农保"参保人数 7.65 万人,领取养老金人数 1.64 万人,农民养老金平均水平约 424 元/月。大力推进外来从业人员综合保险,全年共有 2.73 万户企业参保,比上年增长 17.2%。全区累计参加综合保险人数达 45 万人,完成市局下达指标的 111%。全年共有 27.15 万人次享受到工伤保险、大病住院、老年补贴等待遇,共计金额 4.66 亿元。

城乡居民最低生活保障全面实现了全员覆盖和应保确保。至年末,全区有城镇救助保障对象 1.83 万人,农村救助对象 2 427 人,年内发放救助保障金 6 821 万元。全区有支内帮困补助对象 3.03 万人,年内发放支内帮困补助金 6 032 万元。全年对 2 599 人次的大病重病患者发放市级医疗救助金 644 万元;对 2 466 人次的困难对象发放区级医疗救助金 387 万元;对 4 514 名参加城镇居民医疗保险的低保对象给予个人缴费部分补助 78 万元;对 3 875 人次的困难精神病患者给予免费门诊补贴 47 万元;对 2 748 名低保家庭子女给予少儿住院基金个人缴费减免补助 16 万元;对 4 293 人次的城乡低保、低收入特殊困难家庭中的义务教育阶段学生发放帮困助学金 298 万元;对 863 人次的闵行户籍城乡低保家庭高中生发放助学金 136 万元。全区共有养老机构 39 家,年内新增养老床位 1 000 张,年末养老床位 7 379 张,比上年增长 7.4%。新增居家养老服务老人 2 500 名,服务老人总数达 9 200 名。年内开展为老助餐服务 4 357 名,新设立助餐服务点 7 个。至年末,全区各种类型的助餐服务点达到 41 个。新建标准化老年活动室 40 个,年末全区标准化老年活动室数量达到 453 个,占全区居(村)委数的 91.8%。

十四、环境保护和城市绿化

环境保护取得显著成效。2009 年,闵行区被确定为"全国生态文明建设试点地区";位列上海市

“城市环境综合定量考核”郊区组前三位;被推荐为“全国环保信访工作先进集体”、“全国污染源普查先进集体”、“全国环保档案管理先进集体”。环境质量稳定改善,主要河道水质总体趋好,水环境功能区达标率为26.6%,比上年上升7.7个百分点。环境空气质量优良率达到91.2%,连续两年稳定在90%以上。城市区域环境噪声昼间平均为56.0分贝,夜间为48.1分贝,均达到国家城市区域环境噪声2类区标准。全区环保投入达43.90亿元,环保投资指数为3.5%。

污染物减排工作成效明显。制定出台《闵行区“十一五”主要污染物总量减排考核办法》,落实“以奖代补”污染减排激励政策,对高能耗、高污染企业实施限电避峰和“绿色信贷”措施,以行政和经济手段督促企业早减排、多减排。全年完成上海重型机器厂等17家企业23台燃煤锅炉脱硫改造;推进交通干道周边13家企业开展清洁能源替代,累计替代61蒸吨;共否决不符合产业导向与区域定位、高污染、高消耗及可能引起严重扰民的建设项目56个;查处各类环境违法案件121起,督促关闭化工、电镀等重点污染企业6家。

节能减排工作取得新进展。市政府公布2008年全市各区县节能工作考核结果,闵行区2008年度及“十一五”前三年累计增加值能耗下降率均居全市第一位,“十一五”前三年增加值能耗累计下降26.15%,降幅已超过“十一五”期间累计下降20%的目标。减排工作提前完成“十一五”目标任务,2009年全区二氧化硫新增削减量354吨,累计削减1 502吨;污水收集处理率达到82%。

吴泾工业区环境综合整治取得突破。2005年以来,累计完成整治范围内居民动迁2 380户,完成计划动迁总量的92%;累计关停重点污染企业(生产线)37家,实施污染治理工程68项,主要工业企业全部实现截污纳管。

循环经济建设不断深入。加快绿色项目准入促进循环型产业发展,对77个高新技术产业和循环经济示范项目实施了“绿色通道”,占项目审批总数的10%以上。全区新增循环经济试点单位24家,累计达到58家;新增通过清洁生产审核企业10家,累计达到29家,8家企业被选定为2009年度上海市清洁生产示范单位;新增ISO14001环境管理体系认证企业19家,累计达到305家,数量名列全市首位。工业园区生态化改造加快推进,莘庄工业区创建“国家生态工业示范园区”通过市级评审;闵行经济技术开发区编制完成生态工业园区规划,正式启动“国家生态工业示范园区”创建工作。

城市环境安全进一步保障。对饮用水源保护区内281家风险企业进行了专项排查和执法行动,按照“关闭一批、治理一批、纳管一批”的具体处置意见,关停16家,搬迁4家,纳管13家,初步建立了饮用水源环境安全防控体系和长效管理机制。对131家重点企业开展辐射安全及化工、危废、医废专项检查和整治;共受理和调处环境信访1 391件,按照“大联动”机制,提高调处实效,有效解决城市发展引发的环境民生问题,切实保障了城区环境安全。

全国生态文明试点建设正式启动。编制完成《闵行区生态文明建设规划》,确定了闵行区“1246”的生态文明建设框架体系。依托联合国环境署与上海市合作框架协议组织开展了环境友好型城区示范项目建设。组织开展“生态文明校园行”、“百场生态文明宣讲”及“共创绿色未来”等系列生态文明共建活动,全社会的生态文明意识得到进一步提升。

全力推进村宅河道整治工程,改善农村地区居民的生活环境。村宅河道整治260条段,长60.11公里。超额完成二次供水设施改造任务,切实改善供水水质。全区共有12个镇、街道80个小区实施了改造,面积达335万平方米。

全力实施迎世博水务建设。根据市、区二级政府对迎世博工作的要求,完成市定72条段河道的环境整治工程。积极开展农村生活污水收集处理工作,共铺设污水收集管道95.40公里,新建土壤渗滤式污水处理系统218套,涉及农户8 901户。完成12条(段)创模黑臭河道整治工程,长8.44公里,疏浚土方10.72万方,种植绿化9.97万平方米。完成8个居住小区雨污水分流改造工程,共铺设排水管道7.98公里。

全年新建公共绿地50万平方米,完成各类立体绿化17万平方米。建成区绿化覆盖率达39.4%,人均公共绿地面积17.2平方米。完成50亩生态公益林,11万株“四旁树”种植,10万株苗木抽稀,

300 亩经济果林规模化、标准化建设以及 1 000 亩幼林抚育工作。完成绿地调整改造和景观优化提升 42. 45 公顷,绿地整治 274. 30 公顷。新增 1 公里生态步道样板段,新增和提升花坛(花境)1. 45 万平方米。在重点区域布置主题绿化景点 17 处。完成 19 座公园调整改造。截至年末,全区共有市级园林式居住区 57 个,区级园林式居住区 218 个,上海市花园单位 92 个,市级绿化合格单位 161 个,区花园单位 234 个,市星级公园 6 座。其中,年内新创市级园林式居住区 5 个,区级园林式居住区 7 个。新创上海市绿化合格单位 16 个,区级花园单位 9 个,市级文明示范公园 2 座。闵行区体育公园在 2009 年度全市 144 个公园满意度测评中获全市第一。

十五、精神文明建设

迎世博活动全面展开。以“迎世博、讲文明、树新风”活动为主线,成功举办中国 2010 年上海世博会形象大使 MV 首发式暨“世博进社区”闵行区主题活动;举办迎世博倒计时 300 天窗口服务行业世博知识竞赛;开展“世界在你眼前,我们在你身边”闵行区百支志愿团队迎世博倒计时 200 天主题集会;迎世博倒计时 100 天举行“文明观盛会,书香伴世博”闵行区文明观博学习培训启动仪式等,全年迎世博活动群众参与近 90 万人次。广泛开展世博知识培训,完成世博培训 110 万人。全年世博门票销售 4. 1 万张。

迎世博环境综合治理,取得良好效果。全面完成延安路高架沿线集中整治,立体绿化建设、规范店招店牌、无障碍设施建设。完成轨道交通沿线环境整治 24. 5 公里,铁路沿线环境整治 26 公里,拆除沿线违法建筑 5 285 平方米。清理户外广告和店招店牌,建筑立面综合整治、绿化绿地建设、市政道路整修、拆除违法建筑等工作按节点目标稳步推进,共拆除违法建筑近 15 万平方米,拆除违法、脏乱大型屋顶墙面广告、地面广告等 437 块,整修 1 212 块户外广告,规范 6 304 块店招店牌。

精神文明建设各项工作有序推进。全面推进每月 5 日、15 日、25 日“三五”集中行动,不断提升区域环境文明、服务文明和秩序文明;全区共有 14 名个人和 35 家单位获得上海市迎世博贡献奖。深入推进基层基础创建活动,全区 524 个小区、115 个村和 456 家单位分别创建成市区两级文明小区、文明村和文明单位。成立闵行区志愿者协会,吴泾镇“保护母亲河”志愿者行动被评为上海市社会主义精神文明十佳好人好事。

国民经济和社会发展中存在的主要困难和问题:转变经济发展方式任务仍然艰巨,产业需加快转型升级,推动科学发展的体制机制有待完善;社会建设相对滞后,社会保障工作需进一步加强;城市建设和管理的工作理念还有待创新;针对社会管理出现的新情况和新问题,在源头治理、有效沟通、主动服务等方面还需加强和创新。

说明:1. 本公报中的数据为初步统计数据。

2. 电力数据含闵行区及徐汇区部分地区。

3. 自来水数据含闵行区及松江区部分地区。

(责任编辑　李志英)

（一）中共闵行区委2009年重要文件目录

1. 中共闵行区委常委会2009年工作要点(1月9日发文)

2. 中共闵行区委关于在全区党员中开展深入学习实践科学发展观活动的实施意见(2月27日发文)

3. 中共闵行区委、闵行区人民政府关于加强和改进考核工作的意见(5月11日发文)

4. 中共闵行区委常委会半年工作报告(7月13日发文)

5. 中共闵行区委全委会提案工作暂行办法(7月13日发文)

6. 区委、区政府、区武装部印发《关于在全区开展军民"同学创新理论、同树文明新风、同建和谐平安"活动的实施意见》的通知(7月24日发文)

7. 中共闵行区委办公室印发《中共闵行区委常委会深入学习实践科学发展观整改落实方案》的通知(8月3日发文)

8. 中共闵行区委、闵行区人民政府关于完善村级集体经济组织产权制度改革工作的意见(试行)(9月17日发文)

9. 中共闵行区委、闵行区人民政府关于规范公职人员投资入股行为的暂行规定(9月23日发文)

10. 中共闵行区委关于加强处级后备干部队伍建设的若干意见(9月23日发文)

11. 中共闵行区委关于进一步完善建立正处级领导干部预备人选队伍并实行区委全委会差额推荐的意见(10月26日发文)

12. 中共闵行区委关于进一步完善人民政协民主监督机制的意见(11月2日发文)

13. 中共闵行区委批转区人大党组《关于召开闵行区第四届人民代表大会第五次会议的请示》的通知(11月9日发文)

14. 中共闵行区委批转区政协党组《关于召开政协闵行区第四届委员会第四次全体会议的请示》的通知(11月9日发文)

15. 中共闵行区委关于贯彻落实党风廉政责任制的实施办法(试行)(12月15日发文)

（二）闵行区人民政府 2009 年重要文件目录

1. 印发关于应对当前经济形势切实做好稳定就业促进就业工作实施意见的通知(2 月 6 日发文)

2. 印发关于贯彻落实科学发展观进一步推进科技创新和成果产业化实施意见操作办法的通知(3 月 6 日发文)

3. 关于公布第三批区级非物质文化遗产名录的通知(6 月 1 日发文)

4. 关于批转闵行区建设健康城区三年行动计划(2009—2011 年)的通知(6 月 4 日发文)

5. 关于深入推进本区政府信息公开工作的意见(6 月 22 日发文)

6. 关于印发本区安全生产“三项行动”实施方案的通知(7 月 3 日发文)

7. 关于加快推进闵行高新技术产业化的实施意见(7 月 22 日发文)

8. 关于进一步扶持创业带动就业工作若干意见的通知(8 月 17 日发文)

9. 关于转发闵行区 2009 年质量兴区工作实施方案的通知(8 月 31 日发文)

10. 关于批转闵行区公共交通发展方案的通知(9 月 14 日发文)

11. 关于加强征地镇保人员就业援助实施意见的通知(10 月 20 日发文)

12. 关于印发闵行区征地养老人员参加城镇居民基本医疗保险试行办法的通知(10 月 22 日发文)

13. 关于转发闵行区推行公务卡制度改革方案的通知(11 月 16 日发文)

14. 关于转发上海世博会本区救助管理工作方案的通知(12 月 11 日发文)

15. 关于转发闵行区民生指标体系(2009 年度)的通知(12 月 11 日发文)

（三）中共闵行区委关于在全区党员中开展深入学习实践科学发展观活动的实施意见

根据党的十七大部署和《中共中央关于在全党开展深入学习实践科学发展观活动的意见》(中发[2008]14 号,以下简称《意见》)、《中共上海市委关于在全市党员中开展深入学习实践科学发展观活动的实施意见》(沪委发[2008]15 号,以下简称《实施意见》)的要求,按照市委统一安排,闵行区将从 2009 年 3 月开始,在全区党员中分批次开展深入学习实践科学发展观活动(以下简称“学习实践活动”)。

一、认真学习贯彻中央的决策部署,正确把握学习实践活动的指导思想、主要原则和目标要求

科学发展观,是对党的三代中央领导集体关于发展的重要思想的继承和发展,是马克思主义关于发展的世界观和方法论的集中体现,是同马克思列宁主义、毛泽东思想、邓小平理论和“三个代表”重要思想既一脉相承又与时俱进的科学理论,是我国经济社会发展的重要指导方针,是发展中国特色社会主义必须坚持和贯彻的重大战略思想。开展学习实践活动,是用中国特色社会主义理论体系武装全

党的重大举措,是推动经济社会又好又快发展的迫切需要,是提高党的执政能力、保持和发展党的先进性的必然要求,是顺应广大干部群众新期待、进一步密切党同人民群众血肉联系的重要步骤。实践证明,科学发展观对于经济和社会各项事业的发展起到了巨大的推动作用,越来越显示出强大的真理力量,越来越得到党员和群众的衷心拥护。但也要清醒地看到,一些党员干部贯彻落实科学发展观的自觉性还不高,对科学发展观理解还不深;一些领导干部的思想、作风和能力素质与科学发展观要求还不适应;一些影响和制约科学发展的问题还比较突出,保障科学发展的体制机制还不够健全。这些问题如不及时解决,我们就会丧失难得的发展机遇,就无法应对新形势下党所面对的新挑战,就难以肩负起全面建设小康社会和社会主义现代化国际大都市的崇高使命。全区各级党组织和广大党员、干部一定要认真学习中央精神和市委的部署,深刻认识开展学习实践活动的重大现实意义和紧迫性,把开展学习实践活动作为我们党应对挑战、解决矛盾、统一思想的重大契机,积极投入到学习实践活动中来。

中央和市委明确提出了学习实践活动的指导思想、主要原则和目标要求。各级党组织要认真学习领会,全面正确把握,坚决贯彻落实。

(一)正确把握学习实践活动的指导思想。把握和贯彻好学习实践活动的指导思想,关键是要高举一面旗帜、突出一个主题、围绕一个总要求,明确三个着力点。高举一面旗帜,就是高举中国特色社会主义伟大旗帜。在学习实践活动中,要教育广大党员、干部把中国特色社会主义作为伟大旗帜来高举,作为正确道路来坚持,作为科学理论来运用,作为共同理想来追求。突出一个主题,就是科学发展。科学发展观深刻反映了我国经济社会发展进入关键时期的新要求,深刻反映了人民群众过上幸福美好生活的新期待,是全面建设小康社会的强大思想武器。围绕一个总要求,就是党员干部受教育、科学发展上水平、人民群众得实惠。明确三个着力点,就是要着力转变不适应不符合科学发展观要求的思想观念,着力解决影响和制约科学发展的突出问题以及党员干部党性党风党纪方面群众反映强烈的突出问题,着力构建有利于科学发展的体制机制,提高领导科学发展、促进社会和谐的能力。学习实践活动中,要紧紧围绕这三个着力点下功夫、求突破、见成效,推动经济社会又好又快发展,让群众切身感受到学习实践活动的成效。

(二)正确把握学习实践活动的主要原则。为确保学习实践活动健康开展,要牢牢把握坚持解放思想、突出实践特色、贯彻群众路线、正面教育为主的原则。这四条主要原则是总结我们党开展集中学习教育活动特别是学习实践活动试点工作经验的重要成果,在整个活动中要自始至终地把握好、贯彻好、落实好。

(三)正确把握学习实践活动的目标要求。学习实践活动以处以上领导班子和党员领导干部为重点,全体党员参加。具体要达到提高思想认识、解决突出问题、创新体制机制、促进科学发展的目标要求。这四个方面是相互联系、相互促进的有机整体。提高思想认识是基础;解决突出问题是重点;创新体制机制是关键;促进科学发展是目的。

二、紧密结合闵行实际,找准着力点,突出实践性,切实解决影响和制约科学发展的重点问题

科学发展观,第一要义是发展,核心是以人为本,基本要求是全面协调可持续,根本方法是统筹兼顾。要认真学习领会,切实把握其科学内涵、精神实质和基本要求。实践性是科学发展观的本质特征。这次学习实践活动的一个显著特点,就是突出了实践性要求。根据中央《意见》中关于"紧紧围绕科学发展主题,紧密结合本部门、本单位实际,确定活动的实践载体"的要求,本区开展学习实践活动的实践载体按照区委"保有质量的经济增长、保有优势产能的企业、保群众能得实惠的民生、保符合发展需求的人才、保法理情有机结合的稳定"的总体要求,突出"保增长、迎世博、促和谐,推动闵行科学发展"的主题。各部门、各单位党委(党工委)、党组要紧紧抓住这一实践载体,紧扣实践来深化学习,通过学习来推动实践。

（一）解放思想观念。解放思想是党的思想路线的本质要求，是发展中国特色社会主义的一大法宝。学习实践活动中，发展观念的更新、发展思路的转变、发展难题的破解、体制机制的完善，都离不开思想的解放。中央《意见》和市委《实施意见》要求，开展学习实践活动，要把解放思想、改革创新贯穿始终。联系闵行的实际，在学习实践活动中要按照市委关于重点解决“五个不”问题的要求，不背过去成绩包袱，不受习惯做法束缚，不为任何风险所惧，不受现有知识局限，不受地域观念限制，使思想和行动更加符合实事求是的思想路线，更加符合经济社会发展规律、符合自然规律、符合党的执政规律，使党的工作和党的建设更加符合科学发展观的要求。

（二）解决重点问题。中央和市委强调学习实践活动要突出实践特色，很重要的是要通过解决问题来体现。要把解决突出问题摆在学习实践活动的重要位置。通过学习实践活动，深入思考、着力解决六个方面的问题：一是如何有效应对全球金融危机，实现闵行又好又快发展；二是如何加快产业升级、结构调整，加快经济发展方式的转变；三是如何构建充满活力、富有效率、更加开放、有利于科学发展的体制机制；四是如何抓住世博会的契机，全面提升城市建设和城市管理水平；五是如何加强社会事业建设、解决民生问题，促进社会和谐；六是如何以改革创新精神加强党的建设，为科学发展提供可靠的政治和组织保障。要针对以上问题，认真查找需要突破的瓶颈问题，重点是思想观念、方式方法、体制机制等方面的问题。

（三）创新体制机制。体制机制在很大程度上决定着一个国家和地区发展进步的活力、实力、创造力和竞争力。体制机制的保障，是管长远、最根本的保障。因此，从学习实践活动一开始，要把建立健全保障和促进科学发展的体制机制作为关键来抓。学习实践活动期间，要根据当前国际国内形势，结合区委常委会年度重要议题推进，通过强化理念，促进科学发展；强化协同，推动合作共赢；强化落实，实现成功转型；强化创新，完善体制机制。在经济发展、社会事业、城市管理、社会稳定、党的建设等方面形成一批制度性文件。基层单位要进一步建立健全体现科学发展要求的规章制度，为科学发展观的贯彻落实营造良好的政策制度环境。

（四）促进科学发展。促进科学发展，是开展学习实践活动的出发点和落脚点。通过学习实践活动，要进一步贯彻落实科学发展观，逆势而上抓发展，攻坚克难抓改革，危中见机抓合作，主动应对抓转型，努力实现“保增长、迎世博、促和谐，推动闵行科学发展”的活动目标。各级领导班子和领导干部要把科学发展观的要求转化为推进科学发展的坚强意志、谋划科学发展的正确思路、领导科学发展的实际能力、促进科学发展的政策措施、增强党性修养提高思想觉悟的自觉行动。

各部门、各单位要坚持从实际出发，突出重点，按照科学发展观的要求找准那些影响和制约本部门、本单位科学发展的主要问题，集中精力解决好，防止面面俱到、影响活动效果。

三、开展学习实践活动的批次安排和方法步骤

全区学习实践活动按照市委的统一部署，分两批进行，每批时间半年左右。

本区第一批：2009 年 3 月开始，2009 年 8 月基本完成。参加单位包括：区党政机关；区人大、区政协，区人民法院、区人民检察院和区人民团体机关；区直属企事业单位等。

本区第二批：2009 年 9 月开始，2010 年 2 月基本完成。参加单位包括：各镇、社区（街道）；村、居民区；中小学校；未参加本区第一批活动的企业、社会团体、社会中介组织等。

开展学习实践活动，首先要做好充分的准备工作。要认真学习贯彻中央、市委和区委的有关精神，进行广泛的宣传和思想发动，提高广大党员干部参加学习实践活动的积极性主动性；要深入调查研究，听取意见建议，结合本部门、本单位实际，明确活动的实践载体，制定切实可行的实施方案。

整个学习实践活动分三个阶段进行：

（一）第一阶段：学习调研。这一阶段重点要抓住学习培训、深入调研、围绕科学发展进行解放思想讨论三个环节。

1. 学习培训。区委召开开展学习实践活动动员大会。各部门、各单位对各级党员领导干部进行集中学习培训并组织全体党员参加学习。通过专题讲座、报告会、研讨会等形式,切实增强学习效果。认真学习党的十七大报告,认真学习《毛泽东邓小平江泽民论科学发展》和《科学发展观重要论述摘编》,处级以上党员领导干部还要认真学习《深入学习实践科学发展观活动领导干部学习文件选编》。党员主要领导干部要带头作学习报告。学习成果要在一定范围通过一定方式(比如中心组学习或其他形式)进行交流。

2. 深入调研。各级领导班子和党员领导干部要结合本部门、本单位实际和各自分工,深入基层和群众进行调查研究,开展实际案例分析;并结合实际情况,确定一个基层联系点,开展走访、调研工作;围绕制约科学发展的瓶颈问题,可以由相关领导干部、相关部门共同开展专题调研。要通过专题调研、召开座谈会、个别访谈、问卷调查、网上调查等多种形式,广泛听取干部群众和社会各界的意见和建议,找准影响和制约本部门、本单位科学发展的突出问题,影响社会和谐稳定的突出问题,党性党风党纪方面群众反映强烈的问题。

3. 组织解放思想讨论。按照党的十七大提出的"加快构建充满活力、富有效率、更加开放、有利于科学发展的体制机制"的要求,围绕影响和制约闵行科学发展的问题,组织全体党员开展深入讨论,进一步解放思想,着力转变观念、提高认识,着力解决"为什么解放思想"、"解放什么思想"、"如何解放思想"的问题,使党员干部特别是党员领导干部,始终用创业者、改革者的标准要求自己,能够肩负起改革发展的特殊使命,成为继续开拓进取,不断攻坚克难的表率,并对事关本部门、本单位科学发展全局的重大问题形成共识。区级新闻媒体开辟讨论专栏。

(二)第二阶段:分析检查。这一阶段重点要抓住召开领导班子专题民主生活会、形成领导班子分析检查报告、组织群众评议三个环节。

1. 召开专题民主生活会。领导班子要召开检查科学发展观贯彻落实情况的专题民主生活会,领导班子成员要按照科学发展观要求对照检查自身存在的不足,撰写参加专题民主生活会的发言材料。所有党员都要参加以学习实践科学发展观为主题的组织生活会。

2. 撰写领导班子分析检查报告。对于查找出来的问题,要认真进行梳理,并深入分析形成问题的主客观原因特别是主观原因,理清发展思路,形成领导班子贯彻落实科学发展观情况分析检查报告。

3. 组织群众评议。分析检查报告形成后,应在一定范围内公布,并组织党员、群众对分析报告进行评议,评议结果应通过适当方式反馈。

(三)第三阶段:整改落实。这一阶段重点要抓住制定整改落实方案、集中解决突出问题、完善体制机制三个环节。

1. 制定整改落实方案。各部门、各单位领导班子要制定整改落实方案。落实整改方案要明确重点,明确责任,明确措施,明确时限。

2. 集中解决突出问题。要切实解决查找出来的、通过努力能够解决的突出问题。集中解决几个影响和制约科学发展的突出问题,切实办好几件群众迫切希望解决的实事。

3. 完善体制机制工作。领导机关从活动一开始就要注意做好创新体制机制的工作,在统一认识、深入调研、分析检查的基础上,及时制定和完善促进科学发展的政策,把建立健全保障和促进科学发展的体制机制作为整改落实的一个重要内容。广大党员要积极参加"我为闵行科学发展献一计"、"为科学发展建功立业"等活动,主动建言献策,提出合理化建议,发挥先锋模范作用。

学习实践活动基本结束时,要做好活动的总结工作,并采取适当方式向党员、群众通报。对学习实践活动进行群众满意度测评,测评结果在一定范围内公布。要把贯彻中央部署要求、解决突出问题、群众是否满意作为评价学习实践活动成效的重要内容。根据测评情况,进一步完善整改措施,确保在学习实践活动中尚未解决的突出问题继续得到有效解决。

四、学习实践活动的领导和指导

各级党组织要把学习实践活动摆上重要议事日程,高度重视,精心组织,把深入学习、提高认识贯穿始终,把解放思想、改革创新贯穿始终,把解决问题、完善体制机制贯穿始终,把依靠群众、发扬民主贯穿始终,坚持进度服从质量,做到规定动作不走样、紧扣主题促发展、自选动作有特色、结合实际求成效,做到深化解放思想有新提高、解决突出问题有新突破、完善体制机制有新进展、加强作风建设有新成效、闵行科学发展有新优势,确保活动取得实效。

(一)提高思想认识。只有提高了对科学发展观的认识,才能把思想和行动统一到科学发展观的要求上来,才能把科学发展观的要求落实到各项具体工作中去。要通过学习实践活动,促使广大党员、干部特别是领导干部加深对科学发展观的理解,增强贯彻落实科学发展观的自觉性和坚定性,转变不适应不符合科学发展观要求的思想观念,在本部门、本单位要不要科学发展、能不能科学发展、怎么样科学发展等重大问题上进一步形成共识。

(二)落实领导责任。学习实践活动的领导关系,原则上按照党组织的隶属关系确定。党委(党工委)、党组要全面负责本部门、本单位的学习实践活动,主要负责同志要认真履行第一责任人的职责。党员领导干部要充分发挥带头作用,结合各自分工建立联系点。区委成立深入学习实践科学发展观活动领导小组,在区委的领导下开展工作。领导小组下设办公室,负责学习实践活动的日常工作。各部门、各单位党委(党工委)、党组也要成立相应的领导机构和工作机构,落实领导和指导责任。区委和各级学习实践活动领导小组分别派出若干指导检查组,负责指导和督促检查相关单位的学习实践活动,防止活动走过场、出偏差。区级机关党工委要在学习实践活动中发挥积极作用。

(三)加强分类指导。在坚持学习实践活动总体要求的同时,针对机关、学校、企事业单位、农村、社区等不同行业,党员领导干部、普通党员等不同层面,分别提出学习实践活动的具体要求,分层分类进行指导,增强活动的针对性和实效性。要从实际出发,组织好离退休干部(职工)中党员参加学习实践活动。对新的经济和社会组织中的党员、流动党员等,可在坚持基本要求的前提下,采取灵活多样的方式组织开展活动。流动党员的学习实践活动由流入地党组织负责,流出地党组织协助。

(四)鼓励探索创新。在坚持学习实践活动基本要求的前提下,尊重基层首创精神,鼓励各部门、各单位根据各自实际情况,因地制宜探索创新。要讲成本、重实效,防止文山会海,杜绝形式主义。

(五)搞好舆论引导。要充分运用报刊、电视、广播、网络等各种新闻媒介,大力宣传科学发展观的科学内涵、精神实质和根本要求,宣传开展学习实践活动的重要意义,宣传学习实践科学发展观的先进典型,宣传学习实践活动的部署、要求、做法、经验和成效,努力营造开展学习实践活动的良好氛围。

(六)坚持统筹兼顾。要统筹安排学习实践活动各个批次、各个阶段和各个环节的工作,做到有机衔接、前后呼应。要统筹协调各个地区、行业、部门、企业、单位的活动安排,加强上下互动、左右联动,促进影响和制约科学发展的突出问题的解决。要增强保持经济社会又好又快发展的责任感,把开展学习实践活动同做好各方面工作结合起来,做到两手抓、两不误、两促进。开展学习实践活动,要充分发挥党支部的作用,积极探索有效形式和载体,确保广大党员全员全程参加。

区委、区人大、区政府、区政协领导班子开展学习实践活动,由各自办公室负责制定学习实践活动的具体方案,落实各项学习实践活动具体事务。学习实践活动结束后,各部门、各单位党委(党工委)、党组要向区委报送总结报告。

各部门、各单位党委(党工委)、党组要根据本《实施意见》制定具体的实施方案。

(2009年2月27日)
闵委发[2009]4号

(四)中共闵行区委全委会提案工作暂行办法

(2009年7月8日中共闵行区委四届十次全会通过)

第一章 总 则

第一条 根据《中国共产党章程》、《中国共产党地方委员会工作条例(试行)》及党内有关规定,结合闵行区党建工作实际,制定本办法。

第二条 提案是指向区委全委会提出、经提案工作委员会审查立案、提交区委全委会审议表决的书面建议。

第三条 提案工作以邓小平理论、"三个代表"重要思想和科学发展观为指导,坚持围绕中心,服务大局,发扬民主,改革创新,为促进闵行区经济社会和谐发展而服务。

第二章 提案工作机构

第四条 区委设立提案工作委员会,负责区委全委会的提案工作,以及区委常委会年度重要议题的相关工作。

第五条 提案工作委员会由主任和委员若干名组成。成员从区委常委、区委委员、区委候补委员、区党代表、区相关职能部门党员领导干部中产生。

第六条 提案工作委员会由区委全委会领导。区委全委会闭会期间,由区委常委会领导。

提案工作委员会下设办公室,负责提案工作委员会的日常事务,办公室设在区委办公室。

第七条 提案工作委员会的职责:

(一)制定提案工作委员会工作计划。

(二)依照本办法的规定组织征集提案。

(三)对收到的提案进行审查立案。

(四)对审查立案的有关提案组织咨询论证。

(五)向区委全委会提出常委会年度重要议题草案。

(六)对提案办理情况进行检查、督促。

(七)向区委全委会、区委常委会报告提案工作。

(八)办理区委全委会、区委常委会交办的其他任务。

第八条 提案工作委员会会议一般每季度召开一次,必要时可以临时召集。

第九条 以提案工作委员会名义形成的文件,须经提案工作委员会全体会议讨论通过,并由提案工作委员会主任审定签发。

第三章 提案的提出

第十条 提案的提出:

(一)区人大、区政府、区政协党组可以提出提案;

(二)区委工作部门可以提出提案;

(三)区委常委会成员可以个人或联名提出提案;

(四) 各镇、街道、工业区、委办局党(工)委(组)可以提出提案;

(五) 区委委员、区委候补委员3人以上可以联名提出提案。

第十一条　对于区党代表在区党代会闭会期间提出的提议,符合提案基本要求的,经提案工作委员会研究,可以作为提案提出。

第十二条　提案的基本要求:

(一) 提案应围绕闵行区政治、经济、文化、社会建设以及党的建设中的重大和重要问题建言献策。

(二) 提案应坚持严肃性、科学性、可行性,要实事求是,有情况、有分析、有建议。

(三) 提案必须按照规定的统一格式提交,做到案由明确,简明扼要,一事一案。联名提出的提案,发起人作为第一提出人;以组织名义提出的提案,须由该组织署名并加盖公章。

第十三条　在区委全委会召开前,提案工作委员会对提案进行集中征集。

第四章　提案的审查立案

第十四条　提案工作委员会应本着尊重提案者权利、保证提案质量的原则,对收到的提案进行审查,符合本办法规定的,予以立案。

第十五条　经审查,有下列情形之一的,不予立案:

(一) 属于闵行区区委职权范围以外的;

(二) 内容空泛、没有具体建议的;

(三) 涉及范围较小,内容无普遍性,适合作为一般意见建议处理的;

(四) 其他不宜作为提案的。

第十六条　提案经审查立案,由提案工作委员会提交区委全委会审议。

第十七条　对于专业性较强的提案,在提交区委全委会审议前,提案工作委员会应组织相关职能部门与提案者进行共同研究,必要时可组织专家进行咨询讨论。

第十八条　对于事关区内重要问题的提案,提案工作委员会应列为区委常委会年度重要议题。

第五章　提案的办理

第十九条　提案经区委全委会表决通过后,由区委常委会负责办理。区委常委会根据提案性质,责成相关部门或单位具体办理。

第二十条　经审查未予立案的或全委会表决未通过的提案,作为一般意见建议处理,参照区党代表大会代表提议的办理流程进行办理。

第六章　提案的督办

第二十一条　提案工作的督办单位包括区纪委监督小组、区委督查室和提案工作委员会。

第二十二条　经区委全委会表决通过、成为常委会年度重要议题的提案,由区纪委监督检查小组负责督办。其它提案由区委督查室负责跟踪督查。督办情况应及时向提案工作委员会报告。

第二十三条　提案工作委员会可以建议区委领导对重要提案以适当方式推动办理。

第七章　附　则

第二十四条　本办法自通过之日起实施。

第二十五条 本办法由提案工作委员会负责解释。

(2009 年 7 月 20 日)
闵委发[2009]11 号

(五)中共闵行区委关于授予徐素珍同志优秀共产党员称号的决定

徐素珍,女,1921 年 6 月出生于上海,1935 年 1 月参加工作,1941 年 5 月加入中国共产党。徐素珍同志先后任国营上海绢纺织厂工会主席、大丰恒染厂(色织十四厂)副厂长等职务。1979 年 2 月徐素珍同志光荣退休,并于 1982 年 9 月改为离休。徐素珍同志曾先后当选为上海市第一届人大代表、普陀区第一、第二届人大代表、中国纺织工会第三次全国代表。

徐素珍同志年轻时期在日伪工厂秘密加入了中国共产党,投身革命事业。解放后,她积极参加社会主义建设,在自己的工作岗位上勤勤恳恳,把全部身心奉献给了党的事业。2003 年起,徐素珍同志在闵行区古美路街道居住,她待人热情,助人为乐,关心社区建设、热心公益慈善事业,深得居民群众的尊敬和爱戴。2009 年 9 月 11 日,罹患重病的徐素珍同志将她一辈子积蓄倾囊而出,委托邻居把 54 张存款单送到区委组织部,缴纳了 79 万余元的一次性大额党费。同时,她还委托区委老干部局将其居住的房屋(面积 58.4 平方米)出售后再次缴纳一次性大额党费(目前正在办理中)。徐素珍同志是一位见证新中国成立 60 周年的时代老人,在她的身上集中体现了一名老共产党员的高尚情怀,是全区 7 万多名党员的优秀代表。为弘扬先进,树立典型,区委决定授予徐素珍同志优秀共产党员称号。

全区各级党组织和广大共产党员要向徐素珍同志学习,学习她始终坚持崇高的共产主义理想信念,爱党爱国,矢志不渝地为党和人民的事业奋斗不息;学习她时刻听从党的召唤,始终牢记党的宗旨,淡泊名利,无私奉献,永葆共产党人大公无私、一心为民的本色;学习她积极献身于党的事业,孜孜不倦,兢兢业业,把对党的无限忠诚落实到工作、学习和生活中;学习她热爱生活,奉献社区,团结邻里,和睦相处,积极参与社区建设,发挥退休老党员在社区中的影响力和感召力。全区广大共产党员要以徐素珍同志为榜样,始终保持共产党人的先进本色,为推动闵行经济和社会各项事业全面发展而努力奋斗!

(2009 年 10 月 15 日)
闵委发[2009]18 号

(六)中共闵行区委关于加强人民政协政治协商工作的意见

人民政协的政治协商,是中国共产党领导的多党合作的重要体现,是党和国家实行科学民主决策的重要环节,是党提高执政能力的重要途径。加强和完善人民政协的政治协商,把政治协商纳入党委和政府的决策程序,对于广泛倾听民声、反映民意、集中民智,促进决策民主化,保障经济社会又好又快发展,具有重要意义。根据中共十七大精神和《中共中央关于加强人民政协工作的意见》要求,制定本意见。

一、认真贯彻人民政协政治协商的重要原则和基本要求

把政治协商纳入决策程序，就国家和地方的重要问题在决策之前和决策执行过程中进行协商，是人民政协政治协商的重要原则。

（一）切实加强决策前的协商。坚持就重要问题在决策之前进行协商，不断推进党委政府重要决策过程和决策程序的科学化、民主化、制度化。

（二）积极开展决策执行过程中的协商。对决策执行过程中的重要问题，各级党政组织和人民政协应当及时主动组织协商，以保障决策的正确执行。

二、人民政协政治协商的主要内容

下列事项应在决策之前和决策执行过程中在政协听取意见，开展协商讨论：

（一）本地区国民经济和社会发展规划；

（二）区政府和区人民法院、区人民检察院的工作报告；

（三）本地区财政预、决算报告；

（四）有关本区改革发展稳定和与人民群众切身利益密切相关的重大事项；

（五）有关本区爱国统一战线和政协工作的重要问题；

（六）其他需要在政协进行协商的重要问题，以及政协建议协商的重要问题。

三、人民政协政治协商的主要形式

（一）政协全体会议；

（二）常务委员会会议；

（三）主席会议；

（四）专题议政会议；

（五）秘书长会议；

（六）政协党组受区委委托召开的座谈会；

（七）根据需要召开的由政协各参加单位和各界代表人士参加的内部协商会议。

四、人民政协政治协商的主要程序

（一）全体会议协商的有关程序

区政协的全体会议，是全面协商本地区大政方针以及政治、经济、文化和社会生活中重要问题的政治协商活动，应当遵循下列程序：

1. 提交区人大全体会议审议的区政府工作报告等有关报告的草案，应当以会议或者书面形式征询区政协各参加单位和政协委员的意见和建议，开展协商讨论。

2. 除协商讨论和决定政协内部事务的政协全体会议外，区委、区人大、区政府领导班子成员和区人民法院、区人民检察院主要领导以及区委、区政府各工作部门有关负责人，应当按照会议安排，列席区政协全会的开幕会和闭幕会；区委、区政府领导班子成员应当按照会议安排，分别参加政协全会的联组专题讨论会和大会发言，听取各界委员的意见建议。

3. 对党派、团体的集体提案以及政协各参加单位和政协委员的重要意见、建议,区委、区政府领导应当及时批示意见,责成有关部门研究办理。

(二)常务委员会会议和主席会议协商的有关程序

人民政协的常务委员会会议和主席会议,是政协全会闭会期间和政协常务委员会会议闭会期间开展政治协商的重要形式,应当遵循下列程序:

1. 由区委根据全区年度工作重点和区政协的协商建议,研究并确定在政协协商的议题;区政协按照政协章程和有关规定安排协商活动;区委、区政府根据协商安排,就所确定的协商议题向政协通报情况,听取意见,开展协商讨论;区政协将参加协商的各党派团体和各族各界人士提出的意见和建议整理后,以建议案和意见、建议专送件等形式及时报送。

2. 区政协应当将年度协商安排和重要协商议题向政协各参加单位和全体委员通报,组织必要的视察、考察和调查研究、专题讨论,为开展协商作好准备。

3. 协商单位应当将与协商议题有关的材料,于协商活动举行前一周送达区政协。

(三)其他会议协商的有关程序

区政协的专题议政会议、专门委员会会议、秘书长会议、政协党组受区委委托召开的座谈会、根据需要召开的由政协各参加单位和各界代表人士参加的内部协商会议等其他会议协商的有关程序,可以参照上述常务委员会会议和主席会议协商的有关程序,也可以采取其他灵活、便捷的方式,具体办法由政协与各协商参加单位共同协商确定。

(四)协商反馈程序

协商反馈程序,是把协商成果转化为决策和执行成效的关键,应当遵循下列程序:

1. 对于政协以全体会议、常务委员会会议和主席会议名义送达的建议案,受文单位应当逐项认真研究,针对性地提出办理意见,并以公函形式将办理意见回复区政协。

2. 对于以区政协办公室名义或者以政协专门委员会名义送交的协商意见和建议的专送件,受文单位应当认真研究,提出意见,并将采纳落实的可能性与办法、措施,以适当方式及时予以回复。

3. 书面回复应当具体、明确,针对性强。对于可以采纳的意见和建议,应当明确告知予以采纳,并承诺一俟落实办理,及时告知;对于不能采纳的意见和建议,应当明确告知原因和理由。

五、发挥政协党组在加强人民政协政治协商工作中的作用

政协党组是党在人民政协中的派出机构,肩负着实现党对人民政协领导的重大责任,在政协组织中起领导核心作用,是区委领导政协工作的重要助手。要充分发挥政协党组在加强人民政协政治协商工作,特别是把政治协商纳入决策程序工作中的作用。

(一)政协党组应当根据区委、区政府工作重点,积极沟通,主动协调,按照把政治协商纳入决策程序的原则与“党和政府重视,人民群众关心,符合政协特点”的要求,负责提出政治协商议题的建议,提请区委研究确定。

(二)协调督促政治协商工作,特别是总结把政治协商纳入决策程序的经验、做法和存在的问题,对协商的执行情况进行评估并提出有关工作建议。

(三)切实抓好人民政协的自身建设,发挥人民政协作为中国共产党领导的多党合作和政治协商重要机构的作用。调动和保护政协各参加单位和政协委员的政治热情,围绕中心、服务大局,不断提高参与政治协商的水平和能力;为他们拓展视野、知情明政、解疑析难、把握全局创造条件;按照宪法、法律和政协章程的规定,依法维护其参与政治协商的正当权利。

加强人民政协工作，把政治协商纳入党和政府的决策程序，是我们党在新世纪新阶段推进社会主义民主政治建设的重大课题。全区各级党政组织都要从这一政治高度，深刻认识加强人民政协政治协商工作的意义，采取切实措施，认真把加强人民政协的政治协商工作提上本单位、本部门的议事日程，切实把政治协商纳入决策程序的各项要求落到实处。

（2009 年 10 月 26 日）

闵委发［2009］21 号

（七）闵行区人民政府关于实施 2009—2011 年环境保护和生态建设三年行动计划的决定

各镇人民政府、街道办事处，莘庄工业区管委会，区政府各委、办、局，有关单位：

为更好地贯彻落实科学发展观和党的十七大提出的“建设生态文明”的要求，切实把环境保护和节能减排作为推进经济发展方式转变的重要举措，巩固和提升国家生态区建设水平和内涵，加快建设资源节约型和环境友好型城区，促进闵行社会经济又好又快发展，根据《上海市人民政府关于实施上海市 2009 年—2011 年环境保护和建设三年行动计划的决定》（沪府发［2009］11 号）精神，现就实施闵行区 2009 年—2011 年环境保护和生态建设三年行动计划（简称“第四轮环保三年行动计划”）作出如下决定：

一、全面强化环境保护的战略地位，加快建设资源节约型和环境友好型城区

今后三年，是上海“迎世博、办世博”和创建国家环境保护模范城市的重要时期，也是闵行建设生态文明，加快推进经济发展方式转变，全力打造资源节约型和环境友好型城区的攻坚阶段。全区各级政府和各有关单位要切实把环境保护纳入政府综合决策，坚持环境优先，坚持以人为本，坚持重点突破，坚持机制创新。以转变发展方式为主线，以提升生态环境质量为核心，以体制机制创新和科技创新为动力，更加注重以环境保护优化发展，强化主动保护环境和污染源头预防；更加注重城市环境安全和保障人民健康，全面推进环境基础设施建设和污染综合防治；更加注重体制机制和政策创新，强化综合运用法律、经济、技术和必要的行政手段解决环境问题。着力促进优化经济发展，加快提升产业能级；着力发挥迎世博的带动作用，加快提升城区现代化水平；着力改善环境民生和创新管理，全面完成污染减排等“十一五”规划明确的各项环境保护与生态建设目标任务，努力将闵行区建设成为生态经济发达、生态环境优美、生态文化繁荣、人与自然和谐的现代化生态新城区。

二、突出以人为本，治本为先，全力推进八大领域的环境保护和生态建设

（一）加快完善污水处理系统，进一步改善水环境质量

以完善污水处理系统为重点，继续推进截污治污工程建设，完善污水收集管网，实施雨污分流改造及农村生活污水处理工程，进一步提高污水收集处理能力和水平。到 2011 年底，全区污水收集处理率达到 85%，建成区实现污水收集管网全覆盖，污水处理厂污泥得到安全处置。以生态修复和水系沟通为重点，大力推进黑臭河道及骨干河道整治，进一步改善全区水环境质量。以保障饮用水安全为目标，加强水环境基础设施建设和水污染防治，大力推进水源保护区环境风险源的产业结构调整和污染治理

工作,试行水源保护区生态补偿,确保黄浦江上游水源保护区和区级集中饮用水源地水质安全。

(二)以污染减排为主线,全面推进大气污染治理

继续加强二氧化硫排放控制,结合迎世博600天行动计划,完成交通干道周边企业燃煤锅炉的清洁能源改造,对10蒸吨/小时以上工业燃煤锅炉实施脱硫或洁净煤燃烧技术改造,进一步推进"无燃煤区"建设。加强城市道路扬尘和建筑施工扬尘防治,巩固扬尘污染控制区创建成果,实现长效、常态管理。加强机动车污染控制,组织开展机动车尾气排放和VOCs(挥发性有机物)排放控制工作。加强群众反映突出的饮食服务业环境污染系统性防治,开展业态规划和优化餐饮布局,实行油烟净化设施的定期清洗和维护保养,对不符合有关管理规定的,依法实施限期治理,责令停业或者关闭。加强大气监测能力建设,进一步完善区域大气环境质量监控系统,建立重点企业大气在线监测系统,确保大气污染物得到有效控制。提前完成市下达的"十一五"污染物总量控制任务。继续强化监管,大气环境重点污染源排放全面稳定达标。综合多种有效措施,全区环境空气质量优良率稳定在90%左右。

(三)着力推进固体废弃物减量化资源化无害化,加强噪声污染防治

进一步完善固体废弃物综合利用与处置体系,加快生活垃圾分类收集系统和资源化利用网络建设,实现固体废弃物处置的减量化、资源化和无害化,生活垃圾无害化处理率达到98%。开展废弃垃圾填埋场的生态修复,妥善处理垃圾渗滤液。开展电子废弃物回收处置工作,完善危险废弃物安全处置系统,对有毒、有害及医疗废物实行强制性回收制度,确保工业固废和危险废物得到安全妥善地处置。针对当前突出的噪声污染问题,加强对商业网点、娱乐场所等主要生活噪声源的综合监管,严格控制经营场所噪声扰民。严格控制建筑工地夜间施工噪声,及时查处群众反映强烈的各类噪声污染扰民问题。推广应用低噪路面材料,开展高速公路沿线噪声治理,实施高速公路隔声屏和噪声敏感点通风隔声窗改造工程,有效缓解噪声污染问题。加强核安全与辐射环境管理的队伍建设,强化对核与辐射源的监管。

(四)加快产业结构优化调整,全面加强工业污染防治

以吴泾工业区综合整治为重点,继续深化工业污染防治,完成吴泾工业区整治规划的各项区属整治任务,区域环境质量达到相应功能区标准。按照工业区环境规范化管理的要求,进一步加大工业区环境基础设施建设力度,着力推进污水纳管、集中供热、绿化隔离带等建设。聚焦工业"三废"污染问题,加快产业结构调整和淘汰环保劣势企业,三年累计完成100项左右污染企业、产业或产品结构调整和淘汰工作。对现有的工业园区和产业集聚基地,实施环境影响回顾评价,根据环境容量和循环经济要求进行调整和优化,减少污染物排放总量。到2011年,所有保留工业园区形成比较完善的环境基础设施体系和环境管理体系,其他工业集中区域污水全部实现纳管集中处理。

(五)点面结合推进循环经济和清洁生产,促进经济结构转型

大力推进各个层面循环经济试点工作,加强对莘庄工业区等国家级和市级循环经济试点建设的指导,继续深化区级循环经济试点工作,逐步向现代服务业、新农村建设等领域延伸。开展工业园区生态化改造,重点推进闵行经济技术开发区和莘庄工业区创建成国家生态工业示范园区。大力推进清洁生产,加强企业环境管理,企业单位产品水耗、能耗、物耗及污染物排放量达到国家先进水平。继续推进ISO14000环境管理体系认证工作,促进企业的可持续发展。继续推进建筑节能和节能省地型"四高"小区建设,重点推动节能科研项目成果的产业化和市场化。到2011年底,区级以上循环经济试点单位总数达到50家以上,形成点面结合的发展态势,清洁生产从试点逐步转向推广。

(六)加大农村环境保护力度,促进城乡统筹发展

按照建设社会主义新农村和加快郊区现代化建设的要求,加快发展生态农业和休闲观光农业,形成具有第三产业特征的新农业生产经营方式;规范村级经济发展,严格控制产业导向,防治村级企业的环境污染;采取化肥农药减量、畜禽粪尿还田等措施,开展农业面源污染防治示范建设;以环境优美镇和生态村创建为载体,以村庄综合改造为切入点,全面推进以村沟宅河整治、生活污水处理、生活垃圾收集与转运、"四旁林"建设等为重点的农村环境综合整治,加大力度解决农村突出环境问题,逐步改善农村人居环境质量,促进城乡统筹发展。

(七)加强生态保护与建设,提升国家生态区建设水平

按照上海市创建绿色世博的要求和闵行区建设生态文明的目标,全面推进生态保护和建设工作,改善生态环境质量。进一步优化城市绿化格局,推进生态专项建设工程,大力实施立体绿化工程和外环绿带工程,完善集中居住区绿化建设,进一步提升公共绿地功能。继续推进林业稳步发展,开展生态公益林基础设施建设、低效林改造、"四旁林"和经济果林建设,初步形成以生态公益林为屏障、经济果林为新增长点的林业发展新格局,更好地发挥生态效益。深化"环境优美镇"创建成果,力争"环境优美镇"全覆盖。到2011年底,全区人均公共绿地面积达到18平方米,绿化覆盖率达到39.5%。

(八)鼓励公众参与,深入开展生态文明行动

以建设生态文明为契机,深入推进各类绿色创建活动和节约型机关建设,加强环保教育基地建设。到2011年,绿色小区比例达到40%,绿色学校比例达到35%,全区各级行政事业单位全面建成节约型机关。积极推行绿色采购和绿色招商制度,在全社会构建绿色消费体系。开展对党员干部和重点企业负责人的环保培训,增强落实环保优先的自觉性。加强生态文明宣传和教育,提高全民实践生态文明的自觉行为和能力,以生态文明引领健康生活。以上海市建设环境友好型城市为契机,开展环境友好型城区示范项目建设,引领环境友好型城区建设取得新成效。

三、加强组织领导,完善协调推进机制

各镇、街道,莘庄工业区要切实加强对环境保护工作的领导,明确责任、聚焦力量,组织推进好第四轮环保三年行动计划的实施,并结合实际,创造性地开展环境保护和生态建设。各相关职能部门要加强规划统筹、行业指导和跨部门、跨行业的协调与合作。各责任单位要严格按照节点要求,落实目标任务和工作措施,加快推进各项工作,确保第四轮环保三年行动计划取得实效。

进一步完善区环境保护与生态建设三年行动计划协调推进领导小组工作机制,发挥其左右协调、上下联动的综合协作机制。强化专项工作的牵头单位牵头制和责任单位负责制,更好地落实责任和形成合力。进一步落实环境质量行政首长负责制,完善环境绩效综合评估考核机制和环境问责制度,切实把环境保护指标纳入各级政府领导班子和领导干部考核体系,并将考核结果作为干部选拔任用和奖惩的依据之一,评优创先活动实行环境保护"一票否决"。

四、创新环境管理机制,综合运用各种手段推进环境保护

完善环境准入机制,规范环境影响评价管理,从源头上预防污染产生,协调、处理好经济发展与环境保护关系。进一步加大环保投入力度,建立区环境保护专项资金,区财政每年拨款3000万元,重点用于污染减排、环境质量改善、生态文明建设、发展循环经济、环境监管能力建设、环保奖励等工作。进一步强化环境经济政策引导,通过市场激励、排污收费、排污交易和以奖代补等经济手段,推动污染防治和发展循环经济。进一步加强环保队伍建设,按照国家要求完成环境监测、环境监察、环境监管等标准化建设任务。进一步强化环境法治,完善环境保护长效管理,通过限期治理、专项整治和联合执法等手段,严厉打击各类环境违法行为。加强环境信访调处,切实解决群众关心的热点难点问题。强化环

境风险防控,建设环境综合应急系统平台,提高环境风险监控和应急处置水平,保障城市环境安全。进一步推进企业环保诚信体系建设,逐步建立企业监督员制度,督促企业自觉履行环境责任。同时,进一步加强环保科技支撑,依靠环保问题研究和环保实用技术的应用,解决环境保护和生态建设领域的重点、难点和热点问题。

五、深化生态文明宣传教育,增强全社会生态意识

强化"环境保护,人人有责"的公民意识。广泛开展形式多样的环境保护宣传教育活动,结合生态文明建设,积极推进绿色学校、绿色社区、节约型机关等创建工作,引导公众积极参与环境保护和生态建设,促进全社会牢固树立生态文明的观念。扩大公民对环境保护的知情权、参与权和监督权,建立公众参与、社会监督机制,定期向社会公布环境质量、发布环保信息。加强环保法律、政策和技术咨询服务,保护社会公众享有的环境权益,营造全社会关心、支持、参与生态文明实践的良好氛围。

(2009 年 4 月 2 日)
闵府发[2009]25 号

(八)闵行区人民政府关于进一步深化教育改革发展教育事业的意见

各镇人民政府、街道办事处,莘庄工业区管委会,区政府各委、办、局:

为进一步贯彻党的十七大、十七届三中全会和市委九次党代会精神,深入学习实践科学发展观,落实《中共闵行区委、闵行区人民政府关于加快推进闵行区社会事业发展与改革的指导意见》(闵委发〔2008〕13 号)的有关要求,扎实推进我区教育改革发展,为全区经济社会发展提供坚强的智力支撑和人才保障,提出如下意见:

一、闵行教育改革与发展的指导思想

1. 坚持教育优先发展战略。践行科学发展观,贯彻党的教育方针,坚持教育优先发展战略,将教育发展摆在闵行城市化进程中的突出位置;全面实施素质教育,坚持教育服务于人、服务于闵行经济社会发展战略;坚持均衡发展、特色发展,遵循教育规律,不断提高教育质量,形成与闵行区域经济社会发展相适应,能够满足闵行人民群众多元需求的高质量教育。

二、闵行教育改革与发展的原则

2. 均衡发展。坚持均衡发展,努力破解城乡二元结构,实现教育公平,是闵行教育改革与发展的首要任务。要统筹规划区域内各类教育,合理调整教育布局,均衡配置教育资源,逐步缩小闵行城乡之间教育发展的差距,进一步推动公共教育协调发展。

3. 特色发展。创新教育体制机制,积极引进、培育优质的教育机构和团队,搭建优质教育资源共享平台,建立与闵行区域经济社会发展要求相适应的现代教育管理制度,积极鼓励学校依法自主办学,凸现办学特色,形成"均衡 + 特色"的区域教育发展新局面。

三、闵行教育改革与发展的目标

4. 总体要求。构建适应闵行经济社会发展的现代化国民教育体系和终身教育体系；建立良好的育人环境和促进教育发展的保障体系；学校具有先进的办学理念、一流的师资队伍和多元化的课程体系；形成政府主导、社会积极参与的多元化办学格局；具有与闵行城市化进程相适应的教育布局和一流的校舍设施。

5. 近期目标。学前教育，应对入学高峰，整体提升保教质量；义务教育，加强统筹，推进闵行教育均衡发展；高中教育，调整布局，形成高质量、有特色、多元化的办学模式；职业教育，组建职业教育联盟，提高职业教育、技能培训开放性、共享性程度，形成人才成长与企业发展互动的闵行职业教育新模式；终身教育，架构平台，凸现特色，不断完善区域终身教育服务体系；国际教育，发挥优势，开展多层次的中外教育交流合作，在高中探索引进国际教育课程。此外，到2010年对符合条件的义务教育阶段的农民工子女，在两年内全部完成由公办学校和政府委托的民办学校实行免费教育。

四、闵行教育改革与发展的主要工作和措施

6. 认真编制闵行区中长期教育改革和发展规划，加强规划指导的科学性、前瞻性、可操作性。编制《闵行区中长期教育改革和发展规划》，是本届政府必须着力做好的一件大事。做好本区中长期教育改革和发展规划的制订工作，明确我区教育事业中长期改革发展的指导方针、目标任务、重大战略和政策措施，探索构建符合区域经济发展特点的现代教育体系，为实现闵行教育现代化提供科学纲领和行动指南，使规划成为指导我区到2020年教育改革发展的纲领性文件。

7. 积极推进教育均衡发展，体现教育公平。加大对农村偏远地区和相对薄弱学校的投入和政策倾斜，科学合理配置教育资源；积极鼓励优秀校长、教师到农村偏远地区和相对薄弱学校任教，进一步加大骨干教师柔性流动和校际合作交流项目实施的力度，充分利用教育信息化手段，促进闵行教育的均衡发展。

8. 进一步完善以区统筹为主的教育管理体制，努力破除城乡二元结构。积极推进以区统筹为主的教育管理体制建设，进一步明确区、镇（街道、莘庄工业区）两级政府管理教育的职责。到2010年，建立基础教育由区统筹的管理体制，进一步完善社区教育由区规划、指导，镇（街道、莘庄工业区）负责管理与实施的管理体制。

9. 创新体制机制，形成多元办学格局。充分调动社会机构特别是非营利机构参与基础教育的积极性，积极支持民办教育健康发展。建立民办学校教师统一管理机制、民办教育扶持机制，使我区民办教育朝着高层次、高标准、高质量的方向发展，形成公办教育和民办教育协调发展的办学格局。

积极培育、吸纳优质的教育专业机构。建立政府购买教育服务的运行机制，推出教育服务项目，鼓励社会组织和优质的教育专业机构参与各类教育。

10. 扩大优质教育资源，提升教育整体水平。实施教育资源优化战略，大力推进闵行基础教育的优质发展。积极引进区外优质教育资源，充分利用和发挥区内优质教育资源的示范辐射作用，创新优质教育资源的培育方法，完善优质教育资源的扶持、激励机制，努力扩大优质教育资源。

11. 促进教育内涵发展，形成区域教育特色。积极推进课程改革，构建具有闵行区域特点、学校特色的课程体系。加强学生思想道德教育的针对性和实效性，努力培养学生的创新精神和实践能力。

闵行区作为全国七个素质教育先进典型地区之一和教育部现代学校制度建设实验区，要认真总结、积极推广“新基础教育”研究成果，打造一批富有实践智慧的校长群体，形成一支有较高专业素养的教师团队和一批高质量学校；要继续积极开展现代学校制度建设，并确立区域学校文化建设作为第二阶段实验的重点推进项目，通过区域范围内开展学校文化建设，使它成为促进教育内涵发展、提升学

校办学品质的有效载体。

加快教育信息化建设,以教育信息化引领教育现代化,实现教师教育观念的转变和教学方式的转变,促进学生学习能力的提高,促进学校课程建设,促进教育管理水平的提升。

积极探索区域教育评价改革,促进学校、教师和学生不断发展。

12. 整体提升队伍素质,建设教育人才高地。进一步加大教育人才的培养、引进、使用、激励的力度,推进我区教育内涵的发展。

建立校长梯队序列,完善教育管理人才培养机制和考核机制,健全校长职级评审机制和优秀教育管理人才的激励机制。

完善以校本研修为主、区校两级培训的教师专业发展模式,建立教师专业发展的激励机制。用三年时间,实施百千名骨干教师培养工程,搭建骨干教师系列评优平台,建设骨干教师培训基地,实施骨干教师项目津贴,形成骨干教师培养、培训、激励和考核评价机制,高端人才引进激励机制,使全区形成多层次的骨干教师梯队序列,促进我区教师专业化的发展和教育质量的全面提高。

13. 切实转变政府职能,形成管、办、评分离的教育管理机制。逐步形成政府管理,办学机构依法自主办学,社会评价的教育管理机制。政府由直接指令性的行政管理,逐步转变为政策制订、规划、投入、督导等的宏观调控管理。基本形成现代学校法人治理结构,现代学校依法自主办学、自主管理、自我约束的机制,现代学校内部的组织制度、管理制度、评价制度的制度体系。

14. 加大教育多元投入,增强教育发展的生机与活力。按照党的十七大关于“完善公共财政体系,增强政府提供基本公共服务能力,以发展社会事业和解决民生问题为重点,逐步形成惠及全面的基本公共服务体系”的要求,完善全区财政支出结构,加大对基本公共服务的财力保障,进一步加大对教育事业投入的力度,在确保“三个增长”的同时,使我区教育经费支出占区、镇财政支出的比重高于全市平均水平。积极吸纳社会资金,设立“闵行区教育发展专项资金”,用于积极鼓励支持学校发展、教育科研、教师培训、奖励优秀校长、骨干教师和支持教育改革实验项目等。

15. 建立全社会支持教育、服务教育发展的平台和机制,营造促进教育发展的良好氛围。各镇、街道、莘庄工业区和各部门要按照《中华人民共和国义务教育法》等有关法律法规要求,确保教育优先发展落到实处,切实保证各项政策得到很好的落实。要集全区之力,动员全社会力量关心、支持闵行教育的改革与发展。要形成全社会参与教育改革与发展的激励机制,营造更加开放和宽容的环境,积极吸引各类社会组织、各类人才在闵行教育这个大舞台上施展才华,不断做大做强闵行教育。要加强舆论宣传,努力创造尊重教育规律的社会氛围,积极倡导尊师重教的传统美德。

(2009 年 5 月 6 日)
闵府发[2009]8 号

(九)闵行区人民政府关于深入推进本区政府信息公开工作的意见

各镇人民政府、街道办事处,莘庄工业区管委会,区政府有关委、办、局:

根据《中华人民共和国政府信息公开条例》(以下简称《条例》)、《上海市政府信息公开规定》(以下简称《规定》)的相关规定,按照《上海市人民政府关于进一步加强政府信息公开工作的若干意见》(沪府发[2009]20 号)的要求,结合我区实际,现就本区深入推进政府信息公开工作提出如下意见:

一、明确总体目标要求，打造阳光透明政府

推进政府信息公开，是政府加强自身建设，提高政府依法行政能力，更好地为人民服务，构建社会主义和谐社会的必然要求；是建设服务政府、责任政府、法治政府和廉洁政府的重要内容。本区的政府信息公开工作，要按照市政府提出的把上海建设成为“行政效率最高、行政透明度最高、行政收费最少的行政区之一”的总体要求，重点围绕公共权力的透明行使，公共资金和公共资源的透明分配，坚持以深化公开内容为核心，拓展公开渠道，进一步加大公开力度；坚持以完善制度为保障，加强基础工作，不断提高规范化水平；坚持扩大民主，促进社会公众有序参与，切实保障人民群众的知情权、参与权、表达权和监督权，以公开促公平、公正，更好地推动本区政府信息公开工作不断取得新突破，努力打造阳光透明政府。

二、深化信息公开内容，增强行政透明度

以社会公众的合理需求为导向，加大与社会公众利益相关的政府信息的主动公开力度，重点推进财政性资金、社会公共资金、政府投资项目、重大建设项目、行政审批、规划计划、重大公共政策以及公共服务方面的信息公开，逐步形成以主动公开为主、依申请公开为补充的格局。

（一）积极稳妥地推进财政预算信息公开。根据《预算法》，以政府预算、部门预算、预算执行、财政转移支付等内容为重点，分步骤、分层次、分内容不断提高财政预算的公开性和透明度。细化报送同级人大的本级预算草案，逐年扩大预算草案列示的款级科目。向社会公开经人大审议通过的政府预算、决算报告及预算、决算表。扩大向同级人大报告财政预算的覆盖面，编制政府部门预算分报告，逐步实现部门预算全部报送同级人代会审议（涉及国家安全的部门除外）。探索向社会公开部门预算的方式、范围、内容和形式。定期向社会发布月度（季度）财政收支情况。加快构建完整的财政信息库，将所有财政资金纳入监管系统，为进一步加大财政信息公开力度创造条件。

（责任单位：区财政局等区政府有关部门，各镇、街道）

（二）加大财政专项资金的公开力度。全面梳理各类财政专项资金情况，以用于改善民生和促进发展的专项资金为重点，明确公开要求，逐年扩大财政专项资金的公开范围。先行选择部分涉及群众切身利益、社会关注度高的专项资金，包括对口支援资金、工业反哺农业资金、社会救助资金、排污费专项资金、帮困助学资金、信息化发展资金、科技小巨人专项资金、公交行业补贴资金、节能减排专项资金等，主动公开资金使用管理办法、具体操作流程和资金分配结果。

（责任单位：区财政局等区政府有关部门，各镇、街道）

（三）推动行政事业性收费公开透明。健全收费公示、持证收费等制度，确保收费透明。建立统一的行政事业性收费发布平台，完善行政事业性收费目录，公开收费项目、收费标准、收费主体、收费依据等，接受社会公众监督。凡发生变更的收费项目，变更后应及时向社会公开。

（责任单位：区财政局、区物价局）

（四）建立完善社会保险信息披露制度。遵循“依法披露、突出重点、真实有效、促进和谐”的原则，定期公开本区农村社会养老保险、征地养老保障、农村合作医疗参保人数及享受待遇情况，各类资金的收支情况，各经办服务机构的基本情况和重要事项管理情况。（责任单位：区人保局、区卫生局）

（五）健全房屋维修基金公告制度。及时发布本区房屋维修基金年度归集金额、划转金额。健全房屋维修基金管理信息统计、公告制度，方便业主随时掌握、准确了解个人维修基金的缴存、使用情况。

（责任单位：区房管局）

（六）公开彩票公益金筹集、分配和使用情况。定期向社会公告本区福利、体育等彩票公益金的年度使用情况，提高公益金使用效益。（责任单位：区民政局、区体育局、区财政局）

（七）增强国有资产信息透明度。根据《企业国有资产法》,依法向社会公布国有资产状况和国有资产监督管理工作情况,接受社会公众监督。公开出资企业生产经营总体情况,国有资产保值增值、经营业绩考核总体情况,公开出资企业国有资产有关统计信息等,不断提高国有资产信息透明度。

（责任单位:区国资委）

（八）进一步增强政府采购透明度。完善采购信息公告制度,及时规范发布政府采购信息,主动公开有关政府采购法律法规政策,集中采购目录、政府采购限额标准和公开招标数额标准,政府采购招标业务代理机构名录,招标公告、邀标资格预审公告、中标公告、成交结果及其更正事项等招投标信息,政府采购有关投诉处理、考核结果等监管信息,采购代理机构、供应商不良行为记录名单等。完善政府采购信息管理平台,健全单一来源采购公示制度,推动采购过程公开透明。

（责任单位:区财政局、区招管办）

（九）公开捐赠款物的募集、分配和使用情况。对"帮困送温暖"等集中性募集的物资和资金,其募集、分配、使用情况在募捐活动结束后的一个季度内向社会公布;对全区经常性捐赠中募集的物资,其募集、分配、使用情况每半年向社会公布一次;对为突发性灾害进行的募捐活动募集的物资和资金,其募捐及使用情况适时向社会公布。

（责任单位:区民政局）

（十）进一步加大审计公开力度。按照"依法、渐进、客观、公正"的原则,完善审计公开机制和程序,不断扩大审计公开领域,丰富审计公开内容,拓宽审计公开渠道,优化审计公开形式。公开年度重点审计项目计划、审计工作报告、审计整改报告。逐步公开政府部门或国有企业、事业组织以及其他单位财政收支、财务收支的单项审计结果。逐步公开专项审计调查结果和有关行业或专项资金的综合审计结果。

（责任单位:区审计局）

（十一）增强政府投资项目和重大建设项目透明度。把公开透明的要求贯穿于投资项目管理、运营的全过程。及时发布本区政府投资的重点投向和资金测算情况。建立健全重大建设项目公开制度,及时公布年度重大建设项目计划,每季度公布重大建设项目实施进展情况。每季度公开年度政府实事项目、重点工作的进展情况。进一步提高建设项目招投标透明度。加大国有土地"招拍挂"相关信息的公开力度。

（责任单位:区府办、区发改委、区建交委、区规土局、区招管办及区政府其他有关部门、各镇、街道）

（十二）推进行政审批过程透明和结果公开。全面公开行政审批事项、条件、程序、期限,以及需要提交的全部申请材料目录等,方便公众办理。公开中介机构、社会团体、咨询公司、事业单位、民办非企业组织等参与审批、监管的情况。加快建立行政审批电子监察系统,依托全区行政审批办事平台,逐步实现各审批环节信息的全程透明、全程监督。不断扩大审批结果公开范围,加大动拆迁、规划、环保、卫生等行政审批结果向社会公开的力度。

（责任单位:区审改办、区发改委、区经委、区监察局、区证照中心及区政府其他有关部门）

（十三）公开国民经济和社会发展计划、规划和专项规划、区域规划等相关信息。公开国民经济和社会发展中长期规划、年度国民经济和社会发展计划报告。公开统筹城乡发展三年行动计划、环保三年行动计划、迎世博600天行动计划等各类社会关注度高的计划及其实施情况。及时公开区总体规划、分区规划、重要地区控制性详细规划、重大建设项目规划等各类规划,以及土地利用规划。加大产业、能源、生态、旅游、教育、卫生、信息化等专项规划的公开力度。根据《统计法》,加大本区国民经济和社会发展相关统计信息的公开力度。（责任单位:区发改委、区经委、区农委、区环保局、区规土局、区统计局及区政府其他有关部门、各镇、街道）

（十四）推行政策公开"四同步"制度。及时公开涉及社会公共利益的重大公共政策、产业政策和重要事项,主动发布人才引进、住房保障、促进就业、旧房改造、教育改革、医疗卫生改革等政策及其实施细则。对涉及民生和促进发展的公共政策,推行政策公开"四同步"制度,即政策文件、政策解读、新闻发布稿、操作细则同步公开。

（责任单位:区政府各部门、各镇、街道）

（十五）加强重大决策执行情况的公开。依托政府信息公开各种渠道,注意收集社会各方对决策实施情况的反应，为推进决策实施和完善决策提供依据。加大重大政策措施执行情况的信息公开力度，积极探索重大政策评估报告公开机制。推进政府实事项目、国民经济和社会发展中长期规划等执行情况的评估工作，公开评估报告。编印公开民生指标蓝皮书、公交发展蓝皮书等，方便公众查阅和获取政府信息。（责任单位：区发改委、区研究室及区政府其他有关部门、各镇、街道）

（十六）推动公共企事业单位信息公开。根据《条例》、《规定》和市政府有关主管部门（单位）的总体要求，积极推动学校、医院、人口计划生育、供水、供电、供气、公共交通等公共企事业单位的信息公开。围绕社会普遍关注的价格、质量、服务等要素，重点公开服务承诺、收费标准、办事结果、监督渠道等内容。（责任单位：区发改委（物价局）、区人口计生委、区建交委、区教育局、区卫生局、区水务局、区相关企事业单位）

（十七）加强与政府管理相关的公共信息公开工作。加快法人信息库建设，主动公开企业营业执照信息、年检结果信息等，建立企业信用信息数据库。积极推动实有人口、土地房屋、空间地理、行政业务等政府公共信息资源的编目、共享和应用。公开环境保护、食品安全等各类突发公共事件的应急预案、预警信息及应对情况。及时通报环境保护、公共卫生、安全生产、食品安全、产品质量的相关监督检查情况，逐步建立信息查询数据库。根据《生产安全事故报告和调查处理条例》，公开相关安全生产事故处理情况。（责任单位：区信息委、区卫生局、区环保局、区安监局、区质监局、区食药监分局、区工商分局、区应急办等区政府有关部门）

（十八）积极推进依法行政类信息公开。及时公开行政机关职责、内设机构及其调整、变动情况。在公安、工商、卫生、环保、质量技监、食品药品监管、安全生产、交通、水务、城管等领域积极开展行政处罚类信息公开实践，逐步形成有效运作机制。推动政风行风测评结果向社会公开。

（责任单位：区政府各有关部门、区法制办、区纠风办、各镇、街道）

（十九）加大世博等重大活动相关信息公开力度。重点做好区迎世博城市管理、窗口服务、社会动员以及与世博会相关的公共交通、游客服务等信息公开工作。

（责任单位：区迎世博办、区迎世博三个指挥部办公室、各镇、街道）

三、加强公开载体建设，优化公开渠道方式

以方便社会公众及时获取各类政府信息为出发点，加强各类公开载体建设，不断拓展优化公开渠道和方式，做到公开及时、便民有效。

（二十）充分发挥政府网站的第一平台作用。以“上海闵行”门户网站为核心，加强二级网站建设。进一步完善区门户网站和二级网站的信息公开、网上办事、网上审批、便民服务、网上互动等功能建设，突出权威性、及时性、系统性。加强政府信息公开专栏建设，整合网站的各种公开栏目，内容与栏目保持一致。完善各级政府网站之间的信息共享机制，强化更新维护责任，升级搜索引擎，方便公众查询、检索。健全网上信箱、网上调查、网上办公等栏目的有效运作机制，畅通社情民意反馈渠道，增进政民双向互动。（责任单位：区政府各部门、各镇、街道）

（二十一）进一步优化公开渠道。本着“促进公开，方便公众”的原则，不断丰富和完善公开渠道。建立健全新闻发布和新闻发言人制度，优化即时发布、议题设置发布机制。以区“四馆合一”的新档案馆、新图书馆建成投入使用为契机，不断提升区档案馆、图书馆等公共查阅中心的政府信息公开服务广度和深度。继续提升政府公报、市民信箱、短信平台、信息公告栏、电子触摸屏以及广播、电视、报刊等现有公开渠道和载体的政府信息服务功能。

（责任单位：区新闻办、区文广局、区档案局及区政府其他有关部门、各镇、街道）

（二十二）进一步扩大公众有序参与。区、镇（街道）两级政府制订涉及群众切身利益、社会关注度高的公共政策时，要广泛征求社会各方意见，推动公众有序参与。建立健全征询、听证、专家论证等征询民意的有效程序和方式，完善公众参与行政重大决策的相关制度规范。逐步推行人大代表、政协

委员列席区政府常务会议,参与讨论涉及公众利益的公共政策和重大事项,推进行政决策过程的公开。加大社会听证力度,在财政、环保、规划、重大工程等方面拓展听证范围。

(责任单位:区府办、区法制办及区政府其他有关部门、各镇、街道)

(二十三)搭建两级行政服务中心信息平台。以区、镇(街道)两级行政服务中心为载体,加强政务信息查询、政府公报发放以及具体审批事项的告知等。多形式、多渠道地为办事群众和企业提供相关政府信息。同时,加大级行政服务中心整合力度,在政府信息服务功能上做到标准一致,在政府信息服务内容上做到上下联动。(责任单位:区审改办,各镇、街道)

(二十四)推动政府信息公开向基层延伸。加大信息服务示范点向下延伸的力度,依托居委会、村委会现有资源和设施,为公众就近获取政府信息提供便利,命名和建设一批"社区(农村)信息公开服务示范点"。推动行政村为农服务信息智能终端机("农民一点通")的部署应用。

(责任单位:区府办、区农委、区民政局、各镇、街道)

四、夯实各项基础工作,保障依法规范运行

以推动政府信息公开工作规范化、标准化为根本,完善信息公开配套制度措施,加强机构队伍建设,提高整体工作水平。

(二十五)加强政府信息公开机构队伍建设。各镇、街道、各部门要明确信息公开工作的分管领导,落实信息公开工作责任部门,明确责任人员,保障必要的工作经费,建立和完善信息公开的服务窗口。(责任单位:区政府各部门、各镇、街道)

(二十六)推动公开工作制度化、规范化建设。统一规范政府部门公开政府信息工作规则,对主动公开政府信息发布主体、内容、形式、范围,以及依申请公开接收、审核、答复、提供等环节,加以规范和标准化。做好依申请公开有关行政复议和行政诉讼工作。继续推进公文类信息目录备案工作,进一步把信息公开贯穿于公文管理全过程。修订完善政府信息公开目录、公开指南等,建立健全公开信息更新维护、历史文件梳理、虚假和不完整信息澄清、主动公开信息送交及政府信息归档等制度。健全落实政府信息发布协调、保密审查和监督保障等机制,促进政府信息公开工作有序推进。

(责任单位:区府办、区法制办以及区政府各部门,各镇、街道)

(二十七)切实加强政府信息公开工作培训指导。汇编政府信息公开工作手册,指导各部门依法有效推进政府信息公开工作。将政府信息公开纳入公务员培训计划,实行全员培训,组织开展政府信息公开法律知识考试,全面增强本区公务员特别是各级领导干部的政府信息公开意识、责任意识和业务能力。(责任单位:区府办、区人保局、区司法局、区行政学院)

(二十八)强化检查考评力度。将政府信息公开工作纳入各单位年度目标考核范围,修订考核评估方法,完善考核评估指标体系,健全动态跟踪考评监督机制,加大社会公众评议分值权重,全面客观评估各单位工作实施情况,提高考核评估的科学性、权威性和有效性。

(责任单位:区府办、区政府有关部门)

各镇、街道,区政府各部门要结合实际,抓紧研究制定贯彻本意见的具体操作实施方案,7月10日前报区政府办公室备案。区政府办公室要加强协调指导和督促检查,确保本区政府信息公开工作有效深入推进。

(2009年6月15日)

闵府发[2009]12号

（十）闵行区人民政府印发关于进一步扶持创业带动就业工作若干意见的通知

各镇人民政府、街道办事处，莘庄工业区管委会，区政府各委、办、局：

现将《关于进一步扶持创业带动就业工作的若干意见》印发给你们，请认真遵照执行。

特此通知

2009年8月17日

关于进一步扶持创业带动就业工作的若干意见

为认真贯彻落实党的十七大提出的“实施扩大就业的发展战略，促进以创业带动就业”的要求和《上海市人民政府关于进一步做好本市促进创业带动就业工作的若干意见》（沪府发[2009]1号）、《上海市鼓励创业带动就业三年行动计划（2009—2011）》（沪府办发[2009]5号）精神，现就进一步做好本区促进创业带动就业工作提出如下意见：

一、指导思想

以邓小平理论和“三个代表”重要思想为指导，深入贯彻落实科学发展观，以鼓励创业促进就业为目标，汇聚各方力量，综合利用现有资源，完善创业服务体系，形成良好的创业环境和氛围，推动闵行区扶持创业带动就业工作的快速发展，进一步提升自主创新能力、激发城市经济活力。

二、工作目标

通过帮助我区劳动者成功创业，并有效带动本区劳动力就业，使本区的创业活动进一步活跃，初步建立起本区鼓励支持创业的长效机制。完成以下具体指标（2009—2011年）：

1. 扶持创业1 800家，带动就业9 000人；
2. 建成20家青年创业见习基地；
3. 建成5家创新创业园区；
4. 完成创业培训900人。

三、工作重点

1. 重点鼓励和支持青年及大学生等群体自主创业；

2. 重点扶持和发展创立在18个月以内（以下简称“初创期”）的小企业、个体工商户、农民专业合作社、民办非企业（以下简称“创业组织”）。

四、具体措施

(一)建立闵行区扶持创业工作协调小组

1. 为进一步发挥区政府各职能部门在开展创业服务、营造创业舆论氛围等方面的积极作用,形成全社会共同支持创业的合力,建立由区政府分管领导任组长,由区发展改革委、区科委、区经委、区农委、区国资委、区人力资源社会保障局、区财政局、区教育局、区工商分局、区税务分局、区青年事务局等部门共同参加、分工负责、协调配合的闵行区扶持创业工作协调小组,重点加强对本区创业工作的研究指导、协作推进和落实各项促进创业带动就业的扶持政策。

(牵头单位:区府办)

(二)加强创业培训和见习

2. 推动区内各高校和中等职业学校将创业教育纳入学生职业发展教育教学培养计划,重点加强创业意识和创业精神的培养,将创业指导和创业培训作为学生职业发展教育和毕业生就业指导的重要内容。

(牵头单位:区教育局、区人力资源社会保障局、区青年事务局)

3. 进一步增强创业培训的实效性,探索推行"理论培训、创业见习"的创业能力提升模式。鼓励发展一批经营较为成熟、社会责任感强、有一定规模、具有先进管理经验的本区企业或组织,作为创业见习基地,为创业者提供实际创业运作的经验,培养对创业实际的认知,提升创业技巧,提高创业成功率。

(牵头单位:区人力资源社会保障局、区青年事务局)

(三)加大创业融资扶持力度

4. 多渠道筹措创业基金,加大资金投入。由区政府、紫竹科学园区、中国青年创业国际计划(YBC)共同出资 1 700 万元,建立闵行区扶持青年创业基金,加大对创业者尤其是青年创业者的融资扶持力度。在闵行创业且年龄在 35 周岁以下青年创业者,经评估认定,可以申请该创业资金的扶持。

(牵头单位:区科委、区人力资源社会保障局、区青年事务局)

5. 对留学人员回国未满 5 年,且在本区注册、兴办研发型、实体型企业未满 3 年,从事自主知识产权技术开发,经评估认定,可以申请区财政企业科研项目的孵化和产业化资金,标准 5—10 万元。

(牵头单位:区科委、区财政局)

6. 扶持农业专业合作经济组织。每年发展一批生产合作型、销售合作型、科技服务型、中介服务型等多种类型的农业专业合作组织,提高农民组织化程度。凡经区主管部门认定的,给予一次性补贴费用 10 万元,同时在贷款担保金等方面予以支持。(牵头单位:区农委、区财政局)

7. 建立良好的小额贷款公司试点运作环境,推动本区小额贷款公司的发展。同时,积极开展对本区"初创期"小企业的融资扶持工作,对信誉优良、发展潜力较大的小企业加大小额贷款担保工作力度。

(牵头单位:区财政局、区经委、区人力资源社会保障局)

8. 积极推动我区开展信用社区建设,建立贷款审核和贷后跟踪管理的责任机制,加强贷款信用宣传,保障信贷资金的安全有效,在确保质量的基础上稳步提高贷款数量。

(牵头单位:各镇、街道、莘庄工业区、区人力资源社会保障局)

(四)加大创业场地扶持力度

9. 积极鼓励劳动者自寻场地进行创业。对本市户籍劳动者在本区注册登记 18 个月以内的"创业组织"(不包括劳务派遣公司以及非正规就业劳动组织),给予创业场地房租补贴。标准为每吸纳一名本市失业、协保、农村富余劳动力,按规定签订一年期以上劳动合同并缴纳社会保险的,给予最高 2 000 元/年的房租补贴,补贴期限最长不超过 18 个月。(牵头单位:区人力资源社会保障局、区财政局)

10. 支持发展开业园区、创意园区、小企业孵化园等各类创业园区,利用现有的经济技术开发区、工业园区、高新技术园区等建设创业孵化器。对认定为孵化器的园区,将按照《闵行区人民政府办公室印发关于贯彻落实科学发展观进一步推进科技创新和成果产业化实施意见的操作办法》(闵府办发[2009]13 号)中关于"加强孵化器建设"相关政策进行扶持。

(牵头单位:区科委、区国资委、区人力资源社会保障局、区财政局)

11. 建立闵行区青年创新创业园,将政府各部门出台的青年创业优惠政策集中到创业园,营造良好的青年创业环境,帮助青年实现创业。对进驻园区具有发展前景的青年创立的企业,租用面积在100 平米以下的,当年区财政专项资金给予 50% 的房租补贴;租用面积 100 平米以上的按 100 平米给予 50% 的房租补贴。 (牵头单位:区科委、区青年事务局、区人力资源社会保障局、区财政局)

12. 拓宽创业经营场所范围。在确保公共利益和利害关系人合法权益的前提下,农民经批准后可以宅基地房屋自营开办个体工商户,从事小型商业零售、"农家乐"等与农民生产生活密切相关的经营活动,或者作为农民专业合作社的经营场所。以宅基地房屋自营等活动,要突出充分保护农民利益,在尊重农民意愿基础上实施,但不得将房屋翻建、扩建和违法搭建。

(牵头单位:区人力资源社会保障局、区农委、区工商分局)

(五)加大创业政策扶持力度

进一步加大鼓励创业的扶持力度,调整和完善《关于闵行区促进自主创业的若干意见》(闵府办发[2007]35 号),延长实施期限。补贴对象为 2009 年 1 月 1 日—2011 年 12 月 31 日在本区登记注册的非正规劳动组织、个体工商户、小企业、民办非企业、农业合作社。

13. 创业培训补贴。完善创业培训机制,积极发动社会各类优质培训资源,引入行业协会、专家团体等专业力量,开展针对性的培训。对完成创业培训,按要求取得创业培训结业合格证书的本区户籍学员,给予培训费全额补贴和 100 元的交通误餐费补贴。对参加创业见习的学员和创业见习基地参照本区青年职业见习的补贴标准享受见习补贴和带教补贴。

(牵头单位:区人力资源社会保障局、区财政局)

14. 开业贷款利息补贴。新开办并获取开业贷款的非正规就业劳动组织、个体工商户及小企业,按时还本付息或在市专项基金代偿前还清本息的,在按市开业贷款贴息政策享受贴息后,凡实际支付利息大于贴息额度的,可再享受区促进就业资金补贴,数额以实际支付利息与贴息额度的差额为限。

(牵头单位:区人力资源社会保障局、区财政局)

15. 带动就业奖励。对本区户籍人员新开办的非正规劳动组织、个体工商户、小企业、民办非企业、农业合作社,自开办之日起满半年,安置具有本区户籍的失业、协保、农村富余劳动力或征地人员在5 人及以上的,经认定后,给予企业一次性带动就业奖励,标准为 500 元/人,最高不超过 5 万元。

(牵头单位:区人力资源社会保障局、区财政局)

16. 创业补贴。本区户籍失业、协保、农村富余劳动力及征地劳动力开办的非正规劳动组织、个体工商户、小企业、民办非企业、农业合作社,自开办之日起满 1 年,经评估认定,给予创业者每年 2 000 元创业补贴,其中对 35 周岁以下青年创业者,给予每年 3 000 元的创业补贴,补贴期限为三年。

(牵头单位:区人力资源社会保障局、区财政局)

17. 社保费补贴。非正规就业劳动组织、个体工商户、小企业吸纳本区户籍人员就业并缴纳社会保险费满 1 年的,给予社保缴费补贴,具体补贴办法参照《闵行区人民政府印发关于应对当前经济形势,切实做好稳定就业促进就业工作实施意见的通知》(闵府发[2009]2 号)执行。

(牵头单位:区人力资源社会保障局、区财政局)

18. 转制补贴。非正规就业劳动组织转制为服务(商贸)型的个体、私营、民营企业(工商注册)后,人力资源社会保障部门、税务部门按照《关于本市促进再就业有关税收优惠政策具体实施意见的通知》(沪国税法[2006]4 号)文件精神,给予政策认定并享受减免税收政策。非正规就业劳动组织转制为小企业(工商注册)后,稳定经营满半年且安置对象人数未减少的,经开业指导专家评估通过后,给予创业者一次性补贴10 000元(政府扶持项目非正规劳动组织转制的企业,不享受此项补贴)。

(牵头单位:区人力资源社会保障局、区财政局、区税务分局)

以上各项补贴所需经费的出资渠道仍按《关于闵行区促进自主创业的若干意见》(闵府办发[2007]35号)执行。

(六)建立"青年创业服务链"

19. 协调整合政府各部门及社会资源,建立"闵行区青年创业服务链",组建成立闵行区青年创新创业导师团。按照"创业准备阶段"、"计划完善阶段"、"创业实践阶段"、"服务反馈阶段"四个阶段,形成全方位培训;全区各镇、街道、莘庄工业区社保事务中心开业指导窗口、社工点多渠道受理;专家导师一对一指导;创业注册登记的联合审批、园区及社会服务机构一站式服务;创业项目一年期跟踪的服务流程,牵动各方力量,针对性地帮助青年分步骤实施创业计划。

(牵头单位:区青年事务局、区科委、区人力资源社会保障局)

20. 鼓励社会化服务机构积极参与创业服务,探索建立政府购买服务成果的标准和办法,对帮助大学生代办登记注册成功并提供代理记账、法律事务等服务的社会中介服务机构给予一定补贴。

(牵头单位:区发展改革委、区科委、区人力资源社会保障局、区工商分局、区税务分局、区青年事务局)

21. 加强创业咨询指导。开展创业指导专家进"社区、校区、园区"活动。不断拓展创业指导专家服务空间,在街镇设立专家服务工作站,定期开展咨询服务,将创业指导服务延伸到社区;加强和区内各高校的密切合作,在校区内开展创业讲坛,激发大学生创业热情。

(牵头单位:区科委、区人力资源社会保障局、区青年事务局)

22. 加强扶持创业宣传工作。充分利用各种媒体和多种形式,深入做好创业宣传工作,开展"青年创业计划大赛"活动,积极宣传各项鼓励创业扶持政策,大力表彰和宣传创业典型,弘扬创业精神,建设创业文化,真正形成政府鼓励创业、社会支持创业、民众积极创业的良好氛围。

(牵头单位:区青年事务局、区人力资源社会保障局)

本意见自下发之日起实施,如上级有关部门政策调整,以上级部门规定为准。

(2009年8月18日)
闵府发[2009]15号

(十一)闵行区人民政府办公室关于转发闵行区新能源产业发展行动计划(2009—2012年)的通知

各镇人民政府、街道办事处,莘庄工业区管委会,区政府各委、办、局,有关单位:

区经委拟订的《闵行区新能源产业发展行动计划(2009—2012年)》已经区政府同意,现转发给你们,请认真遵照执行。

特此通知

闵行区新能源产业发展行动计划
(2009—2012年)

新能源产业是上海高新技术产业发展的九大重点领域之一,也是闵行重点培育的战略产业。为落实市委、市政府推动高新技术产业发展的战略部署，进一步促进本区新能源产业持续快速发展，制定本行动计划。

一、发展现状

闵行区新能源产业近年来实现了持续快速发展，以太阳能、核能、风能为三大重点发展领域，基本形成了新能源技术研发和新能源设备制造并重的发展格局，闵行区正在成为上海新能源产业的核心区域和重要基地。目前，我区有新能源重点企业21家，新能源技术专业研发机构6家，另有一批涉及新能源领域设备销售、工程建设、服务提供、配套产品生产企业，2008年实现销售收入近80亿元。

（一）太阳能光伏产业迅速发展

近年来，我区太阳能光伏产业快速发展，光伏产业制造集群初具规模，光伏电池生产能力达到350兆瓦，是本市最大的太阳能光伏生产基地。

我区现有太阳能光伏制造企业7家，其中，上海太阳能科技、交大泰阳绿色能源、博能太阳能、展丰能源4家企业已全面实现量产，2008年实现销售收入25.4亿元；尚德电力在漕河泾开发区浦江高科技园建设的硅薄膜太阳能电池生产研发基地已建成投产，将逐步形成硅薄膜太阳电池200兆瓦的生产能力；神舟新能源、展腾太阳能科技2个项目正在建设。此外，我区已与国内外多家光伏制造企业达成初步投资意向。

（二）核电基础雄厚

我区具有从核电培训、研发、制造到工程总承包的综合能力，具有巨大的发展潜力。2007年底完成上海电气闵行基地热加工技术改造、大型铸锻件生产能力提升项目，已形成1 000兆瓦核电（含第三代AP1000）大型铸锻件向超大、超重、高技术发展的生产能力，实现压力容器、蒸发器、稳压器、堆内构件、主管道等核电主锻件年产5 000吨，可满足年产3套1 000兆瓦级核岛主设备需要。

在核电站项目工程建设方面。上海中广核工程科技有限公司正在紫竹科学园区内建设核电技术产业研发基地，项目总投资5.5亿元，预计2010年投入使用。基地建设将有助于推进我国核电产业自主化发展，进一步提升上海核电产业的核心竞争力。

（三）风电设备成功实现量产

总部位于紫竹科学园区的上海电气风电设备有限公司，是目前本市最重要的风电设备制造企业，目前已形成批量生产1.25兆瓦风力发电机组能力，2008年生产风电机组203台，安装调试140台，实现销售收入9.3亿元。该公司从2006年起与德国Aerodyn公司联合设计开发拥有自主知识产权的2兆瓦风电机组，初步掌握了风机设计的方法理论、风机控制策略等核心技术，目前已完成总体设计和制造工艺技术规范，2兆瓦样机已于2008年下线。

位于莘庄工业区的科孚德机电（上海）有限公司的主要产品为应用于风力发电的高端变频器，其技术先进性、稳定性、可靠性均处于国际领先地位，且属于节能环保型产品。

（四）新能源技术研发能力不断增强

充分依托上海交通大学、上海电气（集团）、上海航天局、上海发电设备成套设计研究院等国内领先的科研机构，形成各具特色的产学研合作机制。目前，已集聚了6家新能源技术专业研发机构，研发范围涵盖了太阳能、风能、核能等主要新能源领域。其中，综合性研发机构包括上海能源研究院、上海清洁能源研究与产业促进中心；太阳能技术研发机构主要包括上海太阳能工程技术研究中心、太阳能应用国家工程研究中心，尚德电力、展腾太阳能科技等知名企业也将在企业内部设立研发中心；风电技术研发机构主要为上海风电工程技术研究中心。

二、指导思想和发展目标

(一) 指导思想

坚持贯彻落实科学发展观,按照上海建设"四个中心"、实现"四个率先"的总体要求,把以薄膜太阳能电池研发和生产为重点的新能源产业作为区域未来发展的重要战略产业,围绕太阳能、核能和风能三大发展领域,着力提升新能源技术研发和新能源产品制造的核心竞争力,形成相对集中的合理布局,把闵行区建成上海国家新能源产业基地的核心区。

(二) 基本原则

1. 坚持自主创新和技术引进相结合。把技术创新作为新能源产业发展的战略基点,立足于原始创新、集成创新和引进消化吸收再创新的有机结合,进一步强化企业的技术创新主体地位,培育自主知识产权核心技术和自主品牌,着力提升产业自主发展能力和市场竞争力。

2. 坚持市场推动和政府支持相结合。注重运用市场规律,引入市场机制,激发各种所有制企业内在活力,处理好政府、市场、企业三者关系,在政策和资金方面给予必要扶持,为新能源产业发展提供良好的发展环境。

3. 坚持自身发展与服务国家战略相结合。站在服务全市新能源产业发展的高度,依靠现有的发展基础和条件优势,对接国内外市场,吸引国内外优秀企业落户闵行,在产业稳步发展的基础上,为上海新能源产业发展提供必要的装备、技术和服务支撑,促进全市新能源产业的技术提升和产业化发展。

4. 坚持聚焦重点和提升整体相结合。聚焦突破目前制约新能源装备产业发展的瓶颈和难点,鼓励产学研合作开展科技攻关,整合设计、科研、制造、管理、技术服务等资源要素,打造完善的新能源装备产业链,不断扩大闵行新能源产业发展的整体优势。

(三) 发展目标

加快形成以太阳能薄膜电池为主导的新能源产业集群,建成新能源技术研发、产品制造的两大高地,保持年均增长35%左右的行业发展速度,到2012年实现销售收入250亿元以上。

太阳能:到2012年,形成各类光伏电池1 000—1 200兆瓦的年生产能力,其中薄膜太阳能电池年生产能力达到600兆瓦左右。

核能:到2012年,形成年产8套1 000兆瓦核电主设备相关组件生产能力和全面提升大型核电站建设的总承包能力。

风能:到2012年,形成2兆瓦风机系列2 000台制造能力,实现3.6兆瓦海上风机产业化。

清洁能源:加快发展混合动力、纯电动和替代燃料等新能源客车的研发和生产,形成新能源汽车部分重点设备研发和制造能力。形成E级IGCC(整体煤气化联合循环)关键设备制造能力。

新能源利用:建设若干具有代表性的新能源利用示范工程。

新能源研发:加大推进新能源自主研发、产业促进、政策标准和检测评估等专业技术公共平台,构建新能源技术研发高地。

三、主要任务

围绕太阳能、核能和风能三大发展领域,加强新能源技术研发和自主创新,形成以太阳能电池为主导的新能源产业,积极培育和引进相关企业,努力打造新能源产业集群。

（一）着力提升新能源技术自主创新能力

依托上海交大、上海电气、上海航天局等国内领先的科研机构，进一步集聚和整合新能源技术研发资源，力争新能源核心技术自主创新能力达到全国领先水平。

太阳能方面，加快申报组建太阳能国家工程研究中心，在研究提高晶体硅光伏电池转换效率的基础上，重点加强研发硅基和非硅基薄膜太阳能电池技术，积极探索第三代太阳能光伏电池技术。

核电方面，研制大型核级锻件，积极开展第三代核电（AP1000）关键设备制造技术引进、消化、吸收、再创新工作。依托上海电气、中电投、国核技、中广核等公司，大力推进核电工程总承包和技术服务能力。

风能方面，重点研发双馈式和永磁直驱式变桨变速等整机制造核心技术，加快叶片、发电机、齿轮箱等关键零部件的自主研制，加快3兆瓦以上风机设备的核心技术研发。

清洁能源方面，积极研究燃料电池汽车、洁净煤、生物质能利用等技术，同时探索研究能源政策和国际合作路径。

（二）发展壮大太阳能光伏产业

重点发展薄膜太阳能电池，积极推进尚德等薄膜太阳能电池重点项目，推动社会资本参与太阳能电池技术研发和生产。

扩大晶体硅光伏电池生产规模，发挥上海太阳能科技、交大泰阳绿色能源等重点企业作用，加快建成神舟新能源、展腾太阳能科技等项目，积极引进中电电气、林洋新能源等项目，鼓励区内企业并购或参股上游多晶硅生产企业。

（三）积极建设核电大型铸锻件制造基地

以上海电气（集团）为制造龙头，在现有基础上，重点建设核电大型铸锻件制造基地，鼓励成立工程公司承包工程建设和设备成套供应，形成总集成、总承包能力。

（四）加快发展风电设备制造业

充分发挥上海电气风电设备有限公司的骨干作用，在批量生产1.25兆瓦风力发电机组的基础上，加快完成2兆瓦风电机组的总体设计和制造工艺技术规范，形成2 000台生产能力；实现3.6兆瓦海上风机产业化，产能达到80台。

积极引进产风电设备关键零部件生产企业，形成核心零部件配套体系，加快构建风电整机和零部件产业链。探索拓展海上风电工程总承包服务业。

（五）探索发展清洁能源领域

加快发展新能源汽车，依托上海申龙、上汽申沃等企业，形成混合动力客车、纯电动客车批量生产能力，建成上海新能源客车制造基地。

突破E级IGCC关键设备设计、制造和系统集成技术，实现E级IGCC燃气轮机、煤气化炉和电站系统集成等关键设备制造，并进一步探索F级IGCC装备技术。支持上海神华煤制油中试研发基地建设等。

四、产业布局

（一）漕河泾开发区浦江高科技园

功能定位：以薄膜太阳能电池为主的新能源科技成果转化和产业化基地，打造成上海“太阳谷”。

四至范围:东至万芳路,南至沈庄塘,西至浦星公路,北至中心河。先期提供 2 000 亩用于新能源产业化项目。二期在国家民用航天产业基地内预留 2 平方公里用于新能源产业。

(二) 紫竹科学园区

功能定位:新能源研发核心区。

四至范围:(A 块)东至虹梅南路,南至黄浦江,西至莘奉金高速公路,北至剑川路。(B 块)东至莲花路,南至铁路,西至河界,北至放鹤路。在已有项目基础上,新增 300 亩用于新能源研发。

(三) 莘庄工业区

功能定位:新能源配套项目基地。

四至范围:东至莲花南路,南至放鹤路(新闵铁路),西至莘奉金高速公路,北至六磊塘。提供 500 亩用于新能源配套项目。

五、政策措施

为促进以太阳能为核心的新能源产业在闵行的集聚快速发展,加快区域经济发展方式转变和经济结构调整,我区梳理并完善了相关扶持政策。

(一) 加大新能源产业扶持力度

1. 自 2009 年起三年内,建立每年 3 亿元的财政专项扶持资金,大力支持发展以太阳能为核心的新能源产业。

2. 设立风险投资引导资金,引导风投基金和民间资金进入新能源产业领域。对风险投资公司投资本区新能源项目的,根据其实际到位资金,按银行同期贷款利息数额给予补贴,其中对区内投资公司投资给予 100% 的贴息,对区外投资公司投资给予 50% 的贴息,贴息最高不超过 300 万元。区属公司可视情况考虑跟进投资。

3. 对 25MW 及以上的薄膜太阳能电池生产线,视情况最高给予每条生产线 1 000 万元的扶持,25 兆瓦以下的薄膜太阳能电池生产线,视情况最高给予 500 万的扶持;对其他非薄膜技术生产线,视情况给予每条生产线最高 500 万元的扶持。以上扶持通过项目贴息的方式给予。

4. 鼓励在区内建立内外资新能源企业总部,参照上海市对外资总部扶持标准,由区、镇(相关园区)两级按财力分配比例给予市本级财政扶持资金 100% 的匹配。

5. 对认定为高新技术企业的新能源企业,自认定之日起三年内区财政专项资金予以扶持,之后四年给予减半扶持。

6. 鼓励有条件的新能源企业上市。根据《闵行区关于推进企业上市的若干意见》(闵府发[2008]15 号)对企业争取上市过程中相关费用给于 150 万元补贴。对拟上市企业因上市原因而筹措的银行贷款,按同期贷款基准利率计算的一年期利息给予 50% 的补贴,最高不超过 150 万元。

(二) 实施招商引资奖励制度

实施委托招商机构(或个人)奖励制度,根据引进企业的规模、项目发展前景、实际到位资金状况及其对地方税收的贡献,凡属委托招商机构、中介服务机构或企业引进的,按注册资金的 2‰给予奖励,引进单个企业的奖励一般最高不超过 20 万元;凡属个人引进的,采取“一事一议”的奖励政策。

(三) 鼓励发展新能源研发机构

1. 大力吸引人才、资金、设备,建立产学研紧密结合的新能源研发基地,加快掌握核心技术。对注册落户在本区,经国家有关部门认定的国家实验室、国家工程实验室、国家重点实验室、国家工程技术研究中心、国家级企业技术中心等国家级研发机构,给予500万元以内的资金扶持。对经有关部门认定的外资太阳能光伏研发机构参照闵行区科技政策中"鼓励发展外资研发机构"条款,适当提高扶持标准,最高给予500万元的资金扶持。

2. 鼓励企业建设具有国际先进水平,能引领和支撑太阳能光伏产业技术发展的研发中心,经市有关部门认定为市级企业技术中心、市级工程技术中心后,给予市扶持资金30%的匹配扶持。

3. 大力引进新能源研发机构,鼓励海外团队和国内名校团队,与企业、研究所组建新能源研发机构,新能源研发机构注册在紫竹科学园区的,给予专项扶持。

(四)加大对关键技术研发的支持

1. 申报薄膜太阳能光伏科技攻关课题(项目),获得国家重大科技计划、市重大产业科技攻关计划等立项资助的,给与资金匹配,匹配资金超过100万元的,一事一议。

2. 新能源关键技术研发项目或产学研项目,经专家评审达到国际或国内一流技术水平的,区财政专项资金给予每项50—100万元的资助。

3. 对区内企业利用区域内高校、科研院所及市研发公共服务平台成员单位的仪器设备开展项目研发和测试等发生的费用,区财政对每个项目给予资助。

4. 鼓励高校和研究院所进企业开展技术攻关,突破技术薄弱环节,进一步提高产品的新技术含量,降低产品成本,提高现有产品档次和企业效益。经区有关部门认定,对重点技术攻关给予资金扶持。

(五)鼓励太阳能光伏科技成果转化

1. 鼓励区内太阳能光伏企业实施已授权的发明专利,企业实施经转让的发明专利,按转让实际发生额的2%—3%给予一次性奖励。对企业实施自有发明专利并产生实际经济效益的,一次性奖励15—20万元。

2. 引导太阳能光伏企业开发新产品,提供市场适销产品。对每项发明专利申请资助代理费;对获得新产品发明专利授权的专利申请第一人,区财政专项资金给予一次性奖励。

3. 鼓励区内太阳能光伏企业加快自主品牌建设。对获得"中国世界名牌产品"、"中国名牌产品"、"中国驰名商标" 荣誉称号的企业,一次性奖励30—60万元;对获得"上海市名牌产品"、"上海市著名商标"荣誉称号的企业,一次性奖励30万元。

4. 对获得国家级、市级最高科学技术奖的太阳能光伏研发人员,区财政专项资金根据上级奖励金额分别给予10%的匹配奖励。

(六)加快新能源产业人才引进和培养

1. 依托重点创新项目、重点实验室、高新技术园区等平台,引进海外高层次新能源人才,推荐进入"千人计划"名单,争取国家和市级层面政策扶持。

2. 鼓励企业通过委培等方式与交通大学及其太阳能研究所、上海太阳能工程研究中心等机构联合培训专业技术人才。

3. 区内新能源企业建立博士后科研工作站的,区财政专项资金根据工作站建设进度,分期给予总额50万元的扶持。对在本区企业博士后科研工作站工作一年以上的博士后,其主持的科研项目被市级以上有关部门立项的,区财政专项资金给予科研资助。

4. 为各层次人才改善创业、创新和生活环境。落实对高级人才的服务措施,解决好住房、子女就学等问题,提供优质医疗卫生服务,提供人才公寓优惠居住。

5. 国内外新能源高级专家在本区购买自住商品房,区财政专项资金给予房款总额的20%、最高不超过50万元的资助。

6. 对有市场就业能力的高级人才家属优先积极推荐实现就业;对就业条件差难以通过市场就业,且家庭生活困难,需要接受就业援助的家属进行托底安置。

(七)支持新能源产品的应用

1. 引导组织市场使用太阳能光伏产品。对本区企事业单位应用太阳能产品,实施太阳能应用工程,通过购买绿电和鼓励节能降耗的途径给予补贴。

2. 组织在重大工程、政府实事工程上优先采用太阳能光伏产品。区、镇、街道机关和市政、交通设施率先使用太阳能。利用学校、医院等公共设施开发微型示范电站项目。

3. 对接国家鼓励太阳能光伏产业发展的政策,积极组织落实财政部会同住房和城乡建设部印发的《关于加快推进太阳能光电建筑应用的实施意见》(财建[2009]128号);财政部印发的《太阳能光电建筑应用财政补助资金管理暂行办法》(财建[2009]129号),推进城市光电建筑一体化应用,太阳能光电建筑应用共性关键技术的集成与推广,支持组件与建筑物实现构件化、一体化项目,争取优先获得中央财政支持。

(2009年10月21日)
闵府发[2009]105号

(责任编辑 李志英)

（一）闵行1月份经济指标逆势上扬

吸引合同外资同比增13.37%，22家外资企业增资

昨天上午，注册资本达6 000万元人民币的上海闵行幸子小额贷款股份有限公司正式开业。现场，有2家企业闻讯赶来与幸子签订贷款协议，这令公司董事长林源聪喜上眉梢。同样踌躇满志的还有闵行区分管财税的副区长阎祖强——近半年来，区委、区政府推出一系列“暖冬”举措，支持企业发展、加强金融服务、促进项目开工和竣工、扩大市场需求，为企业“过冬”提供良好环境，这些“暖冬”举措如今初显成效——2009年1月，吸引合同外资等主要经济指标逆势上扬，实现开门红。

新成立的幸子小额贷款股份有限公司是闵行区域内第二家小额贷款公司，由上海申宝泵业有限公司作为主发起人、联合8家法人公司共同参股设立，将主要为区域内“三农”和小企业提供贷款支持，并提供相关金融咨询服务。

支持成立小额贷款公司，规范、引导民间融资，缓解小企业融资难题，只是闵行区委、区政府“暖冬”举措之一。应对此次国际金融危机，闵行紧紧依托区域内产业园区和基地，不断深化服务。去年第四季度起，区四套班子领导集中走访了300多家企业，在调研基础上，解决了一批企业急需解决的问题。同时，针对国家和上海市已经或即将出台的政策，抓衔接、抓配套。如对区内部分因生产经营困难而停工不裁员的重点企业，发放停工保障补贴；鼓励社会职业技能培训机构主动联系企业开展职业技能培训，对经培训上岗就业人员，给予补贴；建立政策保障、监督处置、预警调解、社会参与等机制，加强对企业停产歇业和破产倒闭的预警监测；设立每年5 000万元的和谐劳动关系奖励资金，用于完善企业欠薪保障制度，妥善处理劳资纠纷。

如今，这些举措取得了实效，2009年1月区域主要经济指标逆势上扬——其中，财政总收入38.8亿元，比上年同期增长4.32%；地方财政收入11.9亿元，比上年同期增长5.29%。吸引合同外资1.44亿美元，同比增长13.37%，有22家外商投资企业当月实现增资，增加合同外资0.73亿美元，占吸收合同外资总额的51%。在1月份的合同外资中，有克莱斯勒亚太投资有限公司、博格华纳（中国）研发有限公司、埃迈诺冠气动器材（上海）有限公司、上海金阳葱企业管理咨询有限公司等4家1 000万美元以上的大项目。新建或扩建项目开工2家，分别为上海亚太酿酒有限公司、上海致永实业发展有限公司。吸纳内资注册资金17.46亿元，同比增长4.1%。

（《文汇报》2009年2月7日　第2版　记者　顾一琼）

(二)坚持结构调整　勇于危中抓机

上海闵行经济持续高速发展

上海市闵行区第一季度地区生产总值达274亿元,同比增长7%;财政收入93.89亿元,同比增长8%。尤为可喜的是这个区第一季度合同吸收外资同比增长5.7%,其中服务业的合同外资占了88%。

闵行区能在全球金融危机中继续高速发展,主要得力于近年来持续不断的经济结构调整。他们下决心砍掉了一大批"高污染、高能耗、高风险"的中小企业,扬设备制造业集聚之长,产值在第一季度由降转升,完成110.97亿元,同比增长了8.7%,并带动了其他配套企业业绩的回升。闵行所属的三大开发园区普遍出现了大幅增长。其中,闵行经济开发区环比增长24.6%,莘庄工业园区环比增长达到了42.7%。

利用连接江浙的区位优势,大力引进生产、消费、贸易型外资,也是闵行区逆势飘红的一个重要原因。目前,这一上海最早的经济开发区——闵行经济开发区里集聚了可口可乐、三菱电梯等饮料、通用设备类外资企业,外销内销并举,销售依然有较好的增长。

闵行区的高明之处在于,它善于危中见机,转危为机。闵行抓住金融危机中物价下降较快、心理预期趋低、开发成本偏低等特点,继续大刀阔斧地进行产业结构调整,淘汰落后企业,改造破旧民房,从去年下半年至今已腾出土地5 000亩,一大批中外企业闻讯而来,形成了闵行新的投资高潮。同时,旧房改造拉动了当地房产的刚性需求,有的楼盘一天竟销售了200余套房产。

(《人民日报》2009年4月27日　第1版
记者　范伟国　谢卫群)

(三)多措并举促进农民增收,
公共资源和服务向农村倾斜——

闵行:城乡差距在缩小

"五一"前夕,上海市闵行区响水湾等4家生态农业园举行了热闹的开园仪式。这些生态农业园为上海市民体验农家生活、休闲娱乐、"周末当农民"提供了好去处,也为农民增收开辟了新的路子。

近几年,闵行区的农民明显感觉收入增加了,保障完善了,生活质量提高了。区农委主任刘明介绍说,2003年以来,闵行区农民人均收入连续5年增幅超过城镇居民,保持了两位数增长,农民与城镇居民的收入差距由2003年的1∶1.90缩小到2008年的1∶1.57,好于全市平均水平。

保"饭碗",促增收

解决好农民的就业问题,就等于保住了农民的"饭碗"。闵行区将农村富余劳动力、征地农转非人员纳入就业工作体系,农民在享受与城镇失业人员同等的免费培训、社会保险补贴、创业扶持等鼓励政策的同时,还可享受跨区就业补贴。对到外区实现非农就业、签订一年以上劳动合同、工资低于

1 500 元的农村富余劳动力和征地农转非人员，每月发 140 元的跨区就业补贴，鼓励农民扩大就业的地域范围。目前全区已有 3 200 多名农民享受了跨区就业补贴。

为促进农民非农就业，闵行区在全市率先成立村级就业援助员队伍，在 168 个村设立专职就业援助员。据统计，2008 年，闵行区农民的工资性收入已占可支配收入的 72.9%，达 10 564 元。

农民也拿“退休工资”

浦江镇的张大爷说：“我种了一辈子田，做梦也没想到老了也能拿到‘退休工资’啊。”张大爷是市级水源涵养林工程征地失地农民，从今年 4 月起享受小城镇社会保险养老和医疗待遇。

闵行区在全市率先建立了农村养老补助金最低标准逐年增长机制，2008 年提高到每人每月 270 元；建立了征地养老人员生活费稳定增长机制，标准提高到每月 528 元。第一批男 60 周岁、女 55 周岁共 1 422 名农民已享受“镇保”养老金待遇，平均养老金 800 元/月。

闵行区还提高了合作医疗保障水平，农村合作医疗覆盖率为 100%，农业人口参合率 99.8%，基本实现了应保尽保。

让农民共享发展成果

为提高农民生活质量，闵行区集中优势资源，加快基础设施、公共资源和公共服务向农村倾斜覆盖。近几年农村面貌发生了深刻变化，教育、卫生等各项公共事业建设齐头并进。已基本实现“公共交通村村通、有线电视户户通”，上学的孩子除免学杂费外，还可享受多项补贴。为丰富农民的文化生活，政府出资扶持了马桥手狮舞等 50 支各具特色的农村文化活动队，行政村都建了健身点，村级健身队达 300 多支。

随着基础设施建设和农村社会公共事业水平的提高，闵行农村正逐步缩小与城市社区的差距，农民享受着越来越优质的公共资源和服务，与城镇居民一起，共享改革发展的成果。

（《人民日报》2009 年 5 月 16 日　第 7 版
记者　夏　珺）

（四）建设技术研发和产品制造两大高地

闵行发展新能源产业集群

出台二十七条扶持政策，力争年均增长百分之三十五

闵行区正加快形成以太阳能薄膜电池为主导的新能源产业集群，建成新能源技术研发、产品制造两大高地，力争以年均增长 35% 左右的行业发展速度，到 2012 年实现销售收入 250 亿元以上。这是昨天召开的闵行区推进新能源产业发展签约仪式上传出的信息。

闵行区在打造上海国家民用航天产业基地、国家（上海）平板显示器件产业园等园区的同时，布局发展太阳能、核能、风能等新能源产业，基本形成了新能源技术研发和设备制造并重的发展格局，正成为上海新能源产业的核心区域和重要基地。目前，闵行共有新能源重点企业 21 家，新能源技术专业研发机构 6 家，另有一批涉及新能源领域设备销售、工程建设、服务提供、配套产品生产企业，去年实现销

售收入近80亿元。

目前,闵行区出台了27条针对新能源产业发展的扶持政策,涉及财政扶持、人才服务、技术研发、成果转换、产品应用等七方面。自今年起的3年内,建立每年3亿元的财政专项扶持资金,大力支持发展以太阳能为核心的新能源企业;为鼓励有条件的新能源企业上市,对企业争取上市过程中相关费用给予150万元补贴。对拟上市企业因上市原因而筹措的银行贷款,按同期贷款基准利率计算的一年期利息予以50%的补贴,最高不超过150万元。同时,还提供生产线、风投等扶持。闵行区还将引导组织市场使用太阳能光伏产品。比如,对本区企事业单位应用太阳能产品,实施太阳能应用工程,通过购买绿电和鼓励节能降耗的途径给予补贴;组织在重大工程、政府实事工程上优先采用太阳能光伏产品;区、镇、街道政府机关、市政、交通率先使用太阳能;利用学校、医院等公共设施开发微型示范电站项目等。

昨天,闵行区分别与上海电气集团、上海航天局、交通大学、行者集团、华电集团等进行项目签约,以进一步投入新能源产业研究与发展。

(《解放日报》2009年6月22日 第1版
记者 张 奕)

(五)闵行区从“保增长、调结构”到“调结构、保增长”

这个“头”,调得好

意味深长的“调头”

编者按:上半年逆势飘红的闵行区,下半年作了一个转变,“保增长、调结构”,调了个头,变成了“调结构、保增长”。这一序之变,不是文字游戏,而是工作重点的转移、转变、调整。这个“头”调得好,值得我们注意。

经过一年来的应对困难,我们更加深刻地懂得,调结构应当是我们的主攻方向。这是一种切肤之痛,这是一种科学反思。结构不好、重复建设、产能过剩,本来就是此轮金融危机的本质成因。但是一段时间以来,危机的冲击在某种程度上掩盖了结构问题的严重性,使我们有些同志片面地理解了“保增长”的路径,以至于有些地区、有些行业,不仅结构纹丝未调,产能过剩、能级过低的毛病反而更加严重。现在经济走势向好,市场开始复苏,结构方面存在的弊病,再一次显现出来,产能过剩等问题,甚至更加突出。在这种情况下,如果我们再不幡然觉醒,难题可能会愈加积重难返。这是需要引起我们严肃注意的大问题。

我们说,危机的影响,本是调结构的契机。现在危机并未过去,机遇依然存在,如果我们能够走出盲目性、走出误区,把“调结构”真正作为“保增长”的根本途径,那么我们的发展就会有前途,有后劲,有可持续性,也才会符合科学发展的核心要求。

国内经济虽企稳回暖,但外围形势严峻复杂依旧,一季度实现经济开门红的闵行区,今年以来一路保持“逆势飘红”,前三季度主要经济指标悉数为正,其中地方财政同比增长12.4%。记者日前在闵行区采访发现,下半年以来,闵行经济工作重点出现微调:由“保增长、调结构”转变成了“调结构、保增长”,“调结构”被放至更为突出的位置,显示出了闵行区更加注重通过转变经济发展方式来保持可持续发展的决心。

席卷全球的金融危机,去年以来波及了区内不少企业,也使区域经济发展面临着巨大压力。然而,闵行区领导经过调研分析后认为,本轮金融危机产生的本质是产能过剩,抓住金融危机形势下,房价地价较低、"三高"企业效益低下等"窗口期机遇",全力推进产业结构调整,完全有可能"化危为机",闵行区宁愿经济增长少几个百分点,也要把结构调整到位。

加大力度关停高能耗、低附加值的企业,加大培育高新技术产业,是闵行区"化危为机"的第一招。两年多来,闵行区相继关闭了彩管厂、轮胎厂、化工厂、瓷砖厂等1 200多家污染企业,每年可节约50万吨标准煤。在关停一些高能耗企业后,闵行区着力聚焦新能源、民用航天航空、先进重大装备、电子信息制造和生物医药五大高新技术产业,市区和企业联手投入了百亿巨资,对吴泾化工区进行产业结构调整和环境整治。今年以来,投资4.5亿元的锂动力电池项目正式落户闵行,航天产业基地建设加快推进。

闵行区还制定了加快推进高新技术产业化的实施意见,制定了新能源发展行动计划,出台了27条扶持政策,对高新技术企业给予重点扶持。目前,尚德太阳能公司的第一条硅基薄膜太阳能电池生产线已投产,华电等新能源项目进展顺利,上半年还引进了美国硅谷的亚升通新能源团队和装备。以高新技术产业为主的重点企业,对闵行区的"保增长"做出了大贡献。2008年,闵行高新技术产业占工业的比重为41.3%。今年前9个月,闵行区实现工业总产值2 508亿元,同比增长2.3%,其中重点企业占到了半壁江山,可比增长达到7.5%。

集中精力开展"大动迁",则为构建合理的产业发展布局腾出了空间,是闵行"化危为机"的又一招。结合重大工程建设,今年1至9月,闵行区共完成了7 300多户居民和400多家企业的动迁,远超过去年全年的动迁腾地量,储备了万余亩土地。

腾笼换鸟,腾地为王,也为加快发展现代服务业和产业升级提供了保障。例如,为配合虹桥综合交通枢纽的建设,闵行已累计动迁了近6 000户居民、1 800多家企业,其中605家是生产性企业,调出了综合枢纽和前所未有的商务区建设用地,占地面积大约是三个世博园区,为上海国际贸易中心建设提供了重要的承载区;另一方面,上半年全区引进外资中,服务业占到了60%的比例。而通过区镇联手回购,截至8月底,全区已完成物业回购总面积83.5万平方米,回购中主要是动迁安置房和经营性物业,为动拆迁预留更多的房源,也为失地农民提供保障。

目前,闵行区还在抓紧编制莘庄商务区、七宝生态商务区等重点地块详细规划,加快莲花、漕河泾开发区浦江生产性服务业功能区等建设,促进总部经济、科技研发、信息服务、现代物流、电子商务等的快速发展。比如,全球最大石油公司埃克森已决定在紫竹科学园区投资7 000万美元,建设继美国、欧洲之后的第三大研发中心。莘庄工业区中的闵行国际物流保税中心进入快速成长期,去年已实现税收2.8亿元,雅诗兰黛、丰田、DHL等相继入驻,目前二期项目已投入使用。统计数据显示,今年前三季度。闵行区实现财政收入282亿元,其中三资企业的贡献率超过50%。

闵行区在着力"调结构"过程中,还非常注重发挥体制机制优势,减少经济转型过程中的阵痛,在调整结构中仍保持良好的增长势头。下半年起,闵行完善园区与镇、街道的融合发展机制,全面开展大招商,漕河泾开发公司与虹桥镇合作引入了投资5 000万美元的亚仕兰投资公司,联动效果十分明显。今年前三季度,实际到位外资9.7亿美元,同比增加13.2%,新增内资注册资金225_3亿元,同比增长27.7%。而在"暖冬行动"中推出的一些扶持企业的政策也在进一步完善。比如,去年底正筹备上市的神开股份,获得了闵行区的上市"过程中资助"1 000万元,今年8月份成功上市后,神开股份"反哺"闵行区经济发展,8月份以来又拿出5亿元,在浦江镇投资新的产业项目。闵行区还支持区内外贸出口型企业打开内销渠道,最近正与索广、英叶达等企业酝酿,将一些产品转为内销。同时大力推进高科技产品及民生产品的采购,区里出台了高科技产品采购目录,今年采购了近万辆"永久"自行车,作为供居民免费使用的交通工具。

今年1月至9月,闵行区累计实现生产总值910.4亿元,同比增长9%,其中第三产业对经济增长的贡献率超过了70%。比如,汽车类销售是闵行商业的主流业态,去年占社会零售总额比重高达31%,吴中路汽车销售街也被命名为市级商业特色街,抓住今年以来汽车销售逐月回升的态势,1—7月闵行实现汽车销售66.2亿元,同比增长14.9%。为保持第三产业的发展态势,闵行加大了大型商业项目的建设,全区 1.5 万平方米以上的商业在建拟建项目包括古美新智驿购物广场、七宝华商时代广场、莘庄龙之梦购物广场、虹桥购物中心等,总建筑面积达 90 万平方米。总建筑面积 29 万平方米的仲盛商业广场是目前上海体量最大的商业广场之一,年初开张至今,顾客络绎不绝。

闵行区领导表示,“调结构”包括调节需求、扩大消费,调整二三产业结构,调节产业内部结构,调节城乡结构,调整人口结构等多项内容。据介绍,下一步闵行区还将着力推进科技创新和成果产业化,完善“三区联动”机制,提高区域对自主创新成果的承接能力。此外,闵行区还将促进具有闵行特色的现代都市型农业发展,加强农业与二、三产业的融合,推进规模经营,加快农业产业化项目建设,使整个经济结构变得更具发展后劲。

(《解放日报》2009 年 10 月 22 日　第 1 版
记者　何洛先　张　奕)

(六)守护水源地　村落成风景

——走进沪郊村民自建的水文化博物园

这个元旦,闵行区马桥镇彭渡村党总支书记吴权民几乎没有一刻闲着,一会儿和村民们一起挖土种树,一会儿又给一批批中老年游客当起临时讲解员……原来,该村村民自筹 8 000 万元建设的黄浦江水文化博物园已经对外开放了,每天都要接待数千名游客,节假日更是热闹。

彭渡村因地处黄浦江上游的水源保护地,村民为保护市民饮水质量,不仅自愿退耕还林,拆除鸭棚猪舍,还自筹数千万元资金建设了 1 200 多亩生态园。为生态保护,彭渡村作出了巨大的利益牺牲。但如今,聪明的彭渡村村民在“生态保护”中找到了一条农村文化旅游的新路。

记者前往处在黄浦江上游的彭渡村采访,尽管黄浦江水文化博物园门前广场还没建好,但一片泥地上竟满满当当停了各式小轿车。“博物园在中老年市民中反响格外热烈。因为它着重在文化保护上做文章,为市民打造了一条‘回家的路’。”彭渡村党总支书记吴权民告诉记者,园林中的建材大多是从各地搜集来的旧砖、旧瓦和旧石头等,比如当初市中心拆除石库门房子时,大量旧石头无处可去,彭渡村就出了 50 万元运费,让工地上每天把旧石材运过来,现在这些旧石头都被用到了园中房屋上、石桥上和小路上,市民游客来看了后感慨万千。

博物园中大片是水面,桥成了随处可见的景致。据了解,整个园中分布了 50 多座古桥,都是村里专门从各地公路修建、城镇改造、乡村开发中“抢救”出来的古桥。记者看到的一座三孔石桥,桥名为“醒狮桥”,桥侧石上还题了一副对联。像单孔的香泾桥、五孔的韩湘桥等,游人都要流连许久。

古桥之外,还有古树。据了解,园中有 500 多棵古树,最年轻的也有 100 多岁,最年长的已有 1 000 多岁,它们或参天高耸,或老态龙钟,或残枝新发,构成了一幅幽深而又充满活力的生态画卷。比如一棵盆栽紫薇树,已有上千年历史,整个树干与石头紧紧长在一起,因而得名“树抱石”。

此外,园中还有太湖石、三江红、钟乳石、火山石等各种巨石,以及融合了傣族、苗族、江南水乡等建筑风格的奇形怪状的木楼。据介绍,故浦江历史文化展示馆、江岸村落展示馆、马桥古文化遗址仿真馆、董其昌画院等也将一一在此落户。

据了解,去年一年,黄浦江古文化博物园门票收入已达 300 万元,今年有望超过 1 000 万元,村里 200 多位村民也在博物园中实现了重新上岗。

(《解放日报》2009 年 1 月 4 日　第 2 版
记者　黄勇娣)

（七）昔日“莘吴专线”乱象环生 如今“闵行15路”笑声充盈

公交“民转公”因何大不同

7月1日，莘吴专线“民转公”满月。

9点30分，莘庄南辅路西环路口，一辆挂着“闵行15路代莘吴专线”标牌的公交车驶进终点站。车辆停稳后，司机杨建民一边清扫车厢，一边检查车况。

完成“一圈一检”，杨建民启动车辆，招呼乘客上车。老乘客蔡女士从前门上车刷卡后，找了个靠窗的位置，拉上遮阳窗帘惬意地坐下。蔡女士笑盈盈地说：“闵行15路，和以前的莘吴专线不一样了！”

蔡女士感受到的变化，源于莘吴专线的改制。一个月前，这条由民营企业承包运营了13年的公交线路恢复姓“公”，正式由国有控股公司——闵行客运服务有限公司承运。

从“莘吴专线”到“闵行15路”，除了名字变化外，到底还有哪些变化？

流失的乘客回来了

单程20多公里的莘吴专线，连接莘庄、吴泾，是闵行区域内的一条重要公交线路。

为补充当时国有公交的不足，早在1996年，市有关部门就将这条线路经营权批给了民营企业金球出租汽车有限公司。可经营中，金球公司将车辆承包给了8位“车老板”，实际成了个人承运。金球公司只考核营业额，对“车老板”基本“放任自流”。莘吴专线种种“乱象”由此产生。

老乘客钟桂芳有一次在莘松路莘西路站候车，从吴泾驶来的莘吴专线下客后，没去终点站、直接调转车头返程。车辆在站上“泡”了20多分钟、上了10多人才开。离站后，车辆又“跳站”停在莘庄邮电局门口揽客，约15分钟后才开。为抢回“泡站”损失的时间，车辆一路超车、一路飞驰，虽说不到1小时就到了吴泾终点站，但让乘客提心吊胆了一路。

“车况差、服务态度差、‘跳站’、‘泡站’、不准点……”区建交委李建江告诉记者，乘客隔三差五投诉莘吴专线。

今年5月初，对照政府部门提出的公交行风建设要求和线路实际营收现状况，金球公司提出了终止经营权申请。区建交委等部门立即接盘，并经协商，该线路6月1日起由闵行客运公司承运。

钟桂芳再次乘坐“感觉已完全两样”：原先13个站点增加到了35个，最长间隔1 500米，最短只有300米左右。车辆一路行驶，逢站必停。新公司不考核营业额，规定单程行驶时间1小时10分左右，提前进终点站不能超过3分钟，司机不超速、也不“跳站”了。

区建交委万虎清告诉记者，一个月来，闵行15路没有一例服务质量投诉，许多本已流失的乘客成了“回头客”，平均每天客流量逾4 000人次。

不看营业额看服务

闵行客运公司不考核营业额，考核什么？

闵行15路调度室里，一张“驾驶员百分考核汇总表”给出答案：“我们考评服务质量和行车安全。”

线长梁岐详细解释：基数为100分的考核表中，“规范服务”一项占到“半壁江山”。驾驶员手中人手一册的《公共汽车客运服务规章制皮》从服务要求、服务承诺到服务禁区，都有详尽规定。“还有投诉减分、表扬加分项目。”梁岐说。经过1个月试运营后,闵行15路本月起正式实施百分考核。

“过去开承包车,老板考核营业额,钥匙一插就上路。”司机李保平坦言,“对如今的考核,还不能马上适应。”为此,上岗前,闵行15路的16名司机接受了10天服务和安全培训。

7月1日5点40分,李保平提前20分钟到岗,对车辆进行例行保养检查。

6点,李保平发车。乘客上车,他热情招呼;乘客下车,不忘提醒;老年乘客上车,他更是耐心劝导乘客让座,直至老人坐下才开车。

78岁的张老伯告诉记者,“以前乘莘吴专线,刚上车人还没站稳,司机就催促。有时四五个老人在车站候车,司机甚至停都不停就开走了! 现在,情况完全变了。”李保平向记者坦言,“‘指挥棒’变了,我们开车当然也得跟着变。”

闵行客运公司总经理郎国清介绍,公司每天派出一个“暗访小组”,悄悄跟在车辆后面考评服务质量和行车安全情况。小组一发现问题,就跟车进终点站,当场指出、当场要求整改。

公益性不拒绝市场化

莘吴专线改制,只是闵行公交改革的开始。

目前,承运闵行51条区域性公交线路的公交企业共有8家,有国有公司,也有国有控股、国有参股公司,还有不少民营企业和外资企业。一些线路或多或少存在着与以前莘吴专线类似的问题。

去年10月,注册资本1 922万元的闵行客运公司正式成立,其目的就在于实施区域公交重组,逐渐形成国有企业为主,其他企业为辅的公交经营格局。区建交委主任吴仲权说道,随着社会的进步,民营公交企业提供的服务已无法满足市民需求,必须更好地体现公交的公益性。

闵行客运公司成立伊始,就新开通13条“村村通”和“社区巴士”线路,有效填补了“有需求、没盈利”的农村和新建社区的线路空白。闵行15路作为首条“民转公”区域性线路,也充分显现公益性:原先即将到期报废的车辆被8辆新车取代,1—4元的多级制票价改为全程1元,线路还根据居民意见延伸到没有直达公交至莘庄的塘湾地区。为此,区财政一年就补贴100多万元。

公益性,并不代表拒绝市场化。闵行客运公司由区属国有企业出资51%和民营江南旅游服务有限公司出资49%组成。“选择民营公司入股,并非看重它的资本,而是看中它的更贴近市场化的管理方式。”吴仲权介绍道,民营江南公司在闵行江川地区运营“社区巴士”江川1路、2路和4路,连续2年分获区公交行风优胜评比一、二、三等奖。“如果江南公司管理不到位,公司也有权更换管理团队。”

吴仲权介绍,每年年底,政府部门将聘请第三方评估公司,按全市统一的公交行业标准,对线路运营成本、司乘人员劳动报酬及管理层绩效等进行考评,“这将使公益性项目更规范、更高效”。

(《解放日报》2009年7月26日　第1版

记者　陆一波　陈琼珂)

(八) 闵行博物馆馆藏元代古琴“获救”

本月内有望与观众见面

上周末,闵行区报春路上的古琴修复工作室里,元代古琴“万壑松”在工作人员的手中流淌出清亮的乐曲。这把已经存世800余年的闵行博物馆馆藏古琴,经过一年多的修复之后,日前终于重新登台了,音质较修复前更好了。

“万壑松”和另外几张明、清古琴因为在入馆之时就损坏严重、不适合展出,成了闵行博物馆仓库的“老住户”。去年2月，馆方在着手寻找修复古琴的高手时，与热心民乐文化活动的某工作室取得了联系，终于请来了专业人士为古琴诊断。

专家发现，这些古琴几近“病危”，其中，“万壑松”已奄奄一息——不但多个部件损坏或丢失，琴身的漆也已浮动，连琴体都已变形。

专家认定，这张古琴大致出生于元代，从琴上的铭文看，初步可以判定是宋末元初著名琴家毛敏仲的作品，堪称闵行博物馆最古老的乐器藏品。专家还表示，由于古琴的音色与制琴木料的年代息息相关，在良好的保存条件下，越是年代久远的木材，其音质就会越出色，元代古琴的艺术表现力也很值得期待。所以，古琴一旦得到修复，其价值不可估量。

闵行博物馆与江苏海门的知名古琴修复专家倪诗韵先生取得了联系，将“万壑松”和明代的无名氏古琴、清代“如来语”古琴一道，送往海门修理。经历一年之后，修好的古琴日前又被送回了闵行。上周末，报春路上的古琴修复工作室里，元代古琴“万壑松”终于在工作人员手中流淌出清亮的乐曲。

“万壑松”等古琴修复后，本月内有望与观众见面。5月16日，闵行区博物馆还将首度邀请民乐专家，举办古琴演奏交流活动。

（《新闻晚报》2009年5月5日　第A9版
记者　冯兰蔺）

（九）152万元的党费

——记上海市闵行区优秀共产党员徐素珍

今年国庆前夕，上海闵行区区委组织部收到一笔大额特殊党费，54张小额存单共计79万元，连同一份遗嘱和一套价值73万元的民宅。

“我，立遗嘱人徐素珍。我与已故丈夫陈闻天都是中国共产党党员。我想在我生命历程的最后一段时刻，完成两个心愿。一是委托中共闵行区委老干部局把我位于古美一村的房屋代为出售，房款作为我的党费上交给闵行区区委组织部。二是当我生命垂危之际，切勿进行抢救以免给国家财产造成不必要的浪费，等我去世后，丧事一切从简……”

152万元，是老人们一生的积累……但让我们感动的，不仅是这数字，更是徐素珍对党的那份热情、那份忠贞。

徐素珍，1921年出生于上海一个贫民家庭，1941年5月加入了中国共产党。1948年3月，徐素珍不幸被国民党反动派逮捕关押。1949年5月，在解放上海的枪声打响之际，徐素珍策反了狱卒，逃出了牢笼。新中国成立后，徐素珍参与组建了国营上海绢纺织厂工会，并先后任国营上海绢纺织厂工会主席、大丰恒染厂（色织十四厂）副厂长等职务，当选为上海市第一届人大代表、普陀区第一、第二届人大代表、中国纺织工会第三次全国代表。1979年2月徐素珍离休。

离休后，徐素珍与曾是新四军战士、同是老党员的丈夫陈闻天相依相伴。去年陈闻天去世，按照其遗愿，徐素珍将他的遗体捐献给国家，骨灰盒里只留下了一把胡须。

徐素珍对他人非常慷慨。她常在日历本上记着谁谁有困难，要在几号寄些钱，提醒自己不要忘了。给希望工程捐款，给贫困山区的孩子寄儿童节礼物，长期资助困难邻居……为使社区环境更美好，她自己出资购买了8棵桂花树。

10月28日，徐素珍安详离世。遗体告别仪式那天，200多位街坊邻居不舍地前来送她最后一程。

（《人民日报》2009年11月15日　第3版
记者　王　薇）

(十)进一门享四道精神“盛宴”

闵行春申文化广场启用

位于闵行莘庄地铁南广场附近的春申文化广场内,美国百老汇经典音乐剧《名扬四海》日前在新落成的上海城市剧院举行亚洲首演。众多慕名而来的观众不但在此欣赏到高雅艺术,还惊喜地发现,闵行区档案馆、图书馆、青少年活动中心也在这里“安家”,今后,只要进一门,便可享受到4道精神“盛宴”。

昨天,闵行区档案馆在春申文化广场全新亮相。在档案信息查阅大厅,记者看到,市民们可以方便地查询到政府公报、婚姻证明、房产资料、城建征地、独生子女、知青支边、工龄军龄等和自己息息相关的信息。专家学者也可以在这里找到闵行区政治、经济、文化、科学、教育等历史记录。为了方便市民,档案馆实行全年开放、中午无午休全天候接待服务。

此外,闵行区图书馆和青少年活动中心也正在搬迁、筹建中。图书馆将拥有8 900平方米面积,藏书70万册(件),报纸300多种,期刊1 000多种,实行“一门式”服务。青少年活动中心内则设有航天科普展示馆、航天模拟飞控中心、天象馆等主题活动馆及各类体验互动设施,预计将在明年暑期正式运营,届时这里也将成为孩子们的乐园。

(《新民晚报》2009年12月27日　第A9版
记者　宋宁华)

(十一)闵行君莲保障房基地二期启动

闵行区正以廉租住房、经济适用房建设为重点,分层次、多渠道、系统化构建住房保障体系。昨天,闵行区召开保障性住房建设推进大会,副市长沈骏出席会议并宣布保障性住房基地——君莲基地二期建设正式启动。

闵行区计划到2012年累计建设区属经济适用住房60万平方米左右,平均每年建设12万至15万平方米。同时积极推进市、区共同开发的保障性住房基地——“君莲新城”的第二轮建设,今年已选址颛桥镇君莲新城Ⅱ地块,该地块位于都会路东、沪光路南、六磊塘北,用地面积8.3公顷,计划新建经济适用房约12万平方米。

目前,闵行区已有712户家庭享受廉租住房配租。今年,将争取筹措实物配租房源150套,努力提高实物配租比例,满足符合条件的困难家庭的不同需求。同时,今年将全面启动江川、七宝、莘庄等区域的改造工作,力争完成10万平方米旧房改造。争取用5年的时间,通过住房保障、多渠道安置相结合的旧区改造方式,基本完成全区成套改造任务。

此外,闵行区今年还将积极探索试点人才公寓租赁工作。

(《解放日报》2009年4月9日　第3版
记者　张　奕)

（十二）闵行区就医　门诊费用降两成

药价降了，诊费升了，看病就能不贵吗？

在上海市闵行区古美社区卫生服务中心，一位拿着报纸慕名来看病的老者说，这里没有“大处方”，合理用药，要比他所在区节省十多元，多跑点路合算！

上海市闵行区创新公立医院药品采购、供应、使用管理模式，药品收支管理分离，药品经销和物流配送分离，医疗机构药品购进和使用分离，实现了真正意义上的“医药在经济上分离”。

源头堵住“大处方”

药品收支管理分离，让医生合理用药。

一种止血药单价为49.2元，以往平均每月采购量约为2 200盒，2008年10月用量骤增至4 050盒。闵行区医疗质量督查组调查发现，有两家医院使用剂量过大，大大超过说明书规定的用量。有关部门决定，该药在闵行区停用，相关医生被给予警告。

“每一张处方，每一项检查，甚至连一盒药，都可以追溯。这从源头上堵住了‘大处方’。”闵行区卫生局局长许速说，医生都有一张绩效卡，记录了医生给患者提供的所有诊疗项目。区里建立了医院信息化管理系统，动态管理药品使用和病情检查情况，发现异常及时进行警示或查处。据了解，闵行区先后停止采购16个品种药品，对部分医生异常使用药品、收受医药代表促销费用进行严厉查处，药物异常使用情况越来越少。

不考核业务收入，考核工作业绩。医务人员每次服务前需刷“绩效卡”，分配机制与绩效考核挂钩。闵行区设立药品收支财政专户，各医疗机构药品收入全额上缴，药品实行收支两条线预算管理。古美社区卫生服务中心主任储继志说，收支两条线，医生的业务收费与医生的奖金脱钩，医院的业务收入与医疗经费的分配脱钩，遏制了不合理的检查、用药等“过度服务”。据统计，2008年，全区门诊均次费用91.84元，而全市平均为117.88元，平均下降了两成多。

医院药房零库存

药品经销和物流分离，在周转中降药价。

在上海市医药股份有限公司上海总部，点击“闵行区药品网上交易平台”，输入医院名，药品当前库存形成一个电脑页面。杨敏是古美社区卫生服务中心的药品管理员。企业存放一定数量的药品在医院的药房，收到这些药品，她会用扫描记录药品的编码信息，存放在贴有信息码的药架上。当医生开出电子处方时，她就按指令将相应的药品扫描，交给患者，药品变成患者的。她说，尽管在药房里存放着各类的药品，但这些药不是医院的，是药企的，企业要向医院缴付一定的管理费用。

许速介绍说，医疗机构和药品供应企业之间形成供应链，药品供应企业对医院实行自动补货，药品采购供应过程由人与人对话变为人与机对话。

药品经销和物流配送分离，药品库存周转率明显提高，医疗机构药品采购、供应成本显著降低。据测算，2007年，闵行区公立医院的药品库存周转率由2004年的18.04次/年提高到30.33次/年，药品采购成本降低4.44%。

患者少吃高价药

药品购进和使用分离,杜绝二次促销。

说起招标采购,国药控股股份有限公司首席运营官魏玉林一脸无奈。中标通知书只是进入各地市场的门票,药品销售在很大程度依赖第二次促销。

在闵行区,魏玉林感觉轻松多了,不用向医疗机构进行"二次公关"。这里实行集中签约,全区公立医疗机构联合起来,直接与供应商达成买卖合同。采购一种药品只择优确定一个品种、一个规格、一个生产厂家和一个供应商(一药一品一规一配送),并对供应商提供单一来源承诺,保证合同有效执行。

闵行区中心医院副院长苏静英主管医院药品采购工作。她概括药品管理改革的最大变化是,没有医药代表"纠缠"了。她说:"以前患者不但没从药品降价中得到好处,反而更多地使用了高价药。现在临床用药不再平衡关系,不用考虑得罪人,感觉轻松多了,患者也不用吃高价药了。"

(《人民日报》2009 年 12 月 3 日　第 17 版

记者　王君平)

(十三)1 亿预算怎么花　老百姓说了算

12 月 9 日,上海闵行区公交线路专项补贴项目听证会召开,参加预算听证会的专家正在发表对交通补贴的看法和观点。从 12 月 9 日起,5 场上海闵行财政部分预算初审听证会将陆续召开,听证会邀请了人大代表、专家和社会公众作为陈述人参与。包括公交线路专项补贴、农业规模经营补贴在内的 5 个项目将分别接受听证,涉及总额超过 1 亿元。听证会后,赞同原因、反对理由等将被写成报告,提交该区人大常委会,作为初审预算草案的重要依据。

公交补贴预算听证,激辩政府如何花钱

昨天下午,上海市闵行区人大就有关政府对公交补贴的项目举行预算听证会,听证中出现激烈交锋,以至于辩论还延时 10 分钟。

五场预算听证会在 9 到 11 日举行,分别是农业规模经营补贴、劳动关系和谐企业创建、公交补贴、社保补贴券发放和教学设备添置更新,涉及总额超过一个亿。

去年,闵行首次尝试举行预算听证会,仅 1 名公众报名。今年,有 230 人次报名,且多为 30 至 50 岁,居住、工作在闵行的中青年。

利益相关方参与讨论全面透彻

闵行区建交委向参与听证会者发放的补贴项目介绍显示,参照以往营运情况编制的 2010 年预算,涉及补贴的线路 61 条,共需补贴资金 8 010 万余元。

参与听证会的有 13 名陈述人,包括 5 位人大代表、5 位普通市民、3 位专家。此外还有超过 50 位市民自发来旁听。

“以往的年度补贴数据及今后的增长预期，都应出现在预算内，否则没有前后对比，无从参照，今后的预算项目应该提供更多详细的介绍。”该区人大代表杨海听证陈述人说。

看到车辆空驶，我都心痛，公交线路驾驶员却说“没事，有补贴”——公交企业可不能‘躺’在政府补贴上过日子！”听证陈述人陈洪还给出了“成本—营收：补贴”的运算模式，建议改善公交管理、提高效益。

社会公众陈述人刘光祖直言：“钱具体用在哪里，效果如何，怎样考评，预算中都没有体现。”

预计2010年投入8 000万补贴公交，前提却是“无法准确预估客流量和线路调整”，到时候出行情况有没有建立调控机制？有的公交企业是由于自身经营不善导致亏损，这样的情况也要吃“公粮”吗？村村通线路的补贴最多，是不是线路本身设置不够科学导致亏损？来自该区人大常委会组成人员的发问击中要害。

对于各方的问题，项目陈述人该区建交委主任和财政局副局长也每问必答。

复旦大学公共预算与绩效评价中心主任苟燕楠作为专家陈述人参与听证会。与去年听证会听证陈述人发言寥寥相比，苟燕楠感觉今年的听证会陈述人准备充分，利益相关方普遍参与，与政府部门有了充分互动。北京世界与中国研究所所长李凡说，常委会组成人员去年没有发问，今年能积极提问，显示了人大作为听证会“主人”应有的立场。

听证产生承诺 花钱要讲绩效

早在11月1日至5日，闵行区政府财政部门已对预算中2 000万以上的14个专项项目（非基本建设）进行了预评估。综合各方意见，10余个项目备选。预算资金总计达7亿多元。

最后确定的这5个项目，是经过部门自评以及人大、政协和专家参与评价后，人大感觉还“不够清楚”的项目。参与这一过程的苟燕楠称，最初预算往往“比较一般”，这5个拿来听证的项目，已经过几番“锤炼”。

苟燕楠说，绩效预算编制模式，是借鉴美国绩效预算改革成功经验，将其绩效评级工具PART中国化后建立的。对于预算，绩效就是“根本的思考”，简而言之，就是钱该不该花，该花多少，花钱的效果有没有达到。

在听证会上，政府部门回答问题，无形中就产生了对项目实施效求的承诺，也是今后问责和评价的依据——“以子之矛攻子之盾”，苟燕楠说。

闵行区已初步建立公共预算监督的制度性框架，500万元以上民生项目全部社会公示、2 000万元以上项目全部采用以结果为导向的绩效预算编制模式。今后，绩效预算模式将逐步实现全覆盖。

闵行自2007年开始公共预算审查监督制度改革，2008年，已初步做到提前介入预算编制工作，且首次举行了两个预算项目的初审社会公开听证会。在闵行，政府预算外资金纳入人大常委会监督范围；同时建立了人大常委会对预算的初审制度，预算草案需细化并提交人代会审查。

闵行还制定实施了《闵行区人民代表大会预算修正案实施办法》，但今年初的人代会期间，尚无代表提出修正案。去年，闵行区政府提交给该区人代会的预算报表长达300页，较详细全面，但代表普遍反映专业性强，可读性差。为此，今年有所简化、深化，提高可读性、可理解性。

政府预算的公开与公众参与，是当前舆论焦点。李凡认为，闵行政府部门具体预算项目做细、公开，让公众参与，在国内尚属先行尝试，对于探讨大都市复杂体系预算的编制及人大监督很有价值。

（《人民日报》2009年12月11日　第2版
记者　包　蹇）

(十四)闵行区“三联四会”创新党的群众工作机制

民意畅通表达　民需及时解决

古美一村居民反映,早晚高峰时段,古美学校门口私家车停得水泄不通,影响居民出行。居民呼声经党代表反映到了街道。9月2日,一份意见建议流转单从古美路街道社区事务联动处置中心流转到街道综治办。2天后,综治办给出答复:已分别与交警、学校、派出所联系,将加强高峰时段交通疏导和管理。据悉,闵行区已全面建立“三联四会”党的群众工作机制,有效打通民意随时表达、民情快速反映、民需及时解决的制度性通道。

在社会转型期,群众利益和诉求日益多元化,“下情上传”渠道如何畅通?经过半年试点,闵行区于去年底推出“三联四会”制度,“三联”即区委委员联系区党代表、基层党委(党工委)委员联系基层党代表和党代表联系党员群众;“四会”为区委常委会议事会、基层党委(党工委)议事会、基层党(总)支部议事会和基层党员群众代表议事会。区委组织部有关人士形象比喻:“联”是“耳+关”,用“耳”倾听民声民愿,用心“关”注民意民情。“会”即“人+云”,通过议事会平台发扬民主、“会”聚民心。

平吉一村是个老小区,分三期开发。34岁的党代表张辉甫一上任,就碰到棘手问题:一、二期开发地段之间砌有近10米长的铁栅栏围墙,中间设转门联通南北两个小区。一方居民认为,围墙应拆除,方便南边小区居民到北边上学、买菜;一方居民则坚持围墙不能拆。张辉甫将难题带到了党员群众代表议事会上。21名议事会成员每人走访10户居民、听取意见。议事会上,大家各抒己见,最终达成共识:北边小区已成立业委会,而南边小区尚未成立,停车费标准无法统一,围墙暂不拆。待双方都成立业委会、停车费标准达成一致后再拆围墙。会后,议事会成员回访居民,满意率达99%。

“三联四会”制度不仅起到了“救火队”作用,更发挥了“防火墙”功能。因道路狭窄,龙吴路上一小区发生火灾后,消防车开不进,险酿惨剧。同样问题困扰着附近的永北新村居民区。镇党代表、居民区党总支书记王宝芳将“是否拓宽小区道路”这一问题带上了党员群众代表议事会。经过3次议事会,居民们同意了拓宽方案。

闵行区“三联四会”制度横向覆盖了所有街(镇)、工业区及村、居民区党组织,纵向则从区委到基层党委(党工委)再到基层党(总)支部和基层党员群众代表,构建了群众工作体系的强大合力。截至目前,29名区委委员通过定期走访、集中座谈、约见接待、网络电话征询等方式,联系区党代表294人次,形成意见建议流转单53份,其中42份已经办理,11份正在办理之中。不久前,区委四届十次全会还专题讨论研究了基层党组织反映的重大问题。

目前,闵行区正在进一步完善“三联四会”实施办法和各层面的议事会规则,确保上级党组织与下级党组织,党组织与党员群众之间联系渠道的畅通。今年1至8月,全区信访量比去年同期下降近5%。

(《解放日报》2009年9月27日　第1版
记者　陆一波)

（十五）闵行尽最大努力减少经济形势对大学生就业影响

向大学生推出千余岗位

1亿元支持交大、华师大科技创新，推进“三区联动”

新年第一个工作日，闵行区昨天支出了今年首批财政资金——1亿元，用于支持上海交通大学、华东师范大学投入科技创新和高新技术产业化，推进“三区联动”，发挥各方优势，充分释放“聚焦园区、服务校区、辐射城区”的效应。作为昨天这两所大学和闵行区人民政府、紫竹科学园区签署的深化“三区联动”合作框架协议中的首个服务项目，闵行区昨天向大学毕业生推出了1 685个就业岗位，尽最大努力减少经济形势变化对大学生就业的影响。

“三区联动”是促进区域经济、社会和文化融合发展的重要形式，也是加快经济社会转型、建设创新型城区的重要途径之一。自2005年起，闵行区每年出资1亿元支持两所高校的科技创新和高新技术产业化，同时不断优化园区和校区周边的配套规划、市政道路、交通出行。近期，全球经济金融形势发生深刻变化，闵行区也更加重视推进“三区联动”，发挥各方优势，充分释放“聚焦园区、服务校区、辐射城区”的效应。

上海交通大学、华东师范大学昨天与闵行区签定的协议，包括双方共建科研项目与平台、推进科研成果转化、共享实验室与设备、互建学习与生活服务培训体系等，涉及科技研发、产业融合、资源共享、配套服务、人才体系建设等方面。两所高校还与紫竹科学园区达成协议，深化产学研合作，共建大学生创业平台和实习基地等。

昨天，闵行区还组织了区域内105家单位走进校园，为大学毕业生提供千余个就业岗位，并推出了500个人才储备岗位和12 000个大学生见习岗位。短短一天时间，就吸引了7 324人前来咨询，百家单位共收到大学生简历5 806份，4 688人和企业进行了意向洽谈。紫竹科学园区表示，在已经为周边学校大学生创业提供5 000平方米场地和300万元启动资金的基础，今年将再投入1 000平方米办公场所和300万元资金，用于支持10家至20家大学生创业企业。

（《解放日报》2009年1月5日　第2版
记者　张　奕）

（十六）闵行区“暖冬”行动32条措施帮企业保民生

停工不裁员：补贴　转岗培训费：全免

由闵行区政府搭台的“闵行休闲购物季”活动去年底正式启动，串起了近两个月内五大中外节庆日的各色主题营销活动，有望为拉动消费燃起“一把火”。感受到暖意的何止商业企业，闵行区全面实施“暖冬”行动，32条具体措施围绕全力帮助企业渡过难关、千方百计加大民生保障展开。

受国际金融危机影响，不少企业正面临经营困难。闵行区通过完善支持企业的政策措施，加强融资服务，全力促进项目开工竣工，促进市场需求，创新工作机制等办法，全力帮助企业克难前行，进而促进全区经济平稳较快发展。对于国有企业、具有一定规模的劳动密集型企业、高新技术企业、小巨人企业、税收超亿元企业等“达标企业”,因生产经营暂时困难而停工不裁员的,闵行区将对其雇用的本区户籍劳动者实行停工保障。停工期间按停工人数给予企业停工保障补贴,保障期限为6个月。闵行区镇两级还一次性筹集企业基本养老保险金、失业保险金补贴3.1亿元;对吸纳“双困人员、“零就业家庭”人员、残疾人就业的企业,加大补贴力度。

在以“帮企业、促发展,保民生、促和谐”为主题的32条具体措施中,着力更多的是一条条切切实实的民生保障措施。为了进一步促进就业,闵行区将对应届大中专毕业生就业实行政策扶持,对未就业的应届大中专毕业生参加职业技能培训,给予培训费全额补贴,在培训期间给予最低工资60%的生活费补贴,补贴期限最长不超过6个月;推进青年见习,青年见习期限由原来的6个月延长至12个月,见习期间给予最低工资60%的生活费补贴。与此同时,加大职工培训补贴力度。对停工转岗人员实施培训费全额补贴。对失业人员、协保人员、农村富余劳动力参加职业技能培训,给予培训费全额补贴及交通误餐补贴。在闵行区政府去年底举办的“关注民生、促进就业”大型招聘会上,3 591个就业岗位集中面市,短短2个多小时,就意向录用2 140人。“新增3万个本地劳动力就业岗位,完成8万名劳动者各类职业技能培训”的目标,也被列入了今年区政府的实事项目中。

进入新年,闵行区将进一步加大社会保障力度。包括:结合上海市在闵行区的重大市政项目建设,落实失地农民的社会保障;今年起,区每年安排2亿至3亿元注入征地养老资金,确保征地养老人员的保障待遇逐步增长;深化农保区级统筹,形成养老金逐年增长机制等。

(《解放日报》2009年1月7日 第1版
记者 张 奕)

(责任编辑 李志英)

(一)社会经济主要指标(2005—2009 年)

指　　标	单位	2005 年	2006 年	2007 年	2008 年	2009 年
一、人口、区划						
年末常住人口	万人	170.76	182.48	184.57	180.47	181.43
年末户籍人口	万人	82.52	85.53	88.58	91.50	94.28
其中:非农人口	万人	69.22	73.04	77.80	81.75	86.54
年末户籍户数	万户	31.76	33.03	34.21	35.20	36.14
镇	个	9	9	9	9	9
街道办事处	个	3	3	3	3	3
居民委员会	个	303	311	331	336	354
村民委员会	个	164	163	161	161	156
二、生产总值、财政、金融						
生产总值	亿元	734.95	847.02	974.13	1 120.40	1 236.35
财政收入	亿元	195.01	227.68	272.24	319.30	342.79
其中:区级财政收入	亿元	61.95	68.28	85.66	96.53	110.35
财政支出	亿元	81.86	85.58	101.61	120.87	138.49
年末银行存款余额	亿元	1 039.25	1 277.95	1 369.60	1 586.50	2 014.90
年末银行贷款余额	亿元	478.66	520.92	555.20	592.43	782.19
年末居民储蓄存款余额	亿元	498.76	593.33	610.30	813.71	990.37
三、农业						
年末耕地面积	公顷	5 413	4 442	4 082	6 185	5 868
农业机械总动力	万千瓦	1.57	1.60	1.61	1.60	1.67
农业总产值	亿元	5.91	4.23	4.07	4.48	4.58
生猪出栏数	万头	6.45	4.27	3.77	4.07	4.28
家禽产量	万只	384.14	6.55	8.04	20.40	30.86
牛奶产量	吨	1 280	976	1 064	1 061	1 033

(续表一)

指　　标	单位	2005 年	2006 年	2007 年	2008 年	2009 年
蔬菜产量	万吨	20.3	15.64	13.03	13.12	12.33
水果产量	吨	5 092	5 014	5 370	3 963	4 194
四、工业						
工业总产值	亿元	2 385.65	3 028.72	3 283.39	3 719.98	3 533.64
工业销售产值	亿元	2 372.61	3 022.97	3 270.07	3 663.01	3 510.55
规模以上工业利润总额	亿元	113.82	141.51	163.55	140.77	174.46
规模以上工业资产总计	亿元	2 180	2 334.9	2 544.85	2 656.14	2 809.64
规模以上工业负债总计	亿元	1 287.76	1 348.76	1 473.18	1 611.88	1 656.14
规模以上工业应收账款净额	亿元	419.62	460.74	492.95	506.21	595.58
五、商业、外贸						
商品销售收入	亿元	334.73	425.48	688.17	930.97	1 237.92
社会消费品零售总额	亿元	205.73	236.61	279.27	323.34	372.84
出口商品总额	亿美元	78.85	120.73	136.38	181.40	175.65
六、招商引资						
外商投资项目批准数	个	271	338	393	457	387
外商投资项目合同吸收外资	亿美元	12.80	14.60	14.15	16.11	12.02
外商投资项目实际到位外资	亿美元	8.73	8.76	10.07	10.15	11.26
期末私营企业注册数	个	26 319	35 761	41 179	43 654	45 294
七、投资、房地产						
固定资产投资完成额	亿元	233.04	292.38	280.07	295.56	295.88
房地产开发投资	亿元	116.45	151.34	145.03	131.96	145.96
房屋施工面积	万平方米	1 314	1 223	1 293	1 223	1 256
房屋竣工面积	万平方米	348	235	195	299	265
商品房现售面积	万平方米	76	92	134	140	181
商品房预售面积	万平方米	182	233	219	144	129
商品房现售金额	亿元	46.47	59.94	90.68	83.88	151.89
商品房预售金额	亿元	147.09	175.86	215.13	149.85	216.22
八、文教卫体						
1. 镇、街电影院	个	10	9	7	9	11
镇、街图书馆	个	12	12	12	12	12
区级图书馆	个	1	1	1	1	1
区级图书馆藏书	万册	29.2	36.6	35.5	42.6	63.8
2. 全区中小学数	所	98	99	101	106	114
其中:中学	所	56	56	59	59	59
中小学在校学生数	人	84 591	84 742	84 886	93 072	113 163

（续表二）

指　　标	单位	2005 年	2006 年	2007 年	2008 年	2009 年
中小学教职员人数	人	8 752	9 058	9 201	9 610	10 555
3. 医疗机构	个	24	25	25	25	25
床位数	张	4 000	4 067	4 193	4 386	4 691
4. 举办区级运动会	次	33	30	50	46	58
发展等级运动员	人	56	50	70	68	99
九、人民生活						
年末职工人数	万人	9. 77	10. 33	15. 46	15. 54	15. 10
年末城镇登记失业人数	万人	1. 37	1. 41	1. 40	1. 33	1. 44
职工年平均工资	元	25 885	28 608	31 759	35 803	40 394
城镇居民家庭年人均可支配收入	元		18 289	20 209	22 803	24 969
农村居民家庭年人均可支配收入	元	9 260	10 270	11 379	14 496	16 082

（二）社会经济主要指标增长率（2005—2009 年）

单位：%

指　　标	2005 年	2006 年	2007 年	2008 年	2009 年
年末常住人口	7	6. 9	1. 1	-2. 2	0. 5
年末户籍人口	5	3. 6	3. 6	3. 3	3. 0
生产总值	17	15. 2	15. 0	15. 0	10. 3
财政收入	12. 7	16. 8	19. 6	17. 3	7. 4
其中：区级财政收入	14. 8	10. 2	25. 5	12. 7	14. 3
财政支出	23. 4	4. 5	18. 7	19. 0	14. 6
年末银行存款余额	12. 1	23. 0	7. 2	15. 8	26. 9
年末银行贷款余额	5. 1	8. 9	6. 6	6. 7	31. 9
年末居民储蓄存款余额	25. 4	19	2. 9	33. 3	21. 7
农业总产值	-20. 5	-28. 4	-3. 8	10. 1	2. 3
工业总产值		27. 0	8. 4	13. 3	-5. 0
规模以上工业利润总额		24. 3	15. 6	-13. 9	23. 9
社会消费品零售总额		15. 0	18. 0	15. 8	15. 3
出口商品总额	98. 3	53. 1	13. 0	33. 0	-3. 2
外商投资项目实际到位外资	-5. 3	0. 4	14. 9	0. 8	11. 0
固定资产投资完成额	-8. 7	25. 5	-4. 2	5. 5	0. 1
房地产开发投资	13. 5	30. 0	-4. 2	-9. 0	10. 6
商品房现售面积	-10. 6	21. 1	45. 7	4. 5	29. 3
商品房预售面积	-63. 7	28. 0	-6. 0	-34. 2	-10. 4
区级图书馆藏书	15. 0	25. 3	-3. 0	20. 0	49. 8
医疗机构床位数	4. 9	1. 7	3. 1	4. 6	7. 0

（续表）

指　　标	2005 年	2006 年	2007 年	2008 年	2009 年
职工年平均工资	10.6	10.5	11.0	12.7	12.8
城镇居民家庭年人均可支配收入		10.6	10.5	12.8	9.5
农村居民家庭年人均可支配收入	10.8	10.9	10.8	14.1	10.9

注:增长率以上年为基数,按现行价格计算。

(三)社会经济主要指标平均每天水平(2005—2009 年)

指　　标	单位	2005 年	2006 年	2007 年	2008 年	2009 年
生产总值	万元	20 136	23 206	26 688	30 696	33 873
财政收入	万元	5 343	6 238	7 459	8 748	9 392
其中:区级财政收入	万元	1 697	1 871	2 347	2 645	3 023
财政支出	万元	2 243	2 345	2 784	3 312	3 794
农业总产值	万元	162	116	112	123	126
工业总产值	万元	65 360	82 979	89 956	101 917	96 812
工业销售产值	万元	65 003	82 821	89 591	100 356	96 179
规模以上工业利润总额	万元	3 118	3 877	4 481	3 857	4 780
商品销售收入	万元	9 171	11 657	18 854	25 506	33 916
社会消费品零售总额	万元	5 636	6 482	7 651	8 859	10 215
出口商品总额	万美元	2 160	3 308	3 736	4 970	4 812
外商投资项目实际到位外资	万美元	239	240	276	278	309
固定资产投资完成额	万元	6 385	8 010	7 673	8 098	8 106
房地产开发投资	万元	3 190	4 146	3 973	3 615	3 999
房屋竣工面积	平方米	9 534	6 438	5 342	8 186	7 268
商品房现售面积	平方米	2 082	2 521	3 671	3 836	4 961
商品房预售面积	平方米	4 986	6 384	6 000	3 945	3 547

(四)社会经济主要指标平均每人水平(2005—2009 年)

指　　标	单位	2005 年	2006 年	2007 年	2008 年	2009 年
生产总值	元/人	44 499	47 957	53 079	61 385	68 325
财政收入	元/人	11 807	12 891	14 834	17 494	18 944
其中:区级财政收入	元/人	3 751	3 866	4 667	5 289	6 098
财政支出	元/人	4 956	4 845	5 537	6 622	7 653
年末银行存款余额	元/人	60 860	70 032	74 205	87 909	111 057
年末银行贷款余额	元/人	28 031	28 547	30 081	32 827	43 112
年末居民储蓄存款余额	元/人	29 208	32 515	33 066	45 088	54 587
年末耕地面积	亩/人	0.048	0.037	0.033	0.051	0.049
农业总产值	元/人	358	239	222	245	253

（续表）

指　标	单位	2005 年	2006 年	2007 年	2008 年	2009 年
工业总产值	元/人	144 445	171 482	178 907	203 812	195 283
规模以上工业利润总额	元/人	6 891	8 012	8 912	7 713	9 641
社会消费品零售总额	元/人	12 456	13 397	15 217	17 715	20 605
出口商品总额	美元/人	4 774	6 835	7 431	9 939	9 707
外商投资项目实际到位外资	美元/人	528	496	549	556	622
固定资产投资完成额	元/人	14 110	16 554	15 261	16 193	16 352
房地产开发投资	元/人	7 051	8 569	7 902	7 230	8 067
房屋竣工面积	平方米/人	2. 11	1. 33	1. 06	1. 64	1. 47
商品房现售面积	平方米/人	0. 46	0. 52	0. 73	0. 77	1. 00
商品房预售面积	平方米/人	1. 1	1. 32	1. 19	0. 79	0. 72
区级图书馆藏书	册/人	0. 17	0. 20	0. 19	0. 23	0. 35
医疗机构床位数	张/万人	23	22	23	24	26

注:本表按常住人口计算。

（五）从业人员人数和劳动报酬（2009 年）

类　别	从业人员	全部职工	在岗职工	其他从业人员
年末人数(人)	203 094	150 986	145 741	57 353
国有经济	29 041	25 537	25 103	3 938
集体经济	9 435	10 966	8 267	1 168
其他经济	164 618	114 483	112 371	52 247
年平均人数(人)	202 959	151 800	147 180	55 779
国有经济	28 812	25 487	25 035	3 777
集体经济	9 480	11 089	8 278	1 202
其他经济	164 667	115 224	113 867	50 800
年劳动报酬(万元)	799 666	613 184	610 617	189 050
国有经济	125 104	111 038	110 688	14 416
集体经济	20 109	19 024	17 658	2 451
其他经济	654 453	483 122	482 271	172 183
年平均劳动报酬(元)	39 400	40 394	41 488	33 893
国有经济	39 691	40 833	41 745	18 843
集体经济	21 212	17 156	21 331	20 388
其他经济	43 421	43 567	44 213	38 167

（六）农村居民家庭抽样调查基本情况（2005—2009 年）

指　标	单位	2005 年	2006 年	2007 年	2008 年	2009 年
调查户数	户	210	520	500	500	500

（续表）

指　　标	单位	2005 年	2006 年	2007 年	2008 年	2009 年
调查户常住人口	人	670	1 671	1 632	1 636	1 634
调查户总劳动力	人	391	1 205	1 163	1 146	1 134
其中:男劳动力	人	213	628	604	599	596
调查户就业人口	人	368	1 080	1 056	1 041	1 020
其中:从事第二产业	人	134	439	439	434	407
平均每户人口	人	3.19	3.21	3.26	3.27	3.27
平均每户劳动力	人	1.86	2.32	2.33	2.29	2.27
平均每户就业人口	人	1.75	2.08	2.11	2.08	2.04
平均每户就业面	%	54.9	64.8	64.7	63.6	62.4
劳动力文化程度						
小学及小学以下程度	人	35	139	113	97	89
初中程度	人	201	562	531	519	510
高中程度	人	55	195	205	209	215
中专程度	人	34	122	109	101	97
大专及大专以上程度	人	66	187	205	220	223
年末平均每人住房面积	平方米	64.56	64.13	62.49	63.34	62.92

（七）城镇居民家庭抽样调查基本情况(2007—2009 年)

指　　标	单位	2007 年	2008 年	2009 年
调查户数	户	500	500	500
调查户总人口	人	1 546	1 534	1 531
调查户总劳动力	人	984	967	941
其中:男劳动力	人	514	509	505
平均每户人口	人	3.09	3.07	3.06
平均每户劳动力	人	1.97	1.93	1.88
人口文化程度				
1. 未上过学	人	23	19	19
2. 扫盲班	人	16	14	14
3. 小学	人	111	121	115
4. 初中	人	406	397	399
5. 高中	人	350	357	349
6. 中专	人	179	180	175
7. 大学专科	人	237	240	236
8. 大学本科及以上	人	180	174	180

注:人口文化程度统计口径为 6 岁以上的人口。

（八）城镇居民家庭人均生活消费支出（2007—2009 年）

单位:元

指 标	2007 年	2008 年	2009 年
人均生活消费支出	13 700	15 512	16 269
其中:服务性消费支出	4 255	4 415	4 850
一、食品	5 444	6 614	6 691
二、衣着	961	1 158	1 128
三、居住	1 238	1 378	1 286
四、家庭设备用品及服务	983	1 114	1 161
五、医疗保健	847	781	1 052
六、交通和通讯	1 897	2 090	2 316
七、教育文化娱乐服务	1 796	1 795	1 987
八、其他商品和服务	534	582	648

（九）农业总产值（2004—2009 年）

指 标	2004 年	2005 年	2006 年	2007 年	2008 年	2009 年
按当年价格计算（万元）						
总计	74 392	59 134	42 341	40 669	44 794	45 804
种植业	40 502	33 121	28 964	26 053	27 505	28 654
林业	11 254	11 415	5 279	6 246	7 280	6 213
牧业	18 914	10 961	4 601	5 466	6 852	7 976
渔业	1 198	1 355	1 927	1 284	1 201	781
农林牧渔服务业	2 524	2 282	1 570	1 620	1 955	2 180
现价构成（%）						
总计	100	100	100	100	100.0	100
种植业	54.5	56	68.4	64	61.4	62.6
林业	15.1	19.3	12.5	15.4	16.2	13.6
牧业	25.4	18.5	10.9	13.4	15.3	17.4
渔业	1.6	2.3	4.5	3.2	2.7	1.7
农林牧渔服务业	3.4	3.9	3.7	4	4.4	4.7

（十）规模以上工业企业生产、销售总量（2009 年）

单位:万元

类 别	企业数（个）	工业总产值	#新产品产值	工业销售产值	#出口交货值	全部从业人员年平均人数（人）
合 计	2 331	33 379 420	4 743 136	33 183 564	12 898 775	398 925
按隶属关系分						
区属	255	4 539 004	1 073 264	4 536 843	1 151 952	49 763

(续表)

类　别	企业数(个)	工业总产值	#新产品产值	工业销售产值	#出口销交货值	全部从业人员年平均人数(人)
镇属	1 916	22 236 269	848 481	22 107 729	10 414 938	291 070
街道	160	6 604 147	2 821 392	6 538 992	1 331 886	58 092
按轻重工业分						
轻工业	1 034	9 376 598	885 707	9 159 420	1 951 357	167 013
重工业	1 297	2 4002 822	3 857 429	24 024 144	10 947 419	231 912
按经济类型分						
国有	32	910 326	328 362	906 082	99 689	9 756
集体	52	154 919	1 534	135 319	6 741	4 587
股份合作	29	89 072	4 408	88 873	2 123	2 434
股份制	922	6 970 946	1 841 362	6 936 034	578 866	107 300
外商及港澳台	1 185	24 907 451	2 567 001	24 781 439	12 199 393	266 291
其他经济	111	346 706	469	335 818	11 963	8 557
按控股形式分						
国有控股	111	6 461 077	3 448 652	6 427 679	719 303	49 967
集体控股	102	697 134	33 527	678 122	89 647	13 136
私人控股	985	3 102 512	115 044	306 3167	300 519	82 642
港澳台商控股	360	2 520 389	118 244	2 483 794	601 040	60 048
外商控股	708	19 349 246	944 817	19 275 131	11 142 784	178 884
其他控股	65	1 249 060	82 852	1 255 671	45 482	14 248
合计中:						
大中型企业	275	25 347 175	4 490 440	25 146 887	11 621 120	234 893
其中:国有大中型企业	12	708 682	258 589	695 311	72 141	6 117
中央属企业	9	484 113	5 539	480 292	17 722	3 892
市属企业	179	11 456 852	4 253 857	11 375 302	1 769 410	90 401
私营企业	887	2 638 523	104 612	2 610 337	228 129	71 672
亏损工业	627	3 219 130	360 602	3 242 547	966 330	83 943

(十一)固定资产投资完成情况表(2009 年)

单位:万元

类　别	投资完成额	新增固定资产
总计	2 958 844	1 850 381
按产业分		
第一产业		
第二产业	565 530	470 339

（续表）

类　别	投资完成额	新增固定资产
工业	554 364	461 300
第三产业	2 393 314	1 380 042
房地产	1 459 644	955 864
按建设性质分		
新建	2 514 193	1 460 567
扩建	184 187	180 543
改建	117 093	95 525
迁建	41 475	14 938
单纯购置	101 607	98 607
单纯构建生活设施	289	201
按注册类型分		
国有	935 154	453 342
集体	63 943	56 649
股份合作	14 877	9 337
股份制	38 985	20 649
私营	492 536	348 699
外商及中国港澳台	471 428	320 282
其他	941 921	641 423

（十二）公路运输运营情况（2005—2009 年）

指　标	单位	2005 年	2006 年	2007 年	2008 年	2009 年
运营汽车	辆	3 127	2 715	4 233	3 199	3 537
1. 载客汽车	辆	1 573	1 423	2 979	1 782	2 119
2. 普通货车	辆	1 258	756	905	990	1 099
3. 专门货车	辆	296	536	349	427	319
其中:集装箱车	辆	89	23	34	26	18
运输量						
1. 客运量	千人	158 834	58 572	65 066	419 248	423 554
2. 货运量	千吨	241 643	244 024	9 825	86 857	27 535
其中:国际标准箱	TEU	17 141	646	5 581	3 400	6 000

（十三）社会消费品零售总额分月情况（2009 年）

单位:万元

月　份	社会消费品零售总额	按行业分	
		批发和零售业	住宿和餐饮业
总计	3 728 411	3 404 376	324 035

(续表)

月　份	社会消费品零售总额	按行业分	
		批发和零售业	住宿和餐饮业
一季度	876 957	806 838	70 119
1月	295 080	270 981	24 099
2月	284 970	249 445	35 526
3月	296 906	286 412	10 494
二季度	940 949	856 393	84 556
4月	305 582	275 748	29 834
5月	316 492	289 784	26 708
6月	318 875	290 861	28 014
三季度	957 806	876 312	81 494
7月	317 406	290 416	26 990
8月	319 473	292 169	27 304
9月	320 927	293 727	27 200
四季度	952 699	864 833	87 866
10月	321 108	290 639	30 469
11月	308 935	282 320	26 615
12月	322 656	291 874	30 782

(十四)外商投资企业数及经营情况(2009年)

单位:个、万元

地　区	企业数	开工企业	销售收入	出口商品总额(万美元)	利润总额
总计	3 545	2 924	29 874 159	1 683 167	1 242 891
华漕镇	340	266	607 023	24 151	－517
虹桥镇	683	597	869 402	10 557	19 624
梅陇镇	494	392	1 240 808	46 521	38 393
七宝镇	264	195	516 140	20 577	22 144
莘庄镇	276	220	1 252 170	19 200	76 474
颛桥镇	164	152	939 258	24 489	22 841
马桥镇	228	145	627 807	14 964	30 272
吴泾镇	140	128	2 259 353	159 193	197 922
浦江镇	255	184	10 349 269	1241 114	40 420
莘庄工业区	456	430	3 126 844	111 023	153 051
街 道	105	86	121 831	2 048	14 601
其 他	140	129	7 964 254	9 330	627 666

（十五）财政收入（2009 年）

单位：万元

指　标	2009 年	增长（%）
总计	3 427 945	7.4
一、中央收入	1 699 498	3.5
1. 增值税	1 067 046	13.9
其中：出口货物退税增值税（未减）	218 336	-21.3
免抵调减增值税（未减）	289 035	60.6
2. 消费税	11 823	3.9
3. 企业所得税	429 129	-16.6
其中：外商投资企业所得税	163 655	-16.9
私营企业所得税	78 640	-25.6
4. 个人所得税	190 709	7
5. 车辆购置税	88	3.6
6. 非税收入	702	-10.4
其中：排污费收入	53	-17.7
税务行政性收费	641	-10.7
二、市级收入	624 991	6.7
1. 增值税	142 273	13.9
2. 营业税	212 044	18
3. 企业所得税	108 731	-19.1
其中：外商投资企业所得税	43 641	-16.9
私营企业所得税	20 971	-25.6
4. 个人所得税	38 155	5.8
其中：利息所得税	19	-97
5. 城市建设维护税	16 775	7.8
6. 城镇土地使用税	37 379	-28.3
7. 耕地占用税	4 909	7.6
8. 契税（15%）	23 970	57.6
9. 教育附加收入	23 716	9.7
10. 车船税	69	-76.1
11. 非税收入 其中：河道管理费	16 969 16 866	1 028.8
其他收入	75	
三、区级地方收入	1 103 457	14.3
1. 增值税	213 409	13.9
其中：外商投资企业增值税	117 832	9.2
2. 营业税	318 066	18

(续表)

指　　标	2009年	增长(%)
3. 企业所得税	163 097	-19.1
其中:集体企业所得税	2 132	-30.6
股份制企业所得税	50 630	-24.7
联营企业所得税	530	-28.2
外商投资企业所得税	65 462	-16.9
私营企业所得税	31 456	-25.6
其他企业所得税	121	36
4、企业所得税退税(财)	-197	
5. 个人所得税	88 985	7.5
6. 城市维护建设税	25 163	7.8
7. 房产税	24 266	13.7
8. 印花税	26 888	42.5
9. 土地增值税	80 407	63
其中:外资企业土地增值税	14 782	109.9
10. 契税(85%)	134 397	57.9
11. 非税收入	28 977	10.9
其中:专项收费(排污费收入)	482	-17.3
水资源费	63	-23.2
行政性收费	8 353	-7.6
罚没收入	10 977	-5.7
其他收入	7 185	
国有资源有偿使用收入	1 916	-27.8

(十六)财政支出(2007—2009年)

单位:万元

指　　标	2007年	2008年	2009年
支出合计	1 016 083	1 208 717	1 384 856
1. 一般公共服务	118 554	128 124	127 616
2. 国防			22
3. 公共安全	59 509	69 231	76 633
4. 教育	127 987	169 188	196 172
5. 科学技术	39 849	62 100	72 811
6. 文化体育与传媒	26 449	33 442	27 490
7. 社会保障和就业	143 470	187 960	198 395
8. 医疗卫生	41 988	53 434	49 380
9. 环境保护	30 876	17 536	29 931

(续表)

指　　标	2007 年	2008 年	2009 年
10. 城乡社区事务	191 362	238 370	273 619
11. 农林水事务	34 143	33 570	40 045
12. 交通运输	2 936	2 931	22 393
13. 采掘电力信息等事务			242 205
14. 其他支出	31 332	20 084	24 036

(十七)科技成果情况(2005—2009 年)

指　　标	单位	2005 年	2006 年	2007 年	2008 年	2009 年
新产品试制立项	个	217	255	357	284	411
其中:国家级	个	12	29	13	32	10
市级	个	70	74	113	268	45
闵行区科研开发项目和自然科学研究课题	个	135	152	117	277	356
科技产业化项目	个	50	40	58	155	57
其中:国家重点新产品	个	14	7	6	11	10
上海市科技“小巨人”(培育)企业	个		3	16	9	2
上海市重点新产品	个	10	14	24	32	45
上海市高新技术成果转化为项目	个	42	45	53	90	96
专利申请量	件	4 600	10 488	10 500	17 500	13 624
认定“四技服务”合同	个	495	356	303	189	299
其中:技术交易额	亿元	2.6	23.6	22.3	15.07	12

(十八)教育事业情况(2009 年)

单位:所、个、人、平方米

类　　别	学校数	班级数	学生数	教职工数	其中:专任教师数	校舍建筑面积	当年竣工的新建面积
总 计	253	4 782	162 393	16 698	11 981	1 593 701	63 462
教师进修学院	1	18	720	141	102	7 825	
中职学校(班)	2	131	5 224	321	207	65 475	
中学	59	1 235	42 177	5 335	3 999	808 198	16 460
教育部门办	48	969	31 872	4 273	3 215		
其中:初中	26	922	30 465				
高中	10	313	11 712				
完中	8						
九年一贯制学校	15						

(续表)

类　别	学校数	班级数	学生数	教职工数	其中:专任教师数	校舍建筑面积	当年竣工的新建面积
小学	55	1 823	70 986	5 220	4 238	379 434	22 039
其中:教育部门办	40	1 209	44 044	3 720	3 002		
幼儿园	123	1 536	42 703	5 207	3 074	315 896	24 693
其中:教育部门办	49	788	23 249	2 109	1 559		
特殊教育	2	32	463	126	92	10 729	
工读学校	1	7	120	42	32	6 144	
其他教育	10			306	237		

(十九)文化事业情况(2005—2009年)

指　标	单位	2005年	2006年	2007年	2008年	2009年
镇、街道影剧院	座	10	9	7	9	11
座位	只	6 447	6 057	5 136	6 284	8 213
全区全年放映电影	场	2 792	2 515	2 471	9 474	26 679
电影观众	万人次	91.8	88.5	106	124	96
票房收入	万元	71.55	81.86	104	1 041	3 272
区级文化馆	个	1	1	1	1	1
文化中心站	个	12	12	12	12	12
区级图书馆	个	1	1	1	1	1
区级图书馆藏书	万册	29.2	36.6	35.5	42.6	63.8
全年流通册数	万册	54.1	27	24.2	34.9	36.8
读者人数	万人次	13.5	21.6	18.7	23.1	20.8
镇、街道图书馆	个	12	12	12	12	12
镇、街道图书馆藏书	万册	38	41.5	43.6	26.7	29.1
全区设有书场	个	8	8	8	8	8
区级博物馆	个	2	2	2	2	2
接待参观人次	人次	47 723	43 097	63 000	52 565	72 000

(二十)广播、电视事业(2005—2009年)

指　标	单位	2005年	2006年	2007年	2008年	2009年
广播						
广播电台	座	1	1	1	1	1
对国内广播节目套数	套	1	1	1	1	1
全年播出时间	时:分	5 840:00	5 840:00	5 840:00	5 840:00	5 840:00
本年自制广播节目	时:分	1 705:06	1 950:00	1 293:20	2 126:00	2 020:00
本年加工广播节目	时:分	624:00		1 042:50		

（续表）

指　　标	单位	2005 年	2006 年	2007 年	2008 年	2009 年
调频发射台和转播台	座	1	1	1	1	1
调频发射功率	千瓦	0.1	0.1	0.1	0.1	0.1
广播人口覆盖率	%	100	100	100	100	100
电视						
电视台	座	1	1	1	1	1
电视节目套数	套	1	1	1	1	1
全年播出时间	时:分	2 275:00	2 321:00	6 089:00	6 443:24	5 824:00
本年自制电视节目	时:分	145:00	150:00	150:00	489:31	316:00
电视发射台和转播台	座	1	1	1	1	1
电视发射功率	千瓦	1	1	1	1	1
电视人口覆盖率	%	100	100	100	100	100

（二十一）医疗事业（2005—2009 年）

指　　标	单位	2005 年	2006 年	2007 年	2008 年	2009 年
诊疗总人次数	人次	5 189 925	5 996 051	7 061 844	8 481 968	9 927 733
其中:门诊	人次	4 725 492	5 491 310	6 501 582	7 738 113	9 217 629
其中:中医治疗	人次	294 336	335 765	368 137	436 854	601 488
急诊	人次	446 648	488 951	537 671	558 736	624 844
平均每天门、急诊	人次	14 170	16 384	19 285	22 731	27 296
收治观察病人	人	3 009	1 880	1 121	1 004	945
期内入院	人	59 801	67 287	75 199	81 983	85 507
期内出院	人	59 665	67 091	74 933	81 999	85 224
治愈率	%	45.29	43.95	45.41	43.52	41.99
好转率	%	46.08	46.96	45.6	47.69	50.64
病死率	%	3.3	3	2.9	2.7	2.63
床位使用率	%	98.7	101.72	106.04	106.78	100.85
床位周转率	次/年	12.96	16.7	18.51	19.39	18.76
平均每一门急诊医疗费用	元/次	131.52	122.97	118.77	117.06	119.66
中药平均每张处方药价	元/张	82.66	80.62	71.7	69.83	58.18
西药平均每张处方药价	元/张	90.39	85.49	83.61	84.89	73.76
平均每一住院病人医疗费用	元/人	6 123.35	5 965.78	6 115.37	6 707.91	7 363.26
平均每一出院病人住院天数	天	21	20	19	20.93	18.34
无菌手术切口化脓率	%	0	0.02	0.01	0.05	0
手术并发症率	%	0.01	0	0	0	0

(二十二)体育事业(2005—2009 年)

指　　标	单位	2005 年	2006 年	2007 年	2008 年	2009 年
举办区级运动会	次	33	30	50	46	58
参加人数	人	37 376	24 065	18 830	14 735	18 894
发展等级运动员合计	人	56	50	70	68	99
其中:一级	人	6	11	3	3	4
二级	人	43	34	67	55	95
健将	人	7	5		10	
输送到市体校	人	55	20	15	29	25
发展等级裁判员合计	人	45	39	17	11	29
其中:国家级	人	1	1	1	2	1
一级	人	5	2	7	5	12
二级	人	39	36	9	4	16
发展等级社会指导员	人	448	343	474	380	402
其中:一级	人			1		4
二级	人		54	120		
三级	人	448	289	353	380	398
体育设施	个					982
健身点	个					894
公共运动场	个					19

(区统计局供稿)

(责任编辑　李志英)

说 明

一、本索引采用主题分析索引法，按主题词首字汉语拼音字母顺序排列。

二、索引主题词后面的数字表示内容所在的页码，数字后面的 a、b 表示栏别。

A

B

C

D

E

F

G

K

L

M

N

P

Q

R

S

T

Y

《闵行年鉴(2010)》是区志办人员更新后编纂的第三本年鉴。每本编后记都记录当年编辑工作的一些努力和尝试,2008 年是编纂方法的十条探索,2009 年是人才培养的十项措施,今年是编纂流程的十个环节,反映当年工作状况,积累今后研究资料。

一、总结经验,修订大纲。总结上一版年鉴编纂工作,根据年度新情况,按照市志办新要求,修订编纂大纲,送区编纂委员会审定。(1 月)

二、分类开会,组织稿件。分类召开组稿会(政治、经济、城建、文化、社会、市属部门、镇街道),培训撰稿人员,明确撰稿要求,部门(单位)初稿 3 月底完成。(2 月)

三、阅读资料,编辑首尾。重新阅读 2009 年主要区情资料,区四套班子年度工作会议报告、区委区政府主要文件、人代会政协会文件、闵行报、本办刻录的闵行电视新闻,系统回顾全区上年工作,对年度主要工作线索清晰,重温编辑规则,做好编稿准备。同时,收集文字和图片资料,编辑卷首特载、概况、大事记、专文,编辑彩照,编辑卷尾文献文件、报刊选登、统计资料,初步完成卷首卷尾内容编辑。(2、3 月)

四、集中精力,修改稿件。责任编辑分栏目修改各部门(单位)百科初稿,联系作者,核实情况;对于没有按时交稿的部门,责任编辑进行有效沟通;内部责任编辑、执行主编、学术顾问、年鉴主编随时沟通,提高效率。(4、5、6 月)

1. 各部门(单位)撰稿员初稿统一通过执行主编信箱进入电脑,执行主编把初稿按栏目编成文件夹,清晰排列,随时备查,作为核对基础情况、分析稿件质量、比较修改水平、明确编辑责任的初始依据。撰稿员初稿为第 1 稿。

2. 执行主编及时把收到的初稿按分工发给各位责任编辑,编辑认真修改,并把修改后的稿件发回执行主编,形成完整的本办编辑加工稿。编辑加工稿为第 2 稿。

3. 各位编辑随时把自己编好的稿件打印 1 份送学术顾问修改,形成手改稿,让青年编辑清晰了解老同志的编辑经验,提高编辑能力。手改稿为第 3 稿。

4. 学术顾问把手改稿送主编,主编就手改稿分别与各位编辑沟通,说明意见,各位编辑根据手改稿和主编意见,修改出第 4 稿。

5. 各位编辑把分头编辑的第 4 稿发给执行主编,形成完整的第 4 稿电脑本,执行主编把第 4 稿电脑本发给主编,进行整体结构的平衡和审核。平衡审核后的稿件为第 5 稿。

五、保密审查,部门确认。主编把第 5 稿发给执行主编打印,送保密局进行保密审查,附函盖印,分别寄送各部门(单位),在文本上直接修改并签字后送区志办,同时请特约编辑审读。执行主编根据各方意见进行修改,形成第 6 稿。(7 月)

六、编委审阅,市办审核。执行主编将第 6 稿打印若干份,分头送编委会、市志办审阅。各方审阅

稿返回后，根据审阅意见进行修改，同时各位编辑交叉校阅，形成送出版社的第 7 稿。（8 月）

七、送出版社，一读三校。出版社返回三校清样，编辑按照分工校对出版社清样，同时请特约编辑对清样进行校对，校对后的稿件为第 8 稿。（9、10 月）

八、印刷出版，分送各方。（11 月）

九、编辑休整，读书进修。（12 月）

十、谦虚谨慎，互相尊重。自然社会，谦为法则，古往今来，谦属美德，“天道亏盈而益谦，地道变盈而流谦，鬼神害盈而福谦，人道恶盈而好谦”，面对历史，必须谦恭，编辑年鉴，更应谦虚。在编纂过程中，区志办坚持尊重部门（单位）作者，不按自己的习惯大删大改，除非改不可的文字外，对可改可不改的尽量不改，避免把全区记录地方历史的工作演变成几个人按兴趣改文章；坚持编辑互相尊重，深刻认识人人都有不可避免的局限性，把克服文人相轻作为座右铭，避免长期以来年鉴编辑中自我封闭自以为是的文字工作职业病。

回望三年，从陌生到掌握，从尝试到规范，谦虚是进步法宝，认真为成功保障，今后应长期坚持。

《闵行年鉴(2010)》编辑人员

主　　编　吕万端

执行主编　胡克群

编　　辑　胡克群　李志英　孙慧娟　陈　敏　庞　宇

特约编辑　赵国防　马月昇　胡剑雄　凌志欣

学术顾问　沈永清

摄　　影　闵行区档案局　闵行报社
　　　　　闵行区政府网站

审稿单位　上海市地方志办公室

撰稿单位审稿人员(以内容先后为序)

张卫农	卢国庆	陈冬发	李梦麟	李　萍	纪宗伟	陆　明
曹宝鑫	陈素梅	赵国防	赵龙芳	周胜春	邢红光	李龙皋
彭炜林	魏庆吉	许　沁	陈国兴	王欢平	丁　萍	钱惠琴
李春晖	谈为民	张则其	邹蜜蜂	陈国华	林富生	孙　康
李正东	乔世苏	陈红铭	赵芝娟	孙金康	王飞麟	龚仁德
沈庆平	傅爱明	郭国兴	许国庆	张　倩	徐文珍	许新江
李国法	刘　杰	汤曦东	刘跃明	王　勇	江明毅	王　敏
项上桢	陈振华	龚明红	金远嘉	季佩坤	李　俊	郭保强
叶龙银	盖建军	周建权	邵嘉敏	祝家骊	韦苏扬	王备军
刘　明	吴仲权	陈福明	蔡金发	孙志华	姚宝兴	金　坤
韩朝阳	钱国平	余　梅	叶文昌	万　健	竺建伟	姜忠民
杨惠康	夏　林	许　速	黄国奇	俞言长	李永珍	钱杰仁
钱金华	万　萍	陈　锋	毕　弘	夏明弟	沈晓春	许清华
蒋如林	宗　华	陈　煜				

图书在版编目(CIP)数据

闵行年鉴. 2010/上海市闵行区地方志编纂委员会编著. —上海:学林出版社,2010.11

ISBN 978-7-5486-0075-6

Ⅰ.①闵… Ⅱ.①闵… Ⅲ.①闵行区-2010-年鉴 Ⅳ.①Z525.13

中国版本图书馆 CIP 数据核字(2010)第 189533 号

闵行年鉴(2010)

作　　者——上海市闵行区地方志编纂委员会
责任编辑——王后法
封面设计——魏　来
出　　版——上海世纪出版股份有限公司
　　　　　　学林出版社(上海钦州南路 81 号 3 楼)
　　　　　　电话:64515005　传真:64515005
发　　行——新华书店上海发行所
　　　　　　学林图书发行部(上海钦州南路 81 号 1 楼)
　　　　　　电话:64515012　传真:64844088
印　　刷——上海长鹰印刷厂印刷
开　　本——890×1240　1/16
印　　张——31.25
插　　页——33
字　　数——85 万
版　　次——2010 年 11 月第 1 版
　　　　　　2010 年 11 月第 1 次印刷
印　　数——1500 册
书　　号——ISBN 978-7-80730-0075-6/Z·7
定　　价——200.00 元